名言・格言・ことわざ辞典

増井金典［著］

ミネルヴァ書房

まえがき

人間は、よりよき人生を創造しようと毎日生きている。その過程で、「ハッと感じていつまでも心に残る言葉、一生心に刻んでおきたい言葉」に出会うことがよくある。「こんな考えもあるのか」「こんな見方もできるのか」「こうして難局をきりぬけたのか」「だから、こんなに有為な仕事をしたのだな」「歴史は、こうして動いたんだな」などと思う言葉である。言いかえれば、人生が広がったように感じた言葉の数々であり、また、人生を勇気づける言葉でもある。

若い方々には、「人生いかに生きるべきか」の指針になる言葉もある。一般の方々には、自らの心をいつまでも軟らかくなるように「耕す言葉」でもあり、人生に豊かな実りをもたらす言葉もある。

こうした先人が残した「名言」「格言」「諺」等を、皆様に捧げたいという願いをこめたのが本書である。

一市民として、物心がついてから、四分の三世紀に、数多くの図書の著者、新聞、雑誌ラジオ、テレビなどの記者、場面や舞台に登場なさった方々から、「先人の知恵」のこもった言葉を得た。その折々の言葉を、カードやノートに書き留めてきた。

苦しかったとき、道を誤りかけたとき、親から聞いた諺や、教えが、ふと、頭に浮かんで立ち直ったことがある。また、迷って暗い気持ちになったとき、不幸を感じたとき、「人間は努力をするかぎり迷うもの」「困難は目標に近づくほど増大する」「われわれの欠点を改めるのが最高の幸福だ」というゲーテの箴言がひょい、ひょいと、飛び出して勇気づけてくれた思い出もある。

あの小説で、あの場面で、こんなに衝き動かされた言葉があったな、いい言葉だったなあと思ったこともある。ああ、こんな人生もあったんだなあと、曲がりかかった人生を修正したこともあったように記憶する。

言葉の力は、空気と水のように不可欠で、極めて重要だが、その「有り難さ」は、日常の生活では意識していないのが普通である。知らずに、人生を過ごしてしまうことも多い。うっかりして見過ごしてきた先人の残した心の軌跡、思想、言葉、庶民の知恵の結晶した諺などを、本書で、再確認してほしい。人生をいかに生きていくか、希望をもって強く大きな力にしていただきたいと願う次第である。

二〇一五年冬

増井金典

注　同一の名言で訳者の異なる語が複数ある。
辞典の性質上いずれからも引けるよう掲載している。

あ

ああ、自然は賛美すべきかなだ。ごらん、日の光は何て豊かなんだろう。

ドストエフスキー（ロシア）

空は澄み渡って、木の葉はみんな青々として、まだすっかり夏景色だ。いま午後三時過ぎ、静寂。——と続く。

ああ、どれほど注意深くあっても過ぎたることはない。

ダンテ（イタリア）

外面の行為を単に見抜くだけでなく、精神の内面へ思念を探ろうと、心がけるときは。——と続く言葉である。

哀々たる父母、我を生みて苦労せり。

『詩経』（中国）

哀々は、アイアイと読み悲しく哀れなさま。お気の毒に父母は、私を生み、育てるのにいろいろ苦労なさったであろう、との意。父母の期待にそむいた、自責の諺。

愛出づる者は愛返り、福往く者は福来る。

『春秋』（中国）

人を愛すれば人もまた自分を愛してくれるし、人を幸福にするような善事をすれば、自分も幸福になる。

愛縁奇縁

広く、男女、夫婦、友人などの仲について、和合するのもしないのも、すべて時の巡り合わせによる縁である、という意。「合縁奇縁」、「相縁奇縁」とも書かれる。

愛多き者則ち法立たず。

『韓非子』（中国）

愛情も多すぎると、民衆がつけあがって法が守られなくなるものだ。

愛多ければ憎しみ至る。

愛を受けることが多いと、一方では必ず人から憎まれるようになる。

愛国は悪漢の最後の美名なり。

愛国心の美名のもとに多くの悪事が行われている。「愛国心とは悪漢の最後の避難所である」とも。**英語の諺** Patriotism is the last refuge of a scoundrel.

挨拶は時の氏神。

挨拶は、仲裁の意。争いの時の仲裁は、氏神が現れたように、好都合で有り難いので、従うがよろしいという諺。

挨拶より円札。

挨拶は、礼の意。ことばで礼をいわれるより紙幣をもらった方がよい、という意。

愛されることは幸福ではない。愛することこそ幸福だ。

ヘルマン・ヘッセ（ドイツ）

最愛のものを手に入れても、幸福を追い求めている限りいつまで経っても幸福にはなれない。愛することがないからだ。

愛情には一つの法則しかない。それは愛する人を幸福にすることだ。

スタンダール（フランス）

人を愛するということは、その人を幸福にすることで、これが愛情の法則だ。愛する人を幸福にする、その気持ち。生涯持ち続けたいものである。

愛情の薄いところでは罪が重い。

愛されていないとひどく叱られる、意。**英語** Faults are thick where love is thin.

愛する人とともに過ごした数時間、数日もしくは数年の経験がない者は、幸福とはいかなるものであるかを知らない。

スタンダール（フランス）

愛する人とともに過ごした時間、これがなくては、幸福がいかなるものか、語る資格がないというのである。勿論この時間が長いのが望ましいが。

愛せよ。さらば、汝も愛せられん。

エマーソン（アメリカ）

およそ、愛は、方程式の両辺のように公正なり。——と続く名言。

愛せよ。人生においてそれのみが良いことであるから。

ジョルジュ・サンド（フランス）

女性作家の言葉。愛のみが、人生の中でまちがいなく良いことである。

愛想尽かしは金から起きる。

異性に冷たくなるのは金銭が原因である、の意。

愛想もこそも尽き果てる。

コソは強め。愛想が尽きるを強めた言い方。

会いたいが情、見たいが病。

恋患いがつのって、会いたいという気持ちを押さえ切れない意。

開いた口には戸はたたぬ。

人はやたらに勝手な評判をするが、それを止めさせようとしてもできるものではない、意。悪い評判を立てさせないようにせよ。

開いた口に牡丹餅。
努力もしないのに思いがけなく幸運がやってくることの喩え。「渡りに船」（別項）と同意。

間の垣根が友情を保つ。
「間の垣根は友情を新しく保つ」とも。親密過ぎるのは不和のもと。友人とは、ある程度隔たりを持ち、礼儀を守れば長続きする。**英語の諺** A hedge between keeps friendship green.

相手に直接会って話すのが、お互いの悪感情を一掃する最良の方法である。
リンカーン（アメリカ）
問題が起こったとき、相手に直接会って話すという方法が、平凡だが一番いい方法だ。悪感情が一挙に消える。「会って直接話すのが、悪感情を一掃する最上の方法である」（別項）とも。

相手のちょっとした欠点に、目をつぶらない限り友情は長続きしない。
ラ・ブリュイエール（フランス）
相手のごく小さい欠点には気をとめないこと。良き友情を長く持ち続けるために。

相手のない喧嘩はできぬ。
一人で喧嘩はできない。喧嘩をするのは二人とも悪いからだ。争いが起こっても相手になるな。**英語の諺** When one will not, two cannot quarrel.（一人がやる気がないと二人で争うことはできない）

相手見てからの喧嘩声。
相手を見て弱そうだとわかってから居丈高になる、意。

愛と死。これは誰もが一度は通らねばならない。
武者小路実篤（日本）
人々によって、いろいろな通り方はあるが、純粋にこれを味わうことは稀だ。

愛とは、いつも無償である。黙って、その人のためにつくすこと以外にない行為である。
水上勉（日本）
愛に代償を求めることはない。口に出して言っているようでは、真実にとどかぬ。ただただ、その人のために尽くすことだ。

愛のない人生は価値がない。
シラー（ドイツ）
愛情のない人生は、生きていても無意味である。動物以下の人生だとの意。

愛の光なき人生は無価値だ。
愛情のない生活は、どれほど索漠としたものとなるか。暗いものとなるか。同じ一生を生きるのなら、愛の光の満ち満ちた人生にしたいものだ。

あいの返事に難はなし。
「あい」は、現代語の「はい」にあたる近世語。何事もハイと、返事して従順であれば無難である、の意。

間は愛想もの。
間はアイと読む。酒席で間に入って盃のやりとりをするのは、人の好意でするものだ。命令でするものでない。

愛は与えるほど中身が増す。
夫婦の愛、師弟の愛、親子の愛、与えるほど、強く、濃くなるものである。愛の出し惜しみは無意味である意。

愛は生きるための力である。
医者に見離された怪我人や病人が、肉親の愛で生き返った例もある。打ちひしがれた人を生き返らせるのも愛だ。

愛は一切のものを達成する。
どんな難関にあっても、当事者の愛情で打開できる。愛があってこそ物事が達成できるのだ。

愛は多くのことをなすが、金はもっと多くのことをする。
愛は多くのことをなす力があるが、金はすべてのことをなしうる力がある。「愛は多能であり、金は万能である」とも。**英語の諺** Love does much but money does more (or all).

愛は多くの罪を覆う。
『聖書』
「覆う」は、オオウと読む。人を愛する者は、その多くの罪を許されるものだ。

愛は惜しみなく与う。
『聖書』
愛は、自分の持っているすべてのものを人に与えても、惜しまない、という意。

愛は小出しにせよ。
あまり激しい愛は長続きしない。少しずつ長く愛せよ。**英語の諺** Love me little, and love me long.

愛は死よりも強く、そして死の恐怖より強い。
ツルゲーネフ（ロシア）
愛は、何物よりも強い。死の恐ろしさより強い。

愛は憎悪の始めなり。　『管子』（中国）
愛というものは、慣れ親しみ過ぎて、それが憎しみのもとになる。

愛は多能であり、金は万能である。
愛は、多くのことをする能力があるが、金はこの世のあらゆることをなす力がある。英語の諺 Love does much money does everything more.

愛は憎しみより美しく、理解は怒りより高く、平和は戦争より高貴だ。
ヘルマン・ヘッセ（ドイツ）
愛、理解、平和は、何よりも美しく高貴だ。

愛は人間に没我を教える。だから、愛は人間を苦しみから救う。
トルストイ（ロシア）
愛は人間に、没我（自らを忘れてしまうこと）を教えてくれる。その故に、愛は、多くの人間を苦しみから救ってくれるのである、という意。

愛は、万人に。信頼は、少数の人に。
シェークスピア（イギリス）
愛は、あらゆる人に注げ。信頼は、少数の人に置けばよい。

愛別離苦、会者定離。　釈迦（インド）
愛する者には別れるという苦があり、会った者とは必ず離れる運命にある。

相惚れ、自惚れ、片惚れ、岡惚れ。
相思相愛。うぬぼれ。片思い。他人の愛人に惚れる。恋や惚れ方にもいろいろある。

逢い戻りは鴨の味。
一度別れた男女が再び結ばれると、その交情は非常にこまやかである意。

愛や憎しみが正義の様相をがらりと変える。
パスカル（フランス）
人生において、愛と憎しみが、生き方の正しさを決定づける、という意。

逢うは別れの始め。
逢えば必ず別れがある。この世は無常だから、逢ったものは必ず別れる運命にある。意。「会うは別れの始め」とも書く。英語の諺 The first breath is beginning of death.（最初の息は死の始まりだ）

合うも不思議、合わぬも不思議。
夢ははかないものだが、夢や占いは当たっても不思議、当たらなくても不思議なものだ。

敢えて、主とならずして、客となる。
老子（中国）
自分が主にならずに常に受け身になる。人と争わないのをよしとする。

敢えて天下の先とならず。　老子（中国）
世の中の人に先だって行動せず、謙虚さをもって身を安泰に保つ。

会えば五厘の損がゆく。
人との交際には、わずかでも費用がかかる。（大阪の諺）

仰いで天に愧じず。
仰いで天に対して少しも恥じるところがない意。かえりみて自分の心や行動に少しも恥じるところがなく、公明正大である。

青柿が熟柿を弔う。
元気に見えている者が、やがて自分も後を追う身であるのに、お気の毒にと老人の死を弔う、意。

青田から飯になるまで水加減。
米は青田で生育の段階から、飯に炊くまで、水量の加減の苦労ばかりである。

青菜に塩。
青菜に塩をかけるとしおれてしまう。そのように、子供などが急に元気をなくしてしょんぼりするさま。

青は藍より出でて藍より青し。
青色の染料は藍より取るが原料の藍より青く染め上がる。そのように、教えを受けた人が、教えた人よりも優れた人物になる意。

青葉は目の薬。
青葉のみずみずしい色は目の疲れを回復させるききめがある、意。

青表紙を叩いた者には適わぬ。
青表紙は、四書五経、の意。聖賢の書を開いて、ちゃんとした学問のある者にはかなわない。

赤犬が狐を追う。
追うものも追われるものも似ていて区別がつかない意。

赤子のうちは、七国七里の者に似る。
七国七里は、ナナクニナナサトと読む。赤ん坊のころは誰にでも似ているように見える、という意。

赤子の手を捩る。
「赤子の腕を捩る」とも。たやすく意のままになる意。

赤子は泣き泣き育つ。

「赤子は泣きながら育つ」とも。赤ん坊の泣くのは心配しなくてもよい。むしろ、健康のしるしだ。


暁知らずの宵枕。

宵の口から床につき、朝は遅くまで寝ていること。怠け者の形容。


垢で死んだ者はいない。

入浴ができないものの言い訳。慰め。汚い者への皮肉。


垢はこするほど出る。

人の欠点も、探し出せばきりがないほど出るものだ。


あが仏、尊し。

自分の尊敬するものは何が何でも尊い。他を顧みない意。


垢も身の内。

長湯をしている人を冷やかす諺。垢も体の一部分だからそうむやみに落とさなくてもいい。


明るければ月夜だと思う。

考え方が単純で、呑気なのを嘲る、意。


垢を洗うて痕を求む。

傷痕を、垢を洗い落としてまでして探しだす。隠れた他人の小さな欠点まで暴き出すことの喩え。


秋上げ半作。

秋の収穫時に雨が続くと仕事がはかどらず、収穫が半減する、意。

秋高く馬肥ゆ。
『杜審言詩』（中国）
秋は大気が澄んで、心身ともに爽やかで気持ちがよい季節だ、の意。「天高く馬肥ゆ」（別項）とも。

空き樽は、音が高い。

内容のない軽薄な人に限ってよくしゃべる、という喩え。


あぎとの雫、口に入らぬ。

あぎとは、あご。あごの雫は、口のすぐそばなのに口に入らない。すぐ手近にあってもなかなか手に入れることができないという喩え。


商い三年。

商売は、始めてから三年ぐらい経たなければ利益がでない。だから三年は辛抱せよ、の意。


商い上手の仕入下手。

客商売は上手でよく売るが、仕入れが下手で利益が上がらない。


商いは牛の涎。

商売は牛のよだれのように細く長く、気長に辛抱せよ。


商いは数でこなせ。

商売は薄利多売、つまり、利益を薄くして多く売ることがコツである。


商いは門々。

門々はカドカドと読む。相手を見て、それに応じた品物を売るのが、商売のコツである。


商いは吉相。

吉相はキッソウと読み、愛想のよい態度、すがたの意味。商売は愛想のよい態度で客に接することを、第一にすべきだ。


商いは草の種。

商売は、いろいろと種類が多いという意。


商いは正直が第一。

商売は、正直を第一にして、お客の信用を得ることだ。


商いは本にあり。

本はモトと読む。商売の盛衰は、資本にある。確実で大きい資本が必要。

秋茄子は嫁に食わすな。

秋茄子は、美味しいから嫁に食わせるな。また、体が冷えるから嫁に食わせるな、の意とも。


秋の朝焼け、雨が近い。

秋に朝焼けがするのは、近いうちに雨が降る前兆だ。


秋の稲妻、千石増す。

秋の稲妻は、稲が良く実り、千石もの増収が期待される。


秋の入り日と年寄りは、だんだん落ち目が早くなる。

秋の入り日は早い。同じように年寄りも、急速に老いるものだ。


秋の鹿は笛に寄る。

秋になると、鹿笛を牝鹿の鳴き声と思って寄ってくる。恋心に迷って、みずから危険な状態に身を投ずる喩え。


秋の空と男の心は七度変わる。

男心は秋の空と同じく、日に幾度となく変わる。


秋の彼岸は農家の厄日。

秋の彼岸は天候に異変が多く、また寺参りも欠かすわけにいかず、農作業ができないことを厄日といったもの。


秋の日は釣瓶落とし。

釣瓶はツルベと読む。秋の日が短くて、急速に暮れやすい意。井戸の釣瓶が落ちてゆく速さにたとえたもの。

秋の夕焼け鎌をとげ、夏の夕焼け井手放せ。

秋の夕焼けは、明日が天気だから稲刈りによいので鎌を研げ。夏の夕焼けは、日照り続きだから用水の水を放流した方がよい。井手は、用水の井堰の意。

秋葉山から火事。

防火の神、秋葉神社のある山から火事を出すように、他を戒めるべき立場の者が、自分の戒めている過ちを犯す、意。

秋日和半作。

秋の収穫時の天候次第で、収入が半分にもなる、意。

空き家で声嗄らす。

空き家でくりかえし御免下さいといっても返事がない。即ち、無駄骨を折ること。

諦めは心の養生。

あきらめは心の健康によろしい。失敗や不運をいつまでも悔やむな、の意。

アキレスの踵。

踵はカカトと読む。いかなる強者にも、思いもしない弱点があるものだ、という喩え。または、そのような急所。

商人と屏風は曲がらねば世に立たず。

商人は、アキンドと読む。商人も屏風も、腰を曲げ、折り曲げないと成功しない。商人は自分の感情を曲げて、客の意を迎えよ。

商人に系図なし。

商人の出世は、代々の家柄でなく、商売の手腕次第である、という意。

商人の嘘は神もお許し。

商人が、儲けや元値などの嘘をつくのはやむをえないもの。神様も罰を与えることはない。

商人の子は、算盤の音で目を覚ます。

商人の子は、幼いときから、損得や利益に敏感である。

商人の元値。

商人の元値には駆け引きが多いので信用が置けないという意。

商人は、売り先買い先は、父母兄弟のごとくせよ。

商人は、自分の取引先を肉親のように大切にすべきだ。

商人は木の葉も錦に飾る。

商人は、つまらぬものでも立派な商品のように思わせて客に売る。商人の腕次第である。

商人は損していつか蔵が建つ。

商人は、いつも損だ、損だと言いながら、いつのまにか金持ちになっている。

商人は損と元値で暮らす。

商人は、いつも損だ、元値を切った、などと言いながら、実は利益を上げて結構な暮らしをしている。

商人は腹を売り、客は下より這う。

商人は、高い掛け値から売り始め、客は低い安値から買い始める。

商人は矢の下くぐれ。

商人は、戦乱や災害や相場の危機などにこそ、利益が大きいと思うべきだ。

悪衣悪食を恥ずる者は未だ与に議するに足らず。

『論語』(中国)

与にはトモニと読む。自分の質素な衣服や食物を恥ずかしがるようなものは、まだ道とか修養について語り合う資格はない。

悪因悪果

悪いことをすれば、必ず悪い結果を生ずるという意。

悪貨は良貨を駆逐する。

貨幣の質を悪くして多くの貨幣を作ると、良い貨幣は消えて、悪貨ばかりが流通されるようになる。(グレシャムの法則)

英語の諺 Bad money drives out good.

悪言の玉は磨き難し。

悪口は、徳を損なう。その傷は簡単に磨いて取り去ることはできない。

悪言は口より出ださず、苟語は耳に留めず。

『説苑』(中国)

苟語はコウゴ、と読み、不真面目な議論。人の悪口は決して言わず、不真面目な議論は相手にしない。

悪行は、必ずさらに多くの悪行を生み出す。

シラー(ドイツ)

悪い行いは、ちょっとした悪行と思っていても、引き続いてどんどん多くの悪を生み出してくるものだ。

悪妻は、百年の不作であるという。しかし、女性にとって悪夫は、百年の飢饉である。

菊池寛(日本)

悪妻は一生の不作である。女性にとって悪夫は、一生が飢饉のようだ。まことにうまい喩えである。


悪妻は六十年の不作。

悪妻を持つと一生の不作である。夫にとって人生の破滅だ、の意。**英語の諺** A bad wife is the shipwreck of her husband.（悪妻は夫の破滅）

悪事千里を走る。

悪い行いや悪い評判はすぐに世間に知れ渡る、の意。「悪事千里を行く」とも。**英語の諺** Bad news has wings.

悪事身にとまる。

自分の犯した悪事は、最後には自分の身に戻ってきて、自分が苦しむ結果になる。

悪、小なりともなすなかれ。
『蜀志』（中国）
悪事はどんな小さなことでもしてはいけない。

悪性の気良し。

悪性はアクショウと読む。道楽者や浮気者は、一般に、気軽で気のよいものが多い。


悪女の賢者ぶり。

心の悪い女が賢者ぶること。鼻持ちならぬ偽善ぶりである、の意。


悪女の深情け。

容貌のよくない女性ほど愛情が強い。男の立場から、「有り難迷惑」と同じような意。


悪女は鏡を恐る。

醜い女は鏡を見るのをいやがる。自分の弱点に触れるのをきらう。


悪事をなさば必ず露見する。

人間は露見するとわかっていながら悪をなす弱いものだ。「悪の報いは善の報いより速い」「悪事身に返る」などの諺もある。


悪銭身につかず。

盗人が盗みによって金持ちになることはまずない。不正な手段で得られた金銭は、あっという間になくなるものである。金銭は、額に汗して働き、苦労して自分のものとせよ、の意。**英語の諺** A thief seldom grows rich by thieving.

悪童も時には良い大人になる。

悪童といわれた子供が、立派に成人することは、世の中に事例が多い。**英語の諺** Naughty boys sometimes make good men.

悪とは何か。弱さから生じる一切のもの。
ニーチェ（ドイツ）
人間の弱さ、心の弱さ、から来るすべてのものが悪だという意。

悪に従うは崩るるが如し。

悪の道に落ちるのは、物が崩れ落ちるようにたやすい、という意。

悪に強きは善にも強し。
「浄瑠璃」（日本）
大悪を犯すほどの悪心の強いものは、いったん悔い改めると、かえって非常な善人となる。

悪に敵するなかれ。

『聖書』

悪人と軽はずみに争うな。なすがままにまかせた方がよいときが多い。


悪には染まりやすし。

人間は悪の世界には簡単に染まりやすい動物だ。自らを戒めて生きよ、の意。


悪人あればこそ善人も顕れる。

世の中は善人ばかりなら何をしても目立たない。悪人がいるからこそ善人の行動も目立つのだ。

悪人がいくら害悪を及ぼすからといっても、善人の及ぼす害悪にまさる害悪はない。
ニーチェ（ドイツ）
悪人の害悪は、はっきりわかるから被害は小さい。善人の及ぼす害は、わからぬうちに、広く大きな範囲に、広がって被害を大きくするという意。

悪人に愛せらるるは、憎まれるより危うし。

悪人に引き込まれるのは、憎まれるよりも悪く、たいへん危険である。


悪人には友多し。

悪人は、利益で誘って仲間を作りやすい。


悪人に褒められんより善人に笑われよ。

悪人と交わらずに善人と交われ、の意。


悪人の友を棄てて、善人の敵を招け。

友人でも悪事をするなら棄てよ。敵であっても善人なら招き寄せよ。


悪人は善人の仇。

善人は、他を憎まないものだが、悪人だけは敵である。


悪人は畳の上では死なれぬ。

悪人は、悪事のむくいで、みじめな死に方をする。


悪人も良き子を望む。

悪人でも、自分の子は善良であるように願うものだ。

悪の裏は善。
悪いことがあっても、次には一転して、良いことが訪れる、のが人生。希望をもって生きよう。

悪の来たるや己れ則ち之を取る。
『春秋左伝』（中国）
悪事は偶然に来たのではない。自分が招いたものだ、という意。

悪の根源は、お金そのものでなく、お金を欲する人間の心の中にある。
スマイルズ（イギリス）
悪は、金銀財宝にあるのでなくて人間の心の中にある。

灰汁の下げ汁も捨て場所がある。
灰汁はアクと読む。廃物もところかまわず捨ててはいけない。

悪の報いは善の報いよりも速やかなり。
悪事の報いは、善行の報いより早く到来する。

悪の報いは針の先。
悪事の報いは、時計の針の先のように忽ち回って確実にやってくる。

悪の易きは火の原を燎くが如し。
『春秋左伝』（中国）
「燎く」はヤクと読む。悪事が広がるのは火が草原に焼け広がるように早く、消しにくい。

悪は一旦の事なり。
「一旦」はイッタンと読む。悪は一時的なもので結局は正義にかなわない。

悪は決して正義にならない。
悪は悪。どんなに時代や歴史が変わろうが、正義になることはない。**英語の諺** Wrong never comes right.

悪は延べよ。
情勢が悪いと思ったら、一時延期せよ。そうすれば情勢が変わって、行わないで済むかもしれない、という意。「悪は延ばせ、善は急げ」とも。

悪婦家を破る。
『易経』（中国）
悪妻は家を破滅させる。

悪法も法なり。
ソクラテス（古代ギリシャ）
悪い法律でも、法は法だから廃止されないかぎり従わなければならない。

悪魔は絵に描かれるほど黒くはない。
世間から極悪人と言われている人でも評判ほど悪くはない。**英語の諺** The devil is not so black as he is painted.

挙ぐることは鴻毛の如く、取ることは拾遺のごとし。
『漢書』（中国）
鴻毛はコウモウと読み、大鳥の羽毛、きわめて軽い意。持ち挙げることは軽い羽毛のようで、手にすることは落ちたものを拾うようである。ごくたやすい喩え。

明くる空には行くべし。暮るる空には行くべからず。
夜明けなら出発せよ。暮れ方ならまだ明るくても出発してはいけない。

悪を好めば禍を招く。
『実語教』（日本）
悪事を好んで行うと、災難が訪れる。

悪をすれば淵に入る。
『法苑珠林』（中国）
悪事を行えば、深い淵に沈んでもう浮かびあがれない。

悪を長じて悛めずば、従って自ら及ばん。
『春秋左伝』（中国）
「悛めず」はアラタメズと読む。悪心をのさばらせておいて改めないと、やがて災難が身に及ぶようになるだろう。

悪を遏め善を揚ぐ。
『易経』（中国）
「遏め」はトドメと読む。悪をおさえ善をのばす。

悪をなすも刑に近づくなし。
荘子（中国）
あやまって小さな悪事をおかすようなことがあっても、刑罰に触れるようなことのないように心がけよ。

悪をにくむは、そのはじめをにくむ。
『春秋穀梁伝』（中国）
悪をにくむのは、その人が改心する以前のことをにくむのであって、改心した人をいつまでもにくむようなことはしない。

悪を見ては農夫のつとめて草を去るがごとし。
『春秋左伝』（中国）
農夫が常に除草に努めているように、悪事を見たら常に根絶するように努力せよ。

揚げ足を取る。
相手の言い損いや言葉じりを取り上げて、皮肉ったり、やりこめたりする。

明けた日は暮れる。
夜が明けたらそのままではない。事情は変わっていくものだ。

開けてくやしい玉手箱。
期待外れで、がっかりする喩え。

顎で背中掻く。

できないこと。不可能の喩え。


顎振り三年。

尺八の練習に長くかかること。何事も年月がかかる喩え。


朝雨と女の腕まくり。

どちらもたいしたものではない意。


朝雨に傘いらず。

朝の雨はすぐ晴れる。


朝起きて、窓を開け、ああいい天気だと思える幸せ。

特別に何かをしなくても、小さな幸せがある、意。


朝起きの家には福来る。

朝早く起きて働く家は、自然に富み栄える。


朝起きは三文の徳。

徳は、得と同じ。朝早く起きるとわずかでも利益になるという意。「朝起き千両」「朝起きは富貴の友」とも。


朝顔の花一時。

すぐ萎むところから物の衰えやすいこと、はかないことの喩え。


浅き川も深く渡れ。

浅い川も、深い川と同じように注意して渡れ。小さなことにも油断するなという喩え。


朝曇りは晴れ。夕曇りは雨。

朝曇っているとその日は晴れ、夕方曇っていると翌日は雨。


朝曇りは日和の瑞相。

朝曇っている日は日中必ず晴れるというよい知らせ。


浅瀬に仇波。

浅い瀬ほど波が立つ意。人間も、思慮の浅い者ほど落ち着きがなく、つまらぬことに騒いだりする喩え。


朝茶は七里帰っても飲め。

朝の茶は災難除けだから、必ず飲むべきだ。


朝虹は雨。夕虹は晴れ。

朝の虹は雨天、夕方の虹は晴れの前兆。


朝寝は貧乏の相。

朝寝をするような者は、怠け者が多くて、やがて貧乏になって生活に困るぞ、という戒め。


朝寝坊の宵惑い。

宵惑いは、宵の口から眠がること。なんの取りえもない人の喩え。


朝の一時間は晩の二時間。

早起きの良さを述べた諺である。早起きをして仕事をせよという勧め。**英語の諺** An hour in the morning is worth two in the evening.

朝跳ね夕びっこ。

未熟なものは初めに力を出しすぎて、しだいにへばってしまう。最後までやり通すことができない意。


朝は、前の晩より賢い。

朝は頭が冴えている。仕事は午前中に。ロシアの諺。

朝早く起きるは家の栄えるしるしなり。
貝原益軒（日本）
遅く起きるは家の衰える基なり。――と続く。

朝腹に茶漬け。

朝の空腹時に茶漬けぐらいでは腹にたまらない。転じて物事が少しもこたえないことの喩え。


朝日は決して一日中続かない。

人生においても昇り調子の恵まれた状態は、一生続くことはないのだ。「驕れる者久からず」（別項）と同じである。**英語の諺** The morning sun never last a day.

朝風呂、丹前、長火鉢。

朝風呂に入り、丹前を着て長火鉢の前に座るような生活のこと。働かないで、気楽な生活をする喩え。


薊の花も一盛り。

薊はアザミと読む。容貌の悪い女性でも年頃になれば魅力が出るという喩え。

欺かれることを過大におそれる人は、寛大になる力を失う。
アミール（インド）
だまされることを心配しすぎるな。寛大な心がなくなっていく。

朝焼けは雨。夕焼けは晴れ。

朝焼けは雨天の前ぶれ、夕焼けは翌日晴天の前兆。


朝夕使っている鍵は、常にぴかぴかである。

常に使ってさびさせないようにしよう。道具を有効に使って、自分の能力を一杯出そう。**英語の諺** The used key is always bright.

葦が立っていて、樫の木が倒れる。

暴風の前には頑丈な樫の大木より、風にそよぐ葦の方が強い。**英語の諺** Oaks fall when reeds stand.

足が出る。
予算よりも、費用が超過して赤字になるという喩え。

悪しきとて一切にその人を捨つべからず。
徳川家康（日本）
とかく前非を悔いて善に進むように引き立つべし。——と続く名言である。悪人だからといって、善い点もある。心を改めて良心を取りもどすこともある。頭からその人を一切否定して捨ててはならないという意。

朝に紅顔ありて、夕べに白骨となる。
「朝」は、アシタと読む。朝健康そうな顔をしていた青年が、夕方に死んで白骨になることがある。人の生死は予測しがたい、意。

朝に道を聞かば、夕べに死すとも可なり。
『論語』（中国）
朝に、人間の生き方を聞き、道理を悟ったならば、夕方に死んでも心残りはない、という意。道、真理、の重要なことを述べた言葉。

朝に夕べを謀らず。『春秋左伝』（中国）
朝は、アシタと読む。朝、夕方の事を考えない。先の事を考える余裕がない、意。

明日できることは、今日するな。
鈴木力衛（日本）
明日はアシタと読む。以下の四項目の「明日」は同じアシタ。体が楽で、幸せに生きられる方法。

明日の百より今日の五十。
夢より現実を。大きな可能性より、小さくても現実を。英語の諺 One today is worth two tomorrow. が類似。

明日は、明日こそはと、人はそれを慰める。この明日が彼を墓場に送り込む、その日まで。
ツルゲーネフ（ロシア）
明日こそはとやるべきことを先にのばすな。人生は期限付きである。

明日は明日の風が吹く。
なるようになる。くよくよしてもはじまらない。人間の力ではどうにもならない、明日になればまたどうにかなるだろう。「明日には明日の風が吹く」「明日には明日の神が守る」とも。

味については議論する能わず。
味のよしあしについて議論し争っても仕方がない。味は十人十色だから。**英語の諺** There is no accounting for tastes.

葦にもたれかかるな。
弱いものによりかかるな。頼りにするなら社会的に力のあるものによりかかるのが安全だ。**英語の諺** Lean not on a reed.

足もとから鳥が立つ。
「上方かるた」（日本）
急に思い立ったように、あわてて物事を始める様子についていう。急に意外なことが起こり慌てること。

足もとの鳥は逃げる。
身近なところにある利益は失いやすい、喩え。

葦も葭も、浪華のことは、言わぬぞよし。
アシ（悪し）も、ヨシ（良し）も、ナニハノコトハ（何事モ）言わぬぞヨシ（良い）。名物、浪速の葦にかけてもじった諺。物事は、悪いとか良いとか、何事でも、あれこれ口出ししない方が良い、という意。

網代の魚。
逃れられない魚。人間が自由を失い逃れられない立場に陥ったことを喩えていう。「籠の中の鳥、網代の魚」（別項）とも。

足を万里の流れに濯ぐ。
左思（中国）
「濯ぐ」はソソグと読む。一万里もある長い川で足の汚れを洗う。ゆったりとして俗事にとらわれない喩え。

明日ありと思う心の仇桜。
以下九項目の明日は同じくアスと読む。「明日ありと思う心の仇桜、夜半に嵐の吹かぬものかは」の後略。明日があると思っていると機会を失う、意。

明日何をなすべきかを知らない人間は不幸である。
ゴーリキー（ロシア）
明日何をなすべきかがわからないのは、人生の目標を持っていないからだ。目標を持たない人生には進歩もなく不幸な人である。

明日について心配するな。今日何が起きるかさえわからないのだから。
明日起こるかも知れないことに怯えるな。今日の現実の苦難を乗り越えよう。「タルムード（ユダヤ教の聖典）」

明日には明日の風が吹く。
明日はアスと読む。説明は「明日（あした）は明日の風が吹く」（別項）を見よ。

明日の事を言えば鬼が笑う。
「明日」はアスと読む。実現するかどう

かわからぬ将来のことを話題にする人間に対して、気の早いことを言うなと、からかって諌める意。

明日のことを思い煩うなかれ。明日は、明日のことを思い煩え。一日の労苦は一日にて足れり。 『聖書』

明日のことまで取り越して、今悩むことはない。明日は、明日で悩んだらいいのだ。

明日の百より今日の五十。

「明日の」はアスノと読む。「明日の百両より今の五十両」とも。不確実なことを期待するより、量は少なくても今日手に入る確実な方がよい意。

明日は明日。今日は今日。

明日はアスと読む。明日は明日のことにして今日一日を大切に、の意。

明日は明日の風が吹く。

「明日」はアスと読む。あまり先々のことまで心配する必要はない。「ケセラセラ、なるようになるさ」は、映画で流行した語。

東男に京女。

「東男」はアズマオトコと読む。男性的できっぱりしている江戸の男に、美しくてやさしい京都の女がよい、の意。

汗出でて背を沾す。 『史記』（中国）

「背を沾す」は、「ハイをウルオす」と読む。恥ずかしさに冷や汗をずっくりとかく。

あせっている釣り人は、魚を取り逃がす。

急ぐと無駄をする。失敗をする。急いては事を仕損ずるという喩え。英語 The hasty angler loses the fish.

遊びと女と酒は、笑いのうちに男を破滅させる。

日本語の「飲む、打つ、買う」と同じ英語の諺。談笑のうちに堕落破滅となるという喩え。英語 Play, women, and wine undo men laughing.

遊んでいる日は暮れるに早い。

楽しく遊んでいると、時間の経つのが早いものだ、の意。

価を二つにせず。 『後漢書』（中国）

商品の値段を、買手によって二様にするようなことをしない。ずるい商売をしないという意。

与えられた運命を最もよく生かすということは、人間にとって大事なことである。 武者小路実篤（日本）

この世には、いろいろな不幸がある。しかし、その不幸から良きものを生み出そうとして、生み出していく賢い人になるべきだ――と続く言葉である。

与えられたるすべての贈り物はいかに小さくても、もし愛情をもって贈られたならば、その真価は大である。 ペスタロッチ（スイス）

贈り物は、心がこもっているほど価値がある。愛情と真心をこめて贈れ。

愛宕から火事。

愛宕権現は火除けの神様なのに、そこが火元になった火事の意。戒める立場のものが、逆に自らが戒めを犯すこと。

暖かい者は人もすべて暖かいと思う。

人間は、自分の「ものさし」で他をはかりやすい。己をもって他をはかる、と同じである。英語の諺 He that is warm thinks all so.

あたって砕けよ。

ともかく実行してみよ。打開の道はあるというのである。英語の諺 Who ventures nothing has no luck.（何事も大胆にやろうとしない者は幸運に恵まれない）

あだ花に実はならぬ。

あだ花は実のつかない花のこと。みかけだけ立派でも内容がともなわないやり方では、よい結果がでない、意。

頭が動かねば尾が動かぬ。

主だったものが先に立って行動しないと部下は動き出さない、という戒め。「頭が動けば尾も動く」とも。

頭が大きくても知恵は少ない。

いかに考えてもいい知恵が出ない。心配事や悩みが残るばかりだという喩え。英語の諺 A big head and little wit.

頭かくして尻かくさず。 「江戸かるた」（日本）

ごまかしても、ボロを出している。悪事や欠点の一部を隠して、全部を隠したつもりになっている愚かさ、の喩え。

頭が禿げても浮気はやまぬ。

生まれつきのよくない性質は、いつまで経ってもなかなか直らない、という喩え。

頭から火が付く。

危険が身にせまる、意。「足元に火が付

く」とも。

頭の上の蠅を追え。
人の世話をやくより、まず自分自身のなすべきことを処理せよ、の意。

頭の黒い鼠。
家庭で、つまみ食いなどした犯人をほのめかす諺。

頭は新しき事物を常に学ぶ。されども心は常に古き経験を行なう。
ビーチャー（アメリカ）
頭は、いつも新しいことを学ぶ。だが、心は、いつも先人の知恵を生かして行動する。このように教えるのが教育だ。

頭を壊して兜をかぶる。
大切な頭を壊しては何にもならない。いったい守るべきものは何か、本質は何か。大切なことを忘れて、目先の利益を追うな、の喩え。

新しい意見というものは、それがまだ珍しいというだけの理由で、いつも疑われ、ふつう反対される。
ジョン・ロック（イギリス）
新しい考えや意見は、珍奇だという理由だけで、世の中から反対され、疑われ、拒絶される。

新しい靴を自分のものにするまで古い靴を捨てるな。
新しいものや考えを自分のものにしてしまうまで、従来の自分の考えを捨てるな、という戒め。**英語の諺** Don't throw away the old shoes till you've got new one.

新しい酒を新しい皮袋に盛る。『聖書』
新しい考えを表現するためには、それに応じた新しい方法、形式が必要である。

新しい思想や希望のあかつきが君の胸に明けそめたという事実は、同じ瞬間に、新しい光明が幾千の人々の心にさしこんだということを、君に知らしめているのだ。
エマーソン（アメリカ）
人間の尊厳を信じ、自然をとおして神とまじわる喜びが個人にとどまらず、多くの人に大きく影響する喜びを、述べている文章である。

新しい畳でも、叩けばごみが出る。
完璧を期してもどこかに手落ちがある。むだなあらさがしは、しないほうが良い、の意。

新しい箒は、きれいに掃ける。
新参者は、はじめはまじめに働くが、慣れるに従って怠けだす、という喩え。外国の諺。

新しいものは真実でなく、真なるものは、新しくない。
古きものは真なるもの。本物、真実は、けっして新しい物の中にはない、というイギリスの思想を述べた諺。What is new is not true, what is true is not new.

新しきからだを欲しと思ひけり　手術の傷の　痕を撫でつつ　石川啄木（日本）
新しい体を欲しいと思う。痛切な願いである。回復してほしい。健康が欲しい。

新しき葡萄酒は、新しき皮袋に盛れ。『聖書』
新しい思想を表現するためには、新しい方法や形式で、表現すべきだという喩え。

当らずといえども遠からず。『礼記』（中国）
的中はしていないが的中したのと大差がない。

当るも八卦当らぬも八卦。
占いの結果は、吉凶いずれであろうと気にする必要はない、ということ。

能わざるにあらず、為さざるなり。『孟子』（中国）
能は、可能の意。物事について、できないのではない、やろうという気持ちが足りないからだ、の意。実行する意志の不足を言った諺。

あちら立てれば、こちらが立たぬ。
双方の利益や感情などを同時に満足させることは難しいという喩え。

熱いものは冷めやすい。
人間も熱中しやすいものは、すぐにそれに飽きやすいものだ、という喩え。

悪貨は良貨を駆逐する。
悪貨はアッカと読むことがある。悪貨（アクカ）（別項）を見よ。

暑さ寒さも彼岸まで。
経験から生まれた諺。残暑の暑さも秋の彼岸まで、余寒の寒さも春の彼岸まで、の意。「暑い寒いも彼岸ぎり」「暑さの果ても彼岸まで、寒さの果ても彼岸まで」。

暑さ忘れて蔭忘る。
暑さが去ると涼しかった物陰の有り難さを忘れる。転じて、苦しい時が済むと、助けてくれた恩などすぐ忘れてしまう喩え。

有って地獄、無うて極楽。
財産、地位、子供など、有って苦しむなら、無い方がむしろ気楽だ、の意。

会って直接話すのが、悪感情を一掃する最上の方法である。
会って直接誤解を解くことが大切。社会的地位があがるとつい怠るようになる。「相手に直接会って話すのが、お互いの悪感情を一掃する最良の方法である」とも。
リンカーン（アメリカ）

有っても苦労、無くても苦労。
財産、地位、子供など、有っても苦労、無くても苦労する、という意。

熱火を、子に払う。
我が身の災難を、自分が庇護すべき者に転嫁する喩え。火炎が迫ったとき、我が子の上に払ってでも逃げようとする、意。

羹に懲りて、膾を吹く。
羹はアツモノと読む。熱い料理に懲りた者が冷たい料理も吹いてさます意。前の失敗に懲りて必要以上に用心する喩え。

当てと越中褌は、向こうから外れる。
腹当て、涎（よだれ）当て、褌など、体に当てた布は外れやすい意から変化して、「当て事と越中褌は向こうから外れる」と変わった諺。予想し期待した事がうまくいかない意。

後足で砂をかける。
世話になった人の恩義を裏切ったり、去り際にひどい振舞いをする喩え。

後先見ずの猪武者。
前後の分別もなく、向こう見ずで、思慮の浅い人。

後先息子に中娘。
子供の順番を述べた諺で、三人の子持ちならこれが特に良い。

後で言うては去年の取り沙汰。
後から言い出したのでは手遅れだ、時機を失するな、という意。

後の雁が先に立つ。
後輩が先輩を追い越す。若者が先に死ぬ。という喩え。

後の喧嘩は先にする。
後日もめごとがおこらぬように、事前に十分、意見を戦わしておけ、の意。

後の祭り。
反省後悔の意味をこめて、時機遅れの喩え。死後いくら手厚く祭っても空しい意。祭りの済んだ後の時機遅れ、京都祇園祭りの、後の祭り説があるが、金子武雄氏が否定。

後は野となれ山となれ。
自分の大事なことが終わったので、後のことは利害はないからどうなってもかまわない、という自分勝手な考え方。

穴があったら入りたい。
身の置きどころがないほどに大変恥ずかしい気持ちをいう言葉。

あなたが倒れたことはどうでもいい。私は、あなたが立ち直ることに関心があるのだ。
リンカーン（アメリカ）
立ち上がって挑戦する限り、成功する可能性が残る。だから、立ち上がる気力があるか、体力があるかということが大切だ。

あなたがたの中で本当に幸福になるであろう人達は、他人のために尽くす道を求めてそれを見出した人達であろう。
シュバイツァー（ドイツ）
私の知っているただ一つのこと、として述べている言葉である。他人のために尽くす道を見つめ、それを実践する人達、これが幸福な人達だ、という意。

あなたが年をとったといって、誰も笑いはしない。
グリュフィウス（ドイツ）
年寄りらしくありたくないと考えるから人が笑うのだ。——と続く。

あなたが私（女性）を殴れば殴るほど、私はあなたを好きになる。
男らしくて好きだ、の意。ペルー、アンデス地方の諺。日本の「あばたもえくぼ」に近い意味。

あなたのインスピレーションやイマジネーションを抑えてはならない。
ゴッホ（オランダ）
画の世界では、先人の模範的な絵画の奴隷になってはならない。独創的であれ、の意。

あなたのチャンスは至る所にある。あなたの釣り糸を垂れておけ。
オヴィディウス（古代ローマ）
あなたが少しも予測しない渦の中にも、魚はいるものである。

あなたは全ての人を、ある期間だけだます

ことはできる。また、ある人々を全ての期間だますことはできる。しかし、全ての人を全ての期間欺くことはできない。

虚偽は、始めから、どこまでも排すべきだ、という言葉である。

リンカーン（アメリカ）

穴を掘る者は自らこれに陥る。『聖書』
人を陥れようとする者は、その行為によって自ら災いを招く、という喩え。

あの世千日、この世一日。

身を慎んであの世で千日の安楽を約束されるより、この世で、一日でも快楽を尽くしたほうがよい。


痘痕も靨。

アバタモエクボと読む。好きになると相手の欠点も長所のように見えるものだ、の意。


あひるの背中に水。

いくら意見をしても効き目がない、意。日本の諺「馬の耳に念仏」（別項）の意に近い。**英語** Water off a duck's back.

危ない橋も一度は渡れ。

危険な方法や手段も一度はやってみよ。安全堅実だけでは、成功がおぼつかない。


危ない橋を渡る。

危険な手段や方法を用いる、喩え。法律に触れるか触れないかすれすれの事をする場合によく使う。


虻蜂取らず。

あれもこれも手に入れようと欲張って結局はいずれも、手に入らない、という喩え。


油に水。

「油に水の混じるごとし」とも。しっくりとなじまない意味に使う。


油を売る。

髪油売りが婦女を相手に話し込みながら商売をする、意。転じて、仕事を怠けて無駄に時間を過ごす、喩え。


油を絞る。

人の失敗や欠点を厳しくとがめ、叱ること。


阿呆と鋏は使いようで切れる。

愚かな者でも使いようで役立つものだ。


阿呆の大食い。

愚かな者は無茶食いをしがちである。大食漢を嘲る諺。「馬鹿の大食い」とも。


阿呆は風をひかぬ。

愚かな者はのんびりと、何も苦労がないから体をこわすことがない、という喩え。


阿呆は黙っておれない。

静かにしておれない発言癖の人間は、アホウである。秘密にすべきことをしゃべってしまうのもアホウである。侮辱に使うよりも、自嘲に使うことが多い。


雨上がりの薬缶照り。

薬缶はヤカンと読む。雨が上がった後のかんかん照りの喩え。


あまい物に蟻が付く。

利益のある所に人が集まる、喩え。「蟻の甘きにつくが如し」（別項）とも。


あまりしゃべると、お里が知れる。

あんまりしゃべり過ぎると、育ちや教養が分かってしまうから、口はつつしんだ方が良い、という戒め。


あまり高くとまるな。

相手の身分が賤しくとも軽蔑するな。同じ人間だということを忘れないように。


あまり他人の同情を求めると、軽蔑という景品がついてくる。

他人に同情するのはいいが、逆に同情を求めることはよろしくない。軽蔑されるのが落ちである。


あまりに熱中することは、すべてをだめにする。

あまり一事に熱中するのはよくない。かえって失敗してしまう。熱中しすぎることを戒めた英語の諺。Too much zeal spoils all.

あまりにも卓越した性質は、しばしば社会生活を不向きにする。
S・シャンフォール（フランス）
我々は地金を持って市場へ出かけず、小金を持って市場へ出かける。――と続く言葉である。卓越した性質は、少しずつ社会生活に合うように出して行くべきだ、という意。

あまりに安く手に入るものは、非常に低く評価される。すべて高価でありさえすれば価値を持つことになる。
トマス・ペイン（イギリス）
真に価値のあるものが見失われている。価格にまどわされず、価値あるものを、という戒め。

余り物に福がある。

「余り茶に福がある」「残り物に福あり」

（別項）とも。残り物にろくなものがないと思われるが、思いがけない利益や福があるときがある、の意。

網なくして淵を覗くな。

十分な用意なしに成功はおぼつかない。また、努力無しに他人の成功を羨んではならない、という喩え。

網にかかった魚。

逃れられない。どうすることもできない喩え。

網にかかるは、雑魚ばかり。

法網にかかって捕まるのは小者ばかり。大悪人はうまく法の網を潜り抜けてしまう喩え。

網の目に風たまらず。

かいのないこと。無駄なこと。

雨が降れば必ず土砂降り。

悪いことは重なるという喩え。**英語の諺** It never rains but it pours.

飴で餅。

飴に餅をつけて食うようなもの。話がうますぎる喩え。

飴と鞭。

躾などをする時に、甘い面と厳しい面を両方備えていることの喩え。また、人を支配する時の、おだてと脅しにも使う。

雨にも負けず　風にも負けず　丈夫な身体を持ち　欲はなく決して怒らず　いつも静かに笑っている　あらゆることを自分を勘定にいれずに　よく見聞きし判り　そして忘れず。

宮沢賢治（日本）

東に病気の子供があれば　行って看病してやり　西に疲れた母あれば　行ってその稲の束を負い　南に死にそうな人あれば　行ってこわがらなくてもいいと言い　北に喧嘩や訴訟があれば　つまらないから止めろといい　誉められもせず　苦にもされず　そういうものに私はなりたい――と続く有名な詩。（原文カタカナ、手帳に書かれたつぶやき）

雨の後は上天気になる。

雨の後は晴れになる。「嵐が去って凪がくる」（別項）。争いが済んで平和が来る。当然のことを当然だとして喜ぶ、意。**英語の諺** After rain comes fair weather.

雨の降る日は天気が悪い。

当然のことを述べて、悟らせる諺。「だから、こんな行事は、計画すべきでない」等、と使う。

雨の夜にも星。

普通には有り得ないと思うことが稀にはある、という喩え。

雨は、一人だけに降り注ぐわけではない。

ロングフェロー（アメリカ）

雨でずぶぬれになる。自分は、運が悪いと思う。そう悲観的に考えずに、雨は私一人だけではない。人生で運の悪い者は自分だけでないのだから、前向きに生きよう。

雨降って地固まる。

困難や災いがあったあとに、その試練に耐えてかえってより良い状態になるという喩え。

飴を含みて孫をもてあそぶ。

『後漢書』（中国）

社会的な仕事から引退して、孫相手の生活を送る楽しみを表した言葉である。

危うきこと朝露のごとし。

『史記』（中国）

朝露は、チョウロと読む。人の命運の早く尽きるさまは、朝の露のようである。

過ちて改めざる、是を過ちという。

『論語』（中国）

過失というものは、即座に改めたら消失する。改めないと、真の過ちになる。

過ちは好む所にあり。『淮南子』（中国）

失敗は、自分の好きなこと、得意なことをやっている時に起こるものだ。

過ちを改むるに、憚ることなかれ。

『論語』（中国）

過失を犯したら、体裁などかまわずに、すぐ改めなければいけない。

過ちを犯さない者は、なにもしない者である。

エドワード・フェルプス（アメリカ）

過ちを恐れていると、何もしない、役に立たない人間になってしまう。

過ちを知りては必ず改めよ。

過ちに気付いたら、その場で改めるがよい。

過ちを否定して、それを二重にするな。

過ちを否定するのは二重の過ちだ。過ちをごまかしたり言いわけしたりするのは、二重の罪になるのである。**英語の諺** Denying a fault doubles it.

誤った意見であっても、討論するだけの理

性が残されているなら我慢できる。
ジェファーソン（アメリカ）
アメリカ最初の大統領の就任演説である。理性的な意見を望む言葉である。

過つは人の性、許すは神の心。

過ちは誰でもする。許すのは神の御心によるもの。**英語の諺** To err is human, to forgive divine.

誤りは表面にあり、真理は甚だ深く隠されている。
ゲーテ（ドイツ）
表面だけを見て、考え、真理を求めようとしてはらない。

誤りを以て誤りをつぐ。

間違いを直そうとして、さらに別のまちがいを犯しやすい、という意。

あらさがしをするよりも、改善策を考えなさい。
フォード（アメリカ）
他人や会社のあらさがしに心が走る人が多い。それよりも、改善策に目をむけてほしい。

嵐が去って凪が来る。

不幸や災難のあとには、平安な幸せの日が来る。


嵐の前の静けさ。

自然界や人間社会に大変事が起ころうとするときの、一瞬の不気味な静けさ。


争いが済んで平和が来る。

争いが済んで穏やかな平和がおとずれる。**英語の諺** Peace comes after contest.

争い、木登り、川渡り。

喧嘩、木登り、川渡り。危険なものを並べたことわざ。やっても無駄である、の意。


争いの初めは堤より水を漏らすに似たり。

『聖書』

破滅に至る大きな争いも、きっかけはごく小さなものだ。**英語** Stealing water starts a quarrel.

争いはすべからく紳士的であれ。

争いは紳士的にするのが当然だ、卑怯なやり方をせず、フェアプレイに徹せよ、という意。


争いを好む者は罪を好む。

『聖書』

争いは罪を作るもとである。**英語** He who loves strife loves sin.

争うに先立つことなかれ、和するに遅れるなかれ
口論するときに一番に始めるな。また仲直りをするときは、最後の者になるな。

新たに沐する者は、必ず冠を弾く。

髪を洗い立ての者は、必ず冠の塵を落としてからかぶる意。潔白な人ほど、自らを汚す恐れのある俗世の事物を遠ざけるという喩え。中国の諺。


改めるのに遅過ぎることは、断じてない。

自分の過ちを改めるのを恐れるな。気付いたらすぐに改めよ、の意。**英語の諺** It is never too late to mend.

あらは探すほど出る。

欠点は探し出せばきりがないほど出るものだ。


あらゆる権利は知る自由から。

知る権利はあらゆる自由の鍵である。どちらも良く使われている諺。知る権利を大事にしたいものである。**英語** Your right to know is the key to all liberties.

あらゆることが一度に起こらないのは、時間のおかげである。
J・A・ホイーラー（アメリカ）
あらゆる物がぶつかり合わないのは空間のおかげでもある。――と続く言葉である。

あらゆることの初めに、終わりのことを考えよ。

あらゆることを始めるにあたって、終わりのことを、考えてとりかかれ。将来への見通しや展望を持ってことにあたるべきだという戒め。世界大戦の時、日本の指導者は、盲目状態で戦争をした。「終わり」を考えないで戦いを始めたのだ。**英語** In every beginning think of the end.

あらゆる人間的な幸福が押さえられ抹殺されようとしている時、幸福の要求をするのは、良心の義務だ。
『きけわだつみのこえ』（日本）
第二次世界大戦中、非常時、非国民という言葉で、人間性を無視され否定されていた時代の、幸福要求の叫び、である。

あらゆる人を褒める人は、だれをも褒めないのである。
ジェームズ・ボズウェル（イギリス）
あてにならない批評は気にするな。人の決めた基準に従う必要はない。

あらゆる人を喜ばせることはできない。

R・L・スティヴンスン（イギリス）

多くの人を喜ばせようとせず、自分の書きたい小説を書いていきたい、という意。

あらゆる本質的な知識は存在と関係がある。あるいは、存在と本質的関係のあるような知識だけが、本質的な知識である。
キェルケゴール（デンマーク）

実存主義の主張を最も明白に示すものとして知られている言葉である。

あらゆる物には輝くダイヤが隠されている。磨けば光る。 エジソン（アメリカ）

生涯に千数百の発明をした発明家の言葉である。あらゆるところに貴重な輝くダイヤが隠されている。見つけて、努力して磨けば光る。

あらゆる物を欠いているように見えるときに、人間はいちばんみじめなのだ。
ルソー（フランス）

不幸は物を持たないことにあるものでなく、それを感じさせる欲望の内にある。――と続けて注記が書かれている。

あらわれないような秘密はない。

秘密は、いつまでも隠しおおせないという意。それならば、秘密をもたない人生を送るのが賢い生き方だ。**英語の諺** No secret but will not come to light.

ありあまる富は、我々の幸福にはほとんどなんの寄与するところもない。金持ちに不幸な思いをしている人が多いのはそのためである。 ショーペンハウアー（ドイツ）

金持ちに不幸な思いをしている人が多いというのは、「ありあまる富」のせいだ、という言葉である。富は少なければ不幸、だから多くを持ちたいと思う。だが、持ち過ぎるとこれも不幸に近づく、という意。

ありそうで無いのが金、無さそうであるのが借金。

人の外見から貧富の区別はつきにくい。案外豊かな人はみつけにくいものだの意。

有りて施さざれば窮してこれを救うものなし。 『論語』（中国）

財産があって慈善をしないと、困窮した時にこれを救うものがない。

蟻の穴から堤も崩れる。

小さな過ちやわずかな油断で大事をひきおこす喩え。

蟻の甘きにつくが如し。

利益のあるところに人が集まる、喩え。「あまい物に蟻が付く」（別項）とも。

蟻の塔を組む如し。

塔は蟻塚のこと。少しずつ怠り無く功を積んでついに大事業をなしとげる喩え。

ありのままは正直の看板。

言葉や態度を飾らないのは心の中の正直さを示す証拠である、という意。

歩き始めたばかりの坊やは／歩くことで幸せ／歌を覚え立ての子どもは／歌うことで幸せ。 高田敏子（日本）

ミシンを習いたての娘は／ミシンを回すだけで幸せ／そんな身近な幸せを／忘れがちなおとなたち――と続く。詩「しあわせ」より。

ある国は現在を犠牲にして将来を築いている。我が国は将来を犠牲にして現在を楽しんでいる。これでいいのだろうか。
J・F・ケネディ（アメリカ）

将来を犠牲にして、現在を楽しんでいる国、それは、アメリカだけではない。日本では、膨大な赤字財政を将来に残している。楽しんで使ったインフラは、補修さえできない。他人事でない。

「ある」ことの証明は、やりやすいが、「ない」ことの証明は、限りなく難しい。
鈴木博（日本）

一つの言葉がある時期にある地方に存在したことの証明は容易だが、存在しなかったという証明は、不可能に近い。これは学問の証明一般に通ずる。

ある書物が楽しく読める条件として、その書物は、あなたに対してなんらかの直接的意味をもっていなければならない。
モーム（イギリス）

なによりも、直接的意味のある書物を、選んで、楽しく読めという警句である。楽しく読もうとは思うが、直接的意味という条件は、重んじられてはいない。

ある袖は振れど、ない袖は振られぬ。

金があれば出せるが、はじめから無くてはどうしようもない。お金は出せない、という喩え。

ある知恵を出すに慣れたる果ては、無き知恵をも絞るに至るものなり。
斎藤緑雨（日本）

凡人たれ、凡人たれ、勉めて凡人たれ。――と続く言葉。凡人としての知恵を出せばよいのだ、の意。

ある時払いの催促なし。
金の余裕ができれば返済すればよい。それまで催促はしない、という寛大な返済条件、をいう諺。

有るところには有るもの。
金持ちの家には金が余る程あるものだ、の意。

ある出来事が、その人の運の良し悪しに関係することは確かだ。しかしそこには、その人物の普段の行いという要素が影響していることも確かである。
フランシス・ベーコン（イギリス）
結局は、自分の運をどう発展させていくかは、その人の手中にしかない。——と続く言葉である。

ある一つの事を、真に知りこれを実行するのは、百様の事を半ば知るよりも、より高い教養を与える。
ゲーテ（ドイツ）
多くの事を中途半端に知るより、一つの事を徹底して知り、そして実行せよ。そういう人に教養が与えられる、という警句。

ある人の幸福は、他人の不幸。
どんな人でも、人の幸福は他人の犠牲の上に成り立っていることを、思って生きよ。フランスの諺。

ある人の人生が、幸福であるか不幸であるかは、財産、地位あるいは職業などによって決まるものではない。
D・カーネギー（アメリカ）
なにを幸福と考え、不幸として考えるか、その考え方が幸、不幸の分かれ目なのである。

ある裕福な人の仕事が、広く社会を潤すものでなければ、その仕事は正しいとは言えない。
渋沢栄一（日本）
裕福か否かはさておき、社会に役立つものでなければ、正しい仕事とはいえない。

あれもこれもなしうると考えるかぎり、人は何もしうる決心がつかない。
スピノザ（オランダ）
あれもこれもと考えて迷っていてはならない。なすべき時には、決断を下すべきだ。

淡きを食らい薄きを着る。
粗末な衣食で満足して生活する意。

慌てる蟹は穴へ入れぬ。
慌てて急ぐとかえって逆効果である。あわてると失敗するぞ、という喩え。

慌てる乞食は貰いが少ない。
他の仲間より、早く多く貰おうとする人を戒める諺。

合わぬ蓋あれば、合う蓋あり。
人にも物にもそれぞれふさわしい場があるという喩え。

粟一粒は汗一粒。
ごく小さい粟の一粒が農民の汗一粒にあたる、という意。農家の苦労の喩え。「粒々辛苦」（別項）と似た諺。

あわれみと同情は、商売を台無しにする。
客に対して同情などを持って接していては商売は成りたたない。という意。商売は、感情抜きでやっていけ、という戒め。

案じてたもるよりも銭たもれ。
案じて下さるより、銭を下さい。心配して下さるより実質的な援助をお願いします。

鞍上人なく、鞍下馬なし。
鞍上はアンジョウと読む。鞍の上の人と鞍の下の馬と一体になる、意。騎手が馬を巧みにのりこなす様子をいう。

案じるより念じろ。
心配ばかりしているより神仏に祈るがよい。

案ずるより産むが易し。
物事は、前もって心配するより、やってみると案外やさしいものだ。本来は、出産の心配だが、広く一般的な心配ごとを、喩えたもの。

暗中に模索す。
中国古代の諺。闇の中で手さぐりに捜し求める意。転じて、手がかりのないものをいろいろと、探ってみる様子をいう。

暗中的を射る。
あたらない。また、目当てのつかぬことの喩え。

暗夜に灯火を失う。
不安な状況の中で、よりどころとなるものを見失って、途方に暮れる、喩え。

暗夜の灯火。
ひどく困っている時、切望していたものに巡り会うことの喩え。

闇を以て疵を見る。
暗い所から明るい所を見ればよく見えること。自己を出さないで、人を見ると相手の欠点がはっきり見えるという喩え。

い

威あって猛からず。　『論語』（中国）
威厳があって荒々しさがない。師の理想的な人格を表した諺。

居合わせないものは、つねに間違っている。
欠席裁判などと言われていることの諺。居合わせないと自己主張や弁明ができないので、常に悪者にされがちだの意。**英語の諺** The absent are always in the wrong.

いい後は悪い。
よいことがあった後は悪いことがおこりやすい。

言いたいことは明日言え。
感情が高ぶっているとき、言いたいことがあってもその場ですぐに言わずに、しばらく時間をおいて、冷静になって考えてから言う方が失言がすくなくなるという諺。

言い出しのこきだし。
誰かが無作法をしたとき、言い出したものが、放屁の当人だ、の意。噂話、作り話、嘘話、の出所が問題になった時に転じて、「言い出しのこきだし笑いだし」とも。

いい月日の下に生まれる。
よい運命に生まれつく。いい境遇に生まれ合わせる。

言い訳するほど悪くなる。
弁解すればするほど失敗や過ちがはっきりして、収拾がつかなくなる、意。

言うことが少なければ、すぐ訂正できる。
少ない言葉で、要点を間違いなく、これが良い「ものいう術だ」。**英語の諺** A little said is soon amended.

言うこととすることは無関係である。
言行不一致は、世の常である。**英語の諺** Saying is one thing, and doing another.

言うなかれ、今日学ばずとも、来日ありと。　朱熹（中国）
明日があるからといって、今日学問を怠ってはならぬという意。

言うに落ちず、語るに落ちる。
略して、「語るに落ちる」とも。人に聞かれて言う時は用心して秘密を明かさないが、自分から語る時は、うっかりしゃべってしまうことを言う。

言うは、言わざるにまさる。
言うべき時にははっきりと言うべきである。

言うは易く、行うは難し。　『塩鉄論』（中国）
実行が大切だ。人間は言うだけで実行しない弱さがある「言行一致」が、人間の永遠の理想なのである。**英語の諺** Easier said than done.

言う人憎し。
自分の悪いところを反省せず、親切に忠告してくれた人を逆に憎く思うこと。

言うべきときにノーというのは平和の鍵である。ノーと言わず、世に悪の栄えるのは、我々にその勇気がないためだ。　スマイルズ（イギリス）
言うべきときにはっきり、ノーと、発言しよう。そういう勇気がないと後で世がさらに悪くなる、の意。日本人には言わないのが奥床しいという伝統があった。

言うべき時を知る人は、黙すべき時を知る。　アルキメデス（古代ギリシャ）
無駄に喋り過ぎず、無口過ぎず、言うべきことは良く考えて良い時機に相手に伝える。これが大切なことである。

言う者、罪無くして、聞く者を戒む。　『詩経』（中国）
詩というものは露骨な表現を避けるので作者には罪が及ぶことはなく、聞く者は、寓意を感じて戒めにできる、という意。

家売れば釘の価。
大金をかけた家でも売りに出すと、釘の値段ぐらいの安値になってしまう、意。

家が富むと友人がふえる。
ある程度財産がないと、友が相手にしてくれない。相応の富は、基本的に必要というべきである。**英語の諺** A full purse never lacks friend.（金が一杯つまった財布があれば友人を欠くことはない）

家が焼け落ちた時に、水を運んでくる。
時期遅れ。死んだ後に医者。泥棒を捕えて縄をなう。喧嘩の後で棒を出す。溺れて死んでから浮き袋をさがすなど、あまりに遅過ぎる、という意。**英語の諺** When the house is burnt, you bring water.

イエス、ノーは、はっきり言って、人に迷惑をかけないようにしたい。　小泉信三（日本）
他に気兼ねして曖昧なことを言う者が、良く思われず、かえって他の思惑をかえりみずに、思った通り言う者が必ずしも嫌われない。

家ではライオン、外ではねずみ。
A lion at home, a mouse abroad. 英語の諺の訳。「家ではライオン　戦場では狐」とも。日本では、「内弁慶」（別項）という諺がある。

家に女房なきは、火のない炉のごとし。
主婦のいない家は、大事なものが欠けていて冷ややかで寂しいものだ。

家に弊帚有り、之を千金に享つ　曹丕（中国）
弊帚はヘイソウと読む。破れぼうきのこと。享つは、アツと読み、思い込む意。我が家の破れぼうきを、高価な物と思い込む。うぬぼれが強いこと。

家の乱れは女から。
家庭が乱れるのは女性が原因であることが多い、意。浮気や不倫など、家が破壊される例は枚挙にいとまがない。

言えば言い得。
言いつのれば言うだけ得をする、意。

家は、金殿にあらずといえども漏れざれば即ち良しとす。
家はりっぱでなくてよい。雨が漏れなかったら良いのである、という意。

言えば口答えになり、言わねば理がわからぬ。
使用人や弟子は、弁解すると口答えをすると言われ、黙っていれば道理を理解してもらえない。

家は狭かれ、心は広かれ。
家は狭くても、心は広く持ての意。質素な暮らしをしていても、広く豊かな心を持ちたいものである。

家は、その持ち主を示す。
家がどのように手入れされているかで、その持ち主の人柄がしのばれるということ。英語の諺 The house shows the owner.

家貧にしては、親知少なく、身賤しくしては故人疎し。　『本朝文粋』（日本）
貧乏すると親友や知人も少なく、落ちぶれると旧友も訪れない。

家ほどよい所はない。
世界中家ほどよい所はない。また、そういう家庭でありたいものである。狭いながらも楽しい我が家である。英語の諺 East, west, home is best.

家貧しくして、孝子顕る。　『宝鑑』（中国）
家が逆境の時ほど、孝行な子や立派な人物が表面に現れる。

家をととのえることができなくて、天下を治めることはできない。　フォード（アメリカ）
家庭をきちんとまとめることができないような人間は、世界的な政治家にはなれない。

鋳型に入れたような悪人はいない。みな善人で普通の人だ。　夏目漱石（日本）
それが、いざという間際に、急に悪人に変わるから恐ろしい。――と続く、『こころ』に書かれた性善説。

いかなる英雄といえども、その時代を超越することはできない。　三浦綾子（日本）
まして平凡な人間は、超越するどころか、この世の時流に巻き込まれ押し流される弱い存在なのだ。――と続く。せめて、押し流されない生き方をせよ。

いかなる観念も、犠牲を払わずして成功することはできない。　ルナン（フランス）
どんないい考えも、犠牲を払わなければ、うまくいかない。

いかなる職業でも、有能な人間になるには次の三つが欠かせない。それは、天性と勉強、そして実践だ。
ビジネスの成功には、天性と勉強で常識をつけ、その上で頭を使い熱心に実践することだ。（ギリシャの古い格言）

いかなる人の知識も、その人の経験を超えるものではない。　ロック（イギリス）
人間は自分の経験した範囲の中でしか思考も発想もできない。知識がどんなに多くても、その人の経験したものに比べて小さいものだ。

いかなる貧乏も、勤勉に追いつくことはできない。
日本の「稼ぐに追いつく貧乏なし」（別項）と同じ。「働き者の家に飢餓は入ってこない」という諺もある。**英語の諺**

No poverty can overtake industry.

いかなる良薬も、愚かさを治すことはできない。

「馬鹿につける薬はない」（別項）「馬鹿を利口にする術はない」「馬鹿に生まれついた者は決して治療されない」。同じような意味の諺が、広く世界に分布している。**英語の諺** No medicine can cure folly.

いかに多くの人々が自分より前進しているかを見るよりも、いかに多くの人々が自分より遅れているかを考えよ。

セネカ（古代ローマ）

何とか人に負けないで前進しようと考えるより、遅れている多くの人々を、どのように引き上げるかを考えなければならない。

いかにして年をとるかを知ることは、知恵のうち最大の仕事である。

エピクロス（古代ギリシャ）

また、生きるという偉大な技術における、最も難しいことなのだ。――と続く名言である。

いかに真実なことと思っても、一片の疑惑が浮かべば、断じて行動してはならない。

どれほど真実だと思っても、少しでも疑惑があれば、熟慮して、行動に移さぬことだ、という戒め。

いかに弱き人といえども、その全力を単一の目的に集中すれば、必ずそのことを成しうべし。

春日潜庵（日本）

これに反して、いかに強き人といえども、多くの目的にその力を分散すれば、一事だも成しあたわず。――と続く。

いかもの食いの、銭惜しみ。

人が食べないような物しか食べないケチである。嘲りの諺。

怒りには、すなわち理を思い、危うきには義を忘れず。

『説苑』（中国）

立腹した時は、理性的に事を考えるようにし、危機に直面した時は、道義に外れないようにする。

怒りの遅延は、怒りの最良の解毒剤である。

セネカ（古代ローマ）

怒りを可能な限り遅らせること。これが重要だ。

怒りは、一時的な狂気である。

ホラティウス（古代ローマ）

怒り、この感情を抑えなければ、人生は、狂気の世界に征服されてしまう。「怒りは短き狂気なり」とも。**英語** Anger is a short madness.

怒りは逆徳なり、兵は凶器なり、争いは末節なり。

『漢書』（中国）

怒りは道徳から外れたものであり、武器は人を殺す凶器であり、争うことは最もつまらんことである。

怒りは自分に盛る毒。

怒りは、毒だ。全身に回ると自分の心が病気になる。ホピ族の諺（アメリカ）。

怒りは敵と思え。

怒りは、我が心から起こるものだが、憎い敵だと思って退治しなければならない。

怒りは自らを罰する。

日本の諺の「短気は損気」の意味にあたる。激しい怒りは、なるべく外へ出さないようにしよう。「怒りを人に移さず」（別項）と孔子は、論語に言葉を残している。**英語の諺** Anger punishes itself.

怒りは無謀をもって始まり、後悔をもって終わる。

ピタゴラス（古代ギリシャ）

冷静に生きよ。怒れば残るのは後悔ばかりである。

怒りを止めるは詩歌にしくはなく、憂いを去るは楽にしくはなし。

『管子』（中国）

怒りを押さえるのは詩を読むのが一番よく、憂いをはらすには、音楽を聞くのが一番良い。

怒りを人に移さず。

孔子（中国）

立腹して、他人に怒りをぶちまけてはならない。

怒ることを知らないのは愚か。怒ることを知ってよく忍ぶ者は賢い。

怒りはできるだけ自分でおさめて、当り散らさないのが賢人のすることだ。

生き馬の目を抜く。

ずるくて抜け目なく、すばやくて、油断がならないことの喩え。

勢いにつくのは世の習い。

勢いのある人に多くの人がなびくのは、世間の通例で、没落する者に従おうとするものが少ないものだ。**英語の諺** Men worship the rising, not the setting, sun.（人は、朝日を拝んで、夕日を拝まない）

行きがけの駄賃。

ある事をするついでに他の事をして利益を得ること。また、悪事のついでに他の事をして利益を得ること。

生きた言語は、知識の進歩と思想の多様化とに歩調を合わせて行かなければならない。
ノア・ウェブスター（アメリカ）
生きた言葉は、知識的にも、思想的にも、時代の進歩に合致した言葉でなければならないのである。

生きて相憐れみ、死し相捐つ。
『列子』（中国）
憐れみは、アワレミ、捐つは、スツと読む。生きている時は、互いにあわれみ愛するが、死ねば捨ててかえりみない。死者に対して薄情なこと。

生きていくためには、記憶力よりも、その対極にある「忘れる力」の方が不可欠である。
ショーレム・アッシュ（ポーランド）
賢く生きるために、いかに不要なものを、上手に忘れるか、この一面を突いた言葉である。不要な記憶を忘れるのは、実は容易ではないのである。

生きていることが重荷だからと死を願うのは卑怯である。 エマーソン（アメリカ）
この重荷から逃れる唯一の方法は、自分の使命を成し遂げることである。——と続く名言。

生きていることは素晴らしい。この世界は面白いことでいっぱいだ。
グラハム・ベル（スコットランド）
人生は積極的に生きていこう。素晴らしいことばかりだ。面白いことが一杯だ。

憤りを発して食を忘る。 『論語』（中国）
憤りは、発憤の意。発憤すると夢中になって食事も忘れてしまう。学問や人生問題に発憤して寝食を忘れる意。

生き恥かくより死ぬがまし。
生き恥をさらすよりも、名誉を傷つけずに死んだ方がましだ。英語の諺 Better die with honor than live with shame.

生きよ。生きた方がよい。命があってこそ諸々の善行をなすことができるのだ。
釈迦（インド）
人生は一回きり。死んでは生き返れない。生きてこそ、善い行いができるのだ。

イギリス人の家は城。
イギリス人は、近代的個人主義が確立していて、何人もその住居を犯し難い。英語の諺 An Englishman's house is his castle.

イギリスは各員が義務を尽くすことを期待する。——神に感謝します。私は義務を果たしました。
ネルソン（イギリス）
トラファルガー海戦の時、旗艦ビクトリーにかかげられたシグナル。日本海海戦の時、「皇国の興廃この一戦にあり。各員一層奮励努力せよ」の原型。

生きることで、苦しむことで、過ちを犯すことで、身を危険にさらすことで、与えることで、愛することで、私は生き延びている。
アナイス・ニン（フランス）
十一歳から六十年以上日記を書き続けたという作家の言葉である。苦しみ、過ち、危険を乗り越え、他に与え、愛し続ける、それが人生だ、という意。

生きることは、生涯かけて学ぶべきことである。
セネカ（古代ローマ）
そして、おそらくは、それ以上に不思議に思われるであろうが、生涯かけて学ぶべきは死ぬことである。——と注記している。

生きるために食べるべきで、食べるために生きてはならぬ。
ソクラテス（古代ギリシャ）
生活のために人生を送るようなことをしてはならない。英語 Eat to live, and not live to eat. フランクリンも使った言葉。「食うために生きるのではなく、生きるために食え」（別項）とも。

生きるとは、呼吸することではない。行動することだ。 ルソー（フランス）
生物として息をしているのが人生ではない。いかに行動するかが人生である。

生きんがために食え。されど食わんがために生くるなかれ。
B・フランクリン（アメリカ）
生きるために食べよ。だが、食べるために生きてはならない。

行くに径によらず。
「径」はコミチと読む。こそこそ行動するな。堂々と大道を歩け。

行くものは路をゆずるべし。耕すものは畔をゆずるべし。
「畔」はクロと読む。争って先に立とうとしたりせず、人に譲るという気持ちを持つことが大切だ、という諺。

いくらかの利益もない大損失というものはない。

事実そのままを示した諺。大損失と騒ぐ人に限って、少しでも利益を隠し持とうとするのが、事実である。英語の諺 No great loss but some small profit.

いくらやっても、やり足りないと思え。一心不怠に努力すれば、努力した分だけ必ずよくなる。

大山梅雄（日本）

いくらやってもできない、もうこれでいい、やるだけやった、などと言ってはならない。まだこれでもやり足りない、まだまだやり足りないと思い努力せよ。

生簀に躍る魚。

生簀はイケスと読む。自由に動き回っているようでも、他人に運命がにぎられていることの喩え。

意見三両、堪忍五両。

助言や忠告には三両の価値があり、耐え忍ぶ態度には五両の値打ちがある。他人の意見と耐え忍ぶことはともに尊重せよ、の意。

意見を持っているだけの人は、ほとんど世に利益をもたらさない。

エマーソン（アメリカ）

しかし、確信を持っている人は、自分たちの社会を改革することができる。自信を持って生きよ。

砂に黄金、泥に蓮。

「砂」はイサゴと読む。つまらないものの中にすぐれたものがまじり、煩悩の泥の中にも悟りの花が開くこと。

砂を集めて、塔を積む。

非常に気の長いことの喩え。また、むなしい作業の喩え。

いざという時は、臆病者も勇気をふるう。

どんなに臆病な者でも、絶望の寸前では、ありったけの勇気を出して行動を起こすものである。英語 Despair gives courage to a coward. が類似の諺。

いざよう空や人の世の中。

はっきりしない空模様のように人の心の変わりやすいことの喩え。

井渫えて食われず。　『易経』（中国）

食われずは、飲むことができない意。井戸替えで、水をさらえて水が澄んでも、人から飲んでもらえない意。立派な才能を持ちながら、登用してくれる明君にめぐりあわぬこと。

石臼石でも、心棒は金。

心棒を辛抱にかけた諺。使いたいのを辛抱してためる、怠けたいのを辛抱して働く、そうすれば金持ちになれるという意。

石が流れて木の葉が沈む。

道理が逆になっている喩え。

石から綿を採る。

不可能である、という喩え。

石地蔵に蜂。

なんの痛痒も感じない喩え。

石取って碁に負ける。

囲碁で相手の石を取ることばかり考えて、全局を見ないで負けること。

石に口あり。

「壁に耳あり」「徳利に口あり」とも。誰がどこで聞いているかわからない。密談の漏れやすいことを戒める意。英語 Even woods have ears. が類似の諺。

石に漱ぎ流れに枕す。

「漱ぎ」は、クチススギと読む。負け惜しみの強いこと。「石に枕して眠り、流れに口を漱ぐ」の言い誤りから生じた。「漱石枕流」の故事から夏目漱石の筆名もつけられた。

石に布団は着せられず。

石は、墓石のこと。父母が死んでから孝行しようと思っても遅いという喩え。「石に布団は着せられぬ」とも。

意志のある所には道がある。

強い意志さえあれば必ず道は開けてくるものだ、の意。英語の諺 Where there is a will, there is a way.

石の上にも三年。

石の上でも、三年すわれば温まる。辛抱すれば最後には報いられるという喩え。英語の諺 Patience wears out stones.（忍耐は石をすりへらす）が類似の意。

石の土台の腐るまで。

永遠に変わらない喩え。

石の火、石に戻らず。

火打ち石で打った火は、再び石にもどることはない。すぎ去った歳月は戻らない、という喩え。

石は石、金は金。

物事をきちんと区別すること。正直で明白なこと。

石橋を叩いて渡る。

石橋を叩いて安全性を確かめてから渡る、意。慎重に事を行うことの喩え。

石部金吉
堅い物体、石と金をならべて、擬人化した諺。堅固で、きまじめ、融通がきかない人物の意。

石仏のふところ。
期待に反して冷淡な扱いを受けることを表す諺である。

医者たるものが健康の規則を破る。
健康の維持につとめるべき医者が、健康に反することをしやすい。**英語の諺** A physician breaks the rules of health.

医者と味噌は古いほどよい。
古いほど、医者は経験が豊かで、味噌は味が良い、という意。

医者の只今。
「はい、ただいま」といってなかなか来ないという、医者の往診が、あてにならないこと。「紺屋の明後日」（別項）と近い諺。

石屋の引っ越し。
思い思いにする。重い重いと運ぶのに苦しむ。なぞ諺。

医者の不養生。
患者に養生を説く医者が、自分では意外に不養生をしている意。一般に他人に立派なことを教えながら、自分自身は実行が伴わない喩え。「自らを治せる人は良医である」「医者たるものが健康の規則を破る」（別項）「医者よ汝自らを治せ」は外国の諺。

医者を持つより料理人を持て。
医者よりも、毎日の食事に心を配り健康にせよ、の意。**英語の諺** Have a cook rather than a doctor.

衣装は人をつくる。
良い着物を着れば不美人の女性はない意。**英語の諺** No woman is ugly if she is well dressed.

衣食足りて、礼節を知る。
『管子』（中国）
生活が安定してはじめて道徳心が生じる。「恆産無き者は恆心無し」（別項）と同じ意。

石を抱きて淵に入る。
自ら好んで大きな危険をおかすこと。意味なく命を失ったり災難を招くことの喩え。

石を包んで黄金となす。
黄金はコガネと読む。価値のないものを大切にする意。

意地を通せば窮屈だ。
この世は、意地を張って自分の考えを通そうとすると、窮屈な思いがする。

偉人、故郷に知られず。
広く名を知られるようになった偉人も、その故郷では意外に冷淡に扱われることが多い、という意。

以心伝心
言葉で表現できない悟りや真理を、心から心へ伝える、仏教語。わざわざ言葉にしなくても自然に心が通じ合う意に、日常語として使う。

偉人はその時代に先んじ、聡明者は時代とともに進み、老練者は時代より遅れを作り、馬鹿者は時代に逆行する。
アーネスト・バーカー（イギリス）
時代に逆行だけはするな。時代に従い、時代とともに歩む人間になれ。

偉人は若くして偉大さを示す。
英語の諺。優れた人は子どもの時から違っている。「天才は子供の時にさえその才能を示す」「栴檀は二葉より芳し」（別項）などは同じ意味の諺。Great men show greatness in youth.

居ずば、出会え。
相手が居ないことを確かめてから、「出てきて相手になれ」と叫ぶ、意。卑怯者の空威張りのこと。

何処の烏も皆黒し。
どこへ行っても烏は黒いように、人も本性に変わりはない、という喩え。

何処の沙汰も金次第。
世の中、どこへ行っても金がものをいう。金を持っていれば強いものだ、の意。

出ずれば費えあり。
外出すれば、いくらかは出費があるものだ。財産を作るには外出は避けよ、という江戸期の諺。

異性に心を奪われることは、大きな喜びであり、人生において必要不可欠なことだ。しかし、それが人生の中心になってはいけない。
アインシュタイン（ドイツ）
もし、そんな心が人生の中心になってしまったら、人は道を失ってしまうであろう。――と但し書きをつけている。異性に心を奪われることを、人生の中心に置かないことの戒め。

急いで結婚して、ゆっくりと後悔する。
急いで結婚すると長く後悔が残るという意。**英語の諺** Marry in haste, repent at leisure.

急いては一生の不作。
何事も急いではならない、という意。結婚などは特にそうである。「急ぎの文は静かに書け」（別項）は、急ぎの手紙ほど重要な用件が多いのでゆっくり書けの意。あわてるな、急ぐなの教え。

居候三杯目にはそっと出し。
居候は、世話になっている手前、食事にも気兼ねをして遠慮している意。川柳が諺に使われている。

居候の食い急ぎ。
他にすることもないのに、食事の時だけがつがつ食う。

忙しさにこれで十分ということはない。問題は、何にそんなに忙しいのかということである。
ソロー（アメリカ）
忙しい、時間がない、と嘆いている人は、その忙しさを吟味してみることだ。無駄なこと、優先順位の低いものに時間を使っていないか。本当に必要なことに時間を使えば、時間に余裕ができるはず。

急がず、しかし休まず。 ゲーテ（ドイツ）
仕事でも、勉強でも、事業でも、研究でも、前向きに歩んでいたら、急がず休まずがいい。

急がば回れ。
湖上を舟で行く危険な近道をとるより安全な本道を回る方が、結局早く着くの意。一般に、急ぐ時こそ遠まわりをして安全な道を行け。

急ぎの文は静かに書け。
急ぎの手紙は重要な用件が多いので、誤りのないよう心を落ち着けて慎重に書け、という意。

急ぐことも悪ければ遅れることも同様に悪い。
ヴォギュエ（フランス）
万事をちょうどの時に行うことができる人が、賢明である。

急げば急ぐほど、スピードを落とせ。
「ゆっくり急げ」「ゆっくりと着実に」「急ぐことは無駄をつくる」。いずれも西洋の諺。**英語** The more haste, the less speed.

磯のあわびの片思い。
アワビの貝は、片方ばかりのように見えるところから、もどかしい片思い、の喩え。

依存心と独立心、つまり他人をあてにすることと、自分に頼ること――この二つは一見矛盾したように思える。だが両者は手を携えて進んでいかねばならない。
ワーズワース（イギリス）
幼少から老年まで他人に育てられ、他人のおかげで生きている。これは否定できない。その上で、自分を信頼し精力的に働くこと、自分自身が責任を持って幸福や成功を目指すべきだ。

痛い上に塩を塗る。
災難が続くことの喩え。

偉大な芸術家は、常に時代に先んずるか、時代の後に来る。
ジョージ・ムーア（イギリス）
偉大な芸術家は、時代に迎合しない。先んずるか。後世に認められるかである。

偉大な人々は、常に、平凡な人々から激しい抵抗にあってきた。
アインシュタイン（ドイツ）
偉大な人々は、すんなりと、偉大さを認められることは稀なのだ。

偉大なものも初めは小さい。
小さいことをおろそかにしないようにしようという戒め。「小事は大事」とも。**英語の諺** Great things have small beginnings.

痛いのは辛抱しても痒いのは辛抱できぬ。
痛さは我慢できても、かゆいのは我慢できない、意。

偉大を軽蔑し、過度のものよりむしろ適度のものを選ぶは、偉人の特徴なり。
セネカ（古代ローマ）
偉人は偉大なものを選ぶように思うのだが、真の偉人は、中庸を選び、適正な生き方をする。

痛くない腹を探られる。
何もしていないのに、または、関係がないのに、人から疑いをかけられることをいう喩え。

板子一枚下は地獄。
板子とは和船の船底のこと。船乗りは危険な商売で、いつ死ぬかわからない、意。

板につく。
板は、舞台の板のこと。役者が芝居に慣

れて、舞台にしっくり調和すること。転じて、仕事に良く慣れて不自然さがない様子。

一愛顧、二金、三才能。
商売に大切なもの。一つ、客の信用とひいき。二つ、資本の豊かさ。三つ、経営者の商才。という意。

一意専心自己の職務に努力せよ。そしておのずから、いわば勤労の報償として与えられた生活のプラスを感謝しつつ生きよ。そこに、幸福があり、生存の意義がある。
天野貞祐（日本）
幸福は受け取ることのできるものでなく、それに値打ちする行為に伴う報償だということ。その意味で、毎日、自分の職務に忠実に励もう。

一々の言葉を秤の皿に載せるような事をせずに、なんでも言いたい事を言うのは、我々青年の特権だ。
森鷗外（日本）
こう言えば、相手はどんなに思うだろうかなどと考えるのが成人。そんなことを意識しないで、言いたいことを言えるのが青年。若者はこの特権を生かすべきだ。

一瓜実に、二丸顔。
女子の容貌の順。三平顔に、四長顔、五までさがった馬面顔、と続く。民衆が、他人の不幸を笑う冷酷な諺。

一栄一落
ちょっと繁栄したかと思うと、すぐに没落する。世の栄枯盛衰の激しさをいう諺。

一燕、夏をなさず。
一羽のツバメだけで夏が来たと早合点してはならない。一部を見て全体が判ったと思ってはならない。**英語の諺** One swallow does not make a summer.

一円の貯金は一円の儲け。
貯金は貯えであるが、見方によれば人生の儲けである。勤倹貯蓄を勧める諺。英語にも、「一ペニーの節約は一ペニーの収入」という諺があり、同じ意。

一押し、二金、三男。
一積極性、二財産、三男ぶり（容姿）。女性の愛を得る条件に順序をつけた諺。

一樫、二茱萸、三椿。
材質の硬い木の順位。一かし、二ぐみ、三つばき。

一髪、二化粧、三衣装。
女性の美は、一髪の美しさ、二化粧、三衣装、によって生まれる、の意。

一隅を挙げて、三隅を反せざれば、則ち復びせず。
『論語』（中国）
復びはフタタビと読む。四角なものの一つの角を示されて、他の三つの角を類推して答えを返してくる者でなければ、二度と教える必要はない。

一期一会
一生に一度会う、こと。または、一生に一度限りであること。

一麹、二もと、三造り。
日本酒の味のよしあしは、一に麹、二に原料（米と水）、三に造り（仕込み）、できまる。

一合雑炊、二合粥、三合飯に、四合団子、五合牡丹餅、六合粟餅。
一食に一人が食べて満腹する穀物の量。料理の仕方で、こんなに違う。

一個人が裕福でも、社会全体が貧乏なら、その裕福な者は、幸せでない。
渋沢栄一（日本）
社会全体を裕福にすることが最大の幸福だ、という意。

一言以て之を蔽う。
『論語』（中国）
複雑で長い内容や思想を、一言で要約することをいう。

一災起これば、二災起こる。
災難は次々と起こってくるものだ。

一事が万事。
一つの事を見るだけで他のすべてのことが推し量られる意。あまりよくない事例から、他の事も同様に悪いはずだと推察する場合にいうことが多い。

一時代をかけて作ったものも、一時間で破壊できる。
立派なものもほんの少しのことで全体が駄目になることがある。日本の「百日の説法屁一つ」（別項）が、意味の似た諺。

一日、一日が、一生のうち最良の日である。
エマーソン（アメリカ）
ものは考えようだ。今日の一日が人生最良の日だと考えれば、人生は最良の人生となる。

一日作さざれば一日食らわず。
一日仕事をしなければその一日は食べない。勤労そのものの尊さをいう。中国の諺。

一日、再び晨なり難し。

「晨」はアシタと読み、朝の意。一日に二度と朝は来ない。時間を大切にして勉強せよ、という、戒め。

一時の懈怠は、一生の懈怠。
一時の怠け心を許すと、一生怠けて暮らすもとになる。中世の諺。

一樹の陰、一河の流れも、他生の縁。
見知らぬ者同士が、同じ木陰に身を寄せあうのも、同じ川の水を飲むのも前世からの因縁だ。疎かにしてはならない、という意。

一条の矢は折るべし、十条の矢は折り難し。
団結は強い力になる、という喩え。

一将功成って万骨枯る。
上に立つ将軍が手柄を立てることができたのは、多くの兵卒が命を懸けて働いた結果である。

一種、二肥え、三作り。
良い農産物を作る三箇条。種蒔き、施肥、手入れ。

一度あることは、二度ある。
物事は、一度起こると同じようなことが続いて起こる。よくないことが続いて起こるぞという戒め。

一度失った時間は、永久に帰らぬ。
「人生はやりなおしがきかない」「今日は二度と帰らない」「今日を、この時間を、大切にして暮らせ」の意。**英語の諺** Time once lost is lost for ever.

一度が末代。
たった一度の行為の善悪が、一生はもとより死後末代までその人を評価する種になる。慎重に行動せよという戒め。

一度咬まれると、二度恐れる。
一度失敗すると必要以上にこわがるようになるという戒め。**英語の諺** Once bitten, twice shy.

一度切る前に、三度はかれ。
布でも材木でも、材料を切るまえに何度も計れ。「念には念を入れよ」という戒め。**英語の諺** Measure thrice before you cut once.

一読の価値ある書物は、再読の価値がある。
ジョン・モオレイ（イギリス）
何度も読みたくなる書物を、選んで読むがよい、という戒め。

一度泥棒すると、ずっと泥棒。
一度悪事をはたらくと、生涯浮かぶ瀬がない、という戒め。**英語の諺** Once a thief, always a thief.

一度見ぬ馬鹿、二度見る馬鹿。
「一度見ぬ阿呆、二度見る阿呆」とも。
一度も見ないと世間に遅れるが、二度見るほどの価値がない。そういうものが、世間には多い、ということ。

一難去ってまた一難。
一つの難儀を何とか切り抜けてほっとした途端、また次の難儀が襲って来る時の困惑をいう。

一日一円、百日百円。
「一日一銭、百日百銭」が元の諺。わずかずつでも毎日貯蓄をすれば、やがて大金になる。貯蓄の勧め。

一日一字を記さば、一年三六五字を得、一夜一時を怠らば、百歳の間三万六千時を失う。
吉田松陰（日本）
一日一日を絶えず努力せよ。毎晩一時間を怠ると、百年で三万六千時間、無駄に過ごしたことになる。たゆまず学べ、の意。

一日一日を最善の日とせよ。
毎日、毎日、最善の努力をして生きて行け、の意。

一日の計は朝にあり、一年の計は元旦にあり。
物事は始めが大事である。しっかりした計画で着実に実行せよ。「一年の計は元旦にあり」（別項）とも。

一日延ぶれば、千日に向かう。
予定を一日延ばすと、ついつい無限に延ばすことが多いのが、人間の常。一日でも延ばすな、の意。

一日練習を休むと自分でわかる。二日を休むと批評家にわかる。三日休むと聴衆にわかってしまう。
パデレフスキ（ポーランド）
ピアニストで元首相の言葉。自分にわかっている事実をだましだまし仕事をしていても、いい結果が得られないという自分に対する戒めである。

一日を大切にせよ。その差が、人生の差につながる。
デカルト（フランス）
わずか一日などと思わないで、毎日を大切にして、充実した一日にしよう。

一にも二にも官とか政府とかいうて、万事官もたれで、中央に集権して、田舎を枯ら

し、市部を肥やす風、学問にまで行わるるを見、大いにこれを忌む。
南方熊楠（日本）
人民の目をつぶすな。中央集権主義は、田舎者をおどかさんとするもの、田舎が枯れては、国が立ち行かないと叫んだ言葉である。

一人倹を知れば、一家富む。

一人はイチニンと読み家の主のこと。主人が倹約に努めると一家は豊かになる、意。


一人の知己は、百人の親類よりも尊い。

知己は、自分の心をよく知ってくれる親友。心からの親友を持てという、ドイツ語の諺。Ein guter Freund ist mehr wert als hundert Verwandte.

一念、岩をも徹す。

心を集中すれば、どんなことも成し遂げることができる。強い信念で事にあたるべきだ、の意。「念力岩をも徹す」（別項）「石に立つ矢」。


一念天に通ず。

物事に心を集中すると、真心が天に通じて、いかなることでも成し遂げることができる、という意。


一年の快楽、百年の後悔を残す。

一時的に快楽を貪ることが、一生後悔するもとになる。**英語の諺** For one pleasure a thousand woes.（一つの快楽のために千の悲哀）

一年の計は元旦にあり。

一年の計画は、年のはじめの元日に立てるべきだ。物事は、最初が大切だ、の意。「一日の計は朝にあり、一年の計は元旦にあり」（別項）の前半略。


一年の兵乱は、三年の飢饉に劣る。

一年の戦乱の害は、三年の飢饉より悪い、の意。一度戦争を起こすと、莫大な弊害、被害が残るということ。


市場に、草は生えない。

あまり長く休んだり使わなかったりしていると、その物全体が駄目になるという戒め。**英語** No grass grows in the market place.

一番忙しい人間が、一番たくさんの時間を持つ。 アレクサンドル・ビネ（スイス）
多忙な人ほど有効に時間を使い充実した毎日を送っている。ぶらぶらと時間を空費するな。

一番忙しい人は、いろいろなことをどんどん片付けているのである。
H・ワード・ビーチャー（アメリカ）
一番暇な人は、おそらく何もできないから暇なのであろう。――と注記している。暇人は、時間を空費しているという意。

一番だましやすい人間は、すなわち自分自身である。
ブルワー・リットン（イギリス）
自分で、自分をだます人間にならぬこと。自分の心に嘘をつかず良心の命ずるままに生きよ、の意。

一番安いものは一番高くつく。

日本の諺。安物を買うと質が悪く、結局買いなおして高くつく。「安物買いの銭失い」（別項）の意。**英語の諺** Cheapest is dearest.「安物を買えば金の浪費」（別項）「一ペニーを惜しんで一ポンドを失う」（別項）などの諺も、同じ戒め。


一番よく知るものは、最後に話す。

実力あるものほど平生は知識を表さない。最後に謙虚に言葉で表すのが真の知識のある人だ。**英語の諺** He who knows most says last.

一番よく知るものは、少ししか話さない。

実力あるものは知識を外に出さない。いつも控え目に話すものである。**英語の諺** Who knows most says least.

一引き、二才、三学問。

出世の三条件。1目上の引き立て、2才能、3学問。


一姫、二太郎。

一番目に女の子、次に男の子を産むとよい。子育ての容易さからの順序をいう。女子一人男子二人の子持ちととるのは誤り。


一富士、二鷹、三茄子。

初夢に見ると縁起のよいもの三つ。駿河の名物名産。高い物を並べた、など諸説がある。茄子は、ナスビと読む。初茄子は、高価であったか。

一、父母兄弟が無事で健康。二、天に恥じない正しい行動。三、優れた弟子への教育。
『孟子』（中国）
これが、人生の三つの楽しみ。「人生の三楽」（別項）である。

一別、雨のごとし。

王粲（中国）

一度別れれば、二度と会いがたい喩え。

一ペニーを惜しんで、一ポンドを失う。
安く買ったと喜んでも品質が悪いと買い替えなくてはならず結局大きな損となる、意。**英語の諺** Penny-wise and pound-foolish.

一枚の紙にも、表と裏がある。
物事の表面ばかり見ないで、裏面の事情をも考えよ。

一も取らず、二も取らず。
二つのものを同時に手にいれようとすると、結局は、どちらも手にいれられない、意。

一文惜しみの手前よし。
手前は家計の意。少しの金も粗末にしないものは、家計が裕福である。

一文惜しみの百損。
一文を惜しむあまり後で大損をする意。「一文惜しみの百失い」「一文惜しみの百知らず」とも。わずかのことを惜しみ将来に大損をする事を心すべきだという戒め。

一葉落ちて、天下の秋を知る。
わずかな現象を見て、その大勢を予知する喩え。他の木よりも早く落葉する「あおぎり」の葉の一枚が落ちるのを見て、秋が来たのを知る、が元の意味。**英語の諺** The fall of a leaf heralds the advent of autumn.

一葉目を蔽えば、泰山を見ず。 『鶡冠子』(中国)
「蔽えば」は、オオエバと読む。一枚の葉が目をふさぐと大きな泰山も見えなくなる意から、一点の私心におおわれて大きな道理を失うことの喩え。

一陽来復
冬が去って春が来る。また、悪いことが続いた後、ようやく運が向いて来ること。中国の諺。

一利あれば一害あり。
物事はすべて、利のある反面に害が付いて回る、意。一得一失。一長一短。とほぼ同じ。

一粒万倍
イチリュウマンバイと読む。わずかなものから非常に多くの利益をあげることの喩え。

一輪咲いても、花は花。
どんな小さい存在でも、本質的に変わるところはない意。

一蓮托生
極楽浄土で同じ蓮華の上に生まれる意。死後までも変わらぬ愛情を契ること。転じてものごとの善悪や結果のよしあしに関係なく行動や運命を共にすること。

一を挙げて百を廃す。 『孟子』(中国)
一つのことにこだわって他の多くの大事を疎かにする。

一を聞いて十を知る。 『論語』(中国)
少しのことを聞き知っただけで、他のすべてのことがわかる、意。理解力、洞察力を持てという意。

一を以て之を貫く。 『論語』(中国)
一つの道理をもって、事のすべて、あるいは、生涯の全てを貫くこと。一貫性のある生き方をせよ、の意。

いつかできることは、すべて今日でもできる。
モンテーニュ(フランス)
いつかできるとか、いつかするとか、後回しにしないことだ。今日のうちにやってしまえ。明日は何事が起こるかわからないのだから。

一貫して他に抜きんでるためには、忍耐が絶対に欠かせない。
ジャック・ニクラウス(アメリカ)
忍耐、それが勝敗を決める唯一、最大の要因である。勝負の世界だけでなく忍耐ができれば、何事もなし遂げられる。

一貴一賤、交情すなわち見る。
見るは、アラワルと読む。富貴になれば世人が近づき、貧賤になれば遠ざかる。人情のうつろいやすさを言った諺。

一饋に十度立つ。 『淮南子』(中国)
一饋は、イッキと読む。一度の食事のこと。夏の禹王が一度の食事中に十回も席を立って賢者を迎えた。立派な政治をするために賢者を迎える喩え。

一簣を以て、江河を障ぐ。
「一簣」はイッキと読み、もっこ一杯のこと。「障ぐ」は、フセグ。もっこ一杯で、大河をせきとめる意で、不可能の喩え。「大海を手で塞ぐ」(別項)と同じ諺。

一鶏鳴けば、万鶏歌う。
一人の言動に釣られて他の多くの者が付和雷同する喩え。

一刻千金

ほんの一時の時間が千金の価値がある、意。楽しい時や大切な時が過ぎ去るのを惜しんでいう中国の諺。

一国の政府は、家計と同様に、一年だけなら収入より余分の支出は許される。しかし、続けると貧乏になる。

F・ルーズベルト（アメリカ）

一年の会計で、少しの赤字会計は許される。すぐ、翌年黒字にできる。しかし国の赤字を続けると、貧乏どころか破産してしまう。

一国の文化程度の現実は、普通の民衆がどれだけの生活を持っているかで判断すべきであろう。

柳宗悦（日本）

普通の民衆がどれだけの生活を維持しているか。静かに日本の現実を、考えてみたいものである。

一切が待つ人のところに来る。

「すべてのものが待つものにくる」「時は待つことのできる人々に、すべてをもたらす」とも。待つことの重要性をいう諺。

英語の諺 Everything comes to him who waits.

一視同仁

すべてのものを同等のものと見て、同じように仁愛を施すこと。

一生懸命努力することに勝るものはない。

エジソン（アメリカ）

この言葉は万事にあてはまるが、特にスポーツにふさわしい。

一生取り組める仕事を見出した人は幸せである。

トーマス・カーライル（イギリス）

自分のなすことを見つけたなら、これ以上ほかの幸福を探す必要がない。

一生の得は、良い女房を持つこと。

男にとって一生涯の利得は、性質のよい女房を持つことである。

一升入る壺は、一升。

一升入る壺はどうしても一升しか入らない。物には限度がある。人間も同じ、いかに学力をつけようとしても、限度以上入らない、などのように使う。

一矢を報いる。

相手からの押され気味の攻撃に対して、反撃をする意の喩え。

一寸先は闇。

「上方かるた」（日本）

誰にもわからない未来を闇夜に託した諺。すぐ先には何がおこるかわからない。将来のことは、予測できない意味に、よく使われる。

一寸の光陰、軽んずべからず。

「わずかな時間でも大切にして生きよ」の意。外国の諺にも類似の諺がある。

一寸の虫にも五分の魂。

どんなに小さな弱いものでも、それ相応の思慮や根性をもっているものだ、の意。「蠅でも怒りの気持ちはある」The fly has her spleen. はイギリスの諺。

一石二鳥

一つの石で、二羽の鳥をとらえる、意。一度の労苦で、多くの利益をおさめる喩えに、使われる。

一銭を笑うものは一銭に泣く。

「一円を笑うものは一円に泣く」とも。たとえ少額でも金銭は大事にしなければならない、という戒め。

一滴の水も積めば湖水となる。

小さなものでも積み重なると、やがては大きなものとなる、という喩え。

一頭、地を抜く。

地は、助辞。他の人々より、頭一つ高く抜け出している意。多くの人々よりすぐれていること。

一時遅れれば、三里の遅れ。

一時（イットキ、二時間）三里（十二キロ）。一時間出遅れると距離にして十二キロも遅れる。遅れを取り戻すのが大変だ、の意。

一般に若い人々は、青春というものを、一つの特権と考えている（中略）。しかし、自分の追求するものが自己の実力の外にあるとき、それより生じる失敗や悲劇の責任を、自己以外のものに求めることは許されない。

河盛好蔵（日本）

中略部分は、「若い人々が高い理想を持ち、大きな希望を抱くことは、もとより妨げない。何事もなしうる自信を持つことも許されよう」という言葉である。青春時代の失敗や悲劇の責任を、自己以外に求めるな、という戒めは、名言である。

一歩一歩、着実に積み重ねて行けば、予想以上の結果が得られる。

豊臣秀吉（日本）

一歩一歩着実に。少しずつ積み重ねよ。戦術も人生観も、持論であった。

一歩一歩で、梯子はのぼれる。
少しずつ着実に進めば、必ず目標は達成できる。「千里の道も一歩より」(別項)「少しずつで人は遠くまで行く」(別項)とも。二つとも同じ意味の諺。英語の諺 Step by step the ladder is ascended.

一方聞いて下知をすな。
両方の言い分をきかないで、一方だけ聞いて命令をするな、の意。

一本一本の矢は折れやすくても数本束ねると折れにくい。
団結せよ。力を結集せよ。戦いでも政治でも、分散すれば力は半減してしまう、という戒め。

いつまでもあると思うな、親と金。
依頼心を諫めた諺。他人の力に頼る心を戒め、倹約の大切さを教える言葉。

いつまでも続く不遇は、続くものではない。じっと我慢するか、勇気を出して追い払うかのいずれかだ。
ロマン・ロラン（フランス）
不遇な人生に対して、我慢するか、勇気を出して追い払うか。どちらかで、幸せな人生をつかめという戒め。

いつも同じ行為を反復していて嫌気のささない者は幸せである。
モーパッサン（フランス）
人間は、より高いところを目指して意欲的に生きるのでなければ満足できない。我々があるもので満足しているというのはよほど愚鈍か落伍者だ。――と続く。

いつも笑顔。いつも衣食に感謝。いつも感情を波立たさない。いつも考え方を白紙に。いつも純粋な人間関係を大切に。
いつも、笑顔。感謝、冷静、純真、純粋に、生きよ、という教えである。「天台小止観」

いつも熱心で、やっている仕事を人知に役立てたいという希望を持ち続けると、仕事が本当の楽しみに変わるのです。
仕事が楽しみになるのは、仕事を人知に役立てたいという希望があるからだというのは、心に響く言葉である。

偽りの顔を持つ真実に対しては常に、人はできるかぎり唇を閉ざさねばならない。
ダンテ（イアリア）
さもなければ過ちではないが恥をかくから。――と但し書きをつけている。

遺伝は、我々の先祖が全部乗っている乗合馬車である。時折その中の一人が首を出して我々を当惑させる。
オリバー・W・ホームズ（アメリカ）
変な素質を持ったものが遺伝で突然変異のように出てくる。ということを述べたもの。医師で詩人でもあった人の随筆。

井戸は、多く使用されればされるほど、多くの水を出す。
経験から生まれた諺。使えば使うほどよくなるもの、豊富になるものが、人間の世界には多いもの。けちけちしないで、ゆたかに生きよう。英語の諺 The more the well is used, the more water it gives.

井戸より星を見れば、見るところ数星に過ぎず。丘上よりもって望めば、すなわち初めて多きを見るなり。
脇坂義堂（日本）
私心は井中にあり。公心は丘上にあり。公のためには、高い見地に立って、広く、大きく、ものを見るように心がけて、行動しなければならない。

井戸を掘るなら、水の湧くまで掘れ。
石川理紀之助（日本）
物事はやり始めたら最後までするべしということ。似た諺「井戸を掘るなら水の出るまで」がある。

田舎の学問より京の昼寝。
田舎で勉強していてもたかが知れている。しかし、都では住んでいるだけで見聞が広くなり知識も身につく、意。

古、虚諺無し。
『韓非子』（中国）
イニシエ、キョゲンナシと読む。昔からの諺にうそはない。

古の学者は己のためにし、今の学者は人のためにす。
『論語』（中国）
「人のため」とは、「人に知られるため」の意。昔の学者は自己修養のために学問をしたが、今の学者は有名になろうとして学問をしている。

古を貴び、今を卑しむ。
『淮南子』（中国）
昔のことはなんでも良くいい、今のことを悪くいうのが世間の常だという意。

古を以て今を制すれば、事の変に達せず。
『史記』（中国）
昔の事例にこだわっていると、現在の世の変化に対処できない。時の流れに対応せよの意。

乾土蔵に、巽井戸。
屋敷の配置は、西北に蔵。南東に井戸がよい。

往ぬ往ぬの長居。
もう帰る、もう帰るなどと言いながら、いつまでも話しこんでなかなか帰らない、意。

犬が西向きゃ、尾は東。
あたりまえであるということの喩え。おまえはどこを目標にすべきかわからんのか、などのように使う。「雨の降る日は天気が悪い」（別項）などと同じ諺。

犬に魚の番。
番をさせることが不適当の意。「猫に鰹の番」は似た諺。

犬に蹴られても、蹴り返すな。
無駄な抵抗はするな。タイの諺。

犬は、三日飼えば、三年恩を忘れぬ。
犬でも恩を忘れない。まして、人間なら恩を忘れないのが当然である。

犬も歩けば棒に当る。
「江戸かるた」（日本）
「犬も少し歩くと棒でいじめられる」とも。近世の子供の、ねじけた愛情表現。軽々しく行動を起こすと災難に遭う喩え。これが本来の意味。また、「犬も歩き回っていると幸運（餌）にぶつかることもある」と解されることもある。行動を起こしていれば、幸運がころがりこむという喩え。現在は二つの意味で使い分けている。

犬も尾を振る。
犬でも人に愛嬌をみせる。人もあまり不愛想はよくない。

命あっての物種。
「物種」は、事物のもととなるもの、物の根源の意。何事も命があってはじめてできる。命がなくなれば、すべておしまいだ、の意。「命こそ物種」「命が物種」とも。

命から二番目。
最も大切なもの、の意で、広く使われる諺。

命というものは、はかないからこそ尊く、厳かに美しいのだ。
トーマス・マン（ドイツ）
生命の尊厳や、美は、はかなさにあるという説。

命長ければ恥多し。
長生きすると何かにつけて恥をかく機会が多い、意。中国の古典の言葉。恥ずかしくない、笑われない生き方をしたいものである。英語で、Let life be short, or shame will be too long. と訳されている。

命長ければ蓬莱に会う。
「蓬莱」は、ホウライと読む。中国の東海にある仙境、つまり理想境。長生きをすればよいことに出会う、意の諺。

生命のある限り、希望はあるのだ。
セルバンテス（スペイン）
生きよ。生きよう。希望を持とう。生きられる生命のあるかぎり。

命の洗濯、命の土用干し。
毎日の苦労から解放されて、気ままに楽しむこと。

命は、義によりて軽し。
貴重な命も、正義のためなら捨てても惜しくない意。

命は、宝の宝。
命は何にもまして貴い。命に換わる宝はない。

命も要らず、名も要らず、官位も要らぬ人。こういう人でなければ国家の大業は成し得られぬなり。
西郷隆盛（日本）
肉体も、名声も、地位も、官職も要らない人、そういう人が、国の政治を動かして欲しいもの。

生命を大切にするのは、善であり、生命を粗末にするのは、悪である。
シュバイツァー（ドイツ）
人間は助けうるすべての生命を助けたいという内的要求に従い、なんらかの生命あるものならば害を加えることをおそれる、というときこそ、真に立派な人間であるといえる。――と続く文章。

井の中の蛙、大海を知らず。
非常に見識が狭い意。自分の狭い知識や見識にとらわれ他に広い世界があることを知らないで得々とふるまうことの喩え。「井蛙大海を知らず」（別項）とも。「井の中の蛙」と略して使うことも多い。

イノベーション（刷新）は、全てにイエスと言うことではない。極めて重要な機能以外には、ノーということである。
スティーブ・ジョブズ（アメリカ）

大事業所などを刷新するというと、建物、工場、人員、用具等、すべて捨て去ることではない。重要な核の機能の刷新であって、それ以外は、イノベーションはノーなのである。

医は仁術。

医は仁愛の徳をほどこす術である意。病人という弱い立場の人を救うのが医者である。単なる金儲けの手段であってはならない、という諺。

茨に刺。

「茨の花には刺がある」ということ。表面が美しいものには、恐ろしいものが隠されていることがある、の喩え。

韋篇、三度絶つ。

「韋篇三絶」とも。韋篇は、竹簡を皮で綴じた古代の書物。その皮紐が何度も切れたことから、一冊の本を何度もくりかえし熱心に読むこと。

「今が最悪の状態」と言える間はまだ最悪の状態ではない。

シェークスピア（イギリス）

絶望するな。早くその状態から抜け出す努力を、という励まし。

未だかつて、敵を作ったことのないような人間は、決して真の友を持つことはない。

テニスン（イギリス）

いわゆる八方美人といわれるような人間は、「真の友」というべき友がない、という意。

今泣いた鳥が、もう笑う。

子どもの喜怒哀楽の感情が変わりやすい、喩え。

今の当世は、裏に聞け。

現代の人情は軽薄だから、その裏を聞いて見ないとわからない。

今は、無い物について考える時ではない。今ある物で、何ができるか考える時である。

ヘミングウェイ（アメリカ）

あれがあればと、嘆くのはやめよ。それよりも、今ある物で、今自分は何ができるか、何をなすべきか、考える時である。

今際の念仏、誰でも唱える。

「今際」は、イマワと読む。臨終の時は誰でも神仏の助けを求めるが、平素元気な時に神仏を拝む人はめったにいないという、意。

湯文字は外されるが、義理は外されん。

「湯文字」は、イモジと読む。義理の大切さをいう喩え「義理と褌は欠かされぬ」と同じ意味。

芋の煮えたも、御存知なく。

「江戸かるた」（日本）

何も知らない者、世間知らずの者をあざけっていう諺。家計や、会社の経営状態が破産状態なのに、何もわかっていない、のんきな旦那の形容などに使う。

いやとかぶりを縦に振る。

「かぶり」は頭。縦に振るは承諾。口でいやだと言いながら、心で承諾の意。おとめの心情の複雑さ、積極的に意思表示をしないことをおもしろく表した諺。

入り船あれば出船あり。

世の中は決して留まることがない。普通は、収入もあれば支出もあり、金が留まっていない意。

入り船によい風は出船に悪い。

一方に利があれば他方には不利であることの喩え。

居るに居所あり。

動作、進退には、それぞれ決まりがあるということ。

入るを計りて出ずるを制す。

収入を考えて、支出を押さえる意。「入るを量りて出ずるを為す」中国礼記の語をもじった諺。

色男より稼ぎ男。

夫とするには容姿よりも稼ぎのよい男がよい。

色気より食い気。

色欲より食欲の方が強い。見栄より実利。外観などより中身を重視すべきだ。「鳥のさえずりよりパンがよい」とも。**英語の諺 Pudding rather than love-making.**（求婚よりプリンを選ぶ）が、近い意味である。

色に上下の隔て無し。

恋愛に身分の上下による区別はない、意。

色の白いは七難隠す。

色白の女性は少々の醜い点があっても目立たない。

色は思案の外。

恋愛はとかく常識では判断できないことが多い、意。

色は匂へど散りぬるを、わが世誰ぞ常ならむ。

花の色はいくら美しくてもやがて散ってしまう。だが、そのようにわれわれ人間世界の誰が永遠に生きられようか。

色をつける。
相手に、少しばかり余計に、温情や好意を付け加えること、の喩え。

岩木にあらず。
人間の心は岩や木ではない。人は感情の動物なのだ、の意。

曰く、言い難し。
簡単に説明できないと言わざるを得ない。

鰯の頭となるよりも、鯛の尾につけ。
小さくて弱いもののかしらになっているより、強大なものの後に付いている方が、気楽で安全だ。

鰯の頭も信心から。
「上方かるた」（日本）
「頭」は、カシラと読む。石でも、木片でも、土偶でも、なんでも信ずる心があれば、有り難いと思えるようになるの意。直接には、節分の鬼やらいの「鰯の頭」のこと。豆がらに挿して、柊と供えたまじないを揶揄しているのであろう。

言わぬが損。
こちらに道理があるのに、十分に言わずに黙っているとかえって不利になる、意。

言わぬが花。
口に出して言わないほうが、趣が深いし、さしさわりがない、という意。**英語の諺** Better leave it unsaid. が近い意。

言わぬは言うにまさる。
黙っていた方が、効果的で安心だ。

言わねば腹ふくる。
「徒然草」に「思しきこと言わぬは腹ふくるるわざ」、「大鏡」に「思しきこと言わぬはげにぞ腹ふくるる心地」とある。心に思っている事を誰かに話さないと、どうにもならない気持ちになる、意。

いわれを聞けば有り難や。
つまらなく見えるものでもその由来を知ると、急にありがたく思えてくる。

意を得る者は言無く、知をつくす者もまた言なし。
『列子』（中国）
物事の意義をわきまえた者や、知識のある人は、自分の知識や考えを、軽々しく口にしない。

因果応報
善因をなすと、富や楽しみなど良い結果が受けられ、悪因をなすと、貧乏や苦難などの悪い結果が待ち受けているという、意。現在では、悪い意に使うことが多い。

因果の小車。
因果が早くめぐってくること。小車は、回転が早い意。「因果は車の輪のごとし」とも。

因果をふくめる。
因果応報の道理を言い聞かせる意。やむを得ない事態をよくよく説明して、諦めさせる、意。

殷鑑遠からず。
殷の国民がかがみ（模範）とすべきは、遠くに求めなくても、前代の夏の国が滅びたよい戒めがある。戒めるべき失敗例は、すぐ手近なところにある、という意。

慇懃無礼
慇懃にして、しかも無礼である意。物事や言葉遣いは丁寧ではあるが、心が無礼である、意の諺。

陰徳あれば陽報あり。
人に知られずひそかに善いことをすれば必ずよい報いを受ける、意。「貧しい人々に金を貸す人は神から利子を受ける」He who lends to the poor, gets his interest from god. は英語の諺。人に知られず善いことをするということは、なかなかできないことである。

陰徳は末代の宝。
人に知られない善行をするものは子々孫々まで、よい報いを受ける。

う

有為転変は世の習い。
「有為」は、ウイと読み、因縁によって生じた、変化してやまないこの世の現実。この世の現実は、すべて留まることなく移り変わっていくものである、意。

植えた茨に垣を倒される。
恩を仇で返されることの喩え。

飢えたる者は食を為し易し。
『孟子』（中国）
飢えた者はどんなものでも、食とする。

飢えたる者は糟糠に甘んず。

『史記』（中国）

糟糠はソウコウと読み、粗末な食事の意。飢えた者はどんな粗末な食物でも食べる。

上直なれば下安し。
政治をとる者が正しければ、人民の生活は安らかである。

飢えては食を択ばず。
飢えているときは何を食べてもおいしい。困窮している時は、不平不満を言っておれない意。**英語の諺** Hunger is not dainty.

飢えに臨みて苗を植うる如し。
時機を失して、役に立たない喩え。

上には上がある。
「自惚れるな」「驚きと羨望」「欲望はほどほどに」などの気持ちをいう。

上に交わればへつらわず、下に交わりて驕らず。
上位の者に対しては機嫌をとったりせず、下位のものに対してはいばらない。中国語の諺。

上へ高くのぼればのぼるほど一層大きく落ちることになる。
自己の力量や地位や才能を自慢すればするほど、失敗もそれだけ大きくなるという戒め。**英語の諺** The higher up, the greater fall.

上を見るより下見て通れ。
現実を見よ。理想のみ追い求めていると大失敗をする、という戒め。**英語の諺** You gazed at the moon and fell into the gutter.

上を見ればきりがない。
適当なところで満足するのがよい、意。本来は、「上見れば榜示（境界線）なし」。

右往左往しては進歩せぬ。
一旦やり始めたら、迷わずにどんどんやっていけ、という戒め。英語の諺の He goes far that never turns.（曲がらずに行くものは遠くまでいく）は、ほぼ同じ意。

魚木に登るがごとし。
手も足も出ないという喩え。

魚心あれば水心。
正しい読みは、「魚心アレバ水心アリ」である。うおごころ、みずごころと読んでいるが、誤って読んだもの。魚に水と親しむ心があれば、水もそれに応じる心がある、意。相手の態度によってこちらの態度もきまるということ。

魚のかかるは甘餌による。 『晋書』（中国）
魚がうまい餌につられて釣り針にかかる意。人が名誉や利益につられて命を落とす喩え。

魚の釜中に遊ぶがごとし。
「釜中の魚」とも。釜中は、フチュウと読む。魚が煮られるのも知らず、釜の中を泳いでいる意。人間が目前の災いに気付かず安逸をむさぼる喩え。

魚の水を得たるが如し。
人間が、窮地を脱して自在に活躍できるようになること。

魚の目に水見えず。
あまり近くにあるものはかえって目にはいらない。

魚は江湖に相忘る。 荘子（中国）
魚が広々とした水の中で互いの存在を忘れること。無為自然の道を体得し悠々自適する、喩え。

魚を争う者は濡る。 『列子』（中国）
濡るはヌルと読み、ぬれる意。魚を取り合おうとすれば水に濡れる。利を争って心身を苦しめる喩え。

魚をうまく捕らまえるのは、新しい網だ。
時代の変化に適応して生きよ。マオリ族の諺（ニュージーランド）。

魚を見て網を結ぶ。
魚を見てから網を作る。事が起こってから、あわてて対策を立てる喩え。

うかうか三十、きょろきょろ四十。
三十代を空しく過ごし、四十代になって慌てる。歳月の過ぎやすい、老境がすぐ来ることの喩え。

浮き沈み七度。
人の一生は浮沈や盛衰のくりかえしである、という意。

浮世の苦楽は壁一重。
この世の苦楽はとなりあっていて、変転窮まりがない。

浮世の沙汰は金次第。
この世のことはすべて金銭でかたがつく。

浮世はがまんと努力しだい。
この世は、我慢と努力で、どのようにもなる。

浮世は乗り合い船。
この世は、種々雑多な人々の集まりで、

乗り合い船に乗っているようなものだ。

浮世は夢のごとし。　李白（中国）
人生のはかないことをいう。中国の詩人、李白の言葉が語源。「浮世（フセイ）は夢のごとし」（別項）とも。**英語の諺** Man is a bubble.（人間は泡である。人生は泡沫の如し）は、よく似た意。

鶯鳴かせたこともある。
美しい梅の花が、鶯を引き寄せ鳴かせるように、かつては、異性にもてはやされたこともあった、の意。

受け入れるものがなかったら、泥棒はいない。
盗人がいるのは、それを利用する人がいるからである。つまり、盗品を受け入れる人がいるからである。**英語の諺** No receiver, no thief.

兎の上り坂。
物事が良い条件に恵まれて早く進むことの喩え。

兎の昼寝。
兎と亀の競走で、兎が油断して昼寝をしていて負けた。そのように、能力があるからと油断して失敗するな、の意。

牛追い牛に追わる。
物事がさかさまになる喩え。

氏素姓は争われぬもの。
素姓の善悪高下は、隠そうとしても隠し切れず、自然とあらわれるものだ。

氏なくして玉の輿。
輿はコシと読む。女は、美人に生まれると、富や地位のある人に嫁ぐことができる、意。

失われた幸せは、決して取り返せぬ。
英語の諺 Lost happiness never regained.（逃げた幸福は取り戻せない）とも。一度手に入れた幸福を守り続けよ、の意。「こぼれた牛乳は、泣きわめいても無駄である」「してしまった物は元通りにはできぬ」とも。中国の「覆水盆に帰らず」と同じ諺。

牛に経文。
いくら説き聞かせても何のききめもない意。「馬の耳に念仏」（別項）と同じ。

牛に引かれて善光寺参り。
さらした布を角にひっかけて善光寺に入った牛を追った姥が、お経を聞いて、以後度々参詣をするようになった。現在では、信仰に関係なく、自分の意志からでなく、人々と行を共にする意。

牛の歩みも千里。
遅い牛でもたゆまず歩けば千里の遠くまで行ける。人生も同じ、怠らず努力して成果を上げよ、の意。

牛の角を蜂がさす。
なんにも感じないことの喩え。「牛の角を蚊がせせる」とも。

丑の日の鰻。
夏の暑い時期にあたる土用の丑の日に鰻を食べると夏負けしない薬になる、という言い伝え。

牛の涎。
だらだらと細く長く続くことの喩え。

牛は牛連れ。
「牛は牛連れ馬は馬連れ」とも。同類、似たもの同士が自然に集まること。同類が一緒に行えばうまくゆく喩え。

牛も千里、馬も千里。
遅速の違いはあっても、結局は同じ所に到達する喩え。

烏集の交わり。　『管子』（中国）
烏集はウシュウと読む。相手を選ばず結び付いた交わりの意。嘘が多く、利欲のためすぐ争うような交わり、をいう。

氏より育ち。　「上方かるた」（日本）
家柄や先天的な血統より、後天的な育ち方、つまり、教育や交友などの環境が人柄をきめる。氏は、家柄とか血筋の意。

後ろに柱、前に酒。
天下泰平、気楽な気分の喩え。

後ろに目なし。
前に進んでいると、気が付かないこと、わからないことが多い。

後ろ弁天、前般若
「般若」はハンニャと読み、鬼のように恐ろしい顔付きの女のこと。後から見ていると弁天様のように美しいが、前から見ると般若のように恐ろしい。

牛を馬に乗り換える。
劣った方を捨ててすぐれた方につくこと。

臼じゃ目は突かぬが、小枝じゃ目を突く。
小さなものに油断して失敗することの喩え。

嘘から出たまこと。　「江戸かるた」（日本）
初めは嘘のつもりでいたことが、偶然事

実になる意。嫌な縁談を断るため、頼まれて恋人役をしていた相手なのに、つい人柄が良くてひかれて恋愛関係になる、などが好例か。

嘘つきは記憶がよくないとなれない。
クインティアヌス（スペイン）
嘘つきは、記憶力がよくないとすぐばれる。

嘘つきは、絞首台への第一歩。
嘘つきは、軽いものだと思われているが、重大な罪悪であって死刑に値する、という意。**英語の諺** Lying is the first step to the gallows.

嘘つきは真実を語ったとしても信じてもらえない。
イソップ（古代ギリシャ）
嘘ばかりついていると、本当の話をしても信じてもらえない。失った信用はなかなか取り戻すことができないものである。

嘘つきは泥棒の始まり。
嘘つきは軽い不正と思われているが、悪そのものにつながっている。「嘘は盗みの基」とも。

嘘つきは、本当のことを言う時も信じてもらえない。
一度でも嘘をつくと、その後は、正しいことや真実をいくら並べても信じてもらえない。**英語の諺** A liar is not believed when he speaks the truth.

嘘で固めた世の中。
世の中は嘘が多いこと、の意。

嘘のような本当。
「事実は小説より奇なり」Truth is stranger than fiction. が英語の諺。本当のような嘘は、よくある話だが、「嘘のような本当」という訳が日本語で使われている。

嘘は後から剝げる。
嘘は、つくあとからすぐばれてくる。「嘘は雪のごとく消え失せる」も同意の諺。嘘はすぐにはげ、消え、真実があらわれる。この諺のごとく西欧では、不正直を憎む気持ちが日本人よりはるかに強い。**英語の諺** Liars have short wings.

嘘は、いつまでも続かない。
ソクラテス（古代ギリシャ）
どんなにうまく嘘をついても、必ずばれるものだ。嘘をつくと社会的信用を失ってしまう。

嘘は嘘を生む。
一度、嘘をつくと、それを隠すために次々と嘘をついて行かねばならない。正直に生きよ、の意。**英語の諺** A lie begets a lie.

嘘はすぐあとからはげる。
「嘘は後から剝げる」（別項）をみよ。

嘘も追従も世渡り。
処世のためには嘘をつくことも相手にこびへつらうことも必要な場合がある。「嘘も方便」（別項）と同じ。

嘘も方便。
嘘も時によっては必要なことがある。仏が衆生を悟りに導くために便宜的な表現手段をとられたことを、いったもの。**英語の諺** A lie is sometimes expedient. がよく似た意。

嘘をついたとたんに、よい記憶力が必要になる。
コルネイユ（フランス）
記憶しておかないと、嘘が嘘でなくなる。「嘘つきは記憶がよくないとなれない」（別項）と同じ。

嘘を含まないあらゆる歴史書はすこぶる退屈である。
アナトール・フランス（フランス）
史実を並べ立てただけの歴史書は、退屈だという批判である。

疑いは気の迷い。
疑いは心の迷いから生ずることが多い。

疑いは知識の鍵である。
西洋の諺。知識が開かれていくには絶えず、疑うという気持ちが必要である、意。

疑わしいことを問うのを恥じるな。過ちを正されるのを恥じるな。
エラスムス（オランダ）
他人に問うことを恥と思い、過ちを指摘されるのを恥と思うのが人情。いずれも、恥と思ってはならない。疑問は遠慮なく問え。過ちを正してくれたら感謝せよ。

打たねば鳴らぬ。
原因がなければ結果は生じない。「打たぬ鐘は鳴らぬ」とも。

歌は易きに似て難く、難きに似て易し。
和歌は、易しそうだが実際作ると難しい。難しいがそこを努力して越えると案外易しいものである。

歌は世に連れ、世は歌に連れ。
流行歌は世の中の動きにつれてかわり、

世相は流行歌とともに移り変わるものだ。

内劣りの外めでた。
中身はたいしたこともないが表面は立派であること。

うちとけ過ぎる人間は尊敬を失い、気安い人間は馬鹿にされる。むやみに熱意のある人間は、食いものにされる。
オノレ・バルザック（フランス）
積極的な人間は必要だが、度が過ぎると良い人間でも、尊敬されず、馬鹿にされ、食いものにされる、意。

内に誠あれば外に現る。『大学』（中国）
誠実であれば、自然に言語や動作に現れるものである。

内の米の飯より隣の麦飯。
自分のものより他人のものは、良く見える意。「内の飯より隣の雑炊」（別項）とも。

内の鯛より隣の鰯。
自分の料理より他人の料理は、良く見えるということ。

内の習いは外で出る。
家で普段にしていることは、外に出ると自然に出てしまうものだ。人前でだけつくろおうとしても駄目である。

内の飯より隣の雑炊。
自分のものより他人のものは、良く見えるという喩え。「内の米の飯より隣の麦飯」（別項）とも。

内の病は膏薬で治らぬ。
体の中の病気は外から薬を塗っても貼ってもなおらない。

内蛤、外蜆。
内ハマグリ、外シジミと読む。家では大きな態度を取っているが、外へ出ると小さくなっていることの喩え。

内広がりの外すぼまり。
家にいるときは元気だが、外に出るとからきしだめだ。「内弁慶の外すぼまり」とも。

内弁慶
うちにいるときだけは、弁慶のように恐れる相手がない様子に振る舞うこと。

内股膏薬
あちらにベタリ、こちらにベタリと、節操がなく、いずれの側の立場にもつくことをいう。

宇宙は神の思想なり。　シラー（ドイツ）
宇宙に現れる諸現象はすべて神の思想そのものであり、人は生きている間は宇宙と一緒に生きているのだ。

内輪の恥を世間にさらす。
「自分の汚れた肌着を公衆の前で洗うな」Don't wash your dirty linen in public. 英語の諺。内部の私的な恥を世間にさらすことは、慎みたいものである。

卯月八日は、花より団子。
旧暦の四月八日、灌仏会（釈迦の生誕を祝う会）には仏に供える花より、おいしい団子がいただける集会が楽しいとの意。

美しい女は、やがて飽きる時が来る。善良な女は、決して飽きる時が来ない。
モンテーニュ（フランス）
美しい女を選ぼうとするな。善良な女性を求めるべきという、戒め。

美しい唇であるためには、美しい言葉を使いなさい。美しい瞳であるためには、他人の美点を探しなさい。
オードリー・ヘプバーン（イギリス）
人間、美しくあるためには、内面を磨いて、人間性を高めていくことだの意。

美しい言葉は馬鹿を喜ばす。
美辞麗句、その中の真意をつかみとるのが賢い人。美しいことばで、喜んでしまわないことだ。**英語の諺** Fair words make fools fain.

美しい花は、路傍に長く留まらない。
美しい花は、道ばたに長く咲いていることはない。「美人薄命」（別項）の諺もある。美しい花や美人や才子ほど、うつろいやすい意。

美しい羽は美しい鳥を作る。
ホメロス（古代ギリシャ）
美しい衣装を着ると誰でも立派な人物、美男美女に見える。日本語の「馬子にも衣装」（別項）と同じ。

美しいバラには刺がある。
魅力のあるものには、傷や害や苦痛を与えるものが陰にある。魅力に目をくらまされないようにの意。

美しいバラは、刺の上に開く。悲しみの後には、必ず喜びがある。
ウイリアム・スミス（イギリス）
刺があるバラはその上に美しい花を咲かせる。そのように不幸や悲しいことばかり続くものではなく、その後に必ず大きな喜びがあるものだ。

美しい笑いは、家の中の太陽である。

サッカレー（イギリス）

家の中に笑いが満ちあふれるように、笑いは家を明るく暖かくさせる太陽だ。

美しいものは永遠の喜びだ。その愛らしさは、いよいよ増して無に帰することは決してありえない。

ジョン・キーツ（イギリス）

「美しきものは永遠の喜び」「真は美、美は真」は、美の詩人の特質を示す有名な言葉である。

美しき妻の魅力は短い。よき母の感化は長い。

ロマン・ロラン（フランス）

妻の美しさは短い。母としての魅力や子を感化する期間は非常に長い。

訴えなきを以て貴しとなす。

訴訟の採決の是非よりも、訴訟が起こらないように世の中を治めるのが、政治の理想である。

訴え無ければ理せず。

罪の種類によって、国は告訴告発がなければ、自ら進んで裁判することがない原則をいう。「理せず」は審理せずの意。

移り変わるは浮世の習い。

世の中の様子や人情が時代とともに変わるのはこの世の常である。嘆き悲しんでもはじまらない、という意。「移れば変わる世の習い」とも。

腕の良い職人に、金持ちはめったにない。

採算を無視した職人気質に好感を持つ諺。

英語の諺 Good workmen are seldom rich.

打てば、打ち埃が立つ。

弊害を直そうとしてさらに弊害の生じること。

独活の大木。

「独活」はウドと読む。ウドは若芽の時に食用にする。育てば二メートルほどに茎が伸びるが柔らかく箸にも棒にもならない。諺は、身体ばかり大きくて物の役に立たない人、また丈夫そうだが病気がちの人の喩え、である。

鰻の木登り。

できるはずがないことの喩え。

唸るほどの金。

「唸るほどの金を持つ」とも。中国の諺。多額の金を持っている意。

自惚れは、風で膨らんだ気球である。刺せば、そこから風が出てくる。

ヴォルテール（フランス）

自惚れは、風で膨らんだ気球、まさに名言。実体がなく一時的に得意になっているだけである。

鵜の真似する烏。

自分の能力や身の程を顧みず、人真似をして失敗する者の喩え。「鵜の真似する烏水に溺る」とも。

鵜の目鷹の目。

物を捜し出そうとする鋭い目、また、その様子。

旨い事には、魔が差す。

都合の良い話には邪魔が入りやすい、という意。「好事魔多し」（別項）とほぼ同じ諺。

旨い話は二度考えよ。

都合の良い話は、行動を起こすまでに、もう一度よく考えよ。詐欺事件なども多い。

旨いまずいは塩加減。

料理の味は入れる塩の量による、という意。

旨い物食わす人に油断すな。

人の歓心を買おうとする者には、何か下心があるから注意したほうがよい、意。

旨いものに砂の入ったよう。

立派な物がわずかな欠点のために傷物になる喩え。

旨いものは宵に食え。

旨いものでも一夜過ぎれば味が変わるから、その宵のうちに食べてしまった方が良い。食物の諺。

旨いものは宵に食え。腹の立つことは明日言え。

良いことは早くせよ。しかし、立腹して物を言うのは怒りが治まってからが良い、という意。

旨いものを食って、旨いものを飲み、借金を遅く返せば健康に良い。

庶民の日常の幸せを述べたもの。衣食が足って、金の心配もなく、健康な暮らしのできる喜びの言葉である。スペインの諺。

旨いものを食べる方が、医者にかかるより病気が治る。

食事は医者以上に病気を治す力がある、という意。「医者より食養生」ともいう。

馬に乗るとも口車に乗るな。
うまい話には気を付けよ、という意。

馬に乗るまで牛に乗れ。
ぼんやり待っているより、少しでも進む方がよい。

馬には乗ってみよ。人には添うてみよ。
馬の良し悪しは実際に乗ってみないとわからない。人柄の善し悪しも結婚して暮らしてみなければわからない。何事も直接に経験して確かめよ、の意。

馬の耳に風。　「上方かるた」（日本）
馬耳東風は、中国語源。待ち焦がれていた快い春風も、馬の耳には意味がないこと。人の意見や批判をまったく気にしない意。

馬の耳に念仏。
馬にありがたい念仏を聞かせても理解しない。忠告などいくら言って聞かせても聞き流すだけ。「犬に論語」「馬に念仏」とも。英語の諺は、「死んだ馬に賛美歌聞かせる」Sing psalms to a dead horse. がある。

馬は四本足でもつまずく。
「熟練工でもミスをする」「弘法も筆の誤り」（別項）「猿も木から落ちる」（別項）「ホーマーすら過ちをする」とも。どんな人もつまずく、誤る、ミスをする、の意。

馬は馬具によって判ぜられず。
外見から物の値打ちを判断してはならぬことを言った、英語の諺。You cannot judge of the horse by the harness.

生まるるに時あり、死ぬるに時あり。　『聖書』
生まれるのも運命、死ぬのも運命。万事きまった運命がある。

生まれたものに死は必ず来る。死せるものは、必ずまた生まれる。さけられないことを嘆いてはいけない。　『バガヴァド・ギーター』（インド）
命あるものに死は必ず来る。避けられないことを嘆いていては、人生は成り立たないし、つまらない。

生まれつきより育てが第一。
生まれつきの素質より、育て方が大切である。

生まれながら貴き者なし。
生まれつき人格や徳の高い者はない。「生まれながらの長老なし」とも。学業に励み、心の修養の結果がそうなるのだということ。「生まれつきより育てが第一」（別項）も同意。英語にも、No man is born wise.（生まれながらにして賢く学問のある人間はいない）という諺がある。

生まれながらに之を知るものは上なり。　『論語』（中国）
生まれつき道理を知っている者は、最高の人格者であるという意。

生まれながらの貴き者なし。
「生まれながら貴き者なし」（別項）を見よ。

生まれは大切だが、教育はもっと大切である。
「生まれより教育が大切」（別項）を見よ。

生まれより教育が大切。
教育の重要性を述べた諺。「氏より育ち」（別項）と同意。家がらより教育や環境が大切だ。「生まれつきより育てが第一」（別項）も同意の諺。「教育は天性にまさる」とも。**英語の諺** Birth is much, but breeding is more.

生まれるのも死ぬのも、定まりごと。
人の生死は運命によって決まっている。人の力でどうにもならないものだ、の意。

馬を得て鞭を失う。
目的の物は手に入れたが、それを活用する手段がない、意。「馬を得て鞍を失う」とも。

馬を河に飲わず。　『漢書』（中国）
「飲わず」はミズカワズと読む。相手の国を恐れて、国境を流れる河に近づかない喩え。

馬を水辺まで連れて行けても、水を飲ませることはできない。
やる気、自発心がなければ、教育は成り立たないという喩え。他人がいくらやらせようとしても無駄である。**英語の諺** A man may lead his horse to the water, but he cannot make him drink.

海背、川腹。
魚の焼き方の順序。海の魚は背から。川の魚は腹から焼くのがコツ。食べ物の諺。

海千山千
「海に千年、山に千年」とも。世の苦労を経験し、抜け目なく悪賢いこと。

海で溺れるものより、酒杯で溺れる者の方

が多い。
酒の害が、個人的にも社会的にも非常に大きいことをいい表した諺。英語 More are drowned in the beaker than in the sea.

生みの親より育ての親。
自分を生んでくれただけの親より長い間育ててくれた養父母の恩に感謝すべきだ、の意。「生みの恩より育ての恩」とも。

海の事は舟子に問え。山の事は樵夫に問え。
舟子はフナコと読み、船頭、船員のこと。「樵夫」はキコリと読み、木を伐る人のこと。海のことは船頭に聞け。山のことはキコリに聞け。専門家に相談した方がよいとの意。

海の事は漁師に問え。
何事も専門家に相談するのが最善であるという喩え。「海の事は舟子に問え」（別項）と同じ。

海のほか何も見えない時に、陸地がないと考えるのは、決してすぐれた探検家ではない。　フランシス・ベーコン（イギリス）
努力しても結果が見えない時、もう少しで、島影が見えるか、新天地が開けるかもしれないと考えよ、という喩え。焦らずに視野を広げる努力を継続して、成果が現れるのを待とう。

海の水を柄杓で汲み干すよう。
効果がなく、はかどらない喩え。

海の物とも山の物ともつかぬ。
物事が将来どうなるかわからない意。人に関しては、将来、期待できる人間かできない人間か、予想がつかないという意。

海はいかなる川をも拒まず。
もとは英語の諺で、度量の大きい人物の心の広さをいう、意。The sea refuses no river.

海ひろくして魚の躍るに任す、天空しくして鳥の飛ぶに任す。　『古今詩話』（中国）
海や空がきわまりなく広く高いことから、度量の広い喩え。

海も見えぬに船用意。
用意の早過ぎる喩え。

梅に鶯。紅葉に鹿。牡丹に唐獅子。竹に虎。
同じ季節で似合うもの、調和するもの。柳に燕。竹に雀。花に蝶。桐に鳳凰。などが伝統的。

梅は伐れ、桜は伐るな。
庭木の手入れの初歩。「桜伐る馬鹿、梅伐らぬ馬鹿」（別項）と同じ。

梅は蕾より香あり。
才能は早くから現れることの喩え。「栴檀は二葉より芳し」（別項）とも。

梅は百花の魁。
梅がその年のすべての花の先頭を切って咲くことを、言う。

羽毛を愛して骨肉を疏んず。　『南史』（中国）
他人を愛して兄弟を嫌うことの喩え。

埋もれ木に花咲く。
世間から顧みられなかった不遇の者に幸運が訪れることの喩え。

裏切者は、彼等が利得を与える人達によってさえも憎まれる。　タキッス（古代ローマ）
歴史の中で出てくる裏切者は、利益を与えた者からも憎まれ、遠去けられる、という意。

裏には裏がある。
物事には裏がある。表だけと思っていると思わぬ失敗をする。さらに、その裏まで続いていることもある。よくよく見抜いて失敗するな、の意。

恨みに報ゆるに徳を以てす。　老子（中国）
恨みたくなるようなひどい目にあっても、相手を恨まないで、道義的な行為で返す。

恨みほど恩を思え。
恨みは忘れにくいものだが、それと同じように恩を忘れないようにせよ、の意。

売り家と唐様で書く三代目。
初代が築いた家や財産も、三代目ぐらい後になると、中国風の書体で「売り家」と書くようになり破産する。川柳形式の諺。

売り言葉に買い言葉。
一方が非難すれば他が応酬して言葉を返すこと。悪口に悪口で返すこと。「一つの悪口が他の悪口を呼ぶ」。

売手よし。買手よし。世間よし。　近江商人（日本）
売手が儲けを考えるだけでなく、買手を敬愛して、買手にも喜んでもらい、ひいては、世の中に役立つ商売をなすべきという教え。

瓜に爪あり、爪に爪なし。

漢字二字の字形の違いの記憶法。「爪」とは「ム」の部分を示す。

瓜の蔓には茄子は成らぬ。

ある原因からそれ相応の結果しか生じない。平凡な親から非凡な子供は生まれない、という意。「茄子」は、ナスビと読む。（玉ねぎからバラは咲かない）An onion will not produce a rose.（すももからリンゴを作ることはできない）There's no making apples of plums. などは、英語の諺で、良く似ている意味。

瓜食めば　子供思ほゆ　栗食めば　まして偲ばゆ　いづくより　来たりしものぞ　まなかいに　もとなかかりて　安寝しなさん

山上憶良（日本）

瓜、栗は古代の菓子。「食めば」はハメバと読む。「まなかい」は、眼前のこと。「もとな」は、しきりにの意。宴会に出された菓子を食べつつ子等を思い出し、この感情がどこから来たものかと思っては、眼前に子等の姿が、しきりに、ちらついて安らかに寝ることができない、意。「万葉集」にある。

瓜二つ。

「瓜を二つに割ったよう」とも。二つに割った瓜のように、互いに顔姿が似ていてそっくりだという喩え。

売り物には、花を飾れ。

売る品物は美しく見せよ。結婚適齢期の娘に贈る諺。

売り物安物。

売りに出されているような品物は、粗末な安物が多い。

漆は剝げても、生地は剝げぬ。

塗ったものは剝げるが、中の素質は変わらない、意。

憂えあれば喜びあり。

心配事、喜び事、吉凶禍福は表裏をなしている。人生とはそんなものだ。

憂えはゆるがせにする所に生ず。

『説苑』（中国）

心配事は心のゆるめたところから起こってくる。油断をするな、の意。

憂えを救い、災いを分かつ。

『春秋左伝』（中国）

人の心配事を助けて救い、人の悩みや苦しみを共に分かち合う。そういう心を持ちたいという意。

噂は、嘘半分。

「みんながそう言っているというのは、半分嘘である」。噂話が、実に頼りないものであるという意。**英語** "They say so" is half a lie.

噂は風より早い。

うわさがたちまち広まってしまうことの喩え。

噂はすばやい動きで栄え、進むたびに力をつける。　ウェルギリウス（古代ローマ）

うわさは、広まるスピードが速い。その過程で変化して悪さをする。振り回されずに毅然として生きよ。

噂をすれば影がさす。

噂をしていると、そこへ当人の人影が現れてくるものだ。偶然そこへ本人がやってくることが多いという意。

運、根、鈍。

幸運、根気、鈍（折れない刀のようにねばり強い）を語呂合わせにした諺。人生成功の三条件。

運、去って、金、鉄となり、時来たって、鉄、金となる。

ひとたび運が去ると輝かしい地位も去っていくし、また時勢に合うと、凡人が権力や勢力を持つようになる。

うんざりした気持ちを癒すにはウィスキーを一杯やって忘れようとするより、仕事に打ち込んで一生懸命になるほうがよほど効果的である。

ウィリアム・ジェームズ（アメリカ）

長い人生である。仕事が山ほどある。うんざりした気持ちになる時も多い。こんな時、アルコールで忘れようとするより、仕事に打ち込み、集中する方が、効果的だ。という言葉である。

運尽くれば知恵の鏡も曇る。

運が傾いてくると、日頃の知恵や才覚も鈍りがちになる。

雲泥の差。

天と地ほどの違い。非常に大きい違い。

運は弱者の鞭にして、勇者の杖なり。

ローウェル（アメリカ）

運は、弱い人間を強く激励するものであり、勇ましい人を支えるものである。

運は天にあり。

人の運はすべて天命によるから、人間の力ではどうすることもできない、の意。

運は寝て待て。
幸運は自然にめぐってくるから、気長に待つべきだ。

運は回りもの。
やがては幸運がめぐってくる、期待して待とう。

運は、自らを助けるものに味方する。
他人の助力を頼りにせず自分自身で努力せよ、の戒め。英語の諺の Fortune stands by him who stands by himself. の訳。「天は自ら助くる者を助く」(別項)とも。

運は、我々から富を奪うことはできても、勇気を奪うことはできない
セネカ(古代ローマ)
運が財産を奪って貧乏のどん底に来ても、人間の勇気まで奪い取ることはできない。

運命とか宿命などと言って、あきらめていては、進歩も向上もない。
武田信玄(日本)
運命とか宿命とか言う言葉で逃げてしまう人が多い。あきらめずに、精いっぱい生きて、進歩、向上、発展を期すべきだ。

運命に感謝して、謙虚に、自分の持てる運を一歩一歩確実に伸ばしていく。
松下幸之助(日本)
現在までやってきた自分の運を見つめ、感謝して、一歩一歩確実に、運を伸ばせ、の意。

運命の中に偶然はない。人間はある運命に出会う以前に、自分がそれを作っているのだ。
W・ウィルソン(アメリカ)
偶然良い運命が転がりこむのではない。自らが運命を切り拓いてきた人によき運命が与えられる、というのである。

運命の女神は勇者を助ける。
ウェルギリウス(古代ローマ)
逆境にめげず困難に立ち向かう勇者に、運が幸いする意。**英語** Fortune favours the hold brave.

運命は神の考えるものだ。人間は人間らしく働けばそれで結構だ。
夏目漱石(日本)
人間が幸運を求めようとしても無理。運命は神のしわざである。人間は、人間として働くだけだ、の意。

運命は健康と同じにそれを制御しなければならぬ。
ラ・ロシュフコー(フランス)
順風のときは、運命を楽しむこと。荒れ狂う時は、辛抱することだ。――と続く。

運命は我々に幸福も不幸も与えない。ただ素材と種子を提供するだけだ。
ミシェル・モンテーニュ(フランス)
幸福も不幸も、運命ではない。運命を生かして、幸福を作り出すのは、そこにいる人間なのだ。

運命は我々の行為の半分を支配し、他の半分を我々自身にゆだねる。
マキャヴェッリ(イタリア)
我々の一生の行為の半分は運命に支配され、あと半分は我々が自身で行動して作り上げるものだ。

運を信じるべきだ。そうでなければ、どうやってあの嫌いな連中の成功を説明できよう。
ジャン・コクトー(フランス)
運を信じなければならない。そうでないと悪運の強い成功者連中のことを説明できないから。

運を天にまかせる。
事の成り行きがどうなるか天の意志にまかせて、それに従う、という諺。

運を待つは死を待つに等しい。
努力をしないで好運を待つのは、死を待つように愚かなことだ。

え

栄華あれば必ず憔悴あり。
『淮南子』(中国)
憔悴は、ショウスイと読む。やつれ衰えること。栄えているものは必ず衰えるのがこの世の定めである。

栄光は、危険の有望な子供である。
危険を冒さないで栄光を手に入れようとしてもそれは困難である。**英語** Glory is the fair child of peril.

英雄、色を好む。
英雄は何事に対しても精力的であるので、女性を愛する傾向も強い。

英雄とは自分のできることをした人だ。凡人はできることをしないで、できもしないことを望んでばかりいる。
ロマン・ロラン(フランス)
自分の到達可能な目標を立ててしっかり

クリアしていくこと、これを実行できるかできないかが、英雄と凡人の分かれ道である。できもしないことを望むなかれ。


英雄は艱難の日のみ知らる。

不幸や不運に陥った時の身の処し方で、英雄か否かがわかる。**英語の諺** A hero is known in the time of misfortune.

英雄人を欺く。

英雄は軍略に優れ、凡人の考えつかぬような計略で敵をあざむく。 『淡窓詩話』(日本)

笑顔に当てる拳はない。

笑顔でのつきあいに、喧嘩は起こらない、という諺。


笑顔の家に貨宝集まる。

にこにこしている人の家には自然に幸運がやってくる。「笑う門には福来る」(別項)とほぼ同じ意。


絵描きと代書人の手にかかれば白いものも黒くなる。

絵描きは、引きあいに出した語。弁護士や代書人は、白いものを黒だと言って法廷で戦ってくれる。Painters and lawyers can soon change white to black.

得難きは時、会い難きは友。

良い機会はなかなか巡って来ないし、よい友にはなかなか会えない。


靨は七難隠す。

靨はエクボと読む。えくぼのある笑顔は、多くの欠点を覆い隠してしまう意。

会者定離
この世は無常であるから会った者は必ず別れる運命にある意。「世皆無常」「会必有離」お経の言葉。

えせものの空笑い。

軽薄な者が、おかしくもないのに追従笑いをすること。


越人は越に安んじ、楚人は楚に安んず。

人は、自分の郷土をそれぞれ良い所だと思って暮らしている。 荀子(中国)

越鳥南枝に巣をかけ、胡馬北風に嘶く。

嘶くはイナナクと読む。越南からの渡り鳥は樹木の南の枝に巣を作り、北の胡国から来た馬は北風が吹くといななく。故郷が忘れがたい気持ち、また、故郷を恋い慕う意。


得手勝手は向こうには効かない。

自分の都合に合うようには、なかなか相手が応じてくれない意。

得手に帆を上げる。
「江戸かるた」(日本)
良い機会に恵まれて得意のことをする、意。「順風に帆を上げる」(別項)と同意。すべて好調で、うまくいっている喩え。

絵と喧嘩は遠くから見よ。

不必要なもの、有害なものには、近づかないの意。


江戸っ子は、五月の鯉の吹き流し。

江戸っ子は、言葉は荒いが気持ちはさっぱりとして物事にこだわらず、腹の中に何もない。また、口先ばかり大きくて、腹に胆力がないと、悪い意味にも使う。


江戸っ子は、宵越しの銭は持たぬ。

江戸っ子は、手に入れた金をその日のうちに使ってしまう。つまり、江戸者は金離れがよいことを誇って使う諺。


江戸と背中が見て死にたい。

死ぬまでにせめて一度は江戸を見たい、と貧しい田舎者の願い。見るのが難しい江戸と背中を取り合わせたユーモアのある諺。


江戸の敵を、長崎で打つ。

意外な場所で、思いも掛けない事で、昔の恨みの仕返しをする、意。本来は、「江戸の敵を長崎が打つ」であったという。大阪の見せ物師が江戸で大成功を収め江戸を圧倒した。間もなく長崎の見せ物師が大阪のそれをしのぐ人気を得たのに由来するという。


江戸の真ん中は、土一升に金一升。

江戸の地価の高いことをいう諺。


江戸は空風、信濃は雪。

両地の気候が非常に違うことをいう諺。


江戸は武家、京は出家、大阪は町人。

三つの町の特徴を言った諺。


江戸べらぼうに京どすえ。

方言の「江戸べらぼう(馬鹿、おろか、はなはだしい)」「京どすえ(ですよ)」「大阪さかいに(であるから)」「長崎ばってん(だが、けれども)」を組み合わせて使った。


会に合わぬ花。

「会」はエと読む。法会に間に合わなかった花から、必要な時期に間に合わず役に立たないものの喩え。


絵に書いた地震。

ちっとも恐ろしくないものの喩え。

絵に描いた餅。

実際に食べられない。実物でなければ値打ちがない喩え。

海老で鯛を釣る。

わずかな負担、労力などで大きな利益、収穫を得ること。**英語** A little bait catches a large fish. は、類似した意味の諺。

海老の鯛まじり。

小者が大者に混じっていること。価値の小さいものが価値の大きいものの中に混じっていること。

得やすいものは使われやすい。

たやすく手に入れたものは、すぐになくなる。しっかり働いて、欲しいものを手にいれよ。「悪銭身につかず」（別項）とも。**英語の諺** Easy gained, easy spent.

偉くなりたい、また金持になりたいと願うことは、嘘をつき頭をさげ、へつらい、いつわることを、自ら決心したことではないか。

バルザック（フランス）

いやだ。そんなことは止めた。おれは、高く清く働こう。夜昼なく働いておれの勤勉労苦だけで成功をかちえたい。――と続く。「高く清く働こう」というのが真意である。

選んでカスを取る。

人間には選ぶ機会が多い。選ぶにあたって欲に目がくらみやすい。迷った末カスをつかむことになりやすい意。「選んで粕を摑む」とも。**英語の諺** He that chooses takes the worst.

選んではならぬ。一つの立場を選んではならぬ。一つの思想を選んではならぬ。

アンドレ・ジッド（フランス）

選べば、その視座からしか、人生を眺められなくなる。――と続く。片寄った人生を歩むことなく見聞を広め、しなやかに、強く人生を生きよ。

燕雀、安んぞ鴻鵠の志をしらんや。

司馬遷（中国）

燕雀は、エンジャクと読む。つばめや雀のような小さい鳥。安んぞはイズクンゾと読む。鴻鵠は、コウコクと読み、大鳥やこうのとり、のような大きい鳥のこと。小さい鳥には大きな鳥の志はわからないという意味である。小人物には、大人物の考えや志はわからないという喩え。

遠水、渇を救わず。

遠くの水では喉の渇きは癒されぬ。急の役に立たない。

遠水、近火を救わず。

遠くに水があっても近くの火事には役に立たない、意。

燕石を玉とす。

『太平御覧』（中国）

燕石は、エンセキと読み、玉はギョクと読む。燕山から産出する玉に似た価値のない石のこと価値のないものを宝玉として誇ること。また、才能のないものが慢心する意にも。

淵中の魚を察見するは不詳なり。

『列子』（中国）

深い淵の中に魚がいるかいないか、誰にもわからない。だから、政治を行う場合、おおもとだけを押さえて、細かなことを言わぬ方がよい。

縁と浮世は末を待て。

良い縁とか良い機会とかはあせらずにじっくり待つべきである。

豌豆は日陰でもはじける。

時期がくれば、自然に事が達せられる喩え。また、年頃になると自然に色情にめざめる喩えにも使う。

縁と月日。

「上方かるた」（日本）

縁と月日は、待つがよい、の意。結婚の相手と月日の経過は、時期を待つべきで、じたばたしてもどうにもならない、という喩え。

縁なき衆生は度し難し。

「度し難し」は、悟りを開かせるのは難しい意。仏はすべての者に慈悲を垂れるのであるが、仏縁のないものは救うことが難しい、という諺。また、いくら言って聞かせても、聞く耳を持たない者は、どうしようもない意に用いることが多い。

縁の切れ目は子で繫ぐ。

夫婦の間が冷たくなり縁が切れそうになっても子供があれば、別れなくてもよい、意。「子は鎹」（別項）とも。

えんの下の力持ち。

「上方かるた」（日本）

「垣下舞（えんのしたの舞）」が本来の諺。さて、垣下舞は、正客から見えなかったから、晴れの舞台ではなかったから、目立たぬ、地味な、世に認められぬ人や努力を意味する。後、「縁の下の力持ち」に変わる。

縁は異なもの。　「江戸かるた」（日本）

「縁は異なもの味なもの」の後略。夫となり妻となる縁とは不思議なものであり、味なものだ、の意。思いがけない夫婦、それでもうまくいくものだ、という他人夫婦に対する羨望にも。また、我が夫婦や子供夫婦の相手に対する感謝にも使われている。

遠方に友を持つと、世の中が広く感ぜられる。友は緯度となり経度となる。

H・デビッド・ソロー（アメリカ）

我々の日常生活から、隔たったところに友がいると幸せである。考え方や物の見方が広がるからである。

閻魔の色事。

釣り合わないこと。不似合いなこと、の喩え。

遠慮なければ近憂あり。

遠い将来のことを考えないでいると、必ず急な心配事が起こる。目先のことばかり考えるな、の意。

遠慮は無沙汰。

度の過ぎた遠慮は、何の挨拶もしないのと同じになりかえって失礼になるという意。

遠慮ひだるし、伊達寒し。

遠慮していると空腹を我慢しなければならぬし、かっこうを気にしていると伊達の薄着で寒いのをがまんしなければならぬ。「賢者のひだるし、伊達寒し」（別項）、単に「伊達の薄着」（別項）とも。

お

老い木に花。

「枯れ木に花」（別項）とも。一度衰えたものが再び栄えることの喩え。

老い木は曲がらぬ。

若い木でないと曲がらないことから、老人の強情さの喩えを諺にしたもの。

老い善光寺、若西国。

老人は後生を願って善光寺参りをし、若者は旅を楽しんで西国巡礼をする。

老いたる馬は道を忘れず。

道に迷った時は、年老いた馬を放して、その後に従うとよい。転じて、経験を積んだ人のやり方に従うがよい意。

追い風に帆を上げる。

「追い風」は、オイテと読む。順風、おいかぜ、の意。好機到来に得意になって調子に乗ること。「得手に帆を上げる」（別項）とも。

老いては子にしたがう。　「江戸かるた」（日本）

年をとったら、おとなしく子供のいう通りにするのがよい、あるいは、無難だ、の意。何事も子供に任すのが良い、の意。

老いの繰り言。

老人が、言っても役にたたない愚痴をくりかえして言うこと。老人の愚痴。

黄金は火を以て験す。　『聖書』

験すはタメスと読む。自分が困った状態に陥った時、友が真の友人であったかどうかがわかる。英語の諺 Gold is tried in the fire.

王様であろうと百姓であろうと自分の家庭で平和を見出す者が、一番幸福な人間である。　ゲーテ（ドイツ）

どんな人間でも、地位身分に関係なく、家庭に平和がある人が、一番幸福だ。

王者は四海を以て家と為す。　『後漢書』（中国）

四海は、シカイと読み、天下の意。王たる者は天下を一家のように見なして、仁政を施す。

負うた子に教えられて、浅瀬を渡る。　「上方かるた」（日本）

時には、自分より若い未熟な者に教えられることが多いものだ。思い上がるな、謙虚であれ、の意。「負うた子に教えられて川を渡る」とも。

負うた子も愛し、抱いた子も愛し。

「負うた子も可愛。抱いた子も可愛」「負うた子も我が子。抱いた子も我が子」とも。すべて同様に子を愛する親の慈愛、をあらわす諺。

近江聖人に近江商人。

同じ国の人でも、人柄が一様でない喩え。

近江泥棒に伊勢乞食。

抜け目のない近江商人と倹約家の伊勢商人を妬み半分でののしる諺。

往を彰らかにして来を察す。

『易経』（中国）
「彰らか」はアキラカと読む。過去のことを検討して由来を明瞭にして、将来の計画をたてる。

往を観て来を知る。『列子』（中国）
往は過去、来は将来のこと。過去のことを観察して、将来のことをちゃんと察知するということ。

王を図りて成らざるも以て安んずるに足る。『漢書』（中国）
天下の王となろうと考えれば、たとえ成就しなくても、努力をしてきたので、満足できる。

大石を動かすに細縄。
弱小なものが強大なものに対抗することの喩え。

大いなる欠点を持つことは、偉人たちのみに限られる。ラ・ロシュフコー（フランス）
道徳的に大きな欠点は、凡人はなるべく持たないようにすべきだ。私達は、偉人ではないのだから。

大いなる月は欠け、小さなる星はいつも同じ。
はでな目立つものは長続きせず、じみで目立たないものは、いつまでも続くという喩え。

多いは足らぬ元。
多いと思ってよく数えたら不足だった。または、多いと思って油断しているといつの間にか使い過ぎて不足になっていること。

大男総身に知恵が回りかね。
体ばかり大きくて何事も愚鈍な男。あざけり、自嘲の意。

大火事は小さな火花から起こる。
「大事は小事より起こる」（別項）。小さなことを大切にする心構えを持って生きよ、の意。

大風が吹けば桶屋が儲かる。
思いがけないところに影響が出る。または、あてにならぬ期待、の喩え。話の展開は次の通り。大風で砂埃。砂埃で盲人。盲人は三味線を習う。三味線に猫の皮。猫が減って鼠増え、鼠は桶をかじる。それで桶屋が繁盛。

おおかたの人は、くびにならない程度に働き、辞めたくない程度で稼ぎを得る。
ジョージ・カーリン（アメリカ）
ジョークだが、労働の実態であり真実である。

狼に羊の番をさせるな。
「狼に決して小羊の世話をまかすな」。人も同じ、過ちを起こしやすい状況をつくらぬように、与えぬように、の戒め。

大きい家には大きい風が吹く。
家でも仕事でも規模が大きいと、よきにつけあしきにつけ、大がかりなものとなる。家運が傾けば、その傾き方も大きくなるという喩え。

大きい薬缶は沸きが遅い。
大きい薬缶で大量の湯を沸かすのに時間がかかる。同様に人も大成するのに多くの歳月を要する。大器晩成、の喩え。

大き過ぎる着物は着られるが、小さ過ぎるのは裂ける。
Wide will wear but tight will tear. 英語の諺である。Better there should be too much than too little.（少な過ぎるより多すぎる方がよい）という諺もある。日本では「大は小をかねる」。同じような意味の、諺や戒めが世界中にある。

大きな靴は、小さな足に合わない。
ものにはそれぞれ釣り合ったものがあって、ふさわしいものを用いよ、の喩え。英語の諺 A great shoe fits not a little foot.

大きな欠点は、偉大な人物の持ち物である。
偉大な人物には、欠点がある。ただそれを出さないで、偉大な仕事をしてきただけだ。**英語の諺** It belongs to great men to have great defects.

大きな原則は簡単に変えてはならない。
スコット・マクネリ（アメリカ）
大きな目標、基本的な原則は、会議の審議や企業の経営会議などで簡単に変えると混乱する。変えないほうがよい。

大きな仕事にとりかかるには、機会を生み出すことよりも、目前の機会を利用することにつとめることが大切だ。ラ・ロシュフコー（フランス）
大事業をしようと身構えるよりも、日常のちょっとした機会やきっかけを、利用すべきだ。

大きな堤も、蟻の穴からくずれる。
ちょっとした失敗や油断が大事を引き起こすことがあるという喩え。

大きな冬瓜。
大きな冬瓜は、重くて白いから。面白い意の、なぞ諺。

大きな夢が大きな実を結ぶ。
雄大な夢をもて。小さな夢に大きい人生は結実しない。

大きな夢を見よう。大きな夢だけが人の心を動かす。　アウレリウス（古代ローマ）
どうせ夢を見るなら大きい夢を見たいもの。そして、その大きな夢に向かって進んで行こう。

大きな利益には、大きな危険が伴う。
Great profits, great risks. 英語の諺の訳。利益をはかるには、多少の危険はおかすべき。「虎穴に入らずんば虎子を得ず」（別項）とも。「大きな危険を頭に入れて大事をはかるべき」という意。

大食いをして、眠りを好み、転げ回って寝て、まどろんでいる愚鈍な人は、糧を食べて肥る大きな豚のようである。　『仏弟子の告白』
食べて、寝て、うとうと暮らすだけの人間になってはならない。肥えた豚になるな、の意。

多くの事を為すは易く、一事を永続するは難し。　ベン・ジョンソン（イギリス）
多くの事に手を付けるのはやさしいことだが、一つの事を長く続けるのは容易ではない。

多くの失策は、意とするに足らず。むしろ天の忠告として感謝すべきである。　ラボック（イギリス）
失敗は、悩まなくていい。天の忠告だったと感謝して、成功へと生かせばいいのだ。

多くの善良な学生は、親のためまた未来の妻のため、学校を出てからの高い給料のため、勉強している。　林語堂（中国）
（中略）学問の探求は、誰の仕事であってもならぬ。自分自身の仕事であるべきだ。――というのが真意である。

多くの小さな水滴は、大海を作る。
わずかなこと、小さなことを、積み重ねることが、人生には必要なのだ。

多くの手は、仕事を軽くする。
大勢でやれば仕事が楽でもあるし、また早く終わる。**英語の諺** Many hands make a burden lighter.

多くの友を有する人は、一人の友をも得ず。　アリストテレス（古代ギリシャ）
友が多く軽薄だが交際上手な人は、まじめで高潔な友を一人も持っていない。**英語の諺** A friend to every body is a friend to nobody.

多くの人は、良い友人であるが悪い隣人でもある。
世の中には良い友が多いものだが、隣同士としてつきあうとそうともいえない。近所づきあいの難しさの戒め。

多くの人々の不幸は、彼等が実際よりも高く自己を買いかぶるところから生ずる。　ドストエフスキー（ロシア）
自分を買いかぶると、水準が高くなる。そうすると不幸だと思う。日々の自分を低い水準からみれば、毎日の小さな幸せも、幸福だと思えるのだ。

多くの婦人を愛した人間よりもたった一人の婦人だけを愛した人間の方がはるかに深く女というものを知っている。　トルストイ（ロシア）
多くの女性と交際し、多くの女性を愛したものより、一人の女性を愛し続けた人間の方が、女性の本質や心情を深く理解しているものだ。

多く見、多く聞き、しかして少し語れ。
できるだけ多く見て、多くの人の意見を聞いて、疑わしいことや自信のないことは避けて、事実に基づいて確実なことだけを語るようにせよ、の意。**英語の諺** Two eyes, two ears, only one mouth.

多くをなす者は、立派にやれる者ではない。
多くのことを成し遂げる人は、世の中に多いのだが、立派に仕事を成し遂げた人ではない。立派に成し遂げた偉人はごく少ない、という意。**英語の諺** Who does all he may never do well.

多くを学ぶより、創造するほうが優る。創造は人生の根底なり。　ファーブル（フランス）
多くの知識を学ぶより、創りだすことが重要だ。創りだすことが、人生の根底にあるのだ。

大げさすぎる健康法で健康を保とうとするのは、実に厄介な病気である。　ラ・ロシュフコー（フランス）
健康法は目立たないようにすべき。継続

してやればなおよい。

大阪の食い倒れ。

大阪の人は、食べ物にぜいたくをして、財産をなくしてしまう、意。

大阪は日本国中の賄い所。

大阪は日本の商業の中心だ、の意。「大阪は日本の台所」とも。

大津馬の追いからし。

逢坂の山越えに駄馬を使い物にならなくなるまで使ったことから。転じて、利用するだけ利用して、御用済みになることの喩え。

大鋸屑も取り柄。

大鋸屑はオガクズと読む。無用のオガクズでも、どこか使い道がある。

陸へあがった船頭。

陸は、オカと読む。「陸へ上がった河童」とも。自分に合った場所、環境から離れたために、力のある者が、まったく無力、無気力になる意。

お金で買えないものはほとんどありません。例外は、幸せと愛と、自然が与えてくれるすべてのものです。（アメリカの一少女）

幸せと、愛と、自然の与えてくれるすべて、が貴重。この世で金で買えないものはないと思うのは、人間の心のおごり、また、貧しさ。

お金は天から降ってはこない。地上で稼ぎ出さねばならない。

M・サッチャー（イギリス）

英国経済を立て直した女性首相の有名な言葉。当り前のことを言った言葉だが、我々日本国民にもあてはまる。

お金を稼ごうと思ったら、お金を使わなければならない。

プラウトゥス（古代ローマ）

けちけちして稼いで、金持ちになろうとするな。喜劇の主人公となるな。

傍目八目

オカメハチモクと読む。「岡目八目」とも。囲碁をそばで見ている人は、実際に打っている人よりも、八目ぐらい見越すことができる意。第三者が状況を見極めやすい意。冷静に客観的に物事を見ると、是非得失がつかみやすい喩え。

尾から行くも、谷から行くも、同じ事。

尾は、尾根。手段方法が違っても目的は同じ。

起きて働く果報者。

体が健康で、働くことができるのは幸福である。丈夫で働ける者は幸せだ、の意。

起きて半畳寝て一畳。

人間一人にとってこの広さで十分。必要以上の富貴を望まないで満足を知る意。

沖にも付かず、磯にも離る。

よるべのないさま。また、どっちつかずの意にも。

沖のハマチ。

今晩の料理にできるかどうか、当てにならない喩え。

屋上屋を架す。

屋根の上に、屋根を作る意。無駄なことを重ねてする意。

憶病でためらいがちな人間にとっては、一切が不可能である。なぜなら、一切が不可能のように見えるからだ。

スコット（イギリス）

憶病とためらいを捨てよう。勇気を養おうという意。

送る月日に関守無し。

月日の経過には、それを留める関守はいない。月日の過ぎ去りやすいことの喩え。

屋漏上にあり、之を知るは下にあり。

『古詩源』（中国）

屋漏はオクロウと読み、雨漏りの意。上下はカミ、シモと読む。雨漏りは屋根に原因があるが、それに気付くのは下にいる人だ。わかりにくい政治の欠点を人民はよく知っている。

屋漏に愧じず。

『詩経』（中国）

愧じずは、ハジズと読む。屋漏は、人に見えないところの雨漏り。人が見ていない所でも恥ずかしい行いをしない意。

桶が腐れば菜が腐る。

周囲が悪いと、その影響で内部まで悪くなる喩え。

行いて余力あれば、則ち以て文を学ぶ。

『論語』（中国）

人間として成すべきことを行った上で、なお暇が見つけ出せたら書物の勉強をするのだ。

行いの美しいものは、姿も美しい。

行為の美しい人は、その容姿も美しく見える。美しいと見られたければ行動を立派にせよ。**英語の諺** Handsome is that handsome does.

奢りは長ずべからず。 『礼記』（中国）
思い上がる心は、増長させてはならない。何事もひかえめにせよの意。

驕る平家久しからず。
人間の栄華は、長くはつづかない、という意。

奢る者、富足らず。 『菜根譚』（中国）
贅沢な生活をするものは財産がいくらあっても足りない。

奢る者は心常に貧し。
贅沢を好む者は、いつも心に不満がある。

驕れる者久しからず。
栄華をきわめ思い上がっているものは長く、その身を保つことはできない。「幸運は長くは続かぬ」「盛者必衰の理」をいう。平家物語には、「おごれるもの久しからずただ春の夜の夢のごとし」とある。

幼子は白き糸のごとし。
白い糸はどんな色にも染まるところから、子供の躾が大切だという喩え。

教うるにも術多し。
教育の方法にもいろいろな種類がある。

教うるは、学ぶの半ば。
人に学問を教えることは、半分は自分の勉強の助けとなる、という意。

教えたがる者は、よき教育をなさず。 プラトン（古代ギリシャ）
エデュケーションの語源は引き出すこと。生徒の才能を引き出すこと。教えたがってはいけない。

惜しむ人は、必ず死する習い。
人に惜しまれるようないい人ほど早死にするのが、この世に多い、という意。

おしゃれをしない人間は、泥棒より醜いと思います。 宇野千代（日本）
おしゃれ、みだしなみは、心ある人間のすること。

オスキナフクハ秋の七草。
おみなえし、すすき、ききょう、なでしこ、ふじばかま、くず、はぎ、が秋の七草だ。秋の七草の記憶法の諺。

お世辞を言うは容易だが、真に賛美するは難事である。 ソロー（アメリカ）
奴隷制度や人頭税に反対した学者であり作家でもあったお世辞の言えない勇気のある人の言葉。

遅かれ早かれ着く所は同じ。
遅い早いの差はあっても、いずれ結果は同じという喩え。「遅かれ疾かれ着く所は同じ」が本来の諺。

遅かろう良かろう、早かろう悪かろう。
仕事は遅いが仕上がりは良い。反対に、早ければ仕上がりが悪い。

遅くとも、何もやらないよりはやるのがよろしい。 リウィウス（古代ローマ）
遅れても投げ出してはいけない。遅くてもやらないよりやった方がいいのにきまっている。諦めないことだ。

恐れを知って、しかも、それを恐れない者こそ、真の勇者である。 A・ウェルズリー（イギリス）
ナポレオンをワーテルローで打ち破った軍人の言葉。「恐れ」は、死の恐れである。生命を捧げるのが真の勇者である、という意。

煽てと畚に乗りたくない。
畚はモッコと読む。死刑の囚人を運ぶ竹籠のこと。これは、絶対に乗りたくないものの取り合わせの語。自惚れをあおり立て利用される煽てには、決して乗りたくない意。

お玉杓子が蛙になる。
当然変わるべきものに変わって、変わりばえがしない、意。

小田原評定
いたずらに日時が過ぎ、いつまで待っても決まらない話し合い、の意。

落ち武者は薄の穂にも怖ず。
戦争に負けて逃げていく武士は、何でも恐く思う。一般に、こわいと思えば、何でもないものまで、すべて恐ろしく感じられる意。

落ち目に祟り目。
不運の上に不運が重なること。

お月様が笠をかぶると、翌日は晴。
月の暈（かさ）で、天候を占った諺。「月が笠をかぶると晴れ」とも。比較的良く当たる占い。

夫才知あれば、妻柔和なり。
夫がしっかりしておれば、妻はおとなしくなごやかである、という意。

夫唱えて妻随う。
夫が言い出し、妻がこれにしたがうこと。

夫に付くが女の道。
結婚したら夫に従うのが女のとるべき道

である、の意。


夫は外を治め、妻は内を治める。

夫は外に出て働き、妻は内にいて家事をまとめる。


落つれば同じ谷川の水。

出発点は違っても最後に帰着する所は同じである喩え。


お父さん、ぼくは嘘が言えません。僕が小さい手斧でそれをやったのです。

ワシントン（アメリカ）

父が大切にしていた桜の木を伐ったので、そのことを告白した正直な少年の言葉。世界的に有名な言葉である。正直であれ。真実を語れ。

お灯明で尻炙る。

効き目がない、手緩い、ことの喩え。


おどけにも人をすさむな。

冗談にも人をうとんじたり、卑しめたりしてはならない。


男心と秋の空。

秋の空が変わりやすいように、女に対する愛情が変わりやすいことをいう。


男と箸は固きが良し。

男は実直なのがよい。箸はつけたしである。


男にとって、女は弓の弦のようなものだ。

男は弓、女は弦、一方がなければ他方も役に立たない。協力しあう夫婦のようなものだ。


男に惚れられるような男でなければ、女に惚れられぬ。

男らしい、人をひきつける力を持っている男でなければ女も惚れはしない。


男の口から出た言葉は、反故にはならぬ。

男は一度口に出したことは、必ず実行すべきである。


男の心と川の瀬は一夜に変わる。

男の愛情の変わりやすいたとえ。


男の心と大仏の柱は、太うても太かれ。

男は気が大きければ大きいほどよいという意。


男の四十は、分別盛り。

男の四十歳は、思慮分別が最もよくつく年ごろである。


男の目には糸を張れ、女の目には鈴を張れ。

男の目はきりりとまっすぐなのがよく、女の目はぱちりと丸いのがよい、意。


男は当たって砕けろ。

男は思いきりが大切だ。いつまでもくよくよ考えたりするな。

男は、言いよる時だけが春で、夫婦になってしまうと、もう冬だ。
シェークスピア（イギリス）
男は、求婚するときだけは、暖かくやさしく、夫婦になってしまうと途端に、厳しく冷たくなる。

男は家を造り、女は家庭を作る。

夫は外で仕事に励み、妻は家事に専念する。**英語の諺** Men make houses, women make homes.

男は、美しい女よりも、自分に関心を持つ女に惹かれる。

男というものは、美しい女性ばかり追い回しているのではない。

男は、女をあまりに精細に分析してはならぬ。
ヘミングウェイ（アメリカ）
女はセンシティヴな楽器であって、それを通して男は自己の感情を演奏する。
——と続く名言。

男は、建設すべきものも、また破壊すべきものも、なくなると非常に不幸を感じるものである。
アラン（フランス）
男は、目に見える仕事がなくなり、やることがなくなってしまうと、自分は不幸な人間だと感じるようになる。

男は知っていることをしゃべり、女は、人に悦ばれることをしゃべる。
ルソー（フランス）
男は、知識を話題にすることが多く、女性は、他人の悦ぶようなことを話題にすることが多い。

男は知、女は情。

「男は頭をもって。女は情をもって」とも。**英語の諺** Man with the head, woman with the heart.

男は天下を動かし、女はその男を動かす。

女の力が偉大である意。「男は世界を支配し、女はその男を支配する」とも。**英語の諺** A man excite the world, but a woman excite the man.

男は度胸、女は愛敬。

男は度胸、女は愛敬、坊主はお経、と大切なもので語呂合わせしたもの。度胸は、物おじしないこと。


男は度胸、坊主はお経。

「坊主はお経」は、語呂あわせ。前半の

意に主眼がある。男は度胸が大切だ。

男は礼に余れ、女は華飾に余れ。

男はいつも礼儀正しく、女はいつも美しくあれ、の意。

男前より気前。

男は容貌より気性が大切だの意。

踊る阿呆に見る阿呆。

踊る阿呆に見る阿呆、同じ阿呆なら踊らにゃ損々――と続く言葉。徳島の阿波踊りの歌詞。さあ踊れ踊れ。

同じ餌で、二度捕らえられるのは、愚かな魚である。

馬鹿でなければ同じ愚を繰り返すな、の意。理屈は、よくわかっていても、同じような愚かな失敗を繰り返し易いのが人間の通弊である。

おなごを裸にしたよう。

手も足も出ない、全く無防備、無抵抗をいう喩え。類句に「赤子を裸にしたよう」がある。現代人には語弊があるので使用には心したい諺。

同じ釜の飯を食う。

他人同士だが一緒に暮らした親しい仲間、の意。

同じ羽根の鳥は、一緒に集まる。

同好の士が自然と集団をつくる喩え。**英語の諺** Birds of a feather flock together.

同じような人は、二人としていない。

「十人十色」(別項)。考え方も人様々。多くの人がおればそれぞれに、多くの考え方がある意。

鬼が住むか蛇が住むか。

人の心の中にどんな考えがあるか想像がつかない、意。

鬼が出るか蛇が出るか。

どんな恐ろしいことが起こるかわからないこと。

鬼瓦にも化粧。

醜い女性も化粧をすれば多少はよくなる。

「江戸かるた」(日本)

鬼に金棒。

金棒はカナボウと読む。鉄の棒。ただでさえ強いものに、さらに、強さが加わること。強い鬼がより強く、二倍の力、いや二乗の力が出る、意。

鬼に衣。

鬼は本来裸で、衣服はいらないはず。したがって、不必要、不釣り合いの喩え。

鬼にもなれば仏にもなる。

恐ろしくもなるしやさしくもなる。相手の出方次第でこちらの態度を変える意。

鬼の居ぬ間に洗濯。

主人や監督者のような恐ろしい人のいないうちに、息抜きにくつろぐこと。「鬼の留守に洗濯」とも。

鬼の霍乱。

「霍乱」はカクランと読む。暑気当り、日射病、急性の腹痛、などの意。平生頑健な人が、めずらしく病気をする意。

鬼の首を取ったよう。

大手柄を立てたように得意になる様子。

鬼の念仏。

冷酷残忍な人が表面だけ慈悲深くみせること。また、柄にもなく殊勝に振る舞うこと。

鬼の目にも涙。

冷酷無情な人でも時には慈悲心を起こすことの喩え。

鬼の目にも見残し。

鬼の鋭い目で見ても見落としがある。どんなに緻密に検査する人でも、時には見落としや手ぬかりがあるという喩え。

「上方かるた」(日本)

鬼も十八。

鬼の娘も十八の盛りとなれば、やはり美しい、の意で、何事も盛りがあるものだの喩え。「鬼も十八、番茶も出花」とも。

己に如かざる者を、友とするなかれ。

『論語』(中国)

自分より劣ったものは、道を修めるうえで助けにならないので、友としない方がよい。

己に対して忠実なれ。さすれば夜の昼に継ぐごとく、他人に対しても忠実ならん。

シェークスピア(イギリス)

自分の心に対して忠実であれ。そうすれば、必然的に他人に対しても忠実となるであろう。

己の心を治むる者は、城を攻めとる勇士にまさる。

「己に打ち勝つことは勝利の中の最高のものである」とも。克己心というものがどれほど尊いものか、を示した諺。

己の長所をもって、人の短所を責むるなかれ。

自分のすぐれているところを基準にして、人の劣っている点を責めてはならない。

『聖書』

己の富を恃む者は倒れん。

財産に頼り、信仰心を持たない者には、必ず破滅する時が来る。英語の諺 He who trusts in his riches will wither.

己の欲するところを人に施せ。 『聖書』

「あなたがしてもらいたいようにしなさい」とも。自分がしてもらいたいように、他人にもしてあげなさい、の意。Treat others as you would like them to treat you.

己の欲せざるところを、人に施すなかれ。 『論語』（中国）

思いやりを持て、の意の諺。自分が嫌なものは人も嫌であるはず。だから、それを人にしてはならない、という戒め。

己よりも優れた人を賞賛する賛美の感は、人間の胸に宿る最も高尚な感情である。 カーライル（イギリス）

自分より優れた人を賞賛したり尊敬したりする感情は、人間の持っている最も高尚な感情だ。

己を知って他を知らぬ。

自分の回りのことだけ知っていて、広い視野を持たないようではいけない、意。

己を捨てて人に従う。

自分の考えにこだわらないで、人のよい考えを取り入れそれに従う。

己を責めて人を責むるな。 徳川家康（日本）

「汝以外の全ての人を許してやれ」Pardon all but thyself. という英語の諺と似た意味。凡人は、他人の責任を追求するばかりで、自分を責めない。本当は、自己を責めなければならない。

己をもって人を量る。

自分を物差しにして人を推し量る。自分の足りないことに気が付かないで、人の力量や心をあれこれいう。こういうことはよろしくないという意。

己を忘れて人を恨む。

自分の短所や過失、または責任を棚に上げて、何事も人のせいにして不満を言う、こんなことをしてはならない。

斧を掲げて淵に入る。 『淮南子』（中国）

何の役にも立たない。物事の用途を誤るな。

斧を研いで針にする。

たゆまぬ努力をすればどんなことでも成就するという喩え。また、無駄な骨折り、不可能の喩えにも。

お櫃によって断食する。

お櫃によりかかって断食する。非常に忍耐力と精神力を必要とする喩え。

帯に短し襷に長し。

襷はタスキと読む。中途半端で結局何の役にも立たないことの喩え。

尾鰭を付ける。

尾鰭はオヒレと読む。事実以上に誇張していう意。

お臍が茶を沸かす。

おかしくてたまらない、意。ばかばかしくて話しにならない意にも使う。

覚えていて悲しむより、忘れて微笑んでいる方がいい。 C・ロセッティ（イギリス）

悲しいことは忘れよう。そして、にこやかな微笑の毎日としたいものだ。

思しき事言わねば腹ふくるる。 『徒然草』（日本）

思うことを言わないと、さっぱりしない。

溺るるものは藁をも掴む。

非常な苦難の中に直面すると、まったく頼りにならないものにもすがりつきたい気持ちになる、意。英語の諺 A drowning man will catch at a straw.

おまえが死なないで生きられる見込みは千に一つだ。だが、生きよ。生きた方がよい。 釈迦（インド）

命があってこそ、諸々の善行ができるのだから。という教え。生きられるだけ生きて、善いことを少しでもしよう。

おまえは、いつまでもお父さんのことを誇りに思っていい。お父さんがおまえを誇りに思うように。 チェ・ゲバラ（アルゼンチン）

親子が、お互いに誇りに思い合う、そういう人間関係でありたいもの。うらやましい手紙文である。

おまえは、軍人になるな。戦争で死ぬのは馬鹿げたことだ。 農民の父（日本）

戦争での、名誉などほしがるものでない。

おまえは、失敗も多いが成功も多いだろう。だからやって見なさい。 戦時中の一教員（日本）

生徒の長所を認めた励まし。若い時に受ける教師の一言は、人生に実に大きく響く。

お前百までわしゃ九十九まで。

「共に白髪の生えるまで」の句が後に続く言葉。夫婦が共に仲良く長生きしよう、という諺。


思い内にあれば色外に現る。

心の中に思っていることがあると、それが自然に表情や態度に現れる、意。英語にも、「思いは口に出る」What the heart thinks, the tongue speaks.（心に思っていることは口がしゃべる）という諺がある。


思い面瘡、思われ面皰。

「面瘡」はオモグサ、「面皰」はニキビと読む。思春期になるとおできや、ニキビができるのを、ひやかす意の諺。


思い定めた目標から目をそらさずに進んで行け。

それがどんなに遅々たる歩みであろうと、あてどなく踏み迷っている人より、なお常に速い足取りで歩いているものである。

──と続く言葉。　レッシング（ドイツ）

思い立ったが吉日。

「善は急げ」（別項）と同じ。ぐずぐずせずに行動をおこすべきの意。

思い邪なし。　『論語』（中国）
邪はヨコシマと読む。思うことに邪念がない、意。私心なく公平なこと。

思いを包むは罪深し。

心に思っていることを隠しておくのは罪が深い。


思う事言わねば腹ふくる。

思うことを言わないと、腹に物がたまっているようで、気持ちがさっぱりしない。「思しき事言わねば腹ふくるる」（別項）とも。


思う事、かなわねばこそ、憂き世なれ。

望んでいることが思うようにいかないのが人生である。


思う事は寝言に言う。

心に思っていることは、自然に寝言にも出る、意。


思う事は夢に見る。

心に思っていることは、よく夢に見るものだ、の意。


思う仲には垣をせよ。

親しい間柄であっても節度を保つことが大切である。「親しき仲にも礼儀あり」（別項）に似た諺である。


思う仲は涼しい。

互いに気心を知り合った気の合う間柄は、何のわだかまりもなく、さっぱりしている、という意。

思うに幸運というのは、一日に二十四時間、一週間に七日、仕事に没頭する人々の上にだけ降ってくるのである。
アーマンド・ハマー（アメリカ）
毎日、休みなく、持っている力をフルに使って仕事と格闘しつづける人々の上にだけ、幸運が降ってくる。何もしないものが幸運を待ち望んでも無駄である。

思う念力、岩をも通す。

強固な信念で当たれば、いかなることも出来るという意。「一念、岩をも徹す」（別項）とも。


思えば思われる。

こちらが思っていると、相手から思われるようになるものである。


表正しき時は、影正し。

自分自身が正しい時は、映る影も正しくなる、意。物の本質や本体が正しい時は、正しい結果が現れるという喩え。


親思う心にまさる親心。

子が親を思うよりも、子を思う親の心の方が、深く大きい意。


親が親なら、子も子。

親がだめなら子も同じようにだめである。


親が鈍すりゃ子も鈍する。

親が馬鹿なら、子も馬鹿である。


親が憎けりゃ子まで憎い。

親がにくらしいとその子どもまでにくらしく思えてくる。


親孝行は我がため子孫のため。

親孝行をするのは親のためではない。結局は自分のためになり、子孫のためになる。


親子の仲でも、金銭は他人。

親子の仲での金銭の貸借は、他人と同様にけじめをつけるべきだという、意。


親子は一世、夫婦は二世、主従は三世。

親子関係は現世、夫婦関係は現世と来世、主従関係は、過去、現世、来世、にわたる、という意。武家時代の思想である。


親父と唐辛子は辛いほどいい。

父親は子のためには厳しいほどよい、意。唐辛子は、本来は、南蛮（ナンバン）という文字を当てている。

親知らず子知らず。
非常に険しくて危険な山道、海沿いの絶壁の道。知らずは、親子であっても互いにかえりみる暇がない意。

親ずれより友ずれ。
親よりも友との接触で世間の知恵や知識が身につくものだ、の意。

親と子供は銭金で買われぬ。
親子関係は利害を越えたもの。金銭ではどうすることもできない、という喩え。

親と月夜はいつもよい。
親の愛に包まれることは軟らかい月光に包まれるようで、いつも有り難く良いものだと思う、意。

親に先立つは不孝。
親よりも先に死んで、親を悲しませることは、大きな不孝である。

親の思うほど子は思わぬ。
親が我が子を思うほどには、子供は親を思わないものだの意。

親の掛け替えはない。
親の代わりはない。親が生きているうちに精一杯孝行をしなければならない。

親の心子知らず。
子を思い、子を愛し、将来を思う親の本当の心を、子供は、ほとんどわからずに行動するものだ。

親の七光。
「親の光は七光」とも。親の社会的地位や名声が子に及んでいろいろ恩恵や便宜を受けること。

親の欲目。
「親の目はひいき目」とも。親は子を実際以上によく見るものであること。

親は親、子は子。
親と子は、そっくり似るとはかぎらない。

親馬鹿子馬鹿
親は子を愛する余り判断力を失い、子は親の愛に溺れて愚かなことをする意。

親馬鹿とひとくちにいうけれど、親の馬鹿ほどありがたいものはない。
二葉亭四迷（日本）
親の愛情ほどありがたいものはない。親の深い愛情への感謝の言葉。

親は無くとも子は育つ。
実の親がいなくても子はなんとか成長していくものである。「大自然は良い母である」Nature itself is a good mother. は英語の諺。似た意味である。

親は木綿着る、子は錦着る。
親は苦労して財産を残し、子は親の苦労を知らず浪費してしまう。

親見たけりゃ子を見ろ。
親がどんな親かは、子の言動を見ればわかる。子供の教育が家庭でどんなに大切か、という諺。

親を愛する者は、人を憎まず。
『孝経』（中国）
親を愛しているような人は、心が豊かであるから、人を憎むようなことはしない。

親を叩くと手が曲がる。
親に暴力は不可。親不孝の戒め。

親を睨むと鮃になる。
「鮃」は、ヒラメと読み、みにくくなる意。親に反抗したり、粗末にするな。

泳ぎ上手は川で死ぬ。
川辺で育った泳ぎ上手は、とかく油断して川で死ぬことが多い。得意な技を持ったものが、その技のために身を滅ぼす喩え。

およそ世に障害のない仕事はない。もし障害のない仕事があったら、それは、する値打ちのない仕事だ。
マクドナルド（イギリス）
仕事上の障害の大きさが、その仕事の値打ちを決めるのだ。障害を、困難と考えてもよい。さあ、自分から進んで、仕事の困難や障害に立ち向かおう。

及ばざるは誇る。
力が及ばぬと、度量の狭い人は、他人をねたんで悪口を言ったりする。

及ばぬ鯉の滝登り。
鯉に恋をかけた諺。身分などの不釣り合いから、かなう望みのない恋の、喩え。また、とうてい不可能、及びもつかぬことの喩え、としてもよく使う。

折々に遊ぶいとまはある人のいとまなしとて書読まぬかな。
本居宣長（日本）
時間は作り出すもの。時間がないからできない等というのは、いいわけだ。

おれ、役に立っているんだな。まだ生きている価値があるんだなあと思うと、生きがいがこみあげてくる。
戦時中の一学徒（日本）
生きる力を失いかけたときの言葉である。生き甲斐を感じて生きよ。まだ役に立っているんだなあと思って生きよ。生きよ。自らへの励ましの言葉である。

愚かな者と賢い人は、同じように害はない。半分愚かな者と半分賢い者だけがもっと危険である。　ゲーテ（ドイツ）

愚者と賢人は、人類に害を与えない。中途半端な愚者と中途半端な賢人が、危険で注意が要る。そして、その危険な者が、我々である。

愚かなる者は、その怒りをことごとく表す。　『聖書』

感情的になって怒りをぶちまけるのは馬鹿者。冷静に理性的に怒りを主張すべきだ。A stupid man gives free rein to his anger.

愚かなる者は、自らその道を見て正しとす。　『聖書』

愚か者は、自分勝手に自分の考えや行為をすべて正しいと思いこんでしまう。A fool thinks that he is always right.

愚か者は、金を持って死んで行く。そのために貧乏でいる。　ブロッケス（ドイツ）

大金を持ちながら死んでいく愚か者、こういう人は心まで貧しい。そういう馬鹿な人生を送るな。

負わず借らずに子三人、いつも月夜と米の飯。

負債も借金もなく、子どもは多からず少なからずの三人。いつも明るい月夜続きのような毎日で、ともかくも飯が食える生活が理想だ。

終わり良ければすべて良し。

「終わりが大事」とも。物事は、最後の結末が一番大事である。結末如何で、評価されることが多い。**英語の諺** All is well that ends well.

終わりを慎む。　『論語』（中国）

父母の葬儀、供養を丁重に行うことから、物事の終わりまで慎重にやり遂げる意。

終わりを慎むこと始めのごとくなれば、事を敗るなし。　老子（中国）

物事の終わりを慎重にやることが、最初の慎重さのようであれば、物事に失敗することはない、という意。「終わりを慎む」（別項）とも。

音楽は世界の共通語である。　ジョン・ウィルソン（イギリス）

音楽の素晴らしい特質をいう言葉である。

恩恵は選択なく分配され、幸運は不公平に配布される。　シラー（ドイツ）

恩恵は広く分配されるが、幸運は、不公平である。幸運は、自らつかむ努力がいる。

恩恵を施すことを知らずして、これを受けんと思うは不合理なり。　バフルーシン（ロシア）

恩恵を施すことは一切しないで、恩恵を求めることばかり考えてはならない。

恩知らずの子供をもつ親の苦しみは、蛇に咬まれるよりもつらい。　シェークスピア（イギリス）

親の恩愛を知らずに育つのが普通の子供だが、成人してから親の恩を無視し反抗する子供を持つ親は、辛いし苦しい。

女が母親になることはなんでもないことです。でも母親たることは、なかなかできることではありません。　山本有三（日本）

子を産みさえすれば母親にはなれる。しかし、母親の名に値する母親であることは、なかなかできるものではない、の意。

女心と秋の空。

女性の心と秋の天候はどちらも変わりやすい、の意。西洋の諺では「女心と冬の風」A woman's mind and winter wind change oft. で、変わりやすい意味。

女賢しくて、牛売りぞこなう。

女が利口ぶってでしゃばると、大局を見通す力が弱くて損害や失敗をすることがある、意。

女三人寄れば姦しい。

女性は三人集まるとおしゃべりでうるさい、意。姦の文字も、そうなっている。

女七分に男三分。

家庭において、親の子供への感化力は、母の力の方が父より強い。

女とメロンは選ぶのが難しい。

外から見ても判断が難しいこと。内容の充実した立派な女性は、外からはわかりにくい、意。

女の一念岩をもとおす。

女性の志の強いこと。また、執念深いこと。

女の靨には城を傾く。

靨はエクボと読む。君主が女色に溺れて国を滅ぼすこと。

女の髪の毛には大象も繋がる。

女性が男をひきつける力の強いことの喩え。

女の心は女知る。
女性独特の微妙な心理は、女でなければわからない。

女の仕返し三層倍。
男にだまされた女は、何倍にも仕返しをする。

女の長尻。
女は長話をしてなかなか席を立とうとしない、の意。

女は愛敬、男は度胸。
男子と女子のあり方。「男は度胸、女は愛敬」（別項）とも。

女は衣装、髪かたち。
女性は、衣装や髪型で、美しさがずいぶん違う。衣装や髪型に留意し、大切にすべきだ。

女は一生の苦楽を他人に依る。
女は親、夫、子に頼るから、一生の苦楽は、他人に依存していることになる。

女は己を喜ぶ者のために、顔づくりす。
女は自分のために化粧をするのではない。他人への思いやりで化粧をするのだ。

女は三界に家なし。
三界は、仏教語で、欲界、色界、無色界。ただし諺は、全世界ぐらいの意。女は、この広い世界で、どこにも安住するところがない。

女は化け物。
女は、化粧で見違える、そんなもの。

女は魔物。
女は化粧などで、男を迷わせ破滅させる存在だ。

女は弱し、されど母は強し。
ビクトル・ユーゴー（フランス）
子供を守ろうとする母親の強さを言った言葉。

女は乱の基
女が原因で、国や家が乱れやすい、という諺。

女見るなら忙しい時に見よ。
多忙な時に見れば、飾っていない女の真の姿がわかる。

女を見て色情を起こす者は、すでに心の内にて、姦淫したるなり。
『聖書』
女性を見て心を動かす人は心の中で姦淫しているのである。If a man looks on a woman with a lustful eye, he has already committed adultery with her in his heart.

女をよくいう人は、女を十分知らないものであり、女をいつも悪くいう人は、女を全く知らないものである。
M・ルブラン（フランス）
女性を良く言う人も、悪くいう人も、女性のことを、理解しないで、言い立てているにすぎない。

恩は取り勝ち、商いは仕勝ち。
目上の人の恩顧は遠慮せずに受けるが勝ち。商売は手広くやればやるだけ勝ちである。

陰陽師の門に蓬絶えず。
陰陽師は、オンヨウジ。吉日、忌日を占う家。あまり吉凶を考えすぎると、いい日がなく、門前の草も引けない、という意。

温良恭倹譲
オンリョウキョウケンジョウと読む。人に接するには、人柄が穏やかで、素直で、うやうやしく、つつましくひかえめであることが大切だ。

恩を仇で返す。
恩に対し善で返すのが普通であるのに、かえって相手に害を加えて報いる非道をいう。

恩をきせた人に出会うとすぐそのことを思い出す。それなのに恩人に会ってそれを思い出さぬことが度々ある。
ゲーテ（ドイツ）
人間は、時間が経つと、恩を受けたことを忘れる。感謝の心、それは、いつまでも忘れてはいけない。しっかりと持ち続けよう、の意。

恩を知らざる人は、穴の多き桶のごとし。
穴のあいた桶にいくら水を入れても一杯にならない。そのように忘恩の徒は、いくら恩を受けてもまるで感じない。

恩を持って怨みに報ず。
『壒囊鈔』（日本）
怨みのある相手に対しても心を広く持って、恩義でお返しをする。

恩をもって仇に報いる。
悪に対し善で返す意の人間的な諺。「恩を仇で返す」（別項）の逆。「恩を持って怨みに報ず」とも。

か

飼い犬に手を噛まれる。
よく世話をした部下に裏切られ、害を加えられる喩え。いやな諺だが、上長たるものの心すべき知恵であろう。

改革の精神は必ずしも自由の精神ではない。
J・S・ミル（イギリス）
なぜならば、改革の精神は、改革を欲しない民衆に対して、それを強制しようとするかも知れないからである――と但し書きがある。

改革は、変化をチャンスに変える唯一の方法である。
P・F・ドラッカー（オーストリア）
変化を自然にまかすのではなくて、人々の意志によって、良き変化に変えていく、それが改革である。チャンスを生かすべきだ。

絵画にしろ他のどんな芸術にしろ、卓越した作品を生み出そうと意を決したら、朝起きてから夜の眠りにつくまで、全精神をそこに傾けなければならない。
レイノルズ（イギリス）
気が向こうと向くまいと、朝も、昼も、夜も、一心不乱に制作に打ち込むべきだ。それは、もはや楽しみの域を越え、苦行と呼ぶにふさわしい。――と続く。

貝殻で海を測る。
小さい貝殻で海水を汲んで海の量を測る。自分の狭い見識で、大問題を議論するような浅い考え、の喩え。

貝殻で海を干す。
小さな貝殻で、海水を汲み、海をからにする。不可能なこと。労多く効果の少ないこと。

外観によって、決して判断するな。
人は見かけによって事実と判断することが多いもの。外観から、真実だ事実だと思わぬこと。英語の諺 Never judge by appearances.

解決策が判らないのではない。問題が判っていないのだ。
G・K・チェスタートン（イギリス）
どんな解決法があるのか判らない時、迷いに迷った時は、もう一度原点に立って問題点そのものを明確にせよ。

外国語を知らぬものは、自国語についても何も知らぬものである。
ゲーテ（ドイツ）
島国である日本では、外国語は必須の教養である。地球上に生きている以上は。ゲーテは、自国語を知るために外国語を学べ、といっている。

外国のことも、自国のことも、ろくに知らないくせに、自分は国際人だと思っている人もある。
ロレンス・スターン（イギリス）
自らを国際的に活躍している人間と思っている人が多いが、まずは、自国を知れ。そして外国を知れ。

会社で働くなら知恵を出せ。知恵のないものは汗を出せ。汗も出ないものは静かに去っていけ。
土光敏夫（日本）
会社に貢献する働きをせよ。知恵でもいい。汗を出す労働でも良い。どちらも出来なければ去って行け。

害心あるもの妨害あり。
『南総里見八犬伝』（日本）
こちらに相手を害そうとする下心あれば、相手もそれに備えてこちらを狙う。

買いたいものは、高くても買え。売りたいものは、安くても売れ。
必要なものは高価であっても購入せよ。売りたいものは安すぎて不満でも売った方が良い。結局は、その方が得になる。

書いたものが物をいう。
書いたものは、その場で消える口約束と違って、いつまでも残って有力な証拠となる。ちゃんとした証文を取っておけ、の意。

買い手あっての売り手。
買う人がなければ、どんな商品も売り物にならない。商売は買う人があるから成り立つのだ、の意。

快刀乱麻を断つ。
『晋書』（中国）
よく切れる刀で、もつれた麻を切る、意。複雑な物事、紛糾した事件などを、みごとに処理することの喩え。

快犢車を破る。
犢は子牛。快犢は、カイトクと読む。元気のよい子牛のこと。乱暴で無茶をする若者の喩え。元気で物をこわすほどの若者は、将来大物になる、という意。

甲斐なき星が夜を明かす。
弱々しい星が光り続けて朝まであるように、体の弱い人は、いろいろ自分で用心するので、かえって長命だという喩え。

櫂は三年、櫓は三月。
櫂はカイ、櫓はロと読む。櫂の使い方は、櫓の扱いに比べるとずっと難しい、意。

海波は、変じて桑田となる。
海が変わって桑田になる。時勢の移り変わりの激しいこと、をいう喩え。

凱風、南よりして、彼の棘心を吹く。
『詩経』（中国）
「凱風」とはやさしい風、「棘心」はいばらの若い芽。南のやわらかい風が吹くと茨の若芽がすくすく伸びる、意。母親の優しい愛情で幼児を育てる苦労に喩える。

外部から喝采ばかり求める人は自分の幸福の全てを他人の保管に委ねているのである。
ゴールドスミス（イギリス）
喝采を求めてはならない。外に名声を求めるのでなく、自分自身の内的充実に努めるべきである。

外聞より当分が大事。
他人の評判を気にするより、当座の自分の都合を考えよ、の意。

海洋よりも壮大な光景、それは天空である。天空よりも壮大なる光景、それは実に人の魂の内奥である。
ビクトル・ユーゴー（フランス）
海洋よりも、天空よりも壮大なものは、人間の心の中、魂の内奥。偉大な文学者らしい名文である。

隗より始めよ。　『戦国策』（中国）
遠大な計画もまず手近なところから着手せよ、の意。または、物事は、まず言い出したものからやり始めるべきだの意。隗はカイと読み、自分のようなつまらぬ者を優遇されたらすぐれた人材が次々に集まるはずと答えた賢者の名。

快楽は、ひなげしの花を満開させるがごとし。摘まんとすればたちまち散る。
バーンズ（イギリス）
美しくかよわいヒナゲシの花のように、はかなく消えるもの、それが快楽だ。

偕老同穴の契り。
偕老は、老いをともにする意。同穴は、同じ墓の穴の意。夫婦の契りの固いこと。幸福な夫婦生活の意にも。

貝を持って海を汲む。
「貝殻で海を干す」（別項）と同じ。不可能で馬鹿げたこと。

買うは貰うに勝る。
人から恵みを受けるよりは、自分で苦労して買う方がよい。理由なしに貰うことは避けるべきという意。

買うべし、売るべし、休むべし。
株式は、機会を見て、買う時は買い、売る時は売り、時には休むことも必要である意。一方的に売り買いをしてはならない。柔軟に冷静に時機を見よ、ということ。

買う者は百の眼を必要とし、売る者は一つの眼しか要らぬ。
ものを買うときはだまされやすいからよく注意せよ、という、英語の諺。Who buys wants a hundred eyes; who sells needs but one.

返す阿呆に、貸す阿呆。
貸したものは返ってこないと心得るべき、意。

変えることのできるものについて、それを変えるだけに勇気を我に与え給え。変えることのできないものについては、それを受け入れるだけの冷静さを与え給え。
ラインホールド・ニーバー（アメリカ）
そして、変えることのできるものと、変えることのできないものと、識別する知恵を与え給え。――と続く、神学者の祈りの言葉である。

蛙の行列。
蛙が後足で立つと、前がよくみえないところから、向こう見ずなこと。また、向こう見ずの集まり。なぞ諺。

蛙の子は蛙。
オタマジャクシの時は魚のようだが、結局は蛙になるところから、何事も子は親に似る。子は親の進んだ道を行く、意。また、凡人の子は凡人である。蛙の喩えであるので、子が親に似るのも、あまり良い意味で使わない。

蛙のつらに水。　「上方かるた」（日本）
なんといわれても、図々しく、効き目がなく、けろりとした状態をいう。馬耳東風と聞き流す意に近い。「つら」は面で、顔のこと。

顔と心は裏表。
顔と心が一致しないこと、をいう。

顔は人の看板。
顔で人柄がわかる、という諺。

香り松茸、味しめじ。
物事にはそれぞれ特徴があるという喩え。

河海は細流を択ばず。
黄河や大海は、どんな支流や小川でも差別なく受け入れる。そのように、大人物は、度量が広く、どんな人でも受け入れることの喩え。「泰山は土壌を譲らず」(別項)と似た意。

下学して上達す。 『論語』(中国)
下学はカガクと読む。手近で初歩的なところから学び初めて、やがて高遠な学理に達するのがよい。

科学に専心する青年達に望むこと。第一、順序を追った研究。第二に謙遜。第三に情熱。 I・P・パブロフ(ロシア)
そして、科学者の当然とるべき方法と心構え。学べ、比較せよ。事実を集めよ。と続く言葉である。

科学の成果のみを受け取ろうとし、この成果をもたらした精神を学ぼうとしない。 ベルツ(ドイツ)
科学の起源と本質に関して日本では、しばしば間違った見解が行われているように思われる。「日本では、今の……」という語句があり、その後につづく忠告である。

科学の目的は、無限の英知への扉を開くことではなく、無限の誤謬に一つの終止符を打っていくことだ。 ブレヒト(ドイツ)
科学の目的は、無限にある誤りや間違いを一つずつなくしていくことにある、という意。

夏下冬上
カカトウジョウと読む。冬季に、火鉢の灰の冷えている時には、炭の上に火種を置くとよいという意。

輝くもの、必ずしも金ならず。 シェークスピア(イギリス)
見かけのりっぱなものは、すべてその内容が立派だとはかぎらない意。**英語の諺** All is not gold that glitters.

鍵の穴から天を覗く。
狭い見識で大きな事柄をあれこれ考えることの喩え。中国の諺。

柿の皮は薄く剝け。瓜の皮は厚く剝け。
「カキの皮は乞食に剝かせ、瓜の皮は大名に剝かせよ」とも。柿は皮に近い方が甘味があり、瓜は皮の近くはおいしくないこと。農民の伝えた諺。

餓鬼の断食。
餓鬼は、餓鬼道に落ちた亡者で、すでに断食状態にある。その餓鬼が、当然のことなのに特別のことをしているかのようにつくろう意。

餓鬼も人数。
つまらない人間でも、時には多少の役割を果たすこと。多く集まればその勢いもあなどりがたい、という意。

蝸牛、角上の争い。 荘子(中国)
かたつむりの、左右の角の二国の戦争、の意。小さくて狭い考えからつまらない争いをすることの喩え。

限りあるを以て、限りなきに随う。 荘子(中国)
命には限りがあるのに、無限の欲望を持って生きている。これが人間だ、の意。

柿を盗んで種を隠さず。
悪事を働いてのち証拠を隠しきれないこと。

書くことは、正確な人を作る。 F・ベーコン(イギリス)
記憶はあてにならない。何でも書き留めておくことが正確さの第一歩だ。転じて、書くことによって考えは正しく明確になっていく意味で、使われることが多い。
英語の諺 Writing makes an exact man.

書くことは、理解の始めである。
書くことが理解の重要な手段だ。書いて理解せよ。

学者と大木は、俄かにできぬ。
学問はじっくりと時間をかけなければ大成しない。

学者に二代なく、長者三代伝わらず。
学者も金持ちも、すぐれた後継者が育ちにくい、という意。

学者の取った天下なし。
学者は天下国家を論じ研究するが、現実に起こる問題を処理することはできない。「学者の英雄は天下になし」の意。

学者は国の宝。 『明心宝鑑』(中国)
「学者」は、学ぶことは、の意。学ぶこと

は、身の宝であるということ。つまり、学ぶことは、人間形成にとって不可欠であることをいう。

学者貧乏。
学者は、金儲けについてはうとく貧乏であることが多い、ということ。

各人のなかには、驚くべき可能性があるのだ。お前の力と、お前の若さを信ぜよ。
ジッド（フランス）
たえず言い続けることを忘れるな。「ぼく次第でどうにでもなるのだ」と。——と続く。

各人は、その人自身の好みがある。
「多くの人がおれば多くの考え方がある」。好みや考え方や習慣は、人によって、それぞれ違うという英語の諺。There are as many opinions as there are people.

各人自ら門前の雪を掃う。
他人の領分によけいな口を出すものではない、意。

隠すこと千里。
秘密にしておきたいことはいくら隠しても、いつか千里先まで走り、世間に広まってしまうものだ、の意。

隠すことにろくなことはない。
庶民の生活から出た諺。他人に隠すことにはまともな秘密はない。

隠すことは顕われやすい。
No secret but will not come to light.「あらわれないような秘密はない」(別項) Secret fire is discerned by its smoke.（秘密の火はその煙で見つけられる）は、いずれも英語の諺。「隠すことはあらわる」は中国の諺。「隠すことは知れやすい」「隠せばいよいよあらわる」は、日本の諺。

隠すことは口より出すな。
秘密を他人に口止めするより、まず自分が口外しないことだ。

隠すもの見たし。
隠すものほど見たくなり、知りたくなる好奇心をいう。

学に老若の別無し。
幾つになっても学問はしなければならない。

学は多きにあらず、要はこれを精しゅうするにあり。
学問は、多方面、多量をめざすものではない。大切なのは、一つのことを深く詳しく窮めることにある。

かくもわずかしかなさず、かくもなすべきことが多くて。
セシル・ジョン・ローズ（イギリス）
政治家でダイヤモンド王、事業家の遺言。仕事をし残して別れる嘆き。

学問に王道なし。
エジプト王が幾何学を学んだ時、もっと簡単な方法はないかと尋ねた。ユークリッドは「国王だからといって学問をするのに格別に近道はない。誰でも苦労や努力の過程がいる」と答えたというのに由来する諺。英語 There is no royal road to learning.

学問に国境なし。
学問で追求する真理は、普遍的で、国や民族を超越している。いわゆる、国境はないのである。

学問に坦々たる大道はない。
カール・マルクス（ドイツ）
学問の道に平坦な広い道はない。喩えると急で険しい山道をよじ登るのに、疲労や苦しみをいとわぬ者だけが、輝かしい絶頂をきわめる希望を持つのと似ている。

学問に近道はない。
「学問に王道なし」(別項)。つまり安易な道はなく、きびしい意。こつこつと遠い目標への努力を継続しよう。

学問にのみ凝り固まっていてもだめだ。彼等に女を与えてみよ。金銭を与えてみよ。それに心を動かされない者が幾人あろう。
エマーソン（アメリカ）
学問だけにうちこんでいても、良き人格とはいえない。女性と金銭、これらの誘惑に打ち勝つ力がなければ完全な人物ではない。誘惑に負けない人物に、という意。

学問のある馬鹿は、無知な馬鹿よりもっと馬鹿だ。
モリエール（フランス）
学問をして知識のある愚か者は、無知な愚か者よりもっと愚か者だ。

学問のない経験は、経験のない学問にまさる。
経験は何にもまして重要である。「経験は知恵の父」ともいう。何よりも、経験を重んじたい。英語の諺 Experience without learning is better than learning

without experience.

学問は一生の宝。

学問は、直接実生活に役立たないが、一生を通じて人生の支えになる重要なものの意。Learning is better than house and land.（学問は家や土地よりまさる）という英語の諺もある。

学問は賢者を更に賢くし、馬鹿を一層馬鹿にする。

平易に端的に、学問を勧めた諺である。Learning make the wise wiser, the fool more foolish. の直訳。

学問は人間の魂を若返らせ、老いの悲しみをやわらげる。

メレジコフスキー（ロシア）

老衰を防ぐためには学問に精を出すことだ。

学問も人生もまじめでなくてはいけない。だがまじめくさってはいけない。

ベルネ（ドイツ）

学問も人生も真面目であるべき。ただし、他人にみせびらかす真面目であってはいけないという意。

学問をする人は謙をもって基とす。謙とはへりくだるなり。

貝原益軒（日本）

学問は、謙譲（へりくだること）が基本だ。へりくだる心がないと、善に進む下地がないから学問の道が立ちがたいといっている。

学力を増進するのは、多読乱読ではなくて、良書を精読することだ。

ルター（ドイツ）

学力増進には、良書の精読。平凡だが、これだけ。だれでもできることであって、難しいこと。

隠れたるより現るるはなし。

『中庸』（中国）

隠れていることほど現れやすいものはない、意。隠そうとするとかえって人に知れやすい、という喩え。

学を好むは知に近し。

『中庸』（中国）

学問を愛好することは、知者に一歩近づくことである。

学を以て愚を愈やす。

『説苑』（中国）

食物で空腹を満たすように学問によって無知を癒して無知を啓発することの重要さをいう。

陰では王様のことも言う。

陰にまわれば王様のことでも悪口をいう。まして庶民は誰であっても悪口を言われないものはいない、意。

陰にいて枝を折る。

恩人の見ていないところで、その家の木の枝を折る意。そのように、恩を仇で返す喩え。

影の形に添うよう。

「形影相伴う」（別項）とも。物には影が付いて回るように、常に離れないという、喩え。

影日向あっては後ろ暗し。

相手の見ている時と、見ていない時で、態度を変えていると、心にやましい所ができる、意。

影もないのに犬は吠えぬ。

何の根拠もないのに噂は立ったりしないという喩え。

嘉肴有りといえども、食せざればその旨きを知らず。

嘉肴はカコウと読む。おいしい料理でも、食べなければうまさがわからない意。そのように、才能の有るものも実際に示してくれなければ本当の能力がわからない、という喩え。

籠で水を汲む。

苦労しても何にもならない。徒労であること。

過去にこだわる者は、未来を失う。されど、過去を省みざるは、未来を創れず。

過去にこだわることはやめよう。但し、過去を反省できないものは、良い人生が創れないと心得よ。

駕籠に乗る人、担ぐ人、そのまた草鞋を作る人。

世の中には、さまざまな身分、境遇の人がいることをいう諺。階層の違いを意味したものではない。「車に乗る人、乗せる人、そのまた草鞋を作る人」（別項）とも。

過去によって、未来のプランを立てることはできない。

エドマンド・バーク（イギリス）

未来は過去の延長上にあるが、過去によって未来を立案するのは間違いだ。

過去の危険は、人間が奴隷になることだった。未来の危険は、人間がロボットになるかもしれないことだ。

エーリッヒ・フロム（アメリカ）
奴隷を使っていたのも人間であり、ロボットをあやつるのも人間である。人間が作ったロボットの奴隷になり下がることだけは避けたい。

過去のことは過去のこと。
ホメロス（古代ギリシャ）
昔のことは忘れようの意。古代ギリシャの時代から使われている諺。**英語の諺** Let bygones be bygones.

籠の鳥。
自由を束縛されているものの喩え。

風下に笊。
ざるを風下に置いて風を防ごうとしても効果無し。労多くして効果の少ないこと。

貸さぬ恨みは乞う程になし。
貸すのを断って恨まれるのは、くれと言われて与えなかった恨みよりも激しくない。借金の依頼は断った方が良いことを暗に示す。

風見の鳥。
鳥をかたどった風向計は、高いところに設置してあることから、お高く止まって威張っている、喩え。また、風に吹かれて回転するのでくるくるとよくまわる喩えにも使われる。江戸期の諺。明治期以後「風見鶏」と書かれることが多くなる。

傘屋の小僧。
傘屋の小僧はいつも骨を折り畳むことばかりしている。その「なぞ」から、骨を折って、苦労して仕事をしても叱られるなぞ諺。

火事あとの火の用心。
時機遅れで間に合わない、喩え。

貸し借りは、恨みの種蒔き。
貸し借りは、親しい人でも不和の原因となる。

貸し借りは他人。
金銭の貸し借りは、他人のような冷たい関係を作りがちになる。なるべくしないように、の意。

賢い人とは多くのことを知る人ではなく、大事なことを知る人である。
知識があるから賢人とはいえない。本当に賢い人とは、人の気持ちを良く理解し、思いやりがあり、何が大事かを、よく知っている人である。

賢い人には友がない。
賢明でありすぎる人物は、人間的魅力が乏しいので、仲間が少ない。友も少ない。

賢い人は、要らないものは望まない。
買えないもの、不相応なものを、欲しがらないのが賢い人。Wise men care not for what they cannot have. が英語の諺。

賢い人は聞き、愚か者は語る。
ソロモン王（古代イスラエル）
賢人は、自分の能力をひけらかすように喋ったりはしない。いつも謙虚である。愚か者は、わずかな知識で得意げに話す。

賢い人を尊敬しなければ、争って賢くなろうとしない。財貨を珍重しなければ、盗みはなくなる。地位や名誉を示さなければ、心は乱れない。
老子（中国）
人々を無知無欲にすると、世の中はうまく治まる、と続く有名な文章である。

賢き者、なんぞ愚かなる者に、まさるところあらんや。
『聖書』
人は皆生きるために一生懸命働いている。賢いものがどうして愚かな者に勝っているところがあろうか。

貸したものは忘れぬが、借りたものは忘れる。
「貸し物覚えの、借り物忘れ」（別項）。貸した者は、時日が経ってもおぼえているが、借りた人間は、ついつい小さいものや取るにたりないものを忘れてしまう。人間の弱さをついた諺。

夏日に氷を求む。
夏日は、カジツと読む。夏の日の意。手に入れがたい、ことの喩え。

過失の口実は、かえってその過失を大にする。
シェークスピア（イギリス）
過失のいい逃れをしていると、過失そのものがますます大きくなるばかりだ。

過失の弁解をすると、その過失を目立たせる。
シェークスピア（イギリス）
過失を弁解すると、傷口を大きくするばかりである。言い訳をすればするほど過失が目立つ。言い訳より率直に謝るべきだ。

過失を犯すは恥ずべし。過失を改めるは恥ずべからず。
ジャン・ジャック・ルソー（フランス）
過ちは確かに恥だ。だが、過失を改めるのは良いことなのである。

嫁しては夫に従う。

結婚したら何事も夫に従うのが良い。

火事と喧嘩は江戸の花。
花は、見映えのするもの。江戸は人口密集地で火事が多く消防火消しの働きぶりも名物。また江戸っ子は気が短く派手な喧嘩が多いことも名物。この二つが江戸の花。

火事と喧嘩は、大きいほど面白い。
野次馬根性を表した諺。無関係の場所の火事、血を見ない喧嘩なら確かに大きいほど面白い。走って行って見たいもの。

火事と喧嘩は、我が身にかからねば面白い。
直接自分に関係しない火事と喧嘩。野次馬の気持ちからすればこれほど面白いものはない。

火事の火元は七代祟る。
多くの人から長くいついつまでも恨まれる。七代は約二百年をいう。

家事は、芸術と同じぐらい時間と勉強を要す。 ロダン（フランス）
陰にいて協力してくれた妻の労苦、家事を思い、感謝した言葉である。

貸し物覚えの、借り物忘れ。
貸したものは忘れないが、借りたものは良く忘れる。人間は都合のよいことだけおぼえていることが多い。

貸し家貸して、母屋取られる。
「貸し家栄えて母屋倒れる」とも。自分の持ち物を一部貸したためにその全部を取られてしまう。恩を仇で返される意の諺。

鍛冶屋の明日。
簡単に請け合うが、いつも約束を守らない、喩え。

河潤九里、沢三族に及ぶ。 荘子（中国）
河は黄河。潤はウルオウ意。黄河が沿岸を広くうるおすように、仁政の恩沢が人々に広く及ぶ。

家書万金に抵る。 杜甫（中国）
「抵る」はアタルと読む。旅先で受け取る家人からの手紙は本当に嬉しく価値がある。

頭動かねば、尾が動かぬ。
頭はカシラと読む。上に立つ者が先に立って仕事をしないと下の者は働かない。

頭たらんと欲する者は、僕となるべし。 『聖書』
上位に付こうと思う者は、下男の仕事をせよ。謙虚になれ。高ぶるな。僕は、シモベと読む。

臥薪嘗胆
目的を達するため、長い間、苦労に苦労を重ねること。臥薪は、薪の上に寝る苦労のこと。嘗胆は、胆をなめて恥と恨みを忘れなかったこと。

佳人薄命
美人は、病弱で短命な人が多い。美人は不幸せである。

数の多いのが安心である。
西洋の諺。なるべく仲間を多くしよう。多くのものが相談し、知恵を出そう。

苛政は、虎よりも猛し。 『礼記』（中国）
苛政はカセイと読む。きびしくむごい政治のこと。残酷な政治は猛獣よりも人民を苦しめるものだの意。

河清を俟つ。 『春秋左伝』（中国）
常に濁っている黄河の澄むのを待つ。いつまで待ってもかいがない意。「百年河清を俟つ」とも。

風起こらざれば、木動かず。
物事は原因があって起こるものだ、の喩え。

風が吹けば桶屋が儲かる。
「大風が吹けば桶屋が喜ぶ（儲かる）」（別項）の元の諺。思いがけないところに影響があるという喩え。大風—土埃立ち—盲人増加—三味線習う—猫の皮必要—猫減り—鼠増え—桶かじる—桶屋喜ぶ。

稼ぎ男に繰り女。
外に出て良く働き稼ぎの多い男と、家計をうまくやりくりする女の意。幸せに暮らせる家になるという諺。

稼ぐに追いつく貧乏なし。
つねにまじめに働いていれば貧乏することはない、の意。「いかなる貧乏も勤勉に追いつくことはできない」（別項）は同意である。

風に説教。
効き目がない意。「馬の耳に風」「馬に念仏」「煉瓦の壁に向かって話す」「アヒルの背中に水」。同じ意の諺が多い。「馬耳東風」は、中国の諺。

風にそよぐ葦。 『聖書』
風の吹くままにそよいでゆれている葦、の意。権力者のいうままになる定見のない者の喩え。**英語の諺 A reed shaken with**

the wind.

風に向かって唾吐く。
相手にかからず、我が身にかかる喩え。

風に柳。
相手に逆らわないで、適当にあしらう喩え。

風の前の灯火。
消えやすい意。転じて、物事のはかないこと。また危険の迫っていること、の喩え。「風前の灯火」(別項)とも。

風の耳を過ぎるがごとし。
無関係だということの喩え。

風は切れぬ、鉄は割れぬ。
不可能なことの喩え。

風は吹けども、山は動ぜず。
まわりがいかに騒いでも、少しも動ずるところがない意。

風邪は万病の元。
風邪はあらゆる病気のもとになる意。「風邪は百病の元」「風邪は百病の長」とも。

風吹かぬ間の花。
つかの間の栄華、の意。

風吹けば、木安からず。
事件があるとその影響を受けて、人の心がおちつかなくなる、喩え。

風向きに従って帆をあげよ。
「順風に帆をあげよ」。好機到来。事業や仕事について待っていたとばかり、努力をせよ、の意。**英語の諺** Set your sail according to the wind.

風向きを変えられないなら、帆の向きを変えねばならぬ。
事業や研究を進めるに当たって、外的条件を自由にかえられないなら、自らの条件を変えて順応せよ、という意。**英語の諺** If you can't turn the wind, you must turn the sail.

風を追うて労する者、何の益を得ることあらんや。 『聖書』
人間は風のようにこの世に生まれ風のように去っていくものである。吹く風を追うようにあくせく働いて何の益があるのであろうか。**英語の諺** What gain has he that died for wind.

堅い木は折れる。
日頃頑健な人が急に大病にかかってたおれたりする。また、いつも強情な人が急にへなへなとなって気力を失う喩え。

片方に喜べば片方に憂う。
片方は、カタカタと読む。一方に喜ぶ人があれば他方には悲しんでいる人もある。世はさまざまだの喩え。

形直くして、影曲がらず。 『列子』(中国)
師が真っ直に生きておれば、弟子もきちんと正しい影響を受ける。

形直ければ、影正し。 『列子』(中国)
影が形に従うように心の善悪は、行動に現れる。

形に似せて絵を描く。
人のまねばかりして、独創性のない喩え。

片手で錐はもめぬ。
何事も協力して事にあたることが大切であることの喩え。

刀の傷はなおせるが、言葉の傷はなおせない。
言葉は、慎重に。慎重にしすぎてもよいぐらい。文字にすれば永久に消えない。

刀は抜かざるに利あり。
刀を抜かないで事をおさめるのが良い解決法だ。

刀を売りて子牛を買う。 『漢書』(中国)
武器を捨てて、牧畜や農業をして平和に暮らす。

片方聞いて下知なすべからず。
両方の意見を聞いて判断し判決せよ、の意。「一方聞いて下知をすな」(別項)とも。

語り下手の聞き上手。
話しは下手だが、相手から聞き出すのは上手である。

語るに落ちる。
自分から語るときには、うっかり真実を喋ってしまう意。

傍らに人無きが如し。 『史記』(中国)
人を人と思わないような振舞だ、の意。傍若無人の訓読。

肩を張るは易く腹を据えるは難し。
威張るのは簡単だが、じっと我慢するのは難しい。

価値ある事業は、ささやかな、人知れぬ出発、地道な労苦、向上を目指す無言の、地味な苦闘といった風土のうちで、真に発展し、開花する。
ナイチンゲール(イギリス)
ささやかで、人の知らないうちに出発し、

地道な労苦、向上を目指す無言の苦闘の積み重ねの中に、生まれて、発展し、開花するのが、価値ある事業であるという意。看護学校、看護の事業の基をつくったナイチンゲールの言葉である。

価値ある創作はただ作者が孤独な時にのみ生産することができる。大作は常に孤独の子である。

ゲーテ（ドイツ）

文学などの創作は、作者が孤独な時だけ作り出される。大きな文学作品は、孤独な環境の中から生み出される、という意。

勝ちは己に克つより、大なるはなし。

プラトン（古代ギリシャ）

人間にとって、克己心がもっとも重要だという意。

火中の栗を拾う。

人に唆され他人の利益のために危険な行動をする、意。

鵞鳥も集まれば、豚に勝つ。

弱者も力を合わせれば、強者に勝てる。ハンガリーの諺。

隔靴掻痒

カッカソウヨウと読む。靴の上からかゆいところを掻くこと。思うようにいかなくて、じれったくもどかしい、の意。

鷽鳩鵬を笑う。

荘子（中国）

鷽鳩は、カッキュウと読み、小鳥の意。鵬はホウと読み、数万里を飛ぶ大鳥のこと。愚かな小人の心で、賢明な大人の心を理解できない喩え。

学校の側の童子は教えずして、礼を行う。

『金言童子教』（日本）

側はカタワラと読む。学校のそばにいる児童は、教えないのに見習って礼をする。

学校の成績が良いからといって社会で認められるとは限らない。

イソップ（古代ギリシャ）

学校の成績通りにならないのが社会である。ただし、学校の成績が悪くていいという意味ではない。

勝つことより、負けぬことを考えよ。

勝とうとあせるより、負けないように心がけよ。それが結果的に勝ちになるこつだ。

渇して井を穿つ。

急に準備しようとしても間に合わないことの喩え。

渇して、盗泉の水を飲まず。

中国の古代の諺。喉がかわいていたが、地名が悪いので水をのまなかったという故事。いくら苦しくても困っても不正や不義はしない、という意。

かったいのかさうらみ。

「江戸かるた」（日本）

カッタイはハンセン病。カサは梅毒。どちらも顔の風貌が著しく変わる病。自分より少しでも良いものを見て羨み憎む人情の喩え。

勝って兜の緒をしめよ。

「勝っても余り大喜びをするな」は類似の諺。いつ隙を見て不意を突かれるかわからないからである。

かつて自分が存在しない時があったことなど、誰も気にしない。

ウィリアム・ハズリット（イギリス）

とすれば、自分がいなくなる時が来ることも何でもないはずだ。——と続く名言。未来、将来に心を擦り減らさずに生きよ、の意。

河童の川流れ。

「弘法も筆の誤り」（別項）。専門家も失敗がある。心すべきだ。

河童の寒稽古。

寒稽古は、辛くて苦しいものだが、その実、なんの苦痛もない意である。「屁の河童」と同じ。

勝つも負けるも時の運。

勝ち負けはその時の運によってきまることが多い。

活用しない金は、池の水のようなものである。溜れば溜るほどその水は腐ってしまう。

金原明善（日本）

谷川の水は、絶えず動くから腐らぬ。金もたくさんあるばかりでは何にもならぬ。少しの資金でも、よくこれを動かせば、立派な働きをする。

褐を着て玉を懐にす。

老子（中国）

褐は、貧しいものの着る粗末な毛織物。外面を飾らないで、内に美しい心を持つ意。

家庭とは、人がありのままの自分を示すことのできる唯一の場所である。

アンドレ・モーロワ（フランス）

家庭というところは、自分の人柄をそのまま表すことのできる、ありがたい場所である。

家庭よ。汝は、道徳の学校である。
ペスタロッチ（スイス）
家庭は、人生を正しく生きることを教える学校である。

勝てば官軍、負ければ賊軍。
勝ったものが常に正しかったとされる、意。「敗者はいつもまちがっている」、「力は正義なり」（別項）は似た意味の西洋の諺。Losers are always in the wrong.

我田引水
「我が田へ水をひく」（別項）とも。自分の都合のよいようにばかり変えて物事をする、手前勝手を戒める諺。

瓜田に履を納れず。
履は、クツと読む。瓜畑で、履がぬげても履物をはきなおすな。瓜泥棒と間違われ人に疑われるような行為はするな。

門松は冥途の旅の一里塚。
めでたい門松も、見方を変えれば、死への旅の一里塚だという、意。

家内喧嘩は貧乏の種蒔き。
家庭内の不和は貧乏になる原因である。

鼎の軽重を問う。　『春秋左伝』（中国）
「鼎」はカナエと読む。帝王の位のシンボル。その人の実力を疑って地位をくつがえして奪う、意。また、その人の価値、能力を疑うこと。

鼎の中の一切れの肉。　『淮南子』（中国）
一部分を知ることによって全体を推察する喩え。

鼎の沸くが如し。　『漢書』（中国）
多くの人々が、騒ぎ立て争論して混乱する意。

鼎を扛ぐ。　『史記』（中国）
扛ぐは、アグと読む。重い鼎を一人の力で持ち挙げる。非常に力が強い喩え。

悲しみと喜びは、相互に続いて起こる。
幸運と不運とは不思議にも組み合わされている。悲運の時は、すぐ次の幸運を待つべきだ。「禍福はあざなえる縄の如し」（別項）とも。**英語の諺** Sadness and gladness succeed one another.

悲しみは、分かち合えば薄らぐもの。
一人で悲しんでいるより、それを他の人に打ち明けたり相談したりすることによって悲しみが薄れる、という意。**英語の諺** Grief divided is made lighter.

叶わぬ時の神頼み。
ふだん神を拝まぬ不信心なものが、困った時に神の助けを得ようと懸命に祈ること。「苦しい時の神頼み」（別項）とも。

蟹は甲羅に似せて穴を掘る。
かには自らの大きさに合せて穴を掘るところから、人は、自分の力量、身分に応じた言動をなすべきだ、の意。また、人はそれ相応の願望をもつべきだ、の意。「蟹は甲羅にあう穴を掘る」とも。

金があれば馬鹿も旦那。
金持ちは、馬鹿でも利口に見える意。「金はしばしば人をつくる」とも。「金持ち」は人間の良さを表す言葉ではないのである。

金が敵の世の中。
敵は、カタキと読む。「金がすべての悪の根である」、「財産は身の敵」は、ともに英語の諺。世の中のいさかいは金銭のトラブルからが多いのである。

金が金を儲ける。
人の才能や努力も、元手が大切。利子が利子を生む。

金が子を生む。
金銭は次々と、利子がついて、ふえていく意。

金が商品の尺度であるように、時間は商売の尺度である。
時間が商売の尺度、つまり、商売では時間が金になる、という英語の諺。Time is the measure of business, as money is of wares.

金がないから何もできないという人間は、金があっても何もできない。
小林一三（日本）
人生において何もできない原因を、金がないことだというな。金のないところから何かを生み出していく力が人間にはあるのだ。

金がなければ全ては空しい。
「人間万事金の世の中」（別項）。金金金の亡者が多いものだ。**英語の諺** Without money all is vain.

金が物を言う。
世間の諸事は、金銭が威力を発揮して、容易に解決できる。「地獄の沙汰も金次第」（別項）とほぼ同じ。

金さえあれば天下に敵なし。
この世は、金がすべて。権力でも武力で

も負けることはない、意。

金さえあれば飛ぶ鳥も落ちる。
どんな権力や威力よりも、金力こそ万能だの意。

金だけが人生ではないが、金のない人生も、また人生とは言えない。
サマセット・モーム（イギリス）
十分な金がなければ人生の可能性の半分は締めだされてしまう。

金なきものは金を使う。
金のないものに限って浪費に走るものだ。

金に糸目をつけぬ。
金が飛んでいくのにまかせる喩え。惜しげもなく金銭を使うこと。

金のある間が極楽。
財産がある間は極楽にいるようだ、の意。無くなれば、地獄。そうならないように。

金のある者は、金があるために不正をし、金のないものは金がないために不正をする。
金持ちの不正、脱税、汚職、贈賄、金のない者の不正、泥棒、盗み、詐欺、等々。人間は金によって不幸になる意。
武者小路実篤（日本）

金の貸し借り不和の基。
どんなに親しい間柄でも金銭の貸借は、しばしば不和の原因となる。

金の価値はそれを持つことにあるのではない、持ち方にある。
金は使い方次第。うまく使えば本領を発揮させられることができるのだ、の意。

金の切れ目が縁の切れ目。
金銭がなくなると関係が切れてしまう。お客と商人関係、友人関係も、あっさり切られてしまう。「愛想尽かしは金から起きる」（別項）。金がなければ相手にされなくなるのである。The end of money is the end of love.（金の終わりは恋の終わり）は、似た意味の英語の諺である。

金の光は七光。
財産の威力が広く及んで世間から尊敬されること。

金の草鞋で捜す。
「金の草鞋」はカネのワラジと読み、鉄製のすりへらないわらじのこと。鉄のわらじを履いて根気よくさがしまわる意。「金の草鞋で尋ねる」とも。キンのワラジと読まぬこと。

金はあっても心配、なくても心配。
財産は、あればあったで盗難・投資などの心配があり、なければないで明日の暮らしに事欠くなど、心配の種はどこまでもついてまわる、という諺。

金はあの世の土産にならぬ。
いかに財産があっても、死んであの世へ持って行くことはできない。

金は命の親、命の敵。
敵はカタキと読む。金銭で死ぬべきところを救われることもあり、また、金銭上のいざこざで、人を死においやることもある、意。

金は借りてもいけない。貸してもいけない。貸せば金を失い友も失う。
シェークスピア（イギリス）
個人的な金の貸し借りは、不幸のもとになるという意。

金は来たりまた去るもの。
金銭は、わが手に入ったかと思うと、すぐにまた人手に渡ってしまうもの。**英語** Money will come and go.

金は倹約せよ。
「節約された一ペニーは儲けた一ペニーだ」。倹約して質素に暮らすのは、世界の美徳。

金は諸悪の根源である。
金の力は万能に近いが、あらゆる悪は金が原因である。**英語の諺** Money is the root of all evil.
『聖書』

金は世界の回り物。
金銭は、一人だけの占有物ではない。人から人へと次々回っていくものである。

金は世界を支配する。
Money rules the world. が英語の諺である。「人間万事金の世の中」（別項）「金銭はすべての事に応じる」「金がすべてである」などと同じ。すべて真理である。

金は使うべし、金に使わるべからず。
金を所有したら、うまく使い、金にしばられる人間になるなという英語の諺。「金は良い召使だが、悪い主人である」とも。

金は天下の回り持ち。
貧乏も金持ちも永遠に定まったものではない。貧乏人の呟きにふさわしい。いつか我々も金持ちになれるという自らへの慰めの気持ち。「金は天下の回り物」とも。
井原西鶴（日本）

金は天下の回り物だ。いつも私をよけてまわるのが気に食わないが。
ツルゲーネフ（ロシア）
金はいつも私についてまわってほしいのだが、そうはいかないのが人生。

金は人を作る。
人は財産の有無によって、貴人にも、貧乏人にも、賢人にも、愚人にも、盗人にもなる。**英語の諺** Money makes the man.

金は雌馬を歩かせる。
この世に金の力で動かないものはない、という意の英語の諺。Money makes the mare to go.

金は山に捨て玉は淵に投げる。
荘子（中国）
金銭や宝石を遠ざけ、無心、無欲、清廉潔白であれ。

金はよき召使、悪しき主人なり。
金銭は使い方次第で、便利でよく役立つし、横暴非道な主人のように、人を苦しませ振り回して困らせもする。**英語の諺** Money is a good servant, but a bad master.

金儲けと死に病に易き事なし。
金儲けも死病と同じように苦しく大変なものだ。容易なことで金儲けはできない、意。

金儲けの上手な人は、無一文になった時でも、自分という財産をまだ持っている。
アラン（フランス）
自分という財産は決して最後まで減らないという強い自信を持っている。自信を持て。再チャレンジせよ。

金持ちがどんなにその富を自慢しても、彼がその富をどのように使うかがわかるまでほめてはいけない。
ソクラテス（古代ギリシャ）
金持ちが、その富をどのように使うか。良い使い方をするのを見てから、賞賛せよ。尊敬はその後でよい。

金持ち金を使わず。
金持ちほど金を惜しがって使わない。ケチなものだ。

金持ち苦労多し。
金持ちには金持ちなりに苦労が多い。財産を守り抜こうというような苦労は、貧乏人にはわからない苦労である。

金持ち喧嘩せず。
金持ちは、利にさとく、不利になるような喧嘩はしない。争い事はしないものだ。

金持ちでも、貧乏でも、強い者でも、弱い者でも、みんな平等に、遊んで暮らしてはいけない。
ジャン・ジャック・ルソー（フランス）
働くことに意義がある。遊んで暮らしている市民は、みんな詐欺師だ。

金持ちでも、貧しくても、権力を持っていても、勤労しない人は無用の長物に過ぎない。
トルストイ（ロシア）
勤労しない人は、人間の価値がないのである。エンゲルスも、「猿と人間の違いは、労働するか否かである」とも言っている。

金持ちになるには、貧しい家に生まれることである。 A・カーネギー（アメリカ）
貧乏人は、貧しさから抜け出そうと必死でがんばる。それが原動力になって豊かになれる。

金持ちほど金を欲しがる。
「金持ちほど欲が強い」というのが一面の真理である。

金を貸して友を失う。
金を貸せば、その金が原因で不和となり、友情を失う。友を失いたくなかったら、金銭の貸借は慎もう。**英語の諺** Lend your money and lose your friend.

金を使い、かつ貯金する人は、最も幸せな人である。
サミュエル・ジョンソン（イギリス）
つまり、彼は二つの喜びを持つからだ——と続く名言。

蚊のまつげにも巣はつくる。
『列子』（中国）
きわめて微小なこと。

寡は衆に敵せず。
「衆寡敵せず」とも。少数の者は、多勢と戦ってもかなわない、という意。

禍福己に由る。
『説苑』（中国）
己はオノレと読み、自分のこと。同じ一つの事が禍となったり福となったりするのも全てその人自身の所行に原因がある。

禍福はあざなえる縄の如し。
幸福と不幸は、交替して出現する、これが人生だの意。だから「禍を転じて福となす」知恵が要るのだ。

禍福門なし。ただ人の招く所。
『春秋左伝』（中国）
門はモンと読む。カドではない。禍や幸

福のやってくる定まった門はない。ただその人の所行が招くものなのだ。

株を守りて兎を待つ。
農民が、もう一度兎が、木の株にぶつからないかと、農作業をやめて、木の株を見守る意。意味のないことを、いつまでも後生大事に守っていてはいけないという喩え。「株（くいぜ）を守りて兎を待つ」（別項）とも。

壁に耳あり。
「壁に耳あり、障子に目あり」の後略。どこで誰に聞かれているかわからない、意。

果報は寝て待て。
幸運は、焦らないで気長に待っていればいつかは必ずやってくる。貧乏と幸運は自然のものだという諺。

かまどで焼き上げられた陶器が色あせないように、艱難で鍛練された人格は永遠である。
H・ワード・ビーチャー（アメリカ）
困難、難儀、苦労で鍛えられた、永遠の人格を持つように努めよ。

竈の下の灰まで。
家の中のものあますところなく全部。家財全部。

神々の愛する者は若死にする。
神様に愛され美貌や才能に恵まれたものは若死にしがちである。英語の諺 Whom the Gods love dies young.

神様が人間をこしらえたんだろう。出来損いが多すぎる。
串田孫一（日本）

ぼんやりと新聞を見ていても、電車に乗っていても、そんなに思う。——と続く名言。

神信心も程々に。
神様を信仰するのはよいが、狂信や迷信に陥らないようにせよ、という戒め。

神　空にしろしめす　すべて世はこともなし。
ブラウニング（イギリス）
神はすべてを見てこの世をお治めである。何事もない今朝である。さあ働こう。

神が我々に与えた最も貴重な贈り物は、大いなる天然資源ではなく、国民の心に深く植え込まれた聖なる批判精神である。
W・アレン・ホワイト（アメリカ）
神が与えた貴重な贈り物は、批判精神である。国民が、現状に対する不満から、現状を批判し、どう打破すべきか考えることによって、国も人類も、進歩するからである。

雷が鳴れば梅雨が明ける。
梅雨明けのめやす、の諺。関西地方の気象は、よくこれに該当する。

紙に残された思想は砂浜の足跡以上のものではない。たどった方向はわかる。だが、歩く道々何を見たかを知るには、自分の目と頭を、使わなければならない。
ショーペンハウアー（ドイツ）
書籍に残された思想は、砂浜の足跡。判るのは方向だけである。道々、何を見たか。自分の目と頭を使って知るのが学問であるという、すばらしい言葉。

髪の長きは七難隠す。
女性を美しく見せる条件は、髪の長いことだという諺。

神は正直。
神は正しい者に味方し、常に公平で、曲がったことをしない。「神は正直の頭に宿る」とも。

神は人間の全てに対して、常に汗して働けと命じている。
トルストイ（ロシア）
銀行に金を積んで、何もしないで食べていくのは、人間の掟に反することだ。

神は、万人に等しく一日二十四時間という時間を与えたもうた。君の手にある今日の二十四時間をどう効果的に使うか？
扇谷正造（日本）
その収支決算が君の人生である。万人に平等に与えられた二十四時間、これは動かすことができない。それを、君はどう使うか。これは、より良く修正できる。——と続く言葉である。

神は、人の敬うことによって威を増す。
神は、信仰し敬うことによって、いよいよますます威光を増すものである。

神は見通し。
神が知らないことはない。どんな小さなことでも見ている。ごまかすことはできないという戒めで、「神は見通し」と短い諺としてよく使われる。英語 God knows who is a good pilgrim.（神は誰が善良な巡礼者であるかを知っている）は、類似の意味の諺。

神は私に、善を愛するために良心を、善を知るために理性を、善を選ぶために自由を

与えた。

ルソー（フランス）

しかしながら、人間は、善を愛しこれを知るだけでは不十分だ。これを行わなければならぬ。そして進んで行うとは、自由意思の決定によることである――と続く言葉である。

神仏人を殺さず。

神仏は、カミホトケと読む。慈悲深くて、どんな場合にも、味方になって下さる、意。「天道人を殺さず」と同じ諺。

神も仏も皆心。

皆心は、ミナココロと読む。神仏は、実在するものではなく、人の本性そのものの中にある、という意。

上、礼を好めば民敢えて敬せざるなし。

『論語』（中国）

上に立つ為政者が礼儀を好んで自ら実行すれば、下の人民も自然に敬意をもって仕えるものである。

亀の甲より年の劫。

亀の甲よりも人間の長い間の経験の方が尊い、という意。ノコウ、ノコウ、と語呂合わせの諺。

鴨が葱を背負って来る。

鴨の肉に葱までついてくる、意。おあつらえむきだ、ということ。カモネギとも。

賀茂川の水。

賀茂川の洪水は、どうにもならない。思い通りにならないこと、の喩え。

火薬玉の発明だけで、ヨーロッパ中の人民が、自由を奪われた。

モンテスキュー（フランス）

人間は何か秘密を発見してずっと手軽に人間を殺し、人民や国民全体を滅ぼしてしまうのではないか。

瑕瑜相おおわず。

『礼記』（中国）

瑕はカと読み、玉の傷の意。瑜はユと読み、玉の美しい光のこと。きずがあっても玉の美しい光沢を損うものではない、の意から、長所も欠点もともに表して隠さないことの喩え。

粥腹も一時。

粥でも一時の空腹しのぎにはなるということ。

烏は、自分の子が一番美しいと思っている。

どんな子であっても親は自分の子が一番美しいと思っている意。親の欲目を表した英語の諺。The crow thinks her own bird fairest.

烏を鷺。

間違いを強引に正当化することの喩え。

空の袋は、真っ直に立たない。

B・フランクリン（アメリカ）

貧乏で他人の助けを必要とする者は、独立することができない。

空の容器は一番音が大きい。

中身の充実していない人ほど、多弁で大げさだという意。「空の器が最も音を立てる」「空樽は音が高い」とも。

借りた金は忘れやすい。

借金して恩を受けたことは忘れやすいが、貸し主はいつまでもしっかり覚えている、という意。「貸し主は借り主より記憶力がよい」。Creditors have better memories than debtor. は英語の諺。

借りてきた猫。

平素と違って、おとなしく、小さくなっている様子の喩え。

借り手にも貸し手にもなるな。

金銭の貸借は友情を損いやすい。「借りる時のエビス顔、返す時のエンマ顔」。

画竜点睛を欠く。

最後の仕上げができていない。全体として良くできているが、一個所、重要なところが不備である、意。「点睛」はヒトミを書き入れること。

借りる時の地蔵顔、返す時の閻魔顔。

借金をする時はにこにこ顔だった人が、返金の時は不機嫌な顔をして返すことの喩え。「なす時の閻魔顔」（別項）とも。

軽い荷物にして欲しいと願ってはいけない。強い背中にして欲しいと願うべきだ。

セオドール・ルーズベルト（アメリカ）

困難に出遭った時、逃れようとするのでなく、どこまでも困難を乗り越え、打ち勝つことを考えるべきだ。

軽い返事に重い尻。

良い返事で引き受けるがなかなか尻を上げない人、実行に手間取る人、の喩え。良い返事をしてすぐに実行する人になれ、の意。

軽い夕食は命を長くする。

夕食は大食しないのが健康によい。英語の諺 Light supper makes long life.

軽くさっと片付けておいた困難はみんな、後日安眠を妨害する幽霊となるであろう。

F・F・ショパン（ポーランド）

軽くさっとすませておく、手を抜いてすませる、中途半端な生き方に対する戒め。

枯れ木に花が咲く。

衰えた者が再び栄える、喩え。「老い木に花」（別項）とも。

枯れ木も山の賑わい。

つまらぬ者でもいないよりはまし。自分の出席を謙遜していう、意。他人の参加や出席には使えない。

彼も人なり我も人なり。

韓愈（中国）

中国の詩人の言葉。彼も我も同じ人間である。自分も頑張ろうという奮起の諺。また、自分にも主張する権利がある、とも解釈できる諺。

彼を知り己を知らば、百戦あやうからず。

孫子（中国）

相手の力量や戦力を知り、自分の力量や戦力を知っておけば、何度戦っても勝てる。

夏炉冬扇のごとし。

『論衡』（中国）

夏の炉、冬の扇のようだの意。ともに時季はずれで役に立たないもの、の喩え。

可愛い子には旅をさせよ。

「可愛い子には苦労をさせよ。笞をあてよ」の意である。旅は辛い苦しいもの、困難なものであった時代の諺。

可愛さ余って憎さが百倍。

最大の愛情が、背かれたとき憎さが百倍になる意。愛する子供や恋人などに、背かれた心情によく使われる。

乾き田に水。

日照りの稲田に水が来る意。困窮している者に救いの手がさしのべられる喩え。

川口で船を破る。

破るはワルと読む。航海を終えて、川口の港近くまで来て、船をこわす意。成功の一歩手前で失敗。または、物事の最初から失敗。

蛙の面に水。

どんなことをされても平気なようす。何の反応もない意。カワズノツラ、カエルノツラ、両方の使い方をする。

川に水を運ぶ。

無益なこと。何の役にも立たない。

川の石、星となる。

絶対にあり得ないこと、の喩え。

川の端に、子置くがごとし。

非常に危険な喩え。

河の氾濫が土を掘って田畑を耕すように、病気はすべて人の心を掘って耕してくれる。

ヒルティ（スイス）

病気を正しく理解して、これに耐える人は、より深く、より強く、より大きくなる――と続く言葉。

川向こうの火事。

こちらに及んでこないから傍観するだけ。「川向こうの喧嘩」とも。

土器割れて元の土。

土器はカワラケと読む。これまでの苦労や努力が、すべて無駄になってしまう喩え。

瓦となって全からんよりは、玉となって砕けよ。

価値がない平凡な生き方をしつづけるより、全能力を発揮して潔く死んだ方がよい。

瓦は磨いても玉にはならぬ。

本質はまず変わらないという喩え。よく似た諺に「一升の枡には、一升しか入らない」がある。

変わりやすきは人心。

世情や人心の変わりやすいこと。

変わりやすきは世の習い。

人情や世の中の情勢が時とともに変わるのはこの世の常だから嘆き悲しむことはないのだ、の意。

川を下れば自ずから海、川を上れば自ずから山。

「自ずから」はオノズカラと読む。事のなりゆきが道理にかなっている。なんの不思議もないという喩え。

華を去り実に就く。

見かけを派手に飾らず、実質的で地味な態度をとる。

考えすぎる人は、成就しない。

シラー（ドイツ）

考え過ぎはよくない。考えに力をとられると、成し遂げることができなくなる。

考えている（哲学する）ように見せてはならず、実際に考えなければならない。

エピクロス（古代ギリシャ）

なぜなら、必要なのは、健康らしい外見ではなく、健康自身だからだ――と続く名言。

考えを整理したい時、文字にしてみること

ほど効果的な方法はない。

ウォーレン・バフェット（アメリカ）

頭脳の中で、ああでもない、こうでもないと考えが浮遊している時、文字や文章にして書き始めると、不思議にまとまってくるものだ。

観客の方が競技者よりも多くを見る。

当事者よりも第三者の方が、物事を冷静にみきわめられる、意。**英語の諺** Lookers-on see more than players.

眼光紙背に徹す。

目の光が紙の裏まで突き抜ける、が表面の意味。書物を読んで、字句の解釈はもちろん著者の精神、深意まで掴み取ること。

閑古鳥が鳴く。

「閑古鳥が歌う」とも。商売などがはやらない様子。

感謝というものは、我々がいくらしても、したりないものである。

J・クローニン（スコットランド）

なぜかというと、我々の感謝の上に、我々の隣人たちは彼等の人生哲学を築くからである。――と続く言葉である。

感謝を知る人は、幸福である。

不平不満は言うまい。「感謝の心の毎日を送れ」、の意。アリガトウ、スミマセン、オカゲサマデを、口に出そう。

勘定合って銭足らず。

計算は合っているが現金が足りない。理論と実際が一致しないことの喩え。「算用合って銭足らず」（別項）とも。

感心上手の行い下手。

人の言うことに感心はするが、ちっとも実行できない人のこと。

完全な教育を子女に残すことは、最良の遺産である。

ウォルター・スコット（イギリス）

良い教育は、最良の遺産である。高学歴をつけるためだと勘違いして塾に通わせぬこと。

簡単なことを完全にやる忍耐力の持ち主だけが、いつも困難なことを軽々とやってのける熟練を身につける。

シラー（ドイツ）

簡単なことを完全にやることのできる人は多くあるが、それを、やり続ける忍耐力の持ち主は少ない。そういう人が、この世に必要なのだ。

眼中人無し。

周りの人を無視した行動をいう。高慢な振舞い、の意。

干天の慈雨。

カンテンノジウと読む。待ち望んでいたものが手に入ること。困難の時に救いがあること。

艱難汝を玉にす。

「艱難」はカンナンと読む。難儀、困難、苦労の意。人は、多くの辛さ、苦しさを経て、立派な人間になる。**英語の諺** Adversity makes a man wise.（逆境は人を賢くする）を意訳したものか。

艱難にあって初めて親友を知る。

困難や苦労の状態になったとき、その友が真の友かどうかがわかる、という意。**英語の諺** A friend is never known till a man have need.

艱難は、徳の母なり。

プルタルコス（古代ギリシャ）

艱難は、難儀、困難、苦労の意。困難に出会って苦しみ悩むことが、人徳の元になるのだ。

堪忍は一生の宝。

忍耐強く、辛抱強く、生きる人は、一生幸福だ。「堪忍は身の宝」とも。

堪忍袋の緒が切れる。

これ以上我慢できなくなって、ついに怒りが爆発する意。

官は宦の成るに怠る。

『説苑』（中国）

宦は、カンと読み、宮仕え、官職、の意。役人は役所の仕事に熟達してくると、なれて怠け心から油断して失敗する。

間、髪を容れず。

少しも隙間がない、意。少しの時間も置かず。

官武一途庶民に至るまで、各々その志を遂げ人心をして倦まざらしめんことを要す。

「五箇条の御誓文」（日本）

役人武士から庶民に至るまで、国民それぞれが志望をなしとげ、飽きたり怠けたりしないようにしなければならない。

幹部の権威付けの最良の方法は部下が困っている仕事を解決してやることである。

バルザック（フランス）

部下が困っている時、叱責は逆効果。萎縮するか反感を買うか。部下に手を差しのべ解決してやろう。

寒ブリ、寒ボラ、寒ガレイ。
寒の頃、春の産卵期の近い頃の、おいしい魚の代表的なものを並べた諺。

冠、敝るといえども必ず首に加う。　『史記』（中国）
「敝る」はヤブルと読む。冠はこわれても頭にのせるものであることに、変わりはない。物の使い場所、区別ははっきりさせねばならない喩え。

寛容と無関心は違う。寛容には理解と共感がなければならない。
アインシュタイン（ドイツ）
もっとも大切な寛容は、社会や個人に対する寛容さである。

歓楽極まりて哀情多し。　漢武帝（中国）
喜びや楽しみの感情が最高の域に達すると、かえってかなしみの気持ちがわいてくる。

甘露降ろかとて、口開いてもいられず。
幸運を待って何も働かないではいられず。——と続く文章。

棺を蓋うて事定まる。　『晋書』（中国）
最後まで見届けてはじめて正しい評価ができるの意。本来は、人間の真の評価は死後になって定まること。

寒を救うは裘を重ぬるに如くはなし。
裘はキュウと読み、皮の着物のこと。寒さを防ぐには厚着をするのが一番よい意。人からそしられるのを防ぐには、自分自身の徳を修めるのが最上の方法だという喩え。

棺を鬻ぐ者は歳の疫せんことを欲す。
『漢書』（中国）
「鬻ぐ」はヒサグと読み、販売すること。棺桶を売る者は、その年に病気が流行することを願う。金儲けのためには、人の不幸もかえりみないという意。

き

ギアを、バックに入れないように。
リチャード・カールソン（アメリカ）
ギアは、人生のギア。人は、過去を振り返らなければ、人間自身が後戻りすることはない、という意。

聞いたことは聞き捨て。
人から聞いた噂などは、その場限りのことにして聞き捨てるのが良い。

聞いていると知恵が生まれ、喋っていると後悔が生まれる。
話す一方にならずに、良き聞き役にまわれ、というお喋りへの戒め。**英語の諺** From hearing, comes wisdom; from speaking, repentance.

聞いて極楽見て地獄。
「江戸かるた」（日本）
話を聞いていると極楽であるが、現実は地獄だ、の意。人から聞いたことと、自分で実際見たのとでは大きな差があることの、喩え。「聞くと見るとは大違い」（別項）とも。

記憶しておくといい。へつらい者は、みんな、いい気になっている奴等のおかげで暮らしていることを。
ラ・フォンテーヌ（フランス）
へつらい者になっていないかどうか、自らに問うべきであろう。

記憶とは、今まで百回も与えてくれたものを、全く不意に拒んだりするかと思えば、思いがけない時に、全くひとりでに持ち出してくれたりする。
ショーペンハウアー（ドイツ）
記憶というものの特質をうまく表している。ちなみに、現代の学習心理学では、長期記憶と短期記憶とにわけて、記憶を確実にする方法を示している。

記憶とは何かが起こり、まだ完全におわっていない時に残る何物かである。
デ・ボノ（アメリカ）
記憶とは、飲み残した高級ウィスキーのようなものである。

記憶のない人生は、もはや人生ではない。
ルイス・ブニュエル（スペイン）
記憶をなくしたら、私達は何者でもなくなってしまう。

記憶は意志の自由にならない。ものを忘れるのは、容易ではない。
R・シェリダン（アイルランド）
記憶するのは案外自由になる。ところが、忘れたい記憶を消してしまうことは、我々の意志の埒外である。

記憶力が勉学の条件ではない。むしろ勉強

の結果なのだ。　アラン（フランス）

記憶力が悪いからと逃げてはならない。記憶するそのことが勉強の成果とみるべき。

機会が二度、君のドアをノックすると考えるな。　S・シャンフォール（フランス）

考えがあまって、せっかくのチャンスを逃がさないようにせよ。なによりもチャンスを優先せよ、の意。

議会というものは、言論を戦わし、事実と道理の有無を対照し、正邪曲直の区別を明らかにし、もって国家民衆の福利を計るがために開くのである。　尾崎行雄（日本）

しかして、投票の結果が、いかに多数でも、邪を転じて正となし、曲を変じて直となすことはできない。——と続く。議会政治の父、憲政の神様と呼ばれた人の名言である。

機会は得がたく失い易し。

良い機会というのはめったにないもので、あっても、失い易いものだ。

機会は鳥のようなものだ。まだ飛び出さない前に捕らえなければならない。　シラー（ドイツ）

機会を活かすことだ。遅れてはならない。遅いと、全てを失ってしまう。

機会は発見する度に捕らえよ。

人生にはハッとする機会がある。それをうまく捕らえて行くことだ。そうすれば人生を豊かにしていける。

奇貨居くべし。　『史記』（中国）

奇貨は、珍しい品物の意。居くべしは、オクベシと読む。「珍しい品物は、今買っておくべし」の意。好機をのがしてはならない、という戒め。

木が可愛いけりゃ枝まで可愛い。

愛するあまり相手の付属物まで愛しい、という意。**英語の諺** He that loves the tree loves the branch.

木が倒れると、皆斧を持って駆けつける。

誰かが成功すると、その利益にあずかろうと、多くのものが集まってくる。**英語** When the tree is fallen, everyone runs to it with his axe.

聞かば語るな。語らば聞くな。

他人の秘密や祟りなど、聞いたら話すな。話す人がいたら聞こうとするな。

木から落ちた猿。

「木から離れた猿」とも。信頼するものを失って困惑する喩え。

気、軽ければ病軽し。

気持ちを明るくしておれば、病気もなおりやすい。

危機一髪

一つ間違えば危険におちいりそうなこと。

聞きしはものの数ならず。

聞いていたことは、今現実に見ているすばらしさにくらべると物の数でない、意。噂より事実がはるかにすばらしい、の意。

聞き上手の話下手。

他人の話を聞くことのうまい人になれ。話下手ぐらいで世の中はうまくやっていける。

騏驥の衰うるや、駑馬之に先立つ。　『戦国策』（中国）

騏驥は、キキと読み、足の速い名馬のこと。駑馬はドバと読み、足の遅いのろ馬のこと。足の速い名馬でも一旦衰えがくると、足の遅い駑馬にも先を越される。英雄豪傑でも、老衰すれば凡人にも及ばなくなる、意。

騏驥の跼躅は、駑馬の安歩に如かず。　『史記』（中国）

跼躅は、キョクチョクと読み、行き悩む、ぐずぐずする、意。足の速い名馬でもぐずぐずしていると、足の遅い駑馬のゆっくりした歩みにも及ばない。どんなにすぐれた人でも、なまけると、凡人のこつこつと努力を継続するのに及ばない、という喩え。

騏驥も一躍に十歩すること能わず。　荀子（中国）

一日に千里を走るといわれる足の速い名馬でも、一跳びに十歩行くことはできない。学問や技術なども段階を踏んで一歩一歩確実に修業しなければならないという喩え。

聞くことなきを欲せば、言うことなかれ。

人に聞かれたくないと思ったら、自らが言わないことだの意。「隠すことは口に出すな」とも。

聞くと見るとは大違い。

噂できいていたことと実際目にすることとは、大変な相違がある、意。

聞くは一時の恥、聞かぬは末代の恥。

他人から教えを受けて、現在の我がある

という謙虚さを持ちたいものである。どんなことでも聞いて聞いて賢く生きよう、という意。「問うは一時の恥、聞かぬは末代の恥」とも。

聞くは気の毒、見るは目の毒。

「聞けば気の毒、見るは目の毒」とも。聞くもの、見るもの、すべて煩悩の種だという諺。煩悩は仏教語、悩み惑わせる精神作用。

規矩は方円の至りなり。聖人は人倫の至りなり。
『孟子』(中国)

規矩はキクと読み、コンパスとさしがねの意。規矩は、四角と丸の最上のものを描き出す。聖人は、人が人の道を行う上においてこの上もない手本を示すものだ。

危険が身に迫った時、逃げ出すようでは駄目だ。何事に出会っても、決して逃げるな。
W・チャーチル(イギリス)

危険に対し、逃げ出すと危険が二倍になる。決然と立ち向かえば、危険は半分に減る。

危険なしに歓喜なし。

「危険と喜びは同じ枝から成長する」。ある程度の危険なしに喜びはない。小さな危険にびくつかないで行動すべきだ、という戒め。

危険はみくびるとやってくる。

Danger comes when it is despised. が英語の諺。「十分な警戒が不幸を防ぐ」「油断大敵」(別項)「少しの不注意が大きい禍を生む」(別項)は同じような意味の諺。

騎虎の勢い。

虎に乗ってその勢いの強いときは、途中で降りられない。物事が勢いよく進行しているとき、行きがかり上、中止したり、あとへひけなくなること。

危坐して師に向かい、顔色恥ずるなかれ。
『管子』(中国)

危坐はキザと読み、姿勢を正してすわること。教わる時はきちんと正座して師に向かい、けっして恥ずかしがるような態度をとってはならない。

樹、静かならんと欲すれども、風止まず。子、養わんと欲すれども親待たず。
『韓詩外伝』(中国)

往きて来らざるものは年なり。再び見るを得べからざる者は親なり。——と続く名言。

幾事密ならざれば、すなわち害成る。
『易経』(中国)

幾事は、キジと読み、微妙な事柄のこと。微妙な事柄は、慎重にこまかく心を配らなくては、成就しないし、かえって害がある。

雉も鳴かずば撃たれまい。

人間世界でも、無用の発言をしなければ、禍を招かずに済むという喩え。

偽証と闘争と、殺人と掠奪との恐ろしい物語——それを人々は歴史という。
W・C・ブライアント(アメリカ)

イブニング・ポスト紙の主筆、アメリカ最初の詩人といわれた人の歴史観である。地球の上にこういう歴史が繰り返されたというのである。

気性は天理に合う。
『文鏡秘府論』(中国)

気性は、生まれつきの性質。天理は、大自然の理法。生まれつきのすなおな気持ちで物事に対して、ありのままに表現するのがよい。

疑心暗鬼を生ず。

心に疑いや不安があると、暗闇の中でありもしない鬼の姿を見たりする。何でもないことを恐れたり疑わしく思うこと。

鬼神に横道なし。
「上方かるた」(日本)

天地陰陽の神は邪悪な心がない。中世の諺で、現代人には、わかりにくい。「鬼」は霊魂、「神」は天地の神霊である。つまり、鬼神は、道にはずれたことはしないものだ、の意。

木、直なれば蔭なし。

直はスグと読む。言動が真っ正直で融通に欠ける者は、人に親しまれず、孤立しがちである、という喩え。

犠牲というものは、みな積極的なものではない。
ゲーテ(ドイツ)

犠牲を払うことは、積極的な喜びではないが、正しく生きる者にとっては、喜びである。

汚く稼いで清く暮らせ。

汚い労働でもいとわず懸命に働いて、清らかな心で暮らしたいもの、の意。

来たる者は拒まず。

こちらの考え方などに共鳴して、従って来ようとするものがいたら、その人の意志に任せて拒絶しない。

気違いに刃物。
精神に異常を来したものに刃物を持たせたら、どんなに危ないことを仕出かすかわからない。

羇鳥旧林を恋い、池魚故淵を思う。 陶潜（中国）
羇鳥は、キチョウと読み、旅の鳥。旅する鳥も、古巣のある故郷の林を恋しく思い、池で飼われる魚は、古里の淵を懐かしく思うのだ。故郷を懐かしく思う諺。

吉凶は、あざなえる縄の如し。
「禍福はあざなえる縄の如し」（別項）とも。良いことと悪いことはより合わせた縄のように交互に来るものである。

吉凶は人によりて、日によらず。 『徒然草』（日本）
人間の行動の内容によって、運の善し悪し、成功、不成功が生ずるので、月日によるものではない。

狐が説教する時は、鵞鳥に気を付けよ。
悪賢い者がまじめな様子をしている時は、何か悪い企みがあると思って注意せよ、の意。**英語の諺** When the fox preaches then beware geese.

木、強ければ折れやすい。
堅い木は、かえって折れやすい。同じように、人間も、強気で押し通そうとする人は、意外にねばりがなく、くじけやすい、という喩え。

木で鼻をくくる。
「くくる」は、「こくる」で、こする意。相談などを持ちかけられた時、冷淡に、無愛想に振る舞うこと。

木、縄に従えばすなわち正し。 『書経』（中国）
曲がった木も、墨縄を当てて削ればまっすぐになる。人も他人の忠告や諫言を、素直に受け入れれば、行いが正しくなる、という喩え。

危難去って、仏罵らる。
危難の迫った時、加護を祈っていたのに、危険が去ると忘れられて神仏の加護が薄かったと罵られる意。

義に死すとも不義に生きず。 松平容保（日本）
正義のために死んでも、不義によって生きたくはない、の意。

木に竹を接ぐ。
前後のつじつまが合わないこと、不調和の喩え。

機に臨み変に応ずる。
その場その場で、適切な処置をする。「臨機応変」とも。

木によって魚を求む。
方法が間違っていては目的のものが入手できない喩え。また、見当違いの困難な望み、の喩えにも。

衣をへだてて痒きを掻く。
衣服をへだてて掻く意。もどかしいことの喩え。

昨日に勝る今日の花。
昨日見た花より、今日見る花が一段と美しい、意。より美しいものを願う人の心の変わりやすさの喩え。

昨日の敵は今日の味方。
「昨日の仇は今日の味方」「昨日の友は今日の仇」「昨日の情けは今日の仇」とも。人の心や運命が変わりやすくあてにならないことの喩え。

昨日の不可能が、今日の可能となり、前世紀の空想が今や事実としてわれわれの眼前に出現している。 マルコーニ（イタリア）
実に恐ろしいものは人間の努力である。二十世紀の不可能なことが、二十一世紀に可能となっている人間の力の偉大さを称えた言葉。

昨日の淵は、今日の瀬。
人の世の変転さだめないことの喩え。

昨日は昨日、今日は今日。
昨日のことは昨日まで。今日は別の日である。同じようにはいかないものだ、の意。

昨日は、今日の昔。
わずか一日前でも、今日から見れば過去のこと。月日の経つのは早い、の意。

昨日は人の身、今日は我が身。
人の運命は予測できない。他人の不幸を自分への戒めとせよ、の意。

昨日またかくてありけり　今日もまたかくてありなむ　この命何をあくせく　明日をのみ思いわずらふ 島崎藤村（日本）
この命、何をこせこせと小さいことにこだわり、明日のことを思い悩む必要があろうか、という意。

気の付かぬ人には、貰うべし。

気が付かない人には、こちらから求めた方がよい。黙って待つばかりが能ではない、という生活の知恵。


気の釣り合わぬは、不縁の元。

互いの気性が合わないということは、その結婚が失敗の原因になる。納得できる諺。「釣り合わぬは不縁のもと」（別項）は類似の諺。

木の長きを求むる者は、必ずその根本を固くす。 『旧唐書』（中国）
木の成長を望むものは根を大切にする、意。転じて、大発展を望む者は基礎をきちんとしておかねばならない。

木登り川立ち、馬鹿がする。

木に登ったり川を泳いで渡るのは馬鹿がすることだ。必要以外の危険をおかすな。


木の曲がりは直れども、人の曲がりは直らぬ。

曲がってしまった人間の根性や性格はなかなか直らないものだ。


気の好いのも馬鹿の内。

好人物と言われる人物は、聞こえはいいのだが、実生活では、馬鹿とかわりがない、という意。


気の弱い男が、美人を得たためしなし。

物事を成し遂げるためには、多少強引なことも必要であることをいう。**英語の諺** Faint heart never won fair lady.

機は得がたくして失い易し。

良い機会は、そう簡単にめぐってくるものではない。


木は木、金は金。

物事の区別をはっきりさせること。ごまかさないこと。金はカネと読む。「木は木、竹は竹」とも。


木は規によって直く、人は人によって賢し。

曲がった木は定規を当てて削られまっすぐになり、人間は、人とまじわることによって賢くなる。

貴は驕と期せずして、驕自ずから来る。 『説苑』（中国）
驕はキョウと読み、おごりたかぶる意。身分が高くなると、おごることを意識しないのに、自然に驕り高ぶる気持ちが出てくる。

気は心。

たとえわずかであっても気が済むようにすれば心が落ち着く、意。少量でも誠意の一端を示すこと。


木はその樹皮で、人はその外観で判断するな。

外観で、物事や人間を判断をしてはならない。「人は見かけによらぬもの」「本は、その表紙によって判断するな」は類似の諺。**英語の諺** Do not judge of a tree by its bark nor of a man by his exterior.

義は泰山より重く、命は鴻毛より軽し。

泰山は、中国の名山。鴻毛は、おおとりの羽毛。正義と言うことの重大さは泰山より重く、義のために命を捨てることは、少しも惜しくない、という意。


気は取りよう。

人の機嫌を取るにはその人その人に合った方法がある。気難しい人でも、それなりの取り方がある。


気は持ちよう。

苦楽の感情は、その人の気の持ち方次第である。


木は若いうちにきたえなさい。

鍛錬は若いうちからせよ。**英語の諺** Train a tree when it is young.

木仏、金仏、石仏。

キブツカナブツイシボトケと読む。冷酷な人、感覚の鈍い人、きまじめで融通がきかない人の喩え。「石部金吉」と意味の似た諺。

希望が人間をつくる。大いなる希望を持て。
アルフレッド・テニスン（イギリス）
希望を大きく。希望が良い人生を作る。

希望こそ生き甲斐である。

希望を持つことが、我が人生への励ましなのだ、の意。

希望というものは、生命のあるかぎり、いつだって捨てがたいもの。
スウィフト（イギリス）
希望は、生命のあるかぎり、捨ててはいけないものだ。希望を捨てずに生きて行こう。

希望と交換に、確実なものを放棄するな。

現在確実に所有しているものを放棄してまで、希望の物と交換するような軽はずみなことをするな、の意。**英語の諺** Quit not certainty for hope.

希望とは強い勇気である。

逆境では、希望自体が、強く生きる勇気

の源泉になる。

希望によって生きているものは絶望によって死ぬものだ。
現実を直視しないで、希望にすがって生きていては、それが崩れると死んでしまうであろう、の意。**英語の諺** The man who lives by hope will die by despair.

希望はあなたを捨てはしない。あなたが希望を捨てたのだ。
希望を捨てないで生きよ。自分で希望を捨てるような弱い心ではだめだ。

希望は、起きている人の夢にすぎない。
希望をあてにして生きるな。目覚めている人の夢にしかすぎない。アリストテレスの言葉に由来する。**英語の諺** Hope is but the dream of those that wake.

希望は、思想の父なり。
シェークスピア（イギリス）
希望は、人生を如何にいきるかという思想を生み出すもとになる。

希望は、人生の乳母である。
コツェブー（ドイツ）
希望は、人生を養い、育ててくれるもの。

希望は頼りにならないものではあるが、心地よい道を経て、我々を人生の終わりまで運ぶだけのことはしてくれる。
ラ・ロシュフコー（フランス）
希望はたしかにはかないものだが、人生に明かりを点して、心地よく人生の道を、照らし続けてくれるものである。

希望は、人間の心に永遠に湧くものである。
アレキサンダー・ポープ（イギリス）
だから、「今が幸せ」という感覚はなく、常に幸福は未来にある。そこから湧いてくる。——と続く名言。

希望は、人間の最後の拠りどころである。
希望は不幸な生活の支えになる。**英語の諺** Hope is the last thing that man has to flee unto.

希望は、人を成功に導きます。
ヘレン・ケラー（アメリカ）
どんな時でも、そこに希望がなければ、何事も、成就するものではありません。——と続く名言。

希望は、貧者のパンである。
希望が貧しい人や不幸な人の支えになっている。「希望は人間の最後の拠りどころである」（別項）。**英語の諺** Hope is the poor man's bread.

希望は、夕べの星のように、空が暗いほど増す。
ウィンズロー（イギリス）
暗い人生になるほど、希望は、光を増す。

希望を失わないでやっていると自然と力も出てくる。
松下幸之助（日本）
精神が集中して、そこにいろいろな福音が生まれてくる。——と続く言葉である。

気前のよさは、多くのものを与えることではなく、折よく与えることだ。
ラ・ブリュイエール（フランス）
金銭や物を与えるときは、きっぱりと多額を与えるより、ちょうどよい時機に与えるべきだ。

君あしたに去りぬ　夕べの心千々に何ぞはるかなる
与謝蕪村（日本）
君を思ふて岡のべに行きつ遊ぶ　丘のべ何ぞかく悲しき　蒲公の黄に薺の白う咲きたる　見る人ぞなき——と続く。友の死を悼んだ名言。蒲公はタンポポ。薺はナズナ。君は死んだ親友のこと。

君が思い悩み、迷ったことは少しも気にすることはない。何かをつかんだはずだ。
松本昇（日本）
誰でも、思い悩み、停滞する時期がある。重要なのは、そこで何をつかんだか。それを無駄にするな。

君が喋り過ぎている時は、考える方は、半分留守になっている。
シャルル・ルブラン（フランス）
しゃべりすぎに注意。肝心なのは考えることである。大切なことを忘れてはならない。

君が瞳はつぶらにて　君が心はしりがたし　君をはなれて唯ひとり　月夜の海に石を投ぐ。
佐藤春夫（日本）
少年の日の純な愛を歌った詩。野ゆき山行き海辺ゆき　真ひるの丘べ花を籍き　つぶら瞳の君ゆえに　うれいは青し空よりも、——に続く一節。

君がもし考えることをしない人間であるとすれば、いったい君は何のための人間であるのか。
コールリッジ（イギリス）
考えることをしない人間になるな。考える力を毎日、磨け。

君心あれば、民心あり。
君主に民を思う心があれば、民も君主を敬う。

君死にたまふことなかれ　末に生まれし君なれば　親のなさけはまされしも、親は刃を握らせて　人を殺せと教へしや　二十四までを育てしや　与謝野晶子（日本）
君死にたまふことなかれ　すめらみこと（天皇）は戦ひに　おほみづからは出でまさね、かたみに人の血を流し獣の道に死ねよとは　死ぬるを人のほまれとは、大みこころの深ければ　もとよりいかで思されむ――と続く詩である。

君の義務が何であるかを、当の君自身よりもよく心得ていると思い込んでいる連中が、いつもいる。　エマーソン（アメリカ）
他人の義務を言うのはおせっかいというものだ。義務はおのれ自身に問うべきことである。

君の財布をして、君の主人たらしめよ。
主人は財布だと思い、財布と相談せよ。そうすると浪費はなくなり節約できる。英語の諺 Let your purse be your master.

君の生涯の最も輝かしい日は、いわゆる成功の日ではなく、悲嘆と絶望の中から、生への挑戦の気持ちと「今に見ろやってみせるぞ」という気持ちとが湧き上がるのを感じる日である。　フローベル（フランス）
弟子のモーパッサンに教えた言葉といわれている。自分の作品に骨を刻むような苦心をした体験から出た言葉である。「悲嘆と絶望の中から、今に見ろやってみせるぞ」という気持ちの湧き上がる日が、生涯の輝かしい日だという言葉は、万人を勇気付ける。

君の魂の中にある英雄を、放棄してはならぬ。　ニーチェ（ドイツ）
どんなに、辛くても苦しくても、逃げ出さないで立ち向かおう。君の魂の中にも、英雄がいるのだから。

君の力以上の事を、企てるな。
身の程を知れの意。しかし青年らしい野心まで捨ててはならない。諺の一面だけをとらえないようにしたい。**英語の諺** Attempt nothing beyond your strength.

君の布地に応じて、服を裁て。
身の程を知れの意。「収入に応じた暮らしをせよ」（別項）は、類似の諺。**英語の諺** Cut your coat according to your cloth.

君、明なれば臣恵なり。
上に立つ者が賢明であれば、家来もおのずから従順な心を持つようになる。

義務ではなく、生活にうるおいを与え、社会生活に恩恵をもたらす事柄を学ぶ、そういうすばらしい機会が勉強だととらえてください。　アインシュタイン（ドイツ）
受ける権利のある教育、受けさせる義務のある教育と常識的にとらえているが、我々の生活にうるおいを与え、社会生活に恩恵をもたらす教育が勉強なのだと、とらえるべきだ、という意。

義務とは、おのれ自身に命ずるところを自ら愛することだ。汝の義務を行うことを努めよ。　ゲーテ（ドイツ）
すぐに汝は、汝の力のおよぶ限りのことを知る。しかして汝の義務とは何か。その日その日の要求だ。――とつづく箴言である。

義務は、快楽に先立つ。
なすべきことをしてから、生活を楽しむべきだという意。**英語の諺** Duty before pleasure.

気持ちの準備のできているところでは、足も軽い。
「惚れて通えば千里も一里」（別項）、「喜びがあれば足も軽い」「心の持ちようで苦も楽になる」などは同意。

木もと、竹うら。
木は根元から割れ。竹は先の方から割れ。その方が割りやすい。

着物は寒くないほど。
衣服は寒くない程度に、簡素であれ。

着物は人を作り上げる。
立派な衣服を着ているとその人が立派に見える。人は、外見の印象で評価されやすい。**英語の諺** Clothes make the man.

肝は大きく、心は小さく持て。
気は大きく持ち、細心の注意をして事に当たれ。

逆境が人に与えるものこそ美しい。それは、ガマに似て醜く、毒を含んでいるが、頭のうちに宝石を蔵している。　シェークスピア（イギリス）
逆境が、人生に与えるものは美しい。それは、醜くて毒を含んでいるが、人に価値ある宝石のようなものをもたらす、という意。

逆境での美徳は、忍耐である。

人生に逆境はつきものだ。そこで重視すべきは忍耐である。忍耐が美徳なのである。

逆境は時に人間にとってつらいことがある。

トーマス・カーライル（イギリス）

しかし順境によく耐えうる人一人に対して、逆境に耐えられる人は百人もあろう。人生順境に耐える方がはるかにむずかしい。——と続く言葉である。

逆境は、人を賢くする。

「苦痛は教訓である」「苦痛はりっぱな心をつくる」とも。不運な境遇になった時、これを教訓と見るべきだ。天が私を賢くするよう与えて下さったのだと考えよの意。

逆境も、考え方によっては素晴らしいもの。

シェークスピア（イギリス）

逆境も、それを乗り越えれば、人間として大きく成長できる。うまく生かせば、素晴らしいものになる。

客と白鷺、立ったが見事。

白鷺は立った姿が見事だ。客は長居せずさっさと立ち、退散するのがよい。

客の朝起き。

泊まり客が、泊めた家の主人より早く起き出すのは、宿を貸したものにとって扱いに困る、意。「客の朝起き、宿の迷惑」とも。

客発句に亭主脇。

連歌の発句は客人にお願いし、主人は脇句を付けるのが礼儀だということ。

杞憂

杞の国の人が、天が崩れ落ちないかと憂えて寝食をとらなかった故事から。無用の心配。取り越し苦労、の意。「杞人の憂い」とも。

急行に善歩なし。

『唐書』（中国）

急いで歩けば歩調が悪くなる。急いでした仕事は、できがよくない、喩え。

求婚よりも、プリンを選ぶ。

「色気より食い気」（別項）、「花よりだんご」（別項）、「風流より実利を」、「虚栄よりも実益を」の意。英語の諺 Pudding rather than love-making.

丘山は、卑きを積みて高きをなす。

荘子（中国）

丘山はキュウザンと読み、丘や山のこと。卑きは、ヒクキと読む。大事業も小さな努力が少しずつ積み重なって成就する、という喩え。

九死に一生を得る。

ほとんど助かると思えない状態から、かろうじて命が助かること。

牛耳を執る。

中国の戦国時代、牛の耳の血をすすって誓い合った同盟の盟主となる。転じて、団体、党派などを左右する中心人物となる、意。

九仞の功を一簣に欠く。

九仞はキュウジンと読み、非常に高いこと。築こうとした非常に高い山も、最後のモッコ一杯の土を欠くと完成しないということ。最後の締めくくりをしっかり、の意。

窮すれば通ず。

行き詰まってどうにもならないところまで行ってしまうと、案外活路が開けてくるものだ、の意。せっぱ詰まると、力以上のものを発揮する、意。

窮鼠猫を嚙む。

追い詰められると、弱者でも強者に逆襲する。

窮鳥懐に入る。

『顔氏家訓』（中国）

追い詰められた者が、どうしようもなく救いを求めに来る。

旧来の陋習を破り、天地の公道に基づくべし。

「五箇条の御誓文」（日本）

陋習とはロウシュウと読み、昔からの悪い習わしのこと。陋習をなくして、世間から認められた正義の道に従うべきである。

今日あって明日ない身。

人の命や、人の世のはかないことのたとえ。

教育とは、学校で習った全てのことを忘れてしまった後に、自分の中に残るものをいう。

アインシュタイン（ドイツ）

記憶や学習が、本当に、身にしみついて、行動の原動力になったものを、教育というのだ、という意。

教育とは、自然の秩序と人間の本質を認識させ、天賦の才と素質を応用し実行する力をひきだすことである。

ペスタロッチ（スイス）

児童の自発性を尊重し、天賦の才能と素質を引き出し、実行力をつけていくことを目指した、言葉である。

教育とは、他人から受けるようであるが、実は自分が取り入れるものだ。

W・スコット（イギリス）

教育とは、受身で教わることのようだが、実は、生徒自身が積極的に取り入れるものだ。

教育のある人とは、必ずしも多読の人、博学の人のことではなく、事物を正しく愛好し、正しく嫌悪する人である。

林語堂（中国）

教育がある人とは、学歴があり、学問がある人ではなくて、正しく暮らし良識を備えた人、をいうのだ。

教育の目的は、機械を作るにあらずして人間を作るにあり。

ルソー（フランス）

教育とは、人間を作るものである。機械的に教えたことを覚えさせたり、物を製造することとは違うのだ。

教育の目的は、何を考えるべきかでなく、いかに考えるべきかを教えることにある。

ビーティ（イギリス）

「人間は、いかに考えるべきか」これを教えるのが教育だという明快な言葉。

教育は、国の安い防衛である。

「教育は、最も安い防衛」（別項）と同じ。Education is the cheap defence of nations.

教育は、書物を読むことはできるが、どの書物が読む価値があるかを見分けることのできない人口を増加せしめた。

トレヴェリアン（イギリス）

書物の読める教育はできているが、書物の内容を読み取り、価値を判断するという、真の読書のできない教育になり下がっている、という辛口の批判である。

教育は、何よりも活動への意志の力を引き出すべきだ。

リンデンソール（アメリカ）

現代の教育は知識の伝達に追われているが、本来活動への意志の力を引き出すのが教育だ。

教育は、学んだことが、全て忘れられた後に残る「何か」である。

B・F・スキナー（アメリカ）

教育は、知識の記憶でなく、人間の心の奥に残っているもの、残されているものである。

教育は、最も安い防衛。

「優れた教育が行われれば、国を犯されることはない」。教育重視の諺。日本の国の本来の諺でないのが寂しい。

教会とは、天国に行ったこともない紳士方が、天国に行くはずもない人たちに向かって、天国のことを吹聴する場所である。

H・L・メンケン（アメリカ）

教会を皮肉った、教会の定義である。こんな名言を吐く人も、行くはずも無い人も、皆天国へ行かせてくれるのが、ありがたい教会である。

今日考えて、明日語れ。

軽々しくしゃべって後で後悔しないよう、よく考えて、明日意見を話すとよい。英語の諺 Think today and speak tomorrow.

行儀作法が人を作る。

行儀作法の立派な人は、まわりから立派な人物だと思われる。英語の諺 Manners make the man.

教師は、著作で特色を示すよりも、賢明な弟子たちを励ますことによって自己を発揮できるものである。

カール・リンナエウス（スウェーデン）

著作物を作るよりも、すぐれた弟子を激励するのが、教師の本務だという戒め。

恭者は、人を侮らず。

『孟子』（中国）

つつしみ深い人は決して人を侮ることはない、という意。

今日の経験を明日用いない者には、大成功は望みがたい。

大倉喜八郎（日本）

毎日経験を積み重ねることだ。そういう心がけで生きることだ。

兄弟は他人の始まり。

金銭関係に使われることが多い。もっとも近い肉親なのに世俗の利害関係から、だんだん情愛が薄れていく意。

兄弟は無くても暮らせるが、友人がなくては暮らせない。

兄弟よりも友人の方が、より重要だという、外国の諺。友は必要で、得がたいものである。英語 We can live without a brother, but not without friends.

今日なしうることに、全力を尽くせ。

ニュートン（イギリス）

そうすれば、明日は一段の進歩があろう。――と続く名言。さあ、今、全力を。

今日なしうる事を、明日まで延ばすな。

できることはその日のうちに処理せよ。英語の諺 Defer not till tomorrow what may be done today.

恭なればすなわち侮らず、寛なればすなわち衆を得。

人に対して慎み深く行動すれば、侮られることなく、心が広く豊かであれば、多くの人が集まってくる。　『論語』（中国）

京に田舎あり。　「上方かるた」（日本）
京都にも田舎さながらの風情や人情がある。逆に華やかな京都にも野暮ったい所がある、とも。

今日の哀れは明日の我が身。

他人の災難を他人事と思って見過ごしてはいけない。「今日は人の上、明日は我が身の上」（別項）とも。


今日の一時間は、明日の二時間に値する。

「今日の一は、明日の二の価値」とも。数が少なくても確実な方がよい意。英語の諺 One today is worth two tomorrows.

京のお茶漬。

京都人が客の帰りに、「何もないけどお茶漬けでも」という愛想ことばの挨拶。実際には、食事を出す気はない、意の諺。


今日の仕事を明日に伸ばすな。

今日できることなのに、明日に延ばすのが人間の弱点。今日できる仕事は、できるだけ今日済ませてしまえの意。


今日の後に、今日なし。

「後に」はノチニと読む。今日という日は再び来ることがない。「今日は一度きりしか来ず、決して二度と帰ってこない」「二度失われた時間は永久に失われる」。


今日の一針、明日の十針。

今日の一針で済むところを、明日は十針も縫わなければならない。放って処置が遅くなると後で苦労するから心せよ、の意。英語の諺 A stitch in time saves nine.（時を得た一針は九針の手間を省く）が類似の意の諺。

京の夢、大阪の夢。「江戸かるた」（日本）
江戸人が、上方にあこがれ立身出世を夢みている。良い内容と語呂のいい句で、カルタを締めくくったもの。

今日は一度しか来ず、決して二度と帰って来ない。

「やりなおしがきかないのが人生」なのだ。「今日を大切にしよう」「一日一日を大切にしよう」。一度失われた時間は、永久に失われるものだ。「今日は一度しか来ない」とも。英語 Today comes only once, and never again returns.

今日は、昨日の生徒なり。

今日という日は、過去に学んだ経験と教訓が支えているのだ。英語の諺 Today is the scholar of yesterday.

今日は今日の風が吹き、明日は明日の風が吹く。

あまり先々のことまで心配する必要はない。「毎日がその日のパンをもたらす」Each day brings its own bread. が英語の諺。日本の諺は、「今日は今日、明日は明日の風が吹く」。


今日は二度と帰らない。

今日は、決して二度と帰って来ない。一度失われた一日は、永久に帰って来ないのだ。


今日は人の上、明日は我が身の上。

今日は他人の身の上におこった不幸も、明日は自分の身の上にふりかかってくるかもしれない、他人の災難を人ごとと思って見過ごすな、の意。


器用貧乏、人宝。

どんな細工や修理も一応上手にできて、人から重宝されるが、結局は大成しない男だ、の意。略して、「器用貧乏」と短くして使うことが多い。


恐怖の方が、しばしば危険より大きい。

恐れおののいたことが、実生活には多くて、危険はそれほどでないことがしばしばだった。英語の諺 Fear is often greater than the danger.

恐怖は、常に無知から生ずる。　エマーソン（アメリカ）
知識や経験で冷静な判断ができる。パニックに陥っても冷静に判断できれば、恐怖は消え去る。

京へ筑紫に坂東さ。

方向を示す助詞の違いを表し、方言の特色を表現した諺。


喬木風に折らる。

「喬木に風強し」。高い木には風が強くあたる。高い地位や身分につけば、それだけ厳しい批判や嫉妬がある、心せよ、の戒め。


強を抑え、弱を扶く。　『漢書』（中国）

キョウをオサエ、ジャクをタスクと読む。強いものを抑えて、弱いものを助ける。

虚栄心は、他人を鏡として使用し、利己心は他人を道具として使用する。

テンニース（ドイツ）

虚栄心、利己心は、他人を使用、また利用するからいけない。

虚栄心ほど人間を不幸にするものはない。

ラ・フォンテーヌ（フランス）

何となれば、それは貪欲な大蛇のように、何を食っても満足しないからである。——と続く名言。虚栄心を捨てよの戒めである。

虚偽の友は、公然たる敵よりも悪い。

「虚偽の友より公然たる敵が良い」とも。表面だけの友は持たないのがよい。真の友を持て。**英語の諺** A false friend is worse than an open enemy.

玉座の上にあっても、木の葉の屋根のかげにあってもその本質において同じ人間である。

ペスタロッチ（スイス）

玉座は、皇帝、王の御座所のこと。宮殿に住んでいる人も、貧しい家に住む人も、同じ人間だという意。

玉石ともに焚く。

良いものも悪いものも一緒に燃えてなくなる。

極端は相通ず。

物事の両極端は紙一重の差にすぎない。キケロの「極端な正義は極端な不正義である」Extreme justice is extreme injury. の意に近い。**英語の諺** Extremes meet.

虚舟、舟に触るとも人怒らず。

『淮南子』（中国）

虚舟はキョシュウと読み、人の乗っていない舟のこと。無人の舟が流れて当たっても怒る者はない。無心の行為は人の感情を害することがない、という喩え。

去年の暦。

当てにならぬ。なぞに近い諺。「去年の暦で、当てにならぬ」（別項）をみよ。

去年の暦で、当てにならぬ。

略して、「去年の暦」。謎のようで、当てにならぬ、が笑いのついた説明になる諺。

虚は実を引く。

はじめは嘘だったことが、だんだん真実味を帯びてくる意の諺。「嘘から出たまこと」に近い意。

漁夫の利。

『戦国策』（中国）

鷸（しぎ）と蛤（はまぐり、蚌）が、くちばしと貝殻で争っていたら、両方とも漁師に捕らわれた。無益な争いをしていると第三者に利益をさらわれる、意。

毀誉褒貶に関せず、自ら信ずる所を断行する人あらば、われはその人にくみせん。

勝海舟（日本）

「毀誉褒貶」はキヨホウヘンと読み、ほめる、けなす意。賞賛や非難を気にせず、自分の信ずることを断行する人がいたら、私はその人に協力しよう。

清水の舞台から飛ぶ。

死んだつもりで思い切って物事を実行する喩え。

虚名久しく立たず。

『太平記』（日本）

賞賛でも中傷でも、事実に基づかない評判はやがて明らかにされてしまう。

桐の一葉。

桐の一葉の落ちるのを見て秋を知る、意。物事の小さな一端からその大体のなりゆきを察知すること。

義理と褌かかねばならぬ。

「上方かるた」（日本）

「義理と褌欠かされぬ」とも。世間に対する義理と、身につける褌は欠かしてはならない。義理人情を重んぜよ、の意。「鬼神に横道なし」（別項）が死語化したので、明治以後入れ替えた諺。「義理と褌」とも。

義理ほどつらいものはない。

世間の交際上義理ほど守り通すことの難しいものはないという諺。

器量は当座の花。

容貌の美しいのは一時的、そのうち衰える、という意。

錐を以て地を指す。

荘子（中国）

錐は、キリと読む。錐を大地にさして、その深さをはかる。わずかな知恵で大きな道理を知ろうとする、見識の狭い喩え。

騏驎も、老いては駑馬に劣る。

キリン（名馬）も老いると、ドバ（のろ馬）より劣るという、意。優れた人物も、年老いると駄目になってしまうという喩え。

綺麗な花は山に咲く。

人の知らないところに、かえって価値あるものが存在するという喩え。

綺麗に磨かれた靴をはいている人間は、注意深く用心して泥道をよけて歩く。
トルストイ（ロシア）
が、一度踏み誤って、靴を汚したが最後、彼はもう前ほど用心しなくなる。——と続く名言。注意深く沈着に生きよということを述べている。

木六、竹八、塀十郎。
木は六月、竹は八月、塀は十月に手入れをするのがよいという意。これを人名のようにした諺。

議論多く手腕少し。
「長い舌に短い手」。議論ばかりよくするが行動しようとする人がすくない、意。「言うは易く行いは難し」。

議論上での執拗と熱狂とは、馬鹿の証拠である。
モンテーニュ（フランス）
熱狂して執拗に議論するのは馬鹿げている。冷静に議論したいものである。

議論する時には、言葉は優しくしかも論旨を正確にわかりやすく述べよ。
M・ウィルキンソン（イギリス）
相手を怒らせるな。そっとそれとなく説き伏せることが目的である。——と続く名言。

議論する時は、相手に言いたいことを言わせずに、やり込めようとしてはいけない。
ワシントン（アメリカ）
話し合いをするとき、やり込めようとしないこと。大統領として、いつも念じていたという言葉である。

木を数えて、林を忘れる。
細部に気をとられて、全体を忘れる、意。

驥をして鼠を捕らしむ。
荘子（中国）
驥はキと読み、足の速い馬のこと。足の速い名馬に鼠をとらせる、意。有能な人間をつまらない任務に従事させる喩え。

気を付けろよ。生きてはこの世から出られんぞ。
作家のスタインベックのところに届いた手紙で、ブラックジョーク。（アメリカ）

木をねらう者よりは、太陽をねらう者の矢の方が高く飛ぶ。
シドニー（イギリス）
高い目標を狙え。高い目標を求めよ。

義を見てなさざるは、勇なきなり。
『論語』（中国）
正しい事をなすべき時、行動に移せないのは勇気がないつまらない人間である。「義を見てせざるは——」とも。

木を見て、森を見ず。
細部に気を取られて、全体を見ることを忘れている意。

槿花一日の栄。
槿花とはキンカと読み、朝顔のこと。朝咲いて、夕べを待たずにしぼんでしまう花。非常にはかないことの喩え。

金銀は餓えて食らわれず、故に穀をもって貴しとす。
金銀財宝はいくら蓄えても、飢饉のとき食べられない。だから、蓄えるなら穀物で。これが貴重なのだ。

銀行とは、天気の良いときに傘を貸し、雨が降り出すと返せという所である。
ロバート・フロスト（アメリカ）
貸し出し、貸し渋り、貸しはがし、利用者をいじめ続ける所。それが銀行である。

禁じられた果物は甘いものだ。
禁じられると余計に欲しくなる。おいしく見える。それでも手を出さぬのが理性だ。良識なのである。

金石の交わり。
『漢書』（中国）
堅くて壊れることのない友情による交際の意。

金銭の借り手にも、貸し手にもなるな。
シェークスピア（イギリス）
借金は、倹約の気持ちを失わせる。貸し金は、その金と友を失うことになる。

金銭は、けちんぼうの思うほど尊いものではないが、持たぬものの悔いぬほど無益なものでもない。
カーネギー（アメリカ）
それが尊いのは、正しく得ることが難しいからだ。が、もっと難しいのは、正しく使うことである。不正の消費は馬鹿や白痴でもできる。——と続く名言。

金銭は、底のない海のようだ。良心も名誉も溺れてしまう。借金をするということは、自由を売るということである。
B・フランクリン（アメリカ）
借金はこわい。そこには人間の良心も名誉も自由も売られ、奪われる世界がある。底のない泥の海、まさしくそうだ。

金銭は他人。
「親子の仲でも金は他人」（別項）とも。親しい間柄でも金に関してははっきりとけじめをつけよ、の戒め。

金銭を愛することは、すべて悪の根である。

『聖書』

金銭を大事にする心が、すべて、悪の根源である。**英語** For the love of money is the root of all evils.

金銭を軽蔑する人ほど、金銭を必要とする人はいない。

一番欲しい人が、一番欲しくないような素振りをすることが多い、意の喩え。

禁断の木の実。 『聖書』
エデンの園にあった知恵の木の実。神から食べることを禁じられていた実をアダムとイブが食べ楽園から追放された物語に由来。「禁断の木の実は甘し」とも。

金時の火事見舞い。

酒などを飲んで、顔の非常に赤いことの、喩え。


金の卵を生む鵞鳥を殺すな。

目先の利益に捕らわれるな。腹の中の金の卵を一度に手に入れようとした強欲な者へのいましめ。『イソップ物語』由来の諺。**英語の諺** Don't kill the goose that lays the golden egg.

勤勉は幸運の母。

一生懸命勤め励んでおれば、幸運が自然に転がり込んでくる。「勤勉は成功の母」(別項)とも。


勤勉は成功の母。

人生に成功するには、勤勉であることが第一に大切なことである意。「勤勉戸口より出てゆけば、貧乏窓より入り来る」という諺もある。**英語の諺** Diligence is the mother of success.

勤務心得ホウレンソウ。

二十世紀の諺。新入社員の勤務心得。上司に対して、報告、連絡、相談、を欠かさぬこと。

銀を好む者は、銀に飽くことなし。 『聖書』
物質的な欲望には、限りがない、という意。

銀をたくさん持っている者は幸せだろう。麦をたくさん持っている者は嬉しいだろう。

だが、何ももっていないものは眠れるだろう。——と続く名言。貧しいものの心の幸せこそ本物。シュメールの諺。

く

苦あれば楽あり。

苦しいことがあると、その後に楽しいことがある。人生とは、そんなものだ。


株を守りて兎を待つ。

意味のないことをいつまでも後生大事に守る。一度あじをしめたうまみを、意味なくいつまでも待つ喩え。株(くいぜ)は、木の切り株。兎は偶然にぶつかった兎。


食いつく犬は、吠え付かぬ。

実力を持っている者は、やたらに騒がない。**英語の諺** A barking cur does not bite.

食い物の恨みは怖い。

食べ物に関する恨みは深くて、あとあとまで残って復讐されることがあるから怖い。


食うことは今日食い、言うことは明日言え。

旨いものを食うときは早い方が得だが、言うことは明日にのばした方が間違いが少ない。

偶像にふれてはならない。金箔がはげて、手に残る。 フローベル(フランス)
偶像には触れないのが賢明な生き方だ。まして、偶像崇拝についての批判はしない方がよい。

食うだけなら犬でも食う。

人間はただ食うだけでなく、よりよき人生を作っていくために食べるのである。


食うために生きるのでなく、生きるために食え。

生命を維持するために食うのでなくて、人としてよりよく生きるために食え。価値ある人間をめざし生きよ、の意。**英語の諺** We should eat to live, and not live to eat.

空腹にまずいものなし。

空腹の時には何を食べてもうまい、が英語の諺。A good appetite is a good sauce.(食欲の盛んな時は何でもうまい)、また、Hunger find no fault with the cooking.(空腹は料理に文句をつけない)とも。


空腹は最高のソースである。

空腹の時は、何を食べてもうまいという意。ソクラテスの言葉。キケロ、エラスムス、も引用。**英語の諺** Hunger is the best sauce.

空腹は歯を作り、恐怖は足を作る。
必要があると、歯も、足も強くなる。ギリシャ、キプロスの諺。日本の「必要は発明の母」(別項)に近い意。

クールヘッドとウォームハート
アルフレッド・マーシャル（イギリス）
冷静な頭脳と温かい心。両方バランス良く使い分けて信頼を得よ。

苦言は薬なり、甘言は病なり。
『文明本節用集』（日本）
苦言は、その人の向上になり役立つが、甘言は、人をだめにするので病毒といえる。

愚公　山を移す。
『列子』（中国）
愚公と言う人が山を移そうと永年努力したので、神がその志に感動して山を移してやったという。怠らず努力すれば、遠大な事業も成就するという喩え。

臭いものに蠅がたかる。
「上方かるた」（日本）
腐敗、汚職、悪事にはあやしい人物が集まりやすいという喩え。凡人である我々にはそのような者の集まりに近づかない努力が要る。

臭いものに蓋。
「江戸かるた」（日本）
悪事や失敗などを人に知られないように、一時のがれに隠す、意。醜態や悪行を人前にさらすまいとして、うわべを取り繕う喩えに使うことが多い。

腐ったリンゴは、隣にあるリンゴに害を与える。
悪徳というものは、必ずそれと共にする他の悪がついている。**英語の諺** The rotten apple injures its neighbors.「一桃腐りて百桃損ず」「悪行は一人で行くことはない」とも。

腐っても鯛。
すぐれた価値のあるものは、いたんで駄目になったようでも、やはりそれだけの価値がある、という意。「泥の中にあっても、金はやはり金」。Gold remains gold though it lies in the mud.「ダイヤモンドをぬかるみに投げてもやはりダイヤモンドである」。If a diamond be thrown into the mire, it is a diamond still. などが似た意味の諺。

腐れ柿が、熟柿を笑う。
熟柿は、ジュクシと読む。自分の欠点に気付かないで他人の欠点を探して笑うようなことはするな。

腐れ木は柱とならず。
『漢書』（中国）
「朽ち木は柱とならず」とも。「能力のないものは、その地位を保つことができない」という喩え。

草を抜かざれば木も茂らず。
大事業をするためには群小の障害を取り除かないと、成就しないという喩え。

串柿の抜き食い。
少しずつなくなり、干し上がるころほとんど残っていないこと。

櫛の歯を挽くがごとし。
人の往来や物事が絶え間なく続くことの喩え。

愚者のうちには、みずからを知り、みずからの愚かさを上手に使う人がある。
ラ・ロシュフコー（フランス）
愚者のすべてではないが、自己の無知を知り、無知を上手に使う人がある。これが、我々凡人の強みといえるのである。

九十九％の失敗は、言い訳を言う癖を持っている人々に起こる。
G・W・カーヴァー（アメリカ）
しない理由、できない理由、をいつも探していて、行動力が鈍いのは、誰でも持っている弱さである。言い訳をしないで行動する人間であれ。

九重の塔高しと申せども、燕が飛べば下にあり。
「浄瑠璃」（日本）
上には上がある、という喩え。

愚人は結果で悟る。
馬鹿は見通しが利かないから、事が終わってやっとしてから判る、意。The result is the instructor of fools.（結果は馬鹿者の教師である）という英語の諺に近い。

薬多なれば病甚し。
薬を乱用すると、かえって病気を悪化させる。

薬も過ぎれば毒となる。
薬も飲み過ぎるとかえって毒になる。「薬は身の毒」とも。

薬より看病。
薬よりも心のこもった看病が病人には有効だ、の意。

薬より養生。
病後の回復には、薬より身体をいたわる

ことだ。

薬を十錠飲むよりも、心から笑った方が、ずっと効果があるはず。
アンネ・フランク（ドイツ）

苦しいとき、辛いときは、大声で心の底から笑ったらよい。気持ちだけでも、ずっと楽になる。

曲者の空笑い。
油断できない人の作り笑い。信用できない笑い顔のこと。空笑いは、ソラ笑いと読む。カラ笑いではない。

下り坂の車、順風の船。
物事の順調にはかどるさま、をいう諺。

管を以て天をうかがう。 荘子（中国）
管の細い穴から天をのぞく、意。狭い視野、狭い知識で広大なものを推測すること。

口が動けば手がやむ。
おしゃべりに熱中すれば、仕事がおろそかになる、意。

口から出れば世間。
一度秘密を他人に話してしまえば、それは広く世間に発表したのと同じことだ、の意。

口車と石車に乗るな。
「石車に乗る」は小石を踏んで車が動かなくなること。人がうまい話やおだて話をしても、その気になってはいけないこと。「石車に乗っても口車に乗るな」、も似た意味の諺。石車は、語呂合わせ。

口さがなきは下衆の常。
下賤の者は、とかくおしゃべりで、人の悪口や秘密を平気でいいふらす。心すべきだ、の意。

口叩きの手足らず。
口は達者に動くが、仕事はろくにできない、意。「口自慢の仕事下手」「口上手の商い下手」とも。

口では大阪の城も建つ。
口先だけなら、どんな大きなことでも言える、意。

口と行いとは一にせよ。
言行一致の戒め。

口と財布は締めるが得。
無駄なおしゃべりと、浪費の戒め。

口に甘きは腹に害あり。
おいしくて口当りの良い食物は、つい食べ過ぎて腹をいためる。

口にいうを聞けば、善人ならぬはなし。
話を聞いていると誰でも立派なことをいう善人である。だが、行為のよくない者が多い。

口に栄耀、身に奢り。
栄耀はエヨウ、奢りはオゴリと読む。御馳走を食べ、贅沢な衣服を着る、意。贅沢な生活の毎日を送ること。

口に釣らるる身こそ辛けれ。
食物を得るために働かなければならないのは辛いことだ。釣りと辛とが、ツリ・ツラの語呂合わせになっている諺。

口の動くものは手が動かない。
「一番しゃべらないものが、一番よく仕事をするものである」。おしゃべりは、仕事ができない。

口の利きようでお里が知れる。
言葉遣いや話しぶりで、育ちの善し悪しがわかる。

愚痴は女の常。
女は、愚痴をよく言うものである。言っても甲斐のないことを、くどくどと並べる女性が世の中に多いという意。

愚痴は去年に、笑顔は今年。
新年早々、愚痴をいうものでない、の意。

口は口、心は心。
口に出していうことと心の中で思っていることが一致しないということ。

口は閉じ、目はあけておけ。
沈黙して、観察を怠ってはならない意。俗人は逆で、よくしゃべり、目はあけていても見ていないのが普通だ。**英語の諺** Keep your mouth shut and your eyes open.

口は禍の門。
うっかり言ったことで災難を招くことがある。「ごくわずかしか話していなければ、直ちに改められる」Least said, soonest mended. という英語の諺もある。うっかりした発言でも一旦発した言葉は消えない。言葉は慎むべきだの喩え。「口は禍の元」とも。

口笛をふくことと、酒を飲むこととは同時にできない。
一度に二つのことはできない。「人は同時に糸を紡ぐことと巻くことはできない」「同時に走ることと座ることはできない」とも。**英語の諺** You can't whistle

and drink at the same time.

口ほどに手は動かず。
口で言っているほどには実行力がない。

口も八丁手も八丁。
八丁は、八つの道具を使いこなすこと。話す事が巧みで、する事も達者。やりすぎをけなしていう場合が多い。

口を閉めていれば、蠅は入らない。
口を閉めていれば災いは、入ってこない。言葉を慎めの意。ブラジルの諺。日本の「口は禍の元」「沈黙は金」の意に近い。

苦痛は教訓である。
「苦痛は心を立派にする」という諺もある。逆境や苦難は人を賢くする。苦痛は避けるよりも、積極的に求めていくべきものである。**英語** Sufferings are lessons.

句作るより田作れ。
「詩を作るより田を作れ」（別項）とも。句作など風流なことにふけるより、実利的な農作業に精を出せ。

食ってすぐ寝ると牛になる。
子供などの無作法を戒める諺。

靴はあまりに大きければ踏みはずし、小さすぎれば足を痛める。
ホメロス（古代ギリシャ）
己の運が自らに合わない喩え。何ごとも身の丈に合ったものを選べ、の意。

靴を度りて足を削る。
度りてはハカリテと読む。することがあべこべ、順序が逆であることの喩え。

靴を隔てて痒きを掻く。
「隔靴掻痒（かっかそうよう）」（別項）とも。物事がうまく運ばず、もどかしく、はがゆい喩え。

国がオリンピックに参加することに意義がある。
クーベルタン（フランス）
勝敗より、参加することに意義がある。

国が、みなさんのために何をなすかでなく、みなさんが国のために何をなしうるかを問いなさい。
J・F・ケネディ（アメリカ）
世界のみなさん、米国が、みなさんのために何をなしたかでなく、人類の自由のために、世界中の人々が一緒になって、何をなすことができるかを考えなさい。
――と続く名言。

国大なりと言えども、戦いを好めば必ず滅ぶ。
強大な国でも、戦争ばかりしていると、いつかは滅亡する。中国の諺。

国に功労がある人には、禄を与えよ。
西郷隆盛（日本）
功労があるからといって見識のないものに地位を与えるというようなことは、国家崩壊のもととなる。

国の興るは、徳にあり。
国家の興隆は、徳によってであって、武力によって興ることはない。中国の諺。

国の数だけ風習の数もある。
国や場所が変われば、風習も変わってさまざまだ。**英語の諺** So many countries, so many customs.

国の興亡を見るには政の善悪を見るにしかず。
『太平記』（日本）
国が興るか亡ぶかは、政治の善悪によってきまる。

国は利を以て利となさず。
『大学』（中国）
国家の利益のみを考え、民衆の利益を忘れることは、結局国家の利益とならない。

国乱るれば則ち良相を思う。
国家が乱れると、人々は、優れた宰相の出現を願う。すぐれた政治家を期待するのである。

国破れて山河あり。
杜甫（中国）
国は戦乱のため破壊されても山や河の自然は、昔のままの姿を残している。

国を治め家を安んずることは、人を得ればなり。
『天草版金句集』（日本）
『三略』（中国）
国が治まり家が平和なのは、すぐれた人が政治にたずさわるからだ。

国を治めるの難は賢を知るにあり。自ら賢とするにあらず。
『列子』（中国）
国を治めることの困難は、優れた人材を見出すことである。為政者自身が賢者であるかどうかではない。

国を安くするは賢を積むを以て道となす。
『後漢書』（中国）
国家をやすらかにするには、すぐれた人物をたくさん集めて用いることが最善の方法である。

愚人は夏の虫。
飛んで火に入る夏の虫、と同じように、愚人は自分の行為で、自分を窮地に陥れるということの喩え。

苦悩に負けることは、恥ではない。快楽に負けることこそ恥である。

パスカル（フランス）

苦悩と戦って負けても恥ではないのだ。苦しめ悩め。人間は苦悩してよき人間になる。但し、快楽に負けるな。

苦悩は活動への拍車である。そして活動の中にのみ、我々は我々の生命を感じる。

拍車は、馬に刺激を与え、早める金具。苦悩は活動を促進させるものだ。その活動の中に生き甲斐を感じる、という意。

カント（ドイツ）

愚の特徴は、他人の欠点をあげて自分の欠点を忘れるところにある。

自分の欠点を棚にあげて、他人の欠点にばかり目のいく人が、愚人なのである。

キケロ（古代ローマ）

苦は楽の種。

苦労は、将来楽をするための種を蒔くようなもの。逆の諺が「楽は苦の種」（別項）とも。また、「苦は楽の種」とも。また、「苦しみのあとの喜びは快い」。Sweet is pleasure after pain. という英語の諺もある。

首くくりの足を引く。

首をくくって自殺しようとする人の足を引っ張る意。血も涙もないひどいことをする喩え。

首振り三年。

尺八の修練に三年は必要だ、の意。「首振り三年ころ八年」とも。コロコロと微妙な音を出せるようになるのにさらに八年を要する、という意が加わる。

凹んだところに水たまる。

低いところに水が自然に集まる、意。条件の備わったところに人や、金や、幸せは集まるという喩え。また、身分や地位の低い者のところに悪いことが集まる、という喩えにも。

汲み出す一升より漏る一滴。

樽の底から漏れる一滴に注意せよ。大きな財産も、小さな浪費から破綻破損するという喩え。

組立てのよくわからない機械を注意深く観察するように、人間や世の中を良く見ると、すべてのことはたいへんわかりやすい。

メンデルスゾーン（ドイツ）

人間や世の中を注意深く観察しよう。人生をどう行動するべきかが、わかりやすくなる、という意。

雲にかけはし。

とてもかなえられそうもない高い望み。「雲に梯」とも。

蜘蛛の巣で石を吊るよう。

とうていできない。また、大変危険なことの喩え。

苦も楽も一生は一生。

苦労して暮らすのも、安楽に毎日を送るのも、一生を暮らすという点では同じだ、という意。「泣いて暮らすも一生笑って暮らすも一生」（別項）も似た諺。

雲を摑んで鼻をかむ。

とても無理で、できない喩え。

暗がりから牛。

物の区別がつかない喩え。また、動作がにぶくはっきりしない意。「暗がりから牛を牽き出したような人」の略。

暗がりに鉄砲。

めくらめっぽうやってみる。むこうみずにやる。

苦楽は生涯の道連れ。

苦しみや楽しみは、常に人生についてまわっているという意。

水母（くらげ）の骨。

あり得ないもの、の喩え。

苦しい時の神頼み。

平生信心のない者ほど、苦しい時には神仏に頼るものだというような人間の弱さを笑った諺。「叶わぬ時の神頼み」（別項）とも。

苦しみが残していったものを味わえ。苦難も過ぎてしまえば甘美だ。

物事を成し遂げようとしたら、辛苦は必ずある。しかし苦しさも過ぎ去れば、手にいれたものの嬉しさに、甘美な思い出となってしまう。

ゲーテ（ドイツ）

苦しみは人間の偉大な教師である。苦しみの息吹の下で魂は育てられる。

苦しみが人間を成長させる。人間の魂が作られていき、育てられるのも苦しみのおかげなのだ。

エッシェンバッハ（オーストリア）

車に乗る人、乗せる人、そのまた草鞋を作る人。

この世の中には、様々な身分、境遇の人

がいる、という喩え。階層の違いをいう諺ではない。

車は海へ、舟は山。
物事が逆さまであることの喩え。「車を水に遣り、船を陸に押す」という諺と同じ意味。

車を横に押す。
理屈に合わないことを強引に押し通そうとする、意。「横車を押す」とも。

来る者は拒まず、去る者は追わず。
心を広く持ち、ゆたかな交友をのべた諺。Welcome the coming speed the parting guest.（来る客は歓迎し、去る客には安全を祈る）は似た意味の英語の諺。

クレオパトラの鼻が、もう少し低かったら。
パスカル（フランス）
ひとつの出来事の展開が変わることで、世界の歴史は、現在知ることのできるものとは、全く違っていたであろう、という意。

暮れぬ先の提灯。
手まわしのよいことの喩え。また、手まわしがよすぎてかえって間の抜けていることの喩え、にも。

くれるは日の暮れるのも嫌い。
暮れる、呉れる、の掛け言葉。人に物を呉れてやるのは大嫌いという、けちな者をいう。

苦労がなければ儲けもない。
「苦労なくして得るものはない」「若い時の苦労は買ってでもせよ」（別項）という諺があるぐらいである。

苦労と勤勉は幸福をもたらす。
人間は苦労して勤め励むことによって自然に幸福になれるのであって、求めて幸福に近づくのではない、の意。

苦労のあとの楽しみよけれ。
ジョン・ドライデン（イギリス）
平凡だが、あらゆる人にもっともだと思わせる言葉。Sweet is pleasure after pain.

苦労は一生の道連れ。
人生の全てに苦労はついてまわるという諺。

苦労は財産の増加に従ってゆく。
苦労は財産の増加に従って増して行く、という意。英語の諺 Care follows the increase of wealth.「金持ち苦労多し」「財産が大きいと心配も大きい」Great wealth, great care.「貨幣が多いと心配も多い」「苦労は生涯の道連れ」は類似した意味の西洋の諺。

食わず嫌い。
まずそうだとか気味が悪いとか言って食べもせず嫌いだという意。転じて、どんな物事でも、試みないでむやみに嫌うことの喩え。

食わぬ辛抱はできず。
ほかのことは辛抱できても、空腹だけは我慢できない。

苦を知らぬ者は楽を知らぬ。
苦労した者でなければ、本当の楽しみはわからない、という意。

君子危うきに近寄らず。
『笑註烈子』（日本）
君子は言動をつつしみ、危険に近づくようなことはしない。君子とは、人格者で指導的地位に立てる人をいう。人格のある指導者は、むやみに危険には近づかない。英語の諺 The wise man does not court danger.（賢明な人は危険を招かない）、が似た意味の諺。

君子と小人と、父母にかかわらず。
君子となるか小人となるかは、両親の家柄や地位に関係はない。本人の努力次第だ、の意。

君子に三の憎みあり。その功に誇り、賞多き者を憎み、富貴にして驕る者を憎み、上にいて下を恵まざる者を憎む。
熊沢蕃山（日本）
君子には、三つの憎むべきものがある。功績を誇って賞を受ける者、富貴でおごっている者、地位が上で、下を恵むことを知らない者、という意。

君子に二言無し。
君子は軽々しく発言しないかわりに、一度口にしたことに対しては、どこまでも責任を持つ。

君子の学は、善を留むることなく、問を宿すること無し。
荀子（中国）
指導者として学問の態度は、善を聞けば直ちに実行に移し、疑問をそのままに放置しておくようなことをしないことだ。

君子の三楽。
『孟子』（中国）
君子には、三つの楽しみがある。一は、父母兄弟が健康で無事。二は、天や人に対して恥じるところがない。三は、天下の英才を教育すること。

君子の交わりは、淡きこと水の如し。
君子の交際は淡泊であるが、その友情はいつまでも、変わることがない。

君子は憂えず懼れず。 『論語』(中国)
我が身にやましいところが全くないから、心配事も恐れることもない。

君子は義にさとり、小人は利にさとる。 『論語』(中国)
君子は、行動を起こすときすぐにそれが正義かどうかを考えるが、小人はすぐに利益になるかどうかを考える。

君子は言に訥にして行いに敏ならんと欲す。 『論語』(中国)
君子は、口下手であっても、実践においては、すばやくありたいと思う。

君子はこれを己に求め、小人はこれを人に求む。 『論語』(中国)
君子は、きびしく自己をみつめて反省するが、小人は他人に反省を求める。

君子はその罪をにくんでその人をにくまず。 『論語』(中国)
すぐれた人は、人の罪悪をにくむが、その人自身をにくむようなことはしない。

君子は友を以て鏡とす。 『曽我物語』(日本)
すぐれた人は、良き友を自らの反省材料にする。

君子は独りを慎む。 『中庸』(中国)
君子は人のいないところでも行いを慎み、良心に恥じるようなことはしない。

君子は豹変す。 『易経』(中国)
君子は過ちをおかした場合、すぐにきっぱりと改めるが愚者は、それができない。

君子は、道を憂えて、貧を憂えず。 『論語』(中国)
君子は道義にかなっているかを心配するが、生活の貧しさを心配しない。

君子は和して同ぜず。小人は同じて和せず。
君子は、人々と調和をはかるが、無定見に同調したりすることはない。小人は、考えなく同調するが、調和しようとはしない。

葷酒山門に入るを許さず。
葷はクンと読み、臭いの強い野菜の意。葷や酒は清浄な寺内に持ち込んではならぬ、という諺。「不許葷酒入山門」とも。

軍隊は、国家の中の、国家である。現代の諸悪の一つである。
A・V・ド・ヴィニー(フランス)
軍隊は、自由と人間性を束縛する国家の中の、さらに人権まで奪ってしまう国家である。諸悪の一つだ。

軍備と徴兵が、国民のために、一粒の米、一片の金も作り出していない。 幸徳秋水(日本)
軍備を誇るな。徴兵を崇拝するな。兵営が、多数の遊民を作って、国の生産力を減らしている。有為の青年をつまづかせ、地方の風俗を乱し、良民を苦しめている——と続く名言。

け

鯨飲馬食
多量に飲食する喩え。適切な量の食事を、と諭す意。

形影相同じ。 『列子』(中国)
形と影は同じで、形がゆがんでいれば影もゆがむ。行いのよしあしは、その人の心のよしあしによるという喩え。

形影相伴う。
形とその影のように常に離れない様子をいう諺。

経営者にとって、利益をあげることの責任は絶対的なものであり、その責任は回避することはできない。
P・F・ドラッカー(オーストリア)
経営者は、利益を上げることが絶対に必要である。経営責任は絶対的、利益が上がらなければ、去れ。

計画が多ければ多いほど、成果が大きいとは、迷信に過ぎない。
P・F・ドラッカー(オーストリア)
計画が多いのは、華やかに見えるだけで、質が伴わず、成果は小さいのが普通。成果が大だという迷信は捨て去るべきだ。

計画は人にあり。成敗は神にあり。
英語の「Man proposes, and God disposes.「人は計画し、神がこれを処理する」と同じ意。人が計画し、成功失敗は神が決めることだの意。

経験とは、だれもが自分の過ちに与える名である。

オスカー・ワイルド（アイルランド）

小さな過ちは誰でもある。それが経験。よかったことは当然のことと思っている。

経験とは、人々が自分の愚かしさ、または悲しみに与える名前である。

A・ド・ミュッセ（フランス）

やってみて自分の愚かさがわかり、悲しくなるものが、経験というものだ。

経験と歴史が教えるところは、こうである。――国民と政府とは、歴史から何も学んだことはなく、歴史から演繹される原理によって行動したこともないのである。

ヘーゲル（ドイツ）

歴史から学ばないと傲慢な国民になる。爪弾きされる。我々は、加害者になって隣国を苦しめた歴史を忘れてはならないと思う。日本人の学ぶ歴史は、古代は文化史、中近世は政治史に流れ、現代の歴史、特にマイナス面はほとんど教えられていない。歴史から学ばず、行動せず。至言である。

経験なき学問は、大きな確信を与えない。

パレ（フランス）

学問には、経験によって裏づけし、高めて行くことが必要である。

経験には、二種類の不愉快な人たちがいる。経験のない人たち、経験を自慢する人たち。

ホフマンスタール（オーストリア）

経験がなくて、ありそうにする人。経験がとるに足りないのに、偉大な経験をしたとする人、は一層不愉快。

経験は、愚か者の師である。

愚か者には、実際経験させてみるのが一番良い、という意味。**英語** Experience is the mistress of fools.

経験は学問にまさる。

技術的な職場では、学問よりは経験の方が役立つことが多い。

経験は最良の教師である。

トーマス・カーライル（イギリス）

ただし、授業料が高すぎる。――と続く名言。

経験は知恵の父、記憶は知恵の母。

経験は知恵を確かなものにさせ、記憶は知恵をいつでも役立たせるものなのだ、の意。つまり、人間の知恵は、経験とそれの記憶から成り立っている。**英語** Experience is the father of wisdom and memory the mother.

経験は知識の母である。

経験を積み重ねて知識が確実になっていく。こうして人生が広く確実になる。経験が知識の生みの母なのである。

経験は馬鹿ですら利口にする。

経験は、知恵の父であり知識の母でもある。経験は人を賢明にさせるものである。

英語の諺 Experience makes even fools wise.

経験を賢く生かすならば、何事も無駄ではない。

ロダン（フランス）

同じような経験をしていても、生かせる人と、生かせない人がいる。無駄にするな。賢く生かせ。

鶏口となるも牛後となる勿れ。

大きな団体の下に所属しているよりも、小さな団体のかしらになるほうがよい、の意。（中国の諺）

芸事のコツというものは、師匠から教えてもらうものではない。盗むものだ、という。

梅棹忠夫（日本）

教える側よりも習う側にそれだけの積極性がなくては、何事も上達するものではないという意味であろう。学問も、学ぶ側の積極的な意欲が根本だという点では全く同じだと考えている。

稽古は、笊より水の漏れぬようにすべし。

稽古は、休みを作ってはいけない。常に続けて行うべきである。継続することに意味がある、意。

経済的に成功することと、他に親切にして敬愛されることとを両立させること。

経済的に成功することと、敬愛されること、この両立はケネディ家（アメリカ）の家憲。なかなか難しいが良い目標である。

芸術家というものは、自分に天才があると思うと、だめになってしまう。

ルノワール（フランス）

つけあがらず、職人みたいに仕事をしてこそはじめて救われる。――と書き加えている。

芸術家とは、常に自分に耳を傾け、自分の

聞くことを自分の一部に素直な心で書きつける熱心な労働者である。
ドストエフスキー（ロシア）
芸術家は自分に耳を傾ける労働者であり、聞いたことを自分の一部に、素直な心で書きつける労働者、だと言うのである。

芸術家の名に値する芸術家にとっては、自然の中のいっさいが美しい。
ロダン（フランス）
かれの目が一切の外面的真実をぐんぐん受け入れて、まるで開いてある書物のように、そこでわけもなくすべての内面的真実を読むからです。――と書き残している。

芸術の歴史とは、傑作の歴史であって、失敗作や凡作の歴史ではない。
エズラ・パウンド（アメリカ）
天才は、凡人が一つしか見ず、ちょっとした才能のある人が、二か三しか見ない所に、十を見る能力を持ち、その上、その十の眼力を自分の芸術の材料に及ぼす人である。――と続く名言。

芸術は、悲しみと苦しみから生まれる。
パブロ・ピカソ（スペイン）
優れた芸術作品は、悲哀と苦悩から生まれる。常識でない言葉に感動する。

芸術は、真実を悟らせるためのウソである。
パブロ・ピカソ（スペイン）
芸術は、虚構の中に真実を描くもの、悟らせるものである。

芸術は長く人生は短し。
ヒポクラテス（古代ギリシャ）
優れた芸術作品は永遠の価値を持つが、作った人間の生命はあまりにも短い。一般的な意味では、芸術の習得は長くかかるが、生命は短いのだから怠らず努力せよ、の意。

螢雪の功。
『晋書』（中国）
螢の光で書を読み、雪明かりで読書したという、二人の貧しい青年のような苦労をして学問に励んだ成果、の喩え。

軽率に友となるなかれ。すでに友たらば、軽率に離るるなかれ。
ソロン（古代ギリシャ）
簡単に友を作るな。本当の友情は、時間をかけてゆっくりと育てたもの。そういう友と離れてはならない。

兄たりがたく弟たりがたし。
二人について、優劣をつけることができない意。

兄弟は左右の手のごとし。『魏志』（中国）
兄弟はケイテイと読む。かけがえのない兄弟だから、互いに助け合うべきだという諺。

経典積んで山の如く、縁無ければ、看ることを得ず。
書物が山のように多量にあっても、興味の無いものには何の役にも立たない。読む意欲を持てという戒め。

刑の疑わしきは軽くせよ、功の疑わしきは重くせよ。
罪状の疑わしい時は軽い刑にせよ。功績の疑わしい時は逆に行賞を重くすべきだ、という諺。

芸は身を助ける。「江戸かるた」（日本）
一つの技芸に優れていると、それが生活の元手になる。何か技術を身につけよ。そのお蔭で暮らせるものだから、の意。

桂馬の高上り。
将棋用語。桂馬が敵陣へ高く飛び込むこと。考えなしに飛び出すと敵の餌食になる。人の世でも不相応の高い地位につくと、実力が伴わないので失敗する、喩え。

鶏鳴狗盗
鶏の鳴きまねで人をだましたり、狗（犬）のようにして物を盗んだりすること。くだらない技能のこと。

怪我の功名。
過失や災難と思われたことが思いがけなく好結果をもたらすこと。また、なにげなくしたことが、偶然にも良い結果になること。

下戸の建てた倉もなし。
酒を飲まないからといって、必ずしも金を残して倉を建てたという事例もない。適当に飲んで楽しめ、の意。

袈裟と衣は、心に着よ。
袈裟と衣をつけても仏道信仰にならない。それらを心につけて覚悟してはじめて真の仏道信仰になるのだという意味である。

下衆の後知恵。
下衆はゲスと読む。下賤の者は、その時は良い知恵が浮かばないのに、事の終わった後でようやくいい方法を思いつくものだ。近世の諺。「下衆の知恵は後から」とも。

下衆の勘繰り。
下賤の者は、何かに付けて妙に気をまわして邪推することが多いものだ、の意。

下衆の逆恨み。
下賤の者は、好意ある忠告を受けても悪口のように解釈して、逆に相手に恨みを抱いたりするものである。「己を忘れて人を恨む」と似た諺。

下衆の猿知恵。
下賤の者がどんなに考えても、その知恵は、浅くて弱いという諺。

外題学問
外題はゲダイと読む。書物の表題のこと。書物の名だけは、よく知っているが、内容は何も知らないこと。

下駄と焼味噌。　「上方かるた」（日本）
形が似ていて全く違う。「月とすっぽん」（別項）ほど違う。大きな食い違いを強調する時に使う。焼き味噌は、鰹節粉におろし生姜を混ぜた味噌を、杉板にすり付けて焙り焼きにしたもの。

けちな者は常に貧困である。
ホラティウス（古代ローマ）
ケチは、心が貧しい。だから一生貧困である。

けちん坊の柿の種。
「けちんぼうの柿の蔕（へた）」とも。極度のけちんぼうで、捨てるしか用のない柿のタネやヘタまで惜しがる意。

けちん坊の鞄は決して一杯にならない。
欲望には限りがない、という諺。

結局人間は、死、悲惨、無知を癒すことができなかった。だから、自分を幸福にするために、それらを敢えて考えないように工夫した。
パスカル（フランス）
幸福に生きるために、死、悲惨、無知、そういう暗い、マイナス面は考えないようにせよ、という意である。

結構は阿呆の唐名。
唐名はカラナと読み、別名のこと。「結構、結構」と、人がよすぎるのは馬鹿と変わりがない。お人好しでだまされやすい人をあざけっていう諺。

結婚しなかったら地獄、結婚したら災難。
バートン（イギリス）
結婚の現実は、こんなもの。すべてがそうではないが。

結婚生活――いかなる羅針盤もいまだかつて航路を発見した者がない荒海。
ハインリッヒ・ハイネ（ドイツ）
結婚生活は、地球上の未知の航路であって、しかも、それは、荒海である、という喩え。

結婚生活とは、あなた自身が全精神をそそぎこまなければならないものである。
イプセン（ノルウェー）
結婚生活は、妻を人形のように大切にかざっておくことではない。全力をあげてよき生活を築くべきだ。

結婚生活にも独身生活にも不便不都合はある。その不便、不都合が救いのないものでない方を選ばなければならない。
S・シャンフォール（フランス）
結婚生活を選ぶか、独身生活を選ぶか、いずれにも不便、不都合はある。だが、救いのない不便、不都合のある生活を選ぶべきでない、ということを述べた言葉である。

結婚生活は多くの苦痛を持つ。そして、独身生活は喜びを持たない。
サミュエル・ジョンソン（イギリス）
結婚生活は喜びが大きいが苦痛も多いことを忘れてはならない。独身の生活はいようだが、喜びがない。

結婚生活は、長い会話である。
ニーチェ（ドイツ）
結婚生活は、いわば、人生での長い会話なのだ。

結婚生活は、まるで鳥かごのようなものだ。外にいる鳥は、鳥かごの餌に憧れて入ろうとし、鳥かごの鳥は出ようともがく。
モンテーニュ（フランス）
結婚生活とは、独身の時は、結婚に憧れてなんとかその中に入ろうとし、結婚してしまうと、自由を求めて出たくなるようなものである。喩えれば、鳥かごのようなものだ。

結婚とは、独立が平等であり、依存が相互であり、義務が交互であるような男女間の関係である。
L・アンシュバッハー（ドイツ）
結婚というものは、男女二人が独立して平等で、相互に依存して、交互に義務を果たす、そういう関係である。

結婚はこの世の中における生活である。戦場であって、バラの寝床ではない。

R・L・スティヴンスン（イギリス）
結婚は、生活というきびしい戦場であって、甘い香りのする柔らかな寝床ではない。

結婚は人生に似ている。——それは、戦場であって、バラの寝床ではない。
R・L・スティヴンスン（イギリス）
結婚は、しあわせばかりではない。年上の気性の強い女性と恋愛し結婚した体験から出た詩人の言葉。

結婚は人生の重大事なれば、配偶の選択はもっとも慎重ならざるべからず。
福沢諭吉（日本）
一夫一婦終身同室、相敬して独立自尊をおかさざるは人倫の始めなり。——と続く。

結婚は鳥籠のようなものだ。外なる鳥は入らんと熱中し、内なる鳥は出でんとしてもがく。
結婚は、していないうちは結婚しようと熱中し、結婚してしまうと、自由がないともがく。鳥籠に生起する事情と似ている。

結婚は易しく、家事やりくりは難しい。
結婚後の現実生活の難しさを戒めた諺である。結婚はやさしいが、家事や家計のやりくりは存外難しいものだ。**英語の諺** Marriage is easy, housekeeping is hard.

結婚前には目を大きく見開き、結婚後は半ば目を閉じておけ。
フランクリン（アメリカ）
結婚前は、「アバタモエクボ」（別項）で、欠点を見落としがち。結婚後に不足が見つかっても、言い立ててはいけない。

決してうつむいてはいけない。
ヘレン・ケラー（アメリカ）
うつむいてしまったら希望がなくなる。顔を上げて背筋を伸ばそう。どこまでも希望を持って生きよう。

決して時計を見るな。
トーマス・エジソン（アメリカ）
時を忘れるほど無心になって熱中すべきだ。

決心することが、社長と大将の仕事である。
松下幸之助（日本）
組織の長たる者は、決心し決断することが、最も重要な仕事である。

決心する前に、完全に見通しをつけようとするものは決心することができない。
アミエル（スイス）
完全に見通しをつけてから、決心をしようとしてはいけない。いくらか見通しがつかないから、決断するのだ。

決断と忍耐は、もっとも高貴な精神である。
ゲーテ（ドイツ）
決断することと忍耐は、心の中の最高の働きだ、の意。

決断はタイムリーになせ。六〇点主義で即決せよ。
土光敏夫（日本）
大事業所など、未来の経済状況をいくら仮想しても答えが出ない。満点でなく六〇点でよい。勇気のある決断が望まれる。

決断力のない君主は、多くの場合、中立の道を選ぶ。
マキャヴェッリ（イタリア）
リーダーの決断力がない組織や国の行方が暗いのは、歴史が示すとおりである。

欠点の無い人はない。
「陰のない日光はない」という諺もある。欠点があるからこそ人間であって、そうでなければ神かお化けだ。欠点を持たない人はいない、のである。**英語の諺** No man is without his faults.

下卑ても息災。
いやしく下品に見られても、健康で生きる方がよい。いくら上品でも弱くては駄目。

外法成就の富。
不正な手段で得た財産は、長続きしない。「外法成就の者は子孫に伝わらず」とも。不正な金や財産は子孫に相続されない意。

煙あれば火あり。
噂の立つところには、原因となる事実がある。「火のない所に煙は立たぬ」（別項）と同じ。

煙を出さない火はない。
一利あれば一害がある。物の利点を生かせばよいのだ。**英語の諺** There is no fire without some smoke.

外面如菩薩内心如夜叉。
ゲメンニョボサツナイシンニョヤシャと読む。外面は菩薩のように美しく柔和だが、心は夜叉のように残忍で邪悪である、という意。

蹴る馬も乗り手次第。
暴れ馬も乗り手次第でおとなしくなる。手の付けられないならず者でも、従わせる方法はあるものだという喩え。

毛を吹いて疵を求む。
他人の小さな欠点や弱点を、あばいてさらけだす、意の喩え。

権威を引いて論ずるものは、才能を用いるにあらず、ただ記憶を用いるにすぎぬ。
レオナルド・ダヴィンチ（イタリア）
権威ある学説を引いて論じても、それは、記憶を新たにするだけ。本当は才能を用いていかに論ずるか、である。

犬猿の仲。
きわめて仲の悪い、意の喩え。「火と水のような仲」（別項）とも。

喧嘩口論は後悔の元。
喧嘩や口論は、必ず後悔の原因になる。

喧嘩過ぎての棒ちぎり。
喧嘩の時に棒が役立つが、過ぎてからの棒では、何の役にも立たない、という喩え。棒ちぎりは、棒乳切りと書いて、足元から乳ぐらいまでの長さの棒をいう。

喧嘩両成敗
日本の中世、近世の法の考え方。喧嘩した当事者双方を、理非を問わず、同じ刑罰に処するというもの。英語にも「口論では双方悪いところがある」In the quarrel both parties are blame. という諺がある。

健康な肉体と健全な精神の持ち主なら誰であれ、生きていくために労働しなければならない。
オールコット（アメリカ）
それが、いやなら、どこか、別の星へでも引っ越すことだ。——と但し書きを書いている。人間として生まれたら、労働をせよ。

健康な人は自分の健康に気が付かない。
トーマス・カーライル（イギリス）
病人だけが健康の有り難さを知っている。

健康は幸福の母である。
健康が人間生活の基礎だ。健康こそ幸福の母である。

健康は富に勝る。
『聖書』
いくら財産があっても、健康でなければ無価値である。**英語の諺** Good health is above wealth.

健康は、病気になるまで尊ばれない。
病気をして、はじめて健康の有り難さを思い知るものだという意。英語の諺で、Health is not valued till sickness comes. の訳。

言行不一致は世の常。
言葉と行動は本来一致していない。だからこそ、一致させようと努力したのが聖人。努力し続けるのが凡人。似た意味の英語の諺。Saying is one thing and doing another.

言語を持つ人類のみが歴史を持ち、その歴史は、人類文化の各分野において偉大な行為をなした人々の言葉によって飾られている。
桑原武夫（日本）
これが人類の知恵である。人類の一員として立派に生きるということは、この古くて新しい知恵の泉からいかに汲み取るかにかかる。

現在の教育制度が大量教育であり、従って、工場同様であり、生命のない、機械的システムによらなければならない。
林語堂（中国）
そのうえで、学校名を守り、製品を標準化するために、学校は、卒業証書を発行して製品の証明をしなければならない。——と続く名言。

現在ほどよい時はない。
今が一番よい時だ。「思い立ったが吉日」「しなければならぬことは遅れずにやれ」の意。**英語の諺** There is no time like the present.

現実の政治においては優れた人物や高い理念によって政治が行われることは、まずありえない。
ツヴァイク（オーストリア）
それより、はるかに価値は低いが、要領のよい連中、舞台裏の人間が、主役を演じている。——と続く言葉。政治を憂えている言葉である。

賢者は、相手に勝つよりも、かかわりあいにならざるをもってよしとす。
ラ・ロシュフコー（フランス）
賢人は、相手に勝とうとしない。そういう人に係わりを持たないようにつとめる。

賢者は考えを変えるが、愚者は決して変えない。
賢い人は、自身の過ちを認めればすぐ改めるが、愚か者は決して改めようとしない。

賢者は聞き、愚者は語る。
ソロモン（古代イスラエル）
よく聞く人は賢くて、愚かな人ほどよく

しゃべるものだ。

賢者は、愚者が賢者から学ぶよりも多くのことを、愚者から学び取る。

カト・ケンソリウス（古代ローマ）

賢者は、愚か者以上にあらゆるものから学び取るのだ、の意。

賢者は愚舌のために動かず。

賢者は、愚か者の言葉に惑わされない。**英語の諺** The wise hand does not all the foolish tongue speaks.

賢者は中道を取る。

賢者は極端な方法をとらず、穏やかな、中正、中庸の方法を選ぶ。**英語の諺** The wise man takes the middle way.

賢者は複雑なことをシンプルに考える。

ソクラテス（古代ギリシャ）

複雑な事を単純化して考えるべきだ。愚者は、単純な事をいかにも難解そうに考える。

賢者は自らチャンスを創り出す。見つかるまで待つことは少ない。

フランシス・ベーコン（イギリス）

じっと待っているだけでは、チャンスはやってこない。積極的に生きて、チャンスをつくりだせ。

賢者ひだるし、伊達寒し。

賢者は営利を求めないから貧乏。伊達男（おしゃれな人）は薄着で寒い。世間並みのことをしないものは辛い目にあう意。「遠慮ひだるし、伊達寒し」（別項）、単に「伊達の薄着」（別項）とも。

賢者も馬鹿も、道具なしには、仕事ができぬ。

どんな人であろうと、道具なしには仕事ができぬ意。**英語の諺** Neither wise men nor fools can work without tools.

謙譲なれ。傲れる人間よ。何より先に、自己の傲慢を破壊せよ。

ドストエフスキー（ロシア）

謙譲なれ。遊惰なる人間よ。何より先に親しき仕事場に働け。――と続く。傲慢さを退けて、直ちに働け。

賢人は、自分の女性観を決して口にしない。

サミュエル・バトラー（イギリス）

賢者は無用ないさかい、混乱をひきおこさないために、女性観を言葉に出すことをしない。

現世安穏、後世善処。

釈迦（インド）

ゲンゼアンノン、ゴショウゼンショと読む。後世は未来の世、善処は浄土。仏法を信ずる者は、この世を安穏に暮らし未来の世には浄土に生まれ変わる。

健全なる精神は、健全なる身体に宿る。

ユベナリス（古代ローマ）

健康で溌剌とした身体があってはじめて精神も健全であるということ。本来は、健康な身体と健康な精神を持ちたいという希望の言葉。**英語の諺** A sound mind in a sound body.

謙遜な人は人に好かれ、我々は人に好かれたい。それなのにどうして謙遜な人になろうと努力しないのだろう。

トルストイ（ロシア）

謙遜する人は、みんなから好かれる、我々は全て人に好かれたい願望が心の底にある。それなのに、どうして謙遜な人になろうとしないのか。素朴な疑問を、人間に投げかけた名言である。

現代人が、ユーモアを好むとすれば、それは若返ることを望んでいるからだ。

ジュール・ルナール（フランス）

現代人がユーモアを好むのは、若々しい洒落た人間らしいおかしさを望んでいる背景があるからだ。

現代人は、自分で自分を他人から切り離し、自分から他人を切り離しているのです。

ドストエフスキー（ロシア）

誰もかれも、自分の穴の中に隠れています。自己を恃み他人も人類も何も信じないように自己の心に教え込んで自己の権利や財産を失いはせぬかと戦々恐々としているのです。――と続く。

現代の人間は、あらゆる世界のうちで最も信頼できない世界に生きている。

ヘルマン・ブロッホ（ドイツ）

現実を信頼できるものにするためには、まず現実を正確に認識しなければならないという意。

涓滴岩を穿つ。

涓滴は、ケンテキと読み、水のしずくのこと。一滴ずつ落ちる水も、とぎれることなく落ち続けると、岩に穴をあける。人間も絶えず努力して大事業をなせ。大成せよ、の喩え。

剣にまさる恐るべき言葉多し。

言葉というものは、刃物より簡単に使え

るので、そのためにかえって多くの人の心を傷つける、という喩え。「多くの言葉は、刀剣よりも多くの人を傷つける」とも。

倹は無用の費を省きて有用の費に充つ。吝は出すべき財を出さず、貨財自ら汚す。

板倉重矩（日本）

倹は、無駄遣いを戒める意で、人のなすべきところ。吝は、必要な時にも使わない意で人の恥ずべきところである。ケチによって、自らを汚さないようにしなければならないという戒め。

見物人には、試合の大部分が見える。

当事者よりも第三者の方が冷静に状況が見極められる、という意。「試合をやっているものより見物人の方がよく見えることがある」とも。**英語** Lookers-on see the most of the game.

賢明な思考より、慎重な行動が重要である。

キケロ（古代ローマ）

人生をより良く生きるには、賢明な思考より、慎重な行動が、成否を分ける。

賢明な人は危険を招かない。

「賢明な人は、神の恩恵や助けにまともに反抗しようとしない」とも。「君子危うきに近寄らず」（別項）に近い意。**英語の諺** The wise man does not court danger.

賢明に世渡りせよ。だが、世渡りの専門家にはなるな。

フランシス・クワールズ（イギリス）

賢明に暮らしを立てなさい。だが、世渡り上手になるのはよくない。

倹以て廉を助くべし。『宋史』（中国）

倹約して質素に暮らし、公明正大で清廉潔白な生活をするのを助けるのがよい、という意。

言悖って出ずれば、また悖って入る。

『大学』（中国）

悖るは、モトルと読み、道理に反する意。他人に対して道理に反する悪口を言うと、他人からも悪口を言い返される。

倹約と吝嗇は水仙と葱。

倹約とケチとは、水仙と葱のように似通っていながら、実は全く違う。

倹約はそれ自体よい収入。

無駄遣いをしないのは消極的だが収入に匹敵するという意。**英語の諺** Thrift is itself a good income.

権力のある人とは、争うことはできない。

「ローマにいて法王と争うのは困難である」の諺に近い。非力で、無駄に権力と戦うのは愚かだという戒め。**英語の諺** There is no contending against a man in power.

剣をとるものはみな、剣で滅びる。

軍国主義の日本が滅んだのが、実例である。聖書には、「あなたの剣をもとのところにおさめなさい」とある。「武」という字は「戈（ほこ）を止める」という文字であることに思いをいたすべきである。**英語** All they that take the sword shall perish with the sword.

賢を見ては、斉しからんことを思う。

『論語』（中国）

斉しはヒトシと読む。賢者を見ては、自分も努力してこのようなすぐれた人になりたいと思う。

謙をもって物に接する者は強く、善をもって自らまもる者はよし。『省心録』（中国）

謙譲な人間であれ。そして、善良な行動をして正しく生きて他から攻撃されないようにせよ。

こ

子あれば万事足る。

地位や財産などなくても子供さえあれば、十分に幸福だ。

鯉が躍れば泥鰌も躍る。

泥鰌は、ドジョウと読む。劣ったものがすぐれた者の真似をするのを嘲っていう諺。

恋が芽生えるには、ごく少量の希望があれば十分である。

スタンダール（フランス）

ちょっとした希望、そこから恋が芽生える。

恋路の闇。

恋のために思慮分別を失うこと。

恋することと賢明であることは両立しない。

F・ベーコン（イギリス）

恋は、理性や常識を失わせるもの、情熱的なものだ。賢く生きようとする冷静な人は、恋などできない。

恋する男女が一緒にいて少しも退屈しないのは、常に自分達のことだけを話題にしているからだ。

ラ・ロシュフコー（フランス）

二人だけのことを話題にする、その純粋さがあるからこそ、楽しく退屈しないのだ。

恋に師匠無し。

恋は人から教えられるものではない。自然に年頃になればわかってくる、意。

恋に嫉妬はつきもの。

やきもちをやくというのは、恋しい気持ちがある証拠。**英語の諺** Love is never without jealousy.（嫉妬のない恋は決してない）

恋に上下の隔てなし。

「恋は全ての不平等を平等にする」。Love levels all inequalities.「恋には、身分も地位もない」。Love has not rank or degree. Love puts all men on a level.「恋は全ての人を同等にする」。Love outs all men a level. などが英語の諺。

恋の苦しみは、あらゆる他の悦びよりずっと愉しい。

ドライデン（イギリス）

恋の苦しみは、苦しみの質が異なる。世の中のどんな悦びよりも愉しいものである。

恋のことなら、どんなロマンチックでもいいんです。

バーナード・ショウ（イギリス）

最高、最大のロマンチックなこと、それが恋である。

恋の悩みほど甘いものはなく、恋の嘆きほど嬉しいものはない。

エルンスト・アルント（ドイツ）

また、恋の苦しみほど嬉しいものはなく、恋に苦しむことほど幸福なことはない――と続く名言。

恋の病に薬無し。

恋患いには、治す薬がない、意。

恋は多くの欠点を覆う。

恋は、相手の欠点を目に見えなくしてしまう。**英語の諺** Love covers many infirmities.

恋は距離を嘲笑する。

「恋人にとってはバグダッドも遠くない」「惚れて通えば千里も一里」とも。恋しくて歩く道は、どんなに長くても長いとは思えないのである。**英語の諺** Love laughs at distance.

恋は結婚より楽しい。

トーマス・カーライル（イギリス）

それは、小説が歴史より面白いのと同じ理由である。――と続く名言である。

恋は思案の外。

恋とは常識ではおしはかることができない。Lovers are fools.（恋をしているものは馬鹿者である）が英語の諺である。「恋は盲目」（別項）とも。

恋は、人生の多くの苦痛を包むオブラートなり。

国木田独歩（日本）

「恋は、人生の苦痛を包むオブラートだ」という名言である。

恋は熱病のようなものである。

スタンダール（フランス）

それは意思とは関係なく生まれ、そして滅びるものだ。

恋は、はしかと同じで、誰でも一度はかかる。

ジェローム（イギリス）

恋は、一度はかかる熱病に近い。

恋は、炎であると同時に光でなければならない。

H・D・ソロー（アメリカ）

恋は、燃えるものであり、明るくするもので、人生の行手を照らすものである。

恋は盲目。

恋は、夢中にさせて理性や常識を失わせるものだ。英語の諺では Lovers are fools. が近い意味。日本語では、「恋は闇」の諺がこれに近い。

恋は闇。

恋のために、人は理性を失うものである。

恋人の欠点を美徳と思えない者は、恋しているとは言えない。

ゲーテ（ドイツ）

「あばたも靨（えくぼ）」という日本の諺に近い。こういう思いが恋なのである。

恋をして、恋を失った方が、一度も恋をしなかったよりよい。

テニスン（イギリス）

人生を大きく見ると、失恋を一度ぐらいはした方がよい。良い経験だ。

恋を知るまでは、女子は女性でなく、男子も男性でない。

サミュエル・スマイルズ（イギリス）

だから、恋は男女ともに、成長するために必要なのである。――と続く名言。

紅一点
「万緑叢中紅一点」の、前略。大勢の男性の中にただひとり女性がまじっていることの喩え。

行為とは自分を映す鏡である。
ゲーテ（ドイツ）
行為は、自分の心、自分そのものを映しだす鏡だ。

光陰人を待たず。
『太平記』（日本）
月日は人を待ってくれない。「歳月は人を待たず」（別項）と同じ意。

光陰矢の如し。
光陰は日時計による時間をいう。ふつうは、月日の意。時間は消えやすく、早く過ぎ去りやすい。無駄に月日を使うまい。「人生は有限である」から。

光陰夢の如し。
月日は夢のようにはかなく消え去るものだの意。

光陰流水の如し。
月日のたつ早さを流れる水に喩えている。

幸運と不運は、井戸の中の二つのバケツである。
「幸運と不運は奇妙に組み合わされている」「悲しみと喜びは相互に続く」「禍福はあざなえる縄のごとし」（別項）とも。禍と思われることも福となり、福と思われることも禍となることがある、という意。**英語の諺** Fortune and misfortune are two buckets in a well.

幸運は、大胆な人たちに笑いかける。
びくびくして生きていたら、幸運の女神は、ほほ笑まない。自分にとって、二つとない人生だから大胆に生きよう。

幸運は、どの人のところにも一度はやってくる。
やってきたその幸運をうまく生かせるかどうか。それは、その人の器量による。だが現実には、幸運の到来があっても気付かない人が多いのだ。**英語** Fortune visits everyone once.

幸運は二度続いて来ない。
小さな幸運に満足せず、何度も連続して大幸運を願うのは、愚人である。

幸運は、望むものにしか訪れない。
アイザック・アシモフ（アメリカ）
自分のなすべきことをはっきり持っているものだけが幸運をつかむことができる、意。

行雲流水
空を行く雲と、流れる水、の意。自然のまま、なりゆきにまかせて行動する様子などの喩え。

後悔先に立たず。
後悔は役に立たない。むしろ、事前によく考えよの意。Late repentance is seldom worth much.（遅れた後悔に価値があることは稀）が一番近い英語の諺。「後悔は事態をよくはしないものだ」。Regret will not mend matters.「後悔するときは遅過ぎる」When you repent it is too late. は、似た意味の英語の諺。

後悔とは、自分が自分に下した判決である。
メナンドロス（古代ギリシャ）
後悔は自己評価である。ただし、落ち込むためのものではない。反省して次の飛躍の糧にしたい。

後悔とは、にがい徒労なあともどりである。それは過失のへまな利用である。
アラン（フランス）
後悔は、無駄な、役に立たない後戻りだ。過失を、下手に無用のことに利用するな。

剛毅果断もって善を選び、不屈不撓もって誘惑に対抗し、好んで重責を負担し、危難に遭うて泰然たる者、これを「大人」という。
セネカ（古代ローマ）
意志が強く思いきりよく判断して善を選び、困難にくじけず誘惑に乗らず、進んで重い責任をひきうけ、危険や困難にあっても動じないもの、これを、徳の高い人という。

高議して及ぶべからざるは、卑論の功有るにしかず。
『説苑』（中国）
すぐれた議論をしていても、それが実行不可能ならば、実行可能な卑俗な議論がまさっている。

好機は、それが去ってしまうまで気付かれないものだ。
セルバンテス（スペイン）
好機は、到来の時に気付かず、過ぎ去ってからしまったと思うことが多い。

好機は誰にも平等に微笑む。
チャンスは誰にでも平等に巡ってくるものだ。希望を持って生きよう。

剛毅木訥、仁に近し。
『論語』（中国）
剛毅は意志が固く、何事にも屈しない。木訥は、かざりけがなく話下手。剛毅木訥は、道徳の理想である仁に近い。

巧言は徳を乱る。　『論語』（中国）

口先だけのうまい言葉は、秩序や信頼関係を乱し、道徳を乱すもとになる。

巧言令色鮮し仁。　『論語』（中国）

鮮しは、スクナシと読む。言葉巧みに人の気をひいたり、表情をとりつくろう人には、真の「仁（思いやり）」が欠けている。

孝行したいときに親はなし。

失われてはじめて良さがわかる。親の良さは水や空気と同じであって当然の良さである。ふだん有り難さがわからないから生存中に親孝行を。できる時に孝行をせよ。

恒産無き者は恒心無し。『孟子』（中国）

一定の職業や財産のない人は、常に持っているはずのぐらつかない正しい心がない、意。生活が安定しない人には、精神の安定がないということ。

孝子は親の非を上げず。

孝行な子は、親に悪いところがあっても口にしない。

孝子は日を愛しむ。

「愛しむ」は、オシムと読む。孝行な子供は、親に仕える時間が少しでも長くなるように寸暇を惜しんで孝行する、という意。

好事魔多し。

よいことには、とかく邪魔が入りやすいものである。

講釈師、見てきたような嘘をつき。

英語にも、「画家と詩人は嘘をつく自由を持っている」Painters and poets have leave to lie. という諺がある。小説は虚構を基として描かれる。こういう嘘をとがめる必要はない。

工場労働者が労働を売らないと流れ作業はストップする。ストップしても製品は変質しない。教師や医師は違う。労働を売らぬことにすれば、その瞬間から生徒や病人は変質する。　松田道雄（日本）

生鮮品の加工でも労働をストップすると、変質するが、変質は社会の他の人の迷惑にならない。教師が労働を売らないと、受けるはずの教育を受けない生徒は、成長がそれだけストップする。医者が労働を売らないと、受けるはずの治療を受けられない病人は死ぬことだってある――と続く。

後生畏るべし。　『論語』（中国）

後生は先生に対する語で、後輩の意。後輩は、これからどれほどの力量、進歩を示すかはかり知れないから、畏れなければならない。

浩然の気を養う。　『孟子』（中国）

浩然は、水が豊かに流れるさま。公明正大で恥じるところがないたくましい精神を育てる、意。転じて、のびのびとして解放された心持ちになることをいう。

孝立てばすなわち忠遂ぐ。　孫子（中国）

親に孝行をすれば、それで主君に忠義を尽くしたことになる。中国の諺。

巧遅は拙速に如かず。

巧みにしようとぐずぐずしているよりは、拙くても素早く実行する方がよい。

行動は必ずしも幸福をもたらさないかも知れないが、行動のないところに幸福は生まれない。　B・ディズレーリ（イギリス）

人間は、まず行動すること。行動のあとに、結果として幸福が生まれてくる。

行動は雄弁だ。　シェークスピア（イギリス）

口でいろいろ言うよりも、自分の考えたことを実行に移せば、周りの人に、しっかりとよく伝わるものだ。

垢無きを戒め、辱無きを思う。　『説苑』（中国）

垢はコウ、辱はジョクと読み、どちらも恥のこと。世間の恥とならないように自ら注意し、人から辱めを受けないように心がけよ、の意。

功成り名遂げて、身退くは、天の道なり。

功績があって名誉を得た後は、その地位を引退するのが自然の法則にかなっている。

郷に入っては郷に従え。

その環境に入れば、その土地の風俗習慣に従うべきであるという意。「ローマではローマ人のするようにせよ」は、**英語の諺** Do in Rome as the Romans do.

甲の薬は乙の毒。

「甲の食物は乙の毒である」とも。同じものであってもある人には有益であり、またある人には有毒にもなるという諺。ローマの詩人、哲学者の言葉に由来する。

英語の諺 One man's meat is another man's poison.

孝は百行の基。

孝行はすべての善行の基本であり、あらゆる徳行のはじめである。

『白虎通』（中国）

公は明を生ず。

公平な心の持ち主は、正しく判断するので物事の道理を見通す力を持つようになる。

荀子（中国）

光風霽月
雨上がりのさわやかな風と晴れ上がった空の月。人の性質が、高潔で明るくわだかまりがなく、さっぱりした様子の喩え。

幸福人とは、過去の自分の人生から満足だけを記憶している人である。

不幸人とは、その反対を記憶している人である。――と続く言葉である。幸福人をめざすなら、過ぎ去った不満足を記憶から除くべきだ、の意。

萩原朔太郎（日本）

幸福であるための方法は、他の人たちを助けて幸福にさせることである。

他を助けて幸福にさせることが、幸福になる方法だと、いうのである。

インガーソル（アメリカ）

幸福であるには、二つの道がある。欲望を減らすか、持ち物をふやすかすればよい。

幸福になる方法。一は、欲望を減らすこと、二は、持ち物をふやすことである。

B・フランクリン（アメリカ）

幸福とは、「生きていていいなあ」と思い、「人生は美しい」と感じさせられる生活なのである。

この人生を、ただ生きるということではなくて、「よりよく生きる」ということが大切で、そのことが、すなわち幸福である。

田中美知太郎（日本）

幸福とは、自分の分を知って、それを愛することである。

自分の天性や天分を知って、それを愛することだ。

ロマン・ロラン（フランス）

幸福とは、不幸の休止期間に過ぎない。

当然のことを述べた名言。不幸でない時が幸福である。

ドン・マークィス（アメリカ）

幸福な快楽は、快楽を得ようと努力することではない。努力そのものの中に、快楽を見出すことである。

努力の先に目標として快楽があるのではなく、努力をすることの中や努力の結果に快楽を見出すことだ。

ジッド（フランス）

幸福な家庭はどこも似たりよったりだ。不幸な家庭は、思い思いのやり方で不幸である。

小説は、題材に、さまざまな不幸を描いている。似たりよったりの家庭を素材にしない。

トルストイ（ロシア）

幸福な結婚というものは、婚約の時から死ぬまで、決して退屈しない長い会話のようだ。

婚約から死ぬまで、長い長い会話を、退屈しないで交わしているようなもの。それが幸福な結婚なのだ。

モーロア（フランス）

幸福など必要ないと知ることが最大の幸福なのだ。

最大の幸福は、意識しない幸福である。言う必要もない幸せが最大の幸福なのである。

ウィリアム・サローヤン（アメリカ）

幸福な人間は、不幸な人たちが黙々としてその重荷を背負っていることで、自分が不幸でないと感じているに過ぎない。

不幸な人々と、引き比べて、不幸でない自分を幸福だと思っているに過ぎない、という意。

チェーホフ（ロシア）

幸福になる秘訣は、快楽を得ようと努力することではなく、努力そのものに快楽を見出だすことである。

幸福になるため、快楽を得る努力をしてはならない。健康に毎日暮らして努力できることに、快楽を見出せ。

ジッド（フランス）

幸福には、翼がある。つないでおくことは難しい。

幸福は、飛んで行ってしまう。消えてしまいやすい。幸福の絶頂を維持していくのはむずかしい。


幸福の秘訣は、したいことをすることの中にはない。むしろなすべきことをしたくなることのうちにある。

人間としてなすべきことをしたくなる、その中に幸福がある。名言であり真理である。

バリー（イギリス）

幸福は、コークスのようなものだ。何か別

の物を作っている過程で、偶然得られる副産物なのだ。
オールダス・ハクスリー（イギリス）
幸福は、何かをしようとしていて、偶然得られる副産物のようなもの。

幸福は幸福の中にあるのではなく、幸福を手に入れた瞬間にある。
ドストエフスキー（ロシア）
幸福を手に入れた瞬間、それが幸福だという名言である。

幸福は、それが去ってはじめて有り難さがわかる。
幸福の渦中にいると、はっきりと自覚できないもの。高度な幸福を望まず、今ある幸せを大切にして感謝したいものである。**英語の諺** Blessings are not valued till they are gone.

幸福は、富そのものによって得られるのではなく、富を使ってはじめて得られるのだ。
セルバンテス（スペイン）
富を有効に、有益に使ってはじめて幸福になる。富を積むことが幸福ではない。

幸福は求めて得られるものでない。機嫌よく暮らして福を招くもととするほかない。
洪自誠（中国）
禍は避けられない。他への害する心をなくして、禍に遠ざかる法とするほかない。

幸福を得る唯一の途は、幸福を目的としないことである。
J・S・ミル（イギリス）
幸福を目的にすると死ぬまでより幸福にと願って果たされない。だから、有意義なことをして結果として幸福を得るのがよいのだ。

幸福を手に入れる唯一の方法は幸福以外の何かほかの事を、人生の目的とすることである。
J・S・ミル（イギリス）
幸福は、追求しても手に入らない。何かをして、完成した結果として、大小さまざまな幸福があることに気付く。

弘法筆を選ばず。
才能のある人はどんな道具でも使いこなせる。逆に材料や道具に文句をつけるのは才能がない証拠だという意である。

弘法も筆の誤り。
その道に長じた人も、書き損じることがある意。

高木は風に折らる。
高木は風当たりが強く折れやすい。人も地位や名声の高い者は他人から妬まれやすく苦労が多い、という喩え。

高慢、それは、決して愚者が失わぬ悪徳。
アレキサンダー・ポープ（イギリス）
高慢と悪徳、愚者がいつも所有しているものだ。

高慢と美徳は、決して同じ場所に住まぬ。
一人の人格に、高慢と美徳の二つの性質は共存しえないものだ、の意。高慢な人間になるな、の意。

高慢な人や無慈悲な人は、正しい努力がなく、生命の伸びる力が止まっている。
下村湖人（日本）
正しい努力をしないと、生命の伸びる力が止まって、高慢で無慈悲な人間になってしまう。高慢な人は、そういう人だ。

高慢には必ず墜落がある。
シェークスピア（イギリス）
高慢な者は、いつかそのうぬぼれが打ち砕かれる時が来る。

高慢は出世の行き止まり。
うぬぼれて人を見下して自慢するようになると、それ以上出世できない。

傲慢は知恵の妨害物である。
バイロン（イギリス）
傲慢さを捨てなければ知恵ある生き方はできない。

鴻毛を以て炉炭の上にやく。
『史記』（中国）
鴻毛はコウモウと読み、オオトリの毛。非常に軽いものの意。軽い毛を炉の炭の上で焼く。きわめて簡単に物事が片付く喩え。

紺屋の明後日。
コウヤは、染め物屋。「コンヤの明後日」（別項）を見よ。

紺屋の白袴。
コウヤは、染め物屋。「コンヤの白袴」（別項）を見よ。

強欲は、放蕩よりも多くの人を破滅せしめたり。
ゴルトン（イギリス）
欲が深く、貪欲な人は、身持ちの悪い放蕩な人以上に、人格を破滅してしまうものだ。

公を以て私を滅す。
公平につとめることによって、私欲をなくす。または、おおやけのために自分をかえりみず尽くす。

小枝のうちに曲げるのが最善。
物事は、はじめのうちに処理しないと後になるほど処理しにくくなる意。「柳は若木のうちに曲げよ」「矯めるなら若木のうち」「老木は曲げることができない」とも。

呉越同舟
仲の悪い呉と越が同じ舟に乗る。たとえ考えが違っても同じ運命にある時には、互いに協力せざるをえないと言う、中国の諺。「同じボートに乗っているものは、一緒に漕がねばならぬ」。

氷を叩いて火を求む。
無理なことを望むことのたとえ。手段を誤ってはいけない。または、不可能なことを求めるな、の意。

誤解はあたかも靴下の一つの飛ばし目のごとし。
ゲーテ（ドイツ）
初めに繕えばただ一針にてすむものなり。——と続く言葉である。なるべく早く誤解を取り去るべきだという意。

子が思うより親は百倍思う。
子が親を思うよりも、親が子を思う愛情の方が、はるかに深い、という意。

木陰に臥す者は枝を手折らず。
木陰で涼むという恩を受けたものは、枝を折って木を害することをしない。

子が無くて泣く者はない。
子が無くては、親が死んでも泣いてくれる者がいない。また、子が無ければ、子のことで泣き悲しむこともないので安楽だという解釈もある。

黄金は命を延ぶ。
黄金はコガネと読む。金銭は万能であり長生きの薬ともなる。

故郷へ錦を飾る。
故郷を離れていたものが出世して華やかな衣服を着て帰郷する意。

故郷忘じ難し。
「忘じ難し」とはボウジガタシと読む。故郷はいつまでたっても忘れがたい。

鵠は浴せずして白し。
荘子（中国）
鵠はコクと読み、白鳥のこと。白鳥は水をあびなくても常に白い。本性の良い者は、自然にその性質の良さが表れるという喩え。

国民大衆は、小さな嘘よりも、大きな嘘の犠牲に、容易になるものである。
ヒトラー（ドイツ）
世界中の大衆のほとんどが、大きな嘘の犠牲になって嘘を見抜くことができなかった。

国民の健康は、国民の富よりも重要である。
ウィル・デュラント（アメリカ）
wealth よりも、health が重要。発音の似た言葉でシャレがある。

極楽願わんより地獄作るな。
極楽に往生することを願うより、地獄に落ちるような悪行をしないよう心がけよ。

虎穴に入らずんば虎子を得ず。
虎穴はコケツ、虎子はコシと読む。本当に求めたいものがあれば、多少の危険は冒さないと自分のものにならない。中国古代の諺である。「大きな利益には大きな危険が伴う」。Great profits, great risks. は英語の諺。

こけても砂。
たとえ転んでも、そのあたりの砂を握ってからでないと立ち上がらない。強欲なものを嘲る意。

こけてもただでは起きぬ。
転んでもただでは起きない。何か利益がないと気が済まない。

五穀は民の汗。
穀物は、農民の汗の結晶であるということ。

五穀実れば首垂れる。
穀物は、実れば実るほど穂先を垂れる。人も内容の充実した人ほど頭を低くするものだ、という喩え。「実る稲田は頭垂る」（別項）とも。

心地良さや幸福などを人生の目的と思ったことは、私は一度もありません。
アインシュタイン（ドイツ）
快さ、快楽、満ち足りた幸せ、そういうものを人は欲しがる。しかし、私は、こういうものを人生の目的と思ったことは一度もない、の意。

ここといえば彼処と悟る。
彼処は、カシコと読む。ここと言っただけで、すぐあそこだとわかる、意。物事の一端を聞いただけで全体を悟るというような機転の利くことの喩え。

ココナツの殻の中のカエル。
日本の「井の中の蛙、大海を知らず」（別

項）と同じ。カンボジアの諺。

ここばかり日は照らぬ。
太陽はここだけでなく、どこにでも照っている。

ここは幸福の奥深い底にある。用心深く隠されている気持ちのよい一部しか見せていない建築、その前景に、リラの花が深緑に点綴されながら咲いている。お堂がそこにある。円柱の構造、美しい破風、なぜこれがこんなに美しいか判らない。
ロダン（フランス）
蓄積された美の幾世紀を持つ寺院を棄てろとどうして諸君は思うのか。円柱、破風、礎石、屋根……装飾を人は不当に軽侮する。しかし、装飾は総合美である。建築そのものである。——と続く。

心 内にあれば、色 外に現る。
『礼記』（中国）
心の中の思いは自然に顔の表情に現れるという意。英語の「顔は心の指標」と同じ。

心 内に動けば、詞 外に現る。
『詩経』（中国）
心の中の思いが動くと、自然に顔の表情や動作に現れるものだ。

心が開いている時だけ、この世は美しい。
ゲーテ（ドイツ）
心を開いて明るく生きよう。そしてこの世を美しく生きたいものである。

心からなる愛は、与える場合に最も豊かであり、犠牲を云々するときには、それだけでもう真の愛ではなくなる。
ガイベル（ドイツ）
愛は与えてこそ豊かである。犠牲という言葉が愛にまとわりつくと、もうそれは真の愛ではない、という意。

心ここにあらざれば、視れども見えず、聴けども聞こえず。
『礼記』（中国）
他のことに気を散らしていてはいけない。心を集中して事に当たれ、の意。

志ある者は、事竟に成る。
『後漢書』（中国）
志がしっかりしておればどのような事でも最後には成し遂げることができる。

志には、真と仮がある。名誉欲、利欲、色欲、物欲等は、生を滅ぼす仮志である。道に志す一念は、生を養う真志である。
中江藤樹（日本）
人の欲するところは生、人の悪む（イム）ところは死である。仮志に安んじて、真志を知らない者は、哀れむべきである——と続く言葉。

志のある人生は美しい。
目標を持って生きる人は美しい。青年よ大志を持とう。

志は木の葉に包む。
「木の葉に包む」とは、わずかな物、の意。贈り物は、わずかなものでも真心がこもっていれば、立派な贈り物になるという喩え。

志をしっかり持った者は幸福である。
志をしっかりと持っていること、そういう確実な人間は幸福な人間である。

志を立つるは大にして高きを欲し、小にして低きを欲せず。
貝原益軒（日本）
小さく低ければ小成に安んじ、大きく高ければ大成を期すものだ。ゆえに天下一等の人たるを志すべきだ。

志を立てた以上、迷わず一本の太い仕事をすればいい。
豊田佐吉（日本）
目標を立て行動を起こしたら迷わないで、自分の行動を太い幹のように、取り組んで行け。

志を立てるためには、人と異なることを恐れてはならない。
吉田松陰（日本）
正義心を持って、大成しようと思うものは、世間の人と異なったことをして非難されることを、恐れてはならない。

心正しければ、事正し。
『読書続録』（中国）
心が正しければ、その人の行為も正しい。

心に太陽を持て。嵐が吹こうが雪が降ろうが、天には雲、地には争いが絶えなかろうが、心に太陽を持て。
ツェザール・フライシュレン（ドイツ）
心に太陽を持て。そうすりゃ、何が来ようと平気じゃないか、どんな暗い日だって、それが明るくしてくれる。——と続く。

心に連れて身は賤し。
心がいやしいと容姿もいやしくなる。

心に残るのは、千の忠告より、一つの行為だ。
イプセン（ノルウェー）
言葉でアドバイスを一生懸命繰り返してするよりも、実際に行動で表すほうが、よく伝わるし、心に残るものだ。

心に人負かざれば、面慚ずる色無し。

「負かざれば」はソムカザレバ、「面」はオモテと読む。慚ずるはハズルと読む。自分の良心に恥じる所が無ければ、恥と思わなくても良い。

心の駒に手綱許すな。

揺れやすい心を、悪い心を抑えて、過ちをしないようにせよ。

心の田畑さえ開墾できれば、世間の荒地を開くこと難しからず。 二宮尊徳（日本）

心を耕すこと、これができれば世の中を治めるのは、難しくない、の意。

心の中の自我を抑えることのできぬ者ほど、自分の驕慢な心のままに、隣人の意志を支配したがる。 ゲーテ（ドイツ）

自我をしっかり自身で抑えよ。他人の心を支配しようなど、とんでもない思い上がりだ。

心の矢は石にも立つ。

一心になってやれば何事もなしうる、という喩え。

心の欲する所に従えども、矩を踰えず。 『論語』（中国）

矩はノリと読む。おきて、きまりの意。踰えずはコエズと読む。自分の心の思うように行っても、まったく道徳の規範からはずれない。孔子七十歳の心境を述べたもの。

心は顔に似ぬもの。

心は顔付きと一致しない。「顔に似ぬ心」とも。

心は小ならんことを欲し、志は大ならんことを欲す。 『淮南子』（中国）

心は細心綿密で、志は高尚雄大であることが望ましい。

心は、正しい目標を欠くと、偽りの目標にはけ口を向ける。 モンテーニュ（フランス）

いつも正しい目標を、心に持ち続けよ、の意。

心は二つ身は一つ。

あれこれと思うことはいくつもあるが、体は一つで思うにまかせない意。

心は持ちよう。

心の持ち方次第で、同じ事が楽しくもなり苦しくもなるという諺。

心安きは不和の基。

あまり親しすぎるのは仲違いのもとになる。

心安らかなれば良く眠る。

悩み、憂い、心配などをなくするのが、安眠のコツだ。A good conscience is a soft pillow.（良心は柔らかい枕である）は、英語の諺。

心やましからざるものは、世評を意に介せず。

良心に恥じるところがない人間は、世間の評判など全く気にかけない。良心に恥じない人間であれ。

心緩めば、財布も緩む。

気持ちがゆるむと、いつのまにか無駄遣いをしてしまうから、心せよ。

こころよく　我にはたらく仕事あれ　それを仕とげて死なむと思ふ 石川啄木（日本）

仕事がほしい。気持ち良く働けるだけでいい。貧苦と病苦の中の叫び。

快さの伴わない仕事は、仕事として価値がない。 ウィリアム・モリス（イギリス）

気持ち良く仕事のできる労働、これが良い仕事だ。

心をはげまして高尚に振舞い、世間から離れて俗習に背を向け、高踏な議論をして世を怨んだり誹ったりするのは、昂ぶったことをしているだけである。 荘子（中国）

世間から離れて、高尚な行動をするな。高踏な議論をするな。激情にかられて興奮しているだけの人間になるな。

心を用いること鏡のごとし。 荘子（中国）

鏡自体に色がないからよく反射する。自分が心を用いるときには、無欲で何にも煩わされないで公明正大に対処したい。

心を読むには、人間の顔をみさえすればいい。どの線だってかれをだましはしない。 ロダン（フランス）

偽善もかれにあっては誠実と同様に透明になってしまいます。眉間のちょっとした縦皺や、視線の行く先などがかれの心の秘密を啓示します。——と続く名言。

心を労するは、力を労するに如かず。 呂本中（中国）

心を労するより、力を労する方がよい。思い悩んでいるより、早く行動に移した方がよい。

ござる度ごとに牡丹餅はならぬ。

「ござる度」は、「客のいらっしゃる度」の方言。そう、いつもいつも牡丹餅を作って厚遇することはできない。


乞食に氏なし。

乞食になるのは氏素姓や家柄からなるのではない。


乞食に貧乏なし。

乞食にまで落ちぶれると、それ以下の貧乏はない。


乞食の天下話。

働こうともしないものが天下国家の事を論じる、意。まるで関係のない者が、そのことについて無責任に高言をする喩え。


乞食は決して道をそれることがない。

乞食は、目的ある道ではない。だから、逸脱することはない。英語のジョークのような諺である。The beggar is never out of his way.

乞食は泥棒の前でも鼻歌を歌うことができる。

乞食は奪われるものを何一つ持っていないから泥棒にも平気でいられる、意。英語の諺 The beggar may sing before the thief.

乞食も身繕い。

乞食も相応の身支度をする。粗末な身なりをしていても一応の身だしなみはするべきだという諺。


乞食も三日すればやめられぬ。

遊びぐせや怠けぐせは、なかなか矯正できない。人や世に頼る怠惰な性癖は、なかなか抜けにくいことの喩え。「いったん乞食になると、ずっと乞食」は西洋の諺。


五十歩をもって、百歩を笑う。

五十歩百歩、とも。戦場で退却した距離が、たいして変わりがないのに、自分と同じような他人を嘲笑うこと。「目糞が鼻糞を笑う」(別項)とも。

五十にして天命を知る。『論語』(中国)
人間は五十歳になってはじめて自分の人生についての運命、天命がどういうものかわかる。

五重の塔も下から組む。

何事も基礎から積み重ねて大成するということの喩え。


後生大事や金欲しや。死んでも命のあるように。

「後生」は、ゴショウと読む。来世の意。人間は、欲の深い動物で、来世も大事、現世では金も欲しい命も欲しいと、まああれもこれもと、あつかましく願うものだ。


後生より今生が大事。

「今生」はコンジョウと読む。はっきりしない来世のことを考えるより、今をいかに生きるかが重要な問題である。


小食は長生きのしるし。

小食はコショクと読む。大食いをつつしみ、養生すれば長生きができる。「腹八分目医者要らず」(別項)と同じ趣旨の諺。


個人として自分のことのみ考える者は、卑しく小さく悪く、不幸な人間である。

自分のことばかり考えるのは、たとえ良いことを考えているにしても卑屈で不幸な人間である。

フィヒテ(ドイツ)

小銭に気を配れば大金はおのずとたまる。

小銭の出し入れに気を遣っていると、知らず知らずのうちに大金がたまるものだ。


午前中の果物は金。

午前中に果物を食べると健康によい、という意。


小袖着ての奉公より、綴れ着ての我が世。

絹のよい着物を着て、人に使われるより、ぼろを着て自分の思うままに行動したい。

火燵水練
コタツにあたりながら、水泳を習う。実際の役に立たない研究や議論の喩え。

火燵の前。

コタツ(あたる)+前。「当り前だ」の意。なぞ諺。


御馳走か断食か、いずれかにせよ。

食べるなら御馳走を食べ、まずいものを食べるくらいなら、断食した方が良い。どうせするなら、思い切って大きなことをしたほうが良い。英語の諺 Either a feast or a fast.

御馳走の山盛り。

もてなしで、お茶だ、菓子だ、飲み物だ、そして山ほどの多量の御馳走。うんざりするほどの料理で、心理的に台無しにしてしまう。そういう愚をいう諺。


誇張は虚偽の血縁者なり。

H・バロー(イギリス)

誇張は、おおげさにいうことだが、どうしても、嘘が入る。誇張の程度が強いと虚偽になるから注意がいる。

国家をつらつら考えて見ますと情け無いことに、自己の利益を国家の名によって得ようとする金持ちたちの陰謀ばかりが見えるのです。　トマス・モア（イギリス）

彼等は、不正にかき集めたものを、どうしたら安全に保持できるか、少ない金で、どうしたら貧民の労力をやとえるか、あらゆる手段や方法を考え、作り出すのです。――と続く。

国家昏乱して忠臣あり。　老子（中国）

国家が乱れて暗黒となってはじめて、忠義な臣下が世に出てくる。「世乱れて忠臣を識る」（別項）とも。

克己心を身につける教育は、それが最悪のものであっても、克己心以外のすべてのことを教えてくれる最良の教育よりはるかに優れている。　ジョン・スターリング（アメリカ）

将来の利益のために現在の満足を犠牲にするのが克己心である。それには、勤勉、倹約、節制という美徳を実践し、独立自尊と自助の精神が根をおろす教育が望まれる、という意。

滑稽さの源は気取りだが、気取りは虚栄心と偽善の二つの原因から生ずる。　フィールディング（イギリス）

虚栄心は、他人の称賛を得るために、我々をして偽りの性格を帯びさせるが、同様に偽善は、我々の悪徳を、それとは反対の美徳の装いのもとに隠すことによって、他人の批判を避けるように努力させる。――と続く名言。

凝っては思案に能わず。

物事に熱中しすぎるとかえって冷静に判断ができなくなる。

事がのびれば尾鰭が付く。

物事は長引くといろいろと面倒なことが起こってくる。

孤独ほど仲間としてふさわしい仲間を、私はついぞ知らなかった。　H・D・ソロー（アメリカ）

ウォールデン湖畔の丸太小屋に一人で住み、自然を愛し孤独の生活を送った作家の心情である。

ことごとく書を信ずれば、書なきにしかず。　『孟子』（中国）

批判の目なしに書物をよみ、頭から丸のみこみにするようならば、書物を読まないほうがよい。

事に敏にして言に慎む。　『論語』（中国）

速やかに実行して言葉は控え目にする。口よりも実行をの意。

事のなるまで吹聴するな。

できてもいないのに騒ぎ立てるな、の意。英語の諺 Never cackle before your egg is laid.

言葉多き者は品少なし。　「謡曲」（日本）

口数の多いものは、軽薄で、品位に欠ける。

言葉が一番少なければ、改めるのも一番速い。

「少ない言葉が最善」「言葉多きものは品少なし」口数の少ない人をめざせ、の戒め。英語の諺 Least said, soonest mended.

言葉数の少ないものは、深い知識を蔵している人である。　『聖書』

言葉数を少なくして、知識をもつ人であれ。「言葉を少なくする者は知識あり」とも。

言葉に物はいらぬ。

口先ばかりなら、どんなよいことを言っても何の費用もかからない。

言葉の調子さえ正しければ、それにつれて身振りや、表情や態度や姿勢は、おのずから正しくできてくるものである。　ストリンドベリ（スウェーデン）

雄弁に語ろうとして、ことさら身振り、表情、態度、姿勢を考えなくてもいい。自然に、個性的に、正確な言葉で話すようにすればいい、という意。

言葉のないところには、真実も虚偽もない。　ホッブズ（イギリス）

言葉を使う世界に生きていることに感謝して、真実を語るべきだ。

言葉は心の使い。

心に思っていることは自然と言葉に現れるものであるという諺。

言葉は思想とともに発達する。　カント（ドイツ）

言葉がはっきりしないのは、思想がはっきりしないからである。

言葉は剣以上に人を傷つける。

人の心を深く傷つけるものは言葉だ。言

葉遣いに注意せよ、という意。英語の諺 Words cut hurt more than swords.

言葉は前に定むればつまずかず、事は前に定むれば苦しまず。

『金言童子教』（日本）

言うべきことを前もってよく考えて言えば、失敗しないし、なすべきことは、よく考えてからとりかかれば、途中で困ることはない。

事は易きにあれどこれを難きに求む。

『孟子』（中国）

真理は案外たやすい所にあるのに、あれこれと難しく考え過ぎる。これは人が陥りやすい考え違いである。

言葉を少なくするものは知識あり。

『聖書』

言葉数の少ない人は、深い知識を持っている人である。

五斗米に腰を折る。

陶潜（中国）

五斗米はゴトベイと読む。年に五斗の安い給料。わずかな俸給のために、腰を低くして人の機嫌を取ること。そんなことをしておられるか、の意。

子供が、人間として自立していない。自分の責任で自分の行動を決めない人間になっているのだ。

松田道雄（日本）

自分が悪いということを決していわない。親が悪いとか、政府が悪いとか、社会が悪いとか、教育が悪いとか、どこまでいっても自分の責任という考えが出て来ない。――と続く。

子供と馬鹿は嘘が言えぬ。

子供と馬鹿は、純真。喩えれば白紙のようなもの。邪心がなくて正直だ、の意。

子供に手水鉢。

昔、子供が手水鉢付近で、柄杓に触って水遊びをした。そこで、「癪にさわる」意。なぞ諺。

子供に何かを注意しようとするとき、むしろ自分に改めるべき点ではないか、まず考えて見るべきである。

カール・ユング（スイス）

子に注意する前に、自己に目を向け、反省すべき点はないかどうかを考えよの意。

子供の運命は、常にその母がつくる。

ナポレオン・ボナパルト（フランス）

子供の運命も、子供の人生も、母の力で作られる。

子供の教育については、勉学の欲望と興味とを喚起することが一番である。

M・モンテーニュ（フランス）

さもないと、本を背負ったロバを養うことに終わってしまう。――と続く名言。

子供の教育は、過去の伝達にはなく、未来の新しい価値の創造にある。

ジョン・デューイ（アメリカ）

教育は、過去の伝達、継承に終わっていてはいけない。未来を開拓し創造することにこそ教育の目標があるという意。

子供の喧嘩に親が出る。

子供同士の喧嘩に、親馬鹿が出てきて、我が子に味方して相手をやりこめるという、愚かさを笑う意。

子供のころ母さんから教え込まれた誠実さや道徳心という美徳を、いまでも決して忘れません。

ファウエル・バクストン（イギリス）

とくに、他人のために何かしてあげようとするとき、母さん譲りの美徳を強く感じずにはいられないのです。――と続く母への手紙文である。

子供の将来は、母の努力によってきまる。

ナポレオン・ボナパルト（フランス）

子供の将来は、母の努力次第である。

子供の素行を品行にさせる最善の方法。それは彼を幸せにしてやることだ。

オスカー・ワイルド（アイルランド）

子供の生まれつきの粗野な行動から、正しい品位ある行動に高めるための最善の方法は、子供を幸福にしてやることだ。

子供は大人の父である。

ワーズワースの、「虹を見るとき　わが心はおどる」という詩の中の言葉である。大人は、子供の純粋さを学ぶべきだという意である。子供こそ人間の本然の姿であるという意。英語 The child is father of man.

子供は風の子。

子供は元気で、寒風の中でも元気にあそびまわる、という諺。

子供は正直。

子供は、無邪気で取り繕ったり隠したりすることがない。天真爛漫、正直そのものだ、の意。

子供はだれでも芸術家だ。

ピカソ（スペイン）

問題は、大人になっても芸術家でいられるかどうかだ。——と続く。

子供は泣き泣き育つ。
子供が泣くのは、成長過程で当然のこと。怪我や病気でなければ心配はいらない。

子供は眠っているときが一ばん美しい。
S・キェルケゴール（デンマーク）
そして、安心と幸福を周りの人に与えるのだ。

子供を教育するばかりが親の義務ではない。子供に教育されることも親の義務かもしれない。
寺田寅彦（日本）
子供を教育することばかり親は考えるが、親が教育されることもある。そのことをわすれないようにしたい。

子供を育てると同時に、自分たち自らを進歩させせないならば親は子供をりっぱに育てることができない。 アラン（フランス）
子供を育てながら、親も進歩していく。そういう親になるように努めよ。

小鳥には、小さい巣しか要らない。
人生には、分相応に生きる知恵が必要である、という意の諺。

小鳥を捕らえて大鳥を逃がす。
小さい事にかかわっていて、その間に大きい事を仕損ずるという喩え。

諺とは、日常の経験から生まれた娘である。
諺とは、たった数語のかたまりの中に経験から出た知恵。庶民の知恵であり、愛すべきものなのだ。**英語の諺** Proverbs are the daughters of daily experience.

事をなすには必ず始めを謀れ。言を出だすには必ず行いを顧みよ。『小学』（中国）
事を始めるには事前に調査をしてどう行動すべきか計画を立てよ。物を言うには実行できるかどうかよく考えよ。

粉屋は、皆自分の水車に水を引く。
人は、皆自分の都合のよいように事を運ぼうとする、という喩え。**英語の諺** Every miller draws water to his own mill.

子に甘いは親の常。
厳格な人でも我が子にだけは甘いのが普通である、意。

子に教えざるは父の過ちなり、学の成らざるは子の罪なり。
子に教育しないのは父の過失である。子の学問が一人前にならないのは、子に罪がある。

子に過ぎたる宝なし。
子は人間の最高の宝。どんな宝も子にはおよばない。「しろがねも黄金も玉も何せんにまされる宝子にしかめやも」（別項）。は、山上憶良のうた。

子に対することを親にせよ。
自分の子供に対する愛と、同じ心で親に仕えよ、の意。「子ほどに親を思え」とも。

子に迷う親心。
子への愛ゆえに、正しい判断もできずに思い迷う親の心。

粉糠三合あったら、婿養子に行くな。
粉糠三合は、わずかばかりの財産、の喩え。つらい養子など行くものじゃない、という意。「養子に行くか、いばらの藪を裸で行くか」も似た諺。

子の命は親の命。
我が子の命は、親の命と引換えにしても惜しく無いほどに大切なものだ、の意。

子の心親知らず。
子供はどんどん成長していくので、親は子の本当の心を知らない。

この人生には、無数の教訓がちりばめられている。
山本周五郎（日本）
しかし、どれひとつ取ってみても、万人にあてはまるものはない。——と続く。教訓が合うかは人それぞれだという意。

この世界では、人は鉄床（カナトコ）になるか、ハンマーになるかのいずれかである。
H・W・ロングフェロー（アメリカ）
鉄床（カナトコ）は鉄製の台のこと。永遠に叩かれるか、叩く存在か、そんな仕事をして生きているのが人間なのである。

籠の中の鳥、網代の魚。
籠の中はコノナカと読む。網代はアジロと読み魚をとる仕掛け。逃がれられないで自由を束縛されている喩え。「網代の魚」（別項）とも。

この肉体がどこにあろうとも、精神は自由である。 W・H・ディビス（イギリス）
バガボンド（さすらい人）らしい言葉である。素朴な心を打つ詩が多い。

子の恥は親の恥。
子が恥ずかしい行いをすれば、それはそのまま育てた親の恥になる、という意。

この道より我を生かす道なし。この道を行く。
武者小路実篤（日本）

目的を決めて、自分を生かす。そういう人生を歩んで行く。

好む所におもねらず。

自分の好き嫌いでもって、他をほめたりけなしたりしない。

この世が、お前の考え通りに運ぶと思うな。起こるがままに起こるように願え。その時、お前は幸福であろう。

ヒルティ（スイス）

この世が、お前の意思通り運ぶと思ったら、不幸のはじまり。この世は、なるようになるものと思うと、幸福がやってくる――という意。

この世で生き残る生物は、変化に最もよく対応できる生き物だ。

ダーウィン（イギリス）

「進化論」の中の言葉である。頭の良いものでもなく、力の強いものでもなく、適応して対応していく力のあるものが残る。

この世で一番勇気があるのは、ピーナッツを一つだけ食べてそこでやめられる男だ。

チャニング・ポロック（アメリカ）

ダイエットに努めよ、の意味の、アメリカ人らしい警句である。

この世で、もっとも美しいものは、もっとも無用のものである。

ジョン・ラスキン（イギリス）

たとえば、孔雀と野の百合を見よ。――と続く言葉。この世で、最高の美しいものは、役に立たないものだ、の意。

この世でもっとも悲劇的な人は目が見えていてもヴィジョンがない人である。

ヘレン・ケラー（アメリカ）

ヴィジョンを持って行動できる人間であれ。ヴィジョンのない人間こそ悲劇的だ。聴力、視力、言葉を失いながら活躍した偉人の言葉。

この世には、空虚な勉強家がいる。あらゆることに関心を持ち、注意をおこたらないが、自己の意見を持たない。

ベリンスキー（ロシア）

他人のものを完全に借用し、他人の思想を消化せず、受け入れた時と同じ形で、人々に伝える。――と続く警句である。インターネット、パソコンなどで他人の論文を繋ぎ合わせて発表する、空虚な研究が増えている。

この世のことはどんな些細なことでも予断を許さない。

リルケ（ドイツ）

人生のどんな小さいことも、予想できない多くの部分から組み合わされている。

この世はある者には昇る、またある者には降りる梯子である。

人生は梯子のようなもの、栄光への道を歩むかどうかは本人に任された必須の有用な道具である。**英語の諺** The world is a ladder for some to go up and some down.

この世は井戸のツルベのよう、一ぱい入ればやがてカラ、カラッポのほうは一ぱいに。

車井戸のツルベ。滑車があって上下する一方のつるべの水をあけると、他の一方のつるべに水が満たされる。この世も、これと同じ、運が順繰りに回ってくるという喩え。ユダヤの諺。

この世は仮のやどり。

大きな歴史の流れから見ると、現世は、仮に住んでいる家、旅先の宿のようなものである。

この世は考える人たちにとっては喜劇であり、感じる人にとっては悲劇である。

ホレス・ウォルポール（イギリス）

この世は、知的に考えて見ると喜劇、情的に見ると悲劇だという。名言である。

この世を悩ます、さまざまな不幸の大部分は、言う方は、さして気にもとめぬ言葉から起こるものだ。

バーク（イギリス）

「気にもとめぬ言葉」から、さまざまな不幸が起こる。言葉の力は大きいが、マイナス面に働く力も大きいのである。

子の悪いのと盆の窪は見えぬ。

盆の窪は、うなじの中央のくぼんだところ。自分の盆の窪が見えないように、親に自分の子の欠点や悪行は見えないものだ、という諺。

子は鎹。

子供に対する愛情によって夫婦の縁が保たれる、意。鎹はカスガイと読み、材木の二つの部分をつなぎ止めるコの字形の大釘のこと。

子は三界の首枷。「江戸かるた」（日本）

子供は、過去現在未来にわたって親を苦しめる存在だ。親の愛情の強さから、子供が永遠の束縛だ、の意。三界は、欲界、色界、無色界、説もあるがここでは、俗説に従う。

古美術の力を享受することによって、自分の心を洗い、そうして富まそう。

和辻哲郎（日本）

余暇を利用して、旅行する目的は、心を洗い、心を富ますことに過ぎない。

五風十雨

五日ごとに風が吹き、十日ごとに雨が降る。天候が順調なこと。ゴフウジュウウと読む。

小船に荷の過ぎたる如し。

自分の力以上の仕事を与えられること、の喩え。

零した水は返らない。

「覆水盆に返らず」（別項）。離別した夫婦の関係は、元にもどらない意。転じて、一度した失敗は取り返しがつかない喩えに使うことが多い。

子ほどよろこばせにくいものはなく、親ほど喜ばせやすいものはない。

子は親の愛に慣れて空気や水のように有り難さを感じない。だから、よろこばせにくい。逆に、子が親をよろこばせるのには、ちょっとした心遣いでも喜んでくれる。

こぼれたミルクを嘆いても、しかたがない。

元にもどらないことをくよくよしても仕方がない、意。日本語の「覆水盆に返らず」（別項）と同じ。**英語** It is no use crying over spilt milk.

困ったときの神頼み。

日頃、不信心な者でも、困った時は神の助けを得ようと一心になって拝むこと。

困ったときの友は、真の友。

楽しませてくれる友よりも、逆境に頼れる友が良い友である。真の友、信頼できる友は、困難や難儀のおこった時に、はっきりわかるものだ。**英語の諺** A friend in need is a friend indeed.

ごまめでも尾頭付き。

ゴマメは、小さな鰯を干した祝儀用の魚。タツクリとも。尾頭は、オカシラと読む。たとえ小さくても、尾も頭もついているものは立派であること、の喩え。

ごまめの歯ぎしり。

ゴマメは、小さい鰯を干したもの。小魚の代表格。微力な者が憤慨しても、あまり影響を及ぼさない、意。

米の飯と天道様は、どこへ行っても付いて回る。

日の光がどこへ行ってもさすように、食べていくぐらいはできる。楽天的な生き方をいう言葉である。

米一粒汗一粒。

米をつくるには大変な苦労が要る、意。感謝していただこう。

米を零すと目が潰れる。

農民が額に汗して作った、我々の命にかかわる大切な食べ物なので、粗末に扱うことを、こう言って戒めた諺。

子持ちになると唖が物言う。

母親が育児のため子に話しかける。無口に見えていた母親が急におしゃべりになる意。

子養わんと欲すれども、親待たず。

子が親の恩を思い、孝行したくなるころには、親は亡くなっている。「孝行したいときに親は無し」（別項）という似た諺もある。

五里霧中

五里霧は、五里の間に立ち込める霧、の意。その霧にまかれて前後もわからず進退に苦しむことを言う。

これ以上、豊かにも便利にもならなくていい。この調子でいったら人類は自滅する。

木田元（日本）

そうした思いを思想化することだ、――と但し書きを付けている。

これから私は幸運を求めない。私が幸運そのものだ。これからもう私はくよくよしない。ためらわない。

ホイットマン（アメリカ）

また何物をも必要としない。剛健に飽満して、私は大道を旅していく。――と続く。

これで十分、という考えは、あらゆる進歩の敵だ。

J・H・パターソン（アメリカ）

企業の場合、これで十分と満足したら、そこで終わりだ。絶えず進歩し、変化する時代。前進、前進。

これにこりよ道才坊。

「上方かるた」（日本）

これに懲りて、二度とくりかえすなの意。ドウサイボウは、叩き棒を意味したものか。ドウジャの意味をこめて調子を整えたものか。

これまでその生涯に何らかの好機に出会わなかった人間など一人もいはしない。

A・カーネギー（アメリカ）

ただ、それを捕らえなかっただけの話である。――と但し書きがある。

これも一生、あれも一生。

貧苦の生涯を送るのも一生、栄華の生活を送るのも一生である。人間の生き方はさまざまであるということ。

これを知るを、これを知るとなせ。知らざるを知らずとなせ。 『論語』（中国）

知っていることは知っている。知らないことは知らないとせよ。これが知っているということだ。

転がる石には苔がつかぬ。

住所や職業をしばしば変える人には、財産ができぬというのが英国の意味。安定した堅い生活を送れの意。活動的な生活をしていると、不要な汚いものはつかぬというのが米国の意味。活動的積極的な人生を送れの意。「転石苔を生ぜず」（別項）「転石は苔をむさず」とも。**英語** A rolling stone gathers no moss.

転ばぬ先の杖。

失敗せぬように、前もって用意しておく心構えが大切だ。災難も失敗も、予告はないのだから。

衣の袖から鎧が見える。

着物の袖から鎧の端が見える。表面柔和な提案をしながら、陰では武力で制圧しようとしていること。

衣は新しきに若くはなし。人は古きに若くはなし。

若くはなしは、シクハナシと読み、およばない意。着物や品物は、新しいものがよい。人は、年齢を重ねて知恵や教養や情愛の深いほうがよいということ。

衣ばかりで和尚はできぬ。

法衣をまとっただけでは僧侶とはいえない。**英語の諺** The hood does not make the monk.

転んでもただでは起きぬ。

たとえ失敗したとしても、その失敗を利用して我が利益をはかろうとすること。強欲な人を嘲る諺。ただし、古くは、失敗しても利益をはかるほどの苦労人になれ、の意であったらしい。

恐いもの見たし聞きたし。

禁止されたことほどやりたくなるものだ、の意。短く、「恐し見たし」とも。恐いから見たいし聞きたいのである。「禁じられた果物は甘い」。Forbidden fruit tastes sweet. は、同じ意の諺。

強飯に胡麻塩。

強飯はコワメシと読む。おいしいものに、一層おいしさが増す意。一層特色が出る喩え。

子を知らんとせば、その親を見よ。

親をみれば、どういう子供で将来どのような人間に育つかよくわかる、という意。

子を一人育てるに生くる瀬か死ぬる瀬が七度ある。

子を一人育てるのに、大病や大怪我などで生死の瀬戸際に立たすことが、幾度となくあるものだ。

子を見れば親がわかる。

子を見れば、親の性格や教養がどれほどか、判断できるという意。

子を持たないものは、愛が何であるか知らない。

子供を持たないと親の愛というものがどういうものか、分からない。「子を持って知る親の恩」（別項）と同意。

子を持たぬ人に子の可愛さは知れぬ。

子供ができてはじめて子というものがいかに可愛いものかということがわかる。He that has no children knows not what love is.

子を持って知る親の恩。

自分が親になってみて、はじめて親の恩がわかるという意。

子を持たぬ者は気強い。

子を持たない人は、人情や慈悲の心にうといので、やさしい気持ちが少なく、荒々しい、という意。

子を持てば七十五度泣く。

親は子のために心配や苦労が、無限に近いほど多い、という意。

子を養いて老いを防ぐ。

子供をそばに置いて、その子の世話をしていればいつまでも年をとらない。

子を養いて教えざるは父の過ちなり。訓え導いていましめざるは師のおこたりなり。

ただ育てるだけで、道理を教えないのは、父の過ちである。教えるだけで叱らないのは、教師の怠惰である。

子を養いて父の慈を知る。
子供を育ててはじめて親の慈愛がいかに大きかったかを実感する。

今生飾れば後生飾る。
この世で善い行いをすれば、死んで来世でよい報いを受ける。

根性に似せて家をつくる。
人は、それぞれの力量に応じた生活を営むものであるという喩え。

今度と化け物には、行き会ったことがない。
「また今度ね」「この次に」などという約束は果たされたことがない。いいのがれの「今度」は、注意が要る意。

困難が大なれば大なるほど、栄光は大なり。
キケロ（古代ローマ）
困難が大きければ大きいほど、それを乗り越えたときの喜びも大きい。

困難な情勢にありながら堕落しなければ、それでもう、十分に偉大である。
バルザック（フランス）
苦境に立ち困難に耐えて、堕落しない、そういう人間こそ偉大と言える。

困難な情勢になって、初めて誰が敵か、誰が味方の顔をしていたか、そして誰が本当の味方だったかわかるのだ。
小林多喜二（日本）
ぎりぎりの困難な情勢になった時、人の本性が明らかになる。単なる友か、真の友人か。

困難は乗り越えるためにある。だから、ただちに困難と取り組め。
リンドハースト（イギリス）
実践しているうちに、それを克服するうまい方法も見つかるはずだ。努力をくりかえせば、力と勇気が湧いてくる。――と続く。

困難は、目標に近づけば近づくほど増大する。
ゲーテ（ドイツ）
どんな事業、どんな研究であろうと、目標に近いほど困難が大きくなるもの。そこをどうして乗り越えるかによって真価が問われるのである。

今日一事を記し明日一事を記す。
毎日の出来事を一つでもいいから、書き続けていくことが大切だ。そうすれば反省の結果、自分の生きていく道が見えてくるものだ。

今日の学校は、ほとんど外観を派手にするのに急で、中身を豊かなものにする誠意が欠けがちだ。
内藤濯（日本）
それは、孔雀が自慢そうに羽をひろげているたぐいである。――と続く。建物ばかり立派で、内実の伴わない教育の現状が反省させられる。

今日学ばずして来日ありと。
「言う勿れ」が続く諺。今日学ぼうとしないで、明日があるからなどと言うな、の意。

蒟蒻で石垣を築く。
蒟蒻はコンニャクと読む。できそうもない喩え。

蒟蒻は体の砂払い。
コンニャクは、整腸作用があってよい、という料理の諺。「コンニャクは体の砂おろし」とも。

昆布に油揚げ。
互いに味が良く合う、よい取り合わせである喩え。

昆布に山椒。
料理の相性の良い取り合わせ、の諺。

根本的なことは、私にとって真理であるような真理を発見することだ。
S・キェルケゴール（デンマーク）
何をなすべきか。いかに生きるべきか。自分の生き方は、他人が決めることではない。自分で見つけて自分で決めることである。

権兵衛が種蒔きゃ烏がほじる。
人が努力してすることを、他が後からぶちこわしていく喩え。また、つまらない努力をする喩え。

権兵衛蒟蒻辛労が利。
江戸時代、京都のこんにゃく屋の権兵衛は、他の店より大きなこんにゃくを同じ値段で売った。よく売れたが、利益は少なく、骨折り損になった。そのことから、苦労して働いてもくたびれもうけであるという意。「辛労」は、シンドと読む。

紺屋の明後日。
「紺屋」は、コウヤとも。染め物屋は、天候に左右されることが多く、また、まとめて染め作業をしたので、約束の日が守られぬことが多かった。約束があてにならない喩え。

紺屋の白袴。

「紺屋」は、コウヤとも。染め物屋のこと。自らの着物は染めるのを後まわしにして白いままを着用するということ。自分のことは後まわしになる、意。「医者の不養生」（別項）に似た諺。

紺屋の地震。
地震でゆれて藍染めの壺の中の藍が澄まぬから、「相すまぬ」の意。なぞ諺。

婚礼は万世の始めなり。『礼記』（中国）
婚礼は、結婚して子孫誕生、そして万世に続くものだから大切だ。

さ

罪悪のおかげで立身する者もいれば、美徳のために堕落する者もいる。
シェークスピア（イギリス）
人生はさまざまである。罪悪でうまく生きていく者もあり、美徳で下手に生きて人生を台無しにする人もいる、という意。

罪悪を犯す能力のないとき、罪悪を慎むというのは、罪悪を見放すことでなく、罪悪に見放されることである。
A・アウグスティヌス（ローマ）
罪悪を犯す能力のあるとき、機会があってもやらないのがえらいのである、という意。

財聚まれば、すなわち民散じ、財散ずれば、すなわち民聚まる。『礼記』（中国）
聚まるはアツマルと読む。君主が財政重視の政治をして重税を課すと国民は国外に逃げる。国民に富を分かち与えると、国民は集まってくる。

才余りありて識足らず。
才気があり過ぎるほどあっても見識が劣っている。

才あれども用いざれば、愚人のごとし。
才能があっても、それを使わなかったら愚人と同じであるという意。

塞翁が馬。『淮南子』（中国）
人生では、災いが福となったり、福が災いになったり測り知ることができない、という意。長城近くに住んでいた翁の馬が北へ逃げた（禍）。その馬が良い馬を連れて帰って来て良い馬を生む（福）。翁の子は良馬に乗って落ちて足を折る（禍）。やがて戦乱、若者は召されて戦死するが翁の子は足が悪い故に戦わず命長らう（福）。

才があって愚かな人はいるが、分別があって愚かな人は、決していない。
ラ・ロシュフコー（フランス）
才能があって愚かな人はいるが、判断力があって愚かな人間は決していない。判断力を養うことが重要である。

災害の襲うや一瞬、その去るや長期にわたる。
「禍は翼に乗ってやってきて、足で去る」とも。**英語の諺** Misfortunes come on wings and depart on foot. 地震でも津波でも、一瞬のこと。復興には、数十年もかかる。

災害は、忘れたころにやってくる。
寺田寅彦（日本）
災害直後は慎重になっているので、対策と心構えに落ちはないが、時が経って忘れた頃に、再び災禍をもたらすものだ。

細工は流々仕上げを見よ。
「細工は流々仕上げを御覧じろ」がもとの諺。仕事の方法はいろいろあるのだから、途中で口をはさまず、出来上がりを見てから批評せよ、の意。

細行をつつしまざれば、ついに大徳をわずらわす。『書経』（中国）
ちょっとした行動を慎まないと、ついにはその人の大きな徳にまで傷がつく。

歳月は人を待たず。 陶潜（中国）
失われた時間は取り戻すことができないのだ。「少年老いやすく学なりがたし」（別項）。時間を大切にしなければ、の意。

最高の孤独は、ひとりも親友がいないことだ。 F・ベーコン（イギリス）
孤独を賛美してはいけない。最もつらく悲しいことだ。

最後に笑う者が最もよく笑う。
はじめは幸せであっても最後に泣く人もある。結果的に最後に笑う人が最高である、の意。**英語の諺** He laughs best who laughs last.

最期は人の嗜み。
死に際に人の心がけがよく現れる。死に際をきれいにしたいものである。

財産が多いと心配も多い。

「金持ち苦労多し」（別項）。苦労は財産の増加とともに増すものだ。むやみに富を得たい人への戒め。

財産を一か所に集めておくな。
大切な財産は分散させておくことだ。一度の災害で全てを失うことのないように、の意。「自分の卵をまとめて一つの籠に入れるな」（別項）は、似た意味の諺。

才子才に倒れる。
才能に恵まれた人は、その才能や学問を過信して、失敗しやすいものだ、の意。「才人は才に倒る」（別項）、「策士策に溺れる」（別項）とも。

才子多病
才能に恵まれた人は、とかく体が弱く病気がちである。

妻子は世帯の錘。
妻子を持ってはじめて、生活が落ち着いたものとなる意。

才子や佳人は、神に召されやすい。
才能に恵まれたり美人に生まれた人は短命だという。「神はお気に入りに死を与える」「神々の愛する人は若死に」などは外国の諺。「才子多病」「才子短命」「才能（タレント）は短命である」。

最上の魚は、底近くを泳ぐ。
一般的に、価値の高いものは、容易に手に入れがたい所にあるものだ、の意。**英語の諺** The best fish swim near the bottom.

最少の希望しか持たない者は、最高の金持ちである。
希望を小さく持とう、の意。望みが小さいといつも満たされた状態にあるから、最高の富める者だ、という英語の諺。He is richest that has fewest wants.

最初に新しいことを試みる人にも、また最後に古いことを片付ける人にもなるな。
ポープ（イギリス）
中庸の態度を保て、の意である。出過ぎたこと、及ばないこと等、極端な生き方を避けよという戒め。

最初に抵抗する方が、最後に抵抗するより楽だ。
レオナルド・ダヴィンチ（イタリア）
正しい抵抗なら、最初から抵抗せよ、という戒めである。

最初のボタンを掛け違えたら、最後のボタンは掛けられぬ。 ゲーテ（ドイツ）
最初が大事。最初に間違えると、最後までうまくいかないことが多い。

宰相と成らずんば、すなわち良医となれ。
『宋史』（中国）
首相となり世を救うことができなければ、良い医者となり人を救え、という意。

才人と才女が結ばれることは、古往今来めったにあるものでない。 沈復（中国）
才人と才女が結ばれれば最高だが、また、だれしもそうありたいと願うものだが、そんなに理想通り結婚できることはないという意。

才人は才に倒る。
「あまり鋭すぎる人々は自らの指を切る」とも。賢明すぎるとかえって、その賢明さがもとで、自分を駄目にしてしまう、という意。

財少なければ、悲しみ少なし。
財産が少ないと、そのための心配や悲しみも、また少ない。**英語の諺** Little wealth, little sorrow.

最善を尽くして、そのあとは神にまかせなさい。
「人事を尽くして天命を待つ」（別項）、「最善を尽くして結果に従いなさい」とも。なし得る最善の力を出そう。そうして立派な人生を築いて行こう、の意。**英語の諺** Do your best and abide by the event. Do your best and leave the rest to Providence.

最善を望み、最悪に備えよ。
最善を望むのは当然のこと、その上に最悪に備えるべきだという戒め。**英語の諺** Hope for the best and prepare for the worst.

最大多数の最大幸福を得る行動が最善である。 F・ハッチスン（スコットランド）
ロバート・オーエンより以前に、最大多数の最大幸福を得る行動が最善の行動だといっている。

最大多数の最大幸福を、実際に作り出す。 オーエン（イギリス）
政治の目的は、統治するものと統治されるものとを幸福にすることにある。だから政治はこの両者を含めた、最大多数の最大幸福を作り出すものが最善なのである。

材大なれば用は為し難し。
材木が大きすぎると使用に困難である。大人物が世間になかなか受け入れられにくい、という喩え。

才知は身の仇。
才知だけでこの世は生きられると思っていると、身を滅ぼすもととなる。

最中にも思考の余地がある。
ゲーテ（ドイツ）
忙しい最中で、両手がふさがっていても、頭の中では、たえず思考を巡らせることができる。

最低の辞書でも、ないよりはまし。最高の辞書でも、完璧は期しがたい。時計と同じ。
ノア・ウェブスター（アメリカ）
アメリカの代表的な辞書、アメリカンディクショナリーの編集者の言葉。時計と同じ、が意味深長。

災難と荷物は、軽い程よい。
災難に遭いませんように。荷物は軽くするのがよいという旅の心がけを表す諺。

災難なら畳の上でも死ぬ。
いつどこでも災難に合うか分からない、という意。

災難の先触れはない。
いつ来るかわからないから、日頃から防災の心がけが大切だという教え。

才能とは、長い忍耐のことである。
トーマス・エジソン（アメリカ）
忍耐が大事、長い忍耐があって才能がでてくるのだ。

才能の大きい人は、成熟が遅い。
大器晩成。大人物はゆっくりと成熟を待とう、の意。「早く熟すると早く腐る」（別項）という諺がある。

才能は根気である。表現したいと思うものは何でも、そこにかつて誰も見も言いもしなかった点を注視することが重要である。
モーパッサン（フランス）
文学的な才能とは根気そのものだ。誰も見も言いも書きもしなかったものを、見つめて根気良く書き続けることだ。独創的なものを書き続ける根気が才能なのだ。

才能は、ひとりでに培われ、性格は、世の荒波にもまれて作られる。
ゲーテ（ドイツ）
才能は生まれつきで自然につくが、性格は、きびしい世の中に多くの人々と接することで養われる。

財は一代の宝。
財産は、築いたその人一代のもの。死後はどうなるかわからないということ。

賽は投げられた。
賽はサイコロのこと。いったん乗り出してしまった以上、もはや予定どおり、断行するより仕方がない。ルビコン川を渡る時、シーザーの言った言葉。ラテン語 Alea jacta est. 英語 The dice is cast.

裁判官は、同じような耳を二つ持つべきである。
「一人の話は話でない。双方の話しを聞け」とも。争いやもめごとが起こったとき、必ず、両方の言い分を聞くべきだ、という英語の諺。Judges should have two ears, both alike.

財布が軽いと心が重い。
貧乏はつらい。買い物も楽しくない、の意。英語 A light purse makes a heavy heart.

財布の底が見えてから、節約するのでは遅過ぎる。
家計が尽きかけてからあわてないように。日頃の節約倹約につとめよの意。英語の諺 It is too late to spare when the bottom is bare.

財布の底と心の底は、人に見せるな。
懐具合（財布の中の金）も、本心もめったに他人に見せてはいけない。得することもないし、危険でもある。

財布の紐を首に掛けるよりは、心に掛けよ。
落とさぬ用心よりも、無駄遣いしないように用心をしたほうがよい。

財宝は身の敵。
財宝のために、人は生きる目的を見誤ることが多い、という戒め。

財宝より子宝。
財宝を持つよりも子供を持つほうがずっと役に立つ。

幸いある日は楽しめ。災いある日は考えよ。
『聖書』
幸福な日は存分に楽しむがよい。不幸な日にはじっと考えるがよい。

幸い並び至らず、災いひとり行かず。
幸福は一度に二つもやってこないが、災難は重なることが多いの意。

幸いなるかな貧しき者よ、神の国は汝等の

ものなり。

貧しい者は幸福である。信仰が厚いために神のいらっしゃる天国はおまえたちのものである、という意。『聖書』

幸いも、過ぎれば不幸となる。

「行き過ぎた幸運は不運である」とも。過大な幸運を望んではならないという戒め。Too much good fortune is bad fortune.

財を以て交わる者は、財尽きて交わり絶え、色を以て交わる者は、華落ちて愛変わる。

利欲で交際をする者は、利益がないと交際も途切れる。美貌で交際をする者は、容色が衰えると交際も途切れてしまう。『戦国策』(中国)

竿竹で星をかつ。

「かつ」は「搗つ」で叩き落とす、意。竿で星をたたき落とす意。不可能であることを知らずにする愚かさ、の喩え。

竿の先に鈴。

口がかしましい、おしゃべりは慎め、の意。竹竿の先に付けた鈴のように騒々しい、という喩え。「上方かるた」(日本)

棹は三年櫓は三月。

和船の棹の操るのは難しく三年。櫓は三月で操れる。「櫓三年棹八年」(別項)とも。

逆さまに行かぬ年月よ。老いはえ逃れぬわざなり。

時は、逆行させることはできない。老いは逃れることのできないものである。紫式部(日本)

逆さまに振っても、鼻血しか出ない。

何ひとつもっていない。無一文の、喩え。

魚と珍客、三日置けば臭う。

鮮魚も三日おくと腐って悪臭が出るように、どんな珍客でも、三日も滞在されると、いやがられる。

坂に車。

車は荷車。坂道では油断するとあとにもどる。また、いきおいづくと止まらない、という喩え。

酒屋へ三里、豆腐屋へ二里。

人里離れた不便な土地の喩え。

盛りの花も一時。

満開の花の美しさも一時のことで、すぐに萎れてしまうはかない喩え。

盛んなる者は衰う。

人生の興亡の無常をいう言葉。

先立つものは金。

物事を始めるのに最初に必要なものは金、だという意。

鷺は洗わねどもその色白し。

人は、この世に生まれた時から運命が定まっているということの喩え。

鷺は立ちての跡を濁さず。

立ち去るものはあとに見苦しさが残らぬようにすべきだ、の意。「立つ鳥跡を濁さず」(別項)とも。

先へ進めば進むほど道が開けてくるなんてのは、神様かたぐい稀な天才のほかにはない。

物事を楽観的に見て生きてはいけない。先へ先へとあせらぬこと。凡人は努力と労苦を積み重ねるべきだ。ディドロ(フランス)

鷺を烏。

明らかに白いものを黒いと言い張る。不合理なことを強引に主張する喩え。

先んずれば人を制す。

他人よりも先にことを行えば、有利な立場に立てる。英語 First come, first served.『史記』(中国)

策士策に溺れる。

策略に富んだ人は、策を使いすぎてかえって失敗する。

桜伐る馬鹿、梅伐らぬ馬鹿。

桜は枝を伐ると衰弱する、梅は伐る方が実がよく成る、という意。

桜は花に顕る。

雑木にまぎれていたのが美しい開花によって、まぎれもなく桜であったことが知られる。凡人が、ある機会に持って生まれた才能を世にあらわす喩え。

策略に秘密厳守が欠かせない。

「謀(はかりごと)は密なるを良しとす」(別項)という中国の諺と同じ意味である。現代でも秘密厳守の重要性は変わらない。英語の諺 Secrecy is essential to strategy.

酒が酒を飲む。

酒飲みが、理性を失って大酒を飲むさまをいう。

酒がつくった友は、その酒のように一夜限りである。

酒がつくった友は、はかないものだ。ドイツの諺。

酒三杯は身の薬。

酒は少量なら、体によい。

酒と朝寝は貧乏の近道。
仕事もせず、酒を飲み、朝遅くまで寝ていると、すぐ貧乏になる。

酒と女は敵なり。
敵はカタキと読む。「世の中は酒と女が敵なり」（別項）とも。酒と女で、身をもちくずさぬようにせよの意。

酒なくて何の己れが桜かな。
酒がなければ、花見など、どうして楽しめるか、の意。

酒に飲まれる。
「酒の神の方が、戦いの神より多くの人を殺す」「酒は気違い水」（別項）。酒の害は恐ろしいという意。

酒の中に真あり。　エラスムス（オランダ）
真はマコトと読む。酔えばその人の本性が表れ、真実を語るようになる。「ワインの中に真理あり」は、英語の諺。In wine there is truth.

酒は燗、肴は刺身、酌は髱。
髱はタボと読み、日本髪の後の束ねたふくらみ、をいう。燗のよい酒、おいしい刺身、美しい若い女性。おいしい飲酒の条件を並べた諺。

酒は気違い水。
酒は人を狂人にする飲み物だ。酒を飲み過ぎるな、の意。

酒は諸悪の基。
酒はすべて悪事の基である。世の悪事の原因である。

酒は天の美禄なり。　『漢書』（中国）
酒は、天からのすばらしい賜物である。

酒は飲み過ぎず、のどが渇かぬうちに立ち去るのが、いちばんよい。　アリストテレス（古代ギリシャ）
宴会も人生も同じ。飲み過ぎてはいけない、という戒めである。

酒は飲むとも飲まるるな。
飲酒はよいが、飲み過ぎて理性を失うような結果になってはいけない。

酒は百薬の長。　『漢書』（中国）
酒は適度に飲むならば、どんな薬よりも体によい。

酒は本心を表す。
酒は飲むと、その人の本性をさらけだしてしまう。

酒、飯、雪隠。
客をもてなす時の三つの心遣い。上質の酒をほどよく温めよ。飯はタイミングよく。便所便器を清潔に。

避けられないものは我慢せよ。
避けることができないものは、我慢しなければならぬ。人生には避けて通れないことや、そこを通過しなければならないことも多い。その時の心構え。英語の諺は、What cannot be cured must be endured.

酒を飲めば、言葉に羽が生えて傍若無人に飛び回る。　ヘロドトス（古代ギリシャ）
酒を飲むと、よくしゃべるようになり、人々は勝手気ままに振る舞うようになる。

雑魚の魚交じり。
「ザコのトトまじり」と読む。弱小なものが強大なものの中にまじっていることの喩え。

ささいな出費に警戒せよ。小さな穴が大きな船を沈めるだろうから。　B・フランクリン（アメリカ）
ごく少額の出費に警戒がいる。これが浪費の糸口になって、大事業も破産し、破滅することになるからだ、の意。

ささやくにろくな事はないもの。
小声でささやくような話には、よくないことが多い。

座敷の塵取り。
団扇で済ますことが多いので、事件などを内輪ですます意。なぞ諺。

座して食らえば山も空し。
働かずに暮らしていれば、山のような財産もやがて尽きてしまう。「怠惰は一杯入っている財布すら空にする」は英語の諺。Idleness makes the fullest purse empty.

砂上の楼閣。
崩れやすい砂の上に建てた高い建物の意。外見は立派だが脆弱な物の喩え。また、実現不可能なことの喩え。

作家には、戦士と同じほどの勇気が必要である。　スタンダール（フランス）
作家は、ジャーナリストのことを、戦士は、病院のことを考えるべきでない。物を書くには、勇気を以てジャーナリストたちの、作品批評と戦わなければならない、という意。

雑草とは何か？　その美点がまだ発見されれ

ていない植物である。
エマーソン（アメリカ）
雑草という名前の草は存在しない。その草の本当の価値がわかっていないだけのこと。人も同じ。あきらめずに仕事に励んでいたら、価値を認めてもらえる、の意。

雑草のない庭はない。
当然のことをいって、欠点、弱点は、生きているかぎりどこにも誰にもあるということを喩えたもの。**英語の諺** No garden is without weeds.

雑草は成育が速い。
雑草は、強く、よく育つものである。子供は雑草のようにたくましく大きい人間に育てるべきだ。「雑草は早く伸びる」とも。**英語の諺** Weeds grow fast.

悟りの上には悟りあり。迷える上には迷いあり。
いったん悟れば、ますます悟りが開けるが、迷いだすとさらに迷いが深くなる。

悟ろうと思うも迷い。
悟ろうと思うこと自体が執着であり、迷いである、という意。真の悟りは無我無心の心境である。

鯖の生き腐り。
鯖は腐敗しやすく、外見は新鮮そうでも、注意せよの意。

錆に腐らせんより砥で減らせ。
砥はトイシと読む。刃物は錆びさせて持ち腐れにするより、よく使い込むのがよい。

作法と金で紳士ができる。
身なりや作法の良さで紳士らしく見える。外観や財産で人間の本質の良さを見失わないことだ。**英語** Manners and money make a gentleman.

寒さに震えた者ほど、太陽の暖かさを感じる。人生の悩みを潜った者ほど、生命の尊さを知る。　ホイットマン（アメリカ）
人生の厳しい苦難を乗り越えたからこそ、生命の尊さを知り、心から生きている喜びが実感できるのだ。

寒さの果ても彼岸まで。
余寒の寒さも春の彼岸までの意。「暑さ寒さも彼岸まで」と似ている。

皿に桃を盛る。
不安定な物事の喩え。

皿は、その音によりてその損所の有無を知り、人は、その言葉によりてその知恵の有無を知る。　デモステネス（古代ギリシャ）
皿は、音で傷が判り、人は、言葉で、知恵や人物の内容まで知ることができる、という名言である。

猿知恵牛根性。
利口そうだが軽薄で間が抜けた猿知恵と、鈍重だがこつこつと努力する牛のような性質。その両者が正反対であることをいう。

猿に木登り。
教える必要もないのに無駄なことをする喩え。「釈迦に説法」（別項）と似た意。

猿に花。
インドネシアの諺。価値のわからないものには、貴重なものも役に立たないという喩え。日本の「豚に真珠」「猫に小判」と同じ意。

笊に水。
笊はザル。ザルで水をすくっても、水がたまらない。苦労しても効果のない喩え。

猿の人真似。
考えなしに他人の動作を真似ること。表面だけ他人の真似をする意。「猿真似」とも。

猿も木から落ちる。
いかなる名人でも過ちはある、という喩え。「河童の川流れ」（別項）「弘法も筆の誤り」（別項）などと似た諺。

去る者は追わず。　『孟子』（中国）
自分を信じないで離れて行こうとする者は、無理に引きとめようとしないで、その人の自由にまかす。「来る者は拒まず、去る者は追わず」（別項）とも。

去る者日々に疎し。
中国古代の諺。親しかった人も離れて暮らすと、次第に間柄が疎遠になっていく。また、死んだ人は、次第に忘れられていく意。Out of sight, out of mind.（目に見えないものは忘れ去られる）、Far from the eye, far from the heart.（眼から遠ざかると、心からも遠ざかる）は英語の諺。

騒げば三文の損。
騒いで得をすることは、この世に全くない。

触らぬ神にたたりなし。

危険なものには関係しない方が、災いはない意。また、危険に近づかないで避けるのが良識だ、の意。

座を見て法を説け。
その場の雰囲気に応じた行為をとることの大切さをいう喩え。「臨機応変」（別項）とも。

山雨来たらんと欲して、風楼に満つ。
許渾（中国）
山の雨が降り出そうとする前に、まず風が高楼に吹きつけてくる。転じて、変事の前のなんとなくものさわがしい様子の喩え。

三月鮃は貰っても食えぬ。
鮃はヒラメと読む。旧暦三月ごろのヒラメは、食べてまずい、という意の諺。「三月ヒラメは犬も食わぬ」とも。

三顧の礼。
目上の人が礼を尽くして、仕事を頼むこと。また、目上の人が礼を尽くして、信任、優遇すること。中国の武将劉備が、若い諸葛亮を軍師として迎えるのに三度訪ねたという故事に由来する。

三思して後行う。
『論語』（中国）
三思はサンシと読み、くりかえしてよく考えること。何度もよく考えて、その後に実行に移す意。

三日書を読まざれば、語言味無し。
三日は、サンジツと読む。わずか三日でも読書をしないと、語る言葉にも味がない。読書の大切さを言ったもの。

三十にして立つ。
『論語』（中国）
人間は三十歳になれば自己の確固たる信念と立場で、自立する。

三十の尻くくり。
三十歳になると思慮も定まり堅実な生活が営めるようになる意。尻くくりは、物事をきちんとまとめること。

三十六計逃げるにしかず。
三十六計は、兵法のいろいろな計略、三十六策。困難の極点に立ったら、あれこれ迷うより機を見て逃げ出し、身を安全に保つのが最上の方策だという、諺。「三十六計走るを上計とす」とも。

山椒は小粒でもぴりりと辛い。
身体が小さくても気性や才能が非常にすぐれていることを、山椒で喩えたもの。

山中の賊を破るは易く、心中の賊を破るは難し。
自分自身の心の中の弱点を克服することの難しさをいったもの。中国の諺で王陽明の言葉に由来。

三度尋ねて人を疑え。
「七度探して人を疑え」（別項）とも。人を疑うことは、ごくごく慎重に、という庶民の知恵。

三度の飢饉に会うとも、一度の戦に会うな。
戦争の悲惨さ、恐ろしさを伝えたもの。第二次世界大戦で日本の死者は関係国を含め数千万人。三陸大津波二万五千。戦争は桁違いの死を招くのである。

三度目には大事。
大事は、オオゴトと読む。失敗、災難など三度目には小さな事ではおさまらない、の意。

三度目の正直。
勝負や占いで、一、二度失敗しても、三度目は確実、の意。

三人子持ちは笑うてくらす。
子供は三人ぐらいが一番しあわせ。「負わず借らずに子三人」（別項）は、似た諺。

残忍な人は他人の慈悲を最も愛し、強欲な人は最も寡欲者を愛し、傲慢な人は最も謙遜な人を愛す。
ゴルトン（イギリス）
残忍で強欲で傲慢な人は、利己的で、自分中心な考え方をし、また慈悲、無欲、謙遜な人を求めようとする。

三人寄れば金をも溶かす。
金はカネと読み鉄のこと。何人かの人が集まってあれこれ相談しているうちに、無いこともあるようになってしまい、鉄をも溶かすほどの恐ろしい力となる。「衆口（しゅうこう）金を鑠（と）かす」とも。

三人寄れば文殊の知恵。
凡人でも三人集まって相談すれば、なんとかいい知恵が出るものだ、の意。

三年居れば温まる。
我慢強くがんばれば、やがて報われる、意。「石の上にも三年」（別項）と似た諺。

三年飛ばず鳴かず。
『史記』（中国）
将来、大いに活躍しようとじっと機会を待つ、という意。

産は女の大役。
出産は女性の最大の任務であり命掛けの大仕事である。「産は女の大厄」「産は生死の境」「産は女の命定め」「産はあの世とこの世の境」などよく似た諺。

三べん回って煙草にしょ。

「江戸かるた」（日本）

江戸期、自身番の夜回りが、町内を三べん回って火の用心の確かめをしてから、休息をとろうと言い合って回っていた言葉に由来する。用心に用心を重ね、確認に確認を、の意。

山門から喧嘩見る。

高い場所から、騒ぎを興味本意に見物している意。山門は比叡山延暦寺、俗世間と無関係の聖地から高見の見物をしていると風刺が強くなる。

算用合って銭足らず。

「勘定合って銭足らず」（別項）とも。計算は合って現金が足りない、意。転じて、理論通りに実際はいかない、喩え。

三楽

『列子』（中国）

一、人間として生まれたこと。二、男子として生まれたこと。三、長生きしていること。

三里四方の野菜を食べろ。

近郊の野菜は産地から採りたての新鮮なものを、の意の諺。

し

自愛、自識、自制、この三要素だけが、人生を高貴なものにいたらしめる。

テニスン（イギリス）

自愛（自分自身を愛すること）、自識（自分自身について意識すること）、自制（自分で欲望や感情を押さえること）が高貴な人生を作る。

慈愛は我が家から始まる。

慈善行為を志す者は、まず身近な家族を愛することから始めるべきだ。**英語の諺** Charity begins at home.

幸せが過ぎると寿命が短い。

幸福すぎる人生を送る人は、短命に終わりがちだ。

幸せになりたいならば「あの時ああしていれば」と言うかわりに、「この次はこうしよう」と言うことだ。

スマイリー・ブラントン（アメリカ）

精神科の医師の言葉である。幸福になりたいなら、過去にこだわることは止めにして、次はこうしよう、その次はこうしようと、言いなさい。

子曰く、学びて思わざればくらく、思いて学ばざれば殆し。

『論語』（中国）

教えを受けて、考えないと学んだといえない。考え、学ぶことをしないと危険である。殆しはアヤウシと読む。

塩辛食おうとて水を飲む。

「明日食う塩辛に今日から水を飲む」とも。手まわしが良すぎて、間が抜けている、意。

塩にて淵を埋むごとし。

塩で深い水たまりを埋めるようだの意。やっても無駄であり、不可能なこと。「雪を担うて井を埋む」とほぼ同じ。埋めても埋めても溶けてしまう。

四海兄弟

シカイケイテイ、と読む。世の人々はすべて兄弟のように親しくし愛し合うべきだ、の意。

四海困窮せば、天禄永く終えん。

『書経』（中国）

天下の人民が困窮するようになれば、天から賜った幸福や地位も永久にうしなわれるであろう。

四角な座敷を丸く掃く。

細かいところまで気をくばらず、いい加減な仕事をする、の意。

鹿の角を蜂がさす。

全く感じないで平気でいる意。なんの手ごたえもないこと。

屍に鞭打つ。

屍はシカバネと読み、死体のこと。亡くなった人の悪口を言う。また、むごいことをする意。

自家薬籠中の物。

自分の思うとおりに利用できるもの。

叱るも親の慈悲。

親が子を叱るのも、子供がかわいく、子供のためを思ってすることである。

鹿を馬。

間違ったことを、権力によって押し通す、意。

鹿を逐う猟師は山を見ず。

逐うは、追うと同じ。あまり一つの事に

熱中すると失敗する、ということを戒めた諺。

鹿を追う者は、熱中するあまり山を見ないで、道に迷ってしまう。『淮南子』（中国）

一事に熱中すると、本来のなすべきことを見失う意。「あまりに熱中すると全てをだめにする」。Too much zeal spoils all.「熱心は悪い召し使いである」。Zeal is a bad servant. は英語の諺。

時間がないとはどういうことか。時間はなくなるものか。

マサイ族の言葉（ケニア）

時間はある。いつまでもある。それなのに、人間の都合だけで時間がないといっているに過ぎないことに気付かせてくれる言葉。時間に対して謙虚であれ。

時間厳守は実務の精髄。

時間を守ることが実社会、実生活で、何よりも大切だ。日本の諺でないのが悲しい。**英語の諺** Punctuality is the soul of business.

時間と忍耐は桑の葉をサテンに変える。

サテンとは高級絹織物のこと。長い期間と、忍耐で、桑の葉を高級絹織物に変える、という意。つまり長い忍耐が人生には必要だということ。東洋の諺。

時間とは消滅するものなり。かくして、その罪はわれらにあり。

時間は人間の自由裁量にまかされている。これを無駄に消滅させる罪は、人間にある。オックスフォードのオール・ソウルズ・カレッジの日時計に刻まれた言葉。

時間は岸のない川である。

マルク・シャガール（ベラルーシ）

時間は、行く川の流れのようだ。決してとどまらない。

時間は、使いこなす者には親切である。

ショーペンハウアー（ドイツ）

時間というものは、意志を持ってうまく使っている者には親切だ、の意。

時間は綱で、結びつけておくことはできない。

時間は、過ぎ去りやすいもの。やりなおしのできないものだという意。**英語の諺** Time and hours are not to be tied with a rope.

時間は矢のように過ぎる。

英語の諺で、Time flies like an arrow. だが、「時間と潮は誰も待たない」「時間はロープで縛りつけることはできない」「歳月は人を待たず」「年月は早く去る。そして人生はやりなおしがきかない」とも。以上は時間を大切にの意の諺である。外国にはまだまだ多い。

色情は性を断つの斧。

『呂氏春秋』（中国）

性は、生命の意。色欲のために命を捨てる者もあるという喩え。

色即是空

『般若心経』

「色」は感覚で捕らえることのできる物質的存在の全ての意。この世に存在する物質は全て因縁によって生じたものであって、その本質は、空しい存在である。

事業というものは、あたかも雪だるまのようなものである。

ワナメーカー（アメリカ）

勇敢に前に押して行かねばならぬ。それを押していくならば、ますます大きくなる。しかし、もし途中で停止したらただちに溶けてなくなってしまう。――と続く名言。

事業は、いったん始めたならば百難にたゆまず勇往邁進して必ずこれを大成しなければならぬ。

岩崎弥太郎（日本）

一度きめたら目的に向かってひたすら進めて、必ず大成すべきだという、意。

色欲の二つの穴は、銭金を以て埋められぬ。

色と欲におぼれたならば、どれだけの金を使っても満足させることができぬ。

しくじるは、稽古のため。

失敗は上達するための稽古である。「失敗は成功の基」と同じ。

試験は最も準備したものにとっても恐ろしいものである。最大の愚者でも、最高の賢人の答えうる以上の問いを出すことができるからである。 ゴールトン（イギリス）

試験におそれを抱くのは誰しものこと。しかし、それほど恐れることはない。馬鹿者が賢人の真似をして、やたらに難問を作っていることもある。本当の学力を、本当に見ているのかどうか、分からぬからである。という意味の名言。

自業自得

自分の行った行為によって、自分自身にその報いを受けること。「悪い種蒔きは収穫が悪い」。Ill sowers make ill harvest.

は英語の諺。

思考という要素を何ら含まないでは、意味のある経験はありえない。

デューイ（アメリカ）

経験は人間にとって欠かせぬことだが、思考が全くない経験は、役に立たぬという意。

地獄極楽は、心にあり。

心の持ち方次第で、この世は、地獄にも極楽にもなる。

地獄で仏に会ったよう。

危難、災害、などで困惑している時などに、思いがけない助けに会った喜びの喩え。

地獄の釜の蓋が開く。

地獄の鬼が亡者を責め苦しめるのを休む日。正月十六日。盆の七月十六日。みんな仕事を休みなさい、の意。

地獄の沙汰も金次第。

「上方かるた」（日本）

地獄で受ける裁きも金さえ出せば有利になる、まして、この世では、金さえあれば何事も思うがままという喩え。

仕事が仕事を教える。

「習うより慣れよ」とほぼ同じ。実際に仕事をやって、慣れてはじめて、仕事の技術や能力がつくものだ、の意。

仕事が楽しみならば人生は楽園だ。仕事が義務ならば人生は地獄だ。

ゴーリキー（ロシア）

仕事をすることを楽しみにして、わが人生を送りたいものである。義務であっても、楽しみだと思い、楽しいと感じて、毎日仕事をしよう。

仕事が人を鍛える。

実際に仕事をすることが、その人の精神や態度を向上させるのだ。

仕事なりあい、飯弁慶。

「なりあい」はいい加減にする意。仕事はいい加減で働きが悪いくせに、飯だけはよく食べる意。

仕事にいそしむ民衆の生活こそが、人間としての真の生活である。

トルストイ（ロシア）

人は、この生活に含まれねばならぬ。——と続く名言。仕事にいそしむ民衆の生活、これが、人間の真実だ。

仕事においては、最初が最も肝心である。

プラトン（古代ギリシャ）

仕事をするに当たっては、最初のスタートが大切である。

仕事熱心な者を見よ。彼は王の前に立つであろう。

ソロモン（古代イスラエル）

仕事熱心な者の将来は明るい。彼は、王の前に立つ重要な地位につくであろう。

仕事は、最後の一分間がなければ、完成しない。

どんな仕事でも、すべて、最後が重要なのだ。最後の一分間、しっかり締めくくろう。

仕事は、退屈と悪事と貧乏を遠ざける。

アンドレ・モーロワ（フランス）

仕事があると退屈しないし、悪事をする暇もない。有り難いことに貧乏神もやってこない。

仕事は、むつかしいことよりも平凡なことのほうが、大切である。

松下幸之助（日本）

それを積み重ねて基礎を作り、その土台に、長年の経験をその人の知恵才覚によって生かしていくことが、危なげないやりかたである。——と続く言葉である。

仕事を追え、仕事に追われるな。

B・フランクリン（アメリカ）

仕事に追い立てられ、何とか終わらせようと思っているうちは、仕事の楽しさがない。仕事を追う立場に立って仕事をせよ。

仕事を片付けたければ自分で行け。自分でやれば二倍に気配りがゆき届く。

仕事は、自分で行って、自分でやることだ。人まかせや人に頼ることが、多くなりすぎていないかどうか。自分でやれば能率もあがるし、感謝もされる。

事後に悟るのは容易である。

物事が済んでから、ああすればよかったなどと悟るのはたやすいことだ。本当は、事前にそれを察知しなければならないのである。**英語の諺** It is easy to be wise after the event.

自己を知れ。

自分自身の欠点にはなかなか気付かないものである、の意。「自分自身の仕事をしっかりやれ」「自分を見て正しいことをしなさい」とも。自己を知って、「自分で自分のことをすれば神があなたを助

けてくれるであろう」。　ギゾー（フランス）

自己を豊かにせよ。

精神的に豊かな人間であれ。心が貧困ではしかたがないという意。

思索する人間の最も美しい幸福は、探究しうるものを探究しつくし、探究しえないものを静かに敬うことである。

ゲーテ（ドイツ）

思索する人間の幸福であって、日常生活を営む通俗的な幸福を言ってはいないが、「考える葦」である人間と考えれば、人間一般に通ずる言葉である。探究し得ないことを静かに敬うというすばらしい言葉。

思索は知を生ず。　『管子』（中国）

よく考えることによって、知識が増す。

しし食った報い。

猪、鹿が神聖視されていた時代の諺。シシの肉を食べたので神罰が当たった。自業自得だ、の意。度を過ぎた美食快楽や悪事の報いの苦痛。

事実がわかっていなくても前進することだ。やっている間に事実もわかってこよう。

ヘンリー・フォード（アメリカ）

事業や人生で、ここから進むべきかどうか、ためらって失敗することがある。まず一歩踏み出してみることだ。これが功を奏することもある。

事実は小説よりも奇なり。

バイロン（イギリス）

実際には、事実の方が、不思議な運命や複雑な事件があって、小説以上に変化に富んでいることが多い。

死して義ならざるは、勇に非ざるなり。

『春秋左伝』（中国）

道にはずれた無駄なことで死ぬのは、真の勇気とは言えない。

死しての千年より、生きての一日。

死んでからの千年より、生きている今の一日の方が意義がある。

死して後已む。　『論語』（中国）

死んでそこではじめて止める、意。生きている限り精一杯努力するという、気持ちを表す。

死しての長者より、生きての貧人。

死んでからどれほどの金持ちといわれるよりも、生きている貧乏人の方がよい。

獅子の尾となるよりも、とかげの頭となる方がよい。

大きな集団の末尾にいるより、小集団のかしらになる方がよい。「鶏口となるも牛後となる勿れ」と同じ趣旨。

死児の齢を数う。

取り返しようもないことの愚痴を並べる、喩え。「死んだ子の年を数える」（別項）とも。

蜆貝で海を測る。

蜆貝はシジミガイ。いくら努力しても無駄である、という喩え。「蜆貝で井戸替え」も同じ意の諺。

蜆千より法螺貝一つ。

小さなものをいくら集めても何の役にも立たない喩え。

四十歳を過ぎた人間は、自分の顔に責任を持たねばならぬ。

リンカーン（アメリカ）

四十歳を過ぎたら、自分の行動、人格に責任を持つ人間になれ。

四十にして心を動かさず。『孟子』（中国）

四十歳になったら、いかなる場合にも心が動揺することがない。

四十にして惑わず。　『論語』（中国）

四十歳になって、人生の生き方について迷いがなくなった。転じて四十歳を「不惑」とも言う。

辞譲の心は礼の端なり。『孟子』（中国）

辞退して人に譲る心は、礼の芽生えである。

師匠は鐘の如し。

鐘は大きく撞けば大きく鳴り、小さく撞けば小さく鳴る。師匠も、弟子の教えを受ける態度次第で、指導が大きくもなるし、小さくもなる。

私情は、我々から正しい判断を簡単に奪う。

トマス・ア・ケンピス（ドイツ）

私利を思う心が少しでもあると、正しい判断ができなくなる。

四時を貫きて、柯を改め葉を易えず。

柯は、エダ。易えずはカエズと読む。四季を通じて枝が枯れたり、葉の色が変わったりすることがない。節義が固い、意。

自信ある行動は、一種の磁力を有す。

エマーソン（アメリカ）

自信のある行動は、多くの人をひきつける。

慈心あるものは怨みを得ず。

慈悲心のある者は恨まれることはない。
釈迦（インド）

地震　雷　火事　親父。
恐ろしいものを順に並べた諺。天災、人災、そして、恐ろしい親父。ユーモアのある諺。

詩人にとって最悪の悲劇は、誤解によって賞賛されることである。
ジャン・コクトー（フランス）
間違った評価、誤解による評価、またそれによる賞賛をしてはならない意。詩歌の評価は難しいものなのである。

地震の時は竹藪へ逃げろ。
竹藪は根を張って地割れがない、倒れるものもないので安全だ、の意。

自信のないものより、自信のあるものが失敗する。
三浦綾子（日本）
こういう例が、人生には度々あるものである、――と、書き残している。

詩人は生まれるものであって、作られるものではない。
詩人の才能は天性のものである。外から伸ばそうとしてもできるものではない。
英語の諺 A poet is born not made.

自信は成功の源泉である。
小さい目標でも、少しずつ達成した自信の積み重ねが成功の源泉になる。

自信は成功の秘訣。
エマーソン（アメリカ）
暮らしでも仕事でも学問でも、自信を持つと、次の飛躍となる。成功は近いのだ。「自信は成功の第一秘訣である」。

自信は必要である。しかし謙遜のなかの自信でなければならない。
宮城道雄（日本）
自信は必要だが、謙遜のなかに、自信が力を出すようにしなければならない、という意。

静かにすごすことを習え。
ウォールトン（イギリス）
静かに思索すること、そういう美徳が失われている。

静かに流れる川は深い。
人の言動も、静かで落ち着いている人が、奥床しく尊いという喩えである。**英語の諺** Still waters run deep.

死すべき時を知らざる者は、生きるべき時を知らず。
ラスキン（イギリス）
しっかりと人生を生きていくことだ。そうすれば死すべき時は、当然わかるはず。

沈む瀬あれば浮かぶ瀬もある。
人生にはいろいろなことがある。良い時もあれば、悪い時もある。

死するに二つの道なし。
「浄瑠璃」（日本）
死ぬ覚悟を決めた以上もう思いわずらうことはない。

至誠神のごとし。
『礼記』（中国）
真心の満ちた人は、心が清らかで神のように澄んでおりはっきりと物事を見通すことができる。

至誠天に通ず。
真心は、万物の支配者にまで届くものである。真心は神をも動かして、きっと良い結果が生まれる意。

時勢に抗するな。生あるものによって生きよ。
「我々は死者によってではなく、生者によって生きねばならぬ」。We must live by the quick, not by a dead. が英語の諺。時勢に反抗するな。我々は、現実に生きている人々に頼って生きているのだから、という意。

死生、命あり。
『論語』（中国）
人の生死は天命によるもので、人の力ではどうすることもできない。

自然界に笑いの源泉はない。喜劇的なものの源泉は笑い手の中にある。
マルセル・パニョル（フランス）
自然界には笑いは転がっていない。人間の世界の中で、笑い手の中、笑い手の心の中にある。

自然、時間、忍耐は三大名医である。
人を健康にする三つをあげた諺。一、自然。二、時間。三、忍耐。**英語の諺** Nature, time, and patience are the three great physicians.

自然に帰れ。
ルソー（フランス）
自然を見よ。自然の示した道を行け。――と続く名言。自然の法則に逆らうな。自然の発育に応じて教育せよ。社会の規範や因襲を脱して不平等や抑圧のない人間本来の自然の状態へ帰るべきである。

慈善は、決して富める人のみの所有ではない。
マホメット（古代アラビア）
いかなる貧しい者でも持つことのできる、

この世で唯一の財宝である。――と続く名言。慈善は貧乏人にもできる小さな善行である。

自然は人間に一枚の舌と二つの耳を与えた。だから、人は話すことの二倍だけ聞かねばならない。　ゼノン（古代ギリシャ）

話すより聞くことの方が重要だ。相手の言うことをしっかり聞いて、その上で、自分の意見を主張したいものだ。

慈善は婦人の徳。寛大は男子の徳。

アダム・スミス（イギリス）

あわれみ恵むのは婦人の人徳。心が広いのは男子の人徳である。

自然は、我々の知性にとっては限りなく驚嘆すべきことを、最高度の容易さと単純さで行っているのです。

ガリレオ・ガリレイ（イタリア）

自然は、我々の住むこの地球を動かしている。宇宙の中で、驚嘆するような最高度の自転、公転などのような動きを、単純に行っているのである、という意。

自然は我々をだまさない。自分自身を欺くものは、常に我々である。

ルソー（フランス）

自然を観察するがいい。そして自然が示している道を行くがいい。自然の法則にすなおにしたがって生きよ。

士族の商法。

慣れない商売を始めて失敗が目に見えている喩え。

児孫のために美田を買わず。

西郷隆盛（日本）

子孫のために財産を残すことはしない。子孫が安逸な人間にならぬために。

時代を動かすものは、主義にあらず。人格が動かす。

オスカー・ワイルド（アイルランド）

時代を動かすのは人である。人格である。主義が動かすのではない。

下拵えも味のうち。

調理の下ごしらえが適切であれば、調理もしやすく味もよい、という諺。

舌三寸に胸三寸。

口先だけのうわべの言葉。ちょっとした物言いに、ちょっとした考え。口と心は慎むべきだ。

親しき仲にも礼儀あり。

いかに親しい仲であっても、礼儀を忘れてはならない。「親しくても正しい作法を忘れるな」。Do not forget decorum in familiarity. は英語の諺。

滴り積もりて淵となる。

どんなわずかな物でも、多く積み重なれば大きなものになる。「塵も積もれば山となる」（別項）と同じ。

下を見れば方図がない。

方図は、限度の意。下を見ればきりがない。

七尺去って師の影を踏まず。

七尺は、二メートル余。目上の人に随行するときは、すこし下がって従うのがよい意。弟子は師を尊び敬って、礼を失することがあってはならない、という戒め。

七度探して人を疑え。

むやみに他人を疑ってはならない、という意。「七日探して人を疑え」「三度尋ねて人を疑え」とも。

至知は幾ならず。　『呂氏春秋』（中国）

至知はシチと読み、最高の知恵。幾はキと読み、機知の意。最高の知恵は、知恵をひけらかす機知ではない。控え目で、目立たないものであるべきだ。

死中に活を求む。

絶望的な中にあっても、なお生きるべき道を捜し求めること。また、難局打開のためあえて危険な状況の中にとびこんでいく意。

失意泰然、得意淡然。

失意の時は、動揺することなく落ち着いていて、得意の時には、おごりたかぶらず淡々としている意。

日月　明らかならんと欲すれば　浮雲　之を蔽う。

太陽や月が照らそうとすると、雲がよく邪魔をする。何か物事を始めようとすると故障が起こりやすい、喩え。

日月逝けり、歳我と与にせず。

『論語』（中国）

月日は過ぎ去っていく。歳月は我々を待ってはくれない。

実行の一オンスは、理論の一ポンドに値する。

実行することは、高遠な理論をこね回していることよりはるかに価値がある。「百の説教より一つの実行」。**英語の諺** An ounce of practice is worth a pound of theory.

実行は教訓にまさる。

実際に行動で示す方が、いろいろと教えさとすよりも、すぐれている。英語の諺Practice is better than precept.「実行は百言にまさる」とも。

十歳で菓子に、二十歳で恋人に、三十歳で快楽に、四十歳で野心に、五十歳で貪欲に動かされる。いつになったら、人間はただ知性のみを追って進むようになるのであろうか。

ゲーテ（ドイツ）

一生涯に心を動かされるものは、菓子、快楽、野心、貪欲、等々、物質的な欲望は、尽きるところがない。知性だけを追って生きることの難しさを嘆いた言葉である。

知ったか振りの恥かき。

知らないことをよく知ったような振りをすると、大恥をかく、という戒め。

地続きは買うておけ。

売りに出たら地続きの土地は買っておけ。そうでないと、後でくやむことになる。

知っていると思い込んでいる人が利口なのではなく、自分の知らないことを悟った人が賢いのである。

クラウディウス（ドイツ）

自分は、多くのことを知っているとか、他人より賢いと、思い込まぬことだ。それよりも、自分は無知だと自覚することが大切だという意。

知って行わざれば、知らぬも同然。

実行しなければ、知らないのと変わりがない、という近世の諺。

じっとしていれば、躓かない。足を速めると躓く可能性は大きくなる。が、どこかにたどりつく可能性も大きくなる。

チャールズ・ケタリング（アメリカ）

何も行動しなければ、無事で平穏な人生が送れる。行動を起こせば、失敗する可能性も大きい。しかし、失敗を乗り越えれば、収穫や達成感の喜びがある。

嫉妬は人を射って、我が身を傷つける。

他人を嫉妬して非難攻撃をすると、かえって自分が悩み苦しむことになり、自分自身が傷つく。英語の諺Envy shoots at others and wounds herself.

嫉妬は名声の伴侶である。

名声が上がるにつれて、人から妬まれるのは当然だ。英語の諺Envy is the companion of honour.

失敗が、最良の発明を行う契機となることがある。 トーマス・エジソン（アメリカ）

失敗が、最良の発明を行う決定的な要素になることもある。失敗を恐れるな。

失敗？　これはうまくいかないということを確認した成功である。

トーマス・エジソン（アメリカ）

失敗、失敗の確認、このくりかえし。これを一種の成功と見て、発明、成功がある。

失敗したあとの行動で彼の人生はきまる。失敗こそ彼の成功の尺度である。

モルトケ（ドイツ）

失敗して、どう思ったか。それから、どうしたか。落胆したか。やめてしまったか。あるいは勇気をもって前進したか。それが大事だ、という意。

失敗とは、一つの教訓にほかならないし、好転する第一歩だ。

フィリップス（アメリカ）

失敗は教訓であり、栄養である。成功への第一歩だ。

失敗に達人というものはない。人は誰でも失敗の前には凡人である。

プーシキン（ロシア）

凡人も非凡な人も失敗はある。失敗をどう生かすかによって凡人か否かが分かれるのである。

失敗の最たるものは、何一つ失敗を自覚しないことである。

トーマス・カーライル（イギリス）

小さな失敗は大したことではない。問題は、失敗を自覚しているかどうかだ。でないと、大失敗をしてしまう。

失敗は一種の教育である。

ジョン・デューイ（アメリカ）

「思考」とは何であるかを知っている者は、成功からも失敗からも、非常に多くのことを学ぶ。――と続く名言。

失敗は恐れるべきものではない。以前やったときよりもはるかに豊富な知識で、再び事を始めるべき好機なのだ。

フォード（アメリカ）

失敗を恐れてはいけない。積極的に前を向けば、失敗の数々が、次の飛躍への基礎知識の中に組み込まれて、生きてくるのである。

失敗は、真理が成長する学校である。

H・W・ビーチャー（アメリカ）

「失敗」をして、真理に近づいていく。これが本道である。

失敗は成功の母。

「失敗は成功の基」とも。失敗によってそれまでのことを反省し、改善していくから、失敗は成功の原動力になるという意。英語の諺 Failure teaches success.

失敗は成功への第一歩だ。

失敗を恐れるな。成功には、無数の失敗が基礎にある。失敗した時、これこそ成功の第一歩と見るべきなのだ。「失敗は成功の入口」「失敗が成功を教える」とも。

失敗は星々の間ではなく、我々自身の中にある。

シェークスピア（イギリス）

失敗の原因を、自分以外のものに求めたり、押しつけたりする人が多すぎる。

失敗は、落胆の原因ではなく、新鮮な刺激である。

サウザーン（イギリス）

失敗で落胆することはない。それを良い刺激にして成功へ生かせばよい。

失敗も、われわれが若いうちは結構だ。ただ、ひきずってはならない。

ゲーテ（ドイツ）

失敗で多くの知恵を学ぶし、以前よりも豊富な知識で、再び始められる。ただ、年をとるまでひきずらないようにせよ。

失敗をこわがる人は、科学者になれない。

寺田寅彦（日本）

科学もやはり頭の悪い命知らずの死骸の山の上に築かれた殿堂であり、血の川のほとりに咲いた花園である。――と続く名言である。

失敗をしない人間は、多くの知っておくべきことを知る機会を失う。

ワナメーカー（アメリカ）

失敗しないよりも、して得るものの方が大きい。失敗して学び、それをどう生かすか。これが大切だ。

実例は教訓にまさる。

イソップ（古代ギリシャ）

くどくどと、教訓や説明をするより、一つの実例を示した方が分かり良い。「イソップ物語」。英語の諺 Example is better than precept.

指導者を求めるな。友を求めよ。

魯迅（中国）

指導者は、上位から教えを与える。友は、同じ位置から相談に乗ってくれる。求むべきは真の友である。

死と税金ほど、この世に確かなものはない。

「死ぬばかりは真」とも。死に嘘はない。確実にやってくる。税も確実にやってくる。のがれることはできないのだ。

死と太陽は、直視することはできない。

ラ・ロシュフコー（フランス）

万人にとって、直視できないものは、死と太陽。

しなければならないことは、遅れずにやれ。

今日の仕事を明日まで延ばしてはならない。今やってしまうことが、長い人生で一番よい時なのだ。

死なぬが心中。

「浄瑠璃」（日本）

愛人と死ぬのが心中だとはかぎらない。死なないで、細々とこの世に生きて、愛を守り通すことも心中である。

死なば故郷の土。

死んだなら、故郷に葬ってほしい、という意。

慈なり、故に能く勇なり。

老子（中国）

慈愛の心があるからこそ、大きな勇気が生まれてくる。優しい心の生まれる勇気こそ真の勇気である。

死に急ぎと果物の取り急ぎはせぬもの。

みだりに死に急ぎをせずに天寿を全うすべきである、という意。

死にたいと麦飯食いたいほど、大きい嘘はない。

人は、時々、心にもない嘘を言う。死にたい、貧乏したいとは言っても、本当に死ぬものはない。本当に貧乏になるものはいない。

死にも長所がある。それは老いと決着をつけられるところだ。

ラ・ブリュイエール（フランス）

死のよいところは、「老い」と決着がつくところだ。確かに名言である。

死にゆくものがあるからこそ、新たに生まれる生もあるのだ。

斎藤茂太（日本）

死は悲しいものだが、その悲しみに溺れることなく、自分の生を生き切っていく。そんな凜とした姿勢を求めたい。――と続く言葉である。

死に別れより生き別れ。
死別より、生き別れの方がはるかにつらい、の意。

死人に口なし。
死者を証人に立てることはできない。死者に無実の罪をかぶせることの多い喩えにも使われる。死んだ人はほめるのが一番よろしい。

死人を証拠にする。
不確実きわまる証拠をあげて、主張する。

死ぬ気になれば、できぬことはない。
辛いこと、困難なこと、果たさなければならぬ責任などに立ち向かう時の覚悟、をいう。

死ぬことはそんなに悪くない。死を考えることから解放してくれるから。
ジュール・ルナール（フランス）
死をよいことだと思う人はいない。でも、死を考える苦悩からの解放というすばらしい恩恵がある。

死ぬことはなんでもないが、この世と別れることが、私にはつらい。
マルセル・パニョル（フランス）
この世と別れることは、どんなにつらいものか、という意。

死ぬ死ぬと言う者に、死んだためしなし。
死ぬ死ぬと言う者に自殺を決行するものはいない。

死ぬということは生きているよりいやなことです。
しかし喜んで死ぬことができれば、くだらなく生きているよりは幸福です。——
谷崎潤一郎（日本）
と続く。

死ぬほど楽なことはない。
この世を生き抜くことの辛さを強調した諺。

死ぬまでに、それがたとえ一つでも、だれかの心に深く入り込むことができたら、それは幸せである。
モーリアック（フランス）
死ぬまでに、自分の作品が、一つでもだれかの心に入り込めば、作家としてこれ以上のしあわせはない。

死ぬ者は損。
死んだものが一番損。生きておればどんな幸せがあるかわからないのに、死んでしまってはおしまいだ。

死ぬる子は眉目よし。
眉目はミメと読む。早死にする子は器量が良い、という意。若死にした子を哀惜する気持ちの諺。

死ねば死に損、生くれば生き得。
どう考えても死んだら損。生きている方が得だ。

士の行いは質実にして欺かざるを要とす。巧詐にして過ちをかざるをもって恥となす。
吉田松陰（日本）
公明正大は皆これより生ず。——と続く言葉である。巧詐はコウサと読み言葉巧みに過ちをごまかす意。武士は質実で人を欺かない。言葉たくみに、過ちをごまかすことを恥とする。

死の事は、考えるに及ばない。我々が手伝わなくても、死は我々の事を考えてくれるから。
シェンキビッチ（ポーランド）
死は、考えなくても勝手にやってくるのだ。死を忘れてどこまでも生き抜くことだ。死の観念におびえるのは、無駄であり、馬鹿げたことだ。

死の持つ恐怖はただ一つ、それは、明日がないということである。
エリック・ホッファー（アメリカ）
両親と十代で死別した独学の社会哲学者は、明日がない恐怖を知っている。我々は、明日を信じて生きている幸せを、心に常に感謝をして生きたいものである。

師の処る所、荊棘生ず。
老子（中国）
師は、軍隊。軍隊が進んだ地は、農地が荒廃し、いばらが生い茂ってしまう。

死は、あるいは泰山より重く、あるいは鴻毛より軽し。
司馬遷（中国）
死んではならない時には、生命は泰山より重い。死ぬな。生きよ。また、潔く死すべき時は、大鳥の毛よりも軽い。生命を捧げよ。

死はいずれやってくる。それがいつなんてそんなことはどうでもいいじゃないですか。
アインシュタイン（ドイツ）
「死ぬ」のはいつか、そんなことはどうでもいい。くだらぬことを考えずに、よりよく生きよ。

死は偉大な平等主義者である。
「死ぬ」ということは、誰にでも平等に一回だけ訪れるものだ。例外は、ない。「死ねば等しく土に帰る」意。**英語の諺** Death is the grand leveler.

死は一旦にして易し。 「歌舞伎」（日本）

死の苦しみは、ほんの一時であるから死ぬのはやさしいことである。

士は己を知る者のために死す。

『史記』（中国）

男子は、自分の真価を知ってくれる人のために、身命を捧げて尽くすものである。

死は、過去も未来もない状態、「永遠」に入るための入口である。

シモーヌ・ヴェイユ（フランス）

死は、過去も、未来もない、永遠への入口。哲学者らしい名言である。

死は最後の眠りである。いやそれは最初の目覚めである。

W・スコット（スコットランド）

死は、最後の眠り、そして永遠への最初の目覚めであるという意。

しばしばやってくる勇気の試練は、死ぬことではなく、生きることだ。

アルフィエーリ（イタリア）

人生で、勇気を発揮すべき時は、死ぬ時ではない。いかに生きるかという時に勇気を使うべきだ。

詩は蒸留された人生である。

G・ブルックス（アメリカ）

詩は、人生を蒸留し濃くして、圧縮して表現したものである、という意。

死は救いとはいいながら、そうは悟りきれぬものである。

大佛次郎（日本）

苦しみから救ってくれるものが死。だが、悟り切れないのが凡人である。

死は常に早過ぎるか、遅過ぎる時にやってくる。

サルトル（フランス）

ほとんどの人にとって、死ぬ時期が適切なタイミングでない、という意。

死馬に鞭打つ事なかれ。

全く不必要なことを、さらに行ってはならない、意。

死は人を悲しませる。にもかかわらず人生の三分の一は、眠りの中にある。

バイロン（イギリス）

人の死は、直面すると悲しい永遠の眠りである。しかし、あらためて考えてみれば、我々が生きてきた人生の三分の一は、眠りだった、という意。

死は易うして生は難し。

易うはヤスウと読む。苦しみから逃れるため死ぬのは容易だが、苦しみに耐えて生き抜くことは、より難しいという意。

死は、我々が生きている間に来るというものではない。

エピクロス（古代ギリシャ）

死が来る時には、我々はすでに死んでいる。

慈悲、同情は、決して罪を許すことではなく、ただ悲しみを憐れむことである。

ラスキン（イギリス）

慈悲や同情は、罪を許すことではない。罪は罪、憐れむこととは別のことだ。

慈悲の家には上下厭わず。

慈悲深い家の人は、相手の身分の上下にかかわりなく、親切に接してくれる。

四百四病より貧の苦しみ。

どんな病気よりも人間にとって貧乏が一番つらい、という意。

自分が一生をささげて悔いることのない仕事を選ぶことが大切だ。

志賀直哉（日本）

急ぐ必要はない。よく見極めて、それを決めたら今度は迷わず、その道に精進すべきだ。人間は、一つことに倦まず続けていけば、いつかは必ずある地点に達することができるものだ。――と続く文である。

自分がいなければ、世間がやっていけないと思う人間は、自分をだますか間違っている。

ラ・ロシュフコー（フランス）

世の中を甘く見るな。うぬぼれるな。おまえがいなくても、休んでいても、世間は、うまくやっていけるし、うまくまわるものだ。――と続く文である。

自分が経験したことは、理解もしていると思い込んでいる人間がたくさんいる。

ゲーテ（ドイツ）

自分が経験したら、すっかり理解できたと思わぬこと。経験しても、理解できぬことが世の中には多いのである。

自分が敬服する人（友）を見たならば、淡泊に話しかけるがよい。

新渡戸稲造（日本）

自分から口をきくことを、負けたように思ったり、諂うようだと思うかもしれないが、そんなつまらんことは考えるな。皆平等だ。――と続く言葉である。

自分が賢者だと思っている者には、すぐそばに愚者が隣り合わせにいる。

フライダンク（ドイツ）

順調に行っているときは自分の能力を過信してしまう。そういう時、自分の心の中に愚者が忍び寄っている。

自分が知っていることを最初に言うな。情報を集めるには、まず質問して、自分がすでに知っていることと一致するかどうか確認せよ。

D・J・リーバーマン（アメリカ）

仕事をしようとするとき、まず相手の情報を引き出すことに力をつくす。これが、相手に対して有利な立場に立つコツである。

自分が立っている所を深く掘れ。そこからきっと泉が湧き出る。　高山樗牛（日本）

ひとつのことに打ち込むことの必要を説いた言葉。

自分が他人にしてもらいたいことを、勝手に、他人にしてはいけない。

バーナード・ショウ（イギリス）

だれもが自分と同じように、それを望んでいるとはかぎらないから。――という但し書きがある。

自分が年をとるにつれて、世界は若くなる。

バーナード・ショウ（イギリス）

当然のことを言っているのだが、世の中は、日々新しく若くなっている。――という軽妙で意味深長な警句である。

自分が、母というものを描く場合なら、母が子供をじっと見ている心をとらえて、美しく美しく単純に描こうとする。

ミレー（フランス）

画家が絵を描くときの心得を語った名言。巧みな作品を求めず、心、生命を、感動を、単純に描こうという考えである。

自分が不完全であることを認める勇気が必要だ。　A・アドラー（オーストリア）

人間は、不完全だから努力するのである。

自分が方向を変えれば、新しい道はいくらでも開ける。　松下幸之助（日本）

行き詰まった時は、自分が少し視点を変えればよい。そして新しい道を見つけよ。

自分が持っているものに不満を抱いているとき、私達は貧しい。しかし、自分が持っているものに満足しているとき、私達は豊かだ。　ジェームズ・アレン（イギリス）

不満を持っていると貧しい。満足している時、私達は豊かだ。要は、自分の心の持ち方しだいだ、という意。

自分が利を得るために、不必要に自分の膝を屈することは決してすまい。

松下幸之助（日本）

なぜなら、そうして得られた応援や協力は、また目に見えないしがらみを生み、道を暗くするからである。――と続く。商業道徳を述べた言葉。

自分自身の、そして他の人々の人生に意味を見出せない人はたんに不幸であるばかりでなく、生きるのに向いていない人といえる。

アインシュタイン（ドイツ）

人生に意味を見出すこと、これが重要だ。自分自身もそうだし、他人の人生についても、何らかの意味を見出せない人は、不幸な人だ。

自分自身の力で発見、あるいは再発見したものは、生きた真理である。

ジッド（フランス）

伝統はわれわれに真理の死骸しか受け入れさせないようにする。――と続く言葉である。自力で発見したものこそ真理だという意。

自分自身の道を迷って歩いている青少年の方が、他人の道を間違いなく歩いている人々よりも好ましい。　ゲーテ（ドイツ）

迷い悩む若人に暖かい声援の言葉である。苦悩して生きる道を、歩んでほしい。青少年よ苦悩せよ。

自分自身を愛するということ、それは一生続くロマンスだ。

オスカー・ワイルド（アイルランド）

自分自身を愛することで、人生のロマンスが、一生続くことを述べた言葉である。

自分でいやなことは、人にさせるな。

自分の嫌なことは人も嫌である。だから、無理に人にさせるものではない。

自分で考え出した真理が我々の血肉そのものになるためには実に多くの年月がいる。

ヴァレリー（フランス）

真理が、真理だと認められ、役立つ真理だと認められるために、長い年月が必要だという意。

自分で、自分を押さえることのできない人間は、どんなことをしようとしても、決して、実行できないものである。

スマイルズ（イギリス）

自制心のない人間は、役に立たない。ど

んなにいいことを考えても、どんなにやろうとしても、実行もできないし、実現もしないのである。

自分で自分を誉めるのは、一のだら。

「だら」は愚か者の意。自分で自分を誉めるのは一番の馬鹿者である。

自分で薪を割れ、二重に温まる。

ヘンリー・フォード（アメリカ）

自分から率先してやれ。厄介な仕事を引き受ければ、過程で貴重な経験と結果が得られる。

自分で梯子を登る意志のない者を、他人が押し上げることはできない。

A・カーネギー（アメリカ）

自らを助けようとしない者を救おうとしても無駄である――と、書いている。

自分と同じように他人でもやれたであろうことを、するなかれ。自分と同じように他人も言えたであろうことを、言うなかれ。

ジッド（フランス）

自分以外のどこにも存在しないものに忠実であれ。要は、自己の独自性を尊重することに、身を砕け、ということである。

自分に打ち勝つことは、勝利と呼ばれるものの中で、最大のものである。

プラトン（古代ギリシャ）

怠けたくなったり、欲望に負けそうになる。そういう自分に負けてはならない。勝つことの中で最高の勝利は、自己に打ち勝つことだ。

自分に賢明であるより、他人に対して賢明である方が易しい

他人に目を向けるより、自分自身に賢明であれ。

ラ・ロシュフコー（フランス）

「自分には、その行為に責任があるのだろうか、ないのだろうか」という疑問が心に浮かんだら、あなたに責任があるのです。

ドストエフスキー（ロシア）

自分に責任はあるのか、ないのか、そういう疑問が、かすかにでも心に浮かんだら、まずまず、すべて、責任があると思った方が良い。確かに真理である。

自分の頭の蝿を追え。

他人のおせっかいをするよりも、まず自分のことに気を使え、の意。

自分の家の前を掃け。

他人にいらぬ世話をやくより、自分のすべきことを、しっかりやれ。**英語の諺**Sweep before your own door.

自分の意見と違う意見に腹を立てず、そういう意見が出た理由を理解しようとする術を学ぶことが大事である。

バートランド・ラッセル（イギリス）

冷静に、反対意見が出てきた理由を理解しようとせよ。そうして自分の意見を、よりよく手直しして、多くの人の意見を自らの意見に近づけるようにせよ。

自分の言ったことを頑固に取り消さない人は、真理よりも、自分を大事にする人間である。

ジョセフ・ジュベール（フランス）

頑固に、頑迷に自説を主張してはならない。真理が重要であり、重大であって、自説は小さなものである、という意。

自分のかなえられなかった夢を子供に託すことは、親の慎ましい願いである。

ゲーテ（ドイツ）

親のかなえられなかった夢を子供に託すことは、幸せなこと、慎ましい願いとして認められるべきだ。

自分の経験は、どんなに小さくとも、百万の他人の経験よりは値打ちのある財産である。

レッシング（ドイツ）

自分が経験することの、重要さと貴重さを述べた言葉である。

自分の欠点を指摘してくれる他人の言を、喜んで聞く気持ちを持っている人は、幸せである。

松下幸之助（日本）

その人には、限りない進歩と成長が約束されているからだ。――と続く言葉である。自分の欠点を指摘する人の言葉を喜んで聞く人間であれ。

自分の心の中で正しいと信じていることをすればよろしい。

D・カーネギー（アメリカ）

しかし、どちらにしても非難を逃れることはできないであろう。――と続く言葉である。たとえ非難されるとしても正しいと信じたことをするのがよい意。

自分のことを賢明だと考えている人間は、誠にとんでもない馬鹿者である。

ヴォルテール（フランス）

自惚れはよくないとわかっている大部分の人が、自ら馬鹿だと、心底思ってはいない。少しは他より賢いと思っている。

自分の仕事を愛し、今日の仕事を完全に成し遂げて満足した。これが幸福だ。

ワナメーカー（アメリカ）

例えば、こんな気持ちで夕食の卓につける人が、世の中で最も幸福な人である。――と続く。

自分の実力の不十分なことを知ることこそ、自分の実力になる。

アウグスティヌス（古代ローマ）

実力の不足を自覚すること、この積み重なりがいつしか実力になっていくのだ。

自分の弱点を知ることは、損失をつぐなう第一歩である。

トマス・ア・ケンピス（ドイツ）

自分の弱点を知ることが、今後の失敗や損失を防ぎ、過去の失敗を償う前提となるのである、という意。

自分の巣を汚す鳥は、悪い鳥である。

自分の居場所は清潔にしておかなければいけない、という喩え。

自分の頭上のラクダを見ず。他人の頭上の毛を見る。

他人の欠点より、まず自分の欠点を省みろ。日本の、「人のふりみてわがふり直せ」に似た意。モンゴルの諺。

自分の生活の明るい面を強く見て暗い面はあまり見ない術を私は覚えていた。なくて困っているものよりも、現に享有しているものを考える癖がついていた。

デフォー（イギリス）

こういう考え方がどんなにしみじみとした深い慰めを私に与えてくれたかは、はかりしれないものがあった。――と続く。『ロビンソン・クルーソー』の中の言葉である。

自分の外側を見ている人は、夢を見ているだけだ。

カール・ユング（スイス）

自分の内側を見るとき、人は初めて目覚めるのだ。

自分の卵をまとめて一つの籠に入れるな。

卵が貴重だった時代、全部割ってしまわないようにという知恵。貴重品を泥棒にやられないように分散して管理せよという喩え。英語 Do not put all your eggs in one basket.

自分の出る幕ではないところに出しゃばってはならぬ。

イプセン（ノルウェー）

何にでも出しゃばりたがる人は、多くは自分の力に自信がないからだ。

自分の能力を認められたいなら人の能力を認めてやる必要がある。

ゲーテ（ドイツ）

誰しも他人から認めてもらいたい。しかし、認めて欲しいなら、相手を認めることが先であり、重要だ。

自分の道を進め。人には勝手なことを言わせておけ。

ダンテ（イタリア）

まっしぐらに自分の道を進め。人が何を言おうと気にする必要はない。

自分の道を行けばいいんだ。先へ先へ歩いていって、悩みや幸福を見出していけばいいのだ。

ゲーテ（ドイツ）

ともかくも、自分の道をきめて、真っ直に歩いていくことだ。先へ先へと進んで行きながら悩みや幸福を見出していくことが重要だ。

自分の目で見る。自分の心で感じる。そんな人間がいかに少ないことか。

アインシュタイン（ドイツ）

優れた学校教育、満ちあふれる情報と知識、そういう時代であるだけに「自分の心で感じる」人間が、少なくなっている、という警句。

自分の力量に見合った仕事を求めてはならない。仕事に見合った力量を、求めるべきである。

フレデリック・ブルックス（アメリカ）

自分の力に見合った仕事をしているのは、楽だが成長がない。苦しくても高いレベルのことに挑戦すれば、やがて、それをやりこなす力量も身につく。

自分の良心に恥じるところがなければ、外に恥じらいを示す必要はない。

『天草版金句集』（日本）

自分の良心に恥じない生き方をしよう。堂々と生きて行けばよい。

自分は今幸福かと問うてみればとたんに幸福ではなくなってしまう。

J・S・ミル（イギリス）

自分は今幸福かどうか、凡人は、いつも問うて生きているが、これは、直ちにやめよう。問わぬようにしたい。――と続く言葉である。

自分は大した人間ではないと思うな。他人からそんなものだと思われてしまう。

アントニー・トロロープ（イギリス）

「人間の器の大きさ」などわかるはずがない。そんな事は決して思うな。卑屈になるな。器を大きくするのも、しないのも、本人次第だから、という意。

自分は役に立つ人材だという自信ほど、大切なものはない。

A・カーネギー（アメリカ）

この世の中で、役に立っていると思うこと、これが大切なのである。

自分ひとりで石を持ち上げる気がなかったら、二人がかりでも石は持ちあがらない。

ゲーテ（ドイツ）

他人を頼ることはやめよう。一人でやり通す意志と信念気概を持て。

自分より身分の低い人に対する接し方に、人の偉大さは現れる。

トーマス・カーライル（イギリス）

身分の上の人に丁重な態度をとり、下の人にはぞんざいな態度をとる人にすぐれた人物はいない。

自分らしく自分の心に恥じない生き方をせよ。

上杉謙信（日本）

自分の心に恥じない生き方をせよ。戦国武将の名言だが、現代人にも通ずる言葉である。

自分を買いかぶらない者は、本人が思っているよりはるかにすぐれている。

ゲーテ（ドイツ）

自分を本当に見つめ、真の自分を知っている人間、これがすぐれた人間である。

自分を幸福と信じないものは、幸福ではない。

セネカ（古代ローマ）

自分を幸福だと思えない人間は、いつまでも幸福にはなれない。

自分をコントロールできない者に、自由はない。

ピタゴラス（古代ギリシャ）

自分自身の行動を押さえることのできない者は、自由を論ずることもできないし、自由を論ずる資格もない。

自分を実際以上に考えることと真価以下に見つもることは、ともに大きな誤りである。

ゲーテ（ドイツ）

自分を過大視すること、自信の持ち過ぎは、よくない。逆に、小さく見過ぎることも大きな誤り。心すべきことである。

自分を知ることが深ければ深いほど、人は生き生きとしてくる。

ハイデッガー（ドイツ）

自分を知ることの重要性を述べた言葉。生き生きと活動するには、まず自分を知ることだ。

自分を正しいと信じる者は、万軍よりも強い。

トーマス・カーライル（イギリス）

自分を正しいと思えない者は、少しの力も持っていない。自分を正しいと信じて生きよという警句。

自慢家の会話は会話ではない。彼等は単に独言を言うのみ。

オールコット（アメリカ）

自慢する人になるな。尊大、高慢は、耐え難いものだ、の意。

自慢　高慢　馬鹿のうち。

むやみに自分の誇りを人にみせびらかすものではない。自慢する人間は馬鹿の仲間だという嘲りの諺。

自慢は知恵の行き止まり。

自慢するようになると、もはや知恵は進まない。

四面楚歌

『史記』（中国）

周囲が、敵や反対者ばかりだという意。

霜を履んで堅氷至る。

霜を踏む季節を経て、堅い氷の張る厳冬の季節がやってくる。物事が起こるにはまず前兆があるという喩え。また、前兆を見て、次にくるものを用意せよの意。

社会主義の主張するところは、ひっきょう善良なる家庭に行わるるごとき共同生活を、社会全般に行いたいというのである。

堺利彦（日本）

男子は外に、女子は内に、老人、小児、皆それぞれの才力に応じて、常にあい助けて生涯を送る。これが、すなわち善良なる家庭の生活であって、社会主義の主張はこのほかにないのである。――と続く言葉。

社会の「体面を保つこと」は、単なる虚栄者間の利己的競争にほかならず。

ラスキン（イギリス）

世間体が悪い、体面を保つ、というようなことは利己的な虚栄心の表れである。虚栄心を捨てよ。

社会奉仕を目的とする事業は栄えるが、個人の利益を追求する事業は衰える。

フォード（アメリカ）

人のため、世のための事業であれ。利益追求の事業は、いつしか衰退していく。

蛇が蚊を呑んだよう。
小さすぎて問題にならない意。

釈迦に説法。
知り尽くしている人に、教えを説き聞かす愚かさ、を述べた諺。

杓子は耳搔きにならず。
大きいものが、必ずしも小さいものの代用にならない、という意。

積善の家には余慶あり。『易経』(中国)
積善はシャクゼンと読む。善行を積み重ねた家には、思いがけない良いことがおこり、さらに子孫にまで、良い結果がつづく。

弱肉強食
韓愈(中国)
強いものが弱いものに勝ち、栄えること。

弱肉強食は現世の姿。
より強大なものが、弱小なものを餌食にするのが現世だ。

尺も短き所あり、寸も長き所あり。
『楚辞』(中国)
一尺でも短くて足りない場合もあり、一寸でも長過ぎて余る場合もある。場合によって何が役立つか分からないことをいう。

借家貸して母屋取られる。
「貸家貸して母屋を取られる」とも。保護してやった恩を仇で返される意。

借金背負って起きるより、晩飯抜きで寝たほうがまし。
借金をするな。借金で生活するぐらいなら晩飯を食わないで寝たほうがまし、の意。

借金のがれて身は安泰。
借金をなくして安らかな生活を送れ、の意。

借金は自由人を奴隷に変える。
自由人として生きるためには借金をするな、の意。

借金を金貸しに依存する家庭生活には、自由もなければ、美しさもない。
イプセン(ノルウェー)
借金によっている家庭生活は、自由がない。暗い。どこか薄汚れている。

借金を「ちょっと不都合なもの」くらいに軽々しく考えてはいけない。借金をして貧乏になると、心身ともに悪を拒む力が弱まる。
サミュエル・ジョンソン(イギリス)
借金と貧乏は幸福を脅かす大敵だ。それは、自由を破壊し、時には美徳をも麻痺させる。つましい生活さえできれば、心には平安が訪れ、他人にも恩恵を与えられる。借金をして他人を救えるわけがない。

蛇の道はへび。
その道のことはその道のものがよく知っている、意。

邪は正に勝たず。
よこしまなものは一時は栄えても、結局は正しいものに勝つことはできない。

喋る者に知る者なし。
多弁な者は、実際にはよく知らないでしゃべっているものが多い、という意。

蛇を描いて足を添う。
余計なつけたし。無用なもの。「蛇足」(別項)の日本語訳。

羞恥心は、嘘におちいるという不都合な点を持っている。
スタンダール(フランス)
羞恥心は、恥ずかしいところを隠したい。だから、どうしても、真実が隠れるという欠点がある。

羞悪の心は義の端なり。『孟子』(中国)
自分の不義、不正を恥じて憎む心は、義の芽ばえである。

十月の投げ木。
陰暦十月ごろ、植物の移植によい季節で、投げ捨てておいても自然に根が付いてくる。

衆寡敵せず。
多勢には、少数で抵抗してもかなわない、意。

習慣が快適を作るように、習慣は正義も作る。
パスカル(フランス)
悪い習慣を避けていると、いつしか正義感が芽生えて、正義にかなった行動をするようになるものだ。

習慣は変えようとしなければ、すぐに悪習となる。
アウグスティヌス(古代ギリシャ)
たとえば、起床の遅い習慣は、悪ではないが、変えないと、悪習と見なされ相手にされなくなる。

習慣は最後の天性である。
スマイルズ(イギリス)
習慣は、生まれつきの性質に最後に加わ

り身についたものである。

習慣は自然のごとし。
習慣は、深く身についていくので、生まれつきの天性のようになる。

習慣は第二の天性なり。
キケロ（古代ローマ）
習慣は、生まれつきのものではないが、深く身について第二の天性と言える。**英語の諺 Custom is a second nature.**

宗教は民衆の阿片である。
カール・マルクス（ドイツ）
宗教は、民衆の正常な感覚を麻痺させ、陶酔状態に陥らせる。

衆曲は直を容れず。　『淮南子』（中国）
大衆の曲がった意見の中では、少数者の正しい意見は受け入れられることはない。

衆口金を鑠かす。　『史記』（中国）
鑠かすはトカスと読む。多くの人の言葉、噂、評判などは集まると金を溶かすほどのものとなる。世評は恐ろしく正しい事までうちこわしてしまうという意。

衆口調え難し。
衆口は世間の人々の言葉のこと。多くの人の意見を一つにまとめることは難しい。

衆口は禍福の門。　『国語』（中国）
世間の人の言う悪口や称賛の声によって、その後の禍福の一端がわかる。世評とか民衆の言説に注意をはらうべきの意。

衆之を悪むも必ず察す。　『論語』（中国）
多数の人が非難しても、自分は十分観察して判断する。世評だけで人物を評価判断してはならないという教え。

十三夜に曇りなし。
陰暦の九月十三日の夜は、曇りになることが少なく、月が美しく見られることが多い、の意。

十七八は、箸の転んだのもおかしい。
「十五六の娘箸の倒れたのもおかしがる」とも。思春期の女性の心理状態を表す諺。

充実して過ごした一日が幸福な眠りをもたらすように、充実してすごした一生は、幸福な死をもたらす。
レオナルド・ダヴィンチ（イタリア）
毎日充実した日を送ること。これを積み重ねること。これが人生であり、幸福な一生なのだ。

従順と謙遜から、すべての他の徳は生まれる。
モンテーニュ（フランス）
従順と謙遜な態度から、人間の一切の徳行が生まれるのである。

衆心城をなす。
多くの人が心をあわせれば、城のように堅固なものとなる、という意。

修身　斉家　治国　平天下。　『大学』（中国）
我が身を修め、家庭をととのえ、国を治め、天下を平和にする。

自由でないのに、自分は自由だと思っている者ほど、奴隷になっている者はない。
ゲーテ（ドイツ）
自由でないのに、自分は自由だと思っている無知で従属的な人間がこの世に多い。

衆怒犯し難し。　『春秋左伝』（中国）
衆怒はシュウドと読み、大衆の怒りのこと。大衆の怒りは、抗しがたい。強行すると災いをひきこすという戒め。

十読は一写にしかず。
『鶴林玉露』（中国）
十回くりかえし読むより、一回丹念に写した方がよいという意。

自由とは自分のやりたいことをやることだ。だが個人の自由はここまでに限られる。
J・S・ミル（イギリス）
すなわち、他人の迷惑になってはならないということである。――と続く言葉である。

姑の十七見たものがない。
姑はシュウトメと読む。「親の十七子は知らぬ」とも。姑や親は、何かというと自分が若かった頃のことを挙げて、小言をいうが、本当かどうか。まあ、無難にかわしておこう。

姑は嫁の古手。
嫁いびりをする姑もかつては若い嫁としての経験を積んだ、いわば嫁の古手である。嫁と嫁いびりはくりかえすという意。

自由に、時間の制限もなく読めるのは天国の図書館だ。
ロバート・レイトン（イギリス）
自由に読めること、時間の制限なく読めること、これが理想の読書だ。

収入に応じた暮らしをせよ。
わかっていても収入以上の贅沢をしたいのが人間である。平凡な教えだが味のある諺。収入に応じた暮らしは、

収入よりも支出を少なからしめよ。そうあ

る限り一生たいして困ることは断然ありえない。

サミュエル・ジョンソン（イギリス）

収入よりも支出を少なくすることだ。そうしている限り、一生金で困ることは決してない。

収入を内輪に使え。年末には、いつもいくらか余剰を出すようにせよ。収入より支出を少なくせよ。

サミュエル・ジョンソン（イギリス）

そうしている限り、一生たいして困ることとは断然ありえない。と結んだ言葉である。

十人十色

多くの人には、人それぞれの好みや考え方がある。Many men,many minds. 各人には、その人自身の好みがある。Every man has his own taste. が英語の諺。

十年一昔

十年も経てば一応昔とみて人事や社会の変遷を区切れる、という意。

重箱の隅を楊子でほじくる。

どうでもよいようなつまらない事にまで、いちいち口出しをする喩え。

十分は災いの元。

物事はほどほどがよい。完全にしようと欲を出し過ぎると災難を招く。

重宝を抱く者は夜行せず。

『戦国策』（中国）

重宝は、ジュウホウと読む。貴重な宝物を持った者は、夜道を行くような危険を冒すことはない。大目的を持っている者は、身を大切にして軽率な行動をしないという喩え。

十目の視る所十指の指さす所。

『大学』（中国）

十人が十人ともそうだと認めるところ。多くの人の判断が一致し、間違いないという喩え。

重要なのは、だれが正しいかでなく、何が正しいかということである。

トマス・ハクスリー（イギリス）

どの人間が正しいかという小さいことでなく、この世で何が正義かということが重要だ、という意。

柔よく剛を制す。

しなやかなものが、かたいものの鋒先をそらして、結局勝つことになる、意。「柔和が怒りよりももっと支配力がある」「柔らかな婦人が頑固な男性に打ち勝つ」は、英語の諺。Mildness governs more than anger.

衆力功あり。

一人の力より多人数の力を用いた方が、物事を成功させやすい、意。

修理は、破損の小さいうちになせ。

「修理は物の乱れぬかた」とも。わずかの破損のうちに時を移さずなおすのがよい、意。

衆を得ればすなわち国を得。

『礼記』（中国）

人民大衆の心を摑んで人民を生かす政治を行えば、国を安らかに保つことができる。

菽麦を弁ぜず。

『春秋左伝』（中国）

菽麦はシュクバクと読み、豆と麦。豆と麦の区別がつかない。転じて、愚か者は物の区別ができない、という喩え。

受持（ジュジ）読（ドク）誦（ジュ）解説（ゲセツ）書写（ショシャ）

『法華経』（インド）

教えを常に心から離さない。常に口に出して音読する。常に口ずさみ暗誦する。常に他人に解説する。常に書写して広める。勉学、学習の方法の五箇条の諺。

首相になって見えなくなるもの一、金、二、人間、三、国民。

岡田啓介（日本）

一は金、権力によって不自由をしなくなる。二は人間、へつらう側近に囲まれ人材を見失う。三は国民、最も重要な国民が、目に入らなくなる。

主人が主人なら部下も部下。

主人の性格や態度が、部下にも伝わり似てくる意。**英語の諺** Like master, like man. 日本では「主が主なら家来も家来」がある。浄瑠璃に出てくる。

主人の足跡は土地を肥やす。

主人がよく田畑に出て作物の手入れをすることが、土地を豊かにする最上の方法である。**英語の諺** The master's footsteps fatten the soil.

主人の一眼は、召使の十眼より多くを見る。

上に立つものがしっかりと目を配ることが大切だということ。**英語の諺** One eye of the master sees more than ten of the servants.

出藍の誉れ。

弟子が、教えを受けた先生よりすぐれている、意。「青は藍より出でて藍より青し」（別項）とも。　荀子（中国）

主と親には勝たれぬ。

主人と親に対しては、無理だと思うことでも、従わなければならない、の意。


受難なくして栄冠なし。

「苦痛なくして勝利なし。苦患なくして栄光なし。茨なくして王座なし。」その あとに、まとめてこの名言がある。苦難を受けることなくして栄誉の冠をかぶることはできない意。　ウィリアム・ペン（アメリカ）

朱に交われば赤くなる。

交際する友の善悪によって、いずれにも感化される。良き友を選び、交際をせよ、の意。


主は平凡な顔立ちの人々がお好きなのだ。

だからこそ、こんなにたくさん平凡な顔立ちの人間を、お作りになるのだ──と続く。平凡な容貌が一番よい、という意。　リンカーン（アメリカ）

寿福は兼ね難し。

長生きをすることと幸福であることの両立は難しいものだ。


趣味を説明することはできない。

人は多くの趣味を持っているが、その善悪や好悪を説明することは容易ではない。英語 There is no accounting for tastes.

株を削り根を掘る。

株はシュと読み、木の切り株のこと。災いを根本から絶つ、喩え。


順境は逆境より生まれる。

「バラは野中（荒れ野の中）に開く」という意。人生も同じで、苦難の生活の中から順調な生活が生まれてくるのである。


順境は友を作り、逆境は友を試す。

生活が順調な時は、友が多くなり、逆境の時は、友が真の友かどうかが試される。英語の諺 Prosperity makes friends, adversity tries them.

蓴菜で鰻を繋ぐ。

蓴菜はじゅんさい、鰻はうなぎと読む。どちらもぬるぬるして縛りようがない。ばかばかしくてできない、の意。


春宵一刻価千金。

気候温暖な春の宵は、ひとときが千金にも値するほど快適だ、の意。　蘇軾（中国）

純正の愛は、同情にある。同情なき愛は、自分だけの利益にすぎない。

自分の利益になる愛は、欲望である。同情の中にある愛は慈愛なのである。　ショーペンハウアー（ドイツ）

しゅんに食べるのが食通。

食べ物の選び方。なるべく、その季節にできるもの、しゅんの物を食べると味もよく、健康にもよいという意。


順風に帆を上げる。

物事が順調にはかどる喩え。「得手に帆を上げる」（別項）とも。


純朴と善良と正義のないところに、偉大はない。

素直でかざりけがないことと、正直な良さと、正義感、それら三つのないところに、偉大な人物があるはずがない、意。　トルストイ（ロシア）

春眠暁を覚えず。

春は眠るのに快適な気候なので夜明けも知らず、ぐっすり寝込んでしまう。　孟浩然（中国）

春蘭秋菊ともに廃すべからず。

いずれもすぐれていて甲乙がつけがたいことの喩え。


初一念が大事。

物事をなすには、最初の心構えや決心が大切だ、という意。


生あれば食あり。

ショウアレバジキアリと読む。人間生きている限り、なんとか食べていく方法はあるものだ。


小異を捨てて大同につく。

少しぐらいの違いは無視して、大勢の支持する意見に従う。部分的な違いは捨てて根本的な考えを重視するのがよい。


生涯の最も輝かしい日は、成功した日にあるのではない。失敗の悲嘆と絶望の中から、今にやって見せるぞ、という気持ちが湧き起こるのを感じる日である。

失敗が一度もないとか、失敗など経験したことがないという人は、よほど若いか、全く仕事をしていない人であろう。今にやって見せるぞ、という気持ちの湧き起こる、それが生涯の最も輝かしい日だという、すばらしい言葉である。　フローベル（フランス）

上下心を一にして盛んに経綸を行うべし。

「五箇条の御誓文」（日本）

上下は、ショウカと読む。経綸は、政治的手腕の意。統治者と人民とが、心を合わせて、いきいきした政治を行うべきである。


小学校、中学校、大学で教えられることは教育ではない。教育の手段である。

学校で教わる知識は、教育ではないのだ。それは、人間を作ることの手段であることを忘れてはならない。

スコット（イギリス）

小過をゆるして賢才を挙ぐ。

人を使うには、小さな過失があってもとがめず賢明な才能を発揮させるのがよい。

『論語』（中国）

小器は満ち易し。

小さな容器はすぐ一杯になる、意。小人物は、わずかの修業で、すぐに大変な修業をしたように思い、怠けるもの。大器は大人物の意だが、大器になるためには修業を多くすることだ。怠惰は禁物だという意味である。


小功を賞せざれば大功たたず。

小さな功名ももれなく賞を与えなければ、張り合いがないので、大功を立てようとするものがなくなる。


証拠の出し遅れ。

時機をのがすと効力を失ってしまう、という喩え。「証文の出し遅れ」（別項）とも。


使用されない鉄はすぐ錆びる。

「精出せば凍る間もなし水車」（別項）は同意。一生懸命生きること、働くことだ。勤勉さを失えば人間はすぐ堕落するという喩え。


正直とか親切とか友情とか、そんな普通の道徳を堅固に守る人こそ、真の偉大な人間というべきである。

世間普通の道徳を、どこまでも守り行う人こそ偉大な人だという考えである。日本では、徳目中心の修身教育は戦後否定されてきたが、反省すべき言葉である。

アナトール・フランス（フランス）

常識とは、十八歳までに仕入れた小さな判断のコレクションである。

常識、良識、コモンセンス、といわれるものは、十八歳ぐらい（高校時代）までに形成される、という意。

アインシュタイン（ドイツ）

正直な忠告は耳には不快。

「忠言耳に逆らう」（別項）が日本の諺。歓迎されなくても忠告や諫言が必要な場合が多い。**英語の諺** Honest advice is unpleasant to the ears.

正直に自分の無知を認めることが大切だ。

そうすれば、必ず熱心に教えてくれる人が現れる——と続く言葉である。素直に無知を認めることの重要性を述べている。

ディズニー（アメリカ）

正直の頭に神宿る。

正直な人は神が守っていてくださる意。頭はコウベと読むのが良い。**英語の諺** God is an honest man's heart.

正直は一生の宝。

正直は一生を通じて心掛けるべき宝のように大切なものである。そして、だれにも誇れる財宝でもある。


正直は最良の策である。

正直であることが、いろいろな策略より最も良い策略である。**英語の諺** Honesty is the best policy.「正直は最善の策」とも。


正直者が馬鹿を見る。

社会がよくない時、悪賢いものがずるくたちまわって利益を得やすいことをいう。馬鹿正直だと損をする意。

「江戸かるた」（日本）

正直者の勤勉な手は、富を作り出す。

正直に良く働く人の手は、ぐんぐん財産を作り出していくものだ。

ソロモン（古代イスラエル）

小事は大事。

小さいことが大切だ。小事をおろそかにするな。「小事に気を付ければ大事おのずから成る」とも。**英語の諺** Great things have small beginning.（偉大なものも初めは小さい）は類似の諺。

盛者必衰
「じょうしゃひっすい」が元の読み方。勢いの盛んなものは必ず衰える、意。「おごれる者久しからず、ただ春の夜の夢のごとし」。

生者必滅
生命あるものは必ず死ぬ。人生は無常である。という意。「会者定離」（別項）と対して使われることが多い。「一度生まれた者は一度死なねばならぬ」は、英語の諺。He that is once born, once must die.

小事を軽んずるなかれ。
ささいなことでも疎かにしてはいけない。大失敗も小事から起きる。「小事は大事」（別項）とも。

小人閑居して不善をなす。
小人は、徳のない品性のいやしい人。君子に対して使われる小人物、のこと。小人は暇であると、とかくよくないことをしでかすという意。**英語の諺** Doing nothing is doing ill. また、Idleness is the root of all evil.「怠けることは全ての悪の根源である」（別項）は、よく似た意の諺。

小人の勇。
小人物の勇気。血気にはやり、前後の見境のない軽はずみの勇気。表面的に威勢よくみえるだけの勇気。

上手に喋るだけの機知も、黙っているための判断も持っていない。これこそ最大の不幸だ。　ラ・ブリュイエール（フランス）
機知のある話ができぬことと、黙っている判断力のないこととは、人と生まれて最大の不幸である。

上手にも悪き所あり。下手にもよき所必ずあるものなり。上手は名をたのみ、達者に隠れ悪き所知らず。　世阿弥（日本）
下手はもとより工夫なければ、悪き所知らねば、良き所のたまたまあるをも弁えず。されば上手も下手も、互いに人にたずぬべし。――と続く言葉。

上手の手から水が漏れる。
名人といわれる人も心のちょっとした隙間から、失敗することもある意。「弘法も筆の誤り」（別項）と似ている。

少壮幾時ぞ。　漢の武帝（中国）
少壮は、若くて元気な時、の意。少壮の時といっても、いったい幾時ばかりのことだろうか。その時はきわめて短く老衰の時が来てしまう。

少壮努力せずんば、老大徒に傷悲せん。　「古楽府」（中国）
少壮の時に努力しないと、老後になって後悔し、いたずらに嘆き悲しんでいるばかりになるであろう。

掌中の玉。
手の中にある珠玉。自分のもっている大切なもの。転じて、最愛の妻や子の喩え。

小恥を悪む者は、大功を立つること能わず。　『戦国策』（中国）
小恥を悪むは、ショウチをニクむと読む。小さな恥におびえている人間は大きな功績を上げることはできない。

小敵欺くべからず。
相手が小さい敵だからとみくびるな。相手が小敵だと軽んじて油断していると大きな損害をこうむるという戒め。

情に棹させば流される。
感情にひかれてものごとを判断すると正しい判断ができない。「棹さす」は、流れに舟をうまく乗せること。

情熱をもって恋したことのない人間には、人生の半分、それも美しい方の半分が隠されている。　スタンダール（フランス）
情熱的な恋をしたことのない人間は、人生の半分、しかも美しい方の半分が分からずに、人生を過ごしたことになる。恋は、しておくべき経験である。

少年老いやすく学成り難し。　朱熹（中国）
まだまだ若いと思っていてもすぐ年が寄る。わずかな時間も大切にしたいものである。少年の少は、若い意味。

少年よ大志を抱け。　クラーク（アメリカ）
青年よ野心的であれ。それは金銭や我欲のためでなく、また名声という空しいもののためであってはならない。人間として当然そなえていなければならぬ、あらゆることを成し遂げるための野心を持て。――と続く。これが真意である。Boys be ambitious.

小の虫を殺して、大の虫を助ける。
小さな事は犠牲にして、大きな事を守る、喩え。小を犠牲にして重要な物事を生かして行け、の意。

賞は厚くし、罰は薄くすべし。　『説苑』（中国）
善事には、小さいことでも大きい賞を与え、悪事に対しては軽く罰するのが、名君である。

商売とは、売って喜び、買って喜ぶようにすべきである。　二宮尊徳（日本）
そこに喜びがなければ商売とは言えない。

商売は商売。

「勘定は勘定」ということで、金銭のことは、親子や肉親の間でも感情や同情は不必要、の意。「商売は友人も親類も知らない」。Trade knows neither friends nor kindred. という諺もある。

商売は水物。
商売の好不況は、水のように流動的で予想は困難だの意。

商売は元値にあり。
商売に成功するかどうかは、いかに元値を安くして仕入れるかにある。

松柏の操。
松や柏が雪や霜に負けないで緑を保っているように、どんな困難にも負けない堅い節操が大切という喩え。

勝負は時の運。
勝負は、その時の運、不運による。負けても恥ではない。くよくよするな。「勝敗は時の運」とも。

小富は人にあり。大富は天にあり。
多少の富を作るのはその人の才覚だが、さらに大きな富をなすのは、本人の努力に加えて、天運によるところが大きい、の意。

証文の出し遅れ。
時機をのがしたために効力を失うことの喩え。「証拠の出し遅れ」(別項)とも。

小利を捨てて大利に付くべし。
小さな利益は捨てて、将来性のある大きな利益を取れ、の意。

小利を見れば、すなわち大事成らず。
『論語』(中国)
小さな利益にこだわっていると、大事業は達成できないという意。目先の利にこだわるな。

少量でも、度重なると大量になる。
「一滴一滴が桶を一杯にする」「沢山の小さな水滴が大海を作る」(別項)は類似の諺。Little and often make a heap in time.

将を射んと欲すれば、まず馬を射よ。
他人を屈服させようとすれば、まずその人が頼りにしているものを攻めるのが成功の鍵である、という喩え。

小を忍ばざれば大事ならず。
小さなことを耐え忍ばなかったら大きい計画はなしとげられない。

小を捨てて大に就く。
重要性の小さいものを捨てて、重要なものを取る。

祥を見て不善を為さばすなわち福至らず。
『呂氏春秋』(中国)
めでたいことの起こる前兆は、天が福を下そうとしているのである。だから、人も善行をしないと、せっかくの幸福もやってこない。

小を専らとして、大を失うことなかれ。
小さなことにこだわって大切なことを失ってはならぬ。小利にこだわるな。大利を失うな。

諸行無常
世界に存在するすべてのものは、生滅変化して、永久不変のものはない。元来は仏教の根本法則。

食生活をおろそかにすることは人生を無駄にすることです。
香川綾(日本)
良い食生活は、良い人生を作る。楽しい食生活は、楽しい人生をつくるのです。――と続く言葉である。

食なき者は職を選ばず。
食べるあての無いものは、職業のよしあしを選ぶ余裕がないものだ。

食は飽かんことを求むることなく、居は安からんことを求むることなかれ。
『論語』(中国)
食事については、腹一杯食べたいと求めてはならない。住居については、安楽な物を求め過ぎてはならない。欲望にはきりがない。

食は命の親。
食事は生命を支える重要なもの。食事をおろそかにしないようにせよ、の意。

植物は、栽培によって成育し、人間は教育によって人となる。 ルソー(フランス)
「自然に帰れ」(別項)を叫んだルソーの教育論。人間も植物のように、自然の力で教育されて人間となる。

食欲は食事を楽しくする。
空腹だと食欲が増して料理がおいしいから、楽しく食事ができる。**英語の諺** The appetite makes eating a delight.

食欲はソースを必要とせず。
空腹だと食事がおいしいから、よけいな味付けは不要だの意。**英語の諺** Appetite does not need sauce.

諸君お互いの間、および教職員に対しては、

礼をするようにしたい。
新渡戸稲造（日本）
礼をして間違ったら悪いなどと思うな。誰と間違って御辞儀をしたとて悪いことはない。会う人ごとに合掌する名僧もいる。――と続く言葉。

諸君が多弁を弄すれば弄するほど、人々は諸君の話を、記憶しない。
フランソワ・フェヌロン（フランス）
言葉数が少なければ少ないほど、話は相手に届く。多弁を弄するな、の意。

諸君はじっと言葉をにらんで、その意味をはっきり理解する習慣をつけなければなりません。　ジョン・ラスキン（イギリス）
著者の言葉をじっくりと読んで、諸君の細心の注意と、諸君の学問を使って、あなた方自身の心で、著者の心を会得する習慣です。――とラスキン自身が解説をしている。

女子と小人とは養い難し。
女性と下々の者は、近づければ無遠慮になり、遠ざければ恨みを抱くので、扱いにくい、の意。

初心忘るべからず。　世阿弥（日本）
何事でも、初心のころの、謙虚な気持ちと真剣さを忘れてはならない。

女性に完全な平等を許すことは文明を見分ける一番確かな目じるしであろう。
スタンダール（フランス）
そのことは、人類の知力と、その幸福の可能性を二倍にすることであろう。――と続く言葉である。

女性に興味のない男性だけが、女性の服装に興味を持つ。
アナトール・フランス（フランス）
女性を愛し好きだと思う男性は、女性の着ているものなんぞ、けっして目に入らない。――と続く。

女性の運命は、愛される量で決まる。
ジョージ・エリオット（イギリス）
如何に男性に愛されるか、その量が、女性の運命を決定する、意。

女性の全生活は、愛情の歴史である。
アービング（アメリカ）
女性は、一生涯が愛情を求めて生きる歴史である、の意。A woman's whole life is a history of the affections.

女性は、風のように気が変わりやすい。
女性の移り気なのをいう。女心と秋の空、女心と冬の風など、変わりやすい女心を表す諺は多い。**英語の諺** Women are as wavering as the wind.

女性もリネンも、蠟燭の光の下では選ぶな。
暗いところでは欠点がみえにくい。嫁選びは明るいところで相手をよく確かめて吟味して選べ、の意。**英語の諺** Choose neither a woman nor linen by candlelight.

食器は料理のきもの。
食器は料理の生命。料理を盛る容器を大切に、という諺。

書は言を尽くさず。　『易経』（中国）
文章は、いくらくわしく書いても口で言うほどには十分に表現できないものだ、の意。

書は七難隠す。
字がうまいと、文章のまずさや欠点を目立たないようにしてしまう、という諺。書道を学ぼうの意。

書物の価値は、その厚みにあるのではない。
グラシアン（スペイン）
書の厚みと重さ、つまり腕の訓練のために書かれたものでない、と注をつけている。

書物は、青年時代における道案内である。
コリア（イギリス）
書籍は、人間の成長期に人生いかに生くべきかの方向づけをしてくれるものである、の意。

書物は青年には食物となり、老人には娯楽となる。富める時には装飾となり、苦しい時には慰めとなる。
キケロ（古代ローマ）
書物は、若い者には食物となって栄養を補給し、年寄には娯楽となって楽しませてくれる。豊かな時は装飾にもなるし、苦しい時には慰めてもくれる、という意。

書物は、大天才が、人類に残す遺産である。
アディソン（イギリス）
書籍は、大天才かどうかは別にして、人類に残す遺産であるということは、けだし名言である。

書物は、人間が深く愛し、いつくしむ、少数のものの一つである。
ヘンリー・ミラー（アメリカ）
人間が創造したもので、愛してかわいが

ることのできるものは少ないが、書物はそのうちの一つである、という意。

書物は、読まれ再読され、入用な章句が引用できるようになって、初めて役に立つと言える。　ジョン・ラスキン（イギリス）
書物は、何度も繰り返し読まれ、必要な文章の一部を、引用できるようになるぐらい読まれて、読書をしたと言えるのである。

書物を読むとは、他人が辛苦してなしとげた事を、容易に自分に取り入れて、自己改善をする最良の方法である。
ソクラテス（古代ギリシャ）
読書を楽しむとは、他人の辛苦した結果を容易に自分のものとできること。そして、自己の向上につなぐことができること、そういう楽しさである。

所有は法律の九点である。
物でも財産でも、現在所有しているということは、所有権を争うとき、法的に九割強いものであるという意。**英語の諺** Possession is nine points of the law.

書を校するは、塵を払うがごとし。
書物を、校正、校合するのは、塵をはらうように難しく誤りがどうしても残るものだ。

書を読み芸を習うに、日を惜しみて時を失わずして勤め習うべし。年若く記憶も強き、物をよく覚えおきて、一生の身の宝とすべし。　貝原益軒（日本）
学問をしたり芸事を習うには、日時を惜しんで懸命に学習せよ。若くて記憶力も強い時に、物を覚え知識をつけて、一生の宝とせよ。あとで後悔せぬように。という意の言葉である。

書を読みて栄える者を見たり。
『金言童子教』（日本）
書を読みて落ちぶるるを見ず。――とつづく諺。

書を読むにはすべからく熟読すべし。菜根はすべからく細嚼すべし。
『金言童子教』（日本）
読書は必ず熟読せよ。野菜の根は必ず細かく嚙み砕いて味わえ。

白川夜舟
白川夜舟の意味は、1、知ったかぶりをすること。白川（京都地名）を舟で通ったから知らぬといったことに由来。2、ぐっすり寝込んでいて何が起こったか知らない、の意。

知らざるを知らずとせよ。
『論語』（中国）
知らないことは、知らないとはっきりさせよ。知ったふりをしないことが、本当に知るということだ。

知らずば半分値。
値段の分からない物を買うときは、言い値の半分ぐらいの見当をつければ、大体当たっている意。

知らずば人に問え。
知らないことは、恥ずかしがらずに、率直に人に尋ねて教えてもらえ、という意。

知らずば人真似。
やり方を知らない時は、人のするのを真似しているのが得策だ、の意。

知らぬが仏。　「江戸かるた」（日本）
腹の立つこと恨めしいことも、真相を知らずにいれば心は平静だ。煩わしいことは、意識外に置くのが賢明な生き方だ。真相を知らないから仏様のように心広く許していられる。深刻な真実を知らないから幸福だ、などの意。

知らぬは亭主ばかりなり。
いちばん身近なものが知らないで平気でいる喩え。

知らぬは人の心。
人の心の奥底は、はかることができずあてにならない、ということ。「頼み難きは人心」（別項）とほぼ同じ。

知らぬ仏より馴染みの鬼。
どんな相手であっても、疎遠なものより慣れ親しんだものの方がまさっている、意。

白羽の矢が立つ。
多くの人の中から特に選び出される。一般に犠牲者になる意で使うことが多い。

知らんがために我は信ず。
アンセルムス（イタリア）
知るだけでなく自分はさらに一歩進んで、真理をさとるために信仰するのだ。

尻くらえ観音。
観音の縁日以後陰暦の月末となり「後暗い観音」（下旬になるほど暗くなる）となる。そのかけ言葉。自分に都合のよいことをし終えると、あとは恩人にも知らん顔をしていることにいう。

知り過ぎると憂いが増す。
知らぬ者は心配も疑問もない。「無知は至福」は英語の諺。Ignorance is bliss.

知りて知らざれ。 老子（中国）
よく知っていても、やたらに知ったふりをしないのが、おくゆかしい。

思慮は人生の塩、空想は砂糖。 ボーセイ（スウェーデン）
思慮は人生を保持し続け、空想は人生を甘く味付けする。熟慮の勧めである。

思慮深き者は敵を侮らず。 ゲーテ（ドイツ）
よく考えよ。熟慮せよ。すべて、対象に対して、侮ることはしないこと。

知るの艱きに非ず。行うの艱きなり。 『書経』（中国）
艱きはカタキと読む。知識として知るだけならさほど難しいことではない。しかしこれを実行に移すというのは容易なことではない。

知る者は言わず、言う者は知らず。
中国の老子にある諺。深く知っている人は、みだりに口に出さない。やたらに口に出す人は、かえってよく知らない人だ。

知るを知るとなし、知らざるを知らずとなすこれ知るなり。 『論語』（中国）
知っていることと知らないことを、はっきりさせることが真に知っていることである。

知れぬが浮世。
未来を予測できないのがこの世のありさま、の意。

知れぬは人の命。
明日の命の保証はない。人の命ははかないものだ。

しろがねも　くがねも玉も　何せんに　まされる宝　子にしかめやも。 山上憶良（日本）
銀も、黄金も宝玉も、何になろうか、最高の宝は、子供に及ぶものはない、意。

師走の蛙。
旧暦冬の蛙。寒蛙。考える、意。なぞ諺。

しわん坊の柿の種。 「上方かるた」（日本）
しわん坊は、けちんぼうのこと。吝嗇の甚だしい人を馬鹿にしていう言葉。倹約の美徳のある京や上方でも、どはずれた利己的なケチは嫌われた。「柿の種」は、柿の種までも、他人にはやりたくない甚しいケチを喩えたものであろう。「けちん坊の柿の種」（別項）とも。

死を一時に定むるは易く、謀を万代に残すは難し。 『太平記』（日本）
謀はハカリゴトと読む。死を一時に決めることはたやすいが、生き長らえて後世まで残る計画を立てることは難しい。

死を恐るるに惑いて、反って生を忘る。 『淮南子』（中国）
死を恐れるあまり理性を失い、かえって死を招くような行為に走りやすい。

死を願望する者は、惨めであるが、死を怖れる者はもっと惨めである。 ハインリッヒ四世（ドイツ）
死を願望するな。惨めだ。だが、死を怖れるものは、もっと悲惨である。死を怖れるな、怯えるな、の意。

詩を作るより田を作れ。
漢詩などを作るより、生産的で実利のある物を作れ、の意。実利、実益をはかるべきだ、の意。「句作るより田作れ」（別項）とも。

信あれば徳あり。
信仰の心を持つ人は、行いに徳がある。信仰する人には神仏の加護による御利益がある。

人間到る処青山有り。 月性（日本）
人間は、ジンカンと読み、世の中のこと。世の中、どこで死んでも骨を埋めるところぐらいはある、意。

真偽は言葉の属性であって、物事の属性ではない。そして、言葉がないところには、真実も虚偽もない。 ホッブズ（イギリス）
属性とは、そのものが本来持っている性質、本質のこと。真偽とは真実（truth）と虚偽（falsehood）の意。物に真偽はない。言葉がなければ、真実も虚偽もない、という意。

信仰は人生の力である。 トルストイ（ロシア）
信仰は、人間の生きるための大きな力である。

信仰は山をも動かすべし。 『聖書』
深く信仰すれば大きな力が得られる。強い決意と努力で人はどんなことでもできるのだという意。**英語の諺** Faith will

move mountains.

人口は抑制しないと、幾何級数的に増加する。　T・R・マルサス（イギリス）
それに比して、日頃我々が悩んでいる食費などの生計費は、わずかに算術級数的に増加するだけである。

沈香も焚かず屁もひらず。
良いこともせず、悪いこともしない、意。これということもせず、平々凡々と過ごしている者を笑う諺。

真実の山では、登って無駄に終わることは決してない。　ニーチェ（ドイツ）
真実一路に人生を生きよう。たとえ意図したことが失敗に終わっても、その経験が、必ず後に生きてくるはずである。

真実はやってくるものである。偽りは去っていくものである。　マホメット（古代アラビア）
真実を求めて生きよう。真実には希望がある。偽りは、いつのまにか消えてしまう。

人事は棺を蓋うて定まる。
人の評価は、死後になって定まってくる。

仁者に敵なし。　『孟子』（中国）
仁者は思いやりをもって人に接するので憎まれることもなく敵対するものもない。

仁者は命長し。
仁者は心安らかであるから長生きである。

仁者は憂えず。　『論語』（中国）
仁者は心が広く天命に安んじているから、心配することは何もない。

真珠を探したいものは、深く潜らねばならぬ。
英語の諺 He who would search for pearls must dive deep. 本当に立派なものを手に入れたければ、相当の困難と障害を乗り越えなければならない、意。

身上が太れば体も太る。
身上は、シンショウと読み財産のこと。財産ができると風采も立派になってくるものである、という庶民の諺。

人事を尽くして天命を待つ。　『初学知要』（日本）
最善の努力をして、天命に任せる。そういう生き方が満ち足りた生き方なのだ。

仁人の言、その利博し。　『春秋左伝』（中国）
仁徳のある人の言葉には、多方面にわたって利益をもたらすものがある。

人心は測り難し。
人の心は、察しがつかないし予測もできない、という意。

信心は誠のあらわれ。
神仏を信心するのは、人の真心の表れにほかならない。

人生意気に感ず、功名誰かまた論ぜん。　魏徴（中国）
人生は相手の気持ちや心に感じて仕事をするのであって金銭、名誉、私欲のためにするのではない。

人生、古より誰か死無からん。　文天祥（中国）
人間は、歴史的に見て、死ななかった者は一人もいない。死など恐れるに足らず。

人生意を得ば、すべからく歓をつくすべし。　李白（中国）
人生は志を達したら、そのあと歓びを尽くすのがよい。

人生が自分に配ったカードは、ただ受け入れるしかない。しかし、手元に来たカードの使い方を決め、勝機をつかむのは自分自身である。　ヴォルテール（フランス）
人生が自分に与えた運命は、ただ受け入れることしかできない。しかし、受け入れた後の人生の生き方を決め、苦しい運命を正面から切り開き、乗り越えていくことができるのは、自分自身である。

人生字を識るは、憂患の始め。　蘇軾（中国）
人間は字を覚え、学問を積むにしたがって、憂いや思い悩むことが多くなる、という意。

人生それ自体は虚構であり、疑惑であり、また夢の中に夢見るごとし。　エマーソン（アメリカ）
人生は、むなしく疑わしく夢の中の夢のようにはかないものだ。

人生、それは誕生と死である。歴史的には永遠の時間の、わずかな一閃にしか過ぎない。　トーマス・カーライル（イギリス）
誕生から死まで、長い人生と思っているが、永遠の時の流れから見ると、瞬間の閃きにしか過ぎない。

人生で学んだ全ては、三語にまとめられる。
It goes on.　ロバート・フロスト（アメリカ）

それは、「何があっても人生には続きがある」ということだ。つまり、どんな状態に陥ってもこれで終わりだと思わぬことだという意。

人生とは、あらゆる患者がベッドを替えたい願望にとりつかれている病院である。

ボードレール（フランス）

世の中のあらゆる人が、もっといい休息所はないか、もっと安らかなところはないかという願望にとりつかれている。それが人生だ。

人生とは、最初の四十年は私達にテキストを与えてくれ、それからの三十年はテキストの注釈を与えるものである。

ショーペンハウアー（ドイツ）

人生の前半四十年はテキスト通りに生きることで、後半三十年は、そのテキストの注釈を受けているようなものである。

人生とは、切符を買って軌道の上を走る車に乗る人には分からないものである。

モーム（イギリス）

しっかりと地面を踏みしめて歩いているからこそ、人生の味がわかり、生きている意味がわかってくる。足を地につけた暮らしをしよう。

人生とは、成功することではない。生き方こそが人間の功績である。

南原繁（日本）

成功よりも、良き生き方をせよという戒めである。

人生とは、食べること、愛すること、歌うこと、消費すること、の四幕からなる喜悲劇である。

ロッシーニ（イタリア）

人生は喜劇、悲劇であって、食う、愛する、歌う、そして、生活、暮らし、を見せるものだ、の意。

人生において自分が欲しいものを得るために絶対に欠かせない最初の一歩は、「自分が欲しいものを決めろ」ということだ。

ベン・スタイン（アメリカ）

漫然と日々を過ごしていては、何も得られない。まず、自分の欲しい人生とは何か、それが第一歩だ。ともかく将来の目標とすべきものを決めよう。

人生において、勝負には何よりも、「なに、くそ」という精神が必要だ。

嘉納治五郎（日本）

例えば、柔道で強敵と取り組む。勝っても「なに、くそ」、負けても「なに、くそ」、どちらに転んでも「なに、くそ」だ。――と続く言葉である。

人生において必要なことは、大きな目標を持つとともに、それを達成できる能力と体力を持つことである。

ゲーテ（ドイツ）

大きな目標は誰でもすぐ持てる。だが、その達成には、なしとげることのできる能力と体力が必要だ。

人生において、最も耐え難いことは、悪天候が続くことでなく、雲一つない日が続くことなのである。

カール・ヒルティ（スイス）

生涯のうちに苦労や苦難の日々のある方が幸福である。無事で平安で何の問題もない毎日が続くのは堪えがたく、真の幸福とはいえない。

人生における大きな喜びは、君にはできないと世間がいうことを、やることだ。

パジョット（イギリス）

世間の人の評価している以上のことをするのが、大きな喜びだ。

人生における最大の失敗は、失敗を恐れ続けることである。

エルバート・ハバード（アメリカ）

失敗を恐れるな。さらに、失敗を恐れ続けて、人生を破壊しないことだ。

人生における悲劇は、目標を達成しなかったことにあるのではない。人生に目標を持たなかったことにあるのだ。

ベンジャミン・メイズ（アメリカ）

目標を持って人生を生きよう。目標をまず立てて、毎日行動することだ。誰でも、悲劇の主人公となりたくないはずであるから。

人生には解決なんてない。ただ進んでいくエネルギーがあるばかりだ。その進むエネルギーを作り出さねばならない。

サン・テグジュペリ（フランス）

人生が思い通りに行かず、苦悩する時がある。最善の努力をしてもうまくいかない。その時は、ひたすら進んで行動に移そう。解決はその後でやってくるのだから。

人生には必ずホッと一息する時がある。これが一番危ない時である。

ウッドロー・ウィルソン（アメリカ）

時候の変わり目には、ホッとして、とか

く風邪をひきがちである。大事をなした時、ホッと一息するのは人情であるが、大事も小事のために崩れることを忘れてはならない。

人生につまづいた人間は、往々にして自らを罪なき被害者とみなし、自分の不幸はすべて他人のせいだと早合点する。

スマイルズ（イギリス）

自分には落ち度がないのに、世間が常に、不幸な方へ、逆方向にばかり動くのは、全て他人のせいだと思い込み、信じきっている。

人生には、「灰の時」と「炎の時」がある。なすべき何事もない時は、何もすべきでない。

アンリ・ド・レニエ（フランス）

「灰の時」は、何をやっても駄目な時の意。「炎の時」は、好機到来の時。灰の時には、流れに身をまかせ、次のチャンスに備えよ。

人生には、二つの悲劇がある。一つは願いが適わないこと。もう一つはそれが適うこと。

バーナード・ショウ（イギリス）

願いが適っても、適わなくても、悲劇だという。名言である。

人生には、友情より気高い快楽はない。

サミュエル・ジョンソン（イギリス）

友情は、人生で最高に、楽しく有り難く気高いもの。良き友を持ちたいものである。

人生には夢が必要。

アナイス・ニン（フランス）

大きく美しい夢を。――と続く。

人生の行路をかなり遠くまでたどってくると、以前は偶然の道連れに過ぎぬと考えていた多くの人が、ふと気が付くと実は誠実な友であることが判ってくる。

ハンス・カロッサ（ドイツ）

人の縁は不思議なもの。人生行路も後半になると、たまたま出会った人が、いつのまにか、大切な心の友であったことが判ってきたりするものだ、の意。

人生の最初の四分の一は、その使い道もわからないうちに過ぎ去り、最後の四分の一は、またその楽しさを味わえなくなってから過ぎていく。

ルソー（フランス）

しかも、その間の四分の三は、睡眠、労働、苦痛、束縛あらゆる種類の苦しみによって費やされる。人生は短い。なんと速やかに、我々はこの地上を過ぎて行くことだろう。――と続く。

人生の三楽　無事健康。正しい行動。有為な人の教育。

『孟子』（中国）

一、父母兄弟が無事で健康。一、天・人に対して恥じない行動。一、優れた人物を教育できること。

人生の真の知恵は、常人の経験から合成される。あらゆるものの土台にある、偉大な、戦っている無名な人民、大衆こそ、社会の水準を上げていく動的な力である。

W・ウィルソン（アメリカ）

人生の知恵は、上から下へくだるのではない。それは、大木の自然な成長のように、大地から出て、幹を通って枝へ、さらに葉へとのぼっていく。無名の人民大衆の経験が積み重なったもので、これが、社会の知恵となり、人類の知恵となっていくのである。

人生の前半は親に台無しにされ後半は子によって台無しにされる。

クラレンス・ダロー（アメリカ）

子供時代は、愛されて親の私物化にされて台無し。成人すると子供にふりまわされて台無し。これが人生。

人生の目的は、生きることであり、生きることは感じることだ。

ヘンリー・ミラー（アメリカ）

それは、喜びに満ち、酔いしれ、安らぎ、厳かに、感じることだ。――と続く言葉。

人生の目的は、知識ではなく、行動にある。

トマス・ハクスリー（イギリス）

人生の目的は、何を知るかでなくて、何を行うか、にある。

人生の喜びと力とは、尊敬のうちにあり。

ジョン・ラスキン（イギリス）

人生を生きる喜びも力も、尊敬する心から生まれる、の意。

人生は、あっという間の瞬間に過ぎない。

ゴーギャン（フランス）

永遠に対して準備するにはあまりにも短すぎる。――と続く言葉である。

人生は、一瞬のことに過ぎない。

シラー（ドイツ）

そして、死も一瞬に過ぎない。――と続く言葉である。詩人であり歴史学者らしい名言。

人生は、一方通行の道である。

ベレンソン（リトアニア）
人生は、逆走の許されない、逆走すれば免許を奪われる道である。

人生は、後ろ向きにしか理解できないが、前向きにしか生きられない。
S・キェルケゴール（デンマーク）
人生は、解かるべき問題ではなく、経験されるべき現実である。――と書き加えている。

人生は海、金は船頭である。
ヴェッカーリン（ドイツ）
金がなければ、うまく世渡りができないことを述べている。

人生は、運、根、鈍。
「鈍」とは、折れない粘り強さをいう。人生は、根気と粘り強さで、運の巡って来るのを待つことだ。

人生は往復切符を発行していません。一度出発したら、再び帰ってきません。
ロマン・ロラン（フランス）
人生は、一度しかなくて、後戻りができない。やりなおしができない。毎日を大切にして暮らそう。

人生は、恐れなければとても素晴らしいものだ。
チャップリン（イギリス）
人生に必要なもの。それは勇気と想像力、そして少しの金だと述べている。

人生は活動中だ。無意味な休息は死を意味する。
ヴォルテール（フランス）
人生は活動することに意味がある。無意味な休息、怠惰は、死んだほうがまし、との意。

人生は、考える者には喜劇であり、感じる者には悲劇である。
ホレス・ウォルポール（イギリス）
人生は、悲劇であり喜劇であり、どちらでもない毎日でもある。

人生は、クローズアップで見ると悲劇だが、ロングショットで見ると喜劇だ。
チャールズ・チャップリン（イギリス）
人生は、辛いことや、悲しいこともあるが、一歩引いてみたり、視点を変えてみたりすると、滑稽に見えることもある。それを決めるのは自分自身である、の意。

人生は、実に短いものだが、それが時間の浪費によって、いっそう短くなる。
サミュエル・ジョンソン（イギリス）
人生は短い。それなのに凡人は、時間を浪費し過ぎて、短いと嘆いている。時間の浪費をするな、の意。

人生は、十段変速の自転車のようなもの。自分が持っているものの大半は使っていない。
チャールズ・シュルツ（アメリカ）
人生は、平坦な道ばかりではない。自分が持っている可能性を信じるものだけが、悪路や急坂を乗り切ることができる、という意。

人生は、すべて次の二つから成り立っている。したいけど、できない。できるけど、したくない。
ゲーテ（ドイツ）
人生は、簡明に割り切れば、次の二つである。したいができないこと。できるがしたくないこと。

人生は、石材なり。これに神の姿を彫刻するも、悪魔の姿を彫刻するも、各人の自由である。
E・スペンサー（イギリス）
人生という石材を使って、どんな像を彫刻するかは本人次第である。自分で考え、自分の責任で運命を開くべきだ。

人生は、その人の勇気に比例して、縮小したり、拡大したりする。
アナイス・ニン（フランス）
大きく生きようとするなら、それに応じた勇気を、持つことが肝要だ。

人生は、退屈すれば長く、充実すれば短い。
シラー（ドイツ）
退屈して暮らすと一日が長く感じられ、多忙で充実した一日は、非常に短く感じられる。

人生は、たたかうがゆえに、美しい。
スポーツの戦いのように、技を競い合うからこそ美しいという、意。

人生は朝露のごとし。『漢書』（中国）
人間の一生は朝の露が陽光を受けてすぐに消えてしまうように、はかない。

人生は勤むるにあり。
人間が生きていくのは、努力し、働くことに意義がある。中国古代の諺。

人生は道路のようなものだ。一番の近道はたいてい悪い道だ。
フランシス・ベーコン（イギリス）
遠い道をゆっくり歩いて、良い人生を作れ、の意。

人生は解かれるべき問題ではなく、経験されるべき現実である。
S・キェルケゴール（デンマーク）

人生は解明しようとするものでなく、現実に経験、体験すべきものである。

人生はとても短く、おだやかな時間はごく少ないから、我々は価値のない本を読んで無駄にすべきでない。

ラスキン（イギリス）

価値のない本は読むな。人生は短い。つまらぬ本のために時間を無駄にしてはならない。筆者の持論であるが、たしかに名言である。

人生はドラマであって、成り行きではない。

マゲリッジ（イギリス）

人生は、山あり谷ありの演劇であり、単に、時間的な移り行きではない。

人生はトランプゲームに似ている。

ネルー（インド）

配られたカードは、決定権を意味し、どう切るかはあなたの自由意志である。

人生は涙の谷。

生きているかぎり、悲しみはつきまとうものだ。悲しみのない日は、数えるぐらいしかないのだ。

人生は橋。渡ることはできるが、その上に家を建てることはできない。

人々が行き交う橋であるが、そこに自分だけの家を建ててはいけない。インドの諺。

人生は一箱のマッチ箱に似ている。重大に扱うのはばかばかしい。重大に扱わねば危険である。

芥川龍之介（日本）

人生を、真実に重大だと思って毎日生きるのは、ばかばかしい。といって、軽んじて暮らしていると危険である。

人生は身いっぱいに生きるようにできている。だから好奇心をいつも生き生きさせていなければならない。

エリナー・ルーズベルト（アメリカ）

どんな理由があるにせよ、けっして人生に背を向けてはならない。——と続く言葉である。

人生は、短い。この書物を読めば、あの書物は読めないのである。

ラスキン（イギリス）

いい本を読め。良書を選んで読書せよ。人生は短いのだから、の意。

人生は、短く感じることもあるが、清く美しい生活をするには十分に長い。

キケロ（古代ローマ）

人生は余りに短い。しかし、間違ったことをせず、清らかに美しく生き続けねばならないと考えると、かなり長い。

人生は短く、芸術は長い。

本来の意味は、「人生は余りに短いが、医術、学術の習得は長い努力が要る」。現在の意味は、「人間の命は短いが、すぐれた芸術作品は、作者が死んだ後も長く残る」。

人生は物語のようなものだ。どんなに長いかでなくて、どんなに良いかということだ。

セネカ（古代ローマ）

人生を物語に喩えた有名な言葉である。長ければ良い人生だとは言えない。いかに良い人生を作るかが大切である。

人生は宿屋、死は旅の終わり。

ジョン・ドライデン（イギリス）

人生を、旅人を迎えまた送る宿屋に喩えた名言。

人生はやりなおしがきかない。

若い時は、二度と来ない。

人生は欲望から欲望への連続である。充足から充足への連続ではない。

サミュエル・ジョンソン（イギリス）

欲望を探求するのが人生。それなのに世人は、充足ばかり考えている。

人生は列車のようなもの。

ウィリー・スタージェル（アメリカ）

時に遅く走ることは予測のうちだが、脱線だけは困る。

人生夢の如し。

人生は、わずかな間で消える夢のようにはかない。

人生を楽に生きる方法、二つ。あらゆることを信じること、あらゆることを疑うこと。

A・コージブスキー（ポーランド）

どちらも無駄なことに頭を使わないですむ。——と続く言葉である。

親切な言葉は、王冠に優る。

テニスン（イギリス）

困っている時の親切は、何にもましてありがたい、の意。

身体の運動は強制されても害はない。学習は強制されると、心に残らない。

プラトン（古代ギリシャ）

運動は強制されても無害。学びは自発的でないと害が多い。

身体髪膚これを父母に受く、敢て毀傷せざ

るは孝の始めなり。
人の体、髪、皮膚、これらは、すべて父母からいただいたものである。これをこわしたり傷付けたりしないのが孝行の始めである。
『孝経』（中国）

身体は芭蕉の如し。
身体は、芭蕉の葉のように風にあおられて破れやすく弱いものだから、大事にせよ、の意。
『天草版金句集』（日本）

身体を訓練しないものは、身体を使う仕事をなしえないごとく、精神を訓練しないものはまた精神の仕事を行うことができない。
クセノフォン（古代ギリシャ）
身体を訓練せよ。またそれ以上に、精神を訓練せよ。目に見えない精神的な仕事は、心の弱いもの、意思の弱いものでは、十分に果たすことができないからである。肉体以上に心の訓練を心がけよ、という意。

死んだ子の年を数える。
今さら言っても取り返しようがない愚痴をいう、喩え。「死児の齢を数う」（別項）とも。

死んだら誉められる。
生前に悪評を受けた人でも、死ぬと誉められるようになる。追想が人の評価を甘くする、意。

人知に思い上がっている人間はいつかそのためにむごい罰をこうむることがある。
志賀直哉（日本）
人間が鳥のように飛び、魚のように水中に行く、こういう無制限な人間の欲望がやがて、人間を不幸に導くのではないか。――と続く文である。

死んでから医者。
手遅れになってから事に対応しようとする喩え。

死んでしまえば、なにもかも帳消しだ。
シェークスピア（イギリス）
死は、全てを帳消しにする。完全に全てのものを消してしまう。――と続く。

死んで花実は咲かぬ。
生きていればこそ良いこともあるのだが、死んでしまっては、何の幸福もない、という意。

心頭を滅却すれば、火もまた涼し。
快川禅師（日本）
心の持ちようによって、どんな苦痛でも凌げる。信長の甲斐攻めで恵林寺の山門に追われ火をかけられた時の言葉。

真なるもの来たり、偽りなるもの去る。
マホメット（古代アラビア）
イスラム教の創始者が、メッカ軍を破り、神殿の偶像を破壊して、この言葉を残した。

真に尊敬すべきものはその名声ではない。それに値する真価である。
ショーペンハウアー（ドイツ）
尊敬に値する本当の値打ちがあるか否かが大切である。

信念が幸福を招き寄せる。
信念を持って生き抜くこと、そこに幸福がやってくる。

新年新心健康なスタート。
新しい年に、新しい心と健康な肉体でスタートしよう。

信念は山を動かす。
「念力岩をも徹す」（別項）「精神一到何事か成らざらん」（別項）とも。精神を集中すれば、どんなことでもできるという喩え。

信念は、恋愛と同じで、強いることはできない。
ショーペンハウアー（ドイツ）
信念は自らが堅く持つもの。強制もできないし、強制されて持つものでもない。

真の幸福は常に諸君の手中にある。それは物の影のごとく、善なる生活に付随する。
トルストイ（ロシア）
幸福は、遠いところにあるのではない。善なる生活、毎日の暮らしが悪と結びついていなければ、だれでも幸せなのだ、の意。

真の自己に生きる人にとって、犠牲は一種の喜びである。
タゴール（インド）
人間として本当の生き方をしようとする人にとって、他の犠牲になることは喜びに近い。

真の天才は、あらかじめ一定の軌道にのせて描くことはできない。
ハイネ（ドイツ）
その軌道は、あらゆる批判的評価の外にある。と続く言葉。

真の読書法とは、気分がむけば書を手に取ってこれを読む。ただそれだけのこと。
林語堂（中国）

真の読書法などと真面目に論ずるのは、馬鹿げている。気が向いたら、本を手にして読めばよい。これこそ、真の読書法。

真の勇気とやさしさは、ともに手を携えていく。勇敢な人間は、度量が広く寛大である。

サミュエル・スマイルズ（イギリス）

勇気のある人は、やさしさを持っている。勇敢で心が広く弱者にやさしい。

仁は過ぐべく、義は過ぐべからず。

思いやりの心は、深いほどよいが、道を守る義は、ともすると人を縛るだけになるので、適度に行え。

心配するより解決法を捜せ。

物事を悲観的にばかり見て心配ばかりしても結果は出ない。くよくよしないで、具体的な解決法を求めよの意。

心配で年が寄る。

心配事のために、年齢より年をとって見えること。

心配は身の毒。

心配は健康に悪いという意。ストレスが生命を縮めるというのは、現代医学の教えでもある。

神仏は見通し。

神仏は、どんな小さなことでもご存じだから、ごまかしてはならない、という戒め。

辛抱強い努力のみが生命の秘密を開いてくれる。

ロダン（フランス）

辛抱強い努力、芸術家のロダンは、これだけが優れた美に迫れると考えた。有名な言葉。

辛抱は金。

「辛抱する木に金がなる」という諺もある。怠けたいのを辛抱して働く。使いたいのを辛抱する。そうすれば、金はたまる。石臼の心棒がカネ（鉄）であるので、かけ言葉の諺である。

辛抱は物事成就の元。

物事を完成するには何と言っても辛抱が第一だ、の意。

進歩向上は難く、退歩堕落は、たやすい。

「起き上がるより倒れるのがやさしい」とも。進歩向上には強い意志と強力なエネルギーが要る。安易な生き方をしない、戒め。

人民の、人民による、人民のための政治。

リンカーン（アメリカ）

この国が神の御手のもとに、もう一度自由の新たな誕生を迎えるようにすること、そして、人民の、人民による人民のための政治を断じてこの地上から死滅させないことであります。――と続く。アメリカの北軍戦死者の共同墓地献堂式での挨拶である。

人民の目をつぶしてしまったかれらが、人民が盲目だと言って非難する。

ミルトン（イギリス）

人民を愚民政策の犠牲にしておきながら、政治家は、人民が愚かだと言って非難する。政治家よ、これでいいのか。――と続くミルトンの言葉である。

進物をくれる人に油断すな。

やたらと贈り物をくれる人は、気を許してはならない。何か下心があるから。

信用する前に試せ。

人を簡単に信用するな、の意。**英語の諺** Try before you trust.

信用は黄金にまさる。

現実の生活でも、心からの信用は、金融上の信用以上のものがある。

信用は無形の財産。

人々に信用されると言うことは、目に見えないが大きい財産である。

信用を失ったら世間にとって死んだも同然。

信用の大切さを伝える言葉である。信用されなくなると、世間から抹殺されてしまう喩え。**英語の諺** He that has lost his credit, is dead to the world.

信頼は鏡のガラスのようなものである。ひびが入ったら元通りにはならない。

アミエル（スイス）

信頼は、こわれやすく、傷つきやすいもの。元どおりになかなかならぬ。今ある信頼を大事に、の意。

信頼は強制によって生ずるものにあらず。

ダニエル・ウェブスター（アメリカ）

信頼は、誠実に生きる人に、自然に生まれてくるものである。

信頼には裏切りがある。

人を信じきっていると、時として裏切られることがあるから注意せよ、という戒め。

真理の矢を投げるなら、その先端を蜜に浸せ。

本当のことを伝えるときは、相手を傷付けないようにせよ。アラブの諺。忠告する時は思いやりを忘れず、の意。

真理は井戸の底にある。
真理は、簡単に到達できぬもの。外国の諺。

真理は、多くの言葉を必要としない。
多くの説明をしなければならないのは、真理ではないのである。**英語の諺** Truth needs not many words.

真理は時の娘。
時が経てば、真理は明らかになる。Truth is the time's daughter. が英語の諺。真理は多くの言葉を必要としない。時が明らかにする。「娘」は、ラテン語で真理が女性名詞であるから。「息子と娘」のこと。

真理への道は茨の道。
真理への道は、簡単に到達できぬ苦難の道である。遠くて深い道である。**英語の諺** Truths and roses have thorns about them.

真理を伝え、学を授け、疑いを解くもの、それが師である。　韓退之（中国）
人間は生まれながらにすべてを知るものでないから、師につくことが絶対に必要である。

人類が月に行くのも、もっともであるが、月は大して遠くない。人間が到達しなければならぬ最大の距離は依然として自己のなかにある。　ド・ゴール（フランス）
月よりも、それぞれの人間や民族の心の中の距離が大きい、という意。争いや戦争がなお絶えないことは、人間自身の心の問題である。

親類不和に長者無し。
親類同士仲が良くない家からは、財産家は出ない。

人類への信頼を失ってはならない。人類は大洋のようなものである。たとえ大洋の中の数滴が汚れても、大洋全体は汚れない。　マハトマ・ガンジー（インド）
少数の悪い人間が出ても、それは全体の中で消えてしまう。人類の将来への美しい信頼がうかがわれる言葉である。

進路を開拓しようとする人の一番の望みは、「我にチャンスを与えよ」である。　ワナメーカー（アメリカ）
我にチャンスを与えよ。就職口を与えよ。働く仕事を与えよ。

仁を好めば天下に敵なし。『孟子』（中国）
君主が仁を好んで政治を行えば、天下はみな服して、敵対するものはいない。

信をば義に近くせよ。『論語』（中国）
約束するならば、正義に近い、実行すべきことを約束せよ。

す

水火の争い。
互いに相容れることのない、仲の悪い者の争いをいう。

西瓜は土で作れ、かぼちゃは手で作れ。
西瓜は土壌を良くして作れ。かぼちゃは、畑の手入れをよくして世話をして作れ。

水鏡私なし。『蜀志』（中国）
スイキョウ、ワタクシナシと読む。水や鏡は、個人的感情がない、という意。だから、公平に、ありのままの姿を映し出す、という喩え。

水魚の交わり。
非常に親密な友情、交際などの喩え。

水車が無ければ粉もない。
原因がなければ結果もないことの喩え。**英語の諺** No mill, no meal.

水車は、過ぎ去った水では回らない。
水の流れをとらえる機会を失っては水車の役を果たさぬ。そのように、人生において機会は逃がすなという喩え。**英語の諺** The mill cannot grind with the water that is past.

酔生夢死
酔いと夢の中に死ぬ。つまり、一生を何もなすことなくうかうかと過ごしてしまうこと。

水中に火を求む。
求めても得られない、不可能なことの喩え。

水滴石をも穿つ。
わずかな水の滴りでも、絶え間なく落ち続けると、堅い石にも穴をあける意。ささいな事でも、続ければ大きな結果を及ぼす、という喩え。

錐刀を以て、太山をこぼたんとす。
荀子（中国）
錐刀はスイトウと読み、キリのような小さい刃物の意。キリのような小さな刃物で、大きな山を切り崩そうとする。微弱な力で強大なものに反抗する喩え。

粋は身を食う。 「江戸かるた」（日本）
粋人ともてはやされ、粋人らしく振る舞っていると、その道に深入りしすぎて、身を滅ぼす。つまり遊芸に通じた人は、結局、それで身を滅ぼす、意。

睡眠は医薬にまさる。
「眠りは、いかなる健康法にも勝る」という意。**英語の諺** Sleep is better than medicine.

酸いも甘いも知っている。
経験が豊かで、世間の微妙な事情や人情の機微によく通じていることの喩え。「酸いも甘いも嚙み分ける」とも。

末の通らぬことは、世話せぬもの。
最後まで面倒を見ることができないならば、中途半端に世話などしないほうがよい。

頭寒足熱
頭部をひやし、足を温めること。健康によい状態。

好きこそ物の上手なれ。
好きだとそれを熱心にやるから上手になる。「好きは上手の元」とも。

過ぎ去ったことを悔やむのは、止めましょう。
ジッド（フランス）
わかっていても、人間は過ぎ去ったことを悔いてくどくど言うものである。それを止めよ、の意。

過ぎ去りし日のものおもい楽しき光運び来る トマス・モア（イギリス）
過ぎ去った日の、良い思い出は、楽しい光を運んでくる。

過ぎたことで、心を惑わされるな。
ナポレオン・ボナパルト（フランス）
過ぎたことで、悩んだり、苦しんだり、つまらぬことで心を惑わされたりするな。

過ぎたことは仕方がない。
過ぎてしまったことを後悔しても何にもならない。「過ぎぬる事は物申さず」とも。

過ぎたことを、いつまでも嘆かず、今ここから、やりなおすのが人生だ。
イソップ（古代ギリシャ）
「今、ここからやりなおす、それが人生だ」とも。真理を述べた言葉である。

過ぎたるは、なお及ばざるがごとし。
『論語』（中国）
物事には程度というものがあり、それを越えて、やり過ぎることは、足りないのと同じようによくない、意。

過ぎてかえらぬ不幸を悔やむのは、さらに不幸を招く近道だ
シェークスピア（イギリス）
過去の不幸を悔やむな。さらに不幸を招いて一層不幸になるという警句。

好きなことはだまされやすい。
好きな物事は、冷静な目で客観的に見られないので、他人のしかけた奸計に陥りやすい。

空き腹にまずい物なし。
空腹時にはまずい食べ物はない。「ひだるい時にまずいものはなし」とも。

隙間風は冷たい。
二人の間で、心のへだたりができると、いっそう冷たく感じられる。

すぐに得たものは、すぐになくなる。
手軽に手に入れたものは、すぐ消えるという意。「悪銭身に付かず」とも。安易に儲けた金はすぐになくなるという戒め。
英語の諺 Soon gotten, soon gone.

尽くは小出しにせよ。
「尽く」はズクと読む。ある限りの力を出すこと。ここでは、元気を力一杯出すこと。元気や力は小出しに惜しんで使え。そうでないと疲れてへばってしまうの意。

すぐれた記憶は、弱い判断力と結びつきやすい。 モンテーニュ（フランス）
優れた記憶力の持ち主は、判断力が欠けている。それを当人は気付いていないことが多い。

すぐれた言葉を見出だすには、すぐれた精神を必要とする。 河盛好蔵（日本）
格言や箴言、名言、金言など、先人の優れた言葉を見出すには、すぐれた精神が必要だ。

すぐれた人の書いた文章は、ときには心ゆくまで、読んでみたい。
島崎藤村（日本）
我々はあまりに黙読に慣れすぎた。文章を音読することは、愛なくてはかなわぬことだ。――と続く言葉である。

すぐれて良きものは、優れて悪し。
余りに美しいものは、その美しさゆえに不吉だ。何事もほどほどがよい、という意。

少しきを救わざれば、大破に及ぶ。
少しの故障を修理しなければ大きな損失をこうむる。小さなことをゆるがせにしない、という戒め。

少しずつで人は遠くまで行く。
「千里の道も一歩から」（別項）「一歩一歩で梯子はのぼれる」（別項）着実に毎日少しずつ進むことで、思わぬ遠くまで到達できる。

少しずつでもたび重なれば、財布はふくらむ。
小さな倹約を積み重ねていると、いつしか大きな財産になる。Little and often fills the purse.「塵もつもれば山となる」と同じ意味の英語の諺。

少しの不注意が、大きい禍を生む。
「危険はみくびるとやってくる」（別項）、「十分な警戒が不幸を防ぐ」。何ごとも小さなうちに、小さな注意を積み重ねよう。

すこやかと良き妻は、人の富。
健康と良い妻に恵まれれば人は幸福である。

鮨の辛味はわさびにかぎる。
日本料理で、刺身、酢の物、などのなまものの辛味は、わさびがピッタリだ、という諺。

進み立つ方に障りなし。
積極的に仕事にあたる場合は、障害は生じないものだ。

進む者は退き易し。
進歩の早いものは衰退することや、失敗を早く招くものである。

進むを知りて退くを知らず。
『易経』（中国）
がむしゃらに進むことばかり考えて、退く必要性を知らない。情勢に応じて退くことも必要である。

雀の糠喜び。
雀が籾（もみごめ）が落ちていると思ったら、籾糠（もみぬか）ばっかりだったという意。せっかく喜んだのに、無駄であることの喩え。

雀百まで踊り忘れぬ。
「上方かるた」（日本）
人間が幼い時に身につけたものは、幾つになってもなおらない意。普通、若い時の道楽が年老いてもなおらない意で用いることが多い。

裾を肩に結ぶ。
着物の裾を大きくからげて大いに働く様。歌舞伎の諺。

捨てる神あれば、拾う神あり。
「捨てる神あれば助ける神あり」とも。世の中はさまざま、ぐるぐるまわっている運のようなもの、非難や排斥されてもくよくよすることはない、という意。

砂道歩くごとし。
砂地の道が歩きにくい意から、ものごとがはかどらない喩え。

砂を蒸して飯となす。
どんなに苦労しても不可能である喩え。中国の諺。

すべてが失われようとも、まだ未来が残っている。
クリスチャン・ボヴィー（アメリカ）
たとえすべてを失ったとしても明るい未来に希望を持て、の意。

すべて重大な問題は、天地に恥じざる行動と相互信頼の公平な心があって、初めて解決する。
アインシュタイン（ドイツ）
重大な問題は、賢さとか敏捷さだけでは決して解決できないものがある。公明正大な行動、公平な心が必要。

すべての悪は、ひとりでいられないという気持ちから生じる。
ラ・ブリュイエール（フランス）
賭け事、放蕩、酒、女、無知、悪口、羨望、神の忘却などすべてが。――と続く。

すべての足にあう靴はない。
物事は、すべて条件にかなうということはない。英語の諺 Every shoe fits not every foot.

すべての事業は、七転び八起きだ。
孫文（中国）
大切なことは自分からくじけぬことだ。絶望さえしなければ成就する。

すべての真理を、口にしてよいわけではない。
真理だからといってすべて言ってよいということではない。世の中には言っていいことと悪いことがあるという英語の諺。

All truths are not to be told.

すべての人間は、生まれつき知ることを欲する。 アリストテレス（古代ギリシャ）

人間は、知りたいという本能をもっている動物である、の意。

すべての人間は、他人の中に、鏡を持っている。 ショーペンハウアー（ドイツ）

すべての人間は、他人の言動が自分への戒めになっていることを思うべきだ。

すべての道はローマに通ず。 ラ・フォンテーヌ（フランス）

ローマ帝国全盛時、世界各国から道が通じていた、の意。転じて、どんな方法を取っても、同じ目的のところに達すること、真理は一つの喩え。**英語の諺** All roads lead to Rome.

すべてのものは、場所を決めておき、すべての仕事は、時間を決めてせよ。 B・フランクリン（アメリカ）

ゆきあたりばったりで仕事をするな。身の回りを整理し計画的に実行せよ。

すべての喜びの中で、労働の成果が最も甘味である。

働いた後の喜び、労働の成果が目に見える時の喜び、その喜びの中に生き甲斐を感じるという最高の甘味があるのである意。**英語の諺** Of all pleasures the fruit of labor is the sweetest.

すべて良き書物を読むことは、過去の最もすぐれた人と会話をかわすようなものだ。 デカルト（フランス）

良書を読むと、過去の最も偉大な人と、時間や空間の制約なく、会話できる、という意。

すべてを教える者は、間違った教え方をするものだ。

生徒自ら、学ばせるだけの余裕を残しておくのが良い教師であるという意。**英語の諺** He teaches ill who teaches all.

すべてを摑めばすべてを失う。

すべてを自分のものにしようとすると、何も得られない。強欲に対する戒め。**英語の諺** Grasp all, lose all.

すべてを欲する者は、結局何物も得られず、無に帰せしむ。 ヘーゲル（ドイツ）

すべてを得たいと思うな。結局、何も得られなくなってしまう、の意。

スポーツの目的は勝敗にあらず。競い合う技にあり。 リンカーン（アメリカ）

勝敗にこだわるな。スポーツは技を競い合え、という意。

住まいのある所が故郷なのではない。理解してもらえる所こそ故郷なのだ。 C・モルゲンシュテルン（ドイツ）

故郷とは多くの仲間がいてほっと心の安らぐところ、理解してくれる人のいるところだ。

すまじきものは宮仕え。 『狂言記』（日本）

他人に仕えること、組織の中ではたらくことは、何かと気苦労が多い。できればやりたくない、という諺。

住まば都。

同じ住むなら都がよい。「住めば都」（別項）とは意味が異なる。混同しないように。

墨は墨、雪は雪。

正しいことと、正しくないことの区別をはっきりとつける態度を持ての喩え。

速やかならんことを、欲するなかれ。

「速やかなんことを欲すれば達せず」の『論語』に由来。物事は急いで成績をあげようと思ってはならない。思わぬ手落ちなどがあってうまくいかない場合が多い。

速やかに成れば、堅牢ならず。

何事でも急速に仕上げたものは、ひ弱なものしかできないという教え。

住めば都。

長年住んでいると、どんな所でも立派な都に思える意。転じて、物質的にわびしくても、精神的には楽しい。

相撲に勝って勝負に負ける。

相撲の取り口では相手を圧倒しながら、勝負では相手に負けて黒星となること。

すももから、林檎を作ることはできない。

英語の諺 There's no making apples of plums. ある原因から、それ相応の結果しかもたらさない。平凡なものから非凡なものを作ることはできない。

擂り粉木で重箱洗う。

大まかで雑なことをする喩え。また、すみずみまで行き渡らない喩え。「四角な座敷を丸く掃く」（別項）と同じ意。

擂り粉木で腹を切る。

先のまるいスリコギで切腹する意。不可

能の喩え。

駿河の富士と一里塚。
富士山と街道の一里塚は、形は似ているが比較にならないほど異なる。くらべものにならないという喩え。

するは一時、名は末代。
するときの苦労は一時的、すべきことをしなかった不名誉は永久に残る。苦しくても、不名誉なことをするな。

するようにならないで、なるようになる。
自分の意思通りに物事は運ばない。自然になるような結果に、物事は落ちつくものである、という意。

済んだことをいうと鼠が笑う。
過去のことにこだわるな、という戒め。

寸鉄人を殺す。
寸鉄は、小さい刃物。小さい刃物で人を殺す、意。ただし、これは刃物での殺人を意味せず、短くて適切な言葉、短くて奇抜な言葉で、相手の急所を突く、喩えである。「寸鉄人を刺す」とも。**英語の諺** The tongue is not steel, yet it cuts.

寸にして之を度れば、丈に至りて必ず違う。
『淮南子』(中国)
度ればは、ハカレバと読む。一寸ずつはかると、一丈にいたって必ず誤差が出る。小さな単位のもので計るな。物事にはふさわしい尺度がある、という喩え。

寸を進めずして尺を退く。 老子(中国)
一寸前進するより、一尺後退する。相手と衝突することを極力避けよ。みだりに挑戦するなの意。

せ

性相近し、習い相遠し。
人の天性には大差はないが、習慣の違いでいろいろな人間性に大きい差ができる。

井蛙大海を知らず。
井蛙はセイアと読む。「井の中の蛙、大海を知らず」(別項)と同じ。非常に見識の狭い喩え。

生ある者は必ず死す。この世を経て永劫にむかうのは、人の世の常というもの。
シェークスピア(イギリス)
生命をこの世に受けた者は必ず死ぬ。人の世に例外はない。

青雲の志。
「青雲」は高く晴れた空の意味から、高位高官の喩え。立身出世をしようとする志と希望の意。

性格は別として、その他のあらゆる資質は、孤独の中にいることによって獲得できる。
スタンダール(フランス)
孤独の中にいて思考せよ。そしてあらゆる資質を養い、獲得せよ、という意。

生活が貧しくても、心が豊かな人は、心が貧しい金持ちよりもあらゆる面で優れている。
サミュエル・スマイルズ(イギリス)
心の豊かな人になれ、たとえ生活が貧しくても、という戒めである。

生活は簡素に、思索は高尚に。
ワーズワース(イギリス)
質素にして、高い思索のある暮らしを、という意の言葉である。

正義の戦いには、小よく大に勝つ。
主張が正しいところでは、弱小なものでも強大なものに打ち勝つ、という意。

正義のないところに、自由はない。
ゾイメ(ドイツ)
自由のないところに正義はない。正義と自由は、必ずついてまわる。

正義は、長い腕を持っている。
正義は、必ず天罰を下すであろう。**英語の諺** Justice has long arms.

清潔な人は、汚らわしいことを心に受け入れず、よこしまなことを思わない人である。
手島堵庵(日本)
清潔は部屋を清めることだけではない。清潔な人は、不正なこと、邪悪なことを、心に思わない人である。

晴耕雨読
晴れた日には田畑を耕し、雨の日には読書を楽しむ。悠々自適の境遇の意。

成功者のすべては、小さな思いつきを馬鹿にしなかった人たちであろう。
藤原銀次郎(日本)
どんなに小さな思いつきでもよい。くだらん思いつきでもよい。それを、どこまでも掘り下げよ。――と続く言葉である。

成功するための最善の方法、それは、もう一度試みることである。

トーマス・エジソン（アメリカ）

成功の方法は、「もう一度」試みること。白熱電球の発明には、一万回、「もう一度」をくりかえしたという。

成功するには、二つの道しかない。一つは自分の勤勉によるもの。

ラ・ブリュイエール（フランス）

もう一つは、他人の愚かさで儲けること。――と続く言葉である。

成功する人間になろうとせず、価値ある人間になろうとしなさい。

アインシュタイン（ドイツ）

名誉や地位を得ようと思うより、人の役に立つ人間になるようにつとめよ。

成功する人は、前進し続ける。失敗もするが、途中で投げ出すことはない。

コンラッド・ヒルトン（アメリカ）

途中で投げ出さない。あきらめない。なおも前進し続ける。結果として成功がある。――と続く名言である。

成功とは、失敗に失敗を重ねても情熱を失わないことだ。

ウィンストン・チャーチル（イギリス）

あきらめずに情熱を持ち続けること。これが成功するコツである。

成功の栄冠に憧れることは、とがめるものではない。しかし憧れるだけで何もせず、日々を空費することは、とがめるべきである。

ポアンカレー（フランス）

成功の栄冠に憧れるだけで、何もしないで、毎日を空費し、無駄に人生を送ることのないように、という意。そういう若者が多すぎるからである。

成功の最大の秘訣は、他人や状況に振り回されない人間になること、それだけだ。

シュバイツァー（ドイツ）

アフリカの密林に独力で病院を開いて生涯を住民の病苦救済に捧げた人の体験から出た言葉。「他人や状況に、振り回されないこと」。

成功の背後の血涙流れる。

成功の陰の見えないところに、血のにじむような努力と苦難の涙が流されていることを忘れてはならない。

成功の秘訣があるとするなら、それは他人の立場を理解し、自分の立場から物事を見る能力である。

ヘンリー・フォード（アメリカ）

成功の秘訣などを言葉で表すことはできない。もしあるとするなら、他人の立場の理解が第一、その上で自分の立場に立って物事を見ることができる能力だといえる。

成功の秘訣は、自分の専門に精通徹底することにある。

B・ディズレーリ（イギリス）

その精通徹底は、追求心と努力の継続によってのみ得られる。――と続く名言。

成功の秘訣は、自らの直面している問題をマスターすることにある。

B・ディズレーリ（イギリス）

そのためには勉学に熱中しなくてはならない。――と続く言葉である。

成功の方法は必ずしも、これを知るを要せず、よく一事のなすべきことを知りて、全力をこれに傾倒すれば足れり。

ワナメーカー（アメリカ）

成功の方法などを知ろうとするな。一つの事の社会的意義を知って、これに全力を傾倒する、これで十分だ。

成功の下には、久しくおるべからず。

『史記』（中国）

功績をあげ、高位にのぼり成功したら、その地位に長く留まってはいけない。ねたみと禍いを受けるから、の意。

成功は、結果であって目的ではない。

フローベル（フランス）

成功を目的にしてはいけない。自分の正しい生き方、行動の結果として、成功があるのだ。

成功は、結果で計るものでなく費やした努力の総計で計るべきである。

エジソン（アメリカ）

成功は、努力の総決算である。努力努力の積み重ねである。

成功や昇進は、無知な、自惚れの強い高慢な支配者のいだく気紛れな、たわいのない好意に左右せられる。

アダム・スミス（イギリス）

そこではまた、しばしばへつらいと虚偽が、功績や能力などに比べて、より有力である。かような社会では、人を喜ばす能力の方が、人に奉仕する能力よりも一層高く評価される。――と続く名言。

成功を自分一人の努力によると主張することは、浅はかで、傲慢なことだ。

ウォルト・ディズニー（アメリカ）
どんな優れた業績も、多くの人の手と心と頭に助けてもらって、はじめて可能になるのだから。――と続く名言。

青山骨を埋むべし。
蘇軾（中国）
青々とした山は、自分の骨を埋めるのによい所である。男子たるもの、どこで命を終わってもよいという意。投獄され死を覚悟した時の句。

政治家とは、自分を国家の下僕と位置付ける人のこと。政治屋とは、国家を自分の下僕と位置付ける人のこと。
ジョルジュ・ポンピドゥー（フランス）
政治屋は、権利と権力をはきちがえて、国家をないがしろにしている、という意。

政治家に聞いてほしいこと五つ。一、貧乏人の願い。一、少数者の意見。一、正直な忠告。一、国家と社会を思う熱情。一、主義から出た反論。
田中正造（日本）
しかし、政治家は、都合のよい意見と、へつらいと、私利に目がくらんでいる。――と続く言葉である。国家と社会を思い、貧乏人を愛し、正義を貫き、少数者のために一生涯を捧げた人の言葉。

政治家は、心にもないことを口にするのが常なので、それを真にうける人がいるとびっくりする。
シャルル・ド・ゴール（フランス）
政治家自身がふともらした正直な感想がこれである。口と心との距離が素晴らしく長いのが政治家なのだ。――と続く言葉。

政治家は、手腕ばかり如何にすぐれていても、徳望がなくてはだめである。
辻善之助（日本）
真の政治家は、手腕よりも人望だという意。

政治家は道徳家になっている余裕はない。
ウィル・デュラント（アメリカ）
国民の幸福、利益を考える政治家は、道徳を説き道徳を実践する余裕がない。

誠実あるところ栄光あり。
真心で人生を生きることだ。「誠実な人生に栄光あれ」。

誠実にまさる知恵なし。
シラー（ドイツ）
誠実（真心）で解決するよりほかに良い知恵がない。

誠実は最良の方策なり。
ワシントン（アメリカ）
誠実（真心）は、どんな問題に対しても最良の方策だ。誠実に生きよ。

政治とは、可能性の芸術である。
O・フォン・ビスマルク（ドイツ）
つまり、さまざまな不可能な案件を成し遂げることである。――と続く言葉である。

政治とは、誰が、何を、いつ、どのようにして手に入れるかである。
ハロルド・ラスウェル（アメリカ）
そして手に入れたものをいかにうまく隠すかである。――と続く。

政治とは、流血を伴わぬ戦争である。
毛沢東（中国）
一方、流血を伴う政治が戦争なのである。と続く。生命が失われないのが政治である、という有名な言葉である。

生死などはなんでもない、つまらないことがらなのだ。ただ生きていく態度が重要なのだ。
稲垣足穂（日本）
いま、生きている態度、生き方を重要視して、人生をおくるべきだの意。

政治の目的は善をなすに易くして、悪をなすに難き社会をつくるにあり。
グラッドストーン（イギリス）
善行のしやすい、悪行のしにくい社会をつくるのが、政治である。――という意味の名言。

青春、大きくて、元気がよくて愛にあふれて、――優美さと力強さと、魅力に横溢する青春よ。
ホイットマン（アメリカ）
君は知っているか。ひょっとしたら、老年というやつが君たちに劣らぬ優美さと力強さと魅力をそなえてやってくるのを。――と続く言葉である。

青春時代に得たいと願ったものは、老年に至って豊かに与えられる。
ゲーテ（ドイツ）
人生を誠実に生きてくると、青春時代に得たいと思っていたものが、老年期になって豊かに与えられる、意。

青春とは、人生のある期間でなく、心の持ち方をいう。
サミュエル・ウルマン（アメリカ）
青春というのは、年齢の若いことをいうのが常識だが、そうではなく、心の持ち方の若さをいうのだ、という意。

青春の日に、伝記や文学作品を読むことは、人間の豊かな精神の形成に大いに役立つものである。
福田清人（日本）

青春時代という人生の重要な時期に、伝記や文学作品を読むことは、心豊かな人間になる有力な道である。

青春の夢に忠実であれ。
シラー（ドイツ）

人間と生まれて、青春時代に描いた夢に忠実であれ。精神の若さを失うな。

精神一到何事か成らざらん。

精神を集中すれば、どんな大事業もできるという意の諺。「進んでやろうとする人に不可能なものはない」は英語の諺。Nothing is impossible to a willing heart.

精神的に、自己に忠実であることが、人間の幸福に必要である。
トマス・ペイン（イギリス）

不忠実は、信じることや疑うことにない。——と続く。精神的に自己に忠実であることが人間の幸福に不可欠だ、という意。

精神的に強い人は勇気もある人だ。彼等は、精神的であればあるほど、痛ましい悲劇に出会い、人生が敵対してくればくるだけ、その人生を称賛するのである。
ニーチェ（ドイツ）

精神的に強くあれ。勇気を持て。痛ましい悲劇をもって迫る人生に敵対し、それが強大であればあるだけ、強く勇気を持って生きるべきだ、という意。

精神のあらゆる手段は言語の中にある。言語について省察しなかった者は、全然何も省察しなかったのと同じだ。
アラン（フランス）

心を動かしたり、心で考えたりする手段は、すべて言語である。言語について反省して考えなかった者は、全く考えなかったのと同じだの意。

聖人の門前に孝経を売る。

孝行の道を説く学者の門前で『孝経』を売る、意。余計な事をする喩え。「釈迦に説法」（別項）、「孔子に論語」などと同じ。

聖人は誉れを求めず。誹りをさけず。
『淮南子』（中国）

「誹り」はソシリと読む。聖人はひたすら自己の修養につとめ、世間の名声を求めないし、誹りを気にしない。

井水大魚無し。

井戸の中に大魚はいない。狭い環境では大人物は育たない、という喩え。

贅沢が過ぎての食好み。

ぜいたくをし尽くした果てに変わった料理を食べたがること。

精出せば凍る間もなし水車。

絶えざる努力、寸刻も休まぬ努力の大切さを水車に喩えた諺。

静中の静は真の静にあらず。

動中の静がまことの静である。あわただしく多忙な中にいる時にこそ心の平静を保たねばならない、意。

静中の動。

表面では静かでも、その中に、機に応じて動くべきエネルギーがひそんでいる。このような状態が真の静であるということ。

成長とは、自己決断の能力の増大である。
トインビー（イギリス）

決断力がしっかりと下せるということは、成長のあかしである。的確に決断を下す人間になろう。

成長を欲する者は、まず根を確かにおろさなくてはならぬ。上に伸びることのみ欲するな。
和辻哲郎（日本）

まず、下に、土の中に、食い入ることを努めよ。しっかりとした根を張れ、基礎を作れ、という戒め。

せいては事を仕損じる。

物事は、あまり急ぐとかえって失敗する。ゆっくりと着実に、という戒め。**英語の諺 Haste makes waste.**

性に率う、之を道と謂う。
『中庸』（中国）

率うはシタガウ、謂うはイウと読む。天から与えられた性質に従って行動することを道という、意。

盛年重ねて来らず。
陶潜（中国）

若くて盛んな年は、二度と来ない。だから人生を楽しむべきというのが陶潜の気持ち。日本人は、二度と来ない人生だから怠らず勉学に励み、若い時代を空しく過ごしてはならない、と理解している。

青年は前方を見、老人は後方を見る。

青年は未来ばかり夢見、老人は過去ばかり懐かしむものだ。本当は、いずれにも目を向けねばならないのが人生である、意。英語の諺 Youth looks forward and age backward.

青年は恋愛をほしがり、壮年は地位をほしがり、老年は貪欲となって、地位も金も名誉もすべてをほしがる。

アラン（フランス）

すべての人間が、このとおりであるとは言えないけれどもこういう言葉に、共感できる傾向は、たしかにある。

青年よ、青年よ、つねに正義とともにあれ。

ゾラ（フランス）

もし、正義の観念があなたの心のうちで薄れるようなことがあれば、あなたは、あらゆる危険におちいるだろう。――と続く言葉である。

生は難く死は易し。

苦しみを逃れるために死ぬのは易しいが、苦しみに耐えて生き抜くことは難しい、という諺。「死は易うして生は難し」（別項）とも。

清白を子孫に残す。

『後漢書』（中国）

清白は、セイハクと読み、清白は、心が清く正しいこと。清廉潔白の気風を子孫に伝えたいという諺。

生はこれ楽にあらず、衆苦の集まるところ。死また楽にあらず。衆憂たちまち迫る。

空海（日本）

生は多くの人々の苦しみが集まるところ。死は多くの人々の憂いの集まるところ。生死いずれも楽ではない。

生は死の始め。

人間は必ず死ぬ。だから生まれた時が死の始まりだ。毎日、命を大切に、の意。

政は正なり。

『論語』（中国）

政治の根本は正であり、正しいことを推し進めることである。政は、「正＋攵（強制する）」が語源であることが論語のこの語句でわかる。

性は善なり。

『孟子』（中国）

人間の本性は、先天的に善である。悪事は物欲の心が後天的に本性をおおい隠したものだ。

性は道によって賢し。

「上方かるた」（日本）

人間の本来の性格は、それぞれの道の修業によって進歩するものだ、の意。

清貧は常に楽しみ、濁富は常に愁う。

『沙石集』（日本）

貧乏で心の清らかな人は、いつも楽しく暮らし、不正をして心豊かなひとは、落ち着かずいつも怯えている。

生命のある限り、希望はあるものだ。

セルバンテス（スペイン）

どんな状況にあっても希望を失ってはならない。命のあるかぎり希望を持ち続けたい。

生命のあるところ希望あり。

人間は生きているかぎり希望を持つものだ。また、持たなければならない。英語の諺 Where there is life, there is hope.

生命の一分が過ぎて行く！ それを在るがままに描き、それをなくするためにはあらゆるものを忘れよ！ そのものになりきれ。

ポール・セザンヌ（フランス）

実際に見るもののイメージを与えよ。と言っている。画家としての考え方が実に良く出た言葉である。

生命は焔であって、存在ではない。生命はエネルギーであって実体ではない。

ディルタイ（ドイツ）

生そのものを生きたままの姿で、精神科学を方法論的に確立しようとした哲学者の言葉。

生を重んずれば、すなわち利を軽んず。

『呂氏春秋』（中国）

生命を重んずるならば、利欲は、二の次にする。

生を視ること死のごとし。

『列子』（中国）

生に対する態度も死に対する態度もかわらない。万物に差別なく対するから心を苦しめ労することがない。生死一如の境地を表す諺。

世界中の人が自分を称賛しても、私はひとり静かに満足して座っている。世界中の人が見捨てても、同じように私はひとり静かに座っているだろう。

ホイットマン（アメリカ）

世界中の人がどんなに誉めてくれても、また、どんなに見捨てても、私は生き方を変えない、の意。

世界は一冊の立派な書籍のようなものであるが、それを読みこなせない人には、ほとんど役に立たない。

ゴルドーニ（イタリア）

世界を理解せよ。世界という一冊の書籍から得た知識を立派に役立てることのできる人を目指すべきだ、という警句。

世界我が物。
この世のものは、全て自分の所有物だと言わんばかりに我が物顔に、勝手気ままにふるまう、意の諺。

せがれを戦場から帰してほしいだけさ。
M・キルバーサワ（ロシア兵士の母）
母親のそんなエゴが戦争をなくするのよ。――と続く。

積水淵をなす。
わずかな水が次第に集まって深い淵となる。不断の努力の積み重ねが大きな人徳を形成する喩え。

積善の家には余慶あり。『易経』（中国）
幸福は、良い事を積み重ねて来た家にやってくる。祖先の善行の報いが子孫にやってきて良い事がある。だからこそ、善行を積み重ねよう。

赤貧洗うがごとし。
きわめて貧しくて、洗いながしたように何一つ持ち物のない様子を、表す諺。

急く事はゆるりとせよ。
急がねばならないことは、反対に心を落ち着けてゆっくりせよ。

世間が独創性と呼んでいるものは、世間をくすぐる異常なやり方であるに過ぎない。
バーナード・ショウ（イギリス）
世間でいう独創性を冷ややかに定義した言葉である。真の独創性を求めて述べているのである。

世間は広いようで狭い。
「世の中は広いようで狭い」とも。思いがけず知人に会ったり、隠していた悪事がばれたりするような場合などに使う諺。

世間普通の人たちは、難しい問題の解決にあたって、熱意と性急のあまり権威ある言葉を引用したがる。
ショーペンハウアー（ドイツ）
彼等は自分の理解力や洞察力のかわりに他人のものを動員できる場合には、心の底から喜びを感ずる。――と続く言葉である。これは、他人の権威によりかかるな、という戒めである。

世間を避けてはいけない。世間と交わることで、必ず道理のわかった賢くて思いやりのある人間になれる。
W・A・オールコット（アメリカ）
愚かな話をがまんして聞き、誤りを許し、欠点に目をつぶらなくては、社会生活の喜びや利点や、楽しみや教訓も味わうことができない。――と続く言葉である。

是々非々
「是は是とし、非は非とす」。良いことは良いと認め、悪いことは悪いと公平な立場で判断すること。また、その場その場で判断する中間的立場にも用いられる。

石火光中この身を寄す。
火打ち石を打って飛ぶ火花ほどの短い時間に、われわれ人間はこの身をよせているのである、の意。人生のはかなく短いことの、喩え。

節倹は大なる収入である。
キケロ（古代ローマ）
「節倹は収入の第一歩」とも。節約倹約の勧めである。

切磋琢磨
「学問は切磋琢磨を貴ぶ」が本来の諺。切は刻む。磋は研ぐ。琢は叩く。磨は磨く。学問や道徳や技芸などを磨き上げること、をいう。

雪上に霜を加う。『碧巌録』（中国）
多量にあるものの上に、さらに同種のものを加えるという喩えである。良い意味にも悪い意味にも用いる。

節制は最良の薬である。
体に悪いことを慎んで、健康に気を配ることを節制というが、これは、どんなよい薬より体によく効く薬である。

説得が暴力よりすぐれている。
問題解決には、腕力や武力によらず、説得という手段に訴えよ、の戒め。**英語の諺** Persuasion is better than force.

絶望が純粋なのは、たった一つの場合でしかない。それは死刑の宣告を受けた場合である。
カミュ（フランス）
通常は、純粋に絶望することは有り得ない。それならば絶望は、するものではないのだ。絶望的な状態から抜け出すんだ。がまんだ。耐えよの意。

絶望するなかれ。しかし、たとえ絶望しても、絶望のうちに働き続けよ。
エドマンド・バーク（イギリス）
絶望の状態になっても、じっとがまんして働き続けよ。正義と自由を叫んだ政治家、著述家の言葉である。

絶望とは愚者の結論である。
ディズレーリ（イギリス）
絶望なんて愚か者のなすこと。簡単に絶望などするなの意。

節約が必要になったら、わずかずつでも貯蓄をすべきだ。身を落としてまでケチな金儲けをしようなどと考えてはならない。
ベーコン（イギリス）
無意識に、手もとの金を浪費する人間は多い。だがわずかな金でもそれを正しく使い、いくらかの金でも、貯蓄に努めることだ。それが自活の糧になる。

節約の道は、小利を志すより、むしろ小費を省くにあり。
F・ベーコン（イギリス）
無駄をはぶいた節度のある生活をするには、小さな利益より、わずかでも費用を省くことにある。

節約は収入の第一歩。
財産を増すことに目を向けるより、まず節約に目を向けよの意。英語の諺 Sparing is the first gaining.

節約を守らんよりは、むしろ、奢侈を禁ぜよ。
熊沢蕃山（日本）
節約、節約と思うより、むしろ贅沢をしない方がよい。

背中に目はなし。
だれでも自分の後ろは見えないもの、気が付かないものである。自分の良心に隠れてする見えない悪事には、気が付かぬから、用心せよとの意。

銭ある時は銭無き日を思え。
豊かに暮らせる日にこそ、貧しかった時のことを思いおこし、来るかもしれない窮乏を思って、浪費を慎むべきである。

銭金は乞食も持つ。
金銭を持つというだけなら乞食でも持っている。それをどう働いて手に入れて増やすか、また、どのように使うかで評価すべきである。多く持っているだけでは自慢にならない、という諺。

背に腹はかえられぬ。
「江戸かるた」（日本）
大事なことのためや必要のためには、他の都合や損害などかまっていられないこと。経済的な余裕のないこと。貧乏から逃れるために、小さな苦しみは我慢しなければならない、などの意。

瀬のわきは渦。
早瀬のそばには必ず渦があるから注意せよ。単調な時に陥りがちな油断を戒める言葉。

狭き門より入れ。
『聖書』
自己を高めたいと思うならば、苦しくて入りにくい方法をとれという戒め。Enter by the narrow gate.

蟬は七日の寿命。
蟬は、地上に現れて成虫になってから一週間の命だという。転じて、非常に生命の短い喩え。

せり、なずな　ごぎょう、はこべら　ほとけのざ　すずな、すずしろ　春の七草
短歌のリズムに合わせた春の七草の記憶法の諺。一月七日の節句に粥に入れて食べる、七種類の草の名。

忙しい時には我が子も忘れる。
多忙な時は自分の子供もかまっていられない。

瀬を踏んで淵を知る。
瀬を渡って川の水深を計り、淵のありかを知る、意。前もって試してみて危険な箇所を察知する、ことの喩え。

善悪の報いは、影の形に随うがごとし。
善悪の報いは、影が物についてまわるように確実にあらわれるものだ。

善悪は友による。
人間は、友とする人のよしあしで、善人にも悪人にもなる、という戒め。

善悪は人にあらず、自らの心にあり。
相手が善人か悪人かは、こちらの心の持ち方次第で決まるものだ、の意。

千金を子に譲らんより、一芸を教えよ。
たくさんの財産を子供に残すより一芸を身につけさせる方が子供のためになる、という意。

善行は砂に書かれる。悪行は岩に彫り付けられる。
いいことは他人の記憶にほとんど残らない。悪いことをするとしっかりと記憶される。ポーランドの諺。

千石取れば万石を羨む。
人間の欲にはきりがない、という喩え。

千載に一遇。
千年に一度しかめぐってこないほどのすばらしい機会。

千歳を観んと欲せば、すなわち今日を審らかにせよ。
荀子（中国）
千歳はセンザイと読み、千年の意。審らかはツマビラカと読む。千年前のことを正しく知ろうとするなら、身近な今日のことをよく調べて明らかにせよ。

戦死などするんじゃないよ。
どんなことがあっても生きて帰っておいで。――と続く。農民の母の言葉（日本）。

前車の覆るは後車の戒め。
前に進むものの失敗は、あとから来るものの戒めになる。「人は他人の愚行により賢明になる」は、よく似た意味。**英語の諺** Learn wisdom by faults of others.

前車の轍を踏む。
転倒した前の車のワダチのあとをたどることから前の人と同じ失敗をくりかえす意の喩え。

千丈の堤も、蟻の穴から崩れる。
『韓非子』（中国）
どんな大事も、ほんの小さいことから崩れる意。「大山も蟻穴から崩る」（別項）とも。

善者は弁ならず、弁者は善ならず。
老子（中国）
善人は口下手であって、弁舌巧みな人は善人でない、のが一般である。

先人の短い言葉の中に、すぐれた人間の教養と体験の精髄が結晶している。
河盛好蔵（日本）
諺や格言などの短い言葉は、先人の知恵が結晶したものである。

戦争というような馬鹿なことのために、俺等は征く。
学徒兵の言葉（日本）
だが、おまえは軍人には絶対なるなよ。――と続く。戦死した若者の叫びである。

戦争において、首領が、二、三千人の人間を殺させるという幸運しかつかめなければ、彼は神に感謝しない。
ヴォルテール（フランス）
だが、約一万の人間が鉄火によって皆殺しにされ、さらに恵まれてある都市が完全に破壊された時は、かなり、長い祝福歌が、四方八方で歌われる。――と続く。

戦争においては、あらゆる種類の善きもの美しきものも姿を現し、あらゆる種類の邪悪なるものも醜いものも明るみに曝し出される。
ラブレー（フランス）
戦争に、あらゆる善美なるものが姿を現す。愛国心、祖国へ忠誠、生命の犠牲、などであろう。邪悪なもの、殺人、侵略、強奪、暴行、略奪――挙げきれない悪が曝し出されるのだ。

戦争は、していない者には、愉快なもの。
外国の諺。日本にあれば良かった諺だ。戦争を始めた指導者や帝王は、国民や兵士の苦悩などわからない。自らは血を流さず、人を殺し勝つことに快感を感ずる。
War is pleasant to those who have not tried it.

戦争は、人生における最大の醜悪事だ。
トルストイ（ロシア）
我々は、この点をよく理解して、戦争を弄ばないようにしなければならない。――と続く言葉である。

戦争は、人間の生活問題を何ひとつ解決しません。
マルタン・デュ・ガール（フランス）
と言うより、生活を苦しくさせる問題ばかり作って、いつまでも残していくのです。――と続く言葉である。

戦争は、人間の堕落の果実である。最も輝かしい勝利といえども、戦争が犠牲にした多数の人員の損失を、国家に償うことはできない。
ドゥニ・ディドロ（フランス）
なぜなら、これらの戦勝それ自体が、国家に対して深い傷痕を残すものである。そして、平和だけがこの傷をいやしうるのだ。――と続く言葉である。

戦争はひたむきな経済競争のために、戦争をやって儲かりそうなブタどものために誘発され、始められる。
ヘミングウェイ（アメリカ）
戦争を儲けのために利用する位置にいる人間をののしっている言葉である。儲けるために数千万の若い生命を失っていることを忘れてはならない。

戦争を終わらせるだけでは十分ではない。戦争の芽を摘んでおかなければならない。
F・ルーズベルト（アメリカ）
大規模殺人たる戦争は、ただちに終了させたい。さらに戦争の芽を摘む必要がある。――と続く。すばらしい名言である。しかし戦火は、終結していない。

先祖の屋敷を茄子畑。
先祖代々続いた屋敷を農地に返すこと。子孫が破産したことを嘆く諺。

梅檀は二葉より芳し。
梅檀（香木）は、発芽したばかりの二葉の頃から芳香を放つ。大成する人物は、幼児の時から人並みはずれたところがあるという喩え。

船頭多くして船山へ上る。
リーダーが多くなり過ぎると、方針が統一せず、物事がかえってとんでもない方向に向いてしまう喩え。「料理人が多すぎるとスープをだめにする」は英語の諺。
Too many cooks spoil the broth.

前途は遠い。そして暗い。しかし恐れてはならない。恐れない者の前に道は開ける。
有島武郎（日本）
行け。勇んで。小さき者よ。――と続く言葉である。恐れないで前に進めば、道は開けるという意。

千日の萱を一日に焼く。
千日かかって刈った萱を一日でやきほろぼす意。長年かかった物事の成果を一時に失ってしまう喩え。

千日の旱魃に一日の洪水。
長い旱（ひでり）の苦しみに、たった一日の水害だが、まことに恐ろしいのは、天災である、という意の諺。

善には、善の報い。悪には、悪の報い。
善行には良い報い、悪行には悪の報いが、天から与えられる。天罰を受けるようなことをしてはならない、意。

千人心を同じうすれば、すなわち千人の力を得。
千人が心を合わせて行動すれば、千人の力が余すことなく得られる。何万の人がいても、心がバラバラでは一人分の力も出すことができないという意。

善人なおもて往生を遂ぐ、いわんや悪人をや。
『歎異抄』（日本）
仏教を信仰していて善行をしている人でさえ極楽往生できるのだから、仏に頼るしかない無力な悪人が救われるのはいうまでもない。

善人になるだけでは十分でない。進んで善事をなさねばならぬ。
ツルゲーネフ（ロシア）
善人といわれて喜ぶな。積極的に善をなす人間であれ。

善人の敵となるも、悪人を友とすな。
たとえ善人の敵となったとしても、悪人を友とするようなことをしてはならない。

善の小なるをよくすれば、ここに善の大なるをよくす。
『淮南子』（中国）
たとえ小さい善でも行うことができるなら、しだいに大きな善をなすことができるようになる。

善のみを以て宝と為す。『礼記』（中国）
財宝などの物質に真の価値はない。真に尊重すべきは善だけだ、という諺。

善は、悪より生まれる。
「雨の後には、上天気になる」のように、悪いことの後には善いことがある、という意の英語の諺。Good comes out of evil.

善敗己れに由る。『春秋左伝』（中国）
善敗は「成功と失敗」の意。成功と失敗は、すべて自分自身の責任で、他人のせいでもなんでもない、という意。

善は急げ。
善いことをするのにためらうなの意。「善は急げ悪は延べよ」「思い立ったが吉日」（別項）「花に風」などとも言う。

善は失うべからず。悪は長ずべからず。
『春秋左伝』（中国）
善をなす機会を失ってはいけない。悪事は心に浮かんですぐに消し、長引かせてはならない、という意。

浅薄なる人々は幸運を信じ境遇を信ず。……強き人々は原因と結果とを信ず。
エマーソン（アメリカ）
浅はかな人間は、幸運で幸せな暮らしになれると信じている。強い人間は、努力、勤勉、労苦、などの原因があって、幸運な境遇という結果があると信じている。浅薄な人間になるなという戒め。

浅は与に深を測るに足らず。
「与に」はトモニと読む。浅薄な知識しかない者と一緒に、奥深い道理を考えて究明するようなことはできない。

膳部揃うて箸を取れ。
料理が出揃ってから箸を取れ。物事は用意が整ってからとりかかれ、慌てるな、という喩え。

千万人といえども吾行かん。
反省して、心にやましい所がなければ、反対者が千万人いようと私は進んで行く。

善も一生、悪も一生。
善行をして暮らすのも一生、悪事を働いて暮らすのも一生にかわりはない。同じ一生だからこそ善き一生を送れの意。

前門の虎、後門の狼。
一つの禍をとりのぞいても、さらにまた他の禍にあうという喩え。

先憂後楽　范仲淹（中国）
優れた政治家は、天下国家の憂いを誰よりも先に憂え、楽しみは、国民が政治の結果を楽しむようになってから、その後で楽しむ。こういう政治家でありたい、という意。

千里糧をもたらさず。
どこでも食物が容易に手に入るので長い旅行でも食糧を携行する必要がない。それほど、天下がよく治まり、食糧も十分にあることをいう。

千里の馬はあれども一人の伯楽は無し。　韓愈（中国）
伯楽は、馬を見分ける名人。一日に千里走る名馬はいつの時代にもいるが、馬の真価を認め能力を発揮させる名人は、めったにいない。有能な人材はいつの時代にもいるが、これを見分けて十分に腕を発揮させる政治家は少ないという喩え。

千里の道も一歩より起こる。　老子（中国）
どんな大事業も、手近な小さな事から始まる。「千里の行も一歩から」とも。遠い千里の旅路も、足元の第一歩から始まる、が本来の意。

善良な夫は良妻をつくる。　バートン（イギイス）
善良な夫は、女性を妻に迎えて良い家庭をつくる。

千慮の一失。
賢者でも多くの考えの中で一つの間違いや失敗があるものだ。十分配慮していてもまさかと思うような失敗があるものである。配慮の上に配慮を重ねよの意。

先例に従うが安全。
何事につけても、初めて行うには勇気や決断が要るが、慣れたやり方にしたがうのが最も安全である、の意。The beaten road is the safest.（踏み均された道が最も安全だ）は、同じ意の英語の諺。

善を行わない者は、それだけで悪をなすに等しい。
善いことをしない者は、それだけで悪事をしているに等しい。**英語** He who does no good does evil enough.

善を為して、人の知らんことを求むるなかれ。
善行をして、その善行が人に知られるようになることを求めてはいけない。売名行為としての善行を慎め、の意。

善を為すには、努力を要する。しかしながら、悪を押さえるには、より一層の努力が必要だ。　ツルゲーネフ（ロシア）
積極的に善をなすには相当な努力がいる。悪を押さえるにはより強力に、努力しなければならない。

善を為す最も楽し。　『後漢書』（中国）
良いことをするのは、人生で最上の楽しみである。

善を為す者は、悪を滅し、欲を離る者は悩みなし。　釈迦（インド）
善行をなす者は、悪行が消え去り、無欲になると悩みがなくなる。

善を見ては、速やかに行い、悪を見ては、たちまち避けよ。　『実語教』（日本）
人の善行を見たならすぐに自分も実行し、人の悪事を見たなら、すぐその人を遠ざけよ。

そ

滄海変じて桑田となる。
青海原が桑畑に変わる意。予測できないほど、世の中が激しく変わる、という喩え。「桑田変じて滄海となる」（別項）とも。

象が戦えば、傷つくのは草だ。
ケニアの諺。戦いは、周りの弱いものに害を及ぼす。庶民を犠牲にする戦いはやめろ、の意。

躁急と軽率とは事業を破壊する暴風なり。　バックミンスター・フラー（アメリカ）
躁急（せっかち、気短か）と軽率（軽はずみ、不注意）とは事業を破壊する嵐のようなものだ。

創業は易く、守成は難し。

新しく事業をおこすことは易しいが、その事業を衰退しないように維持することは難しい。　『唐書』（中国）

糟糠の妻。

糟糠は、酒かすとぬか。粗末な食事のことをいう。貧苦をともにして来た妻。

糟糠の妻は堂より下さず。

貧しい時から苦労をともにしてきた妻は、立身出世したからといって、家から追い出すわけにはいかない。　『後漢書』（中国）

創造は難しく、模倣は易しい。

簡単なことでも、最初に考え出すのは難しい。それに挑んでいく勇気と実行力を持とう。　C・コロンブス（イタリア）

想像力は、知識よりも重要である。知識には限界がある。しかし想像力は世界を包み込む。　アインシュタイン（ドイツ）

知識は吸収するもので、想像力は、研究を広げ、考察を深めるために極めて重要である。

想像力は、知識という土台の上に作られる。　エリザベス・フェルプス（アメリカ）

何事も知識という土台があって作られるものだ。

桑田変じて滄海となる。

「滄海変じて桑田となる」（別項）を見よ。

騒動は下から起こる。

「禍は下から起こる」とも。騒動は、身分の下位のものから起こる。使用人を大切に、の意の諺。

相場は相場に聞け。

相場の動きが読めなくなった時は、考えることは止めて、じっくりとだまって相場を観察せよ。そこにヒントがあるはず。

双方を聞いて、行え。

一方だけの意見は意見ではない。両方の意見をよく聞き、それから行え、という意。似た意味の英語の諺 One man's story is no story, hear both sides.

霜葉は二月の花よりも紅なり。　杜牧（中国）

霜のため紅葉した葉は、春の花よりも赤くて美しい。

草履　履き際に仕損ずる。

仕事が終わって、履き物を換えて帰ろうとするきわに、よく失敗するものだ、の意。

総領の甚六。　「江戸かるた」（日本）

長男長女ほど、おっとりして世間知らずである。総領は近世までは、兄弟のうち最初に生まれた子を意味していた。甚六は、当て字で、正しくは、順禄のこと。家禄を継ぐ順序の第一の意。

倉廩みちて礼節を知る。　『史記』（中国）

倉は、くら。廩は、米倉。人間は経済的に豊かになってはじめて礼儀や節操を重んじる余裕が生じる。「衣食足りて、礼節を知る」（別項）とほぼ同じ意味の諺。

俗悪なものに対しては、種々に言葉を浪費する必要はない。俗悪なものは出現しても、すぐに滅びてしまうのだから。　ゲーテ（ドイツ）

俗悪なものは、無視してよい。言葉を浪費して論ずる必要はない。俗悪なものはすぐに消え去るものだから。という意。

粟有れども食わざれば飢えに益なし。　『塩鉄論』（中国）

粟はゾクと読み、食物の意。食べ物が有っても、食わなければ、飢餓をしのぐ効果がない、という喩え。

惻隠の心は仁の端なり。　『孟子』（中国）

惻隠は、哀れみかわいそうに思うこと。端は、いとぐちの意。人の不幸を見て、あわれみいたわしく思うのは人間として当然の心で、これが、「仁」のいとぐちになるのだ、という喩え。

息災が宝。

健康が最高の宝である。Good health is above wealth. が意味の近い英語の諺。

即座に自己の怒りを鎮めることができないならば、その時には、口をつぐむがよい。　バクスター（イギリス）

怒りを口に出すな。口をつぐめ。口をつぐめば、諸君はまもなくおだやかになるであろう。――と続く言葉である。

即心是仏

仏教で心仏一体で差別のないこと。心の以外に仏はなく、心と仏は一体であること。

粟を量りて舂く。

舂くはツクと読む。粟を臼でつくのに、一粒、一粒数えてからつく。物惜しみする喩え。また、つまらないことに気を使う意にも。

底しれぬほどの寂しいところが人生である。
人生はもろくはかない、矢の如く早く経過する。知友も去ってしまう。死ななかった者は誰もいない。寂しい。それが人生なのだ、という諺。

底荷のない船は不安定で、まっすぐに進まない。
ショーペンハウアー（ドイツ）
一定量の心配や苦労は、いつも、だれにも必要である。

底もあり蓋もあり。
ものごとにはいろいろ複雑な事情があり、簡単にはいかない、という喩え。

疏食を飯い、水を飲み、肱を曲げて之を枕とす。楽しみまたその中にあり。
『論語』（中国）
疏食はソシと読み、粗末な飯のこと。飯いはクライ、肱はヒジと読む。貧しい生活をしていても道を求める真の楽しみは、そういう暮らしの中にあるという意。

訴訟三年。
訴訟が長引きやすいことをいう諺。

俎上の魚。
まないたの上の魚。相手のなすがままにされるはかない運命。死を待つよりほかに方法がないことの喩え。

誹れば影さす。
誹ればはソシレバと読む。悪口を言っていると、言われた本人が、その場へ偶然現れるものだ、の意。「噂をすれば影がさす」（別項）と似た諺。

そそっかしやは失敗する。
そそっかしい行為をする人は、よく失敗する。**英語の諺** A rash act leads to failure.

育ちが恥ずかしい。
育った環境が悪かったので恥ずかしい、という意。

袖から手を出すのも嫌い。
金はもちろん、手を出すのも嫌い、はなはだケチな喩え。

袖の振り合うも他生の縁。
「上方かるた」（日本）
袖がふれあうような程度のことも、人生の偶然の出会いも、前世（他生）からの因縁だの意。宿命論。江戸期の庶民たちは、初めましての気持ちを表す挨拶用のきまり文句によく使った。「袖すり合うも他生の縁」とも。多生は、六道の間で何度も生まれ変わる意。

外繿褸の内錦。
外見は飾らないが、内実はすぐれている意。「繿褸」は、ボロと読む。

外幽霊の内弁慶。
外では幽霊のように存在がはっきりせず弱々しく、内では弁慶のように猛々しい。「内弁慶」（別項）とも。

備えあれば患い無し。
『書経』（中国）
平生の準備が大事だ。準備さえしておれば万一の事態が起こっても、心配は無い、という諺。患いはウレイと読む。

その樹を陰とするものは、その枝を折らず。
木陰で休息するものは、その木の枝を折ったりしない。恩を受けた人に対しては、害を与えるような行為はしないという喩え。「木陰に臥す者は枝を手折らず」（別項）。

その誼を正しその利を謀らず。
『漢書』（中国）
誼はギ、すじみち、道理。正しい道にかなうようにつとめ、自分の利益を得ようとは考えない。

その語を聞かんよりは、その面を見んには如かじ。
面はオモテと読む。疑わしい話は、相手の顔色で、真偽や本心を判断するに越したことはない。

その高きに昇ることなかれ、以て、人に下らんことを求むべし。
『金言童子教』（日本）
高慢になって自慢したりすることはよくない。むしろ、他人の下にへりくだって、謙虚に身を慎むべきである。

その罪を憎んで、その人を憎まず。
その人の犯した罪は憎むべきだが、その人を憎むようなことはしないのがよい。

その人を知らざれば、その友を見よ。
『天草版金句集』（日本）
「その子を知らざればその友を見よ」とも。もしもその人がどんな人物かわからないときは、その人の友人を見れば、よくわかる、という意。

その身正しければ影曲がらず。
姿勢が正しければ、その影も真っ直である。上に立つ者が正しい行動をすると人民も正しい道にかなった行動をするようになる、という喩え。

その身正しければ、令せずして行わる。
『論語』(中国)
上に立つものの言行が正しければ、人民はあれこれ命令しなくても善い政治が行われる、意。

その道にあらざれば、すなわち一簞の食も、人に受くべからず。
『孟子』(中国)
一簞はイッタンと読む。正当な理由がなければ、たとえ竹器に入れた一個の粗末な飯でも、もらってはならない。

その日その日が一年中の最善の日である。
エマーソン(アメリカ)
その日、その日が最善の日、これを積み重ねるのが、人生である。

その葡萄は酸っぱい。
イソップ(古代ギリシャ)
欲しくても手に入れることのできなかった物は品質がよくない。「イソップ物語」の狐の負け惜しみ。

その本を揣らずして、その末を斉しゅうす。
『孟子』(中国)
本は、モト、揣らずは、ハカラズ、斉しゅうすは、ヒトシュウスと読む。根本をはからないで先端だけをそろえて比べる、意。物事を比較し判断するには、まず基準となるものが必要だ、という喩え。

その門を高くするものは、亡びを求む。
『聖書』
名誉や財宝ばかりを求める人間は、みずから求めて滅亡に近づく者である。

蕎麦とお化けはこわいもの。
蕎麦は、幾分コワイメ(固め)にゆでよ、という諺。お化けは恐(こわ)いとしてコワイメにかけたもの。

蕎麦の花見て蜜を取れ。
物事には好機がある。蜂蜜を取るためいつごろ巣箱を近くに移動すべきか。好機を逸しないようにという諺。

蕎麦は黒犬の寝たほど蒔け。
蕎麦の種は密集させて厚く蒔くほうがよく生育するという諺。

空言後から剝げる。
嘘は必ず後で剝げるものである。すぐにばれるものである、意。

空言に似たる誠は言うとも、誠に似たる空言は言うべからず。
嘘のような真実は言ってもよいが、真実と思わせておいて嘘をついてはならない、という意。

空向いて唾を吐く。
空を向いて唾を吐くと自分にかかる。そのように他人に危害や損害を与えようとしてかえって自分に害をこうむることの喩え。「自業自得」(別項)とも。

空向けて石を投げる。
空に向かって石をなげると、結局は自分のいる地上に落ちてくる。危害が自分にふりかかる、という喩え。

それがしより食うがし。
ソレガシとクウガシは語呂合わせである。「それがしは何某」と家柄を誇っているよりも、「食うに困らぬ生活手段がある」と誇るべきだ、の意。

それ自体の不幸なんてない。自ら不幸と思うから不幸になるのだ。
M・アルツィバーシェフ(ロシア)
すべて本人の気持ちの持ちようである。だから、前向きに考え、生きていけば、不幸は忍び込んで来ないのだ、の意。

そろそろ行っても田は濁る。
働く所でのろのろしていると、能率も上がらないし、具合も悪い。労働はさっさと、すばやく済ますのがよいという喩え。

損した港に船繋げ。
一度ぐらい失敗したからといって逃げてはいけない。へこたれず、そこに留まって、何度でも粘り強く努力すべきであるという喩え。

損して得とれ。
「損をして利をみよ」とも。一時的には損をしても、それをもとにして将来の大きな利益を考えるべきだ。**英語の諺** Make the best of a bad bargain.(損な契約でも最大限に利用せよ)が近い意味。

損して恥かく。
損をしたうえに、さらに恥までかく。ひどいめに遭ってさんざんである、という意。

損と元値で蔵を建て。
商人は、「これでは元値を切る」「この値段では損をする」などといいながら、いつの間にか金持ちになっている、という意。

損のいくときはあてがない。
運の悪い時は、商人の行動のすべてが損に結び付く。しばらく冷却期間を置くべきだという意。

損は儲けの初め。
はじめは損をしておいて、将来大きな利益を考える商売の基本をいう、諺。

存亡禍福みな己にあるのみ。
『孔子家語』（中国）
滅びるか滅びないか、災いを招くか、幸せを招くかは、その人自身が招くことだ。

損をせねば儲けもない。
「損せぬ人に儲け無し」とも。損失を恐れていては大儲けはできない。ある程度の損は覚悟して商売をせよ、の意。

た

大恩は報ぜず。
小さな恩は、有り難いと思うのだが、大きな恩義には、気付かないで報いようとしないものだ。

大海の一滴。
非常に大きな全体のごく一部分、ごくわずかなこと、の喩え。

大海を手で塞ぐ。
「洪水を手でせく」と似た諺。とうてい不可能で、無力なこと、の喩え。

大海を耳掻きで測る。
大海原の水の量を、耳掻きで測る意。ごく小さく狭い自分の見識で、大事業を推し量るという無謀さの喩え。

大河は手で塞がれぬ。
大きな川を手で堰止めるようなことはできぬ、意。目的に対して、手段がきわめて貧弱なときの喩え。

対岸の火災。
川向うの火事は、こちらに燃え移ることはない。当事者にとって災難であっても、こちらには無関係で痛痒を感じない、という喩え。「対岸の火事」とも。

大吉は凶に還る。
吉凶はめぐってくるという考えから、「大吉は小凶に近い」とも。幸せはほどほどが良い、という喩え。

大器は晩成す。
老子（中国）
大きな器は、早く作り上げることができない。本当の大人物は、ゆっくりと時間をかけて大成する。「大器晩成」（別項）とも。

大器晩成
老子（中国）
大人物は立派に成長するまでに長い年月が必要だ、の意。大人物ほど成長のスピードが遅いというのである。**英語の諺** Great talents mature late.

大魚は小池に棲まず。
大きい魚は狭い池には住まない、意。「井水大魚無し」（別項）とも。大人物は、小さな職場や低い地位に甘んじていることはできない。

大魚を捕らえるために、小魚を賭けよ。
少しの元手で大きな利を得よ、という喩え。日本の諺の「海老で鯛を釣る」（別項）とほぼ同じ。**英語の諺** Venture a small fish to catch a great one.

退屈は、人生を短縮しその光明の日を奪う。
エマーソン（アメリカ）
退屈を感じる生き方はするな。人生が短くなる。小さくなる。暗くなる。

大工の掘っ立て。
他人の世話をやく人間が自分のことに手が回らない、という喩え。

大軍の後には必ず凶年あり。
老子（中国）
大軍は大戦争の意。大戦争の後は、耕地が荒れ、農民が減り、必ず凶作がある。戦争反対の意の諺。

大行は細謹を顧みず。
『史記』（中国）
「細謹」は、サイキンと読み、こまかに念を入れること。大事業を志すものは小さいことにこだわったり、つまらない失敗を気にしたりせず、目的に向かって積極的に事を行う。

大巧は為さざる所にあり。
真の巧妙さは、わざとらしいことをしないところにあるという意。

大功を論ずるものは、小過を録せず。
『漢書』（中国）
大手柄に賞を与えようとするときは、小さな過ちを問題にしない。

大黒柱と腕押し。
家の大黒柱と腕相撲をする意。いくらがんばってもだめなこと。

大根食うたら菜葉は干せ。
大根の葉は、捨てないで干して冬場の副食に使えるという知恵の諺。

大才は決断するにあり。決断は私利を去るより生ず。　三宅雪嶺（日本）
優れた才能は決断するところにある。決断は個人的利益を考えないところから生まれる。

大作を目指さないように気を付けたまえ。大きい作を目論んでいると、ほかには何も手がつかない。その他のすべての発想は退けられ、生活のゆとりさえなくなってしまう。　ゲーテ（ドイツ）
これに反して、日々現在をつかみ、機会がかれに提供したものをいつも新鮮な気持ちで取り扱うと、必ずいつも立派なものができる。（中略）いつかはゴールに達するというような歩き方ではだめだ。一歩一歩がゴールであり、一歩が一歩として価値を持たなくてはならない。――と続く言葉である。

泰山の霤は石をも穿つ。
「霤」はアマダレ、「穿つ」はウガツと読む。「雨垂れ石をも穿つ」とも。泰山から滴り落ちる水滴がやがては石に穴をあける。わずかな力でも、長い間積み重ねれば大きな結果をもたらす意。

泰山は土壌を譲らず。
泰山が大きな山となったのは、どんな小さな土をも辞退せず受け入れたからである。大人物たらんとする者は、大きい度量と包容力が必要だという喩え。

大山鳴動して鼠一匹。
前触れの騒ぎばかりがやたらに大きいが、いざとなってみると、これということも起こらず、実際の結果はきわめて小さい喩え。英語の諺 The mountains have brought forth a mouse.

大山も蟻穴から崩る。
大きな山も、小さな蟻の穴から崩れる、意。小さな油断や過ちが元で、大事をひき起こすという喩え。「蟻の穴から堤も崩れる」（別項）とも。

大事業は簡単にできぬ。
『イリアッド』によると、トロイ城の攻略に十有余年かかっている。ギリシャ軍は、勇将アキレスが戦死し、その後交戦十年、夜トロイ城に大きな木馬を引き入れ、中に忍ばせた兵の奇襲と城外の兵と呼応してトロイ軍を破った。「ローマは一日にして成らず」Rome was not built in a day. という諺のように、いかなる事業も長い期間にわたる努力がなければ、なしとげられないものである、の意。「大事業は短日月にしては成らず」とも。

大失敗するものだけが、大成功をおさめる。　ケネディ（アメリカ）
大失敗で気を落とすな。これをきっかけにして大成功を、という励まし。

大事の前の小事。
大事を行う前は、どんな小さな事にも油断をしてはいけない、意。

大事は小事より起こる。　老子（中国）
どのような大事もその最初はごく小さな事が原因で起こるものである。「大事は小事より過つ」とも。

大樹のまさに倒れんとするは、一縄の繋ぐ所にあらず。　『後漢書』（中国）
一縄はイチジョウと読む。倒れようとする大木をわずか一本の縄で支えることはできない。

大将の勲章は兵卒の血。
大将の手柄は、多くの兵士の犠牲の上に成り立っているということ。「一将功成りて万骨枯る」は似た意味の諺。

大丈夫まさに雄飛すべし。　『後漢書』（中国）
立派な男子は、常に希望をもって大きな仕事をすべきである。

大食は命の取り越し。
大食は寿命を縮める。「大食短命」とも。英語では、Much meat, much malady.（食べ物多ければ病多し）日本では、「腹八分に医者いらず」とも。

大事をなさんと欲せば、小さきことを怠らず励むべし。小積もりて大となればなり。　二宮尊徳（日本）
およそ小人の常、大なることを怠り、できがたきことを憂いて、できやすきことを勤めず。それゆえ大なることをなすこと能わず。――と続く言葉である。

大臣にも大将にも金持ちにも、ならなくてよい。　サトウハチロー（日本）
仕事は何をしてもよい。丈夫で正直なよく働く人になってくれ。ひとに迷惑をかけない人になってくれ。――と続く名言である。

大人物は早くその名を世に現す者にあらず。二百年か三百年の後と知るべし。

勝海舟（日本）
天才とか大人物は、長い時間かけて認められるような人のことをいう。一時的に名が出たような人ではない、の意。

大豆は畑の肉。
大豆の栄養成分が牛肉に近い蛋白質と脂肪を含んでいることから。食物の諺。

大切なことは、大志を抱き、それを成し遂げる技能と忍耐をもつことである。
ゲーテ（ドイツ）
大志を抱いて、そのための技能を磨き、忍耐を持ち続けることだ。その他のことは重要でない、意。

大切なのは疑問を持ち続けることだ。好奇心こそ我々の存在を示すものなのだ。
アインシュタイン（ドイツ）
疑問を持ち続けることは、やさしいようだが難しい。毎日なぜ？ どうして？ を大人になってからも繰り返し続けることだ。

大切にしなければならないのはただ生きることではなくて、よく生きることだ。
ソクラテス（古代ギリシャ）
ただ、生きているだけではなくて、よく生きることが重要だという。真理であり、名言である。

怠惰は生きながらの死である。
生きていても怠けていては死も同然である。怠けていると億万長者の財宝まで空にしてしまう。時間を無駄にしてしまうのが、一番のなまけものであるという意。
英語の諺 Idleness is living death.

大胆なれ、大胆なれ、どこにおいても大胆なれ。
スペンサー（イギリス）
人生には、今だ、ここだという時が、必ずある。そういう時は、迷わず、大胆であれ。大胆であれ、という励ましである。

大地に槌。
「地を打つ槌」とも。絶対に叩きそこなうことはない、意。絶対に失敗しない喩え。

たいていの人間は、大部分の時間を、生きんがために働いて費やす。
ゲーテ（ドイツ）
わずかばかりの残された自由が、うまく使いこなせない苦しさから逃れるためにあらゆる手段をつくす。――と続く言葉である。

たいていの無知は、克服できる無知である。我々が無知なのは、知ろうとしないからだ。
オールダス・ハクスリー（イギリス）
積極的に知ろうとせよ。無知は、知ろうとする意欲さえあれば、克服できる。――と続く。

大敵と見て懼るべからず。
懼るはオソルと読む。敵の勢力が強大だからとむやみに恐れてはならない。

大道廃れて仁義有り。
老子（中国）
太古は、人のふみ行うべき正しい道が自然に行われていた。後世、道徳が失われて、仁義が提唱されるようになった。

大都会は大砂漠だ。
大都会は人と人の交流が薄い。人のつながりがない寂しい地である。荒涼たる砂漠、あこがれる地ではない、という喩え。
英語の諺 A great city is a great desert.

大難を小難で受ける。
「大難を小難できりぬける」とも。小さな怪我で命に別状なし、という意味で感謝の意を含む諺。「不幸中の幸い」（別項）と似た諺。

鯛の尾より鰯の頭。
大きな団体の職員になるより、小さな団体の指導者になれ、の意。「鶏口となるも牛後となる勿れ」（別項）と似た諺。

大は小を兼ねる。
「少な過ぎるよりも多過ぎる方がよい」「大き過ぎる着物は着られるが小さい着物は裂ける」は似た意の英語の諺。Wide will wear but tight will tear.

太平象なし。
『唐書』（中国）
象はショウと読み、現象の意。世の中が太平な時には、別に特別な現象は認められない。何事もないのが太平のしるしだ。

太平の功は一人の力に非ず。
『文選』（中国）
世の中が太平になった功績は、一人の力でなく、大勢の人の力である。

大木は風に折られる。
大木は風当たりが強くなりがちで、折れることがある。上に立つ者は他からの攻撃や非難が集中するものであるという喩え。

大名は、家来が寄って、馬鹿にする。
大名は、家来が追従ばかりして、世間知らずの馬鹿殿様になってしまう、という意。

タイミングのよい一言が、後になっての二言よりもよい。
タイミングのよい言葉は生きて働く。**英語の諺** Better one word in time than two after.「二つの生きた言葉は百の死語にまさる」とも。

大名の下には、久しく居るべからず。
『史記』（中国）『太平記』（日本）
大名はタイメイと読む。大きな名誉ある地位のこと。名誉をきわめても、長くその地位に留まってはならない。他人から妬まれ、失脚される前に、早く退くのが良い。

鯛もひとりは、うまからず。
美味の鯛料理も、一人ではおいしくない。会食する雰囲気も味のうち、の意。

ダイヤモンドは、ぬかるみにあってもやはりダイヤモンド。
「泥の中にあっても金は金」とも。質の良いものはどこのどんなところでも価値を失わない、という意。**英語の諺** If a diamond be thrown into the mire, it is a diamond still.

大勇は怯なるが如し。
怯はキョウと読む。臆病者、卑怯者の意。真の勇気のあるものは、臆病者に見えても、むやみに人と争わない、という諺。もとは蘇軾（中国）の言葉。

太陽が輝く限り、希望も、また輝く。
シラー（ドイツ）
地球があり、太陽が昇る限り、希望はあるのだ。死ぬまで持ち続けたいものは希望である、の意。

太陽が照っている間に、干し草を作れ。
好機を逃してはいけない、という喩え。**英語の諺** Make hay while the sun shines. 日本の「鉄は熱いうちに打て」（別項）と似た意味の諺。

太陽に向かって矢を射よ。誰よりも高く、矢を飛ばすことができる。
太陽に向かって矢を射るものは、太陽を射止めることこそできなくとも、自分の身の丈ほどの的をねらった者よりも、より高くその矢を飛ばすことができる。外国の諺。

太陽の照る所、月は見えず。
圧倒的な勢力や魅力の持ち主のそばでは、他の者の存在感が希薄になる、という喩え。**英語の諺** The moon is not seen where the sun shines.

太陽は、悪い人たちの上にも、照る。
太陽のように天の慈悲は広大無辺で、何事にも及ぶという意。**英語の諺** The sun shines even on the wicked.

太陽をまともに見つめることができないように、運命を自分で見つめることはできない。
ゲーテ（ドイツ）
太陽を直視できないように、自分の運命を自分で見詰めて見通すことができない。

大欲は無欲に似たり。『徒然草』（日本）
一切のものを願っているとかえって自分のものにならない戒め。欲の深い者は強欲のために失敗し、無欲と似た結果になる意。

絶え間ないくりかえしが、人生そのものと同じく芸術においても成功する条件である。
スマイルズ（イギリス）
絶え間なく繰り返すことが、人生でも芸術でも、成功するための必須の条件である。

倒るる所に土を摑む。
欲が深くて、どんな場合にも何か利益を得ようとする、意。「倒れても土を摑む」「転んでもただでは起きぬ」「倒れたら土摑め」などは、似た意味の諺。

倒れてのち已む。
已むはヤムと読む。死んだ後でやっと終わる、意。つまり、死ぬまで懸命に努力し、全力を出しきる、ということ。「死して後已む」（別項）とも。

倒れぬ先の杖。
事前に用心し、準備すること、の喩え。

高い建物も、基礎は低い所にある。
上ばかり見ないで、基礎をしっかり固めよ、という意。外国の諺と思われる。

高いところへ土を盛る。
「高みに土盛る」「高いところへ土持ち」とも。富んだ人のところがさらに豊かになる、意。

高いところを狙わなければ、高いところには当らない。
目標は高いところに持て、という意。凡人は高すぎるぐらいの目標が必要かもしれない。ただ実現不可能の目標を持ってはならないが。

高いものが安くつき、安いものが高くつく。
高品質の物を買って故障なく、安物を買って故障ばかり。結局、「安物買いの銭失い」（別項）になることが多い、という英語の諺。Dear is cheap and cheap is dear.

高かろう良かろう。安かろう悪かろう。
値段の高いものは良い品だろう、安いものは粗悪な品だろうと思うのは人の常であるということ。単に「安かろう悪かろう」（別項）とも。

高きに登るは低きよりす。
「梯子に登ろうとするにはまず下の一段から」（別項）とも。事の進行にはやるべき順序がある意。

多額の持参金は、茨の寝床である。
持参金を多く持ってきた妻ほどいやなものはない、という喩え。

高く登りすぎるものは落ちる。
地位が高くなり、高慢になってしまうと必ずその地位を失うものだ。**英語の諺** Who climbs too high goes to a fall.「奢れるもの久しからず」（別項）「朝日は決して一日中は続かない」（別項）に似た意。

高く登ろうと思うのなら、自分の脚を使うことだ。 ニーチェ（ドイツ）
人生の目標を掲げたならば、他力に頼らず、自分自身の力で努力しなければならない。

高嶺の花。
遠くから眺めるだけで、手にすることができないものの喩え。非常に高価な物。手に入れられない魅力的な美人などをいう。

鷹は死すとも穂はつまず。
鷹は肉食だから、穀物の穂はついばまない。節義を守る人は、どんなに貧窮しても不正なものに手を出さないことの喩え。

高みで見物。
「山門から喧嘩を見る」に似た諺。事件のなりゆきを無関係の立場で興味本位に傍観することをいう。

宝多ければ身を守るにまどし。
財宝が多すぎると、それを守ることに心を使い、かえって自身を守ることがおろそかになる、という意。

宝の持ち腐れ。
せっかく、役に立つ物を持ちながら、利用しない、意。Not possession but use is the only riches.（所有ではなく使用が唯一の富である）は、英語の諺。

宝の山に入りながら、手を空しくして帰る。
「宝の山に入りながら空しく帰る」とも。せっかくのチャンスに何も得ること無く、好機をのがす、喩え。

宝は多くの友を集む。 『聖書』
順調な生活をして、財産があると、多くの人が寄ってくるものだ。の意。

宝むさぼらざれば害なし。 『金言童子教』（日本）
財宝は、貪欲に求めようとしなければ、災いを招くものではない、という意。

宝を棄て草を担う。
価値あるものを棄てて、無価値なものを取る。価値判断が間違っている喩え。

宝を掏摸に預ける。
「掏摸」は、スリ。自ら危険を招くようなことをする喩え。

薪に油を添える。
ますます勢いを盛んにする喩え。

他郷にて故知を見る。 『容斎四筆』（中国）
見知った人のいない他国で、ふるい知己に出会った喜びをいう。

たくさん質問して、たくさん知る。
人は質問することにより、知識を得、豊かになる。どしどし質問せよ。**英語の諺** Ask much, know much.

たくさんの小さな水滴が大海をつくる。
一滴一滴が、つみ重なり、流れて川となり、そうして大海になるのである。「塵も積もれば山となる」（別項）と似た諺である。**英語** Many a little drop of water make an ocean.

たくさん持ち過ぎていることは足りないのと同じだ。
度を越してしまったら、そこに達していないのと同じだの意。アラブの諺。

宅相を正して心相を正さず。
家に幸運が来るように家相を正しくする人はあるが、心の持ち方、あり方を正そうとはしない。

多芸は無芸。
多くの学問、芸に通じていると一つの芸に深く通じることができにくく、結局は無芸に等しいという意。「多くをなす者は立派にやれることが決してない」は英語の諺。Who does all he may never do well.

「だけど王様は何も着てないよ」と、小さな子供は言った。
アンデルセン（デンマーク）
権威者ほど真実が見えない。無邪気なものはごまかされない。

竹と人の心の直ぐなのは、少ない。
真っ直ぐな竹が少ないように、正直な人間は少ないものである、という意。

竹に接ぎ木。
前後のつじつまが合わないこと、不調和の喩え。

竹の管から天を覗く。
狭い見識で、世の中のことをあれこれいう喩え。

たけのこに米ぬか。
筍のエグ味、酸化を防ぐアク抜きには、米糠が一番よい。食物の諺。

筍の親まさり。
筍の成長が早く、たちまち親竹の高さになるところから、子の成長がめざましく親をしのぐほどだという喩え。

竹は末から、木は元から。
末は、ウラと読み、先の方の意。縦に割るとき、竹は先から、木は根本から刃物をいれるのがよいという知恵。

多言は身を害す。
口数が多いと、つい秘密をもらしたりなどして、結局は自分に災いを招くことになる、という戒め。

蛸に骨なし、海月に目なし。
海月はクラゲと読む。わかりきったことを並べてあげた諺。

他山の石。
「他山の石以て玉を攻むべし」（『詩経』）が本来の諺。よその山から出た粗悪な石でも自分の玉を磨くのに役立てることができる、意。自分の戒めとなる他人の誤った言行、をいう。

確かに、細かい修正など取るに足らない問題かもしれない。しかし、そのようなことが積み重なって美は完成する。
ミケランジェロ（イタリア）
つまり美の完成にとっては、どんなささいな問題でも重要な意味を持つ。――と続く言葉である。彫像の細々した手直しの重要性を述べたもの。

足しないもので御馳走。
少ないものは値打ちがあるから、大変な御馳走になる。少ないゆえに珍重され人々に歓迎される意。

出すことは舌を出すのも嫌い。
ひどいけちんぼう、の喩え。「出すことは袖から手を出すのも嫌い」（別項）も同じような諺。

多勢に無勢。
少数の力では、多人数の力にはどうしてもかなわない。

蛇足
しなくともよいこと、不必要なことを、すること。蛇の絵を描く競争で、へびに足をつけて負けた中国の故事に由来する諺。「川のすぐそばに井戸を掘る」は似た意味の外国の諺。

戦いて勝つは易く、守りて勝つは難し。
戦いに勝つのは簡単である。しかし、守りを固めて敵を屈服させるのは難しいことだ。

戦いは風の発するごとく、攻むるは川の決するが如し。『三略』（中国）
戦争は風のように早く、攻撃は川の決壊するように一気にすさまじくするのがよい。

戦わずに相手を降伏させるのが最上の兵法である。相手を打ち破って勝つのは次善のものでしかない。
孫子（中国）
戦わないで勝つ、これが最上。戦えば、若者が死ぬ。数百万の死を見た戦いが二十世紀の戦い。戦争をしないでどこまでも、平和を維持したいもの。

叩けば鳴る。
「打てば響く」とも。すぐに反応する、喩え。

叩けよさらば開かれん。『新約聖書』
信仰は、自発的に入るべきものである。漫然と消極的に待っていても、神の門は開かれない。努力して入るべきものである。英語 Knock, and the door will be opened.

ただ心に思うことを書けばいいのだ。作文にはマルもバツもない。
作文に、マルもバツもない。点をつけられないのなら、思うことをどんどん書こう、という意。作文を書く動機づけには、すばらしい、日本の教師の言葉。


正しい確たる信念で裏づけられた事業には、必ず金は自然に集まってくる。

事業は資金がないとできない。しかし、正しく確たる信念のある事業なら、資金は心配しなくてよい。

三島海雲（日本）

正しいことを言うときは、相手を傷つけやすいものだ。

正しいことを言う時は少しひかえめに、と心がけよ。

吉野弘（日本）

正しいことをするのに、頃合いを選ぶ必要はない。

自分が正しいと確信した事はためらわずにせよ。タイミングなどはかる必要はない。

キング牧師（アメリカ）

正しき者の頭には幸い来たる。

頭はコウベと読む。正義の人には、神が幸福を下されるという意。

『聖書』


正しく思考されたものであるかぎり、それは必ず明瞭な表現をとる。

曖昧な表現しかできないのは、正しく思考されていないから。正しく思考しよう。

ボアロー（フランス）

畳の上に寝ていて食う。

働かなくても暮らしが成り立つ、喩え。


畳の上の怪我。

もっとも安全な所での怪我。思いがけない所での怪我、の喩え。


畳の上の水練。

実地練習のないこと。実際の役に立たない、喩え。


ただより高いものはない。

無償で物をもらうと、無理な願いを聞き入れるとか、返礼に思わぬ金を使うとかで、かえって高いものにつく、ことをいう諺。


立ち物は転び物。

立っている物は、やがて転ぶ時が来て当然である。


立ち寄らば大木の陰。

身を寄せるなら勢力の大きいほうがよいという喩え。「寄らば大樹の陰」（別項）とも。ちなみに、雷雨の時に、大樹の陰は危険。


田作りも魚の中。

タツクリ（カタクチイワシの幼魚）は、田植えの祝儀肴で紙に包む。つまらぬ弱小の者も仲間に入る、意。


田作る道は農に問え。

水稲を作る方法は農夫に聞くのが一番良い、という意。似た諺に「餅は餅屋」（別項）がある。


たった今から、収入の一割の貯金をしたまえ。

自分で苦労したタネ銭がなくては、芽も出てくるまい。いざ行動というときの元手となる資金を少しずつ貯めておけ、という戒め。

大谷米太郎（日本）

立っているものは親でも使え。

自分が座っていて急な用事ができた時、手近に立っている人に用事を頼むことはかまわない。たとえ相手が親でも遠慮せずに用を足してもらえ、の意。普通は、言い訳として使う。


立って半畳寝て一畳。

どんな広大な屋敷に住んでいても、人間一人が使うのは、たかだか一畳足らずだ、の意。


貴き者必ずしも富まず。

貴きはタットキと読む。身分や品位の高い者は、金持ちとはかぎらない。


脱兎のごとし。

脱兎はダットと読む。逃げる兎の意。非常にすばやいことの喩え。


立つ鳥跡を濁さず。

立ち去る者は、自分のいた跡を見苦しくないように始末すべきだという喩え。また、退きぎわがいさぎよく清らかである喩え。


脱皮できない蛇は滅びる。

自分を変えよう、自分から脱皮しようとしない人間は、成長がとまってしまう、という喩え。


立て板に水。

話し方の流暢さの喩え。これに対して、「横板に水」という話下手の諺もある。「立て板」は、立て掛けた板のこと。

「上方かるた」（日本）

蓼食う虫も好き好き。

人の好みもさまざまであるという喩え。全ての人が同じ嗜好をもつとは限らない意だが、他人の悪趣味を批評していうことが多い。


伊達の薄着。

見栄を張る者が着膨れて格好が悪くなる

のをきらい、寒い時でも無理をして薄着をすること。「遠慮ひだるし、伊達寒し」（別項）、「賢者ひだるし、伊達寒し」（別項）とも。

縦のものを横にもしない。
きわめて怠惰で、めんどうくさがりの形容。

盾の両面を見よ。
物事は一面のみを見て判断せず、表裏両面をよく見て判断せよ。

たとえ失敗に阻まれようとも、大きなことを敢行する方が、はるかによい。
S・ルーズベルト（アメリカ）
大して楽しみもしなければ、大して苦しみもしない、哀れな精神どもと並ぶよりも、はるかによい。――と続く。

たとえ太陽系と天体の全部が壊れたとしても、君が死ぬのは一回きりだ。
トーマス・カーライル（イギリス）
人間が死ぬのは一回きりだ、という厳然たる真理である。つまらぬことにくよくよしないで、思い切り生きよ。

たとえ小さな斧でも、数百度これを打てば、堅い樫の木も切り倒せる。
シェークスピア（イギリス）
毎日こつこつと努力すれば、いつの日か、困難な目標は達成できるものだ。

棚からぼた餅。
思いもかけず幸運がやってくること。労せずに幸運を得ることの喩え。

田に悪地なし、人に悪性なし。
どんな田でも工夫次第で立派な田になるように、救いようのない悪人は、この世にいない。

谷の流れも雨降れば濁る。
美しく清らかなものでも、時によごれることがある、という喩え。

他人に穴を掘る者は、自らそれに落ちる。
『聖書』
他人を陥れようとするものは、かえって自分を滅ぼすもとになる、という喩え。英語 He who digs a pit for another falls into it himself.

他人に小言を言われたときに、腹を立ててはならぬ。
新島襄（日本）
また、腹の立つときに小言を言ってはならぬ。――と続く。

他人に対する尊敬は、善き躾の第一条件である。
アミール（インド）
他人に対して尊敬する気持ちを持たせることは、人間にとって一番重要なことだ。

他人に尽くすことで、自分の力を量ることができる。
イプセン（ノルウェー）
人間は、他人にどれぐらい尽くしているかで、自分の力量がわかる。

他人には、すべてを拒むことができる。しかし、自分自身には、なにも拒めない。
ジェイムズ・レイ・ハント（イギリス）
他人に対しては拒絶できる人間が、自分に対しては拒絶できない。そういう弱い存在が人間だ。

他人に腹を立てて怒れば、自分は、その相手以下の人間である。
立腹した相手は相当悪質であっても、怒って行動に移せば、自分はそれ以下である。許してやるぐらいの器量であれ。

他人にやられたら君が怒るようなことを他人にするな。
ソクラテス（古代ギリシャ）
他人からされていやなことを、他人にしてはならない。

他人の後ろから行くものは、決して前進しているのではない。
ロマン・ロラン（フランス）
後ろからなら誰でも行ける。先頭に立って切り開いて進んでこそ、前進といえるのだ。

他人の愁えを見ては共に愁え、喜びを聞いて共に喜ぶ。
『実語教』（日本）
他人の悲しみや喜びを自分のことのように思い行動せよ。かりにも、他人の悲しみを喜んだり、他人の喜びを妬むことがあってはならない。

他人の失策は良い教師である。
「他人の失策は他の人の教訓である」とも。人は、他人の失敗や欠点によって学び、分別を身につけるのである。

他人の疝気を頭痛にやむ。
疝気はセンキと読み、下半身の病気。他人の病気を心配して頭痛になる意。自分に関係のないことに、役にも立たぬ心配をするという喩え。

他人の空似。
全くの他人であるのに、顔付きなどが偶然よく似ていること。

他人のために暮らすのはもうたくさんだ。せめてこのわずかな余生を自分のために生

きようではないか。

モンテーニュ（フランス）

他人のために尽くし続けて生きてきて、その上で残された余生、わずかな余生を自分のために生かしたい、という願いである。

他人のために嫁衣装を作る。

貧しい女性が自分の着物は一枚も作ることができず、もっぱら他人の婚礼衣装の縫い賃仕事をする。貧乏な女性のあわれさ。

他人の罪は目の前にあるが、自の罪は背後にある。

他人の悪いところはすぐ気が付くが、自分の行いについては、なかなか気が付かないものだ。

他人の荷物は常に軽い。

他人のものが自分のものより良く見える。Another man's burden is always light. が英語の諺。労働も同じで他人がいつも軽くて楽な仕事をしているように感ずるという喩え。

他人の念仏で極楽参り。

他人の払った労力で自分が利益を得ること。他人の行為に便乗して自分はなにもせずに利益を得る意にも。

他人の火で自分の体を暖める。

苦労は他人にさせて、自分だけ虫のよいことをする意。**英語の諺** It is good to warm oneself by another's fire.

他人の飯は身の薬。

住み込んで働き他人の飯を食うのは、その人の人間形成に大いに役立つ、という意。

他人の利益を図らずして、自ら栄えることはできない。

A・カーネギー（アメリカ）

自分の利益ばかり考えて動くな。使ってくれる相手の喜ぶもので相手の利益を考えなければ事業は発展しない。

他人の悪いところを忘れ去り、自分の悪いところを探し出して、深く記憶することである。

トルストイ（ロシア）

他人よりも自分の悪いところを反省すること、そして、深く反省して忘れないことの大切さを述べた言葉。

他人は、自分より偉いのだ。自分にないものを持っているのだ。

松下幸之助（日本）

このように思うほうが結局は得である。——と続く名言。凡人は、すべて他人が自分より下だと思いたがるものである。

他人任せは不可。

よりよい結果を得たければ、自分でやれ。他人に頼ったり、他人に任せたりするのはいけない。

他人をあてにしてはならない。

ゴーリキー（ロシア）

それは、期待する方が間違っている。——と続く名言。

他人を感動させようとするならまず自分が感動せねばならない。

ミレー（フランス）

そうでなければ、いかに巧みな作品でも、決して生命はない。——と続く言葉である。

他人を幸福にするとは、香水をふりかけるようなものだ。

ふりかける時に自分にも数滴かかるし、いい香りに包まれることもできる。外国の諺。

他人を非難するのはよろしくない。彼を辱めることになるからだ。一番いいのは、他人の悪いところを探さないことだ。

トルストイ（ロシア）

他人の悪いところを忘れ去り、自分の悪いところを探し出して深く記憶することである。——と続く言葉である。

種のない手品はできぬ。

手品も材料がなくてはできない。「餌がなくては魚はとれぬ」も同意の諺。

種を蒔いたら、刈り取らねばならない。

エマーソン（アメリカ）

物事の原因を自分で作った場合には、自分自身でその結果の責任を負わなくてはならない。

種をまく前に土を耕せ。土を耕す前に雑草を取れ。

隠元（中国）

いきなり大きく成長を目指すな。最初は、自分の持っているものを有効に用いて、着実に前進をはかれ、という教え。

楽しみあらんよりは、憂いなかれ。

韓愈（中国）

これといった楽しみはなくてもよいから、心配ごとのないほうがよい、という意。

楽しみは妻子むつまじく うちつどい頭並

べて物を食う時　橘曙覧（日本）

妻子は、メコと読む。「たのしみは」で始まり「とき」で終わる「独楽吟」五二首に収められた楽しみ、幸せ、の歌の中の一首である。

楽しむに天下を以てし、憂うるに天下を以てす。　『孟子』（中国）

天下の楽しみを国民とともに楽しみ、天下の心配ごとも国民とともに悩む。

他の全てを見る眼は、眼自体は見えない。

優れた見識を持っていても、自分自身の弱点は、なかなか見えないという意。The eye that sees all things else sees not itself.

他の人たちは、あなたが正しいことを証明できるように努めなさい、と言うであろう。私は、あなたが間違っていることを証明するように努めなさい、と申し上げる。　ルイ・パスツール（フランス）

観察の諸分野では、機会は備えある精神にのみ幸いする――という言葉も残している。絶えざる観察、周到な証明、慎重な研究態度のうかがえる言葉である。

頼み難きは人心。

変わりやすいのは人の心。これほど頼りにならないものはないという意。

頼む木の下に雨漏る。

木陰を頼って雨宿りをしても、そこさえ雨が漏ってくる意。信頼していたのにあてが外れる、喩え。

田畑の肥料は、主人の足跡よりよきはなし。

農作物の成育に一番良いのは主人自らの手入れである、という喩え。

度重なれば顕るる。

顕るるはアラワルルと読む。内密の行動や悪事は、他人にはわからぬと思っていても、くりかえしていると、自然とわかってくるものだ。

旅の恥は掻き捨て。

旅先では、知人もいないし、長く滞在もしないので、恥もその場限りで済む、意。解放感も加わり、普段なら、やりそうもない恥さらしのことも平気でやるようなことをいう。

旅は道連れ。　「江戸かるた」（日本）

「旅は道連れ、世は情け」が本来の諺である。旅は同行者があってこそ楽しく、世間は人情があるからこそうまく成り立っていく意味。また、道中で親しくなった人次第で、旅がよくも悪くもなるという意味にも使う。確かに快活な道連れは、旅の苦労を忘れさせ、心強い。人生も同じだ。互いに情けをかけあって生きて行こう。

食べるために生きず、生きるために食べよ。

人生をより良く生きる目的のために食べるという方法がある。ところが、その逆になっている場合や、逆の生き方しかできない人を戒めた英語の諺。Live not to eat, but eat to live.「生きるために食べるべきで、食べるために生きてはならぬ」（別項）、「食うために生きるのではなく、生きるために食え」（別項）とも。

多弁能なし。

「よく話す人は少ししか実行しない」とも。黙っている方がよく実行し能力が高いという意。**英語の諺** Great talkers are little doers.

玉となって砕くとも、瓦となって全からじ。　『北斉書』（中国）

貴重な玉として砕かれても、無価値の瓦のように安全に世を過ごそうとは思わない。名誉のために潔く死にたいという喩え。

卵で石を打つが如し。

弱い者が圧倒的に強大な者に敵対して、ひとたまりもなく滅ぼされる、ということの喩え。

卵で塔を組む。

非常に危険で不安定だという喩え。

卵に玄翁。

玄翁はゲンノウと読み、金槌の一種。非常に容易である、という喩え。

卵をもって石に投ず。

損害ばかりでまったく無駄な行為の喩え。

卵を割らないで、オムレツは、作れない。

当然の代償を払わなければ、期待する結果は得られないという喩え。**英語の諺** Omelets are not made without breaking of eggs.

魂の憂いは骨を枯らす。　『聖書』

精神的な苦しみは、骨を枯らすほど肉体に苦痛を与えるものである。A downcast spirit dries up the bones.

玉に瑕。

ほとんど完璧と思われる中にあるただ一

つの欠点。立派なものの中の惜しまれる一つの欠点。

玉葱からバラは咲かない。
「瓜の蔓には茄子（なすび）は成らぬ」（別項）と似た意。「スモモから、リンゴを作ることはできない」とともに外国の諺。

玉磨かざれば光なし。
どんなすばらしい素質や才能をもっていたとしても、学問をして、自己を磨く努力をしなければ、真価を発揮することができない。

黙り虫壁を通す。
黙々と努力する者は、人の気付かぬうちに大事業をなしとげる、というのが良い意味。また悪い意味では、ふだん黙っておとなしい者が、油断しているうちにとんでもないことをする、意。

溜まるほど汚い金と塵。
財産がたまるほど、心が卑しくけちになる。

民の声は神の声。
民衆の言うことは神の意志である。真理は世論にあるという意。「全ての人の言っていることが真実だ」。為政者は、民の声に耳を傾けなければならない。**英語の諺** The voice of the people, the voice of God.

民を貴しとなす。　『孟子』（中国）
国家の根本は人民にあり、人民が一番尊い。

矯めるなら若木のうち。
矯めるはタメルと読む。枝ぶりを整えるなら若木のうちがよい。人間を正しく形成するのも柔軟性のある若いうちがよい、という意。さらに広く、物事は始めのうちに処理しないと後になるほど処理しにくくなる、ことの喩え。

便りのないのは無事の証拠。
筆無精の言い訳。肉親からすれば自らへの慰めである。

便りのないのは良い便り。
何の便りもないのは無事でいる証拠である。**英語の諺** No news is good news.

鱈汁と雪道は後がよい。
鱈汁は後になるほどおいしい。雪道は後になるほど歩きよい、意。

足るを知って、及ばぬ事を思うな。　楠木正成（日本）
現状に満足することである。欲を出して、できないことまでしようとするな、の意。

足るを知る者は富む。　老子（中国）
幸福になると、もっと幸福をと欲を出す。人間は、ある程度の幸福で満足を知らないと永遠に不幸だ、の意。「足るを知らざるものは富むといえども貧し」も老子の思想。

誰かが君に対して罪があるように思われたら、それを忘れて許してやるがよい。　ルソー（フランス）
しからば、君は、許すことの幸福を知るであろう、という戒めである。

誰か知らん盤中の飧、粒々皆辛苦なるを。　李紳（中国）
飧はソンと読み、夕食のこと。感謝せよ。夕食のお椀の中の御飯の一粒一粒が農民の労苦の結晶であることを。

誰がそう言ったかを尋ねないで、言われていることは何か、それに心を用いなさい。　トマス・ア・ケンピス（ドイツ）
人は、話の内容より誰の話かということに関心が行きやすい。本当に重要なのは、話の内容であることに心を用いよ、という戒め。

誰が猫に鈴をつけるのか。
すばらしい考えも実行者がなくては議論倒れになってしまう。『イソップ物語』からきた英語の諺。Who will bell the cat?

誰しも人を許すときが、自分を最も高めるときである。　ゲーテ（ドイツ）
不正を許すのではない。他人の過ちを許すこと。この時にこそ人間が高まるのである。

誰でも軽率な行動は手早くやってしまいたがる。　ゴールドウィン・スミス（イギリス）
手早くやってしまおうと軽率な行動をしてしまう。浅はかで軽率な行動の戒めを述べたもの。

誰でも死ぬ。でも私はいつも自分は、例外だと思っていた。　ウィリアム・サローヤン（アメリカ）
それなのに、なんてこった。死は、厳粛にやってくる。――と続く言葉である。

誰でも天賦の才を持って生まれる。だが、生きていく過程で才能を失っていく。

バックミンスター・フラー（アメリカ）

自分の才能に自信を持て。誰でもある天賦の才能を、若いうちにうまく引き出すことだ、の意。

誰でも不愉快な顔を作り、立腹の身振りや言葉の真似をしていると、容易に腹が立ってくる。

ダーウィン（イギリス）

怒りっぽい人間は、声を落として、調子を押さえることだ。時をかせいで頭を冷やすべきだ。真似でもいいから腹を立てないでいると、怒りはおさまる。――と続く言葉である。

誰にでも愛される人ほど、愛されない。

スタンダール（フランス）

八方美人のような人ほど、実際は、愛されないものだ、の意。

誰もが記憶力のなさを嘆くが、判断力のなさを嘆くものは、いない。

ラ・ロシュフコー（フランス）

たしかに記憶力のないことを嘆く人間が多い。しかしながら、本当に嘆くべきは、「判断力がない」ことであるという意。

誰もが自分の過ちに経験という名前を与える。

オスカー・ワイルド（アイルランド）

人間は過ちを認めにくいのか、よい経験をしたと美化してしまう。過ちをしっかりと見詰めて認めるべきだ。

誰もが天国に行きたがるが、死にたがる者はいない。

ジョー・ルイス（アメリカ）

いつかは天国へと願いながら、死にたがる者は皆無である。

誰もが広場で暮らせるとは限らないが、太陽の光はあらゆる人々の上に平等に降り注ぐ。

（イタリア、トスカナ地方の諺）

全てが成功するとは限らないが、成功と幸福のある生活の可能性は平等にある、という意。

たれもかれもが、力いっぱいにのびのびと生きていける世の中、たれもかれも「生まれて来てよかった」と思える世の中

吉野源三郎（日本）

自分を大切にすることが、同時にひとを大切にすることになる世の中、そういう世の中を来させる仕事が、きみたちの行く手に待っている、大きな仕事、生きがいのある仕事。――と続く言葉である。

短気は損気。

短気をおこすと結局は損をする意。損気は語呂合わせ。腹を立てること、短気な行動を戒めた言葉。**英語の諺** It does not pay to be short-tempered. が近い。

短気は短命。

短気な人は寿命が短い。

短気は未練の元。

短気を起こすと後で後悔が起こり、未練の心にさいなまれる原因になる。短気を起こすな、の意。

短気も我、後悔も我。

短気を起こすのも自分であれば、そのことを後悔しなければならないのも自分である。

団結すれば立ち、分離すれば倒れる。

一致団結すれば成功するが、個人が個々ばらばらになれば、うまくいくことも失敗に終わってしまう意。**英語の諺** United we stand, divided we fall.

団結は力なり。

ホメロス（古代ギリシャ）

個人個人の力は小さくてもまとまれば大きな力になる。**英語の諺** Union is strength. 似た意味で「多くの藁は象をも繋ぐ」(Many straws may bind an elephant.）とも。

団子も餅のつきあい。

搗き合い、付き合い、のかけことば。つまらない者が立派な人にまじわっている喩え。

男子、家を出ずれば、七人の敵あり。

男が社会に出て行動を起こそうとすれば、必ず多くの敵にぶつかるものだ。「敵を持たない人はいない」は、英語の諺。No man is without enemies.

男子、志を立てて郷関を出づ。学、若し成らずんば、死すとも帰らず。

月性（日本）

骨を埋むるあに墳墓の地を期せん。人間到る処に青山有り。――と続く詩。男子が志を立てて故郷を出たからには、目的を達成しない限り二度と故郷に帰らない。骨を埋める墓の土地が故郷にどうして必要か。この世のいたるところに青く美しい山々がある。

断じて行えば鬼神も之を避く。

『史記』（中国）

決心して断行するならば、恐ろしい神々

でさえもこれをさまたげない。避くはサクと読む。

断じて之を為さば鬼神も之を避く。いやしくも疑うところあらば、為さざるにしかず。
羽倉簡堂（日本）
不屈の精神で事に当たるべきである。しかし、かりにも、疑念があるときは、しない方がよいのだ。

男子の一言　金鉄のごとし。
男の誓った言葉や約束は、極めて固く確かなものである、という意。

男性にとって、お世辞を言うのを止めるのは、大きな誤りである。
オスカー・ワイルド（アイルランド）
なぜなら、男性が魅力的なことを言わなくなった時は、魅力的なことを考えなくなった時だからである。——と続く言葉である。

断腸の思い。　曹丕「燕歌行」（中国）
腸がちぎれるほどの悲しさ、つらさ、の意。

単に知るのみならず、その知識に従って行動せよ。　フィヒテ（ドイツ）
知識があるだけではいけない。行動に結びつかないと意味がない。知行合一を。

短を捨て長を取る。　『漢書』（中国）
短所や欠点を除いて、長所や美点を学び取る、意。

ち

小さい鳥には、小さい巣しか要らない。
鳥相応の巣が必要、の意。そのように、人にはそれぞれふさわしいものがある。身分相応にせよということの喩え。**英語の諺** A little bird wants but a little nest.

小さい舟で荒らすと海賊と呼ばれ、大艦隊でなさると皇帝の海軍と呼ばれるだけです。
アウグスティヌス（古代ローマ）
戦争否定の名言である。古代ローマ末期のキリスト教教父で神学者の言葉。

小さく生んで大きく育てる。
出産しやすいように小ぶりの赤ん坊を生んで、大きく成長させるのがよい、という教え。

小さくても針は呑まれぬ。
ちいさなこと、わずかなことで、できそうだが、危険で不可能だという喩え。

小さな穴が大船を沈める。
わずかなことが原因で大事が起こる喩え。**英語の諺** A small leak will sink a great ship.

小さな支出に気を付けなさい。小さな水漏れが大きな船を沈めることになる。
B・フランクリン（アメリカ）
小さな浪費に気を付けよ。この戒めを守れば、大きな財産を築くことも可能となろう、の意。

小さな手間を省かないことが、大きなイライラを防ぐコツ。　斎藤茂太（日本）
ちょっとした手間を省くな。それが無駄な心労を防ぐコツである。

小さな火花が大火事に。
火の用心。「偉大なものも始めは小さい」。人生において小さいことを軽視してはならない。「事故は小さな故障から始まるのだ」とも。**英語の諺** A large fire often comes from a small spark.（大火事はしばしば小さな火花から）

小さな目標しか持たない者には小さな事しか達成できない。
オールコット（アメリカ）
大きな希望を持って大きなことを試みるべきである、の意。

小さな湯沸かしは、すぐ熱くなる。
小人物は、わずかなことが原因ですぐ腹を立てる、という喩え。**英語の諺** A little pot is soon hot.

知恵ある者は、だまされてもすべきことを見失わない。
サキヤ・パンディタ（チベット）
凡人は、だまされると感情的になり、自己を見失う。心すべきだ。

知恵多ければ憤り多し。　『聖書』
ものの考え方が深くなると世の中の欠陥や矛盾などが多くわかってきて、憤激も多くなる、意。「知識を増す者は憂いを増す」（別項）とも。**In much wisdom is much vexation.**

知恵と力は重荷にならぬ。
知恵と力はいくらあっても負担にならぬ。あればあるほどよい、という意。

知恵とは学校で学べるものではない。一生かけて身につけるものである。
アインシュタイン（ドイツ）
知識は学校で学ぶのだが、知恵は一生で経験して身につけるもの。名言である。

知恵に守られた賢者は、敵が多くても傷つかない。
サキヤ・パンディタ（チベット）
知恵のある生き方をしよう。多くの敵がいても傷つくことが少ない。

知恵は経験の娘である。
レオナルド・ダヴィンチ（イタリア）
知恵は、経験の中から生まれてくる、という喩え。

知恵は小出しにせよ。
すべての知恵を出し切ると、後で似た苦境に立った時、打つ手がなくなるから、時機に応じて少しずつ出した方がよい。

知恵は真珠に勝れり。
『聖書』
知恵は、どんな宝よりも勝っている、意。英語の諺 Wisdom is better than red coral.

知恵は平常、風呂敷に包んでおくべきもので、むき出しは危険だ。
金原明善（日本）
それに、慢心は、知恵の行きどまりだからな。――と続く戒め。

知恵を得るのは、金を得るのに勝る。
『聖書』
知恵を親兄弟や先生から得るのは、財宝を得るよりも勝っている、という意。英語の諺 To get wisdom is better than gold.

誓いは藁である。
シェークスピア（イギリス）
英語 Oaths are straws. 人の約束など藁同然で、一文の値打ちもない。誓いが当てにならずすぐ反故にされる喩え。英語の諺 An oath and an egg are soon broken.（誓いと卵はすぐ破れる）とも。

近きをすてて遠きを謀る者は、労して功なし。
『三略』（中国）
謀るはハカルと読み、計略をめぐらす意。身近なことをおろそかにして、いたずらに将来に期待を寄せる人間は、無駄な骨折りであって、成果がない適例である。

近道は遠道。
物事を手早くしようと途中の手を抜くと、失敗したり、はかどらなかったりして、かえって手数がかかる意。

力が主人であるところは、正義が召使である。
Where might is master, justice is servant. が英語の諺。力が勝手にふるまうと、理性が退却する意。日本語の「無理が通れば道理ひっこむ」（別項）は、意味が似た諺である。

力足らざれば偽り、知足らざれば欺き、財足らざれば盗む。
荘子（中国）
人間は、力がないと嘘をつき、知力がないとだまし、財貨がないと盗む。そういう弱い存在である。嘘をつくな、盗むな、という意。

力は正義なり。
力で圧倒し、また無理でも力で押し通せば、それが正義になる、意。プラトン（古代ギリシャ）の言葉に由来する諺。英語では、Might is right. 日本の諺の「勝てば官軍」（別項）が意味的に近い。

力は貧に勝つ。
『説苑』（中国）
「力」は、努力の意。努力は、貧乏を克服する、意。「稼ぐに追いつく貧乏なし」（別項）に近い。

力を尽くして狭き門より入れ。
『聖書』
神の救いを得るためには、それにふさわしい努力をせよ。英語 Enter by the narrow gate.

地球が、物で栄えて、心で滅ぶことがないように。
高田好胤（日本）
物質文明を追い続けてはならない、との現代人への戒めである。

ちぎれても錦。
細かに切れても錦の布は美しい。質の良いものは、衰え傷ついてもその良さを失わない、という喩え。

地獄の沙汰も金次第。
「上方かるた」（日本）
地獄の裁判でも金の力で自由にできる、金力万能の世の中をいう諺。

地獄へも連れ。
不幸があったときに、仲間があることは、幾分かの慰めになる、意。

知識と材木は、よく枯れるまで用いてはならない。
O・W・ホームズ（アメリカ）

知識は、本当に自分の身につくまで、表面に出さない方がよいという意。

知識なくして正直なるは、薄弱にして用をなさず。正直ならずして知識あるは、危険にして恐るべし。

サミュエル・ジョンソン（イギリス）

知識のない正直者は、薄弱で用をなさない。嘘つきで知識がある者は、危険で恐ろしい。前者は、意志が弱く、態度が曖昧で、はっきりせず、正直だけが取り柄で役に立たない。後者は、賢くても危険で恐ろしい。後者に該当する人がこの世では多すぎる、という意。

知識のある人は、全てについて知識があるとは限らない。

モンテーニュ（フランス）

だが、有能な人は、全てについて有能である。無知にかけてさえも有能である。――と続く。

知識の島が大きくなるほど、不可思議の海岸線が、長くなる。

ラルフ・W・ソックマン（アメリカ）

知識が量的に増えれば増えるほど、疑問が多くなるという喩え。

知識のない熱中は、愚行の姉妹である。

Zeal without knowledge is the sister of folly. が英語の諺。また、「知識を持たぬ熱意は、暗夜の中を旅行する人に似ている」「知識や思慮のない熱中は、狂乱に似ている」などの諺もある。しっかりした思慮の上に、熱中し集中して行動したいものである。

知識は権力である。

トマス・ホッブズ（イギリス）

知識のある人が勢力を持ち、権力を握っていく。そしてあらゆるものを動かしていく。「知識は力なり」は、英語の諺。Knowledge is power.

知識は自分がこれだけ学んだという誇りである。知恵は自分がこれ以上知らないという謙遜である。

ウィリアム・クーパー（イギリス）

知識は、学んだことの誇りであり、知恵は、これ以上知らないという謙遜のことであるという意。たしかに、良い言葉である。

知識はすぐにやってくるが、知恵は手間取る。

アルフレッド・テニスン（イギリス）

知識は、情報を頭に入れるだけ。知恵は、物事を総合的にとらえ、正しく判断し行動する能力であるから、時間がかかる。

知識は伝えることができる。しかし、知恵というものは、人に伝えることはできない。

ヘッセ（ドイツ）

知識は、教えや書物によって伝えることができる。しかし、知恵は、自分で生み出したものだから他人に伝えることができないのだ。

知識への投資は、常に最高の利息がついてくる。

B・フランクリン（アメリカ）

知識への投資に損はない。自己の向上という利息がいつもついてくる。という意。

知識を与えるよりも感銘を与えよ。感銘せしむるよりも実践せしめよ。

坪内逍遙（日本）

文芸というものの目的を、知識ではなく感銘を与えるもの、感銘させたあと行動に結び付くものであるべき、と述べた名言である。

知識を得る第一歩は、自分が無知であることを自覚することである。

エルマー・ホイラー（アメリカ）

まず、自分がいかに無知であるかを知れ。これが、知識を得る第一歩だ。

知識を世界に求め、大いに皇基を振起すべし。

「五箇条の御誓文」（日本）

「皇基」は、国の基の意。知識を世界に求めて、大いに、日本の国を振興すべきである。

知識を増す者は憂いを増す。

知識が増してくると、世の中の悪や矛盾が目につき、憂いが多くなる意。

知識を豊かにするための五箇条。一、観察眼を持て。二、学び続けよ。三、時間を作り出せ。四、背景を知れ。五、記録せよ。メモを取れ。

W・A・オールコット（アメリカ）

一、観察眼を持て。意識の網をはりめぐらせば、必ず何かがひっかかる。二、学び続けて一歩一歩関心の枠を広げよ。三、時間を作り出せ。四、事柄の背景、歴史と地理、年表と地図、から知識を広げよ。五、記録せよ。メモを取れ。文章にせよ。軌跡を書き残せと自ら解説を付けている。

智者有りといえども、その後を善くする能わず。
いったん誤って事態が展開した後を受けては、どんな知恵のある人でも、それを回復することはできない。
孫子（中国）

智者は惑わず、勇者は懼れず。
惑わずはマドワズ、懼れずはオソレズと読む。知恵のある者は、道理を知り物事を見抜く力があるので迷わない。勇気のある者は、信念に従って行動するので気おくれするようなことはない。

智者も千慮に一失有り。『史記』（中国）
すぐれた賢人でも数多くの考えの中に、誤りもある。

地上で最高に幸福なケチとは、自分が作り得る友人をみんな貯える人のこと。
R・E・シャーウッド（アメリカ）
友人を全部手放さないケチは、最高に幸せで、最高の富める人である。そんな人間になりたい。
父親たちは、自分も大学に行ったという理由か、自分は大学に行かなかったという理由のいずれかで、子供を大学にやる。
L・L・ヘンドレン（イギリス）
世の多くの父親は、学歴に優越感を持つか、学歴に劣等感を持っていたか、そんな理由で子供を進学をさせる。しかし、本当は子供を、伸ばすためではないか、という戒め。
父在すときは、老いを称せず。孝を言いて悪を言わず。
父母のいる場所では老いに関する話をしてはいけない。常に孝行になることだけ言って悪いことは言わないのが、子としての良い心がけである。

父の恩は山より高く、母の徳は海より深し。
『童子教』（日本）
父母の恩は、この上なく大きく深いという喩え。

父の在世中は、その志を観察し、没後は、行跡を観察する。
『論語』（中国）
そして三年父の道を改めないものを孝行という。孝行を具体的に説明した言葉である。

治にいて乱を忘れず。『易経』（中国）
太平の世にあっても、常に戦乱のことを忘れないことだ、の意。現在では、物事が順調な時に、逆境時を忘れない意に転用。

知にはたらけば角が立つ。
いかにも頭が良いのだと、自分の知識をひけらかすと、嫌われる。そして人間関係がぎくしゃくする、という意。

地の塩。『聖書』
目立たないが、なくてはならない喩え。

地のために戦うものは王を成す能わず。
『説苑』（中国）
地は領地のこと。領土欲から戦争をおこすような者は、王者の務めを果たすことはできない。

智は富にまさる。
豊かな財産や富裕な生活より、人間として賢く生きることが大切だという諺。

知は力なり。
フランシス・ベーコン（イギリス）
肉体や腕の力を普通は強いというのだが、知識によって考える力は、歴史や世の中を動かす偉大な威力を持つものである。

血は水より濃い。
血統は争われぬ、という意。血縁は、他人よりきずなが強い。いざという時、頼りになるのは、血のつながったものである。**英語の諺** Blood is thicker than water.

チャンスが二度、自分のドアをノックすると思うな。 シャンフォール（フランス）
人生で、チャンスは、二度と来ない。一回のチャンスを逃がすな。

チャンスは鳥のごとし。飛び去らぬうちに捕らえよ。 シラー（ドイツ）
人生で、チャンスは、すぐに飛び去ってしまうもの。うまく捕らえ、生かしたいものだ。

チャンスは、発見するたびに、捕らえなければならない。
フランシス・ベーコン（イギリス）
長い人生でチャンスらしいものが来たら、その度ごとに捕らえること。

注意の払い過ぎはない。
精神を集中し注意をしていても、事故や仕事のミスは起こる。注意に注意を重ねることが肝要である。

注意力の欠乏は、無知にまさる害を及ぼす。
B・フランクリン（アメリカ）
無知の害より、注意力の欠乏の害の方が大きい。注意に注意を重ねよ。

忠言耳に逆らう。『史記』（中国）

忠告の言葉は、どうしてもすなおに聞き入れられないものだ。心を空しくして聞こう。**英語の諺** Advice is seldom welcome.（忠告はめったに歓迎されない）は似た意味。

中国は、外国に侵略されることはあっても、外国を侵略したことがなかった。これは、世界最強の国にもみることのできない中国の光栄である。　孫文（中国）

中国に対して、小国の進貢や帰化も、彼等が望んでしたことであって、中国が武力で圧迫した結果ではない。——と続く。中国数千年の歴史で、侵略した事実はない。その必要がないほど広大で豊かな国であったのだ。すばらしい中国であり、世界に誇るべき光栄である、の意。

中庸はよろし、されど中庸それ自身のみにては徳にならず。　リッケルト（ドイツ）

中庸を保つこと。適度のものを選ぶことは大切だが、それだけでは、徳があるとはいえない。

中流に梶を絶え、暗夜に灯火を失う。

もっとも頼りにしていた物を失って、どうしていいかわからず、困惑する、喩え。単に「暗夜に灯火を失う」（別項）とも。

長口舌は未熟なしるし。

長々と話をするのは、内容がなく、まとまりのない話である証拠だという。**英語の諺** A long tongue is a sign of a short hand.

彫刻に独創はいらない。生命がいる。　ロダン（フランス）

生命は肉付けにある。彫刻の魂は塊にある。彫刻全体がそこにある。——と続く言葉である。

長者の万灯より貧者の一灯。

貧しい者の真心のこもった寄進は、たとえわずかでも金持ちの寄進より尊い、意。「貧者の一灯」（別項）とも。

聴衆に、自分の話し方を合わせなさい。

講演などをするときの心構えを述べた英語の諺。一般的に、話を始める前に、対象とする聴衆の心理的条件をよく検討して、状況に対応して合わせることが肝要だの意。**英語の諺** Suit your style to your audience.

長所は短所。

自分の長所に頼り過ぎるとかえって失敗する意。つまり長所も短所になるということ。

提灯で餅を搗く。

気ばかりあせって思うようにならない意。提灯は老人のしなびて役に立たない陰茎の喩え。

提灯に釣り鐘。

形は似ているが重さが比較にならないところから、釣り合いがとれないことの喩え。身分などに言うことが多い。

調味料の入れ方サシスセソ。

調味料の入れ方の基準。サシスセソの順に入れるのが無難だという諺。砂糖、塩、酢、醤油、味噌の順に。

長命すれば恥多し。

長生きをすると、何かにつけて恥ずかしいことが多いものである、という意。「命長ければ恥多し」（別項）、「長生きすれば恥多し」（別項）とも。

長命ほど大いなる幸いなし。

長生きが最上の幸福である。あらゆる幸福の基本になるものである。

長幼有序　尊師愛生　知行合一

「中国教育思想」（中国）

長幼有序（年長者と年少者の間に当然の順序がある）、尊師愛生（生徒は師を尊敬し、師は生徒を愛す）、知行合一（真の知識は行為を伴うべき）。

直は曲を輔けず。

輔けずはタスケズと読む。行いの正しい人は、悪事の手助けをしない。

直木先ず伐らる。

伐らるはキラルと読む。真っ直ぐな木は、材木に適しているので最初に伐採されるという意。人間も能力や才能があるためにかえって身に災いを招く、という喩え。

ちょっと人の言うことを信じやすいと、人生はとてもスムーズに行きます。

エリザベス・ガスカル（イギリス）

理性理性と理性を振りかざさぬことです。理性とは、いつも誰かが言わねばならないことですから。——と続く言葉である。

塵も積もれば山となる。

「江戸かるた」（日本）

わずかなものでも積もり重なれば大きな結果をもたらす。貯金箱にふさわしい諺である。

治療よりも予防。

医療面からみた健康上の鉄則。「転ばぬ先の杖」（別項）に似た諺。

散るときには散るが花。
散るときには潔く散るのが花というものだ。

地を易うれば皆然り。　『孟子』（中国）
易うればはカウレバと読む。地位、境遇、立場を取り替えると、相手の考えや行為がよく理解できる。

珍客といえども、長座に過ぐれば嫌われる。
アンデルセン（デンマーク）
珍しい客人、友人であっても、長居をしすぎると嫌われる。

沈丁花は、枯れても芳し。
優れた価値のあるものは、いったん駄目になっても、その価値を失わない。「ちぎれても錦」（別項）と似た諺。

沈黙は金、雄弁は銀。
いらぬことをしゃべるより黙っていた方がよいという戒め。どんなに巧みに話しても銀の価値しかないという意。

沈黙は言葉より雄弁。
沈黙が、下手な口出しに優っていることが実際には多いものだ、の意。また、沈黙の意味するところを正しく把握すべきだ、とも解釈できる。**英語の諺** Silence is more eloquent than words.

沈黙は、承諾を与えることになる。
意思表示が必要な時には沈黙が承諾になる。心したいことである。

つ

追従するもの陰にて誹る。
追従はツイショウ、誹るはソシルと読む。お世辞を言うような人にかぎって陰で悪口を言う。

追従ほどうまきものなし。
お追従ほど耳に快いものはない。だまされないように。

搗いた餅より心持ち。
搗いたはツイタと読む。搗いた餅をいただくのは嬉しいが、下さる方の心モチ（気持ち）が嬉しいという意。モチは掛け言葉。

杖に縋るとも人に縋るな。
縋るはスガルと読む。他人に頼ってはいけないという戒め。

使っている鍬は光る。
絶えず努力するものは、自然とそれが表に現れて他と違って見える、喩え。

疲れた人は、しばし路傍の草に腰をおろして、道行く人を眺めるがよい。人は決してそう遠くへは行くまい。
ツルゲーネフ（ロシア）
疲れ切ると、なかなか前へ進めないときがある。ときには、しばし休息して、次の活躍、飛躍の契機としたいものである、という意。

月と鼈。
鼈はスッポンと読む。月とスッポン、どちらも丸い形だが非常な違いがある。比較にならないほどかけ離れていることの喩え。「月と朱盆」が変化したものか。

月に叢雲、花に風。
叢雲はムラクモと読む。群がった雲の意。月が出ると群がった雲がかかりやすい。花が咲くと風が出て散らしやすい。よいことはとかく妨害が起こりやすい。浮世のままならぬ喩え。「好事魔多し」（別項）とも。

月日変われば気も変わる。
人の心は月日とともに自然に変わっていく、意。

月雪花は一度に眺められず。
よいことを、全部一度に手に入れることはできない、という喩え。

月夜に釜をぬく。
「上方かるた」、「江戸かるた」（日本）
月夜に釜を盗まれる。間抜けさを笑った諺。「油断大敵」（別項）の意とも。釜は飯炊きや湯沸かし用で、生活に必須の器具である。

月夜に米の飯。
いつも月夜で、米の飯。飽きがこないし、こんなよいことはない。食生活の貧しかった時代の諺。

月夜に背中炙る。
炙るはアブルと読む。月明かりでは暖はとれず、全く効果がないことの喩え。

月夜に提灯。

無益、不必要なことの喩え。無用の奢り、の意にも。

月夜に夜仕事。
「月夜に夜なべ」とも。勤勉なことの喩え。

月夜の螢。
明るい月夜に螢は目立たない。立派なものの陰になってけおされる、喩え。「月の前の灯火」「月の前に星」とも。

伝うる久しければ、すなわち論略く。　荀子（中国）
略くは、ハブクと読む。長い間伝えられてきた事柄は、その述べるところが省略され簡略になってくるものだ。

拙く行うは巧みに言うに勝る。
拙くはツタナクと読む。下手でも実行することは、言葉巧みで実行しないのよりすぐれている。

土積もりて山となる。　『説苑』（中国）
中国古代の諺。微小なものでも数多く積み重なると高大なものになる意。「塵も積もれば山となる」（別項）とも。

土より出でて土に帰す。
命あるものは、すべて土から出て土に帰っていく。

慎み深く正しい自尊心は、立派で有意義な業績を生む土壌であり源泉である。　ミルトン（イギリス）
自分をさげすむ人間は、他人からも軽蔑される。自尊心は、正しく生きるための支えになるのだ。身をけがしたり、卑屈にならないことだ。そうでないと大志も抱けない。

慎みを知って慎まざれば、禍遠きにあらず。　「浄瑠璃」（日本）
慎むべきことを知って慎まないと、遠からず禍にあう、という戒め。

堤のくずれも蟻の穴。
わずかな油断や小さな過失が大事の原因になる、という戒め。

綴れを着ても心は錦。
綴れはツヅレと読み、ボロの意。外見は悪くても心の中は、豊かで美しくありたい、意。

努めて学ばんより、努めて師を求めんに如かず。
自分ひとりで努力して勉学するより、良い先生を求める努力をすることの方が大切である。

常が大事。
人間、ふだんの行いが大切である。疑いをかけられないように平常の行いを正さなければならない。

常に一歩前進することを心がけよ。停止は退歩を意味する。　野村徳七（日本）
どんな時でも歩みを止めてはならない。前進しなければ退歩になるのが、人生である。

常に神を愛し、神に感謝し、神を信頼し、神に従うことが自己を向上することだ。　ペスタロッチ（スイス）
しかし、その前に、人間を愛し、人間に感謝し、人間に従うところの、自己を養わなければならない。――と続く言葉である。

常に勉強を続けるのは結構だが学校通いはいけない。　モンテーニュ（フランス）
老人になってABCだなんて馬鹿げている。――と続く言葉。主体的な勉強を。受動的な勉強を否定している。

常の産なき時は常の心なし。
生活が安定しないと、精神の安定がない。

角を矯めて牛を殺す。
曲がっている牛の角をまっすぐにしようとして、牛を殺してしまう。少しの欠点を直そうとして、その手段が度を越して全体をだめにする喩え。「眉毛を整えようとして目玉をえぐり出す」は英語の諺。Wanting to make right the eyebrows, he pulled out his eyes.

妻賢ければ夫禍少なし。子孝なれば父の心寛なり。
禍はワザワイと読み、寛はユタカと読む。夫としても親としても、妻が賢明で、子供が孝行なのは最高の幸せである。

つまずかないのは名馬である。
馬はつまずくのが普通。欠点、弱点は生きているかぎり誰にでもあるという喩え。**英語の諺** It is a good horse that never stumbles.

妻の徳行は親切に見てやれ。妻の過失は見ぬふりせよ。　プライヤー（ドイツ）
妻の行動は親切に見てやれ。過ちがあったら見ぬふりをするのがいちばんよい。

妻の恥は夫の恥。
夫婦は一つのものであること。

妻は夫が若い時は愛人である。中年には相談相手になり、老人には看護婦となる。
F・ベーコン（イギリス）
妻というものは、夫の若いときは愛する人、中年には生活の相談相手、老人になると、介護をお願いする女性となる。まさに真理である。

つまらぬ本を百冊読むよりは、優れた本を百回読む方がはるかにためになる。
アラン（フランス）
つまらぬ本を多読するのはよくない。優れた本を精読することが大切。

妻をめとらば 才たけて みめ美わしく 情けあり
与謝野鉄幹（日本）
才能があり、美貌で、愛情が深い、妻の理想像を述べた言葉である。

罪なくして配所の月をみる。
本来の意は、罪のない身で俗世を離れて閑寂な片田舎で月を眺めたいという風雅な生活の理想をいった語。菅原道真以降、無実の罪により流罪地に流され、月を見て悲嘆に暮れる意に用いられることが多くなる。

罪を犯す者は罪の奴隷なり。『聖書』
罪を犯す者は、罪に束縛されて、いつまでたっても自由がない。罪を許されても真の自由がない。したがって、永遠に罪の奴隷である。**英語** Everyone who commits sin is a slave.

爪で拾って箕でこぼす。
箕は、ミと読み、穀物を振るいあおる竹で編んだ道具。三リットルぐらい入る大きな「ちり取り」のような容器である。爪で拾うようにして集めた穀物を、箕で大量にこぼしてしまう意。苦労して貯めたものを、あっけなく使い果たす、喩え。

爪に爪なく、瓜に爪あり。
爪と瓜の漢字の違いを表した諺。

爪に火点す。
苦労して倹約する意。また、ひどいけち、の意にも。

爪によって、ライオンを知ることができる。
一部を見てそのもの全体をおしはかることができる。**英語の諺** You may know the lion by his claw.「一つかみで袋全体の中身を知ることができる」は、よく似た意味の英語の諺。You may know by a handful the whole sack.

爪の垢を煎じて飲む。
わずかな部分でも優れた人にあやかろうとすること、の喩え。

梅雨に降らぬと土用に降る。
梅雨の時期に雨が降らないと土用の時(七・八月)にたくさん降る。

梅雨の夕晴れ。
「梅雨の宵晴れ」とも。梅雨時の雨は、夕方に晴れ間を見せることがある。

強い人間は、自分の運命を嘆かない。
ショーペンハウアー（ドイツ）
他人の幸運をうらやんだり、自分の不運を嘆いてはいけない。運命は自分で切り開くものである。

強いものが戦いに勝つにあらず。『聖書』
力が必ずしも勝つとはかぎらない。勝敗には運がともなうからである。Strength does not win the battle.

強い物は砕けやすく、堅い物は折れやすい。
「強き物は砕け易く、堅き物はくじく習い」が、元の諺。やわらかく抵抗の少ない生き方をせよ、の意。

釣り合わぬは不縁のもと。
「不釣り合いな結婚が幸せなことはめったにない」Unequal marriages are seldom happy. は英語の諺。身分、家柄、財産、容姿などが釣り合わない結婚は価値観や思想の違いから、うまくいかずに、結局は破綻する、という意。「不釣り合いは不縁の基」（別項）とも。

釣り落とした魚は大きい。
「逃がした魚は大きい」（別項）とも。手に入れかけたものを取り逃がすと大損をしたように惜しまれる、意。**英語の諺** It was always the biggest fish I caught that got away.

釣り鐘を蜂が刺す。
何の痛痒も感じない。平気でなんとも思わない意。

釣りする馬鹿に、見る阿呆。
どちらも無駄なひまつぶし。釣りに熱中する人を嘲る諺。

鶴が掃溜へ下りたよう。
みすぼらしい所に、際立って優美なものがある様子。「はきだめに鶴」（別項）とも。

鶴の粟を拾うがごとし。
細いくちばしで小粒を拾う動作から、き

わめて少しずつの意の喩え。

鶴の一声。
有力者、権力者の一言。多くの人の発言を制することのできる権威ある人の短い言葉、の意。

鶴は千年亀は万年。　『淮南子』(中国)
長寿でめでたい喩え。中国の伝説に由来。

釣れない時は、魚が考える時間を与えてくれたと、思えばいい。
ヘミングウェイ(アメリカ)
人生はうまくいかない時がよくある。そういう時は、焦らず、今の時間は天が与えてくれた準備期間と思ったらいいのだ。

積んではよく散じ、安きに安んじてよく遷る。　『礼記』(中国)
遷るはウツルと読む。大きな財産を作っても、困窮している人に惜しみ無く与え、住みやすいところに満足しては、すぐ転居する。本質を見抜いて自由に行動する意。

聾の早合点。
年老いると耳が遠くなる。聞こえにくくなって、わずかのことで早合点することが多くなる。若いうちから、一部のことを見たり聞いたりして、早合点してはならないという諺。

て

ディクシオン(よくもの言う術)は、「言葉の筋を通すこと」「相手に快い感じを与えること」「だれにもなるほどと思わせること」の三つ。　内藤濯(日本)
フランス語で、ディクシオンとは、よくものいう術の意で、上記の三つがそなわらないといけないという説。的を射た名言である。

貞淑ぶるのは、一種の強欲である。一番たちが悪い。　スタンダール(フランス)
貞淑ぶるのは、多くの男の気を引こうとする強欲、これは最も悪質だ、の意。

亭主と箸は強いがよい。
弱い夫と、折れやすい箸は、暮らしに役立たぬ。

亭主の好きな赤烏帽子。　「江戸かるた」(日本)
主人の好みにはどんなに変でも従わなければならない。黙認をせざるをえない妻や家人の心境の喩え。

亭主は達者で留守がよい。
女房の願望を言った、諺。

貞女は二夫に見えず。　『史記』(中国)
「見えず」は、マミエズと読む。貞操堅固な女は、いったん結婚したら離別しない。また再婚の話があっても、別の夫を持つことはしない。「貞婦は両夫に見えず」とも。

泥中の玉。
玉はタマと読む。せっかくのすぐれた才能が、埋もれたままであることの喩え。

泥中の蓮。
蓮は、ハス、ハチスと読む。清らかな花の意。悪い境遇の中でも清らかさを保つ喩え。

丁寧とは、自分の考えの中から選択する技術である。　スタール夫人(フランス)
ああでもないこうでもないと考えて後、行動に移すのが丁寧。

手が空けば口が開く。
仕事がなくなると、生活が成り立たない意。また、仕事に暇ができると、とかく無駄話をしがちである。

手飼いの犬に手を食わる。
世話をしている飼い犬に、飼い主が手を嚙まれる、意。

手加減の独り舌打ち。
自分の作った料理をうまいうまいと食べること。「自画自賛」に似ている。

敵がいない人生は、考えられない。　トルストイ(ロシア)
それどころか、善良な生き方をすればするほど、敵はふえる。――と続く言葉である。

敵と己れを知るものは勝つ。
敵の力を知るだけでなく、自分の力の限界を知ることが勝利に不可欠である。

できないというのは許される。だが、しよ

うとしないのは断じて許されぬ。
イプセン（ノルウェー）
できないのは仕方がない。しかし、行動しようとしない人間、意志のない人間は、絶対に許されない、という強い言葉の真意を汲むべき。

敵の急所は我が急所。
敵にとっての急所は自分にとっても急所である。

敵の謀に乗って敵を謀る。
謀はハカリゴト。謀るはハカルと読む。敵のはかりごとに乗ってだまされたとみせかけて、敵を倒す、意。

敵は本能寺にあり。
本当の目的は、表面にかかげたものではなくて、実は別のところにあるという意に、使われている。

できるかできぬかわからぬ時はできると思って努力せよ。
三宅雪嶺（日本）
ためらわずに、できると思って努力せよ。

できると思えば可能だ。できないと思えば不可能なのだ。
ヘンリー・フォード（アメリカ）
できると自分に言い聞かせることが大切だ。道は自ずと開けてくる。という意。

敵を作らざる者は、決して友を作らず。
テニスン（イギリス）
個性の強い者は敵を作るが、同時に、真の友人を作るのも個性の強さである。という意。**英語** He makes no friend who never made a foe.

敵を作るなかれ、真の友の多きを憂うるなかれ。
敵を作るな、の意。一人の敵を持つことの害は、百人の友の益よりも恐ろしい、も似た諺。「敵は、一人でも多すぎるが、友人は、百人でも少なすぎる」One enemy is too many; a hundred friends too few. が英語の諺。

敵を持たないものは、友人を持たない。
敵はどんな世界にもいる。敵を避けて暮らすより、多くの人々とつきあって友人を作り、人間関係を豊かにしたほうが良いという意。**英語の諺** He who has no enemy has no friend.

手品するにも種が要る。
種はタネと読む。何事も材料（仕掛け、ネタ）がなければ、できないことの喩え。

手酌貧乏
「手酌をすると貧乏する」とも。酒は人と汲み交わすものなのに、家で手酌をして飲んでいると、酒代がかさんで貧乏する、意。手酌は貧乏くさいという、説は疑問。

手作りの味噌は塩が辛い。
自家製の味噌は塩が辛いが美味である。転じて、自慢話は、聞き苦しい。「手前味噌で塩が辛い」（別項）とも。

鉄は熱いうちに打て。
若くて純真な時に、十分に鍛えよ。成長してから後、良い教育をしようとしても、効果が上がらぬという喩え。

鉄砲玉はいきぬけと思え。
「いきぬけ」は「行き貫け」で、行きっきり、の意。結果をくよくよするな。実行してみれば案外なんとかなるもの。「案ずるより産むが易し」（別項）と似た意。

手ですることを足でする。
当然取るべき方法を取らないで、誤った手段を用いること、の喩え。

手に負えない仕事を始めるな。
コントロールできない事業、能力的に過大な事業、人間関係がうまくいかないのが目に見えている事業、資金的に見通しがつかない事業など、始末がつかない仕事を始めてはならない、意。「自分で消せない火はつけるな」は、似た意味の諺。

手に取ってみないことは、分からぬ。
物事は手に取って確認しないうちは、はっきりわからないし、当てにならない、という意。

手に取るな、やはり野に置け、蓮華草。
野に咲いていてこそ美しい花だから、摘み取らないでほしい、という意。元は、遊女を身受けしない方がよいという意味の俳句。

手の舞い足の踏む所を知らず。
非常に喜んで有頂天になって、こおどりする様子。

手は一生の宝。
手は手跡。文字が上手に書けることは、そのことにより一生利益を受けることになる、という意。

手八丁口八丁。
よく行動もするし、しゃべることも達者な意。ほめることより、けなす意で使うことが多い。「口八丁手八丁」と逆に言うこともある。

手袋をはめた猫は鼠を取らぬ。
気取っていては仕事にならない。真剣にとりくまないと仕事は達成できない。A cat in gloves catches no mice. が英語の諺。

出船に良い風は、入り船に悪い。
出船に順風の時は、入り船に逆風となる。両方によくすることは難しい、という喩え。

手前味噌で塩が辛い。
自分の作った味噌は塩辛くても美味だ、という意。転じて、自慢話ばかりで、聞き苦しいことの喩え。略して、「手前味噌」とも。また「手作りの味噌は塩が辛い」（別項）とも。

出物腫れ物、所嫌わず。
吹き出物、腫れ物、大小便、屁、お産、咳、げっぷ、くしゃみ、人体から出る物は、場所や場合に関係なく、出たい時に出る、という意。

寺から里へ。 「上方かるた」（日本）
物事の筋道が逆だという喩え。菩提寺から檀家へは御布施の順が逆だというところから。

寺子屋に家持ち無し。
寺子屋は間借りが多く、貧乏な先生がつきものであった。学者貧乏の意。

寺の辺の童は習わぬ経を読む。
テラノホトリノワランベハ、と読む。「門前の小僧」（別項）の意。環境の影響、感化が強い、という喩え。

出る杭は打たれる。
「高い木にはよく風が当る」は似た諺。他より頭角をあらわすものは、それだけ、厳しい批判や嫉妬があるという喩え。

出る船の纜を引く。
纜は、トモヅナと読む。船をつなぎ止めるための綱。未練がましいふるまいをすること、の喩え。

手を貸して縛られ、首を延べて斬らる。
人が良すぎて他人の意のままとなり、馬鹿な目にあう喩え。

手を出したら負け。
兄弟喧嘩などで、どちらの主張が正しかろうと最初に暴力をふるった方が悪いということ。

手を出して火傷する。
よけいな事に、手出しをして、かえって失敗する。いらぬ世話を焼いて、かえってひどいめにあう。

天衣無縫
天人の衣服には縫い目がない、意。転じて、文章、詩歌などに技巧の跡が見られず、ごく自然で完璧な美しさがあること。

田園の眺め、快い景色の連続、大気、自然、……私を束縛する一切のものから遠ざかることが、私の魂を解放し、思想を大胆にさせるのだ。 ルソー（フランス）
自然に帰れと説き、人民主権論を主張、フランス革命に影響を与えた思想家の言葉である。

天下 帰を同じゅうして塗を殊にす。 『易経』（中国）
塗はトと読み、途中の意。殊にすはコトニスと読み、異にすと同じ。この世の道理は帰着するところは同じだが、途中の手段方法を異にするだけだ。真理は一つだが、そこに至る過程の考え方はまちまちだの意。

天下の憂いに先立ちて憂い、天下の楽しみに後れて楽しむ。 『宋史』（中国）
「先憂後楽」とも。国民が憂えぬ先に憂い、国民が善政の結果を楽しむようになった後で楽しむ、という政治家の心得を表す諺。

天下の憂いを除く者は、すなわち天下の楽しみを享く。 『三略』（中国）
天下万民の憂いを取り除いた者は、その結果として天下万民の楽しみを、貴方の楽しみとして受け取ることになる。

天下の平らかなる所以は、政平らかなればなり。 子華子（中国）
この世が平和なのは、公明正大な政治が行われているからである。

天下の本は国にあり、国の本は家にあり、家の本は身にあり。 『孟子』（中国）
世界がよく治まるかどうかは、一国にあり、国がよく治まるかどうかは、一家にあり、家がよく治まるかどうかは、一身の安定にある。

天から降ったか、地から湧いたか。
あまりにも唐突な出現を驚いていう意。

天から横に降る雨はない。
あまりにも、だしぬけな様子を表す、諺。

もともと雨は真っ直ぐに降るもので、横に降る雨などはない。人間も天性は真っ直ぐなもので、けっして横に曲がったものはない、という喩え。

天行は健なり。　『易経』（中国）

自然の変化、天の運行に狂いはない。

天才そんなものはありません。ただ勉強です。方法です。不断に計画しているということです。　ロダン（フランス）

天才、そんなものはない。ひたすら勉強し、絶えず、どうすべきか考える、これが、それに近づく方法だ。

天才とは、天が与える一％のインスピレーションと、彼が流す九十九％のパースピレーションからなるものである。　エジソン（アメリカ）

「天才とは、一％の霊感と、彼が流す汗九十九％とからなるものである」と訳されてもいる。つまり、才能が一％、努力が九十九％だというのである。

天才とは、人間の内なる情熱の炎を燃え立たせる力である。　ジョン・フォスター（イギリス）

天才とは、奮励努力しようとする意欲、これが炎であり、この力の非常に強い人を言うという言葉である。

天才とは、一つの問題に深く傾注した結果生まれるものだ。　ビュフォン（フランス）

天才とは、生まれつきのすぐれた才能を持った人のことを言うと人々は思っているが、それだけではない。一つの問題に深く打ち込んだ人をいうのだ、の意。

天才とは、複雑なものを単純化する能力のことである。　C・W・ツェーラム（ドイツ）

考古学の研究家の有名な天才の定義である。

天才とは、本質を見抜く人のことである。　カーライル（イギリス）

思想家、歴史家の言葉である。本質を見抜く人は、めったにいない、という意。

天才の特徴は、凡人のひいたレールに自分の思想を乗せないことにある。　スタンダール（フランス）

他人の考えた思想を追うことも、従うこともしない人が天才の特徴である、の意。

天才の役割は、新しい答えを出すことではなく、凡人が時間をかけて解くことのできる新しい問いを提起することである。　H・T＝ローバー（イギリス）

絶えず、問いを出し続ける。問うのをやめない。これが天才の役割だ、の意。

天才は誤りをおかさない。天才のエラーは、意志によるもので、発見の門なのである。　ジェイムズ・ジョイス（アイルランド）

人の歩いた道を行くのは安全であっても、そこには何の発見もない。意志によるエラーを繰り返しても、どうどうと門を開いていくのが天才である。

天才は、先例なしに正しく行動する能力だ。――最初に正しいことをなす力だ。　ハーバート・スペンサー（イギリス）

天才は、だれもしなかったことを最初に、正しく行動する能力だ。

天才は、常に自分が百年先んじていることに気付く。　エマーソン（アメリカ）

天才とは、百年先んじている人である、といいかえられる。

天才はなすべき事をなし、才人はなしうる事をなす。　E・ブルワー・リットン（イギリス）

天才はしなければならない事をする人であり、才人はできる事をする人のことだ。

天才は労働と勤勉から。

真面目に働かず、努力なしに天才になった人はいない。英語 Genius is nothing but labor and diligence.

天災は、忘れたころにやってくる。　寺田寅彦（日本）

津波、地震、暴風。避けることが不可能ならば、起こった場合の対策、日頃の心構えをの意。「災害は忘れたころにやってくる」とも。

天寿をまっとうする者は、人の本分を尽くすものなり。　福沢諭吉（日本）

天から授かった寿命を全うする者は、人の本来尽くすべき義務を完全に果たした者というべきであるという意。

天上一日、底百日。

相場の上がった期間が短く、下がっている期間の長いことをいう諺。

天井売らず、底買わず。

株高でもまだ上がるかと思いよく売らず、底値が来てもまだ下がるかと、よく買いもしない。素人投資家の失敗を嘲る、諺。

天井から目薬。
思うようにならずもどかしい、遠すぎて効果がおぼつかない、の喩え。

天知る　地知る　我知る　人知る
『後漢書』（中国）
誰も知るまいと思っても、天地神明（天地の神々）が知り、私もあなたも知っている。不正悪事は必ず現れてくるものだ、の意。

天性は教育にまさる。
生まれてからの躾や教育よりも、天性が優れた人、生まれそのものが優れた人の意。この逆の諺もある。

転石苔を生ぜず。
苔を不要と見る説。転がっている石には、不要な苔はつかない。活発に活動している者は、時代遅れにもならない意。苔を有用と見る説。転職や転居ばかりしている者は、財産も地位も身に付かない。「転がる石には苔がつかぬ」（別項）とも。**英語の諺** A rolling stone gathers no moss.

天則は、背き難し。
天則は、天の規則。自然に定まった規則のことをいう。自然の摂理にそむくことはできない、という意。

天高く馬肥ゆ。
「秋高く馬肥ゆ」（別項）とも。秋空高く空気が澄んで、馬もよく食べ、よく太る、意。さわやかで気持ちのよい季節を表す諺。

天地は万物の逆旅、光陰は百代の過客。
杜甫（中国）
逆旅はゲキリョと読み、旅人を迎える宿。天地は万物の宿屋であり、月日は、過ぎ去っていく旅人のようなものだ。

天地は万物の父母。
『書経』（中国）
天地は万物を生成するもとである。

点滴石をも穿つ。
軒からの雨の滴も、絶えず落ちると石に穴をあける。力の弱いものでも絶えず努力すれば、目的が達成できる。「水滴石をも穿つ」（別項）とも。

天道に偽りなし。
天地自然の道理は、公明正大で、誤りも偽りもない。「天に偽りなし」（別項）とも。

天道誠を照らす。
天は、人間の誠意をそのままにしておかず、いつか必ず衆目が認めるようにしてくれる、という諺。

伝統を守るだけなら、何もしないのと同じ。
古くから伝えられた素晴らしい技術でも、それを守るだけではいけない。新しいものを創造して加えよ。

天に偽りなし。
「謡曲」（日本）
天は、いつでも公明正大。いささかの虚偽もない。

天に従うものは存し、天に逆らうものは亡ぶ。
『孟子』（中国）
天道に従うものが残り、天道に逆らうものは滅亡する。

天に唾す。
他人に与えようとした危害や損害は、かえって、自分にかかってくる。「風に向かって唾吐く」（別項）、「空向いて唾を吐く」（別項）とも。

天に風雨の憂いあり。人には不時の災難あり。
『水滸伝』（中国）
天には、いつおこるかわからぬ自然災害があり、人にはいつうけるかわからぬ病という災難がある。

天、二物を与えず。
天は、特別に優れた才能二つを、同一の人に与えない。よいところばかり揃った人間はいない、という意。

天に禄なき人は生ぜず、地に根なき草は生えず。
この世に人として生まれて、生きる糧の得られないものはない。地に生える草に根のないものはないように。

天然自然の肉体そのままの姿を人に見せてはいけない。
寺田寅彦（日本）
悪事ではないが、肉体を人に見せるものではない、という戒め。

天は、お気に入りの人に、早死にを与える。
天は気まぐれで、いい人を先に御召しになってしまう。**英語の諺** Heaven gives its favorites early death.

天罰覿面
覿面はテキメンと読む。即座に現れる意。天の罰は、すぐにはっきりとあらわれる。悪事を戒める諺である。「天罰は当り次第」とも。

天は人の上に人を造らず、人の下に人を造

らず。
福沢諭吉（日本）
人間は生まれながらに平等であり、貴賤上下の差別はない。と天は言っている。原文は「と言えり」とあるところから、トーマス・ジェファーソンやスマイルズの思想をまとめた句か。

天は自ら助くる者を助く。
B・フランクリン（アメリカ）
天は、自分自身で一生懸命に努力するものに力をかしてくれる。英語 God helps them that help themselves.

天は見通し。
天は、善悪や正邪を何一つ見落とすことなくすべて見通している。

天分ということも多少あるだろう。しかし私はそれよりも、より良き仕事をしようという不断の意志を持つことが、もっと大切なことと思っている。
志賀直哉（日本）
天分ある人というのは、むしろその意志を持ち続ける人といってもいい。――と続く言葉である。天分というより「より良き仕事をしようとする不断の意志」を持ち続けること。志賀直哉らしい名言である。

伝聞は、親しく見るに如かず。
『後漢書』（中国）
伝え聞くことは、どれほどくわしくしても、実際に見るのに及ばない。

天命逃れ難し。
天命による罰は逃れることができない。悪いことをすれば必ず罰が下る。

天網恢々疎にして漏らさず。
老子（中国）
恢々はカイカイと読む。大きく広い意。天の広い法の網は粗いが、悪人を漏らすことなく捕らえる。必ず善悪の報いがある。悪事を働けば必ず天罰が下るということ。

天理に順えば上達す、人欲に徇えば下達す。
『金言童子教』（日本）
自然の道理に従って行動すると上達するが、人間の欲望のままに行動すると堕落する。順う・徇うはシタガウと読む。

天を恨まず人を咎めず。
『論語』（中国）
天命か、運命か、人間を超えた大きな力に支配されているのが人生。そういう諦念もまた必要である。すべての原因は、自分の未熟、過失にあると反省してさらに努力する意。

天を突こうとするような願望は、いじけた根からは生まれるはずはない。
和辻哲郎（日本）
偉大なものに対する崇敬は、偉大な根に対する崇敬であることを考えて見なければならない。――と続く言葉である。

天を測り地を測りても、人の心は測りがたし。
『明心宝鑑』（中国）
天地は測量ができるが、人間の心は、複雑微妙で、容易に推測できないものだ。

と

戸板にごろつく豆。
転がる豆は扱いづらいことから、自分の思うようにならない、喩え。また、戸板によく転がることから、物事が滞りなく進展すること、の喩え。これらの二つの意味に用いられる。「戸板に豆」とも。

灯火親しむべし。
韓愈（中国）
秋の夜は、読書の好季節である、の意。

統轄したがる者によく治むる者なし。
プラトン（古代ギリシャ）
上に立ってまとめようと思う人間に、よく治める者はいない。

同気 相求む。
中国古代の諺。同じ気質や気心を持った者は、互いに求め合う。気の合う者は互いにより合う意。「似た者同士は良い友人になる」とも。

冬至かぼちゃに年とらせるな。
冬至（十二月二十二、三日ごろ）に、保存していた南瓜は、年内に食べるのが良い。年を越すと味も落ち、中が熟し過ぎ、果肉がどろどろになってしまう。

どうして俺は今までこの高い空を見なかったんだろう。今やっとこれに気が付いたのはなんという幸福だろう。
トルストイ（ロシア）

高い空をのびのびと自由な気持ちで見る幸福。だれにでもあるしあわせ、これに気付いたしあわせ、幸福は、ここにあるのだ、の意。

どうして君は、他人の報告を信じるばかりで自分の眼で観察したり見たりしなかったのですか。

ガリレオ・ガリレイ（イタリア）

近代科学の方法論、特に経験と実証の重要性を述べた名句である。

どうして自分を責めるんですか。必要な時、他人がちゃんと責めてくれるんですから。

A・アインシュタイン（ドイツ）

苦悩や不安があるとき、自分ではどうにもならないとき、自虐的になるな。自分を責めないで前進せよ。道は開ける、の意。

同じて和せず。

『論語』（中国）

「君子は和して同ぜず、小人は同じて和せず」（別項）の略。小人は、考えなく他の意見に賛同するが、調和しようとしない。

冬至十日は居座り。

冬至の後の十日は、太陽が居座っているようで、日が短く感じられる。

冬至十日前。

冬至の前の十日間、年中でいちばん日が短く感じられる意。

同舟相救う。

同舟の客は、危難に合えば助け合う、意。危急の場合や利害を同じくする時は、全くの他人でも助け合うという喩え。

灯心で鐘を撞く。

とうてい不可能、だということを表す喩え。

灯心で首くくり、麻がらで腹切る。

とうていできない。やれるものならやってみよ。

灯心で須弥山を引き寄せる。

須弥山はシュミセンと読み、仏教で世界の中心に聳える高山。不可能な喩え。

灯心で竹の根を掘る。

やってもできない。不可能なことの喩え。

灯心に釣り鐘。

重い鐘と、吹けば飛ぶような軽い灯心と、とても釣り合わぬ喩え。

灯台下暗し。

灯台は、灯明台。海上遠くを照らす灯台ではないから誤解をしないこと。遠いことは判っているのに、案外身のまわりのことは判らない喩え。昔の灯明の台は真下が見えにくかった。

問うに落ちず語るに落ちる。

尋ねられても決して答えないのに、別の話題を話すうちに、自分から進んで自分の弱点にふれてしまう意。

どうにもならないことを論議しても役に立たない。

ローウェル（アメリカ）

例えば、東風について論議して役に立つのは「コートを着るか否か」ということだけだ。——と続く言葉。もっと前向きになる議論をせよの意。

問うは一時の恥、聞かぬは末代の恥。

知らないことを質問するのは、その場は恥ずかしいが、聞かずに知らないままだと一生の恥になる、という意。「聞くは一時の恥、聞かぬは末代の恥」（別項）とも。

動は敬に若くはなし。

『国語』（中国）

動は、行動。敬は、うやうやしい。「若くはなし」は、シクハナシと読み、及ぶものはない、意。立ち居振舞は、うやうやしいのが最もよい。

塔は下から組め。

物事は基礎や土台をしっかり固めてからすべきだという喩え。

問うは学ぶの始め。

学問の初めは問うことが出発点になる。つまり、人間の進歩というものは、物事に対する疑いから始まっているのである。

同病相憐れむ。

同じ病気の者は相手の苦痛が判るので同情しあう。同じ失敗や辛い境遇の人は、同情の念が厚いという喩え。

豆腐にかすがい。

「上方かるた」（日本）

少しも手応えなく、ききめもない意。話して聞かせても無駄の意。鎹（カスガイ）は材木などの合わせ目をつなぎとめるコの字型の金具。

道楽息子に金の番。

不用心、危険なことの喩え。

道楽者の節句働き。

節句は、一月七日、三月三日、五月五日、七月七日、九月九日で、昔は、農作業を休む日であった。いつも怠けている者に限って他人が休んでいる日になるとわざと忙しそうに働くことへの、非難とあざけり。「怠け者の節句働き」（別項）とも。

道理百遍、義理一遍。
人の心を動かすには道理を百回説き聞かすよりも、一回情義のこもった行動をするほうが有効である。

桃李もの言わざれども、下自ら蹊をなす。
『史記』（中国）
自らはオノズカラ、蹊はミチと読む。桃や李（すもも）は何もいわないが、花や実にひかれて人が多く集まり、下に道ができる。徳のある人には、黙っていても人が心服して集まってくる意。

蟷螂の斧。
「蟷螂が斧」とも。「蟷螂が斧を以て隆車に向かう」が本来の諺。「蟷螂」は、トウロウと読みカマキリのこと。カマキリが前足をふりあげて高くて大きい車に立ち向かう意。弱者が強大なものに立ち向かう無謀さの喩え。また、身の程をわきまえない行いをする喩え。

遠い親類より近い他人。
「遠くの親戚より近くの他人」（別項）とも。疎遠になりがちな親類よりも親密な他人の方がかえって助けになる意。

十日の菊、六日の菖蒲。
九月九日は菊の節句。五月五日は、端午の節句。諺は、節句に一日遅れの飾り、の意。時期に遅れて間に合わない喩え。

遠き慮りなき者は、必ず近き憂いあり。
慮りは、オモンパカリと読む。さきざきのことを、よくよく考えておかないと、必ず、足元から、困ったことが起こる、という意。

遠きは花の香。
遠いものは良く見えるものだ、の意。「遠くの坊さん有り難い」「遠くの鳥は美しい」などと似た諺。

遠く騏驥を求めて近く東隣に在るを知らず。
『晋書』（中国）
騏驥はキキと読み、速く走る名馬。名馬を求めようとして、遠方ばかり探し、すぐ近くの東隣りにいるのに気付かない。優れた人材が身近にいるのに気付かない、という喩え。

遠くして、光あるものは、飾りなり。近づきていよいよ明らかなるは、学なり。
『説苑』（中国）
学問は飾りではない。近づいて、ますます道理がはっきり判ってくるのが学問だ、という意。

遠くて近きは男女の仲。
男女の仲は、一見するとかけ離れているように見えるが意外に結ばれやすい、という意。

遠くに行くに必ず邇きよりす。
『中庸』（中国）
邇きは、チカキと読む。近いと同じ。物事をなすには近いところから順序を追って、着実に進めなくてはならない。諺の意。

遠くの親戚より近くの他人。
疎遠な親類より、親密な他人の方が、かえって助けになる、という意。「遠くの親類より近き隣」「遠くの一家より近き他人」とも。英語の諺にも、「遠くにいる兄弟より良い隣人」がある。

十で神童、十五で才子、二十過ぎては只の人。
幼い頃は並はずれて賢いと思われていた子供が、成長するにつれて次第に平凡な人間になっていくという意。

十の願いは八つまで。
十ある願いのうち八つがかなえば、それで満足するのがよい、全てを願うのは強欲だ。

遠道は近道。
近道は、狭いとか、険しいとか、何かと障害が多いものである。そこで、無理に近道をするより、安全確実な遠い道を行くほうが、目的の地に、結局早く着く、という意。「急がば回れ」（別項）と似た諺。

とかく浮世はままならず。
好機があっても手段がなく、手段があっても好機でないことが多い。人生はなかなかうまくいかないものだ。

ときおり、蓄積された知識をふまえた電光のごとく光る着想が生じ、一層広い領域を照らし出し、個々人の諸努力のあいだの関連を示す。
ラザフォード（ニュージーランド）
かくて、その後に、（学問の）前進が続くのである。――と続く言葉である。電光のごとき光る着想――広い領域、個々の先人の研究成果との関連――学問の進歩、前進が続く、という意。

時は得がたく失い易し。

『史記』（中国）『淮南子』（中国）
1、好機は得がたく、取り逃がしやすい。
2、時間は二度と巡ってこないので、わずかな時間でも大切にせよ。

時異なれば事異なる。　東方朔（中国）
時とともに事態はさまざまに変化し、それに対処する方法も異なるものだ。

時と忍耐は、桑の葉を紬に変える。
長い日時をかけた忍耐が大きな成果をあげる、という喩えである。

時には、その経過を示す区分はない。新しい月や年の初めを知らせる雷雨もラッパの吹奏も決してないのである。
トーマス・マン（ドイツ）
時に区分はない。だから、自分で仕事や研究について、小刻みの目標をきめなければならない。そうしてこそ時を生かすといえる、という意。

時の将軍に従え。
身の安全のためには、その時その時の権力者にしたがうのがよい、という諺。

時の節約は、急ぐことでなくて確実にやることだ。
マクドナルド（イギリス）
駆け足で時間を縮めようとする人は、道を失って時間を損する。

時の花をかざしにせよ。
『源平盛衰記』（日本）
かざしとは、かんざしのこと。この世を渡るには、我意を張らずに時流に乗って栄えるのがよい、という諺。

時の篩にかけられて、残ったものが貴重。
篩はフルイと読む。時というものは、全ての物を試練にかけて、そのものが大事なものかどうかをふるいわけるものだと、いう諺。

時のよろしきに随う。　『易経』（中国）
その時その時、いちばんよいように対処する。

時は、いつも荷物をまとめて去っていくサーカスである。
ベン・ヘクト（アメリカ）
サーカスという見せ物が、多くの人を集め喜ばせて、さっと荷物をまとめて去っていく。時とはそんなもの。

時は失うべからず。
中国古代の諺。好機を逃してはならない、という意。

時は得がたく失い易し。
『淮南子』（中国）
好機はなかなかめぐってこないし、かりにやってきても失い易い。

時は金なり。
B・フランクリン（アメリカ）
「一刻は千金の価値がある」意。「一刻千金」（別項）とも。時間を尊重せよ。時間を無駄にするな。Time is money.

時はすべてのものを貪り食う。
時間の経過というものは、すべてのことを忘れ去ったり破壊したりして、消してしまうものだ。**英語の諺** Time will devour all things.

時は万事を暴露す。
時が経てば、今わからないことでも、すべて明らかになるものだの意。**英語の諺** Time discloses all things.

時は、待ち難し。
時間は待ってくれない。「歳月は人を待たず」（別項）と同じ。

時は待つことのできる人々にすべてをもたらす。
「すべてのものは待つ者のところにやってくる」は All things come to those who wait. の訳。また、「一切が待つ人のところに来る」Everything comes to him who waits. は、似た意味の英語の諺。日本の諺では、「待てば海路の日和あり」（別項）がある。待つことが、人生行路には必要な場合が多い。

時は矢のごとく飛ぶ。
時間は、飛んでいく矢のようにたちまち過ぎ去る。日本語の「光陰矢の如し」（別項）と同じ。

時はゆっくりと過ぎ、すみやかに去っていく。
アリス・ウォーカー（アメリカ）
時はあきれるほどゆっくりと過ぎ、悲しくなるほど速く飛び去っていく。

時人を待たず。
時日は過ぎやすく、人を待ってはくれない。「歳月は人を待たず」（別項）「光陰矢の如し」（別項）「時は引き留め難し」などよく似た諺は多い。

時を得るものは栄え、時を失う者は亡ぶ。
うまく時運に乗るものは栄え、乗り損なうものは滅びるという、諺。

度胸が欲しければ、恐ろしくて手が出ないことに挑んでみることだ。これを欠かさず

やり続けるのだ。
デール・カーネギー（アメリカ）
誰も手を出さないことに挑んでこそ、誰もできないことが手に入るのだ。そして、他よりも一歩先んじることができるのだ。
――と続く言葉である。

毒食わば皿。
「毒食わば皿まで舐れ」の略。残酷さを非難されるようなことに、一旦身を入れてしまったら、弱気を出さずに徹底的に果たせ、の意。

徳行と職業は、子供たちへの、最良の相続分である。
親が、正しく生きて徳を積んできたことと、誠実に働く職業を持ち続けてきたことは、子供たちへの最良の贈り物になる、意。

読者の心と著者の心の通う状態を、「本が生きる」と言い、本当の読書は、「本を生かす」ことにある。
滑川道夫（日本）
たとえば、ロバート・バーンズの詩集が、読む働きを通すと、スコットランドの雲雀の声や農民の歌声が耳許に聞こえるというのが「本が生きる」ということだ。
――と続く言葉である。

読書、己の口より出でて、己の耳に入る。
『読書続録』（中国）
読書法として、音読の必要性をのべた言葉。

読書三到
朱熹（中国）
読書は、一、目でよく見て到る。二、口で朗読して到る。三、心を集中して到る。この三到が重要だ、の意。

読書三余
読書するのに適切な三つの余暇は、冬、夜、降雨。中国の諺。

読書　甚解を求めず。
甚解はジンカイと読み、しいてその意義を理解しようとする意。読書のこつ。よく判らないことは無理をしないで、しばらくはそのままにしておくのが、よい。中国の諺。

読書について読まない三法則。一年を経過しない本。有名でない本。好きでない本。
エマーソン（アメリカ）
読書論は、推奨、奨励が多い中で、有名な読まない本の原則である。逆の立場からみれば、選んで読めという原則である。

読書の技術とは、適当にうまく飛ばして読むことである。
ハマートマン（イギリス）
書物の文章の中から自らの必要とするものを選び出して飛ばし読みをしていくのが、大切だ。

読書のコツは、拾い読みにある。何を捨てるかを知る術にある。
ウィリアム・ジェイムズ（アメリカ）
賢明になるコツは、読書において、捨てる技術にある、という名言。

読書の習慣を身につけることは、人生のほとんどすべての不幸からあなたを守る避難所ができることである。
モーム（イギリス）
読書は、人生の不幸から、読者である貴方を守る、避難所だ。すばらしい名言である。

読書は心豊かな人を作る。
フランシス・ベーコン（イギリス）
英語の諺。教養と人徳を備えた人間になるには、読書が一番だという意。Reading makes a full man.

読書は、単に知識の材料を供給するのみで、これを自家のものとするのは思索の力である。
ロック（イギリス）
読書で知り、わかるだけでなく、自ら考えることと結びつかなければならない、という意。

読書は、博学な人を作り、会話は、機敏な人を作り、筆記は、確実な人を作る。
ベーコン（イギリス）
読書と、会話と、筆記とによって、知識の豊かな人、行動の機敏な人、確実に仕事のできる人を作る。

読書は、夜道の案内者。
読書は、夜道の案内者のように、知らなかったことを知り、識見を広めることができる、という諺。

読書百遍義自ずから見る。
「見る」は、アラワルと読む。百回熟読せよ。意味の不明なところも、自然と明らかになる。「読書百遍」と略して使うことの多い諺。

独創性とは、今まで誰一人として言わなかったことを言うのでなく、まさしく自分の頭で考えたことを言うことなのだ。
J・スティヴンス（アイルランド）

自分の頭で考えたことを言うのが、独創だという意。自分独自の考えは、生涯を通じて思いつかない人がほとんどだと、ウィルソン・ミズナーも言っている。

独創性とは、自分のネタを隠す術である。

F・P・ジョーンズ（アメリカ）

ネタとは、種。元のネタを、どこにあるかわからぬようにうまく隠す。こういう研究が多いという警句。

独創性とは何か？　しっぽをつかまれずに盗むこと。

W・ラルフ・イング（イギリス）

これも、おなじく、こういう研究者が多いという、警句と考える。

独創性とは、何を聞いたかはしっかりと記憶し、どこで聞いたかは忘れてしまう妙術である。

ローレンス・J・ピーター（カナダ）

ジョークといえる名言。真の独創性というのは、ざらにあるわけではない。心すべきである。

独創的な作家とは、誰をも模倣しない作家ではなく、誰もが模倣できない作家のことである。

シャトーブリアン（フランス）

誰もが模倣できない作品を作り出すことのできる人、これが真の作家である、という意。

徳に順うものは昌え、徳に逆うものは亡ぶ。

『漢書』（中国）

昌えはサカエと読み、栄えと同じ。道徳に従って行動する者は栄え、道徳に反する者は滅びる。

徳には常に幸福が従ってくる。

Virtue is always followed by happiness. という英語の諺である。「積善の家には余慶あり」（別項）という中国古代の諺に近い。「幸福は良いことをやってきた家族にやってくるものだ」Happiness will visit the family who have done good deeds.「徳行は幸福への道である」Virtue is the way to happiness. の二つは、英語の意味の似た諺。

徳は孤ならず、必ず隣あり。

仁徳のある人の行為は、孤立することなく、必ず理解者や協力者が現れる。

徳はそれ自身の報酬なり。

徳行は何かを得るための手段ではなく、徳を行ったという満足感こそ、それが報酬である、という意。英語の諺 Virtue is her own reward.

徳は本なり。財は末なり。

『大学』（中国）

人間に最も大切なものは徳行であり、財産は枝葉末節にすぎない。

特別なインスピレーションが湧いて来るのを待ってはいけない。

ヒルティ（スイス）

インスピレーションというものは、とりもなおさず、仕事に際して、そして仕事の最中に起こるものなのだ。——と続く。

独立などと言わぬがよい。

ラスキン（イギリス）

なぜなら、見知らぬ現代人のあらゆる努力と、過去数百年間の先人の無限の知恵や行為に頼り、そのおかげで、生きているからだ。——と続く言葉である。

独立の気力なき者は、必ず人に依頼す。人に依頼する者は、必ず人を恐る。人を恐るる者は、必ず人にへつらう。

福沢諭吉（日本）

本当に重要なのは独立心を持つことだ。他人に頼ろうと依存しているようでは、一人前の人間とはいえない、という意。

毒を食わば皿まで。

いったん悪事を犯したからには、あくまで悪に徹しようという喩え。一般的には、いったん係わりをもった以上、行き着くところまでつきあわねばならない、という意。

得を取るより名を取れ。

利得より、名誉を重んずる人間になれ。

毒をもって毒を制す。

悪を除くのに悪を持ってすることの喩え。「悪魔を追い払うに悪魔をつかわねばならぬ」は、同じ意味の英語の諺。Devil must be driven out with devil.

時計が止まる時、時間は生き返る。

ウィリアム・フォークナー（アメリカ）

日頃、感謝も意識もしなかった「時間」が人間の心に生き返ってくるのは、そうだ、時計が止まった時だ。——と続く言葉である。

時計をひとつ持っていれば、何時かわかる。二つ持っているとわからなくなる。

アーサー・ブロック（アメリカ）

時計をいくつも持つとかえって正確な時

刻がわからなくなる、という意。

刺のないバラはない。
美しく見えるものでも人を傷付けるおそろしい面を持っているという、戒め。「バラに刺あり」とも。**英語の諺** No rose without thorn.

どこか遠くへ行きなさい。仕事が小さく見えてきて、もっと全体がよく眺められるようになります。
　レオナルド・ダヴィンチ（イタリア）
不調和やアンバランスがもっと良く見えてきます。遠く離れて見直しなさい。
――と続く言葉である。

どこで暮らすも一生。
どこで暮らすのも一回きりの人生にかわりはない。それなら気にいった楽しい所で一生を送りたい、の意。

所変われば、品変わる。
土地が変わるとその風俗習慣も異なってくる意。

登山の目標は、山頂だ。しかし人生の面白さ、生命の息吹の楽しさは、その山頂にはなく、かえって逆境の、山の中腹にある。
　吉川英治（日本）
人生の目標に到達すること、それ自体はあまり重要ではない。それよりも、人生の中腹つまり過程で、いろいろ回り道をしたり、逆境に行き悩んだりするところに、楽しさ面白さがあり、豊かさがあるという意。

年老いたものが賢いとは限らず、年長者が正しいことを悟るとは限らない。『聖書』
老人の経験や知恵は尊重すべきではあるが、老人が賢明で、年長者が公明正大であるとは限らない、という意。すべて従う必要はない。

年が薬。
年をとるに従って思慮分別がついてくることをいう。

年には勝てぬ。
いくら気力があっても、年を取れば体力が衰えて、どうにもならないものだ、の意。

泥鰌の地団駄。
泥鰌はドジョウと読む。弱小の魚の意。自分の力の弱いことを考えないで、強いものに反抗する喩え。

年寄りと釘頭は引っ込むが良し。
釘頭はクギガシラと読む。釘の頭のこと。年寄りは、なるべく出しゃばらないのがいい、という庶民の知恵。

年寄りの言うことは聞くもの。
「年が薬」と似た諺。経験者の知恵は尊重すべきだの意。逆の諺に「年寄りと釘の頭は引っ込むがよし」（別項）がある。

年寄りの強情さと昼過ぎの雨はたやすく止まぬ。
老人の強情さは、困ったもので、若者はほどほどにつきあえばよし。老人は、強情さを自ら戒めよ。

年寄りの冷や水。「江戸かるた」（日本）
いい年をして若いものの真似をする。年寄りなのに胃腸を気にしないで、若者のように氷水の飲み過ぎだの意。冷たい水の中の水泳ではないことに注意。

年寄りの昔話。
「青年は希望に生き、老人は追憶に生きる」。青年は前方を見て話すが、老人は後方ばかり見て話す、という意。

年寄りの物忘れ、若い者の無分別。
老人の欠点は、物忘れ。若者の欠点は、血気にはやって無分別。老若の欠点を一つずつあげて取り合わせた諺。

年寄りは犬も侮る。
老人になると、立派な人も凡人になってしまい、だれからも馬鹿にされる意。

年寄りは二度目の子供。
　アリストパネス（古代ギリシャ）
老人は、再び子供に戻ったように純真になったり、聞き分けがなくなる。**英語** Old men are twice children.

年寄れば欲深し。
年をとると遠慮がなくなり、欲張りになる。

年を重ねただけでは、人は老いない。理想を失う時、初めて老いる。
　サミュエル・ウルマン（アメリカ）
いくつになっても理想を失うな。永遠に若くあれ、の意。

年をとるにつれて、私はますます熱情的に自然を愛するようになり、また自然が正しさを持っていることがますます明らかに見えてきました。
　島崎藤村（日本）
自然を会得しようとするには学ぶより他にはありません。常に自然をその真理の中に再現しようとするならば、私たちは天賦の枯渇をおそれることはありません。
――と続く言葉である。

土地の価値は、そこに住む人間の価値によって決まる。
フランスの諺。耕している土地に価値を与え、国家に力を与えるのは、そこに住む個々人の体力や気力に他ならない。

隣の火事に騒がぬ者なし。
利害関係が身近に迫った場合には、だれもじっとしていられないことの喩え。

隣の花は赤い。
隣家の物、他人の物はすべてよく見える意の喩え。似た諺に、「隣の飯はうまい」がある。

どの犬も自分の家ではライオンである。
人は、誰でも家庭の中では偉そうに振舞うものだ。**英語の諺** Every dog is a lion at home.

どの港に向かって航海しているかを知らなければ、どんな風も順風ではない。
セネカ（古代ローマ）
人生も同じ。明確な目標や目的を持って、吹く風を順風に変えて、目標に向かって進んで行こうという意。

どのように死ぬかでなく、どのように生きるかが、問題なのだ。
サミュエル・バトラー（イギリス）
我々に重要な問題は、どのように生きるかである。間違えないようにしたい。

怒髪天を衝く。
『史記』（中国）
ドハツテンヲツクと読む。はげしい怒りのために、髪の毛が逆立つ意。「怒髪冠を衝く」とも。

鳶が鷹を生む。
鳶はトビ、鷹はタカと読む。平凡な親が、すぐれた子供を生む、喩え。子が親より優れている、意。

鳶に油揚げをさらわれる。
思いがけなく横あいから大切なものを奪われる、喩え。

飛ぶ鳥跡を濁さず。
「立つ鳥跡を濁さず」（別項）とも。鳥が飛び立った跡は、清らかに澄んでいる意。人も立ち去る時見苦しくないように、始末しておかなければならない、という喩え。

飛ぶ鳥を落とす。
「飛ぶ鳥も落ちる」とも。権勢や威勢の盛んなさま。

跳ぶ前に見よ。
サミュエル・バトラー（イギリス）
跳躍する前に、足元や着地点の安全を確かめよ。軽はずみなことをするな、慎重に行動せよ、の意。**英語** Look before you leap.

富みては傲り、貧しければへつらう。
傲りはオゴリと読む。金持ちになると高慢になり、貧乏すると卑屈になるという人間の俗物性を戒めた諺。

富、眠り、健康はそれを取り戻した時になって、はじめてその味わいを満喫できる。
ジャン・パウル（ドイツ）
元どおり回復した時に、喜びを味わえるもの。金、眠り、そして、何よりも健康。
――と続く。

富は一生の財、知は万代の財。
『実語教』（日本）
「財」はタカラと読む。財産はその人一代の宝だが、知恵は、自分の死後も後世に残り、人のために役立つ永久の宝である。

富は、海の水に似ている。飲めば飲むほどのどが渇く。
ショーペンハウアー（ドイツ）
富を手に入れると、ますます欲しくなるという比喩。

富は、得ること自体には価値はない。有意義に使うときにこそ、その価値がある。
A・カーネギー（アメリカ）
富を得ることより、有意義に使うことに人間は努力すべきである。

富は多くの友を作る。
金持ちは、近づきになりたがる人が多くなり、友が多くなる。**英語の諺** Wealth makes many friends.

富は屋を潤し、徳は身を潤す。
『大学』（中国）
財産が豊かであれば、家が美しく栄え、徳行を積むとその人の品格が立派になる。

富は、賢者に仕え、愚者を支配する。
セネカ（古代ローマ）
金が賢者のところに行くと効力を十分に発揮するが、愚者のところに行くと、その愚者は金に支配されてすっかり駄目になってしまう。

富は節倹より来る。

日々節約した生活をすれば裕福になり、富も得られる。

富は尊敬を作る。

金持ちは、人柄に関係なく誰でも尊敬される。**英語の諺** Wealth makes worship.

富は翼を持っている。　『聖書』

財産は失いやすい、得てもすぐに去ってしまうという、喩え。**英語の諺** Riches have wings.

富は費消するためにある。費消するその目的は、名誉と善行である。

フランシス・ベーコン（イギリス）

財産は使うためにある。使う目的は、社会的善行でありそれによる名誉である。

富を得たいと思わないものは労働に集中することはできない。

フランソワ・ケネー（フランス）

なんのためにせっせと働くか、貧乏にならないために、富を得て、幸せな暮らしをするためにである、との意。

富を軽蔑する人間をあまり信ずるな。

フランシス・ベーコン（イギリス）

富を得ることに絶望した人間が富を軽蔑するのだ。——と続く言葉。

富を持つものは破産を望まない。富を持たないものは働きがいを持たない。

フランソワ・ケネー（フランス）

人間は財産に希望を持たないならば、決して労働にかりたてられないものである。

富を欲するなら、恥を忍んで、命の限り全力を尽くせ。そのためには、旧友と交際を絶ち義理に背かなければならない。

『孟子』（中国）

人間が、金持ちになりたければ、恥を耐え忍び、命掛けで全力を尽くしなさい。そのためには、旧友と絶交したり、義理に背かなければならないのですよ。それでもあなたは財産家をめざしますか、という意。

富を利用しうる人にして、初めて富めりというべし。

ホメロス（古代ギリシャ）

富をため込むのでなくて、富をうまく利用する人が、真に金持ちと言える。

富める人が、その富を自慢しても、彼がその富をいかに使うかがわかるまで彼を誉めてはならぬ。

ソクラテス（古代ギリシャ）

富める人の価値は、その使い方にある。世のため人のために使ってこそ、尊敬される。誉めるのはそれからだ。

富める者の天国に入るは難し。　『聖書』

富んで心の奢っている者は、なかなか信仰の道には、入りがたい、という意。**英語** It will be hard for a rich man to enter the kingdom of heaven.

朋あり遠方より来る。　『論語』（中国）

遠くからわざわざ学友が共に学ぼうとやってくる。自分の道に理解者があるのは、なんと楽しいことではないか。

共倒れ御用心。

没落、倒産などの友人に、親切心を出してかかわりあいを持つのはかえって危険であるという、戒め。

友達には、手を開いて差し出さねばならない。

ディオゲネス（古代ギリシャ）

いつも悩みを相談し、励まし合い、心を開いて語り合う、そういう関係でありたい。

友と葡萄酒と金は、古いほどよい。

友人と葡萄酒と金は、いずれも古いほど味が深くてよい、という**英語の諺** Old friends and old wine and old gold are best.

友と交わるのは三分の侠気を帯ぶべし。人となり一点の素心を存するを要す。

『菜根譚』（中国）

友人と交わるのは、あとへ引かぬ勇気が必要だ。人柄は純粋さが要る。

友は得がたく失い易し。

友はなかなか得ることが難しいが、失うのは簡単だ。**英語の諺** A friend is not so soon gotten as lost.

友はメロンのようなものである。

メリメ（フランス）

というのは、美味しいのを見つけるには、百も食べねばならないからである。——と続く。

友への同情は、堅い殻の下にひそんでいるのがいい。

ニーチェ（ドイツ）

友への同情は、あまり表立って表さない方がよい。

友を選ばば　書を読みて　六分の侠気　四分の熱

与謝野鉄幹（日本）

読書好きで、義侠心があって情熱家が、友の理想である。

虎狼は防ぎ易く、鼠は防ぎ難し。

重大な事件に対しては慎重に扱うので、失敗は少ないが、小事に対しては侮ってしまうためかえって失敗しやすい、という喩え。

虎狼より人の口恐ろし。

凶暴な虎や狼からは逃げる方法があるが、悪口や悪評や讒言は、防ぐ方法がない。

虎に翼。　『韓非子』（中国）

もともと威力のあるものが、さらに威力を加えること。「鬼に金棒」に似た意。「虎に角」「虎に羽」とも。

虎の威を借る狐。

他の権力や威勢に頼って威張る小人物の喩え。

虎の尾を踏む。

きわめて危険なことの喩えに使う。「虎の口へ手を入れる」「龍のひげをなでる」などと似ている。

虎の子は山へ放せ。

ものごとは、それぞれの本来の環境にもどしてやるのがよい、という意。

取らぬ狸の皮算用。

将来の、しかも不確実なことに期待をかけ、それをあてにして都合のよい計画を立てる、意。

虎は死して皮を残し、人は死して名を残す。　『十訓抄』（日本）

猛獣の王者である虎は、死後も皮となって珍重され、人は、死後に残した名誉や功績で、その名が語り伝えられる、という意。

取り越し苦労をするなかれ。

取り越しは、期日を繰り上げる、意。今心配無用なことなのに、将来のことまで余計な心配をしてはならない、という戒め。

鳥囚われて飛ぶことを忘れず。

囚われては、トラワレテと読む。籠の中の鳥も、空を飛ぶことを忘れていない。どんなものも自由を欲しているという喩え。

鳥疲れて枝を選ばず。

鳥は疲れると枝の善し悪しを選ばずにどんな枝にもとまる。人間も、生きていくためには、職業の貴賤などを選ぶことをしない、という喩え。

鳥なき里のこうもり。

優れた者のいない所では、つまらない者が幅をきかすという喩え。

鳥のさえずりよりも、パンがよい。

風流よりも実利を取る。風雅を愛することより食欲の方が先だ。日本語の「花より団子」に近い。Bread is better than the songs of birds. という英語の諺。

鳥は木を択べども木は鳥を択ばず。　『春秋左伝』（中国）

鳥は止まる木を択ぶ自由があるが、木には止まる鳥を択ぶ自由はない。人は居住地を択ぶ自由があるが、土地には住む人を択ぶ自由はないという喩え。

鳥は、自分の翼を重いと感じない。

The bird does not feel its wings heavy. 英語の諺。進んで担ぐ荷物は少しも重荷にならないという意味の喩え。気持ち良く他人の荷物を持ってあげたいものである。「我が物と思えば軽し笠の雪」（別項）は似た意味である。

鳥は、鳴く音によって知られ、人は、語る言葉によって知らる。

鳥の善し悪しは鳴き声で判断され、人の人格はその言葉によって判断される。**英語の諺** The bird is known by his note, the man by his words.

鳥は古巣に帰る。

故郷は忘れることができない、という喩え。

鳥もとまり時。

物事にはそれぞれふさわしい時機のあることの喩え。

努力する人は希望を語り、怠ける人は不満を語る。　井上靖（日本）

不満を語るな。希望を語り努力する人間であれ。

努力だ。勉強だ。それが、天才だ。だれよりも、三倍四倍五倍勉強する者、それが天才だ。　野口英世（日本）

努力と勉強。他人の数倍も、努力と勉強をする人が天才と呼ばれるのだ、という意。

努力によって得られる習慣のみが善である。　カント（ドイツ）

善は努力によって得られるもの。ぼんやりと悪いことをしないのが善ではない。

努力は必ず認められる。

人間の努力は、どこかで認められるのが人生。ただ努力がすぐ結果に表れないので悲しむのが、凡人である。

泥棒に追い銭。
ものを盗られたうえに金銭をさしだすこと。損の上に損を重ねることの、喩え。「盗人に追い銭」（別項）と同じ。

泥棒に泥棒をつかまえさせよ。
泥棒を捕らえるには逃げ道を知っている泥棒仲間を使うのがよい。難しい問題の解決には、仲間で事情によく通じているものに処理させるのが良いという喩え。

泥棒にも三分の理。
泥棒が悪事を働くのにもそれなりの理由がある。どんな悪事にも理屈をつけようとすればつけられないことはないという喩え。

泥棒の逆恨み。
用心深くて、戸締まりが厳重で、盗むことができないと、泥棒がその家の主人を恨む。自分の悪いのを棚に上げて、相手を不当に恨むことの喩え。

泥棒を捕らえて縄を綯う。
事が起こってから縄を綯うこと。準備を怠ってゆきあたりばったりに物事をする喩え。綯うはナウと読む。

途路よしといえども家にあるには如かず。
『天草版金句集』（日本）
「途路」はトロと読み、道、道路のこと。「如かず」はシカズと読み、及ばない意。いかに道がよくても旅は辛いもの。自由に足の伸ばせる家にいるのが一番よい。

薯蕷と雪道は後ほどよい。
薯蕷はトロロと読む。とろろ汁は、人のすくった残りがうまく、雪道は多数の人が通って踏み固められた後のほうが歩きよいものだ。

泥を厭うて汚れを忌まず。
「厭うて」はイトウテ、「忌まず」はイマズと読む。汚れるからと泥仕事を嫌っても、自分の心身の汚れには平気である。自分の醜さに気づかぬ喩え。

泥を打てば面へはねる。
無意味に他人を非難したり、危害を加えたりすると、その報いが自分に返ってくるものだという喩え。

団栗の背比べ。
どれもこれも平凡である意。いくつかの似た物があって、特にすぐれたものがないこと。

呑舟の魚。
ドンシュウノウオと読む。舟を丸のみするほどの魚。転じて、大人物、大物の喩え。

呑舟の魚、枝流に泳がず。
『列子』（中国）
呑舟はドンシュウと読む。舟を丸のみするような大魚は、小さな川には住まない。高遠な志を抱く大人物は、小事にこだわらない喩え。「呑舟の魚」（別項）とも。

鈍知貧福下戸上戸
愚かな者、賢い者、貧しい者、富める者、酒の飲めぬ者、酒好きの者、人間は種々雑多で、この世の中にはいろいろな人がいるということ。

富んでは驕る。
人は富裕になると、貧しい時の謙虚さを忘れておごりたかぶるようになる。心すべきだという意。

飛んで火に入る夏の虫。
自ら進んで災いの中に身を投ずる、喩え。

どんな学問や研究も、それ自体をどう使えばいいかについては教えてくれない。
ベーコン（イギリス）
その一方、現実生活をよく観察すれば、学問によらずとも、学問にまさる知恵を身につけることができる。――と続く言葉である。

どんな悲しみでも、時間が軽減し、やわらげてくれないようなものはない。
キケロ（古代ローマ）
どんな悲しみでも、時間がやわらげ、軽減してくれる。最大の悲痛でも時間が解決してくれるものだ。

どんな計画でも、いったん着手した以上は、いかなる事情が起こっても、一定不変に動揺しないで、前進、前進あるのみである。
ワナメーカー（アメリカ）
計画を立てて、着手したら、ただただ、前進、前進、があるだけ。途中で動揺するな。ぐらぐらするな。前進、前進。

鈍な子は可愛い。
のろまな子や遅れる子ほど、他の子供よりかわいいものだ。

どんな困難な状況にあっても、解決策は必ずある。救いのない運命というものはない。
セルバンテス（スペイン）
災難に合わせてどこか一方の扉を開けて、

救いの道を残している。希望を持ち続ければ救いのない運命というものはないのである。――と続く。

どんな仕事でも、それを好きになるよう心がけて自分自身を慣らしていこう。

シドニー・スミス（イギリス）

その方が、現在の境遇に不満をぶつけたり、自分にはもっと力があるなどと不遜な考えを持つより、よほど人間らしいではないか。――と自ら語っている。

どんな仕事でも有能な人間には次の三つが欠かせない。それは、天性と勉強、そして行動力だ。

（西洋の格言）

頭を使い、努力して学び、そして情熱をもって行動していくこと、この三つだ。

どんな種類のものにせよ、制限のない活動は結局破産を招く。

ゲーテ（ドイツ）

どんな良い活動でも、限りなく続けてはならない。欲を出しすぎないことだ。

どんな職場で働いている場合でも絶対必要なこと、うまずたゆまず仕事に励むことだ。

W・A・オールコット（アメリカ）

労働に絶対に必要なこと、うまずたゆまず仕事に励むということ。真理である。

どんな畳でも叩けば埃が出る。

どんなものでも、調べてみると、欠点や弱点が見つかるものだ。

どんな長い道にも、曲がりはある。

長い人生にも曲がり道はあり、不運が待ち構えているという喩え。英語の諺で、It is a long lane that has no turning.

どんなに才能のある人でも、心を耕すことを忘れたら才能の花は開かない。

セネカ（古代ローマ）

人間として生まれたら、心を耕すことを忘れてはならない。何よりも「心を耕すこと」を忘れないように。

どんなに自己を知らずにいるか、自分の書いたものを読み返して初めて気が付く。

ヴァレリー（フランス）

自己の書いた文章を読み返して、いかに自らが自分をわかっていないか、愕然とする意。

どんな場合にも口論などする気になるな。

ゲーテ（ドイツ）

賢い人でも無知なものと争って口論すると無知に陥ってしまう、という教えである。

どんな発明でも、完全なものは決してない。不断の改良が必要である。

エジソン（アメリカ）

どんな発明品でも、完全なものはない。より良くなるようにいつまでも改良が必要だ。

どんな不幸でも、何らかの幸せを伴っている。

ベートーベン（ドイツ）

音楽家が聴覚を失っても、事故で手足を失っても、命さえあれば何等かの幸せがある。――と続く言葉である。

どんな問題にも両面がある。

プロタゴラス（古代ギリシャ）

どんな問題にも表と裏の両面がある。片面だけをみないこと。常に全体を見渡すようにしよう。

どんなやさしいことでも、いやいやすれば骨が折れる。

テレンティウス（古代ローマ）

仕事をするのに、いやいやしないこと。打ち込んでやれば、ずいぶんはかどる。

どんな豊かな土地でも、耕さなければ実りをもたらさない。

セネカ（古代ローマ）

人間も同じ。優れた素質を持っていても、心を耕さなければ良き人間となれないという喩え。

鈍なるものは財と色とを愛し、利なるものは名と見とに著す。

「名と見とに著す」は、メイとケンとにジャクす、と読む。愚かな者は財産と女色を好み、利口な者は名誉と評判に執着する、という意。

とんびに油揚げをさらわれる。

「鳶（トビ）に油揚げをさらわれる」（別項）を見よ。

とんぼの鉢巻き。

目先が見えない。なぞ諺。

貪欲には際限がない。

「人は持てば持つほど、もっとほしくなる」「欲の袋に底なし」「貪欲は底なき鉢に盛れ」欲望に際限がなくいくらでも増える、という意の諺は、世界中あちこちにある。これは、英語の諺。Avarice knows no bounds.

貪欲は必ず身を食う。

欲が深いと、必ずといっていいほど、身を破滅するという意。

貪欲は嫉妬と同じく、一度根を張ればその

人の命まで取らざるうちは立ち去らず。
トーマス・ヒューズ（イギリス）
貪欲は、気付かないでいると、ますますはびこって、死ぬまで強欲が続くものだ、の意。

貪欲は奢侈より起こり、忿怒は我慢より起こる。
奢侈はシャシと読み、ぜいたく、おごりの意。忿怒はフンヌと読み、いきどおる意。贅沢をしていると欲深くなり、憤りの心は、我慢するところから起こる。

貪欲は底なき鉢に盛れ。
欲望は際限なく、いくらでも増える、という意。「欲の袋に底なし」と似ている。

貪欲は常に不安と心配を伴う。
B・フランクリン（アメリカ）
貪欲を慎み、心安らかに暮らせ。

な

名ある者は、その名を誇るなかれ。
すでに一応の名誉や地位を得た者は、その名を誇るようなことをしてはいけない。

無い袖は振れぬ。
できないものはできない。無い物を求められても無理だ。経済的に、借金を断る時によく使われる。

泣いて暮らすも一生、笑って暮らすも一生。
泣いて暮らすのも、笑って暮らすのも同じ一生なら、くよくよせずに暮らそうよ、の意。

泣いてパンを食べた者でなければ、人生の本当の味はわからない。
ゲーテ（ドイツ）
人生の苦しみを徹底的に味わった者でなければ、人生の真の苦しさや楽しさを知ることはできない、という意。「涙とともにパンを食べた者でなければ…」（別項）とも。

無い時の辛抱、有る時の倹約。
貧しい時は辛抱し、豊かになっても浪費をしない。庶民への良き贈り物となる言葉である。

無いもの食おうが人のくせ。
無いものを欲しがる。無いと知りながら欲しがること。人にはそういう心理がある。「無いもの食おう」とも。

無いものねだり。
無いとわかっていてもねだること。また、できないことを無理にせがむこと。

内憂外患
国内における憂うべき状態と、外国との間に生じるわずらわしい事態、の意。

ないよりまし。
何にもないより有ったほうが良い意。「枯れ木も山の賑わい」（別項）も類似の諺だが、これは使う場所に注意が要る。自らが謙遜するつもりで使いたい。

直き木に曲がれる枝。
正しい人にも必ず弱点や欠点があるものだ。

長い間の忍耐にみちた研究の後で、心に照明を与えてくれるような結論が突然生まれた時に匹敵するような喜びは、人生にそうたくさんあるものではない。
クロポトキン（ロシア）
学問や研究の喜び。長い苦しみのあとに至り着いた結論は、貴重である。安易に得られるものでないことを銘記すべきであろう。――という言葉である。

長い浮世に短い命。
この世は永遠に続く長いものだが、人の命は、実にはかなく短いものだ。

長生きすれば、新しいことを聞く。
長生きすればそれだけ耳新しい様々なことを聞く。長生きはすべきものだ、の意。英語の The old have every day something.（老人は毎日何かの事を知る）は類似の意味の諺。

長生きすれば恥多し。
長生きすると、恥をかく機会が多い。「命長ければ恥多し」（別項）、「長命すれば恥多し」（別項）とも。

長生きはするもの。
生きていればこそ、いろいろなことを学ぶ機会に恵まれる意。Live and learn.（生きて学びなさい）が英語の諺で、長生きをしていろいろなことを学ぶ機会を増やせ、の意。

長い目で見る。
すぐ結論を求めず、気長に将来を見守る、意。

長いものには巻かれよ。

「権力のある人とは、争うことはできない」（別項）「ローマにいて法王と争うのは困難である」（別項）。無駄な抵抗を戒めた諺。

長いものは突き当たる。
尊大な人間は、人と衝突しやすい、ということの喩え。

長口上は、欠伸の種。
「欠伸」はアクビ。長たらしい口上は退屈させるだけ。いやになるほど長い言葉は、簡潔にして、早く実行せよ、の意。

流れに棹さす。
好都合なことが重なって物事が好調に運ぶ、意。ちなみに、流れにさからう意味に取るのは全くの誤り。注意がいる。

流れは、その源より高く上がることはできない。
学んで模倣した作品は、原作より高い価値が出ることはない。「弟子は師にまさらず」「写本が原典より貴重になることはない」のである。

流れる水は決して腐らない。
人間は、心身ともに絶えず動かし行動することが重要だ。活動しておれば、身体がなまることはない。精神活動もにぶることはないという喩え。「流水腐らず、戸枢蝕まず」（別項）とも。

流れを汲みて源を知る。
川の水を汲みとってその水源の様子を知る。人の行為を見て、その人の心の善悪を察することの喩え。

泣き面に蜂。
「泣く面を蜂がさす」（別項）の略。不幸の上に不幸が重なる。困った事の上に、さらに困った事が起こる、喩え。

泣く子と地頭には勝てぬ。
道理をもって争ってもかなわないものの喩え。泣く子は聞き分けがなく、地頭は鎌倉時代の支配階級で庶民に対し、横暴であったことから。

泣くことを恐れるな。泣くことは、悲しみにあふれた貴方の心を解き放つ。
アメリカの先住民、ホピ族の諺。泣くという行為には自浄作用がある。悲しい時には思い切り泣くべきだ。気分がすっきりする。

泣く子は育つ。
大きな声で泣くのは元気な証拠。よく泣く子は、丈夫に育つという意。

泣く面を蜂がさす。
「江戸かるた」（日本）
悪いことに悪いことが重なる。重なる不運に踏んだり蹴ったりの心情だ、の意。「泣き面に蜂がさす」「泣き面に蜂」（別項）と変化して使われている。

無くて七癖。
どんなに癖のないように見える人でも、どんな地位の誰であっても、多かれ少なかれ癖があるという、意。「各人には特別の習慣がある」Everyone has his peculiar habits. は、英語の諺で似た意。

鳴くまで待とう時鳥。
徳川家康（日本）
「時鳥」は、ホトトギス。忍耐して時機を待つ喩え。天下を治めた三人の戦国武将の性格を表す詞として知られる。「鳴かぬなら殺してしまえ時鳥（信長）」「鳴かぬなら鳴かせて見せよう時鳥（秀吉）」「鳴かぬなら鳴くまで待とう時鳥（家康）」。

投げた礫を尋ねる。
「礫」はツブテと読む。ありふれた小石は捜してもみつからない。骨折っても無駄なことの喩え。

仲人口は半分に聞け。
仲人は、縁談をまとめようと、良い点を誇張して言うことが多いので、話半分に聞くぐらいでちょうどよい、意。

情けに刃向かう刃なし。
情けをかけられては、その相手にだれも刃向かうことができない意。「親切は、相手を制する最も上品な武器である」Kindness is the noblest weapon to conquer with. は、英語の諺で似た意。

情けは上下によるべからず。
相手の身分の上下にかかわらず、人には情けをかけてやれ、という意。

情けは人のためならず。
人に親切をしておけばいつか自分にもよい報いがある。他人のために尽くすように、の意。

情けも過ぐれば仇となる。
仇はアダと読む。悪い意を持つ害の意。親切や好意も、度が過ぎると、相手の迷惑になる、という意。

成し遂げんと決心したる目的をただ一回の敗北によって捨て去るな。
シェークスピア（イギリス）

志を立てて大成しようと決心したら、たった一回の失敗で捨て去ってはならない。

為すことは我にありて、成ることは天命なり。

努力すべきは自分であり、それができるかできないかは天の与えた運命にある、という意。「人事を尽くして天命を待つ」(別項)に似た諺。

済す時の閻魔顔。「上方かるた」(日本)

済すはナスと読み、返済する意。「借りる時の地蔵顔なす時の閻魔顔」の前句の略。借りる時はにこにこと地蔵顔をしている人が、返す時は、閻魔のように恐い顔になる人情を笑ったもの。「喉もと過ぎれば熱さを忘れる」(別項)の意味に似た使い方もする。

為すようにならないで、なるようになる。

物事は思ったようにはゆかず、結局、なるようにしかならない、という意。もとは孟子の考えである。

為せば成る　為さねば成らぬ　何事も　成らぬは人の　為さぬなりけり

上杉鷹山(日本)

元は、武田信玄の言葉。やれば出来ることを、できないといい捨ててはいけない、という教えである。

なぜ山に登るのか。そこに山があるからだ。

マロリー(イギリス)

同じように、何のために生きるのか。そこに人生という道があるからだ。

夏歌うものは冬泣く。

夏に遊び暮らすと、冬になって貯えがなくて苦しまなければならない、意。働ける時に働かないと、あとで生活に窮するようになる、喩え。

夏座敷とカレイは縁側がよい。

夏の座敷は縁側が涼しくてよい。魚のカレイの肉は縁のところがおいしい。エンガワが掛け言葉の諺。

納得できる仕事を得た人は、人生の目的を得たことと同じである。このような人は勤勉でなければならない。

カーライル(イギリス)

納得できる仕事を得た人は、幸せである。人生の目的が決まり、目標に近づけるからである。感謝をして勤勉に仕事に励むべきだ。

夏の雨は馬の背を分ける。

「馬の背を分ける」とは、山の一方を濡らし、一方は乾いたままの意。夏の雨は局地的だ、の喩え。

夏の蛤は犬も食わぬ。

夏のハマグリは味が落ちてまずい、という諺。

夏の牡丹餅、犬も食わぬ。

牡丹餅はボタモチと読む。夏の牡丹餅のまずいこと。または、夏の牡丹餅の腐りやすいことをいう。

夏は鰹に冬鮪。

夏はカツオがおいしく、冬はマグロがしゅん(旬)で美味だ、の意。

夏坊主犬も食わず。

夏になると農家が忙しく供養などしていられず、坊主はひまであること。

七転び八起き。

何度失敗しても、屈せず立ち直る意。転じて、人の世の浮き沈みの激しいことの喩えにも用いる。

七十の三つ子。

七十はシチジュウが正しい。庶民読み、ナナジュウ。七十歳の老人は、三歳の子供のようだ。「大人は一度、子供は二度」(年老いると子供のようになるので、人生で二度めの子供)は英語の諺。Once a man and twice a child.「八十の三つ子」とも。

七つ八つは憎まれ盛り。

七つ、八つの男の子は、悪戯盛りで近隣から憎まれる。

七度較べて一度裁て。

七度はナナタビと読む。裁縫をするときに、よく寸法をはかってから、布地を切るようにということ。

七度探して人を疑え。

物を失くしてもむやみに人を疑うな、という教え。「七日探して人を疑え」「三度尋ねて人を疑え」とも。

何が新しく生まれた美しいもので、何が失われた古いものかを、いつも考えること。

柳田國男(日本)

民俗学の目指すことを、平易にのべた言葉であるが、一市民としても生きる心構えとなる。

何か困ることのある場合、みだりに仲間の助けを借りてはならない。助けを借りたのでは単に困難が避けられるだけである。

ファーブル（フランス）

何か困難が起こった時、友人や仲間に助けを借りるのは止めた方がよい。その場だけしのげるのであって、困難を乗り越えることにはならないからである。

何かについてすべてを、また、すべてについて何かを知るように努めよ。

ヘンリー・P・ブルーム（イギリス）

何かについて徹底的に。また、全てについて通ずる何かを知る、という知的生産の方法を言った言葉である。

何かやりたくないことがあったら、毎日必ずそれをやることだ。

マーク・トウェイン（アメリカ）

嫌なことも習慣化すれば何でもなくなる。これが、苦痛なしに義務を果たす習慣を身につける黄金律なのだ。——と続く。

何かを学ぶためには、自分で体験する以上に、いい方法はない。

アインシュタイン（ドイツ）

自分でやってみて、失敗したり成功したり、そうして学んでいくのが、一番良い方法だ。

何事にても、我より先なる者あらば、聴くことを恥じず。

徳川斉昭（日本）

身分にかかわらず、自分より先を行く者、すぐれた者の意見を聴きたい。人材を登用したい、の意。名君と言われた殿様の言葉である。

何事も延期するな。汝の一生は不断の実行であれ。

ゲーテ（ドイツ）

実行をためらったり延ばしたりするな。人生は、絶えない実行の連続だから、の意。

何事も三度。

一、二度の失敗でくじけず、三度はやりなおすことが、必要である、意。

何事も、耐えることのできる人は、何事も決行することができる。

ヴォーヴナルグ（フランス）

逆境に耐えていく力のある人は、決断力も強い。何でもできる人である。

何事も小さな仕事に分けてしまえば、特に難しいことなどない。

レイ・クロック（アメリカ）

与えられた課題が大き過ぎて、どこから手を付けていいか判らない時、小さく分けて手を付けよ。どんな膨大なことでも解決できるものだ。

何人といえども、主人としては生まれない。

英語の諺 No man is born a master. の訳。養育と教育で優れた人になり、主人として慕われるようになるのだ。教育の大切さを表す言葉。

何人にとって最も安全なる隠れ場はおのれの家庭なり。

コーク（イギリス）

どんな人間でも最も心の休まるところは、自分の家庭である、との意。

何人も、同時にすするのと吹くのを、共にはできぬ。

同時に二つのものを求めてはいけない。どちらか一つに力を注げ、という戒め。

英語の諺 No man can both sup and blow at once.

何も借りないことは幸せだ。

金や同情など、他人から何も借りないことが、幸福なのだ、の意。**英語の諺** Happy is he who owes nothing.

何も考えずに権威を敬う事は、真実に対する最大の敵である。

アインシュタイン（ドイツ）

学習者が権威を敬うことはよくあること、しかし研究者が権威をあがめることは許されないし、無意味で有害である……という意。

何もしないでいると、人は悪いことをするようになる。

小人物は暇でいると、とかくよくないことをしがちである、という意。「小人閑居して不善をなす」（別項）と似た英語の諺。By doing nothing we learn to do ill.

何もしないよりはいい。

幸田露伴（日本）

生きている以上何かをせよ、という戒め。

何も知らない者は、何も疑わない。

何も知らない庶民の、信頼や期待を裏切らないようにしたい、という意。**英語の諺** He that knows nothing doubts nothing.

何も善いことをしない人は、十分悪事をしている。

暇を無駄にしている者、怠け者、役に立たない人は、悪人の仲間と考えてよい意。

英語の諺 He who does no good does evil enough.

何よりも希望したいことは、真理に対する

従順な態度である。　吉野作造（日本）
青年は、真理を求めて、我が主張とし、我が主義とせんとする熱情はなかなか盛んである。が、いったん何物かを真理と思い込んだが最後、彼等は盲目となる。――と続く。

何を笑うかによってその人柄がわかる。
マルセル・パニョル（フランス）
笑いには、知性、品格が出てくる。人柄がよくわかる。

名の無い星は宵から出る。
初めに出てくるものには良いものがない喩え。または、待っているものはなかなか来ないで、あまり用も無い人が早くから来ている喩え。

名は実の賓。　荘子（中国）
「賓」は、ヒンと読み、客の意。「実」は、実際の徳行。名誉というものは、実質に伴う仮のものである、という意。徳行があってはじめて名誉が自然にその人のものとなる。つまり、徳行のない名誉は無意味である、ということ。

名は千代、得失は一朝。
千代は、センダイと読む。永遠の意。名誉は永遠のもの、財産は短い期間の一時的なものだ、の意。財産などより名誉の方が大事であるという戒め。

名は体を表す。
名前は、その物や人の性質をよく表している、ということ。「名と性質はしばしば一致する」。Names and natures do often agree.「名はしばしば実体を示す」The name often shows the reality. いずれも英語の諺。

鍋が釜を黒いという。
自分の欠点を棚に上げて他人を揶揄すること、の喩え。**英語の諺** The pot calls the kettle black.

ナポリを見てから死ね。
イタリアのナポリ湾は美しいから一生に一度でも見てから死ね、の意。ナポリ湾の美しさの強調。**英語の諺** See Naples and then die.

怠け者が眠っている間に耕せ。
成功の心掛けは、他の人間が遊んだり怠けているうちに、自らはしっかり労働することだ。**英語の諺** Plough deep while sluggards sleep.

怠け者には余暇がない。
怠け者は、遊ぶことが多過ぎて、かえって暇がない意。人として生まれた以上しっかり働き、余暇を生かして人生を豊かにしたい。**英語の諺** Idle people have the least leisure.

怠け者の大食い。
仕事もろくにしないのに、食べることは人並み以上だ、という意。

怠け者の節句働き。
平生怠けている者は、人が遊ぶ時に働かねばならぬ。他人が休む日に限って、あえて働く者を非難し、あざけった諺である。「道楽者の節句働き」（別項）とも。

怠け者は、悪魔の遊び仲間である。
労働しない者よ、行動しない者よ、ぶらぶらと無為にすごしてはならない、という戒め。**英語の諺** Idle men are the devil's playfellows.

怠け者よ、アリのところへ行け。そしてそのやり方から知恵を学べ。
ソロモン（古代イスラエル）
アリ（蟻）のようにせっせと勤勉に働け。人はアリの勤勉さを学ばなければならない。

怠けることは、全ての悪の根源である。
怠惰が悪だというのは、西洋の考えだが、確かに、怠惰が、貧乏を招き、心を貧しくし、乞食や盗賊など悪人を作っていることは、否定できないのである。**英語の諺** Idleness is the root of all evils.

生兵法は怪我の基。
生兵法は、中途半端な戦術のこと。なまはんかな知識や技術では、大失敗をするぞ、という戒め。

涙とともにパンを食べた者でなければ、人生の味はわからない。　ゲーテ（ドイツ）
食事もとれないような不遇な生活をした者でなければ、人生の幸せがわからない。「泣いてパンを食べた者でなければ……」（別項）とも。

習い性となる。　『書経』（中国）
習慣がいつのまにか生まれながらの性質と同じになる。中国古代の諺。

習うは一生。
学ぶということは、無限であって、一生が勉強の連続だ、という意。

習うより慣れよ。

実生活では、あらたまって学んで習得するよりも、自然に慣れて会得する方が肝要だ、の意の諺である。

成らぬうちが楽しみ。
物事は、完成してからよりも、まだできない時に期待しているほうが楽しい、という意。「待つ間が花」「待つが花」（別項）と似た諺である。

ならぬ堪忍するが堪忍。
我慢できないところを、じっと耐え忍ぶのが本当の我慢である、という意。

ならぬことはならぬ。
してはいけないことは、当然、してはいけない。できないことは、当然、できない、の意。

習わぬ経は読めぬ。
知識も経験もないことをやろうとしても簡単にできるものではない、という意。

なりたがる。長になるためには三十年の経験や学問を捨てて雑用をしなければならない。それでも長になりたがる。
石川達三（日本）
小学校の先生が経験を積むと校長になる。雑用に追われる。学者は総長になると専門の学問はそっちのけで雑用に明け暮れる。医者が院長になると会議と書類に追い回される。それでも長になりたがる。もったいない話だ。――と続く。

なる堪忍なら誰もする。
できる我慢は誰でもする。しにくい我慢をするのが、本当の我慢である。

なるもならぬも金次第。
物事がうまくいくかいかないか、金のあるなしによって決まるものだ。「地獄の沙汰も金次第」（別項）とも。

なるようにしかならぬ。
無理やりしようと思わないで、自然のなりゆきにまかすべきだ、という戒め。または、あきらめ。

名を捨てて実をとれ。
名誉より実質を重視すべきだ、の意。「名を取るより実を取れ」とも。

難解さは、学者が手品師のように自分の技量のむずかしいことを見せまいとして用いる貨幣である。
モンテーニュ（フランス）
愚かな人間どもはこれで簡単に支払を受けたつもりになる。――と続く。難解な文章や語句、難しく読みにくい論文などを書く人への戒めを手品師の貨幣に喩えたもの。

汝以外の、全ての人を許してやれ。
凡人は他人の責任を追求するばかりで自分を責めない。本当は自己を責めて、他人を許すべきだ。

汝、草木と同じく朽ちんと欲するか。
頼山陽（日本）
人間なら草木のように朽ち果ててはいけない。少年時代に栞にして常時自戒した言葉。

汝自身を知れ。
「身の程を知れ」（別項）「力以上のことを企てるな」の意。ギリシャのアポロ神殿の玄関の柱に刻まれていたと言われる言葉だがソクラテス以後は、「自己の無知の自覚の上に立ち真の知識を得よ」の意。「無知の自覚」とも。

汝に出ずるものは、汝に返る。
『孟子』（中国）
自分のした行為は、善悪いずれも、必ず、報いが自分にもどってくる、意。

汝に陰を与えた木は切るな。
日頃の恩を忘れてうっかり不義理をしてしまうことがある。陰を与えてくれた恩を忘れるな、の意。西洋の諺。

汝の仕事を追え。そうでなければ、仕事が汝を追う。
B・フランクリン（アメリカ）
仕事を追い回すように励め。そうすれば仕事に追い立てられることはないのだから。

汝の妻を選ぶには一歩降り、汝の友を選ぶには、一歩昇れ。
タゴール（インド）
妻を選ぶ時は、一段階基準を下げて選べ。友を選ぶ時は、一段階基準を上げて上から選ぶのがよい。

汝の敵を愛せよ。
『聖書』
愛情は、憎い者にも及ぼすほどに寛大であれという戒め。悪意ある者、迫害する者に、神のような慈愛で接せよ、という意。Love your enemies.

汝の欲するところを人に施せ。
自分のしてほしいことを、他人にせよ。『聖書』に由来する諺。言い替えれば『論語』の「己の欲せざる所を人に施すなかれ」（別項）である。

汝の道を行け。そして人には、言うにまかせよ。

汝の信じる道を行け。人が誹謗しようが誉めようが、そんな者には言わせておけばよい。　ダンテ（イタリア）

汝の友人を責めるのは秘かに、誉めるのは人前でせよ。

友人の過ちはできるだけ表面に出さないようにして、善行を誉めるのは、多くの人に広める方がよい。意。友人は、このように大切にしていきたいものである。


汝自らを知れ。

自分の分限をわきまえよ。ソクラテス以後、「無知の自覚の上に立って真の知識を得よ」。「汝自身を知れ」（別項）とも。


何でもかでも読んで、ただそれを覚え込んでいるだけの人物は、知識のある馬鹿だ。

多く読み、覚えるだけの人間になるな。知識のある馬鹿になるな、の意。　ビリングス（アメリカ）

何でも来いに名人なし。

何でもできるという人に、名人と言われる人はいない。「多芸は無芸」という諺に近い意。

何でも妙なことにぶつかったら、笑うってことが、一番かしこい手っとり早い返答なんだ。　ハーマン・メルビル（アメリカ）
捕鯨船で船乗り生活の後、作家生活を送り、『白鯨』などを発表。人気が出ず不遇な生活をした小説家で、体験から出た言葉である。

何でもやることは、何もしないのと同じ。

沢山のことに手を出さず一つのことに集中せよ、の意。「何でも来いに名人なし」、何でもできるという人に名人といわれるような人はいない、というのは日本の諺。逆の諺に「何でもやってみよう」「何でもしてみよう」というのがあるが、若い間は、どちらも生かしたい。


何でも要するに、といって片づけてしまうのは、危険なことだ。というのも要するに危険なことだ。

要するに、という言葉で、一般化、概括化して考えてしまうのは、よろしくない。それで思考が停止するから危険である。　アレクサンドル・デュマ（フランス）

難に臨んで兵を鋳る。

難は戦争、兵は武器の意。戦争が始まって急に武器を作る意。事が起こってからあわてても間に合わない喩え。　『晏子春秋』（中国）

なんにも後悔することはない。自分が負ければ向こうが勝つ。神様から見れば同じことだ。

長い人生から見れば、勝ち負けは些細なこと。神様から見れば同じこと。自分の目標をしっかりと定めて、着実に行動せよ。　沢木興道（日本）

何人に対しても悪意を持たず、すべての人に愛をもちましょう。神は我々に正義を実現させてくださいました。その正義を確信し、我々の事業の完成を目指し努力をしましょう。　リンカーン（アメリカ）
国民の傷を縫い、従軍した遺族や子供を救い、すべての国の人々との間の正しくて永続する平和のために、努力をしようではありませんか。——と続く。大統領再選の就任式での挨拶。

に

似合う夫婦の鍋の蓋。

鍋と蓋のように釣りあった仲のよい夫婦。


匂い松茸、味しめじ。

香りのよいのは松茸。味のよいのはしめじ。昔から伝わっている食物の諺。


二階から尻炙る。

「炙る」は、アブルと読む。効果の少ないことの喩え。

二階から目薬。　「上方かるた」（日本）
とてもできない。しても無駄だ。思うようにできず、あてにならない、じれったい、などの意の喩え。

二階へ上がって、犬に吠えられるよう。

いくら犬に吠えられても、二階にいれば痛くもかゆくもない、意。


逃がした魚は大きい。

手にいれかけたものを逃がすと、ささいなものでも大損をしたように思われる。また、失敗を大げさにいう人をからかう意に使うこともある。**英語の諺** It was always the biggest fish I caught that got away.

握り拳もはずれりゃ腹が立つ。
小さなことでも思い通りにならないと腹が立つ、の意。

憎い 悲しい 嬉しいの三つは、一生忘れず。
「浄瑠璃」（日本）
憎いと悲しいと嬉しいとの三つは、強く印象づけられて一生忘れない。

憎しみは、愛と同じく、盲目である。
愛する気持ちが強いとまわりのことが判らなくなって、冷静な判断ができなくなる。憎しみも同じである。頭を冷やして憎しみの原因を考え冷静に行動せよ、の意。中国古代の諺に、「愛は憎悪の始めなり」（別項）がある。東洋も西洋も似た点があるのだ。**英語の諺** Hatred is blind, as well as love.

憎まれ子世にはばかる。
「江戸かるた」（日本）
憎まれ子ほど、世間で幅をきかせている。権力者ほど羽を伸ばしている。悪いやつほど幅をきかせているものだ、の意。ハバカルは、遠慮する意味の憚るではない。

逃ぐるが一の手。
非常な困難に直面したときは、まず逃げて保身をはかるのが得策である。転じて、面倒なことは避けるのが一番良い方法である、ということ。「三十六計逃げるにしかず」（別項）とも。

逃ぐるも一手。
戦争の場合、戦うだけが手段でなく、逃げることも戦法の一つである。

肉を斬らして骨を斬る。
自身の肉を斬られるような危険を冒して、相手の骨を断って倒す、意。犠牲を恐れない捨て身の戦法のこと。

二君に仕え難し。
二人の主君に同時に仕えることはできない意。西洋では『聖書』の「あなたがたは神と富とに兼ね仕えることはできない」がある。神に祈ることと金儲けとを二君と見ているのである。

逃げるが勝ち。
戦わずに相手に勝ちを譲った方が、大局的には利益になるという意。

西から日が出る。
太陽が西から出る。絶対にあるはずがないことの喩え。

錦を着て故郷へ帰る。
『南史』（中国）
成功者となって、晴れがましい気持ちで故郷へ帰る。

虹だって十五分続いたら、人はもう見向かない。
ゲーテ（ドイツ）
人間、有頂天になっていると誰も相手にされなくなるという喩え。多くの人から、認められても、いい気にならず謙虚に生きよう。

西と言うたら東と悟れ。
相手の言葉の裏にある意を察する心構えが必要、の意。

西と言えば東と言う。
事ごとに人の意見に反対する態度、をいう諺。「ああいえばこういう」とも。

贋金と屁理屈は通らぬ。
贋金はニセガネと読む。自分勝手な理屈は、世間では通用しない、の意。

二足の草鞋は履けない。
草鞋はワラジと読む。一度に二つの事はできない、意。「人は同時に糸を紡ぐことと巻くことはできない」A man cannot spin and reel at the same time.「人は同時に走ることと座り続けることはできない」I cannot run and sit still at the same time. は、英語の似た意味の諺。

似たもの夫婦。
性格や好みの似通ったもの同士が夫婦になっていることが多い、という意。それぞれ相応の似つかわしい相手があって全体として調和がとれていることをいう。「似た者が夫婦になる」とも。

日々是好日
来る日も来る日も楽しく良い日が続く、という意。毎日を大切に生きる心構えを述べた諺。

日曜日だけ聖人、ほかの日は罪人。
我々は毎週、偽善者のような生活を繰返している。こうした生活から抜け出し、善人の生活をなすべきだ。**英語の諺** Sunday saint and every day sinner.

日光を見ないうちは、結構と言うな。
日光東照宮の美しさを称えた諺。結構は、建築の構え、ここでは「建築美」の意。「ナポリを見てから死ね」は英語の諺。よく似た諺である。

二度あることは三度ある。
同じようなことが二度続いたら、またもう一度繰り返される。普通は、悪いことは繰り返されるから注意せよ、の意で、良いことの意で用いない。

二度教えて一度叱れ。
子供には幾度も教えて、叱るのは少なくてよい、という意。ついつい叱ることが多くなるので注意せよ、という戒め。

二度聞いて一度物言え。
話をする時は、相手の言うことをよく聞いて、こちらは口数少なく効果的に話せ。

二度目の見直し、三度目の正直。
見直しは、二度目でも不確実なことがある。三度目ではじめて正確だと言える、という意。

二兎を追う者は一兎をも得ず。
力を分散せず、集中せよ、の意。同時に二つの事をしようとすると結局どちらも成功しない。「虻蜂取らず」（別項）と似た諺。

二人口は過ごせるが、一人口は過ごせない。
夫婦二人で生活できるが、独身では、出費が多くてかえって生活できない意。独身者に希望を持たせて結婚を勧める諺。

二八余りは人の瀬越し。
「二八余り」は、十六、七歳。「瀬越し」は、困難で重大な時期の意。人生で、十六、七歳の頃は、人の一生を左右する重大な時期で、そこを越えて一人前の人生が開けるものである。

二番目の考えが最善である。
重大なことを決行する前に、もう一度その是非を考えよ。その結果、考えた結論が最善である。**英語の諺** Second thoughts are best.

二様の手段を使用す。
「まさかの時は、二様の手段を有す」とも。「一つの弓に二本の弦を用意する」He has two strings to his bow. も同じ意の英語の諺。

女房が悪ければ身上も悪くなる。
「身上」は、シンショウと読む。財産の意。女房が悪いと、財産も減り、家運も傾く。

女房と畳は新しいほどよい。
住むのに気持ちがよい、意。「女房と茄子は若いがよい」「女房と菅笠は新しいほどよい」とも。

女房に惚れてお家繁盛。
夫が妻に惚れているような家は、浮気も道楽もなく、家が安泰で、繁盛するものだ。

女房のない男は、屋根のない家と同じ。
家庭での妻の大切なことを、屋根に喩えた、英語の諺。A man without a wife, a house without a roof. 屋根のない家は考えられない。それほど重要なのだ。

女房の妬くほど、亭主もてもせず。
妻は嫉妬心が強いものだが、妻が考えるほど、我が亭主は世間ではもてることはない。川柳の形の諺。

女房は台所からもらえ。
妻は、勝手口から出入りするような、自分より身分の低い者からもらうのがよい、の意。

鶏を割くに、なんぞ牛刀を用いん。
鶏の料理に牛を切る大きな包丁を使う必要はない、意。小事の処理に、大げさな方法や大人物の助けを必要とはしない、という意。もとは『論語』にある言葉である。

任重くして道遠し。 『論語』（中国）
背に負う荷物は重く、行くべき道は遠い。責務が重く実行は容易でなく、日時がかかる、の意。

人間愛なくして、なんぞ英雄たらんや。 レッシング（ドイツ）
英雄たらんとするものは、人間愛のある英雄を志すべきだ。

人間生きることが全部である。死ねばなくなる。 坂口安吾（日本）
生きて生きて戦いぬかねばならない。死ぬなんて、つまらんことはやるな。

人間至る処青山あり。
ジンカンの項を見よ。人間をニンゲンと読んでいる人が多いが正しくない。

人間一生二万日。
一生は二万日しかない。一日一日を大切に、の意。

人間一生夢のごとし。
人生は、夢のようにはかない。

人間が賢いのは、その経験に応じてではない。 バーナード・ショウ（イギリス）
経験に応じた能力を発揮できるから賢いのである。――と続く。

人間が幸福であるために避けられない条件は、勤労である。 トルストイ（ロシア）
人間の幸福の条件。勤労。汗を出して仕事をし、勤め、働くことである。

人間が自然を征服したり保護したりできると思うこと自体が、高慢で滑稽だ。
串田孫一（日本）
自然というのは、大きく、強く、厳しいもの。微小な人間が、征服、保護という言葉を使うことさえ高慢、滑稽だという意。

人間が提案し、神がこれを処理する。
英語の諺。Man proposes, God disposes. 最善を尽くしなさい。その後は神にまかせなさい、の意。中国の諺の、「人事を尽くして天命を待つ」（別項）と似た諺。

人間が馴れることのできぬ環境というものはない。
トルストイ（ロシア）
ことに周囲の者がみな自分と同じように暮らしている場合はなおさらである。——と続く。

人間、志を立てるのに遅すぎるということはない。
ボールドウィン（イギリス）
人生半ばにして、今さら、などとあきらめないで、これから、こんな有意義なことをやってみようと、実行に移そう。

人間死ぬ時は死ぬ。それがよい。
白隠慧鶴（日本）
死ぬがよい。ソレデよいではなくて、ソレガよいである。

人間誰しも持っているものが時間である。あなたが何も持っていなかったとしても、時間だけはある。
バルタサル・グラシアン（スペイン）
世界中の人間で時間を持っていない人は、一人もない。身体だけで無一物の人間でも時間だけは十分に持っている。という意。

人間であるかぎり、誰でも過ちは犯すものである。
プルタルコス（古代ギリシャ）
そんな時、賢者や善人は、自分の過ちや失敗の中から、社会や未来に有益な知恵を学び取るものである。——と続く。

人間というものは、ふだんから目の前にあるものよりも、過ぎ去ったもの、亡くなったものに、あやしいまでに愛着を持つものである。
（朝鮮の小説）
過去は良く見える。思い出はいつまでも美しい。失ったもの、亡くしたもの、忘れられない愛着があるものである。人間すべてにある心情である。

人間、年をとるにつれて万事がまったく同じになっていくことを発見する。
カワード（イギリス）
違っているのはかぶっている帽子だけである。——と続く。年をとると、地位、官職、名声、すべて消えていき同じになる意。

人間と人間との間がらには、愛よりほかに財産はない。
アウエルバッハ（ドイツ）
この世の人間関係は、愛が全てだという意。

人間とは、自分のごとき者なり。余りにその前に茫然たるなかれ。社会とは人間の集合せる所なり。
国木田独歩（日本）
社会の一員が人間。人間を知るには社会を知ることが、必要だ。茫然と人間を考えるというのはよくない。

人間なるが故の罪過。
罪過はあやまちの意。「過ちをしない人間はない」。過ちを犯すということは人間であるからで、その人が人間であることの証拠であるという諺。No man but errors. が英語の諺。

人間に耐えられない侮辱が二つある。ユーモアがないこと。苦労知らずということ。
シンクレア・ルイス（アメリカ）
この二つを断言されるのが、一番の侮辱だという。現代人にとって確かにそう言える名言である。

人間にとって大切なのは、この世に何年生きているかということではない。
オー・ヘンリー（アメリカ）
この世でどれだけ価値のあることをするかである。——と続く名言。

人間には運命というものがあって、自分である程度まで、これを開拓して行くことができる。
片山潜（日本）
世人は暇があったら何をなすとか、金があったら何々を実行するとかいって、暇と金に全責任を負わしている者が多数である。が、実際、この暇と金とも自分でどうにかしてこしらえるものだということを確信しているものはない。——と続く。

人間のあいだに真理への確信はごくゆっくりしか広まらないが、それでも真理は人間のあいだに広まる。
チェルヌイシェフスキー（ロシア）
なぜなら、真理についてどう考えようと、

真理をどんなに恐れようと、それでも真理は、人間の必要に応ずるものであり、うそは人間を満足させぬからである。――と続く。

人間の愛で愛していると、その愛は憎悪を呼ぶ。しかし、神の愛は不変である。すべてを愛するということは、神を愛するということだ。神は、そのすべてのもののあらわれなのだ。

トルストイ（ロシア）

非暴力主義のトルストイが、憎悪を呼びやすい個々の愛よりも、「神の愛」すなわちすべての人に対し、広く公平で不変の愛をと、訴えた言葉である。

人間のあらゆる不幸は、たった一つのことから生まれる。それは、一つの部屋の中でじっとしていられないからだ。

パスカル（フランス）

人間は、部屋から外へ出なければ生きていけない。つまり、人は、孤独な環境では生きていけない、という意である。

人間の一生には、わずか三つの出来事があるだけである。誕生と、生きることと、死ぬことである。

ラ・ブリュイエール（フランス）

しかし、うまれる時は気が付く訳はないし、死ぬ時は「ああっ、苦しい」と言って死に、生きている時は、生きていることを忘れている。――と続く。

人間の一生は一日一日の積み重なったものである。そう考えて、毎日あまり緊張しすぎると、一生は長いから疲れてしまう。

志賀直哉（日本）

ゆったりした気持ちで、なるべく視野を広く、考え方にも柔軟性を失わぬようにすることが肝要だ。――と続く。

人間の運命は人間の手中にある。

サルトル（フランス）

自分自身の行いが、自分の運命を決めるのである、という意。

人間の死ぬのは、いつも早すぎるか、遅すぎるかのどちらかだ。

サルトル（フランス）

しかし、一生はちゃんとケリがついて、そこにある。――と続く。

人間の　常識を越え　学識を　超えて起これり　日本世界と戦う

南原繁（日本）

常識や学識で考えられない馬鹿な戦争への反省であり、自戒であり、教え子に対する戦争反対の訴え、でもある。

人間の真理は、実践によって論証しなければならない。

マルクス（ドイツ）

実践と行動、そこに人間の真理があるというのである。

人間のすべての性質の中で、嫉妬はいちばん醜く、虚栄心はいちばん危険なものである。

ヒルティ（スイス）

嫉妬心は人間の性質の中で、最も醜く、虚栄心は、いちばん危険なものだ、の意。

人間のすべての知識の中で、最も有用でありながら、最も進んでいないものは、人間に関する知識であるように私には思われる。

ルソー（フランス）

人間に最も必要で有用な、人間そのものの研究が進んでいないし、それにともない、人間に関する知識も、大層遅れている、という意。

人間の生活は山また山、第一の手前の低い山を越えてしまったならば、あとは平坦だと思ったら大変な間違いである。

浜口雄幸（日本）

その越えた先の山は前よりもはるかに高く、その山はなお高い。いかなる山をも越えてしまわねばならないと考えなければ何事もできない。――と結ばれる言葉である。

人間の性質の中にある、争いを起こす三つの主な原因、それは競争心、不信の心、そして名誉心である。

ホッブズ（イギリス）

この世の中の争いは、人間の持つ、競争心、不信の心、名誉心、の三つが原因となっている。

人間の正義に対する能力がデモクラシーを可能にする。しかし人間の不正に対する傾向がデモクラシーを必要とする。

ラインホールド・ニーバー（アメリカ）

正義を行うのも、人間。不正を行うのも人間。その二律背反性があるかぎり、この世にデモクラシーが必要なのである。

人間の存在意義は、その利用価値や有用性によるものではない。

神谷美恵子（日本）

野に咲く花のように、ただ「無償に存在している人」も大きな立場から見たら存在理由があるに違いない。――と続く。

人間の知識の中で最も必要でありながら、

もっとも研究の進んでいない学問は、人間自身である。
ルソー（フランス）
最も進んでいない学問は、人間自身の学問である。

人間の品性は環境によって決定される。
ロバート・オーエン（イギリス）
人間の品格、性質は、育った環境によって決定づけられるものだ。

人間の不幸と悪とは、自己の義務を知らないから起こるのでなく、むしろ虚偽の義務を承認するところから起こる。
トルストイ（ロシア）
ひらたくいうと、人間の不幸と悪とは、嘘をつかねばならないと思うところから起こる、という意。

人間の本当の人格をはかる尺度は、自分がけっして見つからないのがわかっている場合にどうするだろうか、ということである。
トーマス・マコーリー（イギリス）
人間は、他人に見つからないと思ったら、この人がと思われるような悪事を働くものだ。「君子はその独りを慎む」という諺がある。

人間はあきらめが大事。
いつまでも、一つのことにこだわってはいけない。ほどほどのところであきらめるべきだ、の意。

人間は、あまり必要でもないことを多く学ぶよりも、必要なことを少し考える方がよい。
バーナード・ショウ（イギリス）
多くを学ぶよりも、必要なことを少し考える。これが重要である。多く与え、多く学ばせ過ぎているのことへの警鐘である。

人間は、あわれむべきものではない。尊敬すべきものである。
ゴーリキー（ロシア）
どん底から這い上がる尊敬すべきものが人間であり、人生なのだ。

人間は、いかなることにも慣れる従順な動物である。
ドストエフスキー（ロシア）
人間は、適応性のある従順な動物だ、という意。

人間は、海のようなものである。ある時は穏やかで友好的、ある時は荒れて悪魔のようだ。
アインシュタイン（ドイツ）
海のように静かで穏やかな日もあり、荒れて悪魔のようになるのが人間である。そして、ここで注意すべきは、ほとんどが水で構成されているのが人間である。——と続く言葉である。

人間は、運命に対して無駄な抵抗をする。
アンリ・ド・レニエ（フランス）
無駄と知りながら無駄な抵抗をするのは愚かなこと。別のルートの運命を探すべきだ。きっとよき運があるはず。

人間は教えている間に学ぶ。
セネカ（古代ローマ）
教えながら学ぶ謙虚な人でありたい。

人間、馬鹿であるほどいよいよ横柄になり、人生について無知であればあるほど、ますます鈍感になる。
サシャ・ギトリ（フランス）
我々の周囲の横柄な人、鈍感な人、たしかにこの言葉が当たっている。顧みて、自分は当たっていないか、どうか。

人間は角があると世の中を転がっていくのに骨が折れて損だ。
夏目漱石（日本）
ともかくも丸い生き方をすれば、どこへでも苦もなくいける。——と続く。

人間は考える葦である。
パスカル（フランス）
人間は、自然界で最も弱い存在である。しかし、考えるという偉大な力をもった葦である。

人間は考えるためではなく、行動するために作られている。
ルソー（フランス）
人間は、思考よりも行動することが重要だ、の意。

人間は教育を通してのみ人間となることができる。
カント（ドイツ）
教育は強制的なものでなければならないが、だからといって奴隷的であっていいわけはない。——と続く。

人間は計画からでなく、意志薄弱から裏切ることが多い。
ラ・ロシュフコー（フランス）
人間が、裏切るとか、約束を守らないのは、意志薄弱から起こることが多い。しっかりと約束を守れ。

人間は、幸福な人々の気持ちになってみるということはなくて、多くの不満を持っている人々の気持ちにばかりなる。
ルソー（フランス）
自分より幸福な人間の気持ちになりたがらず、不幸で、不満な人々の気持ちにばかりなりたがる。これは逆でないのか。幸福な人々の気持ちになろう。

人間は、自然のうちでもっとも弱い一本の葦にすぎない。しかしそれは考える葦である。これを押し潰すのに宇宙全体が武装する必要はない。　パスカル（フランス）

一つの毒気、一滴の水でも、これを殺すに十分である。しかし、宇宙が人間を押し潰す時も、人間は彼を殺すものよりも高貴であろう。なぜなら、人間は、自分が死ぬことを、宇宙が力において自分にまさることを知っているからである。——と続く。

人間は、自分の慈悲を知っている点において偉大である。　パスカル（フランス）

自分の慈悲について動物は知らない。自覚して慈悲の行動ができる点が偉大であるといえる。

人間は自分のほしいと思うものを求めて歩き回り、そして家庭に帰ったときにそれを見いだす。　ジョージ・ムーア（イギリス）

人間は、一生をかけて自分の欲しいものを見つけようと歩き回っている。そして結局家庭に帰って、幸せを見つけだすのである。

人間は社会的な動物である。　スピノザ（オランダ）

人間は、個々に生きる動物ではなく、社会を作り生きる動物である。

人間は自由に生まれているのにあらゆるところで鎖につながれている。　ルソー（フランス）

人間は、本来全く自由に生まれている。長ずるにしたがい束縛されていく、という意。

人間は重要なことを、けっしてじっくり考えないものだ。　ゲーテ（ドイツ）

人間は、重要なことがらに出食わすと、かっとなり、頭にきてしまって、ゆっくり考えない習性がある。

人間は政治的な動物である。　アリストテレス（古代ギリシャ）

人間は、安らかに幸せに暮らせる政治をいつも望んで生きている。

人間はたとえどんな目に遭おうとも、花も嵐も踏み越え、生き続けるもの。　松林宗恵（日本）

どんな困難や苦労があろうとも、それを乗り越えて生き続けるものである。退くことを考えてはならない。

「人間はだんだん年をとっていくものだ」と考えることほど人間を老化させることはない。　リヒテンブルク（ドイツ）

年をとることを考えないようにしよう。求めて頭から年齢の意識を取り去ろう。老化するのは愚かなことだ、の意。

人間は、道具を使う動物である。　フランクリン（アメリカ）

たしかに動物のなかでも道具を使うことが人間の大きな特徴といえよう。カーライル（イギリス）も、また「人間は、道具を作る動物である」という言葉を残している。

人間は、同時に、二つのことはできぬ。

金銭の消費と貯蓄を同時にできぬ。労働と休養も同時にできぬ。しかし人間は、ついついできるように思う。それを戒めた諺。「同時に笑うことと泣くことは難しい」It is hard to laugh and cry with a breath. が似た意味の英語の諺である。

人間は、富まねばならぬ義務はない。高名にならねばならぬ義務はない。知者にならねばならぬ義務はない。ただ正直でなければならぬ義務がある。　ラティーニ（イタリア）

人間には、金持ちになる義務もない。有名になる義務もない。知識を持って賢くなる義務もない。ただし、正直でなければならない、という絶対的な義務がある。

人間は、取引をするただ一つの動物である。ほかの動物はこういうことをしない。　アダム・スミス（スコットランド）

他の犬と骨を交換する犬はいない。——と続く言葉である。

人間は、努力をする限り、迷うものだ。　ゲーテ（ドイツ）

人間は、生きている限り迷うものだ。他人の敷いたレールの上を走るのではなく、自分で道を切り開いていくから迷うのだ。

人間は何かを読まないではいられない。この本然の欲求こそ人類を今日の進歩と成長にまで到達させたのだ。　野上弥生子（日本）

一冊の書物を持たなかった未開人でも、星の運行に、山の姿に、岩のたたずまいに天地の心を読もうとした。――と続く。紙の不足する時代、書物が手に入らない時代に、読書に励むべきであるという勧め。

「人間は、何のために生きるのか」という疑問は、今まで世界中で無限に提出されてきたが、これまでに満足できるような答えが与えられたことは、なかったであろう。

S・フロイト（オーストリア）

また、その答えを出すことは、おそらく決してだれにも許されないものと思われる。――と続く言葉である。

人間はね、自分が困らない程度内で、なるべく人に親切がしてみたいものだ。

夏目漱石（日本）

人には、本来親切心がある。人の世話をしたい気持ちがある。

人間は働き過ぎてだめになるより、休み過ぎてサビつき、だめになることのほうがずっと多い。

カーネル・サンダース（アメリカ）

十五歳で社会に出て芽が出ず、働き過ぎの一生を送り、六十歳で成功したフライドチキンの創業者の言葉。大多数の人間は休み過ぎで、ダメになっているという意。

人間は、人の罪を見て、どうしようかと思案にくれることがある。責めようか、謙って愛の心をもってしようかと。

ドストエフスキー（ロシア）

そのときには、謙譲な愛に従うがよい。――と書き残している。「謙って」は、ヘリクダッテと読む。

人間は複雑な生き物だ。

ジル・スターン（アメリカ）

砂漠に花を咲かす代わりに、湖を涸らす。――と続く。

人間は、まだ十分に幸福ではなかったからこそ死を怖れるのである。

レニエ（フランス）

最高の幸福に恵まれれば、すぐに死にたいと思う。――と続く。

人間は自ら作り出した、道具の道具になってしまった。 H・D・ソロー（アメリカ）

インターネット、スマートフォン、パソコンなど、道具は使うもの。使われないようにしたいものである。日本人は、作った道具に使われている。いや奴隷になっているかもしれない。

人間は、みな持ち味が違う。枠をはめたらその人の持ち味が消える。

松下幸之助（日本）

人間に枠をはめるなという戒めである。人それぞれの持ち味を尊重し、個性を生かして行くように、という意。

人間は万物の物差しである。

プロタゴラス（古代ギリシャ）

「人間は万物の尺度である」とも。価値判断の基準はいろいろあるが、人間中心に考えるべきで、市民の常識が絶対の尺度である、という意。

人間は万物の霊長である。

人間はあらゆるものの中で、もっとも優れたものである。**英語の諺** Man is the lord of creation.

人間は笑い、そして泣く唯一の動物である。

ウィリアム・ハズリット（イギリス）

それは、あるがままの事実と、あるべきはずの事実との相違に心を打たれる動物だからである。

人間は笑う力を授けられた唯一の動物である。

グレビル（イギリス）

嬉しい時楽しい時に心から笑う。人間だけに与えられたすばらしい力だ。

人間は笑うという才能によって他のすべての生物よりすぐれている。

エジソン（アメリカ）

神が人間に笑うという才能を与えて下さったために、他の動物より優れているし、しあわせでもある。――と続く言葉。

人間万事金の世の中。

この世は結局金が大事だ。「地獄の沙汰も金次第」（別項）も同じ意。だからせっせと働けの激励とも、貧民の諦めとも。**英語の諺** Money answers all things.

人間万事塞翁が馬。

塞は長城。長城付近の老翁の持ち馬が外国へ逃げた。それで人が不幸を慰めた。しかしその馬が良馬を連れて帰ってきた。そのため、隣人がそれを祝った。ところが息子がその馬に乗っていて、落ちて足を折った。人は不幸を悲しんだ。戦争が起こり、翁の息子は足が悪いゆえに戦場に行かず命は助かった。このように、人生において災いや不幸に一喜一憂することはない、の意。略して「塞翁が馬」（別項）とも。

人間一人は世の宝。
どんな人間でもみんな尊い。人の命は大切にしなければならない。

人間味がなければ、正義の人にはなれない。
ヴォーヴナルグ（フランス）
まず人間味のある人になろう。そうして正義を行おう。

人間よりは、金の方がはるかに頼りになりますよ。
尾崎紅葉（日本）
頼りにならんのは人の心です。――と続く。そういう人間が多いのが現実である。

人間わずか五十年。
人間の寿命はたかだか五十年である。「人生わずか五十年」とも。これは、近世までの諺。現在は、平均寿命が伸び、「人生わずか一世紀」ぐらいか。

人間を向上させるのは、彼が成すところのことではなくして、彼がなさんと欲しているところのことである。
ブラウニング（イギリス）
人間を向上させるのは、今、していることではなくて、今後何をしようとしているか、にあるという意。

人間をつくるのは、安楽ではなく努力、便利さではなくて困難である。
スマイルズ（イギリス）
安楽は人間を作らない。困難を克服する努力が、人間を作り、人生を作る。

人間を理解する方法は、一つだけである。それは、判断を急がないことだ。
サント・ブーヴ（フランス）
判断を急がないこと。人間、社会、人間の行動すべて、に通ずることだ。

人情はいずこも同じ。
人情は、どこへ行っても同じ。心の暖かい人がいる。災いを助けてくれる人もいる。迷いを除いて、導いてくれる人もいる。感謝を表す諺。

忍耐と時間は、力と暴力よりも多くのものを完成する。
Patience and time accomplish more than force and violence. じっと忍耐すべきだという諺。耐え忍ぶことの重要性を言っている。また、「忍耐は苦いけれどその成果は甘い」（別項）とも。

忍耐は、仕事を支える一種の資本である。
バルザック（フランス）
忍耐力が、あらゆる仕事の基礎、基本になるのだ、の意。

忍耐は全ての戸を開く。
耐え忍ぶことが、すべての成功の基だという意。英語の諺 Patience opens all doors.

忍耐は、力よりも尊く、辛抱は美よりも尊し。
ラスキン（イギリス）
忍耐は何よりも強力であり、辛抱は美しく立派なことである。

忍耐は、苦いけれど、その成果は甘い。
耐え忍ぶのは苦痛だが、その結果は、幸せであり楽しいものである。英語の諺 Patience is bitter, but its fruit is sweet.
ゲーテ（ドイツ）

忍耐は美徳だ。
忍耐せよ。何事も苦しさに耐えた時期があったからこそ大きな結果が生まれるのだ。

忍耐を持つことができる人は、欲しい物を手に入れることができる人である。
B・フランクリン（アメリカ）
忍耐力のある人、これが万事につけて、成功できる人である。

忍の一字は衆妙の門。
呂本中（中国）
衆妙の門は、すべてのすぐれた道理の入口の意。忍耐をするということが、すべて物事をするに際しての出発点である。

忍は一字、千金の法則。
忍耐という一語は、大変尊いものである。「堪忍の忍の字、百貫」とも。

ぬ

糠に釘。
「上方かるた」（日本）
手応えや効き目が無いこと。「豆腐にかすがい」（別項）「泥に灸」「のれんに腕押し」（別項）「沼に杭」（別項）などと同じ。

糠味噌は、日に三べん　底から混ぜよ。
漬物のヌカミソは、まめに手入れをすると、乳酸菌の働きがよくなり、美味しい、という諺。

抜き足して来るものに、ろくな者はなし。
そっと近寄ってくるものにろくな者はいない。

抜け駆けの功名。

他の仲間を出し抜いて得た手柄、の意。


盗人に追い銭。

盗人はヌスビトと読む。損の上にさらに損をすることの喩え。「泥棒に追い銭」（別項）と同じ。


盗人に鍵を預ける。

悪人と知らずに信用して、災いを招く、喩え。


盗人に金の番。

過ちを起こしやすい状況をつくるな、の意。「狼に羊の番」（別項）「猫に鰹ぶし」（別項）などは同意。「盗癖のある人に金の見張り番をさせるようなことはするな」の約。


盗人にも三分の理。

どんな悪人でも、悪事を働く理屈があるものだ。普通は理屈をつければつけられるものだ、の意で用いる。


盗人の取り残しはあれど、火の取り残しはなし。

盗難の被害より、火災の被害のははなはだしいことをいう諺。

盗人の昼寝。
「江戸かるた」（日本）
盗人は夜が仕事。だから昼寝をしている。悪事の準備の意である。他人にわかりにくい行動のことを自嘲的に言うとか、昼寝の弁解に使用されている。

盗人は、人はみな自分のようなものだと考えている。

人は自分を基準にして他人を推し量る。自分の行動のよくないことに気付かないで、人のことをあれこれということを戒める諺。**英語の諺** The thief thinks all men are like himself.

盗人を捕らえてみれば、我が子なり。

事の意外さに、処置に窮する喩え。身近な者にも気を許せない喩えに使うこともある。


盗人を見て縄をなう。

手遅れは悪習の一つだという喩え。「盗人を捕らえて縄をなう」「喉が渇いてから井戸を掘る」とも。


盗み食いはうまい。

禁じられている食べ物ほど美味なものはない、意。『聖書』による諺「盗んだ水はうまい」（別項）がある。


盗んだ水はうまい。

『聖書』

喉の渇いている時、盗み飲みの水のうまさをいう。**英語の諺** Stolen water is sweet.

布に応じて衣を裁て。

布の生地や柄や大きさに応じて裁断せよの意。転じて、人も、身分や地位に応じた生活をすべきだという喩え。**英語の諺** Cut your coat according to your cloth.

沼に杭。

「糠に釘」（別項）とほぼ同じ意。話して聞かせても全く効き目がない喩え。


塗り箸でナマコをはさむ。

滑りのよい塗り箸でぬるぬるしたナマコを、はさもうとしてもうまくいかない。馬鹿げた骨折り、のこと。「塗り箸で素麵を食う」「塗り箸でとろろ」「塗り箸でウナギをはさむ」などもほぼ同じ喩え。


濡れ紙を剝がすよう。

念を入れてごく静かに扱う意が本来の意。転じて、病気が日増しに快方に向かう様の喩え。


濡れ手で粟。

何の苦労もなく利益を得ること。労少なくして得るところが多い喩え。


濡れぬ先こそ露をも厭え。

厭えはイトエと読む。一度濡れてしまうと気にならない意。はじめは、おそれていた過ちも、一度おかしてしまうと、それ以上のひどい過ちもはばからないようになる喩え。


濡れぬ先の傘。

失敗しないように前もって用意しておくことの喩え。

ね

根浅ければすなわち末短く、本傷るればすなわち枝枯る。
『淮南子』（中国）
傷るればは、ヤブルレバと読む。木の根が浅いと枝葉の成長が悪い。幹が傷付けば枝は枯れてしまう。

寝置きと食い置きは、用にたたぬ。

寝置きと食い置きは、寝だめと食いだめ、の意。寝だめと食いだめは、できるものではない、という諺。「寝越しと食い溜めはできない」とも。

願うに幸い。
願いどおりにおとずれた幸運。「願う所の幸い」とも。

願ったりかなったり。
希望にかなった時機がやってきた。チャンスを生かせ。

猫かぶり。
本性を隠して、おとなしく見せかける、意。「彼は羊の着物を着た狼である」という『聖書』由来の諺と同じ。

猫に鰹ぶし。
猫のそばに大好物の鰹節を置くことから、油断できないとか、過ちが起こりやすい、また危険である、意。

猫に小判。　「上方かるた」(日本)
本当の値打ちがわからない、意。あっても無価値で何の反応も効果もない、また、貴重なものも役に立たないという喩え。「豚に真珠」(別項)も同じ意。

猫の手も借りたい。
猫の手助けでも欲しい。非常に忙しくて、いくらでも人手が欲しいさまをいう。

猫を追うより皿を引け。
「猫を追うより魚をのけよ」とも。末梢的なことより根本を正せという喩え。

ねそが事する。
「ねそ」は、のろまで気のきかない人、関西方言。ふだんネソと言われている人が意外な大事をひきおこす意。

寝た子を起こす。
せっかく収まっている事柄に無用の手出しをして、再び問題をひきおこす、喩え。「寝ている子を起こす」とも。

熱し易いものは冷め易い。
物事に熱中しやすいものは、また冷めるのも早い。

熱中は火のようなものだ。薪を加えたり見守る必要がある。
「あまり熱中しすぎるとすべてが駄目になる」。熱意を集中して注いだり、離れて推移を見守ったりすることだ。しかし、熱中の火を消してはならない。**英語の諺** Zeal is like fire; it wants both feeding and watching.

寝床につく時に、翌朝起きることを楽しみにしている人は、幸福である。
カール・ヒルティ(スイス)
日々の小さな幸せを見つけ、明日もまた楽しい日になりますようにと、眠りにつく幸福を求めよ。——と続く。

寝鳥を刺す。
寝ぐらに寝ている鳥をとらえる。無抵抗のものを殺す容易さ、無慈悲さの喩え。

ねばならぬが主人である。
自分自身の心の中に、しなければならないという意欲を持て。その意欲を主人の命令のように守って生きよ、の意である。

寝耳に水。
まったく思いがけないできごと、不意の知らせで驚く、喩え。

眠っている犬を起こすな。
わざわざ眠っている動物を起こす危険をおかすな。「触らぬ神に祟りなし」(別項)「寝ているライオンをめざますな」など同意の諺。

眠れるエビ(蝦)は流される。
フィリピンの諺である。日本の「猿も木から落ちる」(別項)とほぼ同じ意味。

寝る子は育つ。
よく寝る子は健康で大きく育つ。「寝る子は息災」とも。

寝る時にも足を向けぬ。
恩人などに敬意を表し、恩人の住む方角に足を向けて寝ない意。いつもその恩を思い、忘れないで感謝する喩え。

根を捨てて枝に水を注ぐ。　『淮南子』(中国)
根に水をかけないで、枝に水を注ぐ。根本を大切にしないで、枝葉末節にこだわる喩え。

根を断ちて葉を枯らす。
災いのもとを、残りなく取り除く、意。

根を養えば枝葉茂り、源濁らざれば流れ清し。
すべて、根源が大切だということ。根に肥料をやれば枝や葉が茂り、水源を濁さなければ流れは清らかだの意。

念には念を入れよ。
念を押し念を押し、念を入れ過ぎても入れ過ぎることはない。慎重に事を進めれば誤りはない、という戒め。

念には念をつがえ。　「江戸かるた」(日本)
「念には念を入れよ」(別項)と同じ。生活用語になっている。注意した上にも注意せよ、の意。「つがえ」は二つのものを合わせる。二つ組み合わせる意。


年々歳々人同じからず。

毎年毎年花は咲くが、人は生まれたり死んだりして同じではない、という人の世のはかなさをいう諺。もとは中国の「年々歳々花相似、歳々年々人不同」の一節。

『狂言記』（日本）

念の過ぐるは無念。

念を入れすぎると、足りないのと同じになる。「過ぎたるはなお及ばざるがごとし」（別項）と同じ意の諺。


念仏申すより田を作れ。

来世の極楽往生を願うより、現在の実生活の利益になるようなことをすべきだという意。「詩を作るより田を作れ」（別項）と似た諺。


念力岩をも徹す。

徹すは、トオスと読む。強固な信念で心をこめてやれば、どんな難事もできないことはない、という意。「思う念力、岩をも徹す」（別項）とも。

の

能ある鷹は爪を隠す。

実力のあるものはそれをやたらに表さない意。


能書きほど薬は効かぬ。

効能書きほど薬は効かぬ、意。転じて、自分の才能を誇張してふれまわるような者に、実力のある者はいないという喩え。


能書、筆を選ばず。

能書はノウショと読む。書道にすぐれている人は、筆の善し悪しはあまり問題にしない。「弘法筆を選ばず」（別項）とほぼ同じ。能力のある人は道具によらないで実力を出せる、の意。

『史記』（中国）

嚢中の錐。

ノウチュウのキリと読む。袋の中の錐は、たちまち突き抜けて先を現すように、才能のある人やすぐれた人は、衆人の中から、目立ってきて頭角を現すものだ、という喩え。


嚢中の物を探るがごとし。

「袋の物を探るがごとし」とも。たやすくできることの喩え。


ノウと言えない者は男でない。

曖昧な人間や優柔不断な人間を否定する諺。**英語の諺** He's no man who can't say "No".

能なしの口叩き。

口先だけで、何の役にも立たない。口は巧みだが実力のない者のこと。


能なしの能一つ。

何の役にも立たぬものにも一つぐらいはとりえがある。


農は国の本。

農業は、国の政治経済の基本である。

『帝範』（中国）

農は人真似。

農作業は、同じ時期に、同じ作業をするものであるから、他人の真似をしておれば世間並みのことができる、という意。

能力差は小。努力差は大。
五代目宝井馬琴（日本）
「努力にまさる天才なし」と理解せよ。――と続く。

能力に応じて働き、その労働に応じて、幸福は得られる。
サン・シモン（フランス）
実証主義の社会学者の言葉。能力に応じて働き、労働に応じて幸福が得られるという名言である。

能力のないものに、やらせても無駄。

「蟹を真っ直に歩かせようと仕向けることはできぬ」「魚を木にのぼらせようとしても決してできない」。すべて能力以上のことをさせても無駄だ、という諺。

残り少ない人生だから大したことはできないが、多くの人のおかげで生きていたことを肝に命じ、感謝の気持ちを忘れずに少しでも役立つことがあればやらせてもらおう。
原本清正（日本）
残り少ない人生だから一度でも多く便りを出そう。返事は必ず書くことにしよう。誠実な人を手本にして積極的に生きよう。残り少ない人生だから健康に気を付けて少しでも明るく暮らして行こう。そしてお迎えが来た時には、充実した人生だったと誇れるような生き方をしよう。――と続く。「六節の詩の首尾の節」より。

野菊も咲くまではただの草。

一見雑草と見分けがつかないが花が咲く

と人目につく。当然のことを言って、真理を悟らせる諺。咲かせて価値が出るように努力せよ、などのように使う。

軒を貸して母屋を取られる。

軒先を貸しただけなのに、いつの間にか家全体を奪い取られる、意。恩を仇で返されること。「庇を貸して母屋を取られる」（別項）とも。

残り物に福あり。

「余り物に福がある」（別項）とも。残り物にはろくなものがないのが普通だが、思いがけない福や利益をもたらすこともある、という意。

望みあるうちに汝の子を打て。　『聖書』

悪い子でも見込みのあるうちにこらしめよ。子供の悪事は、後からでは取り返しがつかない、という意。**英語の諺** Chastise your son while there is hope for him.

望みがなかったら、生きていけないであろう。

希望があってこそ、生きていく張り合いがある。「希望がなかったら心臓がこわれるであろう」は英語の諺。If it were not for hope, the heart would break.

望みを持ちましょう。でも、望みは多すぎてはいけません。

モーツァルト（オーストリア）

希望は持つべきである。しかし、適度の希望を持つのがよいという戒め。

望めど望まれず、遁るれど遁れず。

「遁る」はノガルと読む。世の中は、望み通りにいかないし、運命はのがれようとしてものがれられない、という意。

後無きを大となす。　『孟子』（中国）

跡継ぎの子供を作らないのは、不孝の中でも最大の不孝である。

後の千金より今の百文。

事後で大金を得るより、現在わずかでも援助を、の意。困っている今、小さな援助を、の意。

後は後、今は今。

将来のことは後に考えるとして、現在は目前の問題が最優先だ、という諺。

のっそりの事起こし。

ふだんのろまで気の利かない者が、意外なことに大事をひきおこす、という意。

喉もと過ぎれば熱さを忘れる。

「江戸かるた」（日本）

苦しさもその時だけ、過ぎればけろりとする意。苦しい時に他人から恩を受けても、楽になったら忘れてしまう人への戒め。災害や苦難の防止策の弱さや、反省のない戒めにも。

喉もと過ぐれば鯛も鰯も同じこと。

うまいものも、まずいものも、味を感じる口までである。喉を過ぎると皆同じだという意。

野中で鉄砲撃ったよう。

何を言っても反応がない、喩え。

野中の独り謡。

だれも居ないところで、自由に、きままに、好きなことをする喩え。

述べて作らず。

先人の思想を述べて解釈はするが、自分の意見は入れない。学問に対する孔子自身の態度を述べた言葉である。

登らざれば落ちず。

高い所へ登ったことのないものは落ちることがないという意。危険なことは求めてするものではないという戒めである。**英語の諺** He that never climbed never fell.

上り一日、下り一時。

坂は、上りに一日かかるところも下りはわずかしかかからない意。物事を創業するには長い苦労が必要だが、破壊や破産は容易であっけない、という喩え。

登り坂あり下り坂あり。

人生は栄える時もあれば、衰える時もある、という喩え。

上り大名下り乞食。

往きの旅で路銀を使い果たし、帰路はみじめな旅になるという意。旅行に関して、無駄金を使わぬようにという心構えを説いた諺。

登り坂より下り坂。

坂は登る時より、下りに注意がいる。人生も同じ。苦しい時より順境の時こそ、心をひきしめるべきだ。

上り知らずの下り土産。

京都へ上ったこともないのに土産話をする。知りもしないのに知ったふりをする喩え。

登ることいよいよ高ければ、落つることいよいよ深し。

身分や地位が高くなればなるほど、失脚

した時の反動が大きいという喩え。

登れない木は仰ぎ見るな。
自分の力にふさわしくないものを望んではならない、という喩え。

飲まぬ酒には酔わぬ。
原因がなければこんな悪い結果はなかったはずだ。「火のない所に煙は立たぬ」と似た諺。

飲まば朝酒、死なば卒中。
酒を飲むなら朝酒が一番よい、死ぬならば苦しみのない卒中が一番有りがたい。

蚤が茶臼。
蚤が茶臼を背負う、の略。分不相応なことを望むことの喩え。

鑿といわば槌。
鑿（のみ）と言われれば、鑿だけでなく槌（つち）まで添えて差し出すぐらい、気が利く人であれ。相手の気持ちを汲み取って行動せよ、の意。鑿は、木材や石などに穴やミゾを彫る道具。「上方かるた」（日本）

鑿に鉋の働きはなし。
どんなに優れた道具でも、本来の用途以外には役に立たないという意。

蚤の息さえ天に昇る。
とるに足らないか弱い者でも、一心になって行えば何事でも成し遂げることができるという意。

蚤の頭を斧で割る。
頭はカシラ、斧はヨキと読む。小さな昆虫の頭を割るのにヨキを使う。方法や手段が大げさで不適当だという喩え。

蚤の皮を剝ぐ。
些細で無駄なつまらぬことにあくせくする喩え。

蚤の眼に蚊の睫。
眼はマナコ、睫はマツゲと読む。非常に小さいものの喩え。

蚤を追う蛙。
蛙はカワズと読む。小さくて敏捷な蚤を、運動量の大きく速い蛙が追いかけても、なかなかつかまらない。人間世界でも小さな仕事でも、なかなか思い通りにはかどらないという喩え。

飲むと食うとは度をすごすべからず。動作をつとめて、安きを好むべからず。　杉田玄白（日本）
正物にあらざれば食すべからず。無事の時は薬を服すべからず。——と続く。健康の秘訣は、度をすごさないこと、体を動かすことにある。

飲むに減らで吸うに減る。
酒を飲んで減らぬ財産でも、始終吸う煙草銭で減っていく意。小さな出費も積もり積もると大きな額になるということ。

のら木好き、あほう鳥好き、貧乏花好き。
ノラは怠け者のこと。怠け者は植木好き、アホウは小鳥好き、ビンボウ人は花好き、衣食に事欠いても趣味に生きる物好きをあざける諺。

のらの節句働き。
「怠け者の節句働き」（別項）とも。いつも怠けている者に限って他人の休む日になるとわざと忙しそうに働く。あざけりの諺。

糊売り婆の糊をこぼしたよう。
わずかな損失に大騒ぎをする喩え。

糊かい物で身につかぬ。
「糊かい物」は、糊のきいた衣類。糊のきいた衣類は肌になじまない。振舞や態度がぎごちなく身につかぬという喩え。

乗りかかった船。
物事を始めた以上、事情がどう変わろうとも行き着くところまで行こうとする、意。

乗りかかった船には、ためらわず乗ってしまえ。　ツルゲーネフ（ロシア）
思い切れ。行き着くところまで行ってしまえ、の意。

糊ついでに帽子。
着物に糊をつけたついでに、かぶる帽子にも糊をつける意。機会を活用して、色々な仕事をかたづける喩え。

暖簾に腕押し。
力を入れて押しても少しも手応えがないこと。張り合いのない意。

暖簾に凭れるよう。
「凭れる」はモタレルと読む。頼りないこと、張り合いのないこと、の喩え。

呪いは、ひよこのごとく、ねぐらにもどる。
人を呪うと、その呪いは、ひよこがねぐらに帰るようにすぐさま自分の身の上にふりかかってくる。「呪いは呪う人の頭上に帰る」とも。**英語の諺** Curses, like chickens, always come home to roost.

呪うことも口から呪う。
他人の身に災いをと祈る呪いも口を使い、

自分に呪いを受けるのも口が原因である。言葉は慎まなければならぬ、という意。「口は禍の門」と似た意味の諺。

のろまの一寸、馬鹿の三寸。
戸や障子の締め方。三センチ（一寸）締め残すのがのろま。十センチ（三寸）残すのが愚か者だという戒め。

呑気な人は長生きする。
くよくよ神経を使う愚をいましめたもの。ストレスのない人は、結局長命である。

は

梅花は莟めるに香あり。
莟めるはツボメルと読む。梅の花は、蕾のうちからよい香りを放つ。

敗軍の将は兵を語らず。
「兵」は、兵法。兵士と誤らぬこと。戦いに敗れた将軍は、兵法について語る資格がない。失敗したものは、その事について意見を述べることをしない。

背水の陣。
河川湖海を背にした決死の陣立て。転じて、一歩も退けない絶体絶命の立場で事にあたる喩え。

はいた唾は飲み込めぬ。
「二度外へ出た言葉はどこでも飛んでゆく」。口を慎めという戒め。

入った物が、出ぬということなし。
一度中に入ったものである以上は、出ないということはないはずである。出ないのはやり方が悪い、という意。

這えば立て、立てば歩め。
子供の成長を楽しみにして、待ちかねている心情の諺。

馬鹿があればこそ、利口が引き立つ。
世の中には、種々雑多な人間がいて、互いに持ちつ持たれつの関係にある、という喩え。

馬鹿が、賢者に教えることもある。
英語の諺 A fool may teach a wise man. 利口な人は愚かな人から学ぶことができる、という意味。「馬鹿は賢者から学ばないが、賢者は馬鹿から学ぶ」Fools learn nothing from wise men, but wise men learn from fools. とも。

馬鹿げたことも度を過ぎた場合には、その間違いを道理で叩こうとするのは、大人げないやり方。
ラ・フォンテーヌ（フランス）
興奮しないで、もっと馬鹿げたことを言う方がてっとり早い。――と続く言葉である。

化かす化かすで化かされる。
他人をだまそうだまそうとしたものが、かえって他人にだまされる、という諺。

馬鹿でなければ、同じ愚を繰り返すな。
同じ過ちは二度くりかえすな、の意。歴史でも人生でも、繰り返しが多いもの。決定的な過ちは繰り返しからだった。同じ過ちをするな、という諺。

馬鹿と暗夜ほど、こわいものはない。
英語の諺 Zeal without knowledge is like expedition to a man in the dark. 知識を持たないと暗夜の中を旅するほど怖いという意。知識を持てという戒め。

馬鹿と金は、すぐ別れる。
英語の諺 A fool and his money are soon parted. 馬鹿者は、すぐに浪費してしまう、意。

馬鹿と鋏は使いよう。
鋏はハサミと読む。「鋏と馬鹿は使いようで切れる」とも。鋏は使い方によって切れたり切れなかったりするし、馬鹿な者でも、使い方さえよければ役に立つ、意。英語の諺では「馬鹿をほめてやれ。そうすれば彼は役に立つ」が近い。Praise a fool, and you make him useful.

馬鹿な子ほどかわいい。
親にとっては、すぐれた子よりも愚かな子のほうが、ふびんでかわいいものだ、という諺。

馬鹿な子を持ちゃ火事より辛い。
辛いはツライと読む。愚かな子を持った親の苦労は、並み大抵ではない、意。

馬鹿に苦労なし。
馬鹿は、この世のことに心を煩わされないから、なんの苦労もない。

馬鹿に付ける薬はない。
「馬鹿に生まれついた者は決して治療されない」「いかなる良薬も愚かさを治すことはできない」（別項）「馬鹿を利口にする術はない」。よく似た英語の諺。No

medicine can cure folly.

馬鹿にも一得。
馬鹿でも時には、名案を出すときがある。という意。「愚者も千慮に一得あり」とも。

馬鹿の一念。
知能をあちこち働かさないで、思い込んだ一つの事に全てを打ち込んだら、恐ろしい力となる。時に予想もできないような大きな仕事をすることがある。凡人が謙遜して言うことも多い諺。

馬鹿の一つ覚え。
愚かな人は、聞き覚えた一つのことを、どんな時にも得意げに持ち出す。何度も同じ事を言う人を嘲っていう諺。

馬鹿は火事より怖い。
馬鹿の無分別な行動の恐ろしさをいう。

馬鹿は死なきゃなおらない。
人の行為や愚かさにあきれはてて、何もいえないという気持ちをいう諺。自嘲にもよく使う。

馬鹿は人が笑うと自分も笑う。
定見を持て、自己を確立せよ。それから笑えという戒め。**英語の諺** A fool laughs when others laugh.

馬鹿も休み休み言え。
愚かなことを一度ならず言ったようなとき、反省を求めていう言葉。馬鹿なことを言うな。と頭ごなしにいうことが多い。

測り難きは人心。
他人の心はどのようにしてもうかがい知ることができない。人の心は変わりやすく、頼りにならない、という意。

謀多きは勝ち、少なきは負く。
毛利元就（日本）
謀は、ハカリゴトと読み、計画、準備の意。計画、準備がしっかりできていれば、勝者になれる。できていないと負ける、という戒め。

謀は密なるを良しとする。
密はミツと読む。謀は、秘密にしなければ、効果もあがらず、成功もしない、という意。

馬鹿を見たくば親を見よ。
親馬鹿こそ馬鹿の典型だという諺。

掃溜と金持ちは溜まるほど汚い。
金持ちは、掃溜と同じように、財産がたまればたまるほど汚くなる。

はきだめに鶴。
つまらぬ所に、きわだってすぐれたものが現れる意。

馬脚を露す。
馬脚は、芝居の馬の足の役。露す（あらわす）は、暴露する意。馬の足の役者がうっかり姿をみせること。包み隠していた悪事があらわれる意。

博学は、根から幹や枝が茂り実を付け、樹液がいきわたり、いつまでも成長する樹木のようなもの。多学は切り花のようで、成長しないもの。
伊藤仁斎（日本）
博学は、根のある木。多学は、切り花のようで、見た目は一時的に美しいが枯れて長持ちしないし、成長がないという意。

白砂は、泥に在りて、これと皆黒し。
白く美しい砂も、泥にまじると、皆黒くなってしまう。人間も悪い環境に置かれると、よい人間も悪くなってしまうという喩え。

白髪三千丈
李白（中国）
心配や悲しみで白髪になり長く伸びる意。また、一般に誇張表現の喩えによく用いられる。

薄氷を踏む。
非常に危険な状況の中を進む、意。

白璧の微瑕なきにはあらず。
陶潜（中国）
白璧は、白い宝玉。白く美しい玉に傷がないわけではない。完全なものにも少しはキズがあるものだ。

化け物の正体見たり、枯れ尾花。
「枯れ尾花」は、枯れたすすきの穂。恐れこわがっていたものも正体がわかってしまうと、ありきたりのものだ、の意。「幽霊の正体見たり、枯れ尾花」（別項）とも。

羽子板で蝶々。
弱い者相手に強い道具を使って相手をいっぺんに参らせることの喩え。

箸が転んでもおかしい。
年頃の女の子は、日常ごく普通の出来事にもおかしがりよく笑う、という意。

橋が無ければ渡られぬ。
双方の間に立って仲介してくれる人がなければ物事はうまく運ばない喩え。または、物事を成就するにはいろいろな手段がなければ、うまく運ばないものだという喩え。

梯子に登ろうとするには、まず下の一段から。

何事も高い目標を忘れず、基礎的なものから手を付けよ、という喩え。

馬耳東風

人の意見や批評を気にしないで聞き流す意。意図的にまたは故意に、馬耳東風の態度も、現代人に必要か。「馬の耳に念仏」は、よく似た諺。

箸にも棒にも掛からぬ。

どうにも取扱いようがない。手がつけられない、喩え。

恥の上塗り。

恥をかいた上にさらに恥をかく、意。

恥は卑賤より大なるはなし。『史記』(中国)

身分が低く卑しいことほど恥ずかしいことはない。

始め有らざるなし、よく終わり有る鮮し。『詩経』(中国)

どんな事業でも始めは有る。だが、よく終わりまで、なし遂げるものは少ない。鮮しはスクナシと読む。

始めあるものは必ず終わりあり。『法言』(中国)

物事には必ず、始めと終わりがある。

はじめが大事。

物事は最初が肝心である。英語の諺では、So begun, so done.(始められたように終わるものだ)がよく似た諺である。初めにとった態度や方法が、そのまま終わりまで影響するので、物事を始めるには、よく考えて始めよ、の意。

初めに二度なし。

「初め」は一回切り。やりなおせばもうそれは初めでない。

初めの勝ちは犬の糞。

「初めの勝ちは糞勝ち」「初手勝ちは糞勝ち」とも。英語の諺ではWin at first and lose at last.「初めに勝って最後に負ける」がある。勝負事で、初めに勝つのは当てにならない、という戒め。

始めは処女のごとく後は脱兎のごとし。

始めは処女のように弱々しくふるまい、後は、逃げる兎のようにすばやく行動する。

始め半分。

物事は、始めさえしっかりやれば、もう半分はなし遂げたようなものだ。

始めよければ終わりよし。

ホラティウス(古代ローマ)

最初しっかり注意してかかれば、最後まで全体がうまくいく、の意。**英語の諺**A good begining makes a good ending.

始めよし後悪し。

滑りだしがとんとん拍子でうまくいく時は、用心しないとかえって油断して悪い結果になるという戒め。

始めを言わねば末が聞こえぬ。

始めから順序立てて話さなければ、なぜそうなるのか相手にはわけがわからない、という意。

始めを慎みて終わりを敬む。『春秋左伝』(中国)

敬むはツツシムと読む。何事も始めと終わりを慎重に行えば大過なく行える、という意。

箸も持たぬ乞食。

何一つ持たない乞食。全くの無一物。

箸より重い物を持たない。

贅沢に、または、大切に育てられること。労働の経験のないこと、の喩え。

走れば躓く。

あわてて事を運ぶと失敗する喩え。「せいては事をし損じる」(別項)と同じ意味の諺。

恥を言わねば理が聞こえぬ。

自分の恥を打ち明けて話さなくては、自分の真情を理解してもらえない。

恥を忍びて益を被れ。

被れはコウムレと読む。恥ずかしいのをじっと我慢して利益をはかれ。名誉より実利をとれ、の意。

恥を知るは勇に近し。『礼記』(中国)

自分の誤りを素直に認めるには、勇気が必要だ。

恥を知る者は強し。

恥辱を知り名誉を重んじる人は、強く生きて行ける。すぐれた人物になれる。

恥ずかしがることは、若者にとっては一つの装飾である。

アリストテレス(古代ギリシャ)

恥は老人にとっては、名誉が傷付けられることである。若者は、恥ずかしがらずに、生き生きと生きよ、の意。

バスに乗り遅れる。
時勢に乗り遅れること、時流に取り残されることの喩え。**英語の諺** To miss the bus.

裸一貫
裸の体だけが、銭千文の値打ち。それ以外に何もない。無一物。資本も財産も全くない意。

裸で物を落とす例なし。
財産など何も持っていない者は、損をすることがない。英語の諺の「何ももっていない者は、何も失う心配がない」と同じ。They that have nothing need fear to lose nothing.

裸の人を、さらに裸にすることはできぬ。
金のない人にさらに金を出させることはできぬ。日本語の「無い袖は振れぬ」（別項）に似た諺である。**英語の諺** There is no stripping off a naked man.

畑で水練を習う。
水練は、水泳練習。「畑水練」とも。実際には何の役にも立たない、意。

畑に蛤。
蛤はハマグリと読む。全く見当違いであることの喩え。

畑を耕して、種を蒔くのを忘れる。
ちょっとした失敗と見えても、すべてが駄目になる。最初に立てた目的を忘れるような、失敗をしてはならない、意。**英語の諺** You plough the field and forget the seed.

裸足で逃げる。
裸足はハダシと読む。その道の専門家でも降参して、はだしのまま逃げ出す、意。その分野で非常に優れた人と比べても、勝るとも劣らない意。

はたして人は、不徳なくして徳を、憎しみなくして愛を、醜さなくして美を考えることができるだろうか。
アナトール・フランス（フランス）
実に悪と悩みのおかげで、地球は住むに堪え、人生は生きるに値するのである。
――と続く言葉である。

働き者に福が来る。
よく働く者には、幸福がやってくるものだ、の意。

働き者の家では、飢餓が覗いても入ってこない。
At the working man's house, hunger looks in but does not enter. また「いかなる貧乏も勤勉に追いつくことはできない」という英語の諺 No poverty can overtake industry も似た意味である。日本の諺の「稼ぐに追いつく貧乏なし」に同じ。

働く間は働き、遊ぶ間は遊べ。
「勉強ばかりで遊ばないと子供を愚かにする」「よく学びよく遊べ」（別項）の意。だらだらした生活態度を戒めた諺でもある。

働く者に貧乏なし。
働いていると貧乏をするということはない、意。

働けど働けど　なお我が暮らし楽にならざり　じっと手を見る
石川啄木（日本）
貧苦、病苦、なお働きたい気持ちが、身にしみてくる作品である。

働けば回る。
よく働けば、それにつれて、やりくりもついて、金まわりもよくなる。

八月の大風は三分作。
八月に暴風雨がくると不作になる。

破竹の勢い。
竹を割っていく勢い。一節割れ目を入れると一挙に割れて行くところから。一般に、非常に勢いが強い意。

八十八夜の別れ霜。
晩春に置く霜。立春から数えて八十八夜ごろに置くその年の春の最後の霜。以後、霜が降りることはなくなり、気候が安定することをいう。

蜂の巣をつついたよう。
蜂の巣をつついたように大騒ぎになること。騒ぎが大きくなって、手がつけられないようなようす。

八面六臂
八面は八つの顔、六臂はロッピと読み、六つのひじ。多方面にめざましい手腕を発揮する、喩え。また、一人で数人分の仕事をする喩え。

八景に花なし。
近江八景（滋賀県）の中に、花の景色が入っていないということ。

発見とは人と同じものを見ながら、人の気付かないものを見つけることである。

セント・ジェルジ（ハンガリー）他人と違う視点から物事を見て、考える。こういう習慣を付けよう。

這っても黒豆。
黒い点のようなものを黒豆だと言っていた人が、動き出しても黒豆だと主張する意。自明の理に対して自説を曲げない強情な人、強情なこと、をいう諺。

八方美人は頼むに足らず。
「みんなを喜ばせようとする者は誰をも喜ばさぬ」He who tries to please everybody pleases nobody.「すべての人の友は誰の友でもない」A friend to all is a friend to none. いずれも英語の諺。「八方美人は誰にも好かれず」とも訳されている。要領の良い人間を非難している諺。

初雪は目の薬。
初雪の美しいことをいう。

鳩が豆鉄砲を食ったよう。
食ったはクラッタと読む。突然のことであっけにとられてきょとんとしているさまの喩え。

花一時、人一盛り。
「一時」はイットキ、「一盛り」はヒトサカリと読む。花の盛りはわずか数日、人の盛んな時もほんのわずかの期間、の意。栄華は永続きしないという喩え。

花多ければ実少なし。
花の多く咲く木には、実が多くならない、意。転じて、うわべのよい人間はとかく誠実ではない、という喩え。

花が見たくば吉野へござれ。
何事もそれぞれの本場へ行くことが大切である。

鼻糞が目糞を笑う。
自分の欠点に気付かないで他人の欠点を嘲笑うこと、の喩え。

鼻くそで行灯張る。
いいかげんな仕事、ごまかし仕事のこと。「行灯」はアンドンと読む。

話上手の聞き下手。
自分ばかり話をして他人の話は聞こうともしない人の意。また、話はうまいが聞くのは下手だということ。

話上手の仕事下手。
口ばかり達者で、仕事はろくにしない者の意。

話では腹が張らぬ。
口先だけの言葉では腹は満たされない。まず、腹の足しになる食物を、の意。言葉より中身の重要性を、言葉より実行を、ということ。

話の名人は嘘の名人。
話のうまい人は気をつけて聞かないと、うそや誇張にひっかかる。だまされないようにしないといけないという戒め。

話は裏を聞け。
話を聞くときは、表面の意味だけでなく隠された裏の意味も考えなければならない。

話は立っても足腰立たぬ。
口ではえらそうな事をいうが、少しも実行しない。口先だけで、実行しない。

話は本から。
「本」はモトと読む。話は、途中からでなく、最初から順序立てて聞いてから判断せよという意。

話半分
話は誇張して言い伝えられることが多いから、半分ぐらい割引きして聞け。噂話には必ず真実でない部分がくっついている。「話半分嘘半分」とも。また、話が途中であって全部すんでいない意にも使う。

話を絵に描いたよう。
うまくおさまり過ぎた話。たいへん見事な嘘、の意。

話すも少しは憂さ晴らし。
悩み、恨み、辛みは、ひとりくよくよ胸にしまっておかないで、人に話せばいくらかは、気が晴れる、という意。

花七日
桜の花盛りは、七日にすぎないということ。

花に嵐。
とかく物事には邪魔が起こりやすいことの喩え。「月に叢雲、花に風」（別項）と似た意味の諺。

花の内の鶯、花ならずして芳し。
花の中の鶯は、花ではないがよい香りがする。良い環境にいるものは、その環境に影響されて良くなる。

花は移ろい月は傾く世の習い。
盛んなものは衰え、移り変わるのがこの世の常だという意の諺。

花は桜木、人は武士。
一番すぐれているもの。「木は檜。花は

桜木、人は武士」と、一番のものを並べたもの。ちなみに、「散り際のいさぎよいもの」という説は、誤り。

花は里より咲きそめ、紅葉は山より染めそむる。
花は里から上へ上へと咲いていき、紅葉は逆に山から麓へと赤くなっていく。

花は所を定めぬもの。
花は、人目につく所でも、つかない所でも、どこででも美しく咲く。おなじように、立派な人物は、場所や地位にかかわらず、どこにでもいるものだ。

花は根に帰る。
咲いた花は根元に散り落ちて肥やしになる。物はみなその根源に帰る、喩え。

花開いて風雨多し。
花の時節にはとかく風や雨が多い。大事な時には邪魔が入りやすいものだ、の意。

花見過ぎたら、カキ食うな。
カキは、五月～八月が産卵期で、まずく、生殖巣が有毒になるので、食べないのがよいという諺。

花より団子。 「江戸かるた」（日本）
風流よりも実利、外観よりも内容が人情の常だという諺。風雅に花見をするより、食欲を満たす本能が先だの意。

花を賞するに、つつしみて離披に至る勿れ。 邵雍（中国）
離披は、リヒと読み、花が十分に開く意。花は満開にならないうちに鑑賞するのがよい。

花を見て枝を手折る。
花は桜。優美な花を見て、心ない行いをする、喩え。

母も母なら娘も娘。
母親がだめだと娘もだめ。母と娘と両方を非難する諺。

蛤で海をかえる。
「かえる」は、汲みかえる、いれかえる、意。いくら努力してもできない、無駄なことだ、の喩え。

はまった後で井戸の蓋をする。
井戸に落ちた事故の後で蓋をする。事が終わった後で、用心をする、時機遅れの喩え。

鱧も一期、海老も一期。
一期はイチゴと読む。長い魚のハモも、曲がったエビも、一生は一生。人間も賢人、愚人、境遇、地位、いろいろ違うが、大きく見れば、人の一生も同じようなもの、の意。

早いばかりが能でない。
仕事が早いだけが必要な能力ではない。

早いもの勝ち。
先に行動をおこしたものにサービスを受ける権利がある。古来の不文律であり、また良識でもある。

早い者に上手なし。
仕事が早いものは、反面、仕上がりが粗雑だという欠点がある。

早起きは三文の得。
長い人生において、早起きは、人を健康にも裕福にもさせるもとになる意。「早寝早起き三文の得」（別項）とも。

早合点の早忘れ。
早のみ込みの人は、忘れるのもまた早い、意。

早かろう悪かろう。
早い仕事は、一見完成しているようだが、どこか粗雑で欠点がある。「早い者に上手なし」（別項）も同じ意。**英語の諺** What is done in a hurry is never done well.

早く賢くなるがよい。四十代の馬鹿は本馬鹿だ。 トーマス・ヤング（イギリス）
三十代までに、人生を生きぬく賢さを身につけること。四十代以後、本馬鹿と言われぬように。

早く熟すると早く腐る。
「早く咲かば早く散る」。若いうちに名誉を得たものは落ちぶれるのも早い、という喩え。**英語の諺** Soon ripe, soon rotten.

早くて悪し、大事無し。遅くて悪し、なお悪し。
仕事が早く仕上がりが悪いのはさしつかえがないが、遅くて仕事が粗雑なのは許しようがない。

早く成るものは破れやすく、遅く成るものは堅固なり。 『連語図』（日本）
手早くできたものは破損しやすく、長時間手間をかけたものは、堅固である。

林深ければ鳥棲み、水広ければ魚遊ぶ。
徳を積み仁政を行えば、自然に多くの人が徳を慕って、集まってくる、という喩え。

早好きの早飽き。
好きになるのが早い者は、飽きるのも早

い、という意。慎重に物事を始めよ、途中で止めるような人間になるな、という戒め。

早寝早起き。
健康法の知恵であり、処世の要諦でもある。早起きをしよう。規則正しく生き、夜は早く寝よう。

早寝早起き三文の得。
早寝早起きは、人を健康に裕福にさせ、人生を豊かにさせるという意。

早寝早起きは、人を健康に、富裕に、そして賢明にする。
B・フランクリン（アメリカ）
人を、健康に、富裕に、賢明にするのが、早寝早起き。

早寝早起き病知らず。
夜は早く寝、朝は早く起きる習慣をつければ、いつも健康で、病になることはない。

流行らぬ問屋。
流行らぬはハヤラヌと読む。荷つかぬで「似つかぬ」。つまり、全く似ていない意。なぞ諺。

流行り物は廃り物。
流行の物は、いずれは廃れて消えて行くものである。流行は、一時的で長続きしない。

腹が立ったら十数えよ。
腹が立ってもすぐ怒りを外に表さないようにという戒め。「非常に腹が立ったら百数えよ」（別項）「腹が立つなら親を思い出せ」とも。今事件を起こしたらどんなに親が嘆くだろうと思うことだ、の意。

腹が立ったら十まで数える。うんと腹が立ったら、百まで数える。
ジェファーソン（アメリカ）
世界中によく似た言葉がある。これは、アメリカの民主主義の父、第三代大統領の言葉である。When angry, count ten; when very angry, a hundred.

腹が立つなら親を思い出せ。
腹が立って我慢できぬときは、今騒ぎを起こしたら親はどんなに嘆くか考えて見よ。そうすれば争いごとも避けられる、の意。

腹が減ったら怒りやすくなる。
英語の諺 A hungry man is an angry man. まず、食べよう。いらいらと怒りやすくなるのは事実だから。

腹が減っては戦ができぬ。
空腹では何をやっても良い仕事ができない、意。**英語の諺** It is hard to labor with an empty belly.

腹に溜まれば口に出る。
心に不満がたまれば、つい口に出して言うようになる。

腹の立つことは明日言え。
言いたいことは明日言え。冷却時間をおいて言え、の意。

腹の立つときには腹を立てる自由と権利が詩人にはある。 サトウハチロー（日本）
小さい対象ではない。世の中の大きい不正には、腹を立てる自由と権利が誰にもある。

腹は立て損、喧嘩は仕損。
腹は立てただけ損になる。喧嘩はしても得にならない。

腹八分目　医者いらず。
無茶な大食は病気のもと。節度ある食事をして腹を大切にの諺。「腹八分に医者いらず」とも。**英語の諺** Eat in measure and defy the doctor.（適度に食べて医者を無視せよ）

腹も身の内。
胃腸も体の一部、だから暴飲暴食は慎め、という意。病気になるまで食べるものは、よくなるまで絶食しなければならぬ、の意。

腹を決められない者は、何事も大成しない。
トーマス・カーライル（イギリス）
決断力のない人間は、大人物になれない、の意。

腹を立てると金がなくなる。
立腹すると当り散らす。物を投げる。家具をこわす。喧嘩を吹き掛けて、怪我をする。相手を傷付ける。弁償するのに金が要る。つまり、立腹は、浪費になる。腹を立てて辞表を出したりすると、食う金にも困る事になる。腹は、できるだけ立てないようにの戒め。**英語の諺** Out of temper, out of money.

張り子の虎。
首を振る仕掛けの玩具。主体性もなく何事にもうなずく人の喩え。張り子から、実力なく虚勢を張る、意。

張り詰めた弓はいつか弛む。

弛むは、ユルムと読む。始終緊張していると、いつか気がゆるんで、意外な失敗をするという喩え。

針の穴から天のぞく。
「上方かるた」（日本）
細く小さく狭い手段で、大きな事柄は判らない意。小事にこだわるものへの戒めにも使う。さらに狭い見識で大きな問題を判断する愚かさを言う喩えにも用いる。

針の筵にすわるよう。
筵はムシロと読む。一時も安心できない恐ろしい責め苦の中にいる状況、の喩え。

針ほどの穴から棒ほどの風が来る。
隙間風の辛さを、身にしみて寒く感じるという諺。

春植えざれば秋実らず。
「蒔かぬ種は生えぬ」（別項）と似た意味の諺。もとになることをしておかねば、成果は得られないという喩え。英語の諺 No autumn fruit without spring blossoms.

春寒いと秋ひだるいは、こらえられぬ。
「ひだるい」は、ひもじい、空腹の意。春先の寒さと、秋の空腹は身にしみて感じられる。

春の日は暮れそうで暮れぬ。
春の日は、日の入りがおそくて、傾いてもなかなか暮れない、という意。

繁栄は友を作り、逆境は友を試す。
家が繁栄している時は、多くの友人ができ、家計が苦しい時は、友人が真の友であるかどうかが試される。英語の諺 Prosperity makes friends, adversity tries them.

犯罪の陰には必ず女あり。
タレーラン（フランス）
犯罪のかげに、女性問題が絡んでいることが多い、という諺。

万事金の世の中。
現実の世の中は、結局金で動いているのだという意。「人間万事金の世の中」（別項）とは江戸時代に、井原西鶴が小説で使っている言葉でもある。英語の諺 Money is everything.

万事に先だって、汝自身を尊敬せよ。
ピタゴラス（古代ギリシャ）
すべて、行動を起こす前に、行動する汝自身を尊敬しなさい。

万事は皆空、一生は夢の中。
『俚言集覧』（日本）
すべて世の中のものは実体がなく、夢のようにはかない。

反するものは、これを廃つべし。服するものは、これを活かすべし。
『金言童子教』（日本）
廃つはスツと読む。自分に反抗するものは見捨ててしまえ。頼って来るものは、許して生かせ。

反対党の義務はたいへん単純である。すなわち、何にでも反対して、何も提案しないことである。
E・スミス・スタンリー（イギリス）
本当に反対すべきことを選択して、心から反対していくことが大切。何でも反対するのは馬鹿でもできる。

万人心を異にすれば、すなわち一人の用無し。
『淮南子』（中国）
いくら多くの人がいても、心がばらばらであれば、一人分の仕事もなし得ない。

パンの次には、教育が、国民には最も大切なものである。
ダントン（イギリス）
生命維持の次には、教育が最も重要である。

万物は流転する。
ヘラクレイトス（古代ギリシャ）
全てのものは、絶え間なく移り、そして変わる。暗い日もあるから明るい未来もある。

万里同じ風吹く。
広い世間の至る所に同じ風が吹く。天下が統一されて、泰平であることの喩え。「万里同風」（別項）とも。

万里同風
広い範囲にわたって同じ風が吹く。天下が統一されて泰平であること。

万緑叢中紅一点。
叢はソウと読む。草むらの意。広々とした緑の草原に赤い花一つが見えること。多くの物の中で、ただ一つだけすぐれて目立つ意。大勢の中で一人だけ女性が混じっていること。

反論するために読むな。信じて丸呑みするためにも読むな。話題や論題を見つけるためにも読むな。しかし熟考し熟慮するために読むがよい。
ベーコン（イギリス）
「しかし」以下が、大切な主張であって、要旨である。熟考し熟慮するために、読書せよ、という読書論。

ひ

贔屓の引き倒し。
贔屓はヒイキと読む。ひいきをしすぎて、かえってその人に迷惑や不利を及ぼすこと。単に「引き倒し」とも。

日出でて作し、日入りて息う。
息うはイコウと読む。日がのぼれば畑に出て耕作し、日が沈めば家に帰って休息する。人民が自然のままに生きている意。

ビードロと蒟蒻玉。
蒟蒻はコンニャクと読む。ガラスの玉と蒟蒻玉とでは美しさが比較にならない。そのように、優劣の差がはなはだしいことの喩え。

控え目でいれば、我慢がいる。のさばれば、叩かれる。
ゲーテ（ドイツ）
難しいが、中庸の生き方をせよ。

東に近ければ西に遠し。
一方に親しくすると他方はうとくなる、意。相対する二つの物事を同時によくすることは難しいという意。

東に迷いて西を知らざる愚人。
迷いから抜け出せない愚か者の喩え。

陽が照っているうちに、乾草をつくれ。
「遅れるより早い方がよい」「善は急げ」（別項）。チャンスを逃さないようにせよの意。**英語の諺** Make hay while the sun shines.

日が西から出る。
絶対に有り得ないこと、の喩え。「西から日が出る」（別項）とも。

火が光の初めであるように、つねに愛が知識の初めである。
カーライル（イギリス）
対象に対しての愛が、知ること、知識の初めだという意。

光あるものは、光あるものを友とす。
知恵のあるものは、知恵のあるものを友とする、意。

光り輝くものがすべて金だとは限らない。
セルバンテス（スペイン）
人には金よりももっと光輝く大切なものがあるのだ。

光を和らげ塵に同ず。
仏が威光を隠し、衆生を救うために仮の姿をこの世に現す、「和光同塵」（別項）の和訳。すぐれた学徳や才能を隠し世俗にまじりあう、喩え。

光るものが、必ずしも金ではない。
見かけに惑わされるな、真実を掴み取れ、という意。**英語の諺** All is not gold that glitters.

引かれ者の小唄。
処刑される者が強がりを見せて鼻歌を歌う、意。負けたものが、強がりを見せる、喩え。

彼岸が来れば、団子を思う。
彼岸が来ると先祖を祭るべきなのに、つきものの団子を思う。肝心なことを忘れて気楽なことを考える愚かさ、の意。

彼岸過ぎまで七雪。
春の彼岸が過ぎても、寒さがゆるまずたびたび雪が降ること。

引き返せないほど、遠くまで来てしまった。
行き着くところまで仕事をしなければならない、意。また、結果を見るまで行動せよ、の意とも。**英語の諺** I have gone too far to retreat.

卑怯者は、安全なときだけ居丈高になる。
ゲーテ（ドイツ）
安全地帯から吠える卑怯者になるな。身を切る覚悟と勇気を持って、正しい主張をすべきだ、の意。

低い門をくぐらなければならない時は、頭を下げて通ればよい。
理不尽なことも世の中に多い。無駄に反抗しないで、通り抜けよ。諦めたり、退いたりしないことだの意。

低き所に水溜まる。
水は低い所へ流れて溜まるもの。条件の備わった所に結果も集中する。転じて、利益のあるところに人が集中する。また、悪者のいるところに悪人が集まる、喩え。

日暮れて道遠し。
日が暮れたのに道が遠くて、歩みがはかどらない、意。年をとったのに人生の目的が達せられないという喩え。

日暮れて道を急ぐ。
仕事の終了間際に忙しそうに仕事をする。転じて、老境になってからあわてて人生の目的を果たそうとすることの喩え。

日暮れと大晦日は、いつでも、いそがしい。
夕方と年末は忙しいものときまっている。「犬の手も人の手にしたい」ぐらい、という意。

日暮れの山入り。
怠け者が、普通の人のしないことをすること。また怠け者が食べられなくなって、あわてて働き出す意にも。

火消しの家にも火事。
消防署員の家から火が出る。他人のことを戒める立場にある人でも、過ちを犯すことがあるということ。

美言信ならず。 老子（中国）
美言は、ビゲンと読む。美しい言葉にはまことがない。

膝頭で箱根は越されぬ。
いざって、険しい山である箱根の関は越えられない。無駄なことをする喩え。

庇を貸して母屋を取られる。
庇はヒサシと読む。軒先を貸しただけなのにいつの間にか家全部を取られてしまう意。一部を貸して結局全部を奪い取られる喩え。

ひざの前の豆煎り。
膝の前は「座る」意。座った前に出された豆菓子につい、手を出したくなる喩え。

ひじきに油揚げ。
取り合わせのよい料理をいう諺。

ビジネスで成功する秘訣は、ごく平凡である。日々の仕事を滞りなく成し遂げ、商売の法則をよく守り、頭をいつもハッキリさせておくことだ。
ロックフェラー・シニア（アメリカ）
「金持ちになりたい一心から出発しても成功しない。志はもっと大きく持つべきだ」のあとに、この文がある。日々の仕事を着実に、商売の法則を守り、頭を明晰にしておくこと。

柄杓で海を換える。
柄杓は、ヒシャクと読む。不可能であること。労多くして効果のない喩えにも。

美珠は、深く潜む。
「一番立派な宝石は一番深いところにある」Fairest gems lie deepest. という英語の諺。求めたい真理は一番深い所に隠れている。人一倍の努力をせよ、の意。

非常に優れたものと争うは、狂的なり。劣れるものと争うは卑劣なり。
キケロ（古代ローマ）
真に争うのは、良い相手を見つけて、冷静に、正々堂々と争うことだ、の意。

非常に醜い女性や非常に美しい女性に対しては頭がいいとお世辞を言うべし。
チェスターフィールド（イギリス）
中ぐらいの女性には、美人というべし。まんざらでないと自惚れているから、待ってましたと嬉しがる。――と続く言葉。

微笑は、微笑しようと思ってもできることではない。泉のように、自然に湧いてくるものなのだ。
亀井勝一郎（日本）
微笑は、その人から湧いてくるようなもの。良い微笑の湧くような優れた自分になるよう、日頃から努めるべきである。

微笑や握手なら、時間や金はかからない。しかも商売は繁盛する。
ジョン・ワナメーカー（アメリカ）
微笑と握手で、人の心をキャッチして事業をせよ。

美女は悪女の敵。
美女に対して醜い女性が悪感情を持つこと。劣るものがすぐれた者を逆恨みすること。

美人というも皮一重。
「美は皮一重」（別項）を見よ。Beauty is but skin deep.

美人薄命
美しい花はうつろいやすい。美人は病的で早死にすることが多い。また美人は不幸せな場合が多いという意。「佳人薄命」（別項）とも。得られなかった男の嘆きととるのが普通だが、外国では、男性の呪いとも。また美人に対する醜い女性の呪いだともいう。英語の諺ではBeautiful flowers are soon picked.

飛騨の工。
ヒダのタクミと読む。飛騨の国（岐阜県東部）の大工の腕前のすばらしさをいう諺。

左団扇で暮らす。
仕事やお金の苦労なく、安楽に暮らすこと。また、得意になっている喩えにも。

左は勝手、右は得手。
左なら都合がよく、右なら得意だ。どちらでも都合がよい。何でも巧みである意。

左ひらめ、右かれい。

ヒラメとカレイの見分け方。頭を上にして両目が左に寄っているものがヒラメ。右側に寄っているのがカレイ。

ひだるい時にはまずい物なし。

空腹の時は、どんな食べ物でもおいしい、という諺。

日中すれば傾き、月満つれば欠く。

太陽が、南中すればあとは傾きはじめ、月は満月になると、あとは、欠けはじめる。

ひっかきまわしている鶏は、何かを得、うずくまっている鶏は、何も手に入らぬ。

何か求めようとする意志があってもがいている者は、何かを得ることができる。ぼんやりとうずくまっている者には、天は何も与えてくれない、という意。

棺を蓋うて事定まる。

「死んだ人々は、その行為にしたがって判断される」という意で The dead are judged according to their deeds. が英語の諺。人物の最終的な評価は、死後において定まるということを表す諺。

引っ越し三度は一度の火事。

「三回の引っ越しは一回の火事と同じぐらいに悪い」という意。数多い引っ越しは、物心ともに害悪がある、ということ。

羊の番に狼。

きわめて危険だという喩え。

匹夫も志を奪うべからず。

匹夫は、ヒップと読み、身分の低い男の意。つまらぬ男でも心がしっかりしておれば、その意志を変えさせることができないという意。

必要な嘘は、まま無害である。

正しい目的を達するために便宜的に嘘も許されることがある。英語の A necessary lie is harmless. の訳。日本の諺の「嘘も方便」（別項）に近い。

必要の前に法律はない。

必要にせまられると、法律を無視せざるを得ないこともあるという意。**英語の諺** Necessity has no law.

必要は、きびしい主人である。

「必要はあらゆることに先立つ」とも。毎日の暮らしや仕事において、自分に必要を課していくことだ。英語の諺は、Necessity is a hard master.

必要は発明の母。

スウィフト（イギリス）

必要だというところから偉大な発明がうまれてくる、という諺。どうにかしなければというところへ来てしまうとかえって打開しようという工夫が生まれるもの。必要はそういう成り行きをもつものである。**英語の諺** Necessity is the mother of invention.

人ある中に人なし。

この世に人の数は多いが、真にすぐれた人物は稀であるという意。

人生まれて学ばざる者は、生まれざると同じ。学んで道を知らざるは、学ばざると同じ。知って行うことあたわざるは、知らざると同じ。

貝原益軒（日本）

人として生まれて学問をしなければ、生まれないのと同じ。学んで道を知らないのは、学問をしないのと同じ。知って行うことができない人間は、知らないのと同じである。知行合一の学問の教えである。

人衆ければ天に勝つ。

『史記』（中国）

人衆ければは、ヒトオオケレバと読む。天理は必ず人に勝ち、邪は正に敵せず、というのだが、大衆の勢力が強い場合には、一時的に、人力が天理に勝つことがある。

人があやしてくれる時に笑いなさい。でないと、やがて人はあやしてくれなくなりますよ。

西洋の諺。

いつまでもヘソを曲げているのはよくない。笑顔には笑顔を。握手には握手を。

人が寛大鷹揚の評判をとることは結構である。しかし、寛大は用いるにあたって当を得なかったならかえって有害である。

マキャヴェッリ（イタリア）

寛大な人間は、結構な美徳である。だが、寛大さは、用い方が悪かったら、有害である。寛大さを有益、有意義に使うのはむずかしい。――という意。

人が心から恋をするのは、ただ一度だけである。それが、初恋だ。

ラ・ブリュイエール（フランス）

当然のことを言った言葉であるが、初恋とはそれほど、純なものなのである。

人が自分で得ることができることを、神に頼んだとて、無駄である。

エピクロス（古代ギリシャ）

人が自力でできることを、神にすがってはならない。

人が旅をするのは、到着するためでなく、旅をするためである。

ゲーテ（ドイツ）

旅行は、目的地に到着するためではない。旅する過程に楽しみがある。人生も同じである。

人が本当に所有するのは記憶だけである。

A・スミス（スコットランド）

記憶の中でのみ、人は、金持ちであり、貧乏である。

人から与えられた幸福は、逃げ出す。

アラン（フランス）

幸福は、与えられるものではない。幸福に値する行為を自らの努力でなしていかないと逃げてしまう。

人から借金しなければ手に入らないような楽しみなど、絶対に求めてはならない。断じて金を借りるな。借金は人を堕落させる。

ヘイドン（イギリス）

また金は、人に貸すべきではない。とにかく、どんな場合にも、絶対に絶対に金を借りてはいけない。という意。

人が理屈から信じるようになったのでないものを、理屈でやめさせようとしたって無駄である。

スウィフト（イギリス）

人が理屈なしに信じているものを、理屈でやめさせようしても無理であるし無駄である。

人窮すれば天を呼ぶ。

人は、せっぱ詰まると天の神に救いを求める、という意。「苦しい時の神頼み」とも。

美と愚は好一対。

美人には愚か者が多いということ。英語の諺 Beauty and folly are old companion.（美人と愚人は、昔からの仲間）

美と幸運は、めったに両立しない。

美人と幸運とを、両方得ようとしても、それは無理だの意である。Beauty and luck seldom go hand in hand. が似た意味の英語の諺。

人こそ人の鏡なれ。

「人こそ」の人は、他人。他人の言動は自分の身を修めるための良い手本になる、意。

人ごと言わば筵敷け。

筵はムシロと読む。陰口をいうと必ずその人が来る。だからその噂の当人を座らせる準備をしてから、言うのがよい、という意。

人知らずとも、わが良心これを知る。

新島襄（日本）

だれにも良心があり、その良心は全てを知っているのである。

一筋の矢は折るべし。十筋の矢は折り難し。

単独では弱いものも大勢で協力して事にあたれば大きな力になるという喩え。

人、善にあらずんば交わらざれ。物、義にあらずんば取らざれ。

『金言童子教』（日本）

悪人とわかれば付き合うな。不正なものとわかれば、受け取ってもいけない。

一度出でて返らざるは言葉なり。一度見て隠れざるは行いなり。

一度はヒトタビと読む。言葉は一度口から出ると取り返せないし、一度やった行為は、隠すことができない。

一度食するごとに、稼穡の艱難を思う。

『貞観政要』（中国）

稼はカと読み、植えつけ、穡はショクと読み、取り入れの意。艱難はカンナンと読み、苦悩、困難の意。食事をするごとに、穀物を生産する農民の苦労を思う。

一つ穴のむじな。

一見同じようには見えないが、実は同類であることの喩え。悪い仲間を言うことが多い。ムジナはアナグマ、またはタヌキのこと。

一つ釜の飯を食う。

他人同士だが、一緒に暮らして苦楽を共にした親しい仲の、意。「同じ釜の飯を食う」「一つ鍋の物を食う」（別項）とも。

一つから全てを知れ。

一つのことから全体を判断せよ。From one learn all. が英語の諺。日本の諺「一を聞いて十を知る」（別項）に近い。

人付き合いがうまいというのは人を許せるということだ。

ロバート・フロスト（アメリカ）

人を許せる人間、暖かい心の持ち主になろう。

一つ鍋の物を食う。

家族のように親密に暮らす。また親密な間柄を言う。「一つ釜の飯を食う」（別項）とも。

人、常に菜根を咬み得ば、すなわち百事作すべし。
菜根は野菜の根で、粗末な食事の意。人は、粗末な食事に耐えることができれば、どんなことでも成し遂げることができる。

一つの生きた言葉が、百の死語にまさる。
タイミングの良い言葉、場に生きた言葉は、後になっての百の言葉よりも良い、という意。

一つの嘘が多くの嘘を作る。
嘘を一つ言うと、それを隠すために次々と嘘をつかなければならない。嘘なんかつくものではない、という意。**英語の諺** One lie makes many.

一つの嘘を通すために、人は、別の嘘を二十発明しなければならない。
スウィフト（イギリス）
嘘をつきだすと、その嘘に合わすためにまた嘘を作り出す必要がある。一番いいのは、嘘をつかぬこと。

一つの虚偽は、また一つの虚偽を生む。
タレス（古代ギリシャ）
嘘を言い出すと、それに尾や鰭をつけねばならない。継ぎ足すことは、みな嘘である。

一つの損害は、また別の損害をもたらす。
不運なことは次々に起こることを表す。One loss brings another. が英語の諺である。一つの損害で止めてしまう英知が必要である。

一つの例外もない規則はない。
どんな規則でも必ず適用できない事例がある、意。「例外のない規則はない」（別項）とも。

一粒の麦、地に落ちて死なずばただ一つにてあらん。もし死なば、多くの果を結ぶべし。
『聖書』
一粒の麦が、地上に落ちて死なかったらただ一粒のままだ。死んで新たな芽を出せば、多くの実がなるであろう。自己犠牲の言葉。

人と過ちを同じうすべし。人と功を同じうすべからず。功を同じくすれば相忌む。人と患難を共にすべし。人と安楽を共にすべからず。安楽なればすなわち相仇す。
貝原益軒（日本）
友と過ちを一緒にするのはよい。手柄を一緒にあげようとすると、お互いが敵視するようになる。友と苦しみや困難を一緒に乗り越えよ。友と一緒に安楽を求めてはいけない。一緒に安楽を求めると、お互いが仇敵のようになる。

人と争っている間に、憤り始めるや否や私達はもう真理のために争っているのでなく、自分自身のために争っているのである。
トーマス・カーライル（イギリス）
憤慨すると、その争いは真理のための争いではない。自分自身のための争いである。自惚れるな。尊大になるな。

人遠き慮りなければ必ず近き憂いあり。
『論語』（中国）
未来を見通す人であれ。目先の小さな事に気を使っていると、近い将来、必ず心配ごとが起こる。

人と屏風は、直には立たず。
折り曲げないと立たない屏風と同じように、人も妥協しないと、正しい道理ばかりで、世の中は渡っていけないという意。

人中が薬。
人中は、ヒトナカと読む。他人の中に交わりもまれることは、人生の経験を豊かにすることになって、若者には薬になる。「人は人中」（別項）とも。

人に与えた利益を憶えておくな。しかし、人から受けた恩恵は絶対に忘れるな。
G・G・バイロン（イギリス）
人に与えた恩恵は忘れよ。受けた恩恵は絶対に忘れるな、という意。凡人、愚人は、逆をなしているという戒め。

人に魚を与えれば一日で食べてしまうが、人に釣りを教えれば一生食べていける。
老子（中国）
学校の教育の場合、正解だけならすぐ理解するがすぐ忘れ学力にならない。問題の解き方や考え方をきっちり教えると、本当の学力になる。

人に教えることによって学ぶ。
人に学問を教えることは、自分の勉強の助けともなる、という意。

人に教ふるに行いを以てし、言を以てせず。事を以てせず。
乃木希典（日本）
人に教えるのには、行動や行為で示すのが良い。言葉や事柄で教えようとしない方が良い。

人に勝たんと欲する者は必ず自らに勝て。

『呂氏春秋』（中国）

他人に勝とうとするものは、必ずまず自分の心に勝たなくてはならない。

人に寛大になりなさい。 エマーソン（イギリス）

そうすれば、人も寛大さを示してくれるだろう。——と続く言葉。

一握りの文学を作るためにも、大量の歴史が必要になる。 ヘンリー・ジェームズ（アメリカ）

優れた文学は、民族の大量の歴史があって生み出されるというのである。

人に高下なし、心に高下あり。

人間の価値は、身分や地位の高低によってきまるのでなく、心の高低で定まるのだと、いう諺。

人にして、時代の影響を受けないものはない。

「人はその時代の産物である」Man is the creature of his age. 人生を考えるとき、時代を超越した人生のように見えても、必ずその時代の影響下にあるという意。

人にして、種族、時代、環境の影響を受けないものはない。 イポリト・テーヌ（フランス）

英国文学史の有名な、三要素説である。

人に善言を与うるは布帛よりも煖かなり。 荀子（中国）

人をいたわり役立つ言葉をかけてやる事は、着物を与えるよりも一層暖かに感じられるものだ。

人に善を教えるのに、ひどく高い理想を示してはいけない。 洪自誠（中国）

その人が、きっと実行できるように、と考えてあげるべきだ。——と続く。

人には添うてみよ、馬には乗ってみよ。

「人と馬には乗ってみよ添うてみよ」とも。人も馬も本質は、親しく交わってみなければわからない、の意。

人には情けあれ。

人は情け深くなくてはいけない。「情けは人のためならず」（別項）に似た意味。

人に一癖。 白居易（中国）

だれにでも一つは癖があるものだ。

人に施したる利益を記憶するなかれ。人より受けたる恩恵は忘るるなかれ。 G・G・バイロン（イギリス）

他人に施した利益は忘れてしまえ。他人から受けた恩恵は、堅く記憶しておけ、の意。

人に施して、慎みて念うことなかれ。

念うはオモウと読む。他人に施した恩恵は、つとめて忘れるようにせよ。恩着せがましくならないように、慎むことが肝要だ、の意。

人に見られなくても罪は罪。

人は、他人の見ていないところで、小さい悪を犯しやすい。隠れたところ、見えないところで、罪を犯すな、という戒め。

人にものを教えることはできない。自ら気付く手助けができるだけだ。 ガリレオ・ガリレイ（イタリア）

強制して教えることはできない。自分で気付くように、仕向けるだけだ。

人盗んで富む者あり。富む者必ずしも盗まず。廉にして貧なる者あり。貧者必ずしも廉ならず。 『淮南子』（中国）

盗人で金持ちがいる。が、すべての金持ちが盗人ではない。廉潔な（潔くて心が正しい）貧乏人がいる。しかし、貧乏人がすべて廉潔ではない。貧富に関わらず人間すべて廉潔を貫くべきである、の意。

人の悪を改めるのに、ひどく厳しくしてはならない。 洪自誠（中国）

その人が受け取って背負うことができる程度になるように考える必要がある。

人の一生は重荷を負うて遠きを行くがごとし。急ぐべからず。 徳川家康（日本）

人の一生は、重い荷物を背負い、遠くまで行くようなものだという名言。

人の一寸我が一尺。

他人の欠点は小さくても目に付くが、自分の欠点は、十倍大きくても気付かないものだ。

人の意を迎えよ。

相手の気持ちを汲み取って、人を迎えよ、の意。配慮を十分にして、相手が心地よくなるようにして受け入れたいものだ。

人の上に吹く風は、我が身に当たる。

他人事と思っていることでも、いつ自分の身の上に回ってくるか分からない、という意。「人の事は我の事」とも。

人の噂も七十五日。

世間の噂も一時のことで、しばらくすると消えてしまうという、近世の諺。

人の行いには潮時がある。うまく満潮に乗

りさえすれば運は開ける。

シェークスピア（イギリス）

人が行動を起こすには、潮時を見ることが重要である。うまく好機を捕らえれば運は開ける。

人の己を知らざるを患えず、人を知らざるを患う。

『論語』（中国）

患うは、ウレウと読む。他人が自分の価値を知ってくれないことを気にするな。自分が他人の価値を知らないことを、反省すべきだ。

人の価値とは、その人が得たものではなく、その人が与えたもので測られる。

アインシュタイン（ドイツ）

人間の価値は、自分の努力で得たもののように思うのだが、それは違う。他人にどれだけ与えたか、与えた行動によって測られる、という意。

人の痒いところを、かいてあげよ。

他人の気持ちになって物事をしてあげよ、の意。他人に感謝される人間になれ。

人の口恐ろし。

うわさ、讒言、中傷、などの恐ろしさをいう諺。

人の口に戸が立てられず。

世間の噂、人の取り沙汰などを、止めることはできない意。「人は他人の口を制御できない」はよく似た意味の諺。Man can not control the tongues of others.

人の車に乗る者は、人の患えに載る。

『史記』（中国）

患えはウレエと読む。他人から恩恵を受けた人は、その人の心配事も引き受けなくてはならない。

人の欠点だけを考えていては、なんの利益も生まれて来ない。

ゲーテ（ドイツ）

私は、いつも敵の価値に注意を向けてきた。そしてそのことから利益を受けた。――と続く言葉である。

人の心と竹の曲がらぬは少なし。

世の中に、正直な人間の少ないことをいう諺。

人の心は面のごとし。

人の心は、人の顔のようにそれぞれ異なっている。

人の心を見分けるのに、瞳よりよいものはない。瞳は、心の悪を隠せない。心が正しければ、瞳が澄んでいる。

『孟子』（中国）

心が正しくないと瞳は濁っている。言葉を聞き、瞳を見れば人はどうして、不正な心を隠せようか。――と続く。

人の言葉は善意に取れ。その方が五倍も賢い。

シェークスピア（イギリス）

お人好しと言われてもよい。他人の言葉を善意にとると人間関係がすべてうまく行く。

人の事より我が事。

他人の世話をするより、我が身を反省せよ。

人の事より我が肘洗え。

肘はヒジと読む。人をそしる前にまず自分の事を反省せよ、という戒め。「人の事言わんより肘垢落とせ」とも。肘垢は、自分では目に見えないものの喩え。

人の小過を責めず、人の陰私を発かず、人の旧悪を念わず。

『菜根譚』（中国）

「陰私」は秘密のこと。発かずはアバカズ、念わずはオモワズと読む。他人の小さな過ちを責めない、他人の秘密をあばかない、他人の悪事を気にとめない。この三つを守り他人に恨まれないようにすべきである、という意。

人の親切につけこむな。

人の親切や同情に甘えてはならず、当てにしてはならぬ。ましてや、つけこむなどは、もってのほかだ。**英語の諺** Never ride a free horse to death. が近い意味である。

人の性は善なり。

『孟子』（中国）

人間の本性は、善である。

人の背中は見ゆれど、わが背中は見えぬ。

他人のことはよくわかるが、自分の事は気が付かないものだという喩え。

人のために何かすることで、誰もが、素晴らしい人になれます。

M・ルーサー・キング（アメリカ）

人のために何かをする。この言葉をもって一生貫いた人である。

人の短をいうなかれ。己の長を説くなかれ。

人の短所を非難してはならない。また自分の長所を自慢してはならない。

人の小さな過ちを責めない。人の秘密を暴かない。人の過去の悪事を思い出さない。

『菜根譚』（中国）

原文は「人の小過を責めず、人の陰私を

発かず、人の旧悪を念わず」（別項）である。


人の知恵は、その人の顔に光あらしむ。

知恵のある人は顔まで明るく輝く、の意。 『聖書』

人の長を取って我が短を補う。

人の優れた長所を取り入れ、自分の欠点や短所を補う。 木戸孝允（日本）

人の罪を許さば、また汝も許されん。

人の罪を許してやれば、神の恵みでおまえの罪も許されるであろう。**英語** If you forgive men their trespasses, your heavenly Father will also forgive you. 『聖書』

人の手の業は、その人の身に返るべし。

人の行為の結果は、必ずその人自身の上にもどってくるであろう。**英語** Man gets his due reward by the work of his hands. 『聖書』

人の情けは身の仇、人の辛さは身の宝。

仇はアダ、辛さはツラサと読む。他人からやさしくされることは、我が身の害となり、他人からきびしくされることは、我が身の益となる。


人の情けは世にある程。

他人が好意や関心を持ってくれるのは、こちらが世間にもてはやされている時だけ。「人の情けは世にありしほど」とも。

人の二倍、三倍の時間をかけて努力すれば、必ず追いつき、追い越せる。 パスツール（フランス）
ちょっとした努力で、追いつけないとあきらめるな。数倍の時間をかけた努力を、の意。

人の願いは天従う。

人間の誠実な願いは、天も受け入れてくれる。 『書経』（中国）

人の念力岩をも徹す。

徹すはトオスと読む。心を集中して行えば、いかなることもなしとげることができる。「一念、岩をも徹す」とも。


人の蝿を追うより、我が蝿を追え。

まず、自分のことをして、それから他人のことをやれ、という意。


人の花は赤い。

他人のものばかりがよく見える。「他人の飯は白い」「隣の飯はうまい」「隣の柿は赤い」など似た諺が多い。


人の不善を言うなかれ。

人の悪事を口にしてはならない。 『孟子』（中国）

人のふり見て我がふり直せ。

他人の行為の善悪を見て、自分の行為を反省し改めよ。


人の褌で相撲を取る。

褌はフンドシと読む。他人のものを利用して自分のことに役立てる、意。


人の誠は旅にて見ゆる。

人の真心は、つらい旅苦しい旅をしている時にいちばんよくわかるという意。


人の将に死なんとする、その言や善し。

人が死に臨んでいう言葉は、純粋で、真実がこもっていてすばらしい。 『論語』（中国）

人の身の上、明日は我が身。

今日は他人の身の上の事件だが、それがいつ自分の身の上に及ぶか、わからないのである。自分の生きていることを感謝して生きよ、の意。「金曜日に笑う者は日曜日に泣くであろう」He that laughs on Friday will weep on Sunday. は英語の諺だが、ほぼ同じ意味である。


人の身は百年を以て期とす。

人の寿命は、百年を限度とする。 『養生訓』（日本）

人の名誉となるものは、その心にして、その意見にあらず。 シラー（ドイツ）
人の名誉は、その人のよい心の誉れであって、いい意見を言うから、名誉があるとは言えない、という意。

人の飯食わねば人にならぬ。

親もとから離れて他人の飯を食って苦労しなければ、一人前の人間になれない。


人の物は我が物。

他人の物でも自分の物と思う。欲の深いことの喩え。

人のやったことは、まだ人のやれることの百分の一にすぎない。 豊田佐吉（日本）
人の可能性はまだまだ大きく広がっている。それに比し人間がやったことはごくわずかである。心を集中して、仕事に打ち込もう。

人の行方と水の流れ。

人の将来と水の流れはどうなるか予測できない。


人の善し悪しを言う者は、密か事を漏らす。

『聖書』
密か事はミソカゴトと読み、秘密の意。人の陰口を言うようなものは、軽薄で口が軽いから、秘密を守ることができない。
英語 A tittle tatter lets secret out.

人の喜ぶを聞かば喜べ。
人の喜びを自分のことのように喜ぶがよい。

人の悪きは我が悪きなり。
人が自分に対して親切でないのは、自分が他人に対して親切でないからである。

人は、ありえないことは、容易に信ずるが、ありえそうにないことは、決して信じない。
オスカー・ワイルド（アイルランド）
本当に大切なのは、有り得ないことを、容易に信じないことである。

人は生き方通りの死に方をし、木は倒れた通りに横たわる。 『聖書』
立派に生きた人は、立派に死に、空しく生きている人間は、空しく死ぬものだ。
英語 As a man lives, so shall he die, as a tree falls, so shall it lie.

人は一代 名は末代。
人の身は一代で滅びるが、名誉、不名誉は死後も永く残るということ。

人は一時に、二つの事はできない。
二つの仕事、二つの商売、これを、同時にしようとするのはよくない。また、厳密にはできないことである、ということ。
英語の諺 One cannot do two things at a time. 日本の「二兎を追う者は一兎をも得ず」（別項）と似た意。

人は一般的に、内容よりも外見で判断する。
マキャヴェッリ（イタリア）
内面を判断できる洞察力を持つ者はまれである。外面よりも内面を見よという戒め。

人は井の乾くまで、水の価値を知らず。
人間は、井戸の水の涸れてなくなってしまうまで、水の有り難さがわからない。

人は言わぬが我言うな。
他人は秘密をもらさないが、自分はうっかり漏らすことがある。まず、自分の言動を慎み秘密を守れ、の意。

人は生まれたらすぐ死にはじめる。
人はこの世に生まれたら、必ず死ぬのである。As soon as man is born, he begins to die.

人は落ち目が大事。
人は逆境に陥った時にこそ、奮起して慎重に行動すべきである、という意。

人は己れの過ちを知らず、牛は力の大いなるを知らず。
人は自分の過失や欠点に気付かないものだ。ちょうど、牛が自分の力の大きさを知らないのと同じように。

人は外観で判断できない。
人はみかけによらぬもの。善い人と思っても悪い人と思っても、外観で判断も信用もできぬ意。

人は外国へ出かける前に、自分の国のことを多少は知らなくてはいけない。
ロレンス・スターン（イギリス）
自国のことが不十分というよりも無知に近い状態で、外国に出かけるのは考えものだ、の意。

人は陰が大事。
人は、他人が見ていない所でも、行動を慎むことが大切である、という意味である。

人は必ず死ぬ。
生命の必滅を簡潔に表現した英語の諺。
Man is mortal.

人は、川の同じ水に、再び手をひたすことはできない。
ヘラクレイトス（古代ギリシャ）
万物は流転する。今をどう生きるか、どう行動するかである。

人は考えることによってでなく行うことによって成長する。 ダンテ（イタリア）
考えることは重要だが、人間が成長するのは行動することによってである。

人は故郷を離れて貴し。
優れた人物でも、生まれ故郷では家柄や生い立ちがよく知られていて貴ばれない。故郷から離れたところで尊敬され貴ばれる。

人は、財のために死し、鳥は、食のために亡ぶ。 『天草版金句集』（日本）
人間は財宝に目がくらんで身をほろぼし、鳥は餌に釣られて殺される、という意。

人は死して名を留む。
人間は、死後に、名誉や功績で、その名が伝えられる、という意。「人は死して名を残す」とも。

人は死ぬのも生まれるのも、自分の意のま

まにならない。

人間の生死は、人の意志や考えで決まるものではない。

シェークスピア（イギリス）

人は私腹を肥やしやすいもの。

人間は、すべてにおいて、自分の利益をはかりやすいもの。それを如何に押さえるか。私益を離れ公益をはかれ。**英語の諺** One is apt to feather one's own nest.

人は、自分が望んでいることを信じたがるものだ。

ジュリアス・シーザー（古代ローマ）

希望は希望、自らの望みに近いからといって信じてはならない。——と続く言葉である。

人は、自分自身より大敵は持たない。

人は自分自身に大敵をもっている。怠惰の心が大敵。自身の力量を知り、自らをコントロールできない点も大敵。私腹を肥やしたいのも大敵。それらの大敵を自分で退治することだ。**英語の諺** Man has not a greater enemy than himself.

人は城、人は石垣、人は堀。情けは味方、仇は敵なり。

武田信玄（日本）

城造りよりも、人材と人の心のまとまりが大切だ。情けは国を繁栄させるが、仇なす人を作れば国は滅亡する。

「浮世草子」（日本）

人は知れぬもの。

人は外見ではわからぬもの。性質、能力、才能、将来性などさっぱりわからない。さらに寿命など予測もつかない、ということ。

人は正義を行っている間は、その行為を意識していないけれども、不正の行為をなす時は常に自覚している。

ゲーテ（ドイツ）

人は、正しいことをしている時は、無意識である。不正の行為の時は、常に意識し、自覚していて、びくびく暮らしている。

人は善悪の友による。

人は友人次第だ、の意。長い人生、良い友を選ぶべきだ。

人は聡明ありといえども、己れを恕ること昏きなり。

「恕る」はオモンパカル、「昏き」はクラキと読む。人は、才知がすぐれ賢くても、自分のことはよくわからず誤りをおかすことが多い。

人はその友によって知られる。

どんな友人と交際しているかによって人物がわかるという意。「その子を知らざればその友を見よ」も同じ意味の諺である。

人は、尊敬するがゆえにのみ、尊敬される。

エマーソン（アメリカ）

人は、人を尊敬するからこそ、他人から尊敬されるのである。

人は他人の節約に賛成しながら、自分の節約にはあまり賛成でない。

R・A・イーデン（イギリス）

国民は、他人の節約について文句を言わないが、節約が自分たち国民に向けられると、反対にまわる。

人は足るを知らざるを苦しむ。

人は、幸せになるとさらにより幸福を、と思う。どこまでいっても、満足をしないで苦しむ動物だ、の意。

人は、長寿を願いつつ、そして老いを恐れる。

サキヤ・パンディタ（チベット）

当然の事ながら、長寿を願わない人はいない。だが、老いは避けたいと思っている。恐がっているのだ。

人は天才に生まれるのではない。天才になるのだ。

S・ド・ボーヴォアール（フランス）

凡人に生まれても、充実した人生を送る可能性がある。

人はともすると、他人の不幸を喜ぶ事以外に興味を持たなくなる。

ゲーテ（ドイツ）

すべての人間ではない。劣悪な愚人ほど他人の不幸を喜ぶ習性があるという意。

人は情けの下に住む。

人は、互いの人情に守られて生きている。世の中は、人情で保たれている意。「人は情けの下に立つ」とも。

人は七転び八起き。

人は、何度失敗しても、屈することなく立ち上がることが、必要だの意。

人は何度やりそこなっても「もういっぺん」の勇気を失わなければ、必ずものになる。

松下幸之助（日本）

もう一度、やってみる勇気、これが大事。やりなおす勇気をいつも持つことだ。——と続く言葉である。

人は盗人、火は焼亡。

盗人はヌスビト、焼亡はジョウモウと読む。人を見たら盗人と思い、火を見たら火事と思え。何事も用心第一にの意。


人は、パンだけで、生きるものではない。

人にパンは必要だが、神の言葉で生きるものである。人間は食べることだけで生きているのではない。神の前により良く生きるために、人生があるとみるべきである。一般的には、精神的によりよく生きよと解されている諺。**英語** Man cannot live on bread alone. または、Man shall not live by bread alone. とも。

『聖書』


人はパンのみにて生くものにあらず。されどまた、パンなくして生くものにあらず。

人間はパンだけのために生きているのではない。しかし、パンが無くては、生きられるものではない、の意。

河上肇（日本）

人は万物の尺度なり。
この世のすべての物事は人間を基準にして測られるということ。**英語の諺** Man is the measure of all things.
プロタゴラス（古代ギリシャ）

人は万物の霊長なり。

中国古代の諺。「人間は全ての創造物の主人である」Man is lord of all creation. は英語の諺で、同じ意味である。人間はあらゆる生物の中で最もすぐれた存在である、という意。


人は人中。

人は、世間の中に出て行って、大勢の中で鍛えられるのがよい、という意。「人中が薬」（別項）とも。


人は人にまで狼である。

人間は、自己の利益のために、同じ人間の仲間にまで、平気で危害を加える動物である。

プラウトゥス（古代ローマ）

人は人、我は我。

他人がどうあろうと気にせず、自分の立場を貫いて行動すること。

『孟子』（中国）

人は古きにしかず、衣は新しきにしかず。

人は、気心のしれた古くからの知人が一番よく、衣服は新しいものが最上である。

『晏子春秋』（中国）

人は分相応の楽しみなければ、また精も出し難し。

これによって、楽しみもすべし。精もだすべし。——と続く。

恩田木工（日本）

人はみかけによらぬ。

人は外見からだけで判断しないようにしなければならない。外見が貧弱でも、優れた人がいるぞ、の意で普通は使う。


人は自ら正しいことを行っている間は、その行為を意識していないが、不正の行為を為すときは常に自覚している。

人は、正しいことをしているときは無意識である。不正をするときは常に意識し、自覚しているものである。不正を意識していて、するから悪である。正義に生きよ、の意。

ゲーテ（ドイツ）

人はみな、記憶力の乏しさを嘆く。しかし、だれも判断力の乏しさを嘆かない。

ラ・ロシュフコー（フランス）

人間は、自分の記憶力が足りないことをなげくが、誰一人として判断力の乏しさを嘆かない。嘆くべきは、自分の判断力だ。

人はみな自分ひとりの時は正直だが、複数の人間がまじると偽善がはじまる。

人間は、一人の時は正直だが、人数が増してくると偽善が始まる。

エマーソン（アメリカ）

人はみな、判ることだけ聞いている。

人は、話していることを聞いていてくれていても、その人の判る部分だけしか聞いていない、という意。

ゲーテ（ドイツ）

人はみなほかの人の節約と、自分だけの特別の消費には、つねに賛成である。

だれでも自己中心に考える。戦争中の経済的な難局打開のために活躍したころの言葉である。

ロバート・イーデン（イギリス）

人は眉目よりただ心。

「眉目」はミメと読む。人は外見の美しさより、心の美しさが大事である、という意。


人は持てば持つほど、もっと欲しくなる。

欲望には際限がない。手に入れれば入れるほど欲しくなるのが人間である。


人は病の器。

器はウツワと読む。人の体は、さまざま

な病気にかかりやすい入れもののようなものだ。

人は、よほど注意をせぬと地位が上がるにつれて才能が減ずる。 石黒忠悳（日本）

私の知っている人で大臣になったのも少なくないが、どうも皆そうです。——と続く。

人は悪かれ、我善かれ。

悪かれは、ワロカレと読む。利己的な人間を嘲笑する諺。

人々は、信じがたい時にのみ、信じるに値すると考える。

アーミジャー・バークリー（アメリカ）

平凡な日常に飽きると、心にリスクが生じる。

人々はみな有用なものが役立つことはわかっていても、無用なものが役に立つことを知らない。 荘子（中国）

無用の用、という思想である。役に立たないと自分の思いこみで、軽々しく評価を下してはならない。地味で役に立たないと思われているものでも、実は、重要な役割をしているということが多い。

人々を統治するには、まず彼らに「統治しているのは自分たちだ」と思い込ますことだ。

十七世紀にアメリカに渡りペンシルバニアの開発に尽力したウィリアム・ペン（イギリス生まれ）の言葉。

人、木石にあらず。 白居易（中国）

人には、喜怒哀楽の感情がある。感情の動物であるという意。

人ほど怖いものはなし。

人間は、自分の利益のために何をするかわからぬ点からいうと、これほどこわいものはない、意。

人増せば水増す。

「口増せば水増す」とも。家族の人数が増えると、生活費もかさむ、という意。

火と水のような仲。

非常に仲が悪い、意。「犬猿の仲」（別項）は似た意。

人乱れて天に勝ち、天定まって人に勝つ。

人が世を乱すときは天は反抗できないが、平和な世になると、天が人の運命を支配する。

人見て使え。

その人の力量を察して、それにふさわしい仕事を与えよ、という意。

人みな我が飢えを知りて、人の飢えを知らず。 沢庵（日本）

自分の空腹ばかりに気をとられ、万民の飢餓状態のことを考えようとしない。

一村雨の雨宿り。

一村雨は、ヒトムラサメと読む。ひとしきり降ってくる雨のこと。ひとしきりの村雨に雨宿りするのも深い因縁に結ばれているからだ、という意。

人目に立つ公平は、とりつくろった公平で、不公平だ。 ゲーテ（ドイツ）

人目に立たないように公平を尽くすよう努力すべきだ。

人呼んで世界という宿場は、昼と夜との二色の休み場所だ。

オマル・ハイヤーム（ペルシャ）

人生を古い宿場に喩えた言葉。人生は、昼と夜の二色の休み場所だと、言い替えられる。

一人歩きは、私の思想を活気づけ、生き生きさせる何物かを持っている。 ルソー（フランス）

じっと止まっていると、私はものが考えられない。一人歩きほど、豊かに考え、存在し、生き、豊かに私自身であったことはない。——と続く。

一人口は食えぬが、二人口は食える。

独身で生計はたてにくいが、夫婦二人の生活だと経済的に楽で得な暮らしができる、意。「二人口は過ごせるが一人口は過ごせない」（別項）とも。

一人子は国に憚る。

一人っ子は、親が甘やかして育てるため、わがままな性格に育ち、世のなかで嫌われ者になる。

独り自慢の誉め手なし。

自分で自慢しているだけで、誰も誉めてくれる人がいない意。

一人で石を持ち上げる気がなかったら、二人がかついでも持ち上がらない。 ゲーテ（ドイツ）

人を頼りにしていてはいけない。自分で頑張ろうとしなければ、すべて事は成し遂げられない。

一人なら水を担ぎ、二人なら水を持ち、三人なら運ばない。

一人なら桶の水を担いでいく。二人なら

協力して提げていく。三人いたら、みんな他人任せで誰も運ばない。中国の諺。

一人の女の真価について、男と女の意見が一致することは稀である。

ラ・ブリュイエール（フランス）

男と女の関心はあまりに違っている。女が男に気に入られる時の、その同じ愛らしさによって、女同士が互いに好きになることはない。

一人の賢母は、百人の教師に相当する。

英語の諺で、立派な母親の教育者としての力を高く評価した言葉である。One good mother is worth a hundred school masters.

一人の人間が想像し得るものを他の人間たちが現実のものとすることができる。

ジュール・ヴェルヌ（フランス）

想像した夢のような空想を、科学的な発明を織り混ぜながら、小説を書いた人の言葉である。

一人の人間の運命における最大の幸福は、生涯の半ばの創造的な年齢に、自分の一生の使命を見出だすことである。

ツヴァイク（オーストリア）

ある人間の運命の最大の幸福は、一生涯のなんでも創造できる年齢の頃に、自分の一生をかける使命を見つけ出すことである、という考えを述べた言葉である。

一人の目撃者は、十人の伝聞に勝る。

数多くの人のうわさや話よりも、実際に見た一人の話の方が確実である。**英語の諺** One eyewitness is better than ten earwitnesses.

一人は立たぬ。

鳥居が一本足で立っていないように、世の中は持ちつ持たれつで、互いに助け合わないと生きていけない、という喩えである。

独り学んで友なきときは、孤陋にして寡聞なり。

『礼記』（中国）

孤陋はコロウと読み、見聞が狭くてがんこなこと。ひとりよがりで熱心に学んでも、友がいないと、その学問は、視野が狭く、見識が乏しいものになってしまう。

独り善がりの人笑わせ。

ひとりよがりで、他人を笑わせたと思っていても、その行動は愚かだと、冷笑されるばかりだ。

一人を殺せば不義の行為として必ず死罪にされる。しかし、大きく不義を犯してひとの国を攻めると非難しないで、名誉とし、正義とする。

墨子（中国）

十人殺すものは十不義を重ねたのであり、十倍の死罪にしなければならず、百人を殺すものは、百不義を重ねたのであり、百倍の死罪にしなければならない。――と続く名言。数千万を殺す戦争が、どうして正義の戦いといえるか。正義の戦いは、地球上に存在しない、の意。

人を愛して親しまれずんば、その仁に反れ。

『孟子』（中国）

反れはカエレと読む。人を愛して、相手が自分に親しみを持ってくれなかったら、自分の愛の持ち方を反省してさらに厚い心をかけるべきだ。

人を愛し人を利する者は、天、必ず之に幸いす。

墨子（中国）

人を愛し、人のために尽くす者には、天が、必ず幸福を下さる。

人を愛する者は、人常にこれを愛す。

『孟子』（中国）

人を愛する者は、常に相手からも愛されるものだ。

人を疑いて用うるなかれ、人を用いて疑うなかれ。

信用できない者を用いてはならない。またいったん用いた以上、その人を信用して疑ってはならない。

人を怨むより身を怨め。

『淮南子』（中国）

相手のしうちをうらむ前に、自分の至らぬ点を悔いて反省せよ。

人を思うは、身を思う。

他人を思いやるのは我が身を思いやることになる。他人に情をかければ、その情はめぐりめぐってやがては自分のためになる、という意。「情けは人のためならず」（別項）は似た諺。

人を鏡とせよ。

他人の言動を、自分を映す鏡と見て、自己を正せ、の意。「人をもって鏡となす」（別項）「人のふりみて我がふり直せ」（別項）は似た意味の諺。

人を軽んずる者は、自らをそこなう。

釈迦（インド）

他人を軽蔑する者は、自分をも害を受け

る。

人を裁くことなかれ。
人を裁くのは、全能の神だけである。神の裁きを受けたくなければ、他人を裁くべきでない。**英語** Do not judge, and you will not be judged.
『聖書』

人を知るものは知なり、自ら知る者は明なり。
他人を理解する者は知者であるが、さらに自分自身のわかる人は最高の賢明な人である。
老子（中国）

人を責むるの心を以て常に己を責むべし。
人の欠点を責める心で、いつも自分の至らぬところをきびしく責めて正すべきだ。
『小学』（中国）

人を助くるは菩薩の行。
人の苦しみを助けることは、菩薩の行為のような立派な行いである。

人を呪わば穴二つ。
他人を呪って殺そうと墓穴を掘るものは、その報いが自分にも及び、自分の墓穴も掘らねばならぬ意。人に害を与えれば、自分もまた害を受けるようになるという喩え。

人を謀れば人に謀らる。
人を陥れようとする者は、自分もその人のはかりごとによって陥れられる、意。
『春秋左伝』（中国）

人を判断する時は、その人が何を答えるかでなく、何を問うかで判断せよ。
ヴォルテール（フランス）
人の判断は、問に対する答え方で判断するのが普通である。しかし、良い質問をする人が、柔軟な思考の持ち主であるのだから、何を問うかで判断する方がよい、という意。

人をほめれば、その人と対等になれる。
ゲーテ（ドイツ）
相手をほめよう。そうすれば少なくとも対等の立場で仕事ができる、の意。

人を見たら泥棒と思え。
だまされやすい人は善人が多い。人は善人ばかりの世の中だと思っているから、だまされる。善人かどうか疑え、確かめよ、という戒め。

人を見て法を説け。
相手によって臨機応変の言動をせよ、の意。「聴衆に自分の話をあわせなさい」Suit your style to your audience. は英語の諺。対象や相手の条件をよく検討してから、話をしたいものである。

人をもって鏡となす。
「人を鏡とせよ」（別項）とも。他人の言動は、自分を映し出す鏡と考え、それを参考にして自己を正せ、の意。

人を以て言を廃せず。
『論語』（中国）
人によってその言葉を無視するようなことはしない。つまらない人の言葉でも、内容がよければ採用すべきだ。

人をもてあそべば徳を喪い、物をもてあそべば志を喪う。
『書経』（中国）
喪いは、ウシナイと読む。人を軽くあしらうと、自分の徳を失う。物を貴重だと珍重していると、自分の志まで見失う。

人を許せ、しからば、汝も許されん。
『聖書』
人に寛大であれば、他人も寛大な態度で接してくれるであろう。**英語** Grant pardon, and you will be pardoned.

人を利することは、実に己を利する根基なり。
『菜根譚』（中国）
人に利益を与えることは、結局自分に対して他から利益を与えられる基になる。

人を立派にするのは、自然の力よりも教育の力である。
クリティアス（古代ギリシャ）
良い人間を作るのは、教育の力だ。

日向で埃を立てる。
日向はヒナタと読む。必要以上にわざと事を大きくする。事を荒立てる。

火に油を注ぐ。
勢いのあるものにさらに勢いを増し添える。「燃える火に油を注ぐ」「火の上に油を加う」とも。

日に三度、我が身を省みる。
『論語』（中国）
一日に何度も反省して、正しい言動をとるように心がける。「三省する」とも。

火の車。
仏教語、火車（悪人をのせて地獄へ運ぶ）。転じて、家計が非常に苦しいこと。

火のないところに煙は立たぬ。
うわさや悪い評判が立つのは、何かそれなりの原因があるからだ。自らの非を反省すべきだ、の意。

火の原に燎ゆるがごとし。

燎ゆるはモユルと読む。野火が原野にひろがって手がつけられない勢いでもえさかるようだ、の意。「燎原の火のごとし」とも。

日の下に新しきものなし。 『聖書』
この世に真に新しいというものはない。新発明のように見えても、すでにあったものが形を変えて現れたにすぎない、という意。**英語** There is no new thing under the sun.

美は恐ろしいばかりでなく、神秘的なものなのだ。そこでは悪魔と神との戦いが行われている。 ドストエフスキー（ロシア）
そして、その戦場が人間の心なのだ。それがやりきれないところだ。――と続く。

火は乾けるにつき、水は湿りに流る。
火は乾燥した所から燃え出し、水は湿った方へ流れる。

美は皮一重。 ウィリアム・コベット（イギリス）
容貌の美醜は、皮膚一枚の違い。人間の美しさは、内面的なものだ、の意。**英語の諺** Beauty is but skin-deep.（美は皮一重にすぎない）とも。

火柱にも抱きつきたい。
頼れるものがあれば何でもよい、意。「溺れるものは藁をも摑む」（別項）と似た諺。

火は火で治まる。
燃え広がる野火を防ぐのに、近くを火で焼き払えばよい「火は火で消える」（別項）とも。

美は百能、金は万能。
美は人間にとって有能である。しかし、お金はそれ以上万事にわたって有効なものである。

陽はまた昇る。 ヘミングウェイ（アメリカ）
希望ある一日は、また始まるのだ。

火は水に勝たれぬ。
激しく燃える火でも水によってすぐ消える。どんな強大なものでも弱点はあるという喩え。

日々是好日
ヒビコレコウジツと読む。ニチニチコレコウジツを見よ。

日々を、生き生き 生き抜こう。活動だけが、恐怖と心配を追いはらう。 ゲーテ（ドイツ）
毎日毎日、元気良く生き抜くことだ。じっとしていないで、活動していると恐怖も心配も起こらない。

火吹き竹で釣り鐘を鋳る。 「談義本」（日本）
火吹き竹で燃やす程の小さな火で、釣り鐘鋳造は不可能である。自分の能力以上のことを行う、喩え。

非暴力は暴力よりも無限にすぐれているし、許すことは処罰するよりはるかに男らしい。 ガンジー（インド）
非暴力、不服従で、大衆を動かした偉大な魂の人の言葉である。非暴力で戦う男らしい人に学びたい名言である。

暇な頭は悪魔の仕事場である。 スマイルズ（イギリス）
まともに仕事をしないで怠けてばかりだと、悪事を考えるのが人間の通弊である。日本の「小人閑居して不善をなす」（別項）と似た、英語の諺。Idle brain are the devil's workshop.

暇を見つける最良の方法は、規則正しく仕事をすることだ。 ヒルティ（スイス）
規則正しく仕事をすると、暇が与えられるのだ。暇を求めてはならない、という意。

美味も常に食えば旨からず。
おいしい食べ物も、常に食べていると旨いと思わなくなる意。良い境遇に慣れると、人はその有り難みを感じなくなる、喩え。

ひもじい時にまずい物なし。
「ひだるい時にまずい物なし」とも。空腹の時には、どんな食べ物もおいしい意。「空腹は料理に文句をつけない」Hunger finds no faults with the cooking. はよく似た英語の諺。

紐と命は長いのがよい。
どちらも長いのにこしたことはない。近世の諺。

百害あって一利なし。
弊害ばかりで、よいことは一つもない、意。

百姓と油は絞るほど出る。
農民から税金を取るのは油と同じで、絞れば絞るほど取れる。江戸期の為政者の考え。「茶と百姓は絞るほど出る」「百姓と濡れ手拭とは絞るほど出すもの」とも。

百姓の不作話と商人の損話。
農民はいつも不作だとこぼすし、商人は損をしたといつもこぼすものだ、の意。

百川、海に朝す。　『書経』（中国）
「朝す」は集まる意。あらゆる川が海に流れ込む。利益のある所には自然と人が集まる喩え。

百川、海に学んで海に至る。
すべての川は、海を目標にして、ついに海に達する。学業も優れた人を目標にして、絶えず進歩を重ねれば、自分自身も大人物となるという喩え。

百戦百勝も、一忍には如かじ。
戦って必ず勝つことを願うより、耐え忍んで戦わない努力をするほうが、まさっている、意。

百日の説法屁一つ。
長い間の真面目な苦労も、わずかのしくじりで、あっけなく無駄になる喩え。

百日の労、一日の楽。
働くだけでなく、時には休息も必要だ。

百年河清を俟つ。
俟つはマツと読む。常に濁っている黄河の澄むのを待つ、意。いつまで待っても、かいがないこと。可能性がない意。

百年の恋も一時に冷める。
思いがけないことを見聞きして、長い間続いていた恋情が、いっぺんに冷めてしまうこと。

百の佳言よりも一つの実行。
数多く良い意見を述べるよりも、実行が伴わねばの意。Say well is good, but do well is better. が英語の諺。「立派な意見を並べ立てるより、まず実行せよ」が直訳。

百聞は一見に如かず。
百回聞くよりも、一回実物を見た方がよい意。

百里の道も一足から。
遠い旅の道も、この一足から始まるのだ。「千里の行も一歩より起こる」と似た意。

百里を行く者は、九十を半ばとす。
何事も残りわずかになった所が最も困難で失敗も多いから、終わりが近づいても、油断をするな、という意。

百鬼夜行
ヒャッキヤギョウと読む。いろいろな化け物が列を作って夜中に歩く、意。また、多くの人が醜い行為をすること。この意味の場合、ヒャッキヤコウと読む。

冷や水で手を焼く。
絶対にあり得ないことの喩え。また、予想外のことで手間どること。

病気、それも長い病気は、生きるすべを学び、心の持ち方を陶冶するまたとない機会である。
ノヴァーリス（ドイツ）
病気、それも長い病気ほど、生き方を学び、反省し、心の持ち方、人格をつくりあげる、この上ないよい機会である。

病気は身体の障害なるも、気にせざるかぎり、意志の障害にあらず。
エピクテトス（古代ギリシャ）
病気は身体の障害だが、心の障害ではない。心まで病気になる必要はない。

病気をし、健康の有難さが分かる。
健康な時に健康の有り難さを考えて行動すべきだ。病気をすると、つくづくと健康の有り難さを実感するものであるという諺。英語にも Health is not valued till sickness comes. 病気が来るまで健康は尊重されない、がある。

氷山の一角。
氷山は海面下の大部分が見えないので、物事の重要な大部分が隠れたままだという喩え。

拍子木で鼻をかむ。
無愛想にもてなす喩え。

氷炭相容れず。　『後漢書』（中国）
性質が正反対で合わない喩え。

瓢箪から駒。　「上方かるた」（日本）
有り得ないことの意。転じて、意外な所から意外なものが出るという喩え。

瓢箪で鯰を押さえる。
「瓢箪鯰」とも。丸く滑らかな瓢箪でぬるぬるした鯰をつかまえようとする馬鹿げた骨折りの意。また、捕らえ所がない、喩えにも。

瓢箪に釣り鐘。
大小軽重の差が大きく、比べ物にならない。「提灯に釣り鐘」（別項）とも。

平等を求めるものは、たいてい劣っているもので、低いものほど平等を要求する。
アリストテレス（古代ギリシャ）
満たされない者、劣っている者、低い者は、世の中の大部分の人々がそうだ。人のほとんどは、公平、平等を期待しているのである。

豹は死して皮を留め、人は死して名を留む。
欧陽脩（中国）
動物は皮を残して後世に評価されるが、人間は、名誉や功績を残して、後世評価される。「虎は死して皮を残し、人は死して名を残す」とも。

比翼の鳥。
雌雄の鳥が一目、一翼を持ち、常に一体となって飛ぶという空想上の鳥。男女の夫婦の契りの深いこと。「比翼の契り」「比翼連理」「比翼連理の枝」「連理の契り」（別項）とも。

昼出た化け物。
夜出るはずの化け物が昼に出て来た。場違いで、ちっともこわくない。

広い書斎がほしい。本を読めば考えたくなる。一定の距離を行き来しながら考えるのが好きである。
小泉信三（日本）
歩いているうちに思想がまとまり、またあるいは、読んだことから先へ、あるいは横へ、思想が奔馳する。——と続く言葉である。

広い世界を狭くする。
「広い世界を狭く渡る」とも。この広い世界にありながら、恥ずかしい行為などのために肩身の狭い思いで世を過ごす、という意。

広く愛するをこれ仁という。
韓愈（中国）
多くの人をひろく愛し慈しむことを「仁」という。

広く会議を興し万機公論に決すべし。
明治政府「五箇条の御誓文」（日本）
どんなことにも会議を使って、政治上の重要な事柄は、世間の人々が正しいと認めた考えで決めるべきである。

広く好かれれば好かれるほど、深く好かれないものだ。
スタンダール（フランス）
誰からも好かれる人物は、深く信頼される友人とはなりにくいものだ。

広原を竹箒で掃くよう。
広原はヒロハラと読む。非常に大ざっぱで、いいかげんにすます、喩え。

火を抱いて薪におく。
『漢書』（中国）
抱いてはイダいてと読む。火を薪の下に置いて、まだ燃えないから大丈夫と安心する。危険が表面化しないからと頼みにならないことをあてにしている喩え。

火を避けて水に陥る。
火災から逃れようとして、洪水の難に遭って死ぬ。

火を失して池を掘る。
『淮南子』（中国）
火災をおこしてから、大あわてで池を掘る。大事に至ってからうろたえることの喩え。

火を見れば火事と思え。
わずかな火でも用心せよ。物事は警戒の上に警戒を重ねるに越したことはない意。

貧家には故人疎し。
貧家はヒンカと読む。「貧しき家には故人疎し」とも。故人は、旧友の意。貧困な家には旧友さえ寄りつかない意。

貧家には親知少なく、賤しきには故人疎し。
『史記』（中国）
親知はシンチと読み、親戚知己のこと。故人は、旧友の意。貧しいと親戚知己さえよりつかず、落ちぶれると旧友まで訪れなくなる。「貧家には故人疎し」（別項）とも。

貧困は、人生という海の砂州であり、富は岩壁である。幸福な人々は、その間を擦り抜けて船を操って行く。
カール・ベルネ（ドイツ）
人生という海の航海である。貧困は遭難しやすい砂州であり、富は行く手を阻む岩壁である。そこを擦り抜けていくのが、幸福な人々だ、の意。

貧困は旅人のように怠け者を訪れ、欠乏は兵士のように怠け者を襲う。
ソロモン（古代イスラエル）
怠け者になるな。怠け者のところへは、貧困がやってくる。そして、欠乏まで襲ってくる。

「貧困は恥ではない」という言葉は、すべての人間が口にしながら、だれひとり、心では納得していない。
O・V・コッツェブー（ドイツ）
貧困は恥ではない。これは肯定できる。しかし、貧困が栄誉であるとは、誰も思ってはいない、の意。

貧者　かない難し。
貧困であっては、どんな願望もかない難い。

貧者の一灯。

「長者の万灯より貧者の一灯」（別項）とも。貧しい者の心のこもった寄進は、金持ちの莫大な寄進より尊い。

貧者は、昨日のために今日働き、富者は、明日のために今日働く。

二宮尊徳（日本）

貧乏人は昨日までの借財のために働き、豊かな人は、明日以後の豊かな生活のために希望を持って今日働く。

敏捷な妻は、遅鈍な夫をつくる。

シェークスピア（イギリス）

何でも素早くする妻は、夫をのろまにする。

貧すれば鈍す。

貧しくなると、苦労が多くて、頭がにぶくなる意。また貧乏するとどんな人でもさもしい心を持つようになることにもいう。「貧困は人を堕落させる」は、よく似た英語の諺 Poverty demoralises.

貧賤なれば妻子も軽んじ、富貴なれば他人も重んず。

貧困になると妻子にまで馬鹿にされ、金持ちだと遠い他人までが大切に扱う。

貧賤の友忘るべからず。

『後漢書』（中国）

どんなに出世しても、自分が貧窮の時に苦楽を共にしてきた友人を忘れるようなことがあってはならない。

貧相な頭脳が最も強固な偏見をもって決定するもの、それがプライドである。

アレキサンダー・ポープ（イギリス）

そして、愚者に必ずつきまとう悪徳である。――と続く言葉。「強いプライドを持つな」という戒めである。

貧にして楽しむ。

貧困であろうとも、天命に安んじ、道を楽しむ、という君子の境地をいう。

貧には知恵の鏡も曇る。

貧乏すると生活に苦しくなり、物事を冷静に判断する力もなくなる。

貧の盗みに、恋の歌。

貧乏すればつい盗みを働くようになり、恋をすると歌の一つも詠むようになる。必要に迫られたり、せっぱ詰まったりすると、どんなことでもするようになる喩え。

貧は世界の福の神。

貧乏は、人を発奮、努力させるから、後日の成功や安楽のもととなる福の神と同じだという、諺。

貧は諸道の妨げ。

貧乏では、何をしようにも自由にできない。

貧は病より苦し。

貧乏は、どんな病気より以上に苦しいものである。

貧乏――あらゆる病気の中で、最も恐ろしく、かつ、最も患者の多いもの。

オニール（アメリカ）

貧乏が、我々の最も恐れている命を奪う恐ろしい病気の最大のものである、という喩え。

貧乏稲荷

貧乏な稲荷神社に鳥居がない、で、「何の取り得もない」意。なぞ諺。

貧乏が戸口から入ってくると、愛は窓から飛び出る。

貧乏が、暮らしの中にしのびこんでくると、夫婦の愛などたちまち、消し飛んでしまう。**英語の諺** When poverty comes in at the door, love leaps out at the window.「夫婦喧嘩も貧乏から起こる」は似た意味の諺。

貧乏すれば堕落する。

貧乏すれば、精神状態も悪くなる。「恆産無きものは恆心無し」（別項）。一定の財産生業のないものは心までぐらつくという、意。

貧乏人の気前よし。金持ちの欲張り。

貧乏人ほど好人物で無欲だが、金持ちほど強欲だ、の意。**英語の諺** Poor and liberal, rich and covetous. 庶民の立場からすると、これが世の現実に思えるのだ。

貧乏人の子沢山。

貧乏人にはとかく子供が多いということ。「貧乏柿の核沢山（さねだくさん）」「痩柿の子沢山」「律義者の子沢山」とも。

貧乏人の僻み根性。

貧乏すると、物事をとかくひがんで考えるようになるという意。

貧乏のいいところは、泥棒の心配がないことだ。

アルフォンス・アレー（フランス）

貧乏人は泥棒にやられる心配なし、というコント作家らしい表現である。

貧乏は、恥ではないが、不便である。

シドニー・スミス（イギリス）
不便程度の貧乏はまだ軽い。食べられないし餓死することさえある。——と続く言葉である。

貧乏は不便だが恥ではない。だが恥だと思った途端に恥になる。 佐々弘雄（日本）
貧乏は、恥ではない。恥だと思わないこと。貧乏は乗り越えればいいだけ。不正は少しもない、という意。

貧乏暇なし。 「江戸かるた」（日本）
貧乏で生活に追われっぱなしだ、の意。御無沙汰の詫び言葉に使うことが多い。

貧ほど悲しきことなし。
貧乏するほど世の中で、悲しくつらいものはない、という諺。

貧、骨に到る。 杜甫（中国）
ヒン、ホネニイタルと読む。貧乏の苦労が骨身にまでしみとおる。

ふ

フィードバックが、凡人を一流にする。
ドラッカー（オーストリア）
フィードバックとは、自己調節によって変える、増幅する意。結果を踏まえてやり方を修正する、これが凡人を一流にするための作業なのだ。

富貴天にあり。 『論語』（中国）
富貴は天の与えるもので、人が望んで得られるものではない。富貴は運によるということ。

富貴にして苦あり、貧賤にして楽しみあり。
富貴の人でも苦しみはあり、貧賤の者でも楽しみはあるものである。苦楽は、富貴貧賤に必ずしもかかわりがない、という意。

富貴にして人に驕るはもとより不善なり。学問して人に驕るも害すくなからず。
程明道（中国）
財産とか地位の高さでわがままにふるまうのはよくないことだ。また学問をして奢り高ぶるのも害悪が多いという意。

富貴には他人集まり、貧賤には親戚も離れる。
富貴の人のもとには縁のない他人までもおかげを得ようと集まるが、貧賤の人のもとには、親戚さえも寄りつかない、意。人は財を中心に離合集散をするものだ。

富貴の家に災難多し。
財産が多いと失ったり盗まれたりなど、安楽ではない、という意。

富貴は草頭の露。 杜甫（中国）
草頭はソウトウと読み、草のこと。富貴は、草に置く露のようにはかなく、頼みにならないものである、意。

富貴は浮雲の如し。 『論語』（中国）
浮雲はフウンと読む。富貴は永久のものではなく、空に漂う雲のようにはかなく消え去るものである。

風樹の歎。 『韓詩外伝』（中国）
「風木の歎」とも。「風静かならんと欲すれども風止まず　子養わんと欲すれども親待たず」。親に孝行しようと思い立ったときには親が死んでいて孝養をつくすことができない、という嘆き。

風前の灯火。
物事のはかなさの喩え。また、危険の迫っている喩え。

風馬牛
「風」は、さかりの意。発情期の馬や牛でさえ会うことができぬほど遠く隔たった地。転じて、自分とは何の関係もないこと。

風波は、つねに優秀な航行者に味方する。
エドワード・ギボン（イギリス）
波風は、向かい風となって苦しめたり、追い風となって航行を助ける。優秀な国家の指導者が出ると、いつも風波を味方につけて発展する、という意。

夫婦喧嘩と谷川の濁りは、じきにすむ。
夫婦喧嘩は、すぐ終わり仲直りする。済むと澄む、をかけた諺。「夫婦喧嘩と夕立は見る間に晴れる」とも。

夫婦喧嘩は犬も食わぬ。
夫婦の喧嘩は一時的ですぐに和解する。他人が本気で心配したり、口出ししたり、まして仲裁などするものではない意。

夫婦は一心同体。
夫婦は苦楽をともにする一心同体の存在だ。

夫婦は互いの気心。
夫婦の間が円満であるのも、波風が起こるのも、互いの心の持ち方次第である。

夫婦は二世。
二世は、ニセと読む。夫婦の縁は、この世だけでなく来世までもつながっている、という意。

風流は寒いもの。
雪見、梅見など、風流心のない者には、単につまらなく寒いものだ、という意。風流を皮肉っている諺。

不運は、しばしば繁栄に至る。
不運を人生の試練と考え切り抜ける人は、成功する意。悲運にめげないで生きようという激励。**英語の諺** Adversity often leads to prosperity.

笛吹けど踊らず。　『聖書』
多くの人を動かしたい時、手を尽くしてもこちらの思い通りに動かない意。指導的地位に立つ者は、民衆というものが、「笛吹けど踊らぬ」賢明な存在であることを、常時心すべきである。**英語** We piped for you and you would not dance.

深い河は、流れが静かだ。
教養の深い人ほど、平生それを表さないという喩え。深い河ほど、波立たないというのが表面の意味である。「深い河は静かに流れる」とも。**英語の諺** Deep water runs still.

不快な忠告が、良薬となる。
忠告は、受けるものにとっては快いものではない。しかしそれが、良い結果をもたらしてくれるのだ、の意の英語の諺。
Unpleasant advice is a good medicine.

深く愛していた者を憎むことはなかなかできない。
ピエール・コルネイユ（フランス）
火は消し方が悪いと、また燃え上がる。

不可能なものを排除してしまったとき、後に残ったものが何であろうと、どんなにありそうもなかろうと、それが必ず真相なのだ。
A・コナン・ドイル（イギリス）
推理小説の古典の中の、言葉。謎解きの定石で、親しみやすい言葉である。真なるものは、不可能なものを排除したところにある、という意。

不可能はわが辞書になし。
困難を不可能と思いこまぬことだ。ナポレオンは「我が辞書に不可能の文字はない」という言葉を残した。同義の英語の諺に「不可能は馬鹿の辞書にのみある語である」というのがある。"Impossible" is a word found only in the dictionary of fools.

不義にして富みかつ貴きは、浮かべる雲の如し。
人道にはずれたことをして得た富貴は、浮き雲のようにはかない。正しく富貴を得て、人に施せの意。

俯仰天地に愧じず。　『孟子』（中国）
愧じずはハジズと読む。「仰いで天地に愧じず」とも。かえりみて、自分の行動にはじるところがない。公明正大で心にやましいところがない、という意。

斧斤時を以て山林に入る。　『孟子』（中国）
斧斤はフキンと読み、オノとマサカリ。山林には、適当な時期をみはからって入って、間伐し、乱伐をしない。

福重ねて至らず、禍必ず重ねて来たる。
『説苑』（中国）
良いことは続けて起こってこないのだが、悪いことは必ず続いて起こるものだ。

河豚食う馬鹿に、食わぬ馬鹿。
河豚はフグと読む。おいしいからと魚肉に命をかける馬鹿者もあるし、無毒に調理した魚肉の味を知らないで食わぬ者も馬鹿だ、の意。

服従は、犠牲にまさる。
犠牲になるぐらいなら服従するほうがよい、という英語の諺。Obedience is better than sacrifice.

福寿は、兼ね難し。
富裕と長寿の両者を一身にそなえることはむずかしい。幸福には限度がある。限度以上のものを望むな。

覆水盆に返らず。
こぼれた水は二度と盆に返らない。一度壊れた夫婦の仲は決して元にもどらないという喩え。中国の古代の諺。転じて、一度してしまったことは取り返しがつかない意に使われることが多い。英語の Things done cannot be undone.（してしまったことは元通りにはできぬ）が類似した諺。

福過ぎて、禍生ず。　『宋書』（中国）
身に過ぎた幸福は、かえってわざわいのもとになる。

服の衷ならざるは身の災なり。

「衷」はチュウと読み、つりあう、かなう、意。服装が不釣り合いなのは、身に災いを招くもとである。

河豚は食いたし、命は惜しし。
河豚はフグと読む。おいしいフグは食いたいが毒にあたるのが恐ろしい意。欲望を果たしたいが後のたたりがこわいと迷うこと。理屈では分かっているが情にひかれ、どちらかに決断しなければならない時の心情をいう。

福は、無為に生ず。　『淮南子』（中国）
幸福は、作為をしないで自然に任すところに生じる。

福は、求むべからず。
幸福は、直接求めてはいけない。喜びの心を育て、周囲を和やかにして、幸福を招く素地を作るよう心がけよ。

福禄寿の市立ち。
福の神が市に立つこと。つまり金持ちが市に来ること。商売繁盛の喩え。

袋の中の鼠。
逃げ出すことができない状況の中にある喩え。

不幸が幸せ。
不幸が幸福を招くもとになる意。また、不幸の中にも幸せがあるものだということ。「不幸は幸福の元」とも。

不幸中の幸い。
不幸なことが多い中で、たった一つだけ良いことがあったという意。広く、どんな悪いことでも良い点があるという意味に使うこともある。

不幸で貧しく賤しいと呼ばれている庶民階級は、社会の最も健康な部分である。真理、正義、自由を愛している唯一の部分である。
マラー（スイス）
いつも単純な良識によって、心のままに動いて、詭弁や甘言にだまされず、虚栄心で腐っていない部分である。――生きるために絶えず動き、堕落する暇もない自然に近い健康な人である。――と続く。

不幸な日に備えよ。
不幸や危機はいつ来るかも知れない。心の準備はいつでも怠ってはならない。天災は忘れたころに襲うものだの意。

不幸なめにあった時に、友達がわかる。
ヘルダー（ドイツ）
不幸にあったときに、真の友かどうかがわかる。

不幸に同情してくれる友より、幸福を喜んでくれる友を大切にせよ。
他人の幸福を喜ぶような心の広い人間になれの意。また、他人の幸福を心から喜んでくれる友を大切にせよ、ということ。

不幸は単独にては来たらず。　『聖書』
悪いことは重なるものである。Misfortunes never come single.

不幸を防ぐ柵はない。
不幸を寄せつけずに、いつも幸福に暮らせるという場所も方法もない。不幸はいつ襲ってくるかわからないのである、という意。英語の諺 No fence against ill fortune.

不思議だと思うこと、これが科学の芽です。よく観察して確かめ、そして考えること、これが科学の茎です。
朝永振一郎（日本）
そうして、最後に謎が解ける、これが科学の花です。――と続く言葉である。科学について、不思議の発見、観察、確認、考察を、と訴えた名言である。

無事こそ物種。
無事であることが何よりであるということ。「無事なるこそ物種なれ」とも。

武士に二言は無い。
武士は信義を重んじるので、いったん約束したことは、必ず守る、ということ。

武士の命は義によって軽し。
武士は信義のためには、命をも惜しみなく捨てる、という意。

富士の山と丈くらべ。
とても及ばない、の喩え。

富士の山ほど願うて、蟻塚ほど。
望みや願いがなかなか達せられないことをいう。「富士の山ほど願うて、桃の実ほどかなう」とも。

武士は相身互い。
武士同士は同じ立場、互いに思いやって助け合わないといけない、意。

武士は食わねど高楊子。
「上方かるた」（日本）
武士は、食べていなくても、食べたふりをして空腹を人に感じさせない。同じように、立派な人は、貧乏でも貧しさを感じさせない、という喩え。

武士は情けを知る。

強いばかりが武士ではない、情けを知るのが真の武士だ、という意。

父子信あらざるときは、家道睦まじからず。

信はマコトと読む。親子の間に信頼関係がないと、家の中は、うまくいかない、という意。

不惜身命

フシャクシンミョウと読む。仏道修行のためには自らの身命をかえりみない、意。一般的に、命がけで努力する意で用いている。

不正直な人々は、己の過失を他人にも自身にも隠す。正直な人は、過失を自覚して告白する。

バウアー（イギリス）

正直に生きよ。過失を自覚して告白する正直さを持ての意。イギリス人の正直に比べ日本人は、根は正直だ。ただし真理や真実をどこまでも貫き、天地神明に誓って嘘をつかぬというほどの正直さは弱い。

夫唱婦随

夫が言い出して、妻がこれに従うこと。夫妻がよく和合していること。

不精者の一時働き。

怠け者が、急に何かしはじめても、一時的で、長くは続かないことを嘲る諺。

不精者の隣働き。

怠け者が自分の家のことはろくにしないで、隣の家のことになると、余計なことまで手伝いをすること。

不精者は浪費家の兄弟である。

ソロモン（古代イスラエル）

不精をするな。浪費家になるな。ついつい不精になっては、無駄遣いをしてしまうものだ。

婦人といえども、ある人々は、実に男子よりも優れている。かの女の産んだ子は、英雄となり地上の主となる。

釈迦（インド）

このようなよい妻の子は、国家を教え導くのである。――と続く。人間は、すべて婦人から生まれている。婦人は優れた存在であることを忘れるな、の意。

普請と葬式は、一人でできん。

普請はフシンと読む。土木工事のこと。ここでは、家の建築。普段から近所づきあいが大切であるという意。

不信の至りは、友を欺く。

『韓詩外伝』（中国）

中国古代の諺。最も不信な行為は友を欺くことであるという意。

婦人の品位の高さは、世間に知られないところにある。夫の名誉こそ彼女の名誉であり、家庭の幸福こそ彼女の喜びである。

ルソー（フランス）

立派な女性は、世間に知られないことや目立たないことをして自分の喜びとしている。夫の名誉のために尽くし、家庭を幸福にすることに、大きな喜びを感じて生きている。

不信は、友情に禁物。

英語の諺 Distrust is poison to friendship.

不信は友情にとって毒になる。心したいものだ、の意。何よりも信用が失われるような行動を慎みたい。

富人来年を思い、貧人眼前を思う。

金持ちは余裕をもって先のことを考えるが、貧乏人は生活に追われて、今日のことしか考えられない。

伏すこと久しき者は、飛ぶこと必ず高し。

『菜根譚』（中国）

長く辛抱して力を養っていた者は、いったん時を得たら大きく飛躍する。

不正で得た富は栄えない。

現実には不正で得た富で活躍した人物の実例は多い。しかし、それで繁栄を続けたという例は、極めて少ない。英語の諺。「不正手段で得た富は栄えない」とも。

浮世は夢のごとし。

李白（中国）

浮世はフセイと読む。人生はわずかな間の夢のようにはかないものだ。

布施だけの経を読む。

僧がもらった金額に見合っただけの経を読む。心がこもっていない意。

符節を合わせたるがごとし。

『孟子』（中国）

符節は、割り符の意。割り符がぴったり合うように、双方が一致する、喩え。

二親揃うて育てた子は、貧乏でも長者の暮らし。

二親はフタオヤと読む。両親がそろっていることは、貧乏でも、大変な幸福であるという意。

二つ有ることは、三つある。

同じようなことがくりかえし起こるということ。「二度あることは三度ある」（別項）と似た諺。

二つの目で見るのは、一つの目で見るより勝る。
独善に陥らないよう、多くの人の意見、考え方を、取り入れよ。英語の諺 Two eyes see more than one.

二つ矢を持つことなかれ。後の矢を頼みて初の矢になおざり心あり。
吉田兼好（日本）
二つの矢を持ってはいけない。あと一本あると思って、初めの矢に集中できないからである。

二つ良いことはない。
一方がよければ他方が悪く、両方ともうまくゆくということは、普通は、考えられない、という意。「幸運は、めったに続いてこない」Good fortune rarely comes in succession. はよく似た英語の諺。

豚に真珠を与えるな。
『聖書』
「猫に小判」（別項）という諺に似る。価値のわからぬものに価値あるものを与えても無駄だ、という意。「豚に真珠」とも。英語の諺 Cast not pearls before swine.

二股膏薬
節操がなく、あちらに付いたり、こちらに付いたりする意。内股膏薬とも。

二人口は過ごせるが、一人口は過ごせない。
独身生活より、結婚生活をしたほうが経済的だ。「一人口は食えぬが、二人口は食える」（別項）とも。

二人は一人に勝る。
『聖書』
一人でいるより仲間がいるのは心強い。

英語の諺 Two heads are better than one.

不断節季
節季は、近世の商売で、掛け売り、掛け買い、の決算期のこと。ふだんから、毎日決算期だと思い、掛け買い、借金をしないこと、という戒め。

不断よいなりする人に、内証のよいはなし。
日常よい着物を着て贅沢をしている人に家計の豊かなものはいない。

淵は瀬となる。
世の移り変わりの激しいことの喩え。

釜中の魚。
釜中はフチュウと読み、釜の中のこと。魚が煮られることを知らず釜の中で泳ぐ、意。目前の災いに気付かず安逸をむさぼる、喩え。

普通の人々は時間をつぶすのに心を用い、才能ある人は時間を利用することに心を用いる。
ショーペンハウアー（ドイツ）
時間を無駄にするな。有効に利用せよ、の意。

物価はエレベーターで昇り、給料は階段で上がる。
ロバート・A・ビア（アメリカ）
物価は早く値上がりするのに、給料はなかなか追い付かないという喩え。

仏事供養も布施次第。
法事も供養も御布施の金額次第でよくも悪くもなる。

仏壇の無い家は小屋に立つ。
『譬喩尽』（日本）
祖先を祭る仏壇のない家は乞食小屋と同じ。祖先をあがめまつれ、という意。

仏法あれば世法あり。
仏の教えがあれば、日常世間の教えもある。物事には、必ずそれに対応するものがあるということ。

仏法に飢渇なし。
飢渇はケカチと読む。僧侶には飢え死にする者がない。

不釣り合いは不縁の基。
「釣り合わぬは不縁の基」（別項）とも。釣り合わない者が結婚してもうまくいかない、という意。

葡萄酒には、樽の味がつく。
人の言動には、その人の人柄がにじみ出てくるものだ、の喩え。英語の諺 The wine savours of the cask.

太きには呑まれよ。
強い者や権勢のあるものにはなすがままにされていたほうがよい。「長いものには巻かれよ」（別項）とも。

太く短い一生よりも、細く長い一生。
したいことを精一杯して充実した短い人生を送るより、地味でも安全に長生きをしたほうがよい、という教え。

懐手をして生業ならず。
懐手は、フトコロデ、生業は、ナリワイと読む。「懐手をしてすぎわいならず」とも。手を使わず遊んで暮らしていては、食べていけない、という戒め。

太った豚より痩せたソクラテスたれ。
「やせた自由は太った奴隷にまさる」という諺と同じ。立派な肉体の安易な人間よりも、心豊かな人間を目指せという、戒め。

船乗りは、板子一枚下は地獄。
船乗りはいつ死ぬかわからぬ危険な仕事なのだ、の意。

船に荷の過ぎたるごとし。
自分の力以上に仕事を与えられること。

船には水より火を恐る。
思いがけない火災のおそれがある。内からおこる災難がこわいということ。

船は帆でもつ、帆は船でもつ。
お互いに持ちつ持たれつの関係にある喩え。

船を焼く。
ジュリアス・シーザー（古代ローマ）
軍船を焼き、逃げ場を絶って、部下を鼓舞した故事から後にひけないようにする、意。

船を陸に推す。
無理を押し通そうとすること。労多くして効果のないことの喩え。

不必要な物を買うべからず。買えば、必要なものを売るようになる。
B・フランクリン（アメリカ）
物が豊富で、多くの物の中に埋もれるように暮らしていると、本当に必要な物がわからなくなってしまう、という戒め。

不平をこぼす人間に与えられるものは、憐みよりも軽蔑である。
サミュエル・ジョンソン（イギリス）
不平をこぼすことは罪悪ではないが、軽蔑されるだけ。

腐木は柱と為すべからず。卑人は主と為すべからず。
『漢書』（中国）
腐った木は柱としてはならない。品性の卑しい人を主人としてはならない。

父母には朝夕に孝せよ。『礼記』（中国）
朝夕は、チョウセキと読む。父母には朝に夕に孝養を尽くせ。

父母の恩は山よりも高く、海よりも深し。
父母から受けた恩がはかりしれないほど大きいことを、喩えた諺。

父母の年は覚えていなければなりません。
孔子（中国）
一つには喜ぶことになり、一つには気遣うことになりますから。――と続く言葉である。

父母は、たわむれにも子を欺くな。
『韓非子』（中国）
父母は、冗談でも、子供に嘘をついてはいけない。

父母は天地のごとし。
父母は、天地のように恵み深いものである。

踏まれた草にも花が咲く。
逆境でも、いつか打開されて幸せの花が咲くものだ。不運な人への励ましの諺。

文をやるにも書く手は持たぬ。
「江戸かるた」（日本）
愛の手紙を書きたいが文字を知らない。江戸期の苦界（クガイと読み、遊女の境遇の意味）の女性の心情の諺。

踏む所が窪む。
人の出入りする所は、どうしても出費がかさみ、結局損になる、という喩え。

踏めば窪む。
当然のことを言って、真理をさとらせようとする諺。何か行動しようとすれば、それに応じた対策が必要であるという意。

冬来たりなば春遠からじ。
シェリー（イギリス）
辛いきびしいところを耐え抜けば、幸福な繁栄も間近いという喩え。英語 If winter comes, can spring be far behind?

プラトンやアリストテレスの議論をすべて読んだとて、示された事物についてしっかり判断を下しえなければ、我々は決して哲学者とはならない。
デカルト（フランス）
哲学者の言葉をすっかり読んで哲学を学んだと思ってはならない。示された事物を、いかに判断するか、それができなければ哲学を学んだとはいえないのである。

降らぬ先の傘。
事件が起きない前に注意しておくこと、万一に備えてあらかじめ準備しておくことの喩え。「転ばぬ先の杖」（別項）と似た意味の諺。

降りかかる火の粉は、払わねばならぬ。
害が及びそうな事柄は積極的に防がなければならぬ、という喩え。

振袖では仕事はできぬ。
活動しやすい服装で働け、の意味。

不良な役人は、投票に行かぬ善良な市民によって選ばれる。
ジョージ・J・ネーサン（アメリカ）

良くない政治家は投票に行かない善良な市民によって選ばれる、意。

古い友と、古い葡萄酒と、古い金が一番良い。

年代物の葡萄酒の味にはこくがあり、年代の経った金は信用があるように、旧友は理解と信頼があってよいものである、という意。**英語の諺** Old friends and old wine and old gold are best.

ブルータスお前もか。

シェークスピア（イギリス）

深い信頼と期待を裏切った相手への非難をこめた「ジュリアス・シーザー」の台詞の言葉。

古川に水絶えず。

由緒正しく基盤のしっかりしているものは衰えてきてもすぐには滅びない、という喩え。

古木に手をかくるな、若木に腰掛くるな。

将来性のないものに係わるな。将来性のあるものを、押さえ付けるな。

故きを温ねて新しきを知る。

『論語』（中国）

温ねてはタズネテと読む。昔のことを研究し、何度も心の中で温めて、そこから新しいものを見つけ出すことが重要だ。

文学は、言語が人間の表現であるように、社会の表現である。

ボナール（フランス）

文学は、社会の表現だという意。

文学は、人間と無限とを研究する一種の事業なり。

北村透谷（日本）

はかない人間が、永遠な自然と無限の中でどう生きるか。つまり、人間の生き方を研究する大事業である。

文化も教養もカルチャー（耕作）が語源の訳語である。文化は耕作された自然であり、教養は耕された心である。

天野貞祐（日本）

例えば、原野は自然、田畑は文化であり、野草は自然で野菜は文化である。教養も、わがまま怠惰嫉妬などは、耕されていない心であり、知識や知性を身につけ、粗野な心を去り、過誤を避け中正を取る思慮を持つのが、耕された心つまり教養である。（要約）

文章が天地の間に絶えていけない理由。道理を明らかにするものだから。政事を記録するものだから。人民の言い得ないことをはっきりさせるものだから。人々の善を言うのを楽しむものだから。

顧炎武（中国）

文章がこの世界で必要な理由を次のように独特の視野から述べたものである。道理の明示―人の行うべき正しい道を示すには、文章でないと表せない。政事の記録―政治上の事柄や事例を記録するには文章に限る。人民の意思―国民の考えや思いを示したり伝えたりするには文章を用いるしかない。善を楽しむ―人の道にかなった正しく思いやりのある善い行動を多くの人で楽しむには、文章が欠かせない。

文章は簡単ならざるべからず。最も簡単なる文章が最も面白きなり。

正岡子規（日本）

文章は簡単であれば簡単であるほど面白い。しかも、価値が高いというのである。

憤せざれば啓せず。

『論語』（中国）

学ぶ者が発奮して意欲を持たなければ、教えて啓発することはしない。

踏んだり蹴ったり。

ひどい目にあった上に、さらに、痛めつけられること。何度も辛い目にあわされること。

文の構造が文法に合わないということは、文の約束を無視することではなく、頭脳の構造を無視することだ。

志賀直哉（日本）

文法は一つの約束ではなく、もっと根本的なものだ。――と続く言葉である。文法は頭脳の構造にかかわるという意の名言である。

文の修飾に力を注ぎ過ぎ、内容と主題を忘れてはいけない。

『天草版金句集』（日本）

文章を美しくしようとするな。内容と主題をはっきりとせよ。つまり美文を書こうとするなの意である。

文は貫道の器なり。

中国の諺。

文章は、道理を通すための道具である。

文は人なり。　ビュフォン（フランス）

文章は書き手の人柄を示す。したがって文章を見るとその書き手の人となりがわかる、という諺。「文体はその人自身である」。

文は武にまさる。
筆の持つ力は物理的な力ではないが、武力よりも説得力があり、最終的には大きな力を持っている、という意。「ペンは剣よりも強し」The pen is mightier than the sword. 英語の諺であるが、これと同じ意である。

分別過ぐれば愚に返る。
あまり考え過ぎるとかえって迷い失敗する、意。

分別と忍耐力に支えられた炎のような情熱を持つ人は、成功者になる資格がもっともある。 デール・カーネギー（アメリカ）
判断力と忍耐力を持った、火のような情熱家が、人を動かし、事業を成功にみちびくという意味の世界的な言葉である。

文法は、国王さえ指図し、絶対の権威をもってその法則に従わせるものです。
モリエール（フランス）
文法は、言葉を使うもの全てに対し、絶対的に従わせる法則である、という意。

文をならう者を朋とせよ、いたずらに有る者と語るなかれ。
朋はトモと読み、友のこと。学問を志す者を友とせよ。いたずらに時を過ごす者と話してはならない。

へ

平地に波瀾を起こす。 劉禹錫（中国）
平地は、本来はヘイジと読み、平穏無事の地のこと。平穏無事の所にわざわざ揉めごとを起こす、意。

兵強ければ即ち滅び、木強ければ即ち折る。
『列子』（中国）
武力が強いと国が滅びる。ちょうど、木が強いと、風で折れてしまうように。

兵強ければ即ち滅ぶ。 『淮南子』（中国）
兵は、武力、兵力。武力が強大であることは、おごりや気のゆるみから、そのまま滅亡の原因になる。中国古代の諺。

兵は凶器なり。 『史記』（中国）
兵は、武器のこと。武器は人を傷付け殺す凶器である。

兵は神速を尊ぶ。 『魏志』（中国）
兵は、用兵のこと。用兵は、すみやかであることが第一だ。多くの兵士を動かして戦争するには迅速な戦略が望まれる、という意。

兵は拙速を尚ぶ。
戦争は、速戦即決で勝利をおさめ、作戦はまずく、得るところは少なくても、すみやかに軍隊を引き上げて戦局を収拾することが大切だ。

兵は廃すべからず。 『説苑』（中国）
兵は軍備のこと。軍備を廃止してはいけない。たちまち敵の侵略を招くからである。中国古代の諺。

兵法の奥の手は逃ぐるが大事。
『旧唐書』（中国）
兵法の最も重要なことは、逃げて命を大事にするということである。

平凡な教師は言って聞かせる。良い教師は説明する。優秀な教師はやって見せる。しかし最高の教師は子供の心に火をつける。
ウィリアム・ウォード（アメリカ）
最高の優れた教師は、心に火をつける教師である。この言葉は単に学校だけでなく、企業にも広く当てはまるであろう。本人にやる気を出させることが何よりも大事なのである。

平凡なことを毎日平凡な気持ちで実行することが、すなわち非凡なのである。
アンドレ・ジッド（フランス）
こうだと決めた目標に向かって毎日平凡に努力を続けること、これをする人が非凡な人である。

兵力に訴える前に、まず百種の温和策を試みよ。 ジェームズ・ケント（アメリカ）
戦いでも日常生活でも、争いを力ずくで解決するのはよくない。その前に、穏やかな解決法はないか、あらゆる策を考えるべきだ。

平和な時に、戦争を忘れてはいけない。
We must not forget war in peace. の訳。また「よりきびしい戦いが平和のもとに隠れている」Severer war lies hidden

under peace. という英語の諺もある。戦争は、大量殺人をもたらす。二十世紀に五〇〇万の若人が死んでいる。平和を維持して戦争を避けたい。「治に居て乱を忘れず」は中国古代の諺。

平和は、争いがすんでから来る。

英語の諺 Peace comes after contest. 真理である。争いは、生物である以上起こる。この必然の争いを、できるだけ小さくし平和を長く維持したいものである。

平和は、人類最高の理想である。　ゲーテ（ドイツ）

世界の平和は全人類の願い。みんなが思いやりの心を持って戦争のない社会を作りたいものである。

兵を養うこと千日、用は一朝に在り。　『水滸伝』（中国）

長期にわたって軍隊を養っておくのは、一朝事あるときのためである。無用なようでも、常備しておくべきだ。

ベーコンを買えないものは、キャベツで満足しなければならぬ。

良い地位を得るまでは、現在の境遇で満足せよ、という戒めである。

臍が茶を沸かす。

おかしくてたまらない。ばかばかしい。嘲りの言葉。「臍が笑う」「臍が宿替えする」とも。

下手があるので上手が知れる。

下手な人がいるために、すぐれた人が目立つ意。

下手な教えは無い方がまし。

指導者が心すべきだという外国の諺。誤解するような事を教えたり、嘘を教えたりしないことだ。英語の諺 Better untaught than ill taught.

下手な鉄砲も数打ちゃ当たる。

He that is always shooting must sometimes hit. いつも撃っているものは時々は当たるに違いないという英語の諺 He that shoots often, at last shall hit the mark. とも。意味するところは万国共通らしい。

下手な弁解よりも沈黙。

疑われた時「下手な弁解はしない方がましだ」A bad excuse is better than none at all. という英語の諺。「まずい弁解は、弁解しないよりなおまずい」A bad excuse is worse than no excuse. も、英語の諺。相互に反するようだが、ほぼ同じ趣旨。

下手の考え休むに似たり。

囲碁将棋で、下手の長考は時間の浪費で何の効果もないという嘲り。転じて、一般に、長く考え過ぎることに対する自嘲に使う。

下手の金的。

金的は、キンマトと読むのが本来。現代語のキンテキ。まぐれで的の真ん中を射当てること。

下手の思案は後に付く。

下手な者は、事が終わってしまってからはじめて、よい知恵が浮かぶ、という意。

下手の大工で切って継ぐ。

下手な大工が材木を切り過ぎて不足を継ぎ足す。その場しのぎの策を弄すること。

下手の道具しらべ。

下手な人に限って、とかく道具についてうるさくあれこれと言い、立派な道具をそろえようとするものだ。

下手の長糸。

裁縫の下手な者ほど針に通す糸を長くする。長いとかえって、からまったりして手間がかかるので、上手な者は必要分だけを要領よく使う。「下手の長糸、上手の小糸」とも。

下手の長追い。

囲碁の下手な人は、敵の石を取ることに夢中になって、長く追い過ぎて、形勢を悪くすること。

下手の長談義。　「上方かるた」（日本）

話下手な人の話ほど長くて、短く切り上げられない。談義は、本来仏教の教義を教えさとすこと。したがって、京の町で、坊さんの長いお説教を揶揄したものだったかと思われる。

下手の長針。

裁縫の下手な人にかぎって長い針を使う。

下手の長文句。

文章の下手な者にかぎって、長たらしい文句を連ねて書く。文章は簡潔に書くものだ。「下手の長文」とも。

下手の早あたり。

弓の初心者はよく当たるが、上達してくるとかえって当たりにくくなる、意。

下手の負け惜しみ。

勝負事の下手な者にかぎって負け惜しみ

が強い。

下手の横好き。
下手なくせに、むやみやたらに熱心である、意。

下手の横槍。
下手な者は、傍らから、あれこれと差し出口をして邪魔をしやすい。

下手は上手の飾り物。
下手は上手の引き立て役である。謙遜の意。

下手は上手の元。
初めは誰でも下手である。練習を積み重ねて熱心にやれば上手になる。熱心にやれ。

へっついより女房。
へっついは、かまど。生活の根拠である、住居やかまどより先に、妻を持つことが大事という意。「竈より先に女房」とも。

ベッドシーツの長さだけ足を伸ばせ。
エジプトの諺。高望みせず、与えられた範囲で生きよ。日本の諺「足るを知る」に近い意。

へつらい者は、みんな、いい気になる奴のおかげで暮らしていることを。
ラ・フォンテーヌ（フランス）
記憶せよ。へつらい者も、いい気になっている者も、世人から快く思われていないし、そういう人が多い世の中だ、ということを。

蛇に嚙まれて朽ち縄に怖ず。
一度の失敗にこりて、必要以上に用心深くなる、意。「羹に懲りて膾を吹く」（別項）と同意。

蛇を画きて足を添う。
「蛇足」（別項）。なくてよい無駄なもの。よけいなものの意。

部屋に書籍無きは、身体に精神無きがごとし。
キケロ（古代ローマ）
部屋に書物をおきなさい。読書のはじめになる――、という意の言葉が続く。

ベルギー人は胃の中にレンガを一つ入れて生まれてくる。
ベルギーの諺。ベルギー人は、一生の間に、自分の家を建てる夢を持って生まれてくる。つまり、家を建てるだけの一生を送る、という意。

屁をひって尻つぼめる。
「江戸かるた」（日本）
放屁の後小さくなっている。普通は、失言のあと口を押さえる喩え。また、一般に、過ちをしてから取り繕っても間にあわない意。

勉強も、いくらか道草があった方がいい。
森毅（日本）
ちょっとは道に迷ったりつまづいたり、その間にその山が道のないところも含めて自分の世界に取り込まれてくる。それが創造の場になっていく。――と続く名言である。

弁慶に薙刀。
強い弁慶にもっとも得意とする薙刀を持たせる、意。「鬼に金棒（カナボウ）」（別項）と同じ。

変更は、必ずしも、改善ではない。
C・H・スパージョン（イギリス）
変更するということは、良くなると思ってすることだが、結果が良くなるとは限らない。山鳩が、網を逃れてパイになってしまったときに言ったように。――と続く名言。

偏なく党なし。
『書経』（中国）
一方に片寄ることなく、徒党を組まない。不偏不党、とも。

ペンの力は、剣の力よりも大きい。
リットン（イギリス）
ペンにより正しさが報道され人心を掌握すれば、いかに武力をもってしても国民の心はうごかない、意。「ペンは剣よりも強し」とも。**英語** The pen is mightier than the sword.

ほ

布衣に靴の沓。
「布衣」はホウイと読む。平服のこと。「靴の沓」はカノクツと読む。礼式の時に履く履き物。平服に儀式用の履き物の意。釣り合わないこと、不似合いの喩え。

暴飲暴食は貧困につながり、惰眠は人にボロをまとわせる。
ソロモン（古代イスラエル）
暴飲暴食は貧乏の元になる。のらくら怠けていると、着物もボロになる。

傍観する者は審らかにして、局に当る者は迷う。 『唐書』（中国）
審らかは、ツマビラカと読む。そばで見ているものは状況がよく分かるが、当事者は公平に見ることが難しく迷うことが多い、の意。

冒険したいなあと思うのは、家庭にいて、何事もない時である。 ワイルダー（アメリカ）
いざ冒険をやっている時には、ああ家庭にいたらなあと思う。家に帰るとまた、まだ見ぬ土地へ冒険したいなあという思いが、もたげてくる。――と続く。

咆哮する者必ずしも勇ならず。
大声で叫び威張り散らす者は、真の勇者とは言えない。

奉公人と鋏は用いようで働く。
奉公人は上手に使うとよく働くし、鋏も、うまく用いればよく切れる。要は、使い方次第である。

暴虎馮河の勇。
暴虎は、暴れる虎を素手で打つ意。馮河は、ヒョウガと読み、大河を歩いて渡ること。諺の意は、無謀な行為をする勇気。ばかばかしい勇気のこと。

法、三章。 『史記』（中国）
殺人、傷害、盗みだけを処罰する三つの法律。転じて、法律がきわめて簡略なこと。

帽子と頭巾。
たいした違いはないことの喩え。「帽子と鉢巻き」とも。

法師の公事だくみ。
「公事だくみ」は、クジダクミと読み、利益のために訴訟を企むこと。訴訟などをすることが世捨て人の僧に不似合いだという意。

飽食暖衣逸居して教え無ければ禽獣に近し。 『孟子』（中国）
「逸居」はイッキョと読み、気楽に遊び暮らすこと。腹いっぱい食べ、暖かく安楽に生活して、何も学ばなかったら、鳥や獣と同じだ。

飽食暖衣は、かえって命短し。
飽きるほど食べ、暖かく安楽に暮らすと、かえって命を縮める、という意。

暴食は、剣よりももっと多くの人を殺す。
暴食は、人体に非常に有害だ、という意。
英語の諺 Gluttony kills more than the sword.

坊主憎けりゃ袈裟まで憎い。
その人を憎むあまりに、その人と関係あるものは全て憎くなることをいう諺。

坊主の花かんざし。
無用の物を持っていても何にもならない。

坊主の不信心。
他人に信心をせよと立派な説教をしながら、自分自身は実行が伴わないこと。

坊主丸儲け。
僧侶は、資本や経費なしに利益が得られる意。一般に、もとでなしに思わぬ儲けのあったときに使う喩え。

法、貴きにおもねらず、縄、曲にたわまず。 『韓非子』（中国）
貴きはタットキと読む。法は、身分や地位の高い者にへつらうことなく、大工の墨縄は、曲がった木に合わせてゆがめて引くことはない。

忙中閑あり。
「忙中自ずから閑あり」とも。忙しい中にもわずかなひまはあるものだ、の意。
「最も忙しい人が最も多くの余暇を持つ」The busiest men have the most leisure. が英語の諺。多忙な人は時間の使い方が上手で敏速だから、かえって暇が多く得られる、意。

包丁十年、塩味十年。
一かどの料理人となるにはそれだけの年季を入れないといけない、という意の諺。

法とは、空気や水のように必要だが、日常意識しないものだ。 末川博（日本）
それを意識するのは、なにか特別なことをしたり、我々の生活に異変が起こったりした場合であることが多い。――と続く文である。

鵬程万里 荘子（中国）
鵬は、ホウと読み、地球の北から南へ飛ぶという巨大な鳥。海路や空路の遠大な道のりをいう諺。

方にしたがい円につく。
四角いものにも丸いものにもうまく応じていく。何をしてもできないことはない。どんな状況にも適応できる。「方に随い円に就く」とも。

豊年の飢饉。
農作物がとれすぎて、値下がりで農民の

生活が苦しくなること。「豊年の凶年、凶年の豊年」とも。

法は人でない、人は法でない。

法はあくまで人ではないから、施行に当たっては人の気持ちを考えなければならない。法に係わる人の心構えを述べた言葉。

法は、貧乏人をいじめ、金持ちが法を規定する。

法律は貧しいものの味方になるよりも、金持ちが自分たちの都合のよいように作ることが多い、という意。

宝引きするにも法がある。

宝引きはホウビキと読み、福引きの近世語。福引きのような遊びにも作法や法式がある、という諺。

棒ほど願って針ほど叶う。

大きな願いを神仏に願っても、かなえられるのはごくわずかである意。

朋友は六親にかなう。

六親は、父母兄弟妻子、または父子兄弟夫婦のこと。親友は、六親と同じぐらい大切なものである、意。

亡羊の嘆。　『列子』（中国）

ボウヨウノタンと読む。逃げた羊を追ったところ、道が多方に分れて羊を見失ったという故事から、学問の道があまりに多いために、容易に真理を得がたいこと。方針があまりに多いため、どれを選ぶべきか思案に困ること。多岐亡羊、とも。

望洋の嘆。

別語で漢字の違うボウヨウノタンがある。注意が要る。あまりに広大で見当がつかない意。深遠な思想や学問に対して、自分の力の及ばないのを嘆く、意。

法律少なきはよい法治国。

「一つの国に法律が多いことは悪いしるしである」とも。中国古代の諺に、「法、三章」（別項）がある。殺人、傷害、盗みだけを処罰するという、意。簡略な法律で済むような良国にしたいもの。

法律は人民を守るはずのものだが、これを知らないと、かえって恐ろしい事になるものだ。　J・A・フィッシャー（イギリス）

その意味で底無しの沼のようなものだ。——と続く。法律を知ることの重要性を述べた諺。

法令ますますあきらかにして、盗賊多くあり。　老子（中国）

法律を完備すればするほど、それに触れる犯罪者は多くなるものだ。

吠える犬は打たれる。

暴言や広言を吐けば、人から憎まれ、災難を招く。

吠える犬は噛みつかぬ。

むやみに威張ったり強そうなことを言う者に限って、実力がない意。「吠える犬は咬まない」A barking dog does not bite. は、同じ意で英語の諺。

ホーマーすら、時には過ちをすることがある。

英語の諺。ホーマーは、古代ギリシャの英雄的詩人ホメロスの英語読み。Even Homer sometimes nods. 日本語の「弘法も筆の誤り」と似た意味である。その道の名人上手でも、時には失敗することがある意。「ホーマーも時には居眠りをする」とも。

帆影八里、船端三里。

船旅で、水平線上に帆が見えると八里。船体が見えると三里離れているという諺。地球が球状であるため。経験から生まれた諺。

木石にあらず。

「人、木石にあらず」（別項）とも。人には、喜怒哀楽の感情がある、意。

僕の前に道はない　僕のうしろに道はできる　ああ自然よ　父よ　僕を一人立ちさせた広大な父よ　高村光太郎（日本）

僕から目を離さないで守ることをせよ　常に父の気迫を僕に充たせよ。——と続く詩句である。偉大で広大な自然への魂の叫び、そのものを詩にしている。

僕は幼い時から進歩を信じていた。多くの過失をおかしながらも、人間は常に光の指す方向をめざしていくものであることが判っていた。　チェーホフ（ロシア）

夜の後には必ず朝が来るように、常に人間が進歩の方向を目指していることを信じている、というすばらしい言葉である。

トは一八人目に又と書く。なあに？

トはボクと読む。ボクワジュウハチニンメニマタトカク。漢字の記憶法の諺。答えは、叡。本来は、なぞ諺。

戈を止めるを武となす。

『春秋左伝』（中国）

戈はホコと読む。武という字の成り立ちは、戦争を止める、という文字だ。我々は戦争をしないという意志を持つべきである。

欲しいと思うものを買うな。必要なものだけ買え。

カト・ケンソリウス（古代ローマ）

欲望のままに買うな。買い物は必要品だけにせよ。

ほしいままにするが凡夫、嗜むが君子なり。

『譬喩尽』（日本）

欲望のままに行動するのが凡人、節度をわきまえているのが君子である。

星は昼見えず、日は夜照らさず。

すべて物には、それぞれ守るべき時があるという喩え。

星を戴いて出で、星を戴いて帰る。

『呂氏春秋』（中国）

朝早くから、夜遅くまで仕事に励むこと。「星を以て出で星を以て入る」とも。

細い目で長く見よ。

じっと我慢して、一時の損得を離れて、長い将来を見通せ、という意。

細くても針は呑めぬ。

どんなに細くても、針は呑めない。細く小さくても、侮ってはならない、という喩え。

牡丹餅は棚から落ちて来ず。

物事はそううまくはいかないものだ。求めずして幸運は得られない。

蛍二十日に蟬三日。

成虫になってその寿命が蛍は二十日、蟬は三日であるという意。物事の盛りの時期の短い喩え。

欲するものがすべて手に入りつつある時は警戒せよ。

J・C・ハリス（アメリカ）

人生の絶頂期にあって、面白いように事が運ぶ時に、自分を見失ってしまう。そのわずかな心の隙に、不運や不幸が忍び寄る。人生の下り坂の始まりに心せよ。

ぼつぼつ上りの一時下り。

のぼる時はゆっくりで、くだる時は早い、ということ。

缶林ワ必ずかこみ、ヒはサンサント斜めに射す、なあに？

缶は、ホトギと読む。難字の記憶法の諺。鬱が答え。本来は、なぞ諺。缶はカンと覚えてもよい。

仏造って魂入れず。

「歌舞伎」『助六廓夜桜』（日本）

物事をほとんどなしとげながら、最も肝要なことが抜け落ちていることの喩え。「画龍点睛を欠く」（別項）と似た意の諺。

仏の顔も三度。

「上方かるた」（日本）

どんなに情け深く、おとなしい人でも、道理に外れたことを三度もくりかえされると怒るという喩え。

仏の心凡夫知らず。

仏の寛大な慈悲の心を知らずに、凡人は愚かな事ばかりする、という意。

仏ほっとけ、神構うな。

敬神崇祖を嘲った諺のようだが、真意は「神や仏を当てにするな」という庶民らしい語呂合わせである。

仏も本は凡夫なり。

釈迦も昔は煩悩の多い凡人であった。だから、誰でも仏道に精進すれば仏になることができる、という意。「仏も昔は凡夫なり」とも。

施しに五つがある。遠来の人。遠く去る人。病人。凶作時の人。持戒精進の人。

釈迦（インド）

施しに次の五つがある。遠くから来た疲れた人への施し、遠く去って行く苦労の多い人への施し、病人への施し、凶作で飢餓に苦しむ人への施し、戒律を守って仏道に精進する人への施し。こうした五つの施しのあと「自らに施せ」とある。

施しを好む者は肥ゆ。

『聖書』

貧しいものに施す人は、その徳によってますます富み栄える。英語 A generous man grows far and prosperous.

程好い食事医者要らず。

適度でバランスのとれた食事は、医者も薦める健康法である。「腹八分めに医者要らず」（別項）に近い。

ほね折り損のくたびれもうけ。

「江戸かるた」（日本）

一生懸命努力したあとが疲労だけというようなことは、よくあることである。空しさへの自嘲の諺。「骨折り」は努力すること、苦労すること。

骨身惜しむな、無駄惜しめ。

体を動かしての労苦を惜しむな。惜しむなら、時間や物の無駄を惜しめ、という戒め。

骨を埋むとも名を埋まず。

死んで骨は埋められても、名誉や功績が後世に残るように努める、意。

白居易（中国）

炎は、煙の出るところから遠くは離れていない。

「煙だ、火事だ。すぐ行動に移さなくては」を遠回しに表現した英語の諺。The flame is not far away from the smoke. 「火のないところに煙は立たぬ」（別項）というのが、日本の諺である。

誉め言葉よりも、プディングがよい。

言葉で誉めてもらうより実利をとりたい、という意。日本にも、「花より団子」（別項）がある。風流より実利を、の意で似た意味である。**英語** Pudding rather than praise.

誉めて育てよ、誉めて教えよ。

やってみて、やらせて誉めて、また誉めて教える意。これが指導法の極意である。

誉められて腹立つ者なし。

いやなことを言われるより、誉められるほうがよい。誉めるようにすれば、相手の怒りも憎しみも和らぐものである。

誉めるの誉められるのと、全体そりゃ何の事だ。人間が人間当り前の仕事をしているのに何も不思議はない。

福沢諭吉（日本）

政府の褒章についての名言である。「車屋は車をひき、豆腐屋は豆腐を作る。政府が誉めるというなら、まず隣の豆腐屋から誉めてもらわねばならぬ。そんなことは一切よしなさい。」——と続く言葉である。

洞が峠をきめこむ。

戦いの形勢を見て分のいいほうに味方する意。戦国時代の豊臣秀吉と明智光秀の山崎の合戦に、筒井順慶が日和見をした地名洞が峠に由来。

惚れた病に薬なし。

恋わずらいをなおす薬はない、という意。

惚れた欲目。

惚れた相手を、とかく実際以上に良く思ってしまう心情をいう。「惚れた欲目でアバタもエクボ（に見える）」という諺もよく使われている。英語の諺に「みにくい男に恋している女は、その男をハンサムだと思う」She who loves an ugly man thinks him handsome. という理屈っぽいのがあるが、日本語の簡潔表現の方が良い。

惚れて通えば千里も一里。

惚れた相手の所までかようのであれば、遠い道のりも、ごく短く感じられる、という意。

襤褸を着ても心は錦。

襤褸はボロと読む。心が豊かで美しければ、外見は問題外である、という意。

本貸す馬鹿。

本を貸したらなかなか戻らない、という意。

盆過ぎての蓮の葉。

時期遅れの喩え。

本当に重大な心配ごとがある時、人は黙るもの。

「小さな心配は話すが、大きなものは黙っている」。**英語の諺** Light cares speak, great ones are dumb. の訳。黙っている重大な心配ごとに、親身になって考えてあげるのが、本当の人間であろう。

本当に人間の名にふさわしい人間を、他の人から区別する根本の特徴は、困難な逆境に耐え抜くことである。

ベートーベン（ドイツ）

困難な逆境に耐え抜く人が、真の人間の名にふさわしいという意。

本当の雄弁は、必要なことを全部語り、しかも必要なことのみを語るものである。

ラ・ロシュフコー（フランス）

「必要なことを全部語り、必要なことのみ語る」、言うは易いが、むずかしい。しかしこれが雄弁なのである。

盆と正月が一緒に来たよう。

極めて忙しい喩え。また、嬉しいことが重なる喩えにも使う。

本と友人は、少数で善いものであるべきだ。

少数の善い友人、少数の善い本、これが人生を支えるという諺。あふれるような本のある時代、多くの友人と情報、その中から、少数の善いものを選んで生かせ、の意。**英語の諺** Books and friends should be few and good.

本来無一物。

我が物として執着すべきものは一つもない、意。仏教では、存在するものすべて空だと考えるから、「本来」を使っている。

本を、その表紙によって判断するな。
書物は、中身が重要だという真理である。我々は広い意味で外観によって判断しやすい動物である。表紙、装丁、外観によって、判断しない人間でありたい。　英語の諺 Judge not a book by its cover.

本を踏むと罰が当たる。
書物を粗末にしてはいけないという戒め。踏んだりまたいだりしないこと。

ま

参らぬ仏に罰は当らぬ。
参詣もしない寺の仏の罰は当たらない。物事にかかわらなければ、わざわいを受けることはない。

曲がった松の木。
「柱にはならん」であるから、「走らにゃならん」、となる。急がねばならない、の意。なぞ諺。

蒔かぬ種は生えぬ。　「上方かるた」（日本）
原因がないのに結果が生じるはずがない、良い事もしないのに幸福がやってくるはずがないの意。借金という種を蒔くから利息が増えるのだ。借金をしないで働けば貧乏から抜け出せる、などと江戸期の小説は説く。

曲がらねば世が渡られぬ。
世渡りには正義や道理一点張りでなく、自己を曲げて世のならわしに従わなくてはならないこともある。

曲がり木も用い所がある。
曲がった木でも何かの役に立つように、どんな物でも、役に立つものだ。「大鋸屑も取り柄」（別項）と似た意。

曲がれるを矯めて直きに過ぐ。
矯めてはタメテ、直きはナオキと読む。物事を正そうとして、度を越すとかえって損害をまねく、という意。

枕と談合。
寝て、ゆっくり考える、意。

枕を扇ぎ衾を温む。『東観漢記』（中国）
衾はシトネと読み、寝具の意。夏は親の枕元で扇ぎ、冬は親の布団を体温で温めること、つまり、親に孝養を尽くすこと。

負け惜しみの減らず口。
負けた者が、虚勢を張って憎まれ口をきくこと。

負けて勝つ。
一時は相手に勝ちをゆずって、大局において有利になるようにはからうこと。「負くるは勝ち」とも。

負けるが勝ち。
表面では負けたようにして、実際には有利な立場になる意。人生競争でも、こういう事例は多いものだ。

負けるは勝ち。　「江戸かるた」（日本）
無理にあらそおうとしないで相手に勝ちをゆずる方が結局は得だ。勝ちをゆずれ。その方が結果は良いという教え。

負ける負けると思えば、負け、勝つ勝つと思えば、勝つものなり。
豊臣秀吉（日本）
負けると思いて勝ち、勝つと思いて負けることもあれど、人には勝つものと言い聞かすべし。――と続く言葉である。

負けるも勝つも時の運。
勝ち負けはその時の運次第である、ということ。

真心をもって人を助ければ、必ず自分も人から助けられる。
エマーソン（アメリカ）
これは、人生のもっとも美しい補償の一つである。――と続く言葉である。

誠は天の道なり、これを誠にするは人の道なり。
『中庸』（中国）
誠は、天地自然の道理であり、この道理を実現するのが人の本性である。

誠を尽くすことは、約束できるが、公平を尽くすことは、約束できない。
ゲーテ（ドイツ）
公平を尽くすことは難しい。公平になるように努力するしかできない。

馬子にも衣装。
いやしくつまらない者でも、外面を飾れば立派に見えることをいった喩え。「着物は人を作る」（別項）Clothes make the man. は、英語の諺で意味が近い。

孫は子より可愛い。
「子より孫が可愛い」とも。祖父母は、

我が子の可愛さの二乗したものを、孫の可愛さにしているようだ。


まさかの時の策がある。

危急、困難の時、どうすればいいか、よく考えておく必要がある、という意。


まさかの時の友こそ真の友。

危急、困難の時に助けてくれる友こそ真の友である。**英語の諺** A friend in need is a friend indeed.

正宗で薪割る。

正宗は名刀。つまらないことに大事な道具を使う、意。使い方が間違っている、という喩え。


勝るを羨まざれ、劣るを卑しまざれ。

すぐれたものを羨んでもいけないし、劣ったものを見下してもいけない。他人のことを気にしないで自分の仕事に熱中し、大らかな気持ちで生きよ、という意。


まずい弁解でも、全くしないよりまし。

だまっているより何かしゃべった方が良いという意。逆の意の諺もある。「言わぬは言うにまさる」(別項)。時機により使いわけたい。


まず結婚しなさい。そうすれば愛情はついて来るだろう。

日本の諺に、「人には添うてみよ、馬には乗ってみよ」(別項)というのがある。何はともあれ結婚を先にすれば、愛情が湧いてくるし、うまくいくだろう、というのである。**英語の諺** Marry first and love will follow.

貧しうして楽しむ。

「貧にして楽しむ」(別項)とも。貧しくても楽しく暮らす幸せを表す、諺。


貧しきものは書によって富み、富めるものは書によって貴し。

貧しいものは書を読めば立身して裕福になり、裕福になったものは書を読むことによって一層高貴になる。

王安石(中国)

貧しくとも、自分の生活を愛したまえ。

「貧乏でも、心の豊かな生活を」と叫び、奴隷制度と悪税に反対した作家で学者でもあった人の言葉。

ソロー(アメリカ)

貧しさは、貧しいと感じるところにある。

心の持ち方で、貧しくても豊かに暮らす人もいる。

エマーソン(アメリカ)

混ぜ物のない喜びはない。

純粋な喜びというものはない。いくばくかの苦しみを含んだ、その後の喜びなのだの意。No joy without alloy. が英語の諺。「苦しみの後の喜びは心地よい」Sweet is pleasure after pain. は似た意味の諺。


待たぬ月日は経ち易い。

待っているとなかなか来ない時間だが、ぼんやりと過ごすと月日はすぐに経ってしまう、心理状態を述べた諺。


まだ早いが遅くなる。

まだまだじゅうぶん間に合うからと、呑気に構えていてはいけない、のんびりしているとつい遅れてしまうぞ、という戒め。


待たれる身より待つ身。

待たれている人より待っている人の方がずっと切なくつらい。待つ身になって行動せよ。


待つが花。

楽しみを期待しながら待っている間が一番楽しい、という意味の諺。「待つ間が花」「待つ内が花」とも。「祭りより前の日」(別項)も似た意味の諺。


全く何もないより、少しでもある方がよい。

日本語の「ないよりまし」(別項)「枯れ木も山のにぎわい」(別項)に近い諺。英語で、「何もない殻よりも半分の卵でもある方がまし」Better half an egg than an empty shell. という諺もある。


待っている湯沸かしは、煮立ちが遅い。

何事でも、待っていると、時間が大層長く感じられることがある、という意。**英語の諺** A watched pot is never boils.

松は千年竹は万年。

いつまでも変わらず長寿を保つもので、めでたいという喩え。

待つ人は障りありて、頼めぬ人は来る。
『徒然草』(日本)
信頼して待っている人は来られず、あてにもしていない人が来る。世の中は、思い通りにならないものだ意。

待つ身のつらさ。

研究の成果を待つ、人を待つ、合格を待つ、長時間になるほど、つらさは大きい。諺は、それだけを示している。待つ身はつらいから、待たさないようにしよう。

持つ身はつらいが、そのあとは喜びがあるからがまんしよう。など、いろいろ善い行動に結びつけたいものである。

待つ身は長い。

「待つことは退屈である」Waiting is tedious. が英語の諺で同じ意。「待つ身のつらさ」（別項）とも。故に、待たさない、迷惑をかけない、時間厳守の諺にも用いる。

松脂にさわれば必ず汚れる。

You cannot touch pitch without being defiled. が英語の諺。松脂は、マツヤニと読む。「松脂に触れるものはそれによって汚れるはずである」He who touches pitch should be defiled therewith. とも。人は付き合う相手から善きにつけ悪しきにつけ影響を受けるものだという意。日本語の「朱に交われば赤くなる」（別項）と同じような喩え。「悪い交際は良い作法を悪くする」は似た意味の諺。Evil communications corrupt good manners.

政を為すは人にあり。『中庸』（中国）

政はマツリゴトと読み、政治の意。政治のよしあしは、それを運用する人による。

祭より前の日。

祭は、その当日より待ちかねている前の日のほうが楽しいものだという、意。

待てば海路の日和あり。

あせらずにじっと待っていれば、幸運がめぐってくる。人生の苦難や悲運を、船旅と嵐に喩えたもの。次項の「待てば甘露の日和あり」を近世に変えて使った諺。

待てば甘露の日和あり。

甘露は、中国の伝説で、仁政に感じて天が降らせる甘い液のこと。じっくりと待っていればそのうち甘露の降るような日和があるという意。つまり待っていれば良い時節が来るという意である。英語では、All things come to those who wait. が近い意味の諺。

窓から槍。

おもいがけないことの、意。唐突なこと。

窓の下学問。

窓越しに講義を聞いて得た学問。小耳にはさんだ学問の意。聞くとはなしに聞いた学問で本格的な知識ではないことをいう。

爼の鯉。

爼はマナイタと読む。爼の上の今にも料理されようとする鯉。どうなろうと相手のなすがままになるよりほかにしようもない状態の喩え。

眼は寝るを以て食とす。

眼はマナコ、食はジキと読む。目の疲れは、寝ることによって癒される、という意。

学びて厭わず、教えて倦まず。

厭わずはイトワズ、倦まずはウマズと読む。自ら学んで飽くことなく、人に教えて退屈しない。孔子の言葉だが『孟子』にある。学ぶ者も教える者も自戒すべき言葉である。

学びて思わざれば罔し。『論語』（中国）

罔しはクラシと読む。教えを受けるばかりで自らの力で考えなければ、暗愚と同じという意。

学びてしかる後に、足らざるを知る。『礼記』（中国）

学べば学ぶほど学力、知識の足らないことがわかってくる。

学びて時にこれを習う、また説ばしからずや。『論語』（中国）

説ぶはヨロコブと読む。学習の語源となった諺。学んだことを繰り返し繰り返し思索し、自分のものにしていく。これほどの喜びはない。

学ぶのに時間がないという者は時間があっても学ばない。『淮南子』（中国）

学ぶのに時間がないという言い訳をするな。そう言う人は時間があっても勉強しないものである。

学ぶのに年を取り過ぎた、ということはない。　セネカ（古代ローマ）

学問は果てしなく、一生が勉強だという、諺。ローマの哲学者の言葉。英語の諺 Never too old to learn.

学ぶ者は牛毛の如く、成る者は麟角の如し。『北史』（中国）

学問を志す者は牛の毛のように多いが、それを成就する者はキリンの角のようにごく少ない。

学ぶ者は山に登るが如し。『中論』（中国）

学問は、登山のようなもの、学べば学ぶほど、その頂きが高く感じられる。

学べばすなわち固ならず。

『論語』（中国）
固はコと読む。固い意。学問をすれば視野も広くなり、態度も柔らかになる。一つの考えに固まり頑固にならぬことだの意。

ままならぬは浮世の義理。
この世には果たさなければならない義理というものがある。自分の思うように生きたいと思ってもなかなかそうはさせてくれないものだ、の意。

まめ息災が、身の宝。
体が丈夫で、災難にあうことなく、無事でいることが、何よりの宝である、意。

迷う者は道を問わず。 荀子（中国）
人生に迷う者こそ道を問うべきなのに、そういう人に限って教えを受けようとしないものだ。

迷える羊。 『聖書』
迷いの多い弱い者の喩え。英語 A stray sheep. の訳。

迷わぬ人に悟りなし。
迷い迷った人にしてはじめて悟りの境地に到達できる。「大疑は大悟の基」は、ほぼ似た諺。

迷わんよりは問え。
自分だけで思い迷うより、わからぬことは人に問い尋ねて、明らかにするほうがよい。

丸い卵も切りようで四角。
丸い卵でも切り方によっては四角になる。物事も言い方によって、円満に運んだり角が立ったりする、という喩えである。

丸いものは転びやすい。
円満なものは他におしきられやすい。安定しにくく、また欠けやすい。少しぐらい角のある人間であれ、の意。

丸太に糠釘。
糠釘は、ごく短い釘。糠釘のような短い釘を丸太に打っても、役に立たない。ささやかな言葉では、先方に自分の意志や気持ちが通じないことの喩え。

真綿で首を締めるよう。
柔らかいが切れにくい真綿で首をしめるようにの意。遠回しにじわじわと責めたり痛め付けたりすることの喩え。「綿にて首をしめるよう」とも。

万巻の書を読むより、一人でも多く、優れた人物に会う方がはるかに人生の勉強になる。 小泉信三（日本）
読書も大切だが著者との交流は、薄く弱い。だから、一人でも多くの優れた人物に直接会って教えを受ける方がはるかに大きな人生勉強になる、という意。

慢心は学問の大病。
学問を少し学んだ、覚えたと慢心することは、いけない。絶えず進歩発展する学問にとって大きな害となるという意である。

満足した一日が安らかな眠りをもたらすように、満足できた一生は、安らかな死をもたらす。 ダヴィンチ（イタリア）
一生を、満足できたと思えるようにしよう。さあ今日も満足した一日にするのだ、という教えである。

満足な仕事ができないと思った時は、素直に自分のレベルに合った仕事を捜しなさい。 ジェームズ・ギャンブル（アメリカ）
たとえ、それが石割りの仕事であったとしてもである。——と続く言葉である。無理にしがみついているのは、決して幸せではない。

満足の仕方を習え。
英語の諺 Learn how to be contented. の訳。いくらよいことがあっても満足しない人が多い。いくら財産があっても満足しない男もいる。「足るを知るものは富む」（別項）という言葉がある。いくら富や幸福を得ても満足できないというのでは、人生は空しい。

満足は天然の富である。 ソクラテス（古代ギリシャ）
心の満足は、満ちた気持ち、天から与えられたものだ。

満足は天来の富である。
平生の満足が豊かな人生を作る。心の満足は富である。小さな満足を、積み重ねよう。英語の諺にも、「満足は富にまさる」Contentment is better than riches. がある。

満足を知っている者は、真の裕福な者である。 ソロン（古代ギリシャ）
満足を知らぬ貪欲なものは、真の貧乏人である。——と続く言葉である。

満能足りて一心足りず。
あらゆる技芸に達していながら、一心にするという真心が足りないと、役に立たない、という意。

満は損を招く。　『書経』（中国）
満は、完全な状態、の意。物事は完全な状態に達すると、どこか欠けたり衰えたりするものである、という意。

満腹は御馳走も同様である。
満腹できる毎日が、幸せである。アフリカや中東の戦乱の中で餓死する子供、日本でも戦時中の飢え、現在でも貧しい人々の乏しい食事、これらを考えれば、食べられることだけでも、御馳走を頂いていることだといえる。**英語の諺** Enough is as good as a feast.

み

身あれば命あり。
命はメイと読み、運命のこと。肉体があってこの世に生きている以上、人はそれぞれ運命を持っているものである、という意。

ミイラ取りがミイラになる。
ミイラ（薬用）を取りに入ったものが迷って出られず自分がミイラになってしまう。人を連れ戻すために出かけた者が自分も留まって役目をはたせない。一つ大儲けしようと賭博をするが、元も子もなくなる。説得しようとして出かけて、説得されて同調してしまう。などの喩え。

見えなくなると忘れられる。
「眼から遠ざかると、心から遠ざかる」（別項）「去る者日々に疎し」（別項）。親しくしていた人も、離れてしまうと、自然と忘れられる、意。**英語の諺** Out of sight, out of mind.

見栄張るより、頬張れ。　「歌舞伎」（日本）
見栄を張るより、まず口にものを入れよ。虚栄より利得を取れ。「花より団子」（別項）に似た諺。

見かけばかりの空大名。
空はカラと読み、中身がない意。見た目がよいだけで、家計の内情は窮迫していること、の喩え。

味方千騎の便り。
味方に千人の騎馬武者の援軍があるという便り。非常に心強い知らせ、のこと。

味方千人敵千人。
味方になる人も多いが、敵になる人も多いという意。

味方見苦し。　「歌舞伎」（日本）
味方をひいきするのはみっともない。

味方身びいき。
身びいきは、特別にひいきすること。味方には特にひいきすること。

身から出た錆。　「江戸かるた」（日本）
自分の悪い行為の結果として自分が苦しむこと。自分のした行為の報いとして受ける災い、の喩え。自分の責任から出た失態であるという詫びにも使う。本来は、「身」は刀剣のことだから、「刀剣から出た錆」が元の意味。「自業自得」（別項）と近い意。

蜜柑が黄色くなると、医者が青くなる。
蜜柑が色付く秋は気候がよく、病人が少ないところから、医者にかかる人が少なくなる意。「柚が色付くと医者が青くなる」「柿が赤くなると医者が青くなる」とも。

右と言えば左。
他人の言うことに対して、ことさらに反対すること。

右の耳から左の耳。
右の耳から入って左の耳へ抜ける意。上の空で何も聞いていない様子をいう。「馬耳東風」と似た意。

右を踏めば左が上がる。
一方をよくすれば他方が悪くなる。八方によくなるようにはいかない、という意。

身さえ心に任せぬ。
自分自身さえ思うようにならない。世の中が自分の思うようにならないのは、仕方のないことだ。

見ざる聞かざる言わざる。
人の悪事は見ない、人の悪口は言わない、人の過ちは責めないという戒め。封建時代の処世術だが今も通じる。猿と、打消のザルとの掛け言葉。

短い快楽に永い後悔。
はかない快楽に酔いしれていると、後に永く後悔が残るという意。快楽は適度にということ。**英語の諺** Short pleasure, long lament.

短きものを端切る。
端切るはハシキルと読む。困っている生活なのにさらに困るようにする喩え。奈良時代の諺で、万葉集貧窮問答歌にある。

ミ、シは上に。すでに、やむ、イは中程に。おのれ、つちのと、コ、キ下につく。
三十一文字のリズムにのせた漢字「巳、已己」の記憶法の諺。第三画が、上につくか、中ほどか、下につくかで、意味、用法が異なる。

水到りて渠成る。
渠はキョと読み、みぞ、ほりわり、水路の意。水が流れて来ると、自然にみぞができる。人も、学問が深くなると自然に人徳ができるものだ、という喩え。

自らあらわすものは、明らかならず。
老子（中国）
自分から知恵をみせびらかす者は、かえってその才能が世にあらわれない。

自ら勝つ者は強なり。 老子（中国）
自分の欲望を自分で押さえることのできる者が、真の強者である。

自ら知る者は人を怨まず。 荀子（中国）
自分の価値を真に自覚している者は、失意の状態になっても人をうらむことがない。

自ら信じて行えば、天下一人といえども強い。正義は常に念頭にあるからである。
杉浦重剛（日本）
自分を信じて実行すれば、この世に自分一人であっても強力である。正義は常に念頭にあるからであるの意。

自ら立てりと思う者は、倒れざるよう心せよ。
マルコ・ポーロ（イタリア）
自分の力で独立したと思うものは、倒れないように努力をする必要がある。

自ら恃みて、人を恃むことなかれ。
『韓非子』（中国）
恃みは、タノミと読む。自分の力を信頼することが大切で、他人を頼りにしてはならない。

自らの事では、誰一人　賢明でない。
英語の、No one is wise in his own affairs. の訳である。試合をしている者より見物人の方が良く見えることがあるものだという英語の諺もある。Bystanders sometimes see more than those who play the game. 当事者より第三者の方が冷静に情勢を見極めることができることがよくある、意。日本語の諺、「傍目八目」（別項）に似た諺。

自らの胸に聞く。
自分自身の心の中でじっくり考えてみる。静思・沈思することだが、普通は犯したミスや罪の自省に使うことが多い。

自ら卑うすれば尚し。 『史記』（中国）
「卑うす」はヒクウス、「尚し」はタットシと読む。自らへりくだって高ぶらない人は、かえって人から尊敬される。

自ら労して食うは、人生独立の本源なり。
福沢諭吉（日本）
独立自尊の人は、自営自活の人たらざるべからず。――と続く言葉である。自分で労働して生活して、独立自尊の人生を貫け、の意。

自らを尊べ。さもないと誰も尊ばない。
自分を尊重せよ。さもないと誰も大切に扱ってくれないであろう、という英語の諺。Respect yourself, or no one else will. 日本人の諺にはない考えである。消極的だが似た意味の諺に「自ら侮りてのち人これを侮る」がある。

水清ければ魚棲まず。
水が清く美しすぎるとかえって魚が棲まない。同じように人格があまりに清潔すぎると、かえって人に親しまれないという意。類似の英語の諺。A clear stream is avoided by fish. Clear water does not breed fish.

水清ければ月宿る。
水がきれいに澄んでいれば月が綺麗に映る。心が清いと神仏の加護があるという喩え。

水心あれば魚心。
「魚心あれば水心」（別項）の逆。相手が好意を示せば、こちらも好意を示すという、喩え。

水滴りて石を穿つ。
わずかな力でも長く積み重ねれば、大きな成果があがるという喩え。

水積もって淵となり、学積もって聖となる。
『天草版金句集』（日本）
わずかな水でも積もると淵になるし、少しずつでもたゆまず学問を積み重ねると、聖人の域に達することができる。「滴り積りて淵となる」（別項）と同。

水積もりて川と成る。『説苑』（中国）
小さなものが集まって、大を成すという喩えに用いる。

水と油。
しっくりと調和しない喩え。「油に水の混じるごとし」とも。

水と魚。
親密な関柄にあることの喩え。「水魚の交わり」とも。

水の恩はおくられぬ。
「おくられぬ」は、「報いることができない」意。水の恩は、非常に深くて、感謝してもしきれないものだの意。

水の流れと人の末。
水の流れの先と、人の将来ははかり知ることができないという意。人生の定めがたいことの喩え。

水の飲み置きで役に立たず。
「飲み置き」は飲みだめ、の意。いくらたくさん飲んでおいても、いずれのどが渇いてきて何日も保てない意。どんなに手を尽くしても益がない、という喩え。

水の低きにつくごとし。
ごく自然に物事が運ぶ喩え。「水は低きに流る」（別項）という似た意味の諺もある。

水は逆さまに流れず。
水は高い方には流れない。何事も自然のなりゆきにしたがうべきだ、ということ。

水は三尺流るれば清くなる。
濁った水も、少し流れると澄んだ水となる。

水は天から貰い水。
井戸や水道のない生活、の意。転じて、天から降ってくる雨が水の元である。感謝すべき水である意。

水は低きに流る。『淮南子』（中国）
物事は、自然の勢いによってはこんでいくことを喩えている。

水は方円の器に従う。白居易（中国）
水は容器の形にしたがってどんな形にもなる。人は、交友や環境次第で、いろいろ感化されて、様々な人間になる、という意。

水広ければ魚大なり。
人は、環境がよければ大成する、という喩え。

水を川へ運ぶ。
余計なこと、明らかに無駄なことは、しないのがよい、という意。

水を知る者は水に溺る。
人間というものは得意なことで油断して失敗することが多い、という喩え。

御簾を隔てて高座を覗く。
「高座」は、天皇や将軍の御座所。すだれをへだてて御座所をのぞくようだの意。物事が意のままにならずもどかしいという喩え。

店を守れ、そうすれば、店が、汝を守る。
自分の職業に専念すれば、必ず、生計を立てることができる、という意。**英語の諺** Keep your shop, and your shop will keep you.

味噌こしで、水を掬う。
苦労しても役に立たぬこと、の喩え。

味噌の味噌臭さは、食われず。
「味噌の味噌臭いは上味噌に非ず」や「学者くさきは悪し」が似た意味の諺。あまり職業や境遇を露骨に出す人は奥床しさがない、という意。

見たことは見捨て。
見たり聞いたりしたことは、むやみに人にしゃべらない方がよい、という意。

三たび思いて一たび言え、九たび思いて一たび行え。『金言童子教』（日本）
慎重に発言せよ。慎重に慎重に考えてから行動せよ、の意。

三たび我が身を省みる。『論語』（中国）
「われ日に我が身を三省す」に由来。一日に何回となく自分の言動を反省する意。「三省」「三省する」の形でもよく使う。

見たままの真実なり、心いっぱいの真実なりが、そのままほとばしり出たような言葉には不思議なほど、聞く人の心を動かし、明るくする力があります。西尾実（日本）
見たままの真実、心いっぱいの真実、それをありのままに書いた言葉が、すぐれた文章だ。という要旨の名文である。国文学者、国語教育学者でもあり、国立国語研究所の初代の所長を勤めた人の言葉。

みだりに人言を信ぜず。熟考せざることは言わず。人と冗談して貴重の光陰を浪費せず。人の悪言せず。西田幾多郎（日本）
むやみやたらに他人の言を信用しないし、軽々しく自分の考えも言わない。人と冗談を言い合って貴重な時間を浪費しない。人の悪口を言わない。という戒めである。

道同じからざれば、相為に謀らず。　『論語』（中国）
相為は、アイタメと読む。道について考え方が同じでなければ、互いに相談することをしない。

満ちた容器は、少しも音を立てない。
英語の諺 Full vessels make the least sound. の訳。「知る者は言わず、言う者は知らず」（別項）「名犬は吠えない」「駄犬ほどよく吠える」などは似た意の諺。内容豊かな人間を目指せの意。

道近しといえども、行かざれば至らず。事は小なりといえども、為さざれば成らず。　荀子（中国）
どんなに近い所でも、行かなければ到着しない。また、どんなに小さなことでも、行わなければ成就しない。

道に聴いてみちに説く。　『論語』（中国）
道できいたことをすぐ他人に受け売りするのは、よくない意。

未知の世界を探求する人は、地図を持たない旅人である。　湯川秀樹（日本）
一歩一歩確かめながら、前へ前へ目標をめざし進むべきである。という意味の言葉である。

道は近きにあり、しかるに、これを遠きに求む。　『孟子』（中国）
道理は身近な所にあるのに、わざわざ高遠な所に求めようとする意。いたずらに難しい理論を求めようとするな、ということ。

道は遠しと直ぐを行け。
「遠しと」は、「遠いとも」の意。道は遠いと覚悟して、脇道をせず、まっしぐらに励むのがよい。

道下手の、どか歩き。
道下手は、歩き慣れない人のこと。旅慣れない人は、とかく度の過ぎた歩き方をして、へばってしまうものである。

道分けの石に師の恩父の恩。
道の分かれ道の道標の文字が読めて道に迷うことのないのも、先生や父のおかげである。

道を以て、欲を制すれば、すなわち楽しみて乱れず。　『礼記』（中国）
道徳で欲望を制すれば、ほどよく楽しんで度を過ごすことはない。

三日　書を読まざれば、語る言葉に、味わいなし。　『世説新語』（中国）
読書を怠るな。怠ると話す言葉まで味わいがなくなる。

三日天下
戦国時代に明智光秀が、信長を倒してから十三日で土民に倒されたことをあらわす言葉である。きわめて短い間しか権力や地位を保てない意。

三日坊主
飽きやすく、何をしても長続きしないこと。

三日見ぬ間の桜。
桜の散りやすいこと。また、世の中の移り変わりの激しい喩え。

三つ子の魂百まで。
「揺り篭の中で覚えたことは死ぬまで覚えている」What is learned in the cradle is carried to the grave. が英語の諺にある。幼児の性格はいかに年を取ろうと変わらないという意。英語の似た諺。As the boy, so the man.（子供の時のものは大人になっても同じ）

蜜は甘いが蜂が刺す。
甘い蜜はなめたいが、蜂に刺されるのがおそろしい。快楽は得たいがあとのたたりが恐ろしいという喩え。

満つれば虧く。
虧くはカクと読む。欠ける意。「満つれば虧くる世の習い」とも。中国古代の諺。月は満月になると次第に欠けていく。人生も同じ。栄枯盛衰は、世の習いだというのである。

見てから物言え。
意見を言うなら、実際に自分で見て確認してから言うべきである。

見ては極楽住んでは地獄。
外部から見ていたのと、実際に体験したのとでは大違いであるという意。「聞いて極楽見て地獄」（別項）とも。

水上濁って流れ清からず。
水上はミナカミと読む。水源が濁っていれば流れも澄まない。「源清ければ流れ清し」（別項）の逆の意。

港口で難船。
港口はミナトグチと読む。あともう一歩で完成しようという時によく失敗することの喩え。

港無うして舟着かず。
目的とするところ定まらず、途方にくれる、喩え。

南竹藪、殿隣。
ミナミタケヤブ、トノトナリと読む。家の敷地で、南に竹藪、大きな家の隣は避けた方がよい意。住まいの日当たりと居心地の悪さを述べたもの。

源清ければ流れ清し。　荀子（中国）
水源が清らかだと流れも清い。根源が正しければ末も正しい。上に立つ者が正しければ下の者も正しくなる。

身に過ぎた果報は禍の元。
身分不相応の幸せは、かえって将来災難を招くもとになる、という意。

身に奉ずること薄きを倹約とし、人に奉ずること薄きを吝嗇とす。　貝原益軒（日本）
自分のために出費を少なくするのは倹約といえる。が人に対して出費を押さえるのはケチである。

身にまさる宝なし。　『北条氏直時代諺留』（日本）
我が身より大切なものはない、の意。

見ぬ商いはできぬ。　『好色二代男』（日本）
現物を見なくては売買ができない。実物を見なくては判断のしようがない意。

見ぬことは話にならぬ。　『御入部伽羅女』（日本）
実際に見ないことには話の種にもならない。

身のためにならぬような事は、言うべからず。
英語の諺 Confess and be hanged.（白状せよ。そして絞首刑になれ）がある。日本国憲法第三八条第一項に、黙秘権がある。自己に不利益なことは供述しなくてよいという権利である。この権利を有効に生かせ、という意。

身の灯火は目なり。　『聖書』
人を光り輝かせる灯火は、その人の目である。目は人の心の正邪を表すものだ。**英語** The lamp of the body is the eye.

身の程を知れ。
自分の実力や身分の程度にふさわしいかどうか考えて行動せよ、の意。**英語** Live according your income. 収入に応じた生活をせよ、の意で使われることが多い。

実りを見て木を知れ。
良い木かどうかは果実をみればわかる。果実を見よの意。「実を見て樹を知れ」（別項）とも。

実る稲田は頭垂る。
学問や徳行が深まるにつれて、人柄や行為が謙虚になっていく喩え。「実るほど頭を垂るる稲穂かな」「五穀実れば首垂れる」（別項）とも。

身は一代、名は末代。
身命は一代限りだが、名声や名誉は死後も長く残る、という意。

身は身で通る。　「上方かるた」（日本）
何も財産がない身でも、人間はその人なりになんとか生きていけるものだ。「身は身で通る裸ん坊」とも。

身は病の入れ物。
人間の体はいろいろな病気にかかりやすくできている意。

蚯蚓が土を食い尽くす。
「蚯蚓」はみみずのこと。無用の心配。できるはずがない喩え。

蚯蚓の木登り。
みみずが木登りをする意。不可能なことの喩え。

耳に入り口に出ず。　荀子（中国）
耳から聞いた知識をすぐそのまま口に出すだけで、実践がともなわない喩え。

耳に入り心に著く。　荀子（中国）
著くはツクと読む。耳から聞いた知識が心の中に入り、実践に生かされること。

耳に釘。
聞く人の痛いところを突く。聞き手の急所を突く。

耳に胼胝ができる。
胼胝は、タコと読む。何度も同じことを聞かされていやになること、の意。「耳の穴からあくびが出る」も似た意味の諺。

耳の正月。
おもしろい話や快い音楽などを聞いて楽しむこと。

耳の遠いは長命の相。
耳の遠い人は長生きする。

耳はさとく、口は遅かれ。
人の意見を謙虚に鋭敏に聞き分け、自分の意見は慎重にできるだけ控えることが、現代人の心構えだ。

耳は大なるべく、口は小なるべし。
聞くことは広く多くし、他人に言うことは控えめにした方が良い、という意。

耳を信じて目を疑う。
人から聞いたことを信じ、自分で実際見たものは信じない。遠くのものを有り難がり、近くのことを軽んずるのは俗人のよくない点だ、という意。

見目は果報の一つ。
見目はミメと読む。「顔かたち」のこと。顔かたちの美しいのは、前世でしたよい行いの報いの一つである。

見目は果報の基。
顔かたちのよいのは、幸運のもとになる、という意。

見目より心。
顔かたちの美しいことより、心の美しいことが大切であるという意。

見ようとしない者ほど、盲目な者はいない。
意識を集中させて物を見ようとしない者は、物を見ていても、何も見ていないに等しい。**英語の諺** None so blind as those who won't see.

名聞は身に余る。自分高慢は犬も食わぬ。
名聞はミョウモンと読む。名声を博するほどの人は、控えめである。高慢な人は、ちょっとした評判だけで自慢するから誰も相手にしない。

未来とは、どこの誰にも等しく一時間に六十分の割合でやってくる「何か」である。
C・S・ルイス（イギリス）
やってくる一秒、一秒が、未来である。それをよりよく生きればいいのだ、の意。

未来は幾つかの名前を持つ。弱者にとっては、不可能。臆病者にとっては、未知。思慮深く勇気ある者にとっては、理想。
ビクトル・ユーゴー（フランス）
未来に対して、常に理想を掲げて、勇気を持って思慮深く行動せよ。未来のことは、未知であるから、こわいとか現実には不可能なことと思ってはならない。――という意。

未来は現在と同じ材料でできている。
シモーヌ・ヴェイユ（フランス）
未来といっても、今日も明日も同じ素材でできているではないか、という意。

未来は準備中の過去である。
ピエール・ダック（フランス）
明日はいつも過去になる準備をしているのである。

未来は天国に似ている。誰もが賛美するが、今すぐそこに行きたがる者はいない。
ボールドウィン（アメリカ）
未来は天国。だが、すぐに天国には行きたがらない。

未来を怖れるな。過去を嘆くな。
Fear not for the future, weep not for the past. 自らの成長に生かすべき真理を述べた英語の諺である。凡人は、逆に未来を怖れ、過去を嘆いていることが多いものだ。

見ることは、聞くことよりも、優れている。
「知ることは見ることである」。あなたの目で直接見るのが大切だ、の意。「百聞は一見に如かず」（別項）「見ることは信ずること」（別項）と同じ意味である。**英語の諺** Seeing is better than hearing.

見ることは信ずること。
英語の諺 Seeing is believing. の訳。日本の「百聞は一見に如かず」（別項）と同じ意である。

見ると聞くとは大違い。
噂と実際とは、大違いだということ。

身を終うるまで、路を譲りても百歩を枉げず。
『唐書』（中国）
終うるはオウル、譲りてもはユズリテモ、枉げずはマゲズと読む。一生の間、人に道を一歩譲り続けたとしても、道から百歩も逸れるわけではない、意。

身を捨ててこそ、浮かぶ瀬もあれ。
一身を犠牲にする覚悟があってこそ、はじめて、活路も見出せ、物事も成功することができる、という意。

身を立つるは、孝悌を以て基と為す。
『新唐書』（中国）
立身するには、父母や兄に真心をもってよく仕え従うことが基本である。

身を立て道を行う。
『孝経』（中国）
自らの人格を完成させ、人間としてふみおこなうべき道を行う、意。「名を後世に揚げ以て父母を顕すは孝の終わりなり」――と続く言葉である。

実を見て樹を知れ。
「木はその実でわかる」『聖書』に由来する諺。木がよければ、その実も良いとし、木が悪ければその実も悪いとせよ」。生徒を見れば、通学する学校の良さがわかるような例が思い浮かぶ。「実りを見て木を知れ」（別項）とも。英語の似た意味の諺。A tree is known by its fruit.

身を以て示すことがリーダーシップである。

シュバイツァー（ドイツ）

言葉だけなら誰でもできる。みずから率先して行動しなければ誰もついてこない。

身を以て利に殉ず。

一身を犠牲にして、わずかの利のために尽くす。小人の愚かさ、の意。

民衆の声は神の声である。

人民の声を聞け。民の気持ちこそ正義とすべきだ、の意。**英語の諺** The people's voice is the voice of God.

みんなが考えているより、ずっとたくさんの幸福がある。

メーテルリンク（ベルギー）

だが、たいていの人はそれが見つけられない。――と続く。

みんなそれを持っていた。だれもそれを大切にしなかった。おお、平和という名は今なんという響きを持つことか。

ヘルマン・ヘッセ（ドイツ）

平和という言葉、だれでも持っていたが、大切にしなかった言葉。――戦争が終わった今、平和という言葉、なんというよい響きか。――という意。

む

六日の菖蒲。

「六日の菖蒲、十日の菊」とも。五月五日は、端午の節句。九月九日は、菊の節句。したがって時期遅れで間に合わない意。

昔から言うことに嘘はない。

昔から言いならわしてきた喩えや諺は、多くの先人の経験にもとづいたもので、どれも真理である、という意。「昔からの諺に外れたものはない」とも。

昔とった杵柄。

過去に鍛えた腕前。年月を経ても自信のある技能の意。

昔の剣、今の菜刀。

菜刀はナガタナと読む。昔の剣も今は野菜を切るぐらいしか役に立たない。優れていた人も、老いてしまって、今は役に立たなくなっているという喩え。

昔の人は、国のために死ぬことを、美しく称賛すべきだとした。しかし、現代の戦争には死ぬことに、全然美しいものも、もっともなものもない。

ヘミングウェイ（アメリカ）

ろくな理由もなく、犬のように死ぬだけだ。――と続く言葉である。戦争で死ぬのは犬死に。二十世紀には、数千万の人が、犬死に以下の殺され方で死んでいった事実がある。

昔は肩で風を切り、今は歩くに息を切る。

体力がすっかり衰えた喩え。転じて、栄枯盛衰のはなはだしいことの喩え。

昔は昔、今は今。

昔はどうであろうと、昔と今は違うという意。昔の事例から今こうあるべきだという議論は成り立たないということ。

無からは何も出て来ぬ。

From nothing, nothing can come. の訳である。「空の袋は真っ直に立たない」An empty bag will not stand upright. は似た英語の諺。「無い袖は振れぬ」（別項）は似た意味の諺。自らの内容の充実に努めよ、の意。

麦飯で鯉を釣る。

麦飯の読み方はムギイイ、ムギメシ、いずれでもよい。わずかの元手で多くの利益を得ること。「海老で鯛を釣る」（別項）「飯粒で鯛を釣る」（別項）と同じ。

麦飯に食傷なし。

「麦飯を食うと腹具合がいい」。白米よりまずいが、腹にもたれず、消化がよい、という意。

麦飯にとろろ汁。

相性がよくて、うまい。食べ物の取り合わせをいう諺。

椋の木の下にて榎の実を拾う。

椋はムク、榎はエノキと読む。到底、不可能なこと、むりなこと、の喩え。

無芸大食

大飯を食う以外に何の芸もないこと。

無稽の言は、聴く勿れ。『書経』（中国）
無稽はムケイと読み、根拠がない意。根拠のない妄説は聞き入れてはいけない。

向こう河岸の火事。
「河岸」ガシと読む。当事者は災難だが、こちらは痛痒を感じない意。「対岸の火災」（別項）とも。

婿は座敷から貰え。嫁は庭から貰え。
庭は土間。座敷に対して下位のこと。婿養子は自分の家より上位の家からもらえ。嫁は下位の家からもらえ、の意。「嫁は下から婿は上から」とも。

無言は承諾。
不満があっても黙っていると、承諾したことになってしまう。意思表示をすることだ、の意。英語の Silence gives consent. が類似の諺である。

むさく働いて清く食え。
汚い職場で働いていても、心だけはきれいにして暮らせ、という意。

貪らざるを宝となす。
貪は、ムサボルと読む。無欲を尊び、欲張らないのが宝である。

虫でも向かって来ることがあるものだ。
小さなもの、つまらぬものを軽視するな、という戒めの英語の諺。Even a worm will turn.「一寸の虫にも五分の魂」（別項）が日本の諺。

無常の風は時を選ばず。
人はいつ死ぬかわからない、という諺。

筵を以て鐘を撞く。
筵はムシロと読む。筵を円く巻いて撞いても鳴るはずもない。手段を誤ることのはなはだしい喩え。

娘出世に親貧乏。
娘にできるだけ良い縁組みをと願い、支度やつきあいに大きい費用をかけるため、親は結果として貧乏になる意。「娘多きは貧乏神の宿」「娘三人持てば身代潰す」など、同じ意味の諺。

娘に甘いは親父の習い。
世の父親は、娘に対して甘いのが通例だの意。

娘の問に対する答え——あなたの好きな徳行　質朴／あなたの好きな男性の徳行　強さ／あなたの好きな女性の徳行　弱さ／あなたの主要性質　ひたむき／あなたの幸福観　たたかうこと／あなたの不幸観　屈従／あなたの一番嫌う悪徳　卑屈／好きな仕事　本食い虫になること／好きな格言　非人間的なものは私の関知しないところである。／好きな標語　すべてを疑え
カール・マルクス（ドイツ）
親は純粋な愛情から、子供の成長を願う。欲得なしに純粋に子供の幸せを願った言葉がひしひしと、心を打つ。科学的社会主義の創始者が、彼の娘が出した問に答えたもの。

娘を見るより母を見よ。
その母の人柄によって、その娘の人物の善し悪しが判るという、意。「立派な母親の娘を選べ」Choose a good mother's daughter. は、英語の類似の諺である。

無知は罪悪の元。
全ての罪悪は、無知から起こるという英語の諺である。Ignorance is the present of many evils.（無知は多くの罪悪の贈り物）は、類似の英語の諺。

無知は至福である。
何も知らないものは悩みもなく、至って幸福である、という意の英語の諺。Ignorance is bliss. 日本語の「知らぬが仏」に当たる諺。

無知は、富と結びついてはじめて、人間の品位を落とす。
ショーペンハウアー（ドイツ）
無知な人間が、財産を持つと、人間の品位を落とすようになる。

夢中に夢を占う。
人生は、夢の中で夢の吉凶をうらなうように、はかないものだ、の意。

鞭を惜しむと、子供が駄目になる。
必要な時は、子供をきびしく育てないと、良い子に育たないという意。英語の諺 Spare the rod and spoil the child.

無知を恐れるな。うその知識を恐れなさい。
パスカル（フランス）
無知を恐れてはならない。それよりも誤った知識を真の知識としないことだ。

鞭を加えざる者は、その子を憎むなり。
『聖書』
子供をきびしく育てないのは、その子を憎んでいるのと同じだ。人間として駄目になってしまう。

棟折れて垂木崩る。

棟はムネ、垂木はタルキと読む。上に立つ者が駄目になると、支えられていた下位の者もともに駄目になってしまうという喩え。

胸に一物。
心の中に、わだかまりがあること。

無病は一生の極楽。
これといった大病をしないのは、生涯の幸せだという意。

無用の長物。
あってもかえって邪魔になるもの。あっても意味のないもののこと。

無用の用。 荘子（中国）
役に立たないものが別の意味で非常に大切な役割を果たすという意。

無用の用を知る無し。 荘子（中国）
役立たないとされているものが、別の意味で、非常に役立つということを人はみな知らないのである。

無より有を生ず。 老子（中国）
あらゆるものは、無の中から生じる。

無理が通れば道理ひっこむ。 「江戸かるた」（日本）
筋道の立たないことが世の中で行われると、正しいことが行われなくなる、という意味。また横車を押す人をあれよあれよと見送る心情、諦めの心情にもよく使う。

無理は三度。
無理を言うのも三度ぐらいまでは許されるが、あまり度重なるといくら寛容な人も腹を立てるという、意。「仏の顔も三度」（別項）とも。

無理も通れば道理になる。
道理に合わないことも、いったん世の中で通用すると、それが正しいように思われてしまう。

め

命あれば食い、肩あれば着る。
命はメイと読む。生命があれば何とか食っていけるし、肩があれば着物も何とかなるものだ。人間の暮らしは何とかなっていくものである、という意。「口あれば食い、肩あれば着る」とも。

明鏡止水
止水は、じっと止まって澄んでいる水。明鏡も止水も物を正しく映すもの。人間の澄み切った静かな心境の喩え。

明鏡も裏を照らさず。
賢明な人も、目の届かない所がある、という喩え。

明月地に落ちず、白日度を失なわず。 「浄瑠璃」（日本）
自然の運行は不変である。天運に逆らうことができない、という意。

名将は名将を知る。
優れた人材を発掘し、登用できるのは、優れた人物である。

名人は人に問う。 『諺苑』（日本）
名人は、高慢にならず、不明なことは人に問う謙虚さがある。

名人は人を誹らず。
誹らずはソシラズと読む。名人ともなると、他人の短所を咎め立てるようなことはしない。

名声は、世の人々の息にすぎない。
名声といっても、世の人々が溜め息をついただけ。そんなに大したことではない。あまりうれしがってはならぬという意。英語の諺で、Fame is but the breath of the people.

冥土にも知る人。
どんなひどい所でも、どんな遠い地に行っても、どんなに苦しい境遇に陥っても、知りあいはできるものである、という意。

冥土の道に王なし。
死後の世界は一切平等で、上下の差別がない。英語の諺の Death is the grand leveller.（死は偉大な平等主義者である）と同じ意。

命は食にあり。
生命を保つには、食物が第一に必要である。

命は天にあり。 『史記』（中国）
運命は天の定めるところで、人の力ではどうすることもできない。

名馬に癖あり。
名馬と呼ばれる馬は、どこか癖があるものだ。すぐれた才能の持ち主は強い個性をもっているものだという喩え「名馬に難あり」とも。

名馬も躓きあり。
名馬もつまずくことがある。優れた人も、たまには失敗することがあるという喩え。

名物に旨い物なし。
名物といわれる食べ物に、うまいものが少ないこと。

明も見ざる所あり。
『史記』（中国）
よく見える人、賢人でも見落とすことがある、という意味である。

名誉ある死は、不名誉なる生より善し。
ソクラテス（古代ギリシャ）
名誉ある一生を送れという意。アテネ神殿にかかげられてある言葉。

名誉ある貧乏は、恥ある富裕にまさる。
英語の諺 It is better to be poor with honor than rich with shame. の訳。公明正大に貧しく人生を送れ。汚い手段で金持ちになるのは恥だ、という意。また、似た意味の英語の諺に、「名誉をもって死ぬ方が不名誉のうちに生きているよりましだ」It is better to die with honor than to live in infamy. がある。名誉、名声を重んじる西洋思想が、よくうかがえる。

名誉をうける中心にはなるな。策謀を出す位置にはつくな。事業の責任者にはなるな。
荘子（中国）
無欲恬淡で俗世を超越して生きよ。そこに幸せがあるという意。

名誉を得る秘訣は、正道にあり。
フランシス・ベーコン（イギリス）
正しい道を歩み、道理にかなない、正直でまじめに行動することだ。

名誉を犠牲にした利益は、損失とよぶべきだ。
名を汚した利益は、真の利益ではない。汚い手段で得た利益は、損失に近い、という意。**英語の諺** Gain at the expense of reputation should be called loss.

名誉をもって死ぬほうが不名誉のうちに生きているよりましだ。
名誉ある生き方をせよ。**英語の諺** It is better to die with honor than to live in infamy.

命令を質問の形に変えなさい。
D・カーネギー（アメリカ）
気持ち良く受け入れられるばかりか、相手に創造性を発揮させることもある。——と続く言葉である。

命を知る者は天を怨みず。
『説苑』（中国）
怨みずはウラミズと読む。天命を知る者は、自分の悲運を怨んだりしない。

命を知る者は惑わず。
『説苑』（中国）
天命を知る者は、迷わないし、物事に動ずることがない。

目が物食う。
空腹でなくても、おいしそうな物を見ると食べたくなるものだ、の意。

目から鱗が落ちる。
『聖書』
何かがきっかけで、はっと迷いからさめて急に事態がよく見えて理解できるようになる、意。

眼から遠ざかると、心から遠ざかる。
離れてしまうと自然に忘れられてしまう。「去る者は日々に疎し」「見えなくなると忘れられる」（別項）も同じ。「目から遠ければ心から遠い」とも。

目から鼻へ抜ける。
頭の回転が早くて賢い様子をいう。

目糞が鼻糞を笑う。
自分の欠点に気付かないで、他人の欠点をさして嘲笑う喩え。「鼻糞が目糞を笑う」（別項）とも。

盲の垣のぞき。
「上方かるた」（日本）
目の見えない人が垣を覗いても、無駄なことだ、の意。やっても何の役にも立たないことでも、やってみれば気が済むという喩え。

盲蛇におじず。
ものの恐ろしさを知らぬ者は、むこうみずな事を平気でやってのける意。

飯粒で鯛を釣る。
わずかの元手で多くの利益を得ることの喩え。「海老で鯛を釣る」（別項）「麦飯で鯛を釣る」（別項）とも。

目で見て買うな味見て買え。
果物などは見栄や体裁でハシリのものを買わず、旬のみずみずしいものを買うように。食料品は、包装や箱や値段にまどわされずに美味で栄養あるものを買うのがよい、という意。

目で見て口で言え。
目で見て確認してから、言葉に出しなさい、の意。

目で目は見えぬ。

「指で指はさせぬ」とも。他人のことはよく判っても、自分のことはよく判っていないものだ、という喩え。

目に入れても痛くない。

かわいくてかわいくてたまらないさま、の喩え。

目に立つように出しゃばったり様子ぶったりする文体は悪い。 ロダン（フランス）

良い文体というのは、その取り扱っている主題や、読者の注意を呼び寄せる感情だけに熱中して、自分を忘れている文体よりほかにはないという意。

目には目、歯には歯。

自分が受けた被害に対して、同様の仕返しを、の意。出所はバビロニアの『ハムラビ法典』。『聖書』にもあり本来の真意は違うというが、諺は、上記の意。

目に見せて、言って聞かせて、させてみて、誉めてやらねば人は動かじ。 山本五十六（日本）

上に立つ者の心構えであり、教師の心構えである。さらに、教育の最善の方法を示した言葉である。

目の上のこぶ。 「江戸かるた」（日本）

自分より地位や実力が上で、何かにつけ活動の邪魔になること。人生行路において、少し先を行く者が邪魔な存在だの意の喩え。「目の上のたん瘤（こぶ）」とも。

目の正月。

美しいもの、珍しいものを見て楽しむ、意。

目の前には手も触れられていない真理の大海原が横たわっているが、私はその浜辺で貝殻を拾い集めているに過ぎない。 ニュートン（イギリス）

真理に対して謙虚に、物理学者が自己の無知を述べた言葉である。

目は臆病、手は千人。

目は消極的に、手は積極的に動かせ。よそ見をしないで、手は何倍にも動かして働け、という意味の諺。

目は口ほどに物を言う。

感情のこもった目つきは、口で話すのと同じほど相手に気持ちを伝える、という意。

目は心の鏡。

目はその人の心を写し出す鏡である。心の中が正しければ目は澄み、心が不正だと目が暗い。孟子の言葉に由来。

目は心の窓。

目はその人の心を、覗いて推測することのできる窓だという喩え。

目は人の眼。

目はその人柄を、もっともよく表す器官だという諺。

目は、見るに飽くことなく、耳は、聞くに満つることなし。

目は見飽きることがなく、耳は聞き飽きることがない。人間の欲望は限りがない、という喩え。英語の The eye is not satisfied with seeing, nor the ear filled with hearing.

目より耳で妻を選べ。

容姿を見るより、評判を聞いて確かめてから、妻を選ぶべきである。英語の諺 Choose a wife rather by your ear than your eye.

目を掩うて雀を捕らう。 『後漢書』（中国）

掩うはオオウと読む。雀に、見つからないように目隠しをして雀に近づく意。事実を直視しないで小手先を弄する喩えに使う。

目を剝くより口で諭せ。

大きな目で怒るより、口でよく言って聞かせよ。その方が、ずっと効果があるという、諺。「目を剝くより口を向けよ」とも。

面と向かって人を誉めたがる者にかぎって、影にまわると悪口を言う。 荘子（中国）

面前で誉め言葉を並べる人は、警戒せよ。陰で悪口を並べ立てることが多いから。

面々の蜂を払う。

他人のことをあれこれ言うよりも、自己の欠点を反省しなければならない。

綿々を絶たずんば蔓々を如何せん。 『戦国策』（中国）

綿々は、長くつらなる意。蔓々は、マンマンと読み、はびこり広がる意。つる草は小さいうちに摘んでおかなければ広くはびこった後では、手がつけられない。物事は初めのうちに処置せよ、の意。

も

申さぬことは聞こえぬ。
口に出してはっきり言わなければ先方に通じない。言いにくいことは思い切っていうべきだ、という戒め。

燃え杭には火が付きよい。
英語の諺の、「焼け木杭には火が付きやすい」Charred wood soon takes fire. と同じ。一度関係があったものは縁を断っても、また元の状態にもどりやすい、という喩え。

目前の利益に、将来を犠牲にするな。
目の前にある利益に目がくらんで大局的見地を失うな、の意。「金の卵を生む鵞鳥を殺すな」Don't kill the goose that lays the golden egg. は、英語の同意の諺。

目的が善でなければ、知識も害となる。
プラトン（古代ギリシャ）
良い目的を持って、知識を生かして行こう。

目的のためには手段を選ばず。
マキャヴェッリ（イタリア）
目的を達成するためには、どんな手段をとろうと問題ではない。

目的のない読書は、得るところのないぶらぶら歩きだ。
目的を持った読書をせよ、そして、心の糧にせよ、の意の諺。Reading without purpose is sauntering, not exercise.

目的は手段を正当化する。
目的さえよければ、どんな手段も正当なものとなる。**英語の諺** The end justifies the means.

目標は、できるだけ高いところに置け。
目標は高いところに置くほどよい。ただし目標だけ高くして、行動を怠り、時間を空費せぬように。

もし君が愛されようと思うならまず君が人を愛しなさい。
セネカ（古代ローマ）
愛されようと思うなら、何よりも、先に他人に愛を与えよ、という意。

もし君が大きな才能の持主なら勤勉はさらに才能を大きくするであろう。
レイノルズ（イギリス）
もし君が凡庸な才能の持主なら、勤勉はその欠点を補うであろう。——と続く言葉である。

もし、自分が母というものを描くなら、母が子供をじっと見ているこころをとらえて、どうかして美しく単純に描こうとするだろう。
ミレー（フランス）
「心をとらえて、美しく単純に」。農民と農民生活を、描いた画家の言葉である。

もしすべての女性の顔が同じ顔だったら、男性が不貞を働くようなことはないだろうに。
J・カサノーヴァ（イタリア）
いろいろな個性の女性があるからこそ、人生に不幸や不貞がおこる意。

もし、成功の秘訣があるとすれば、他人の立場から物事を見る能力を持つことだろう。
ヘンリー・フォード（アメリカ）
利用者の立場から、低価格の自動車の大量生産を可能にしたことをいったものであろう。

もし、その人の価値が仕事で決まるなら、馬はどのような人間よりも価値があるはずだ。
マクシム・ゴーリキー（ロシア）
人間の価値が、仕事の量で決まるなら、馬や耕耘機の方が、人間より価値があることになる。

もし空が落ちてくれば、雲雀をとらえよう。
雲雀はヒバリと読む。**英語の諺** If the sky falls, we shall catch larks. そんなに都合のよいことは起こらない。「労せざれば得ることなし」（別項）の意。

もし何か前途に邪魔なものがないとすると、人間は、いったい自分をどうするのだろう。
H・G・ウェルズ（イギリス）
人間は、邪魔な物を片付ける努力をして、人類の進歩を勝ち得た。何もすることがないと、人間は自分の持て扱いをどうするのか。

もしも、私がこの人生を再び繰り返さなければならないとしたら、私の過ごして来た同じ人生をもう一度繰り返したい。
モンテーニュ（フランス）
なぜなら、私は過去を悔やまず、そして、未来を恐れもしないから。——と続く言葉である。

若しや頼み、まだも頼み。
もしやと思って頼りにし、まだまだと思

ってあきらめないで頼りにする。万一の僥倖を願う心理を表す諺。

もし私が罪なくして殺されるならば、正義を無視して私を殺した人々に、この行為の恥が着せられるであろう。

ソクラテス（古代ギリシャ）

なんとなれば、不正が恥であるならば、正義にそむいた行為がどうして恥でなかろう。――と続く。

もし私がもう一度生きられるとすれば、私は一週間に一度は何か詩を読み、何か音楽を聞くのを習慣にするだろう。

チャールズ・ダーウィン（イギリス）

『種の起源』を著した生物学者の言葉である。人生をもう一度やりなおすことができるなら、詩と音楽を鑑賞できる理想的な暮らしをしたいという願いである。

持たない子には苦労はしない。

子供がなかったら、子育ての苦労はない。子供には心配の種が尽きないものだ。

持ち合わせの布に応じて、服を裁断せよ。

人はそれぞれの身分相応の生き方をすべきだ、の喩え。**英語の諺** Cut your coat according to your cloth.「布に応じて衣を裁て」（別項）とも。

餅搗きと喧嘩は一人でできぬ。

人生にはかならず相手が要る物事がある、という喩え。「相手のない喧嘩はできぬ」（別項）とも。

持ちつ持たれつ。

互いに助けあって成り立つ意。近い意味の英語の諺。Live and let live.（自分も生き、他人も生かせよ）

餅の中から屋根石。

屋根石は、風で板葺の屋根が飛ぶのを押さえる石のこと。丸い餅の中から屋根石が出てくる。そんなことはあり得ないという喩え。

餅は乞食に焼かせ、魚は大名に焼かせよ。

餅は、しきりに裏返して焼け、魚はおっとりと、形が崩れないように焼けの意。

「上方かるた」（日本）

餅は餅屋。

物事には専門家があるから、その人物にまかすべきだ。物事は専門家のものが一番良い。の喩え。京の近代化にともなって出てきた諺。

持ったが因果。

なまじ持ったために苦労や悩みのもとが絶えないこと。普通は、中途半端な気持で、子供を持つ、財産を持つ、ことについていう。

持っているもので満足できるのが、豊かということだ。

マーク・トウェイン（アメリカ）

もっとお金が欲しいと思っているかぎり、その人は豊かでない。――と続く言葉である。

最も勇ましい行為とは、最も困難なことに当たる行為にほかならない。

メーテルリンク（ベルギー）

困難な行為に進んで当たる勇気を持とう。「勇者は、困難を懼れず」である。

最も偉大な人間の力とは、自分の中にある一番の弱点を克服したところから生まれて来るものである。

カール・ヒルティ（スイス）

非常に難しいことだが、自己の中にある一番の弱点を克服すること、これが偉大な人間の力なのだ、の意。

最も美しい花が、最も香りがよいとは限らない。

外観と内実とは、必ずしも一致するとは限らない、ということの喩え。**英語の諺** The handsomest flower is not the sweetest.

最も恐ろしい災厄である死は、我々には何ら係わるところがない。

エピクロス（古代ギリシャ）

なぜなら、我々が生きている限り、死は存在せず、死が存在する時、我々は、もはや生きていないからである。――と続く言葉。

最も賢い男とは、自分が最も賢いなどとは全然思いもしない人である。

ボアロ・デプレオー（フランス）

モリエールやラシーヌの、友人や詩人を批評した言葉である。

最も簡単な文章が最も面白きものなり。

正岡子規（日本）

美しく技巧を凝らした文を否定した言葉である。

最も急進的な革命家も、ひとたび革命が起こるや、たちまち保守主義者に化けてしまう。

ハンナ・アーレント（ドイツ）

急進的な革命家の思想も変わりやすい。人間の思想は、人の思うほど堅固で不変のものではない、という意。

最も口数の多いものが最も実行しない者である。

おしゃべりに限って実行力がない。英語 The greatest talkers are always the least doers.

最も賢明な人でも誤りはある。

「弘法も筆の誤り」（別項）に似た意味の諺。どんな専門家にも誤りはある、という意。似た意味の英語の諺 The wisest make mistakes.

最も幸福な人は、ささやかな富を持ち、それで足りている人である。 ラ・ロシュフコー（フランス）

偉大と呼ばれる者や野心深い者は、この点において、最もみじめな人間といえる。

最も強く要求された本が常に最高の価値の本とは限らない。 ヘインズ（イギリス）

大変人気があり、よく売れる本が、価値があるとはいえない。

最も長い旅は、心の旅路である。 ハマーショルド（スウェーデン）

自分の心を知ること、つまり、自分を知るには、長期間が必要だという意。

最も深い欲望から、最も恐ろしい憎悪は起こる。 ソクラテス（古代ギリシャ）

だから欲望はほどほどに、いや、なるべく慎むべきだ、という言葉である。

最も短い返事は、実行することである。

言われたことをすぐに実行することが、最も短い最上の返事である。英語の諺 The shortest answer is doing.

最も欲望の少ない者が　最も豊かな者である。 プブリリウス（古代ローマ）

欲望は満たされるとさらに欲望が増すものだ。どこまでいっても貧しいと欲望も小さい。ゆえに、欲望は少ないものが豊かだという意。

持つべきものは子。

何にもまさって持つ価値のあるものは我が子である。

持つべきものは女房。

是非持たなければならないのは、妻である。これほど、有り難く価値のあるものはない、という諺。妻の心遣いや心尽くしをしみじみ、有り難いと思う夫の述懐の言葉である。

もてなしよりとりなし。

客に対して手厚い供応をするより、上手に心のこもったとりなしをすることの方が大切である。

元手が無うて商いはならぬ。

資本が無くては、商売ができない。何も元がないところには利益は生じない、という意。

元のもくあみ。

いったんよくなったものが、またもとの好ましくない状態にもどること。金箔や塗り物がはげて、元の古い阿弥陀の木像が現れた、ことに由来する諺。

求めよさらば与えられん。 『聖書』

求める積極性が人生に大切という諺。ひたすら神に祈れば、神は正しい心と正しい信仰を与えてくださるであろうというのが本来の意。熱心に求めればかならず得られるであろうという意味に使っている。英語 Ask, and it will be given to you.

求められていない助言はするな。

さし出がましいことはしないほうがよい、という戒め。英語の諺 Never give advice unasked.

もともと地上に道はない。歩く人が多くなれば、それが道となるのだ。 魯迅（中国）

未知の領域に、道はない。自分を信じて歩き、前進して道を作っていけばいいのだ。

本を彊めて用を節すれば、すなわち、天も貧ならしむる能わず。 荀子（中国）

本を彊めは、モトヲツトメと読み、根本である農業につとめる意。根本の農業生産につとめ、費用を節約すれば天の力をもってしても、貧乏にすることはできない。

物言えば唇寒し秋の風。

自分の話した言葉が、他の人の短所にふれた時など、なんとなく自己嫌悪がおこる意。英語の諺 Few words are best. が類似している。

物言わねば腹ふくる。

思っていることを言わないと、気持ちがさっぱりしないという意。

物が失われると、その価値がわかる。

失っていないときは、全く気にもしないことが、失ってはじめてその大切さを理解するものが多い。交通機関が不通になるとか、健康だとか、がその例である。英語の諺 When a thing is lost, its worth is known.

物が無ければ影ささず。

物が無かったら、物の影はうつらない、意。

ものぐさは馬も食べぬ。

無精な怠け者は、だれからも嫌がられる、という喩え。

物事がうまく決着するためには自己の努力、周囲の援助、神仏の加護、の三つが必要です。

山田恵諦（日本）

人生の三つの必要条件である。まず、自己の努力、この真剣さに、周囲の援助が必要であり、その上に神仏の加護がいただける、ということである。

物事は一利一害あり。

物事にはいい面も悪い面もある。清濁あわせ呑むことも必要だ、の意。

物事をあるがままの姿で受け入れよ。起こった事を受け入れることが、不幸な結果を克服する第一歩である。

W・ジェームズ（アメリカ）

起こったことに対して、こんなはずじゃなかったのに、というような嘆きは捨てた方がよいのだ、という意である。

物に争わず、己をまげて人に従い、我が身を後にして人を先にするにしかず。

吉田兼好（日本）

争いをせず、人に従い、我が身のことを後にして、人を先にするように慎み深く、生きたいものである。

物には時節。

物事をするには、それに適した時期があり、それを外しては成功しない、という意。英語にも同じ諺 There is a time for all things. がある。

物には程がある。

物には程度がある。すべて過度なことをなすのは悪徳だ、という諺。**英語の諺** Every excess becomes a vice.

物に本末あり、事に終始あり。

すべて、物事には順序があり、そのけじめを心得ることが大切である。

物に料簡、品もある。

料簡はリョウケンと読み、考え、思慮。品は、種類、品質、等級、の意。物事には様々な考えや思案の仕方がある。一つの考えで断言を下してはならない。

物は当たって砕けろ。

物事は、成功するかしないかを気にするより、とにかく決行してみるべきである、という意。「あたって砕けよ」（別項）とも。

物は言い残せ。菜は食い残せ。

言いたいことをいい尽くすな。おかずは、全部食わずに少し残せ。言葉と食事は控えめがよい、の意。

物は言いよう。

「物も言いようで角が立つ」（別項）とも。物事は言いようによってどうにでも聞こえる。言い方によって、よくも悪くも受け取られる。心せよ、という戒め。

物は考えよう。

物事は考え方次第で幸とも不幸ともとれるものだ。心の持ち方一つである。例えば、大怪我をした。しかし、物は考えよう、命があっただけでも幸いだ、というようなこと。

物は定められた場所におくこと。

物はすぐに使えるように役立つようにせよ、定められた置き場所に戻せ、という戒め。

物は相談。

なんでもまず人とよく相談してみることだ。望みの薄いものでも相談してみると、案外すらすらと、うまくいくことがあるという、経験からきた解決法を述べた諺。

物は貯えておけ。後で使えるかもしれぬ。

今すぐ役に立たないものでも後になって役立つことがある、意。**英語の諺** Lay things by, they may come to use.

物は試し。

物事は、実地に試してみることだ。ためらわずに一度、やってみることだ、という意。

物ははずみ。

物事は、ちょっとしたその場の勢いやなりゆきによることが多い、という意。

物用いられざる所無し。

『淮南子』（中国）

この世の中に、役に立たないものは何もない。どんな物でも何かの役に立つ、という意。

物も言いようで角が立つ。

言い方しだいで良くも悪くも受け取られ

る。物の言い方には、気を付けよ、という意。

物も道具も元にもどすのが最高の準備。あったはずの道具などを捜すのは人生の無駄。使う前にあった元の所に返却を。

物を知るには、それを愛さねばならぬ。物を愛するには、それを知らねばならない。

西田幾多郎（日本）

知って愛し、愛して知り、知ることを深めなければならない。

物を人に贈るには、薄くして、誠あるを要す。

上杉鷹山（日本）

物厚くして誠なきは、人に接する道にあらず。――と続く言葉である。

桃栗三年柿八年。

芽生えてから実を結ぶまでの期間を、いう諺。

桃に鶯。

「木が違う」で、気が違っているという意。なぞ諺。

股を割いて腹に充たす。

股はモモと読む。自分の股の肉を切り取って腹をいっぱいにする。将来のことを考えずにただ目先の欲を満たそうとする愚かさを戒める喩え。

股を刺して書を読む。『戦国策』（中国）

自分の股を傷付け、眠気を払って真剣に、書を読む、意。

貰った馬の口の中を見るな。

貰い物のあらさがしは無用であるという、喩え。**英語の諺** Look not a gift horse in the mouth.

森から出てしまうまでは、喜びの声を上げるな。

危険がすっかり去ってしまうまでは、油断してはならないという喩え。**英語の諺** Do not halloo till you are out of the wood.

森を歩いても薪を見つけられない。

注意力の散漫ではいけない。身を入れて物事を観察せよ、の意。（ロシアの諺）

茂林の下豊草無し。「塩鉄論」（中国）

樹木のよく繁った林の下は、草が十分に育たない。人間の世界でも、上位の力が盛大なときは、下位の者が力をだすことができない、という意。「大樹の下に美草なし」に似た諺。

漏る釣瓶に溜まる桶。

一方はどんどん減り、他方はどんどん溜まる、意。貧富、禍福など、互いの差がしだいに大きくなるという喩え。

文殊の知恵のこぼれ。

文殊菩薩のような知恵のすぐれた者にも失敗があることとの喩え。

門前市を成す。

門の前に、地位や名声を慕って集まって来るものが多く、まるで市場のようだの意。

門前 雀羅を張る。

雀羅はジャクラと読み、雀などを捕らえる網の意。訪れる人がいないので雀が群がっており、網を張って捕らえられるほどである。

門前の小僧習わぬ経を読む。

「江戸かるた」（日本）

お寺の門前で生活していると、特に教わらなくても、小僧は経を覚えてしまう。そのように良い環境の中にいると、いつの間にか学んでしまうという喩え。意味の近い英語の諺。The sparrows near the school sing the primer.

文選は天下の半才。

文選は中国の詩文集。文選を暗記すると、科挙に合格して秀才の資格を得る半分を手にしたのも同然だと、いう諺。

問題を見つけ、できるだけうまく解決し、あとは優秀な連中に処理をまかせ、次の問題へと進んで行く。

ロックフェラー（アメリカ）

他人を信頼する。優秀な人材を見つけて後は彼等を信頼する。これのできる人が統率力のある人間だ。

門徒物知らず。

浄土真宗では南無阿弥陀仏の称号をひたすら唱えて他のことを顧みないのを、門徒が無知と嘲った諺。

門内の治は、恩 義をおおい、門外の治は、義 恩を断つ。

家の内では、肉親の恩愛は義理よりも強く、家の外では、義理が恩愛よりも先んずる、という意。

門に入らば額を見よ。

額は、建物の名を記したもの。門を入るときは、そこの額を見てその家の知識を得ることが大切である。事前に必要な知識を得てから物事に当たれの意。

門に入らば笠を脱げ。
他家に入ったら帽子を取れ。そして会釈をするのが礼儀である。どんな場合にも礼儀を欠いてはいけない、という戒め。

門を出ずるに、人の随うことなきを、恨むなかれ。
門を出るとき、自分につき従って来る者がいないことを悲しんではならない。学問に励めば自然と従う門人を得るようになる、という意。

門を高くするものは滅ぶ。 『聖書』
栄華を誇り、おごり高ぶることを戒める、諺である。**英語** He who makes his door high seeks destruction.

門を叩きなさい。そうすればあなたに開かれるでしょう。 『新約聖書』
積極的になって努力をすれば、道は自ずから開けてゆくものだ、という教え。**英語の諺** Knock, and it shall be opened unto you.

や

刃から出た錆は、研ぐに砥石がない。
刃はヤイバと読む。自分の不始末によって被る災難は、救う方法がない。

刃は切れるが重宝。
刃物は、切れるのがよい。道具本来の用途に優れていることが大切だ、の意。

薬缶と竿竹。
似た点が全く無い。著しく相違しているものの喩え。

焼き栗が芽を出す。
不可能なことの喩え。「枯れ木に花が咲く」（別項）と似た諺。

焼き餅焼いても食い手なし。
嫉妬する意味のヤキモチは、焼いても食い手がない。

焼き餅焼くとて手を焼くな。
「手を焼く」は処置に困る、こと。後の処置に困るようなヤキモチ（嫉妬）は焼くな、の意。過度の嫉妬は相手に嫌われ、自分に災難がふりかかるので慎め、という戒め。

約束するに遅き者は、実行するにもっとも忠実である。
ルソー（フランス）
いい加減に軽い約束をする者は、実行するかどうかわからない。慎重に約束する人間は、忠実に実行する、という意。

約束は必ず守りたい。人間が約束を守らないと、社会生活ができなくなる。
菊池寛（日本）
約束は守らねばならない。社会生活をして、その中で生きている以上、約束を守りたい。

約束は雲、実行は雨。
約束は雲のようで、雨が降るとは限らない。雨が降ってはじめて約束が果たされて実行といえるという意。雨の少ないアラブの諺。

約束は約束。
いったん契約したら、どんなことがあっても履行しなければならない。**英語の諺** A bargain is a bargain.

約束は易く実行は難し。
エマーソン（アメリカ）
約束は簡単だが、実行はなかなかできないものだ。

役立つ人間だと人に思われたいか。ではそれを口に出すな。
ブレーズ・パスカル（フランス）
多弁を弄する人間ではなくて、不言実行の人物だと印象づけよ。

役人と木っ端は、立てるほどよし。
役人には逆らわず顔の立つようにしてやるとよい。薪（木っ端）も立てるようにするとよく燃える。

焼け跡は立つとも、死に跡は立たぬ。
家は焼け落ちても再建できるが、人は死んだらおしまいである。

焼け石に水。
焼けた石に水を少しぐらいかけても、ほとんど冷めないように、援助や努力がわずかで、効果が上がらない、という喩え。

焼けての後の火の用心。
時機遅れの、無用で無益な火の用心。

焼け野の雉、夜の鶴。
雉は、キギスと読む。雉は巣のある野を焼かれると我が身の危険を忘れて子を救おうと巣にもどる。巣ごもる鶴は、霜の夜は自分の翼で子を被う、という。親が子を思う愛情の切なることの喩え。

焼け木杭に火が付く。

木杭はボックイと読む。「燃え杭には火がつきやすい」とも。一度関係のあったものは縁を断っても、また元の状態に復しやすい喩え。

野菜は出盛りがシュン。
シュンは旬のこと。野菜は出盛り期が、いちばん美味しい、という諺。

やさしき舌は命の木なり。
やさしい言葉は、人の生を励ます。『聖書』 **英語の諺** A gentle tongue is a tree of life.

養って愛せざるは之を豕交するなり。
豕交はシコウと読む。豚並みに扱うこと。人を養うのに食べさせるだけで愛情を持たないのは、人間としての扱いとはいえない。禄を与えるだけで愛情のないのは臣下を待遇する道ではない。『孟子』（中国）

野心家というものは、類のない幸福が手に入ると思って常に何物かを追い回している。
アラン（フランス）
身分不相応に大きな望みを持って動き回っている野心家は、その男にとっての幸福は忙しいということだけだ。

野心というものは、大人物より小人物のほうが取りつきやすい。
シャンフォール（フランス）
ちょうど、火が宮殿よりもあばら家にすぐ燃え付くように。――と続く言葉である。

安い物は高いもの。
値段の安いものは、品質が悪く、当座は得をしたと思っても結局は損をする。Cheap bargains are dear. が英語の諺。「安く買われたものは結局高い」Cheaply bought, dear in end.「安物を買う人は悪い肉を買うことになる」The cheap buyer takes bad meat. は類似の意味の英語の諺。

安請け合いは当てにならぬ。
あまり多くの約束をする者は何もやるつもりがない意。

安かろう悪かろう。
値段が安いものはそれなりに品質も悪いに決まっているものだ。安い物に良いものはない。

安きこと泰山のごとし。
泰山は中国山東省にある大きな山。安らかで動じない様子は泰山のようである、という意。落ち着き払って静かな様子の喩え。

休み過ぎで、死んだ人間はいない。
働き過ぎで死んだ例は多いが、休み過ぎで死ぬということはない。休め、休息せよの意。イタリア、ナポリの諺。

安物買いの銭失い。 「江戸かるた」（日本）
安物は、質が悪いから、それだけの価値しかなく、買っても、結局は損をして高くつく、という意。粗悪な安物買いを戒める庶民の生活の知恵と教え。**英語の諺** A bad thing is dear at any price.（悪いものは、どんな値段でも高くつく）、Cheaply bought, dear in end.（安く買われた物は結局高い）は類似の意。

安物は高物。
安い物を買って得をしたつもりが、後に、修理、買い替えが生じて、結果は高い買い物をしたことになる、意。**英語の諺** Cheapest is dearest. また、Cheap bargains are dear.

安物を買えば金の浪費。
安い物を買って結局は無駄遣いをする。
英語の諺 Buy cheap and waste your money.

痩せ腕にも骨。
弱小で無力な者にも、それ相応の意地や誇りがあるという喩え。

痩せの大食い。
痩せているが意外に大食いである。

痩せは直っても、癖は直らん。
痩せは直るが悪い癖は簡単には直らぬ。ヤセとクセはしゃれ。

痩せ山の雑木。
痩せた山にわずかに生える雑木。取るに足りないものの喩え。

奴の律義、用が弁ぜぬ。
奴はヤッコと読む。身分の低い者は、馬鹿正直で融通がきかないので、あまりものの役に立たない、という意。

やったことは、失敗しても二十年後の笑い話。やらなかったことは、二十年後に後悔だけ。 マーク・トウェイン（アメリカ）
やっておけば失敗しても成長への糧。やらなかったら後悔だけで得るところ何もなし。実行する積極的姿勢を持てという戒め。

雇い人と北風はその日限り。

雇い人は、ヤトイドと読み、日雇いの労働者の意。北風は日没とともに収まるように、また日雇いの使用人は、その場限りで、何の責任もない。

雇い人、身にならず。 責任も収入も少ない日雇い労働者は、そういう身分を長く続けると本人のためによくない、という諺。

柳が歩めば、花が物言う。 美人たちが歩み、物を言うさまを柳や花に喩えたもの。

柳に風。 相手に従って少しも逆らわないこと。相手の強い態度を適当に受け流すこと。

柳の枝に雪折れなし。 柳の枝は柔らかくよくしなうので、雪が積もっても折れることがない、意。柔軟なものが堅強なるものよりよく堪える喩え。「柳に雪折れなし」とも。

柳の下に泥鰌はおらぬ。 泥鰌はドジョウと読む。柳の下で一度泥鰌を捕らえたといって常に捕れるものではないということから、一度いいことがあったからといって、二度あるとは限らない、という喩え。

柳の下の大鯰。 いつも大鯰が捕れるとはかぎらない。

柳は緑花は紅。 柳は緑色で、花は紅に咲くように草木の自然の姿が、この世の存在の真実のすがたを表す、という喩え。

柳は弱いが、他の木を縛る。 柳の枝は、柔らかくて弱いが、何本もの薪を束ねることができる。「柔よく剛を制す」（別項）と似た意味の英語の諺。Willows are weak, yet they bind other wood.

やはり野に置け蓮華草。 摘み取るな。野に咲いているからこそ美しいのだ。本来あるべきところで、鑑賞すべきだ、の意。

藪から棒。 藪はヤブと読む。「藪から棒を突き出す」の略。だしぬけで思いがけないさまの喩え。唐突であること。

藪の外でも若竹育つ。 保護するものがいなくても、子供は、なんとか育つものだ、の意。

藪をつついて蛇を出す。 不必要なことをして、かえって災いを受ける喩え。一般に「藪蛇（やぶへび）」ともいう。

病膏肓に入る。 膏は、コウと読み、胸の下の意。肓は、コウと読み、胸部と腹部の境の膜。病気が重くなって治る見込みがなくなる。転じて、ある物事に極度に熱中して、手がつけられなくなること。

病と不運はついてまわる。 病気と不運は重なって起こりやすいものである意。

病治りて医師忘る。 苦しい時だけ医師を有り難がり、治癒すれば恩を忘れる。「よい天候の時だけ、無神論者になる人もある」は似た意味の諺である。

病には勝たれぬ。 どんなに強い人でも、病気になってしまってはどうしようもない。「病には勝てぬ」とも。

病は、罹るは易く、癒ゆるは難し。 病気になるのは急激でも、治ってゆくのは時間がかかるという意。「病気は馬に乗って来て、去るときは歩いて行く」Sickness comes on horseback and departs on foot. が英語の諺。

病は気から。 病気は気の持ちようで重くも軽くもなる意。

病は口より入り、禍は口より出づ。 禍はワザワイと読む。病気は口から入る飲食物が原因で生じ、禍は口から出る言葉を慎まないところから起こる。

病は少しく癒ゆるに加わる。 癒ゆるはイユルと読む。病気は少しよくなると治療を怠り、かえって悪化させることがある。

病を知れば癒ゆるに近し。 病気の原因が判れば癒えるのも早い、という意。自分の欠点に自ら気が付けば、改めやすいという、喩え。**英語の諺** A disease known is half cured.

病を守りて、医を忌む。 病気をそっとしておいて医者に見せるのを嫌う、意。

山家に木無し。

山家はヤマガと読む。物は、たくさん有りそうに思われる所に、かえって無いものであることの喩え。

山から遠ざかれば、ますます、その本当の姿を見ることができる。

近くにいると山の全容がわからない。人間も間近にいると、その人の真の姿が見えにくいものだ、の意。

アンデルセン（デンマーク）

山険しければ崩れ、政道厳しければ国危し。

けわしい山は崩れやすいように、きびしい法律で国民をしめつけるような政治は、国家を危険に陥れる。

山高きが故に貴からず。

山は、高いところに価値があるのではなく樹木が生い茂っているからこそ尊いのだ。外観よりも内容だ、の意。

『実語教』（日本）

山高く水長し。

山は高くそびえ、河の水はとこしえに流れ続けている。師の徳をほめたたえた喩え。

范仲淹（中国）

山茶も出花。

山茶はヤマチャと読む。農家で自家用の茶の木で製した茶の意。出花はデバナと読み、出端とも書く。出し初めの意。粗悪な自家製の茶でも、出し初めはうまい。転じて、年頃の娘は、それなりの魅力があるという喩え。「番茶も出花」とも。

山の奥にも風が吹く。

どんな山奥でも、おなじ浮世の風が吹くものだ。どこへ行っても人の世から、のがれられない、という喩え。

山は高きを厭わず、海は深きを厭わず。

山は高ければ高いほどよく、海は深ければ深いほどよい。為政者が、すぐれた人材を求めるという喩え。

曹操「短歌行」（中国）

病まば、死ぬると覚悟せよ。

平生から病気にかからぬよう、かかったら死ぬと覚悟して用心をせよ。

山は雪なり、火燵は火。

火燵はコタツと読む。外は寒い、家のコタツは暖かいのに、出ていけとは無理な話だ、という意。

山は山を必要としないが、人は人を必要とする。

人は他人と係わりながら社会の中で生きている。山は他の山と社会を作ることはない、という意。スペインの諺。

山見えぬうちから坂をいう。

前途の見通しもまだはっきりしないうちから、困難な時の苦労や苦痛を口にする喩え。

山を舟に乗る。

不可能なこと、理屈の通らない喩え。

病み足に腫れ足。

困っている上に、さらに困ったことが加わることをいう。不幸の上に、不幸が重なることの喩え。

闇に鉄砲。

「上方かるた」（日本）

「闇夜に鉄砲」とも。目標が定まらぬ喩え。やっても効果や意味がない、意。

闇の夜に灯火を失う。

不安の中で、頼りにしていた物を失って途方に暮れる意。

闇の夜の烏。

周囲とよく似ていて、判別しにくい喩え。

闇夜に灯火。

ひどく困っている時に、たよりになるものにめぐりあう、という喩え。

闇夜に錦。

暗い闇夜に美しい着物を着て外出するのは、無駄なことだ。着ても意味がないという喩え。

闇を見るな。光を見よ。

失敗したり、逆境にいたりすると、いつも暗いところに目が向くものだ。そうではなくて、逆境からは、希望の光を見よう。強く生きよう、の意。

やむを得ぬ嘘は、害がない。

A necessary lie is harmless. が英語の諺。また、「嘘も時には適切だ」A lie is sometimes expedient.「目的が手段を正当化する」The end justifies the means. も類似の諺。

やらないよりは、遅くてもするほうがよい。

Better late than never. が英語の諺。実行が大切。遅くてもよいから実際に行動することが大事だ、の意。イギリスの保守主義の風刺とも。

やりがいのあることは、何でもやる価値がある。

Whatever is worth doing, is worth doing well. が英語の諺。やりがいのある仕事を見つけて実行に移すことが大切だ、の意。

やりなおしのきかない人生だから、やりたい時にやってしまうことだ。
人生はやりなおしがきかない。チャンスも同じだ。チャンスは、いつも逃げようとしている、という諺。

遣ること嫌いの、取ること好き。
他人に与えることや恵むことが嫌いで、もらうことは大好きだという欲張りを、嘲る諺。

八幡の藪知らず。
千葉県市川市八幡に、迷い込んだら出られないといわれた藪があったところから、入り込むと出口がわからない、迷うことの喩え。

やわらかい持ち味のものは、淡味に。
淡味はタンミと読み、薄味のこと。やわらかいのが持ち味の食品は薄味にするのが調理法のこつ。食べ物の諺である。

病んで後はじめて、健康の価値を知る。
病気にかかって、はじめて健康の大切さが痛切に感じられる、という意。

ゆ

湯上がりは親でも惚れる。
娘の風呂上がりの顔は、親でもほれぼれするほど美しい意。

勇あって義なきは乱をなす。
指導的立場にある者が、勇気があるだけで正義の心がないと、世を乱すようになる。

『論語』（中国）

憂患に生き、安楽に死す。『孟子』（中国）
人は、心配事や病気のときは、緊張して生命を守ろうとする。安楽な生活をしていると心がゆるんで、死におもむきやすくなる。

勇気を修養するものは、進む方の勇気ばかりでなく、退いて守る力の沈勇もまた、これを養うよう心がけねばならぬ。

新渡戸稲造（日本）

進む勇気と、退いて守る勇気、両者がそろって真の勇気となる。

勇者は懼れず。
懼れずはオソレズと読む。中国の諺。勇者はいかなる困難も恐れないで、立ち向かっていく。『論語』の言葉に由来。

勇者は、決して武器を欲しがらない。
真の勇者は、武器に文句をつけたりはしない。もう少し武器が多ければなどと弱音をはかない。**英語の諺** A courageous man never wants weapons.

友情とは、二つの肉体に宿れる一つの魂である。　アリストテレス（古代ギリシャ）
友情とは、二人の気持ちが互いに共鳴し合うようになったときに生まれる。いわば、二つの肉体の中にある一つの魂だ、という意。

勇将の下に弱卒なし。
勇気のある強い大将の下に弱兵はいない。

友情は成長の遅い植物である。

ワシントン（アメリカ）

真の友情はゆっくりとゆっくりと大きくなるものだ、の意。

友情は魂の結び付きである。

ヴォルテール（フランス）

精神の結び付きが友情だ。

友情は喜びを二倍にし、悲しみを半分にする。

シラー（ドイツ）

喜びにつけても、悲しみにつけても有り難いものは、友情である。

友情は理解を具えた愛。
愛情に理解を加えたものが友情の真の強さだ、の意。**英語の諺** Friendship is love with understanding.

友情よりも気高い快楽はない。
サミュエル・ジョンソン（イギリス）
人生には、友情よりも気高くて楽しいものはない。

友人であり、またおべっか使いであることは、できない。
相反した性質を持った同一の友はありえない、という意。つまり、おべっかを使う友は真の友人ではないということ。**英語の諺** I cannot be your friend and your flatterer too. の直訳。

友人の欠点だけを考えている人たちがいる。そこからは、どんな利益も生まれてこない。

ゲーテ（ドイツ）

私はいつも私の敵対する人の価値に注意を向けてきた。そしてそのことから利益を受けた。——と続く言葉である。友人の欠点を考えるな。

友人のない生活は、太陽のない生活。
友人のすばらしさを述べた。友は大切にしたいもの。失ってしまうと、ぽっかりと穴があいたように、さびしくなってしまう。暗くなってしまう、という意。**英語の諺** A life without a friend is a life without the sun.

友人は、喜びを増し、悲しみを小さくしてくれる。
友人の有り難さ、大切さを、述べた諺。本当に良い友を持ってよかったなという感動の言葉である。**英語の諺** Friendships multiply joys and divide griefs.

友人は、ワインのようなものだ。古ければ古いほどよい。
古い友人ほど良い友人だ。大事にしなければならない、という意。ルーマニアの諺。

友人を選ぶには、ゆっくりやれ。変えるには、もっとゆっくりやれ。
友を選ぶのは、慎重にし過ぎても、し過ぎることはない、という英語の諺。友人変更はもっともっと慎重に、という言葉が続く長い諺である。Be slow in choosing a friend, but slower in changing him.

有能な者は行動するが、無能な者は講釈ばかりする。
バーナード・ショウ（イギリス）
有能な者は行動にうつるが、無能な者は、口ばかりである。どこの世界でもこういうことが言える。

夕映えが美しいように、老人の場所から見た世界は美しいのです。 伊藤整（日本）
夕映えの美しさ、老境とはそういうところである。

雄弁の三つの大切な心得は、教えること、喜ばせること、動かすことなり。
キケロ（古代ローマ）
雄弁とは、良いことを聞いてよかった、面白かった、すぐ行動に移そう、と思わせることである。

雄弁は銀、沈黙は金。
よけいなことをしゃべるより黙っていた方がよいという戒め。**英語の諺** Speech is silver, silence is golden.

幽明、境を異にする。
幽明は、幽界と顕界。冥土と現世。死んであの世とこの世に分かれる。死に分かれる、という意。

ユーモラスな会話が、十分効果を上げるためには、それを発言する人と、それを理解する人と、それに気が付かない人と、三人がその場にいたほうがいい。
S・ギトリ（フランス）
ユーモアを発言する人、理解する人、は当然だが、それに気付かない人を、並べたところに、ユーモアの真意がある。人間的なおかしみがある。

夕焼けに鎌を研げ。
夕焼けであるから明日は晴れに違いない。だから草刈り、稲刈りの準備をしておけ、の意。

幽霊の正体見たり、枯れ尾花。
よく見れば、幽霊の正体は枯れすすきの穂だった、の意。「化け物の正体見たり、枯れ尾花」（別項）とも。

幽霊の浜風。 「上方かるた」（日本）
「幽霊が浜風に逢ったよう」の略。幽霊が海岸の強い風にあおられたよう、の意。元気がなく迫力のない様子、の比喩である。「幽霊が浜風に逢うたような辛気くさい顔をしなさんな。さあ元気出して」のような使い方をする。

歪み木も山の賑わい。
役に立たないような木でもないよりはましである。「枯れ木も山のにぎわい」（別項）と似たような意味。

雪圧して松の操を知る。
圧してはアッシテと読む。雪が積もり重みが加わってはじめて松の枝の強さがわかる意。困難に遭遇してはじめて人の節操がわかる、という喩え。

往きて来たらざるものは、年なり。
過ぎて行って、二度と戻って来ないのは歳月である。時を大切にせよ、の意。

雪と欲とは、積もるほど。
道が分からなくなる、という意。歩く道と欲の道。なぞの面白さの諺。「雪と欲とは、積もるほど道を忘れる」の略。

雪に白鷺。
ともに白いことから、見分けにくいこと、目立たないことの喩え。

雪や氷も元は水。
元は同じでも環境によって異なった物になるという喩え。

雪を墨。
白い雪を黒い墨だといいくるめる。非合理を強引に主張する。

雪を積み螢を集める。
「螢雪の功」（別項）と同じ。貧苦に耐えて苦労して勉学する意。

行く川の流れは絶えずして、しかももとの水にあらず。よどみに浮かぶうたかたは、かつ消え、かつ結びて、久しくとどまりたるためしなし。　鴨長明（日本）
世の中にある人とすみかとまたかくのごとし。――と続く。「うたかた」は、水の泡。人生は、水の泡のようにはかないという無常観の文学、『方丈記』の冒頭の名文。

行くに径によらず。　『論語』（中国）
「径」は、こみち。どこにいくのも裏道、小道を通らないで大通りを通るということ。物事をなす時、小細工をせずに正々堂々としたやり方を取れ、の意。

行く船の逆風は、帰る船の順風。
禍いと思っていたものも、いつかは人生において役立つことがある、という喩え。

往く者は諫むべからず。来たる者はなお追うべし。　『論語』（中国）
過ぎ去ったものは、とりかえしがつかない。しかし、今後のことは、失敗を繰り返さぬように、注意して暮らしていける。

柚の木は、孫の代にならねば実がならぬ。
柚は植えてから長い年月が経たないと実がつかない。

豊かな国民生活こそが、平和を支え、戦争を憎ませる。　大山郁夫（日本）
戦争を憎む人を、もっともっと増やしていきたい。――と続く。

油断大敵　「江戸かるた」（日本）
油断は身を誤るもとであるから、よくよく用心せよ。気を許すな。心を緩めるのがあなたの大敵だ、の戒め。「油断強敵」とも。意味の近い英語の諺 A good watch prevents misfortune.

ゆっくり歩む者の方が、息長く遠いところまで進んで行ける。
ゆっくりと息長く進み続ける努力をせよ。誰よりも遠い目標に達することができる。イタリアの諺。

ゆっくり急げ。　アウグストゥス（ローマ）
急ぐ時こそあわてずに慎重に行動すべきだの意。「ゆっくりと着実なものが競争に勝つ」「急げば急ぐほどスピードを落とせ」（別項）。英語の諺 Hasten slowly. または、Slow and steady.

湯は水より出でて水ならず。
平凡な人間でも、修行や学問を積んだら非凡な人間になるという喩え。

指が汚いとて切られもせず。　荀子（中国）
指が汚いといって切って捨てるわけにもいかない。肉親に悪人がいても、簡単に見放すことができない喩え。

指をもって川を測る。
不適当な尺度で物をはかる、愚かさの喩え。

指を以て沸けるをみだす。　荀子（中国）
指で熱湯をかきまわす。損害ばかりで利益がないことの喩え。

弓折れ矢尽きる。
戦いにさんざんに負ける喩え。一般に、力も手段も尽きてどうしようもないこと。

夢は思いになる。
夢は日頃、気にかけていることをみるものだ、の意。深く心にかけないのがよいということ。

夢は逆夢。
悪夢を見たときの縁起直しにいう言葉。

夢を持つと、苦しみを乗り越える力がわいてくる。　シュリーマン（ドイツ）
夢や希望は、苦しみを乗り越える力だ、の意。

湯屋と床屋は噂の掃き寄せ。
銭湯と理髪店では町中のうわさが聞けるということ。

揺り籃の中で覚えたことは、死ぬまで覚えている。
What is learned in the cradle is carried to the grave. が英語の諺。幼い時の育て方の善し悪しが一生を形づくる意。幼児教育の大切さ。母親の赤ん坊への接し方の重要性を言い表した諺。「揺り籃の中で覚えたことは墓場まで持ってゆかれる」とも。日本語の「三つ子の魂百まで」（別項）は似た意味である。

揺るぐ杭は、抜ける。
心に迷いがあっては大事の達成は難しい、という喩え。

許して忘れよ。

人から害を受けても、その人を責めないで許して忘れよ、という意の英語の諺。Forgive and forget.

許すはよし、忘れるはなおよし。

ロバート・ブラウニング（イギリス）

許すのはよいことだが、一番良いのは忘れることであるという意。

弓手叶わねば、馬手強し。

弓手は、ユンデと読み、左手。馬手は、メテと読み右手のこと。左手が弱い人は、その分、右手が強いもの。人には、必ずどこかに欠点を補う長所があるものだ、という諺。

よ

良いうちから養生。

体は丈夫なうちからいたわるのが健康を保つ良い方法。

良い穀物は、悪い畠からは収穫されない。

いつも良い畠になるよう努力せよ。努力しただけ結果は出るものだ、の意。

宵越しの茶は飲むな。

宵越しの茶は体に害がある。ビタミンCもない、という戒め。

良いことは二つない。

良いことばかりは続かない、という意。

善いことをするのに遅れるな。

「善は急げ」（別項）「悪は延べよ」の意味の諺である。英語の諺 Make no delay in doing what's good.

善いことをすれば、善い報いがあり、悪いことをすれば、悪い報いがある。

『法華経』

善いことをせよ。悪いことをするな。そして善い報いを得るようにせよ。

酔い醒めの水、下戸知らず。

酒に酔って眠り、目覚めた時に飲む水のうまさは、酒の飲めない人には、わからない。

良い珊瑚は、色をつける必要がない。

本当によいものならば、わざわざ広告や宣伝はしなくてもいい。Good coral need no coloring. という英語の諺である。

良い主人が、良い召使いを作る。

主人と召使いの人間関係の大切さを述べた英語の諺。Good masters make good servants. 主人の人柄が良いと使用人の人柄も良くなるという意。

良い戦争なんてあったためしがない。あるいはまた、悪い平和なんてものも、あったためしがない。

B・フランクリン（アメリカ）

良い戦争は、地球上に一例もない。人を殺すから悪いのだ。平和が良いのは、この一点である、という意。

良い戦争はなく、悪い平和もない。

正義の戦争はない、不義の戦争を正義だとごまかしているだけだ。逆に、悪い平和は歴史のどこを捜しても出てこない、という英語の諺。There never was a good war nor a bad peace.

良い種は播いておけ。

よい行いをすれば、将来よい報いがあるという喩え。

良い手本は最高の教訓である。

実際やってみせて良い手本を示すことが大切だ、の意。実行の伴わない口先だけの教訓では駄目だということ。

よい時には、友を見つけることはやさしく、困った時には、きわめて難しい。

エピクテトス（古代ギリシャ）

困った時に手をさしのべる友こそ真の友だ、という意。

良い読者は、良い作家同様に、稀である。

本当に良い文学作品を、本当に正しく解釈し鑑賞する人間は少ない。そういう良い読者になろう、の意。

良いと早いは、両立しない。

仕事の早いのと上手なのは同時にありえない意の、英語の諺。Good and quickly seldom meet.

良い仲間と一緒なら、どんな道も長くはない。

どんな困難で長い道でも、良い仲間と一緒なら苦にならない、という意。No road is long with good company. が、英語の諺である。また、「快活な道連れは里数を短くする」Cheerful company shortens the miles. というのがある。日本の諺では、「良い道連れは道のりを短くする」（別項）「旅は道連れ世は情け」がある。

宵寝朝起き長者の基。

早寝早起きは、金持ちになる基本である。

良い始まりは、良い終わりを作る。
物事は始めが大切だ。将来を見通して良い仕事のスタートをしたいものである。

良い花は後から。
立派で充実したものは後から現れる喩え。

良い弁護士は悪い隣人である。
すぐれた法律家とは、つきあいづらいものである。英語の諺 A good lawyer, an evil neighbour.

良い道連れは道のりを短くする。
旅の道連れが良い人だと、道中が短く感じられる。英語の諺 Good company makes short miles.「良い仲間と一緒なら、どんな道も長くはない」（別項）とも。

良い物ほど得がたい。
貴重なものほど手に入れにくい。真なるもの、美しいもの、質のよいものほど、貴重で得がたい。芸術でも、学問でも、研究でもそうだ。

良いも悪いも世の習い。
運の良い悪い、人生の盛衰などは人力ではどうにもならない、という意。

好い笑いは、暖かい冬の陽射しのようなものだ。誰でも親しめる。
島崎藤村（日本）
ともかくも、好い笑いが生まれるようにしよう。どんな人間でも親しくなる。心が通う、という意。

養育は血統にまさる。
子供を養って育てること、そして教育を付けることは、血統よりももっと大切である、という意。英語の諺 Nurture is above nature.

楊子で重箱の隅をほじくる。
些細な点まで詮索したり、干渉したりすること。つまらないことまで口出しをすることの喩え。「重箱の隅を楊子でほじくる」（別項）とも。

養生は孝の一端。
自分の体を大切にすることは親孝行の一つである、意。

幼児を抱く母親ほど、見る目に清らかなものはなく、多くの子供に囲まれた母親ほど、敬愛を感じるものなし。
ゲーテ（ドイツ）
清らかなもの、幼児を抱く母親。敬愛するもの、多くの子供に囲まれた母親。文豪の目に焼きついた言葉である。

用心が、勇気の大半である。
Discretion is the better part of valor. の訳。危険を避けるにも勇気がいる。いや勇気を出して用心をする必要があるのだ、の意。「三十六計逃げるにしかず」（別項）と判断するにも勇気がいる。その意味で似た諺である。

用心に飽きはない。
「浄瑠璃」（日本）
警戒や用心は十二分にすべきだ。飽きるなんてことはないはず。注意に払いすぎはない、という意。

用心に怪我無し。
用心の上に用心を。「人はどんなに注意を払っても払いすぎではない」「多くの用心は害を及ぼさない」などは英語の諺である。Much caution does no harm.

用心に越したことなし。
わずかの労力で安全が守れるのだから用心するにかぎる、という意。

用心の上に用心。
どんなに注意を払っても払い過ぎではない、という諺。

用心深さは、勇気の大半である。
十分用心することは一見臆病のようだが、大きな仕事をするには勇気がなければできない。Discretion is the better part of valor. が英語の諺。「用心が、勇気の大半である」（別項）とも。

羊頭を掲げて狗肉を売る。
『晏子春秋』（中国）
看板に羊の頭を書いておき、実際には犬の肉を売る。みせかけは立派だが、中身がそれに伴わない喩え。

用にかなえば宝なり。
どんな物でも役に立てば宝物だ、の意。

幼にして謙遜、弱にして温和、壮にして公正、老いては慎重。
ソクラテス（古代ギリシャ）
幼い時には謙遜であれ。弱小時代は温和であれ。壮年時代は公正であれ。老いては慎重であれ、という意。

ようやく佳境に入る。
次第に興味深いところに入る。または、だんだん面白くなる、意。

楊柳の風に吹かるるごとし。
少しも逆らわないで、巧みに受け流す意。「柳に風」（別項）とも。

余暇は休息ではない。本当の余暇とは、我々の好きなことをする自由であって、何もしないということではない。
　G・バーナード・ショウ（イギリス）
休息は睡眠のようにしなければならない。ルンペンは、余暇を無駄に使うのでみじめ。我々は、余暇を生かして自分の好きなことをして、幸福になろうと思っているのだ。——と書かれた言葉である。

良き夫は良き妻を作る。
妻を良くするのも悪くするのも夫次第だ、という意。**英語の諺** A good husband makes a good wife.

良き希望は悪しき所有に勝る。
つまらない物を現実に持つより、見込みのある望みを持っている方が良い、という意の英語の諺。A good hope is better than a bad possession.

良き癖は付きがたく、悪しき癖は去りがたし。
良い癖は、意志と努力をもってしても身につきにくく、悪い癖は、なかなかなおせない。

良き書物を読むことは、過去の最も優れた人々と会話を交わすようなものである。
　デカルト（フランス）
書を読むのは、著者と会話を交わすようなもの。まして定評のある良書を読むのは、過去の偉大な著者と直接会話しているようなものだ。

良き工と言えども、刀の誤りなきにあらず。
「工」はタクミと読む。上手な人、名人でも手許がくるって、失敗があることの喩え。

よき友、三つあり。一つには、物くるる友。二つには医師。三つには知恵ある友。
　吉田兼好（日本）
『徒然草』にある諺である。「物をくれる友　医師　知恵ある友」この三つが友人にするのにふさわしい、という意。

良き分別は老人に問え。
良い考えが浮かばない時は、経験のある思慮深い老人の知恵を借りるのが良い、という意。

良きも悪しきも心柄。
心柄はココロガラと読む。事態が良くなるのも悪くなるのも、その人の心しだいである、という意。

斧を針に磨ぐ。
斧はヨキと読み、磨ぐはトグと読む。大きな斧が針になってしまうまで研ぎ続ける、意。気長に努力し続けることの喩え。

よく歩く犬は、肉をみつける。
よく歩く犬は幸運を見つけやすい。人間も同じ。じっとしていては駄目だ、行動せよ、の意。カンボジアの諺。

欲多ければ身を傷い、財多ければ身を煩わす。
傷いはソコナヒ、財はザイと読む。欲望が強いと我が身をこわすようなことにもなるし、財産が多いと、それを守るため気の安らぐ時がない、という意。

よく泳ぐ者は溺れ、よく騎る者は堕つ。各々その好む所をもって、かえってそれ自ら禍を成す。
　『淮南子』（中国）
よく泳ぐものは溺れ、馬によく乗る人はよく落馬する。人は、自分の好きなことをして、かえって自分で禍を招くことが多い。

良く終わるものは、みな良いことだ。
英語の諺 All is well that ends well. 最後まで成し終わったものは、業績、成果みな立派である。

能く之を言う者は未だ必ずしも能く行わず。
　『史記』（中国）
口の達者な者は、必ずしも実行するものとは限らない。

よく仕える者は、賃金を請求することを恐れる必要がない。
なすべきことをしている者には、それに対して堂々とみかえりの賃金を請求すべきものである、という意味の英語の諺。He that serves well need not be afraid to ask his wages.

欲に頂きなし。欲に底なし。
欲望には限度がない、意。「欲心に極まりなし」という諺もある。

欲に目がない。
欲のために理性を失って判断がつかない意。

よく認識している事柄は、明白に言い表すことができる。そして、その事柄を言おうとすれば、言葉が易々と出てくるのである。
　ボアロ・デプレオー（フランス）
まず事柄をよく認識することだ。そうすると、言葉も文章も、らくらくと出てくる、という意。

欲の世の中。
世の中は、全てが利欲で動いている、という意。

良く始まれば、半分済んだも同じ。
始めが大切。良いスタートを切ろう。人生行路でも、事業でも。

よく走る者はつまずく。
人は自分の得意とするもので、油断してつまずくことが多い、という喩え。

よく話す人は、少ししか実行しない。
意見を言い立てる人ほど実行力がない。言行不一致を戒めた諺。

欲は身を失う。　『源平盛衰記』（日本）
欲望は身の破滅を招く原因となる。

欲望の目は不純で、物をゆがめる。
我々が何物をも欲しがらない時にはじめて、事物の魂がそして、美しさが開ける。
ヘルマン・ヘッセ（ドイツ）
——と続く言葉。

欲望は、人類の主人である。
Want is the master of mankind. という英語の諺。「欲は人の主人」とも。人間の行動も業績も文明も、すべては適度の欲望で、この世の暮らしが成り立っている。

よく学びよく遊ばせる中から、人間の尊厳を守り、創造力に富んだ個性を伸ばし、みんなと協力しあう人間を作る。
金沢嘉市（日本）
「よく学び、よく遊べ」の中で目指すことは、人間の尊厳を守ること。創造力、個性、協調性の育成をはかること、という意を述べた言葉である。

よく学びよく遊べ。
「勉強ばかりで遊ばないと子供を愚かにする」All work and no play makes Jack a dull boy. は英語の諺。諺は万国共通のものが多い。人生には学びも大切だが、遊びも大切だ。ゆとりのある人生を、の意。

よく見てよく愛しなさい。
「恋は盲目」にならないように、という戒め。相手に惚れるなら、その前によくその相手を見ておけ、の意。**英語の諺** Look well and love well.

欲を知らぬ馬鹿もなし。『諺苑』（日本）
全ての人間は欲を持っている、という意。

欲を知らねば身が立たず。
適当に欲がないと、この世を過ごしていけない、という意味の諺。

よけて通せば喧嘩なし。
争いごとで張り合うことをせず、自分が譲れるだけ譲って相手にしなければ、禍も起こらない。

予見された危険は、半分避けたも同じ。
危険を予想して行動せよ。「転ばぬ先の杖」（別項）という諺のように、転ばないような準備と配慮をすべきである意。**英語の諺** A danger foreseen is half avoided.

横紙を破る。
無理を押し通す。理不尽なことをする。我を通す。「横紙破り」とも。

横に車を押す。
「横車を押す」とも。理に合わないことを強引に押し通す喩え。

横の物を縦にもしない。
めんどうくさがる。怠惰である、意の喩え。

義経と向こう脛。
向こう意気が強い。むこうっ気が強い。似た読みをならべたなぞ諺。

よしのずいから天井をみる。
「江戸かるた」（日本）
「よしのずい」とは葦の茎の管のこと。細くて狭い視野から天井を見て、天井全体を見たと思い込む。そういう見方しかできない人間になるな、の意。つまり、見識が狭くては駄目。広い視野を持て、という戒めとみるべきであろう。

予測するだけで絶望するのは恥ずべき話だ。
クインティアヌス（古代ローマ）
行動しないで、予測だけで絶望するな。考えただけで絶望するのは恥である。

よその嘆きはよそに見よ。
他人の心配事は、あくまで他人事である。気にする必要はない。

よその花は赤い。
隣のもの、他人のものは、どんなものでも立派に見える、という人間の心理を述べた諺。「他人の飯は白い」「隣の女房は常にきれい」は同意。

四つの目は二つの目より多くを見る。
一人の経験による判断よりも、大勢の意見に従うべきだという喩え。**英語の諺** Four eyes can see more than two.

世に怒りに価することほとんど存在せず。また悪意に該当することさらに少なし。
ベン・ジョンソン（イギリス）
少し視点を広げると、この世に怒りに価するものは存在しない。また、悪意だと言えるものは、ほとんどない。寛大な心を持とう、の意。

世に随うをもって、人倫とし、世に背くをもって、狂人となす。
『源平盛衰記』（日本）
軍記物にある諺。世間の大勢に従うのが人の道で、これに逆らうのは狂気の行動である、という意。理想ばかり追わないで世の現実を受け止めよ、の意。

世に処しては、必ずしも功を求めざれ。
『菜根譚』（中国）
世渡りでは、必ずしも功名を立てなくてもよい。大過なく一生を送れれば、功名を立てたのと同じである。

世に処するに一歩を譲るを高しとなす。
『菜根譚』（中国）
人と対立した時は、一歩を譲る心がけを持つことが大切だ。

世には往々にして徳行の結果が人の目にふれず、また徳行が人の不評を招く場合がある。ただ、その動機が純潔であるか、行為そのものが善良であるか否かを自ら確かめねばならぬ。
ガンジー（インド）
この世では、良いことをしていても目に触れなかったり不評を招いたりすることがある。そこで、やった行為の動機が純粋で清潔であったか、行為そのものが善良と言えるものであったか、自分自身で確かめて行動しなければならない、という意である。

世に母を敬うことは楽しい。また父を敬うことは楽しい。
釈迦（インド）
父母を敬愛することは、文句なしに楽しい、という意。

余の会う全ての人々は、必ずある点において、余に優っている。
エマーソン（アメリカ）
その点において余はその人より学ぶところがある。――と続く言葉である。人々と同じように謙譲な態度を持っていたい、という意。

予の辞書に、不可能という言葉はない。
ナポレオン・ボナパルト（フランス）
私にとって不可能などということはない、意。ナポレオンがルマノフ将軍にあてた手紙から。戦いに苦戦する部下に対し不可能などというものはない、という激励の言葉である。

世の中がどんなに変化しても、人生は家族で始まり、家族で終わることに変わりはない。
アンソニー・ブラント（イギリス）
人生は、家族に始まり、家族で終わる。家族の中で生まれ、家族に見守られて死ぬ。それが人生だ。という意。

世の中で、いちばん滑稽なのは知ったかぶりの物知り屋が、聞きかじりの生半可な知識をもっているだけで、自分こそ天下第一だと自惚れることである。
毛沢東（中国）
こんな連中こそ、自分を知らないもののよい例である。知識の問題は科学の問題であり、いささかの虚偽や傲慢さもあってはならず、その反対のもの、誠実さと謙虚な態度が決定的に必要とされるのである。――と続く。

世の中に多くの愛すべき女性がいる。しかし、完全な女性は一人もいない。
ビクトル・ユーゴー（フランス）
愛すべき女性は、少し不完全だからこそ、余計にいとしくなるし愛したくなる、という意。

世の中に恐いものは、屋根の漏るのと馬鹿と借金。
恐いものは、雨漏りと、何をするかわからぬ馬鹿と、利息が増える借金、この三つだ、の意。

世の中には、幸も不幸もない。
シェークスピア（イギリス）
そんなことは、考え方でどうにもなるのだ。――と続く言葉である。

世の中に不思議なものは多い。しかし、不思議がっているその人間がもっとも不思議だ、という言葉である。
ソフォクレス（古代ギリシャ）
人間という存在が、世の中で最も不思議な存在だ、という言葉である。ギリシャ悲劇を書いたアテナイの作家の言葉。

世の中は有為転変。
はげしく移り変わって行くのが、この世の法則だ、の意。

世の中はカルタ遊びのようだ。選り好みすると一番悪い札を引き当てる。

M・レニエ（フランス）

世の中はカルタ遊びのようなもので、なにもかもごちゃまぜになっている。選り好みして、悪いものを引き当てるようなことがよくある。

世の中は酒と女が敵なり。

敵は、カタキと読む。酒と女によって身を持ち崩すことが多いことを茶化した諺。自嘲、反省、人生への生かし方は、さまざまである。

世の中は下向いて通れ。

この世は、自分より低い暮らしをする者を見て、日を送れ。そうすれば、安らかに暮らせるということ。

世の中はなるようにしかならぬ。

「世の中の事はなるようにしかならぬ」が本来の諺。世の中は、人がどうあがいてみてもどうにもならない、という意。「ケセラセラ、なるようになるさ」。

予の目的は常に境遇を征服するにあり、境遇に服従するにあらず。

ホメロス（古代ギリシャ）

私はいつも、よくない境遇を乗り越えようとした。境遇にあわせようとか、従おうとはしなかった、という意。

世は相持ち。

「世の中は相持ち」とも。この世は、互いに助け合い、分かち合って円満にことが運ばれているのだ、という意。

予防は治療にまさる。

病気になって悲嘆にくれるより先に、体を摂生し予防につとめよ、という戒め。

読み書き算用は世渡り三芸。

読み書きと計算の三つは、世渡りにはぜひ必要だの意。

読み書きは道の案内者。

読み書きは道を修める案内者だ。現代的にいうと、学問研究の道に入るためには、まず読み書きができなければならない、という意。

世乱れて忠臣を識る。　『唐書』（中国）

世の中が混乱したときに真の忠義の臣が誰かが分かる。「国家昏乱して忠臣あり」（別項）とも。

読み始めたら必ず読み通せ。中身を完全にマスターするまでは、その本を読破したなどと考えるな。　バクストン（イギリス）

精神を集中させて読み、読書によって、あらゆる事柄を学び取れ。――とも言っている。

読む技術は、拾い読みにある。

ウィリアム・ジェームズ（アメリカ）

従って、賢明になるコツは、何を捨てるかを知る術にある。――と続く。

読むつもりがあろうがなかろうが、お構いなしに積んでおけ。

アーノルド・ベネット（イギリス）

読書には、雰囲気が大切だ。そこから読む気がおこる。まず手元に置いておくことが大切だの意。

読むより写せ。

記憶するには、文字面を読むより、書き写して記憶する方がよい。

夜目遠目笠のうち。「上方かるた」（日本）

女性の美しく見える機会をいう。夜目や遠目や笠のうちは、欠点がはっきり見えないからであろう。その他、旅中、馬上、車中、月下、簾下などの女性も美しいとされる。笠は、頭にかぶるもので、雨具の傘ではない。

嫁を取るなら親を見よ。

嫁をもらうときは、まず親の人柄をよく見てからもらえ。「嫁を見るより親見て貰え」とも。

蓬、麻の中に生ずれば、たすけずして直し。

茎が曲がりやすい蓬も麻の中で育つと、真っ直に生い育つ。人も成育する環境が良ければその感化を受けて、自然と善人になるという喩え。

蓬に交じる麻。

茎の曲がりくねった蓬の中に生えた麻は、茎が曲がって育つ。人も悪人と交わると、自然と悪に染まるようになる、という喩えである。

よらしむべし、知らしむべからず。

『論語』（中国）

人民を従わせることはできるが、法令の内容や理由を判らせることは難しい。

寄らず触らずがよし。

交際には適度の間隔をたもつのがよい、という諺。親しすぎても、冷ややかすぎてもよろしくないという経験則である。

寄らば大樹の蔭。

自分の安全を図るためには、権勢のある者の下につけ。どうせ人に頼るなら、力のある人に頼るのがよい、という意。

寄り合いごとは多分に付け。

相談事や話し合いは、大勢の意見に従っていれば間違いがない。多数決がよいという諺。


より強い者たちが、より弱い者を餌食にする。

弱肉強食が現世の姿だという意。強いものが勝ち栄えること。中国の韓愈の言葉「弱の肉は強の食なり」が語源。


寄り物の中から刺身にする魚が出る。

寄り物は、浜辺に打ち寄せられたもの。思いがけない拾い物をする喩え。


夜打つ礫。

礫はツブテと読む。あてずっぽうに仕事をすること。目標が定まらないので、効果や意味がないという喩え。


夜の鶴。

「焼け野の雉、夜の鶴」(別項)の略。危険の迫った時の、親が子を思う愛情が強いことの喩え。


夜の錦。

暗い闇夜に、美しい錦を着て出て行く。無駄なこと、やっても意味がないことの喩え。


夜はすべての猫が灰色に見える。

夜は暗くて、物の判別がつかなくなる。

(フランスの諺)


夜は沈思黙考に適す。

「夜は考えごとの母である」Night is the mother of thoughts. が英語の諺。じっくり深く考えるのは、夜に限るという意。


夜昼あって立つ世の中。

一日二十四時間、昼ばかりでも困るし、夜ばかりでも困る。対応するものがあってこそ世の中が成り立っているという意。


選れば選り屑。

慎重に選び過ぎると、かえって最悪のものをつかむものだ、という意。

喜びあれば憂いあり。
「歌舞伎」『意中謎忠義画合』(日本)
吉事のあとには、とかく凶事があるものだ。

喜び極まれば憂いを生ずる。

喜びや楽しみが頂点にまで達すると、かえって憂いや悲しみが生じてくるものだ。


喜びの中の嘆き。

喜びを得た過程で、犠牲がでたような時、それが悲嘆の種であることをいう。


喜びの礼は早いがよい。

恩恵を施された時の返礼は、早くすべきである。


喜ぶ心では、足も軽くなる。

「気持ちの準備ができているところでは足も軽い」(別項)もよく似た諺。明るい気持ちで、楽しく仕事をすれば能率が上がる。遠い道でも苦しくない。人生も同じ。**英語の諺** A willing mind makes a light foot.

喜んで尻餅をつく。

得意になり過ぎるとよく失敗する。注意せよ、という戒め。


万の道をば道が知る。

どんな分野でも、専門家となればその道に通じている、という意。


輿論は、第二の良心である。

多くの人の意思が、人間の良心を形づくるのである、という意。輿論(世論)を人民の良心とみる考え方である。**英語の諺** Public opinion is a second conscience.

弱い所に風当たる。

不運の上に不運が重なるという喩え。


弱い味方より強い敵。

強い敵は、相手にしがいがあり敵ながら、頼もしくおもしろい。


弱い者の空威張り。

弱い人間ほど、人前でいばって強そうに見せるものである。


弱馬道を急ぐ。

力の弱い人間は、自然と焦りがちになるものだ。焦らないで努力をしようという意。

弱きもの汝の名は女なり。
シェークスピア(イギリス)
「女は精神的に弱く心が変わりやすいものだ」。が、『ハムレット』の真意。女性は弱いもの、男性に対し弱い立場におかれている、というのは誤解だが、誤解がそのまま日本では、通用している。

弱きものは風にも倒る。

弱い人間は、ちょっとしたことにも心が傷つくものだという喩え。かばってあげたいものである。


弱きを助け強きを挫く。

弱いものを助け、強い者をこらしめる。武道はこれをめざした。江戸時代の市民の理想とする任侠の気風を述べた諺。

世渡りは草の種。
生計を立てる方法は、草の種のように多くていろいろある、という意。

弱みにつけ込む風邪の神。
忙し過ぎたり、金に困ったりして、寝込んでおれないような時に限って、よく風邪を引くものである。

弱り目に祟り目。
「人情本」『氷縁奇遇都の花』（日本）
困った時に重ねて神仏の祟りを受けること。一般に不運の上に不運が重なること。

世を治むるの君は、乱に先立って賢に任ず。
「金言童子教」（日本）
国をよく治める名君は、戦乱の起こらぬ前に賢人を任用し、その意見によって正しい政治を行う。

世を捨つれども身を捨てず。
世間から逃れて隠遁したり、出家したりまではするが、命を捨てることはしない。人の生命ほど大切なものはない、という意。

ら

来者は追うべし。
来者はライシャと読み、未来、将来のこと。未来のことは追うことができる。しかし、過去のことは今さらどうしようもない、意。

来年のことを言えば鬼が笑う。
「上方かるた」（日本）
人の命は明日がわからない。それなのに来年のことを言うと霊鬼が笑う、というきびしさのある喩え。将来のことは今から決めることはできない意。

来を知らんと欲する者は、往を察す。
『鶡冠子 近迭篇』（中国）
将来を知ろうとする者は、過去について考察し判断のもとにする、意。

楽あれば苦あり。
「江戸かるた」（日本）
安楽な生活をしていると、あとに必ず苦しい生活があるものだ。いいことばかり続かない。好調な時に、いい気になるな、という戒め。

楽隠居 楽に苦しむ。
幸せに安楽に世を送る楽隠居は、何もすることがなくてかえって苦しむ、意。

楽天的で快活な国民性は、深みのあるユーモアを持つには、かえって不適当である。
カザミアン（フランス）
ユーモアの語源は、ラテン語のhumanus（人間らしい）である。人間らしくて品がよく、おっとりとして、しゃれた深みのあるおかしみをいう。楽天的快活とは合致しない、という意。

楽天的な生き方は、人を成功に導く。
ヘレン・ケラー（アメリカ）
どんな時でも、明るい気持ちと希望がなくては、成功はない。

楽は一日、苦は一年。
楽しいことはすぐ終わってしまうが、苦労は長く続くのが人生だ、の意。

楽は苦の種、苦は楽の種。
はじめ楽をすれば後で苦労をする。苦しみをがまんすれば、その苦しみのために後は楽になる意。

楽は貧にあり。
楽は、貧乏な暮らしのなかにある。富んだ人のするような気苦労が、全く無いからである。

洛陽の紙価を高める。
『晋書』（中国）
著書の内容が充実して、よく売れ、もてはやされること。洛陽は、中国の都。この諺は、中国古代の諺。

楽をするには汗をかけ。
楽な暮らしをするには、働いて汗をかくことだ。

乱君有りて乱国なし。
荀子（中国）
国を乱す君主は存在するが、自然に乱れる国はこの世にない。

濫觴
荀子（中国）
濫觴はランショウと読む。濫はあふれる意。觴はさかずき。濫觴は、盃にあふれること。長江も水源は「盃にあふれほどの細流」であったという言葉から。細い流れ、水源。転じて、物事の始まり、起源の喩え。

乱は天より降るにあらず。婦人より生ず。
『詩経』（中国）
国の乱れは、天が下した罰ではない。為政者が婦人に迷うところから生じるものである。

ランプが燃えているうちに人生を楽しめ。

萎まぬうちに花を摘め。

マルティン・ウステリ（スイス）

人生ははかない。だからこの日を思う存分に生きよう。後悔のないよう楽しもうという意。

乱をもって治を攻むるものは亡ぶ。

『戦国策』（中国）

自分の国を治めることもできない者が、平和な国を攻めれば、逆に自分の国が滅びてしまう。

り

履鮮やかなりといえども枕に加えず。

『漢書』（中国）

履き物は、いくら新しくても枕に乗せるものではない。物には、それぞれ用途があるという意。

利益をあげることは悪徳だというが、私は損失を招くことこそが悪徳であると認めます。

チャーチル（イギリス）

利益を上げるのは経営者として絶対的なもの。一概に悪徳とはいえない。真の悪徳は、損失を招くことだ。

利益を得ることよりも、それを保持することの方が、ずっとむずかしい。

デモステネス（古代ギリシャ）

利益を保持することのほうが、利益を上げることよりもずっとずっと重要だ、の意。

理解するというのは、承認することのはじめである。

ジッド（フランス）

確信をもって否定するには、否定するものを、決して見ないことが必要である。

——と続く。

理外の理。

普通の道理や常識では判断のつかない不思議な道理。理屈だけでは説明しきれないもののこと。

理が皮を被る。

理屈が人間の皮をかぶっている。頑固で、融通がきかない。また、人間味のないことや人をいう。

李下に冠を正さず。

中国の諺。スモモの木の下で冠をかぶりなおすようなことをしないことだ。果実を盗むと疑われないようにせよ、の意。一般的に、嫌疑を受けるような行為はすべきでない、という戒め。

梨花一枝春雨を帯ぶ。

白居易（中国）

白い梨の花が一枝、春雨に濡れているようだ。美人の思い悩み悲しむ姿の意。

理が非になる。

道理に合っている正しいことが、誤りとされる。

利が利を生む。

利子が元金に加わってさらに利子を生む。

理屈上手の行い下手。

言うだけで実行の伴わないこと。そういう人間になるな、の意。

理屈と膏薬は何処へでもつく。

理屈をつけようと思えば、どんなことでも、もっともらしい理屈がつけられるものだ、の意。

利口になるには年をとらねばいけない。

ゲーテ（ドイツ）

だが実のところ、人は年をとると、以前のように賢明に身を保つことは難しくなる。

理想は自身の中にある。その達成への障害も自身の中にある。

カーライル（イギリス）

理想とするものは自分自身の中にある。それを自覚していないだけだ。達成の妨げになる障害も自身の中にあるのだ。

利息を取るより利息を払うな。

金を貸して利息を取ることを考えるより、借りないですむ堅実な生活を心がけよ。

律義者の子沢山。「江戸かるた」（日本）

律義な者は遊びにふけることがなく、夫婦仲がよくて、子供も多い。つまり、素直で実直な人は、家庭円満で、したがって、子供も多くなるものだ、の意。

立錐の余地もない。

立錐はリッスイと読む。錐はキリのこと。錐を立てるほどの余地もない。わずかな空間もない、という意。

理詰めより重詰め。

同じ「詰め」でも、理屈で押し進める理詰めより御馳走の入った重箱の詰めものの方がよい、意。

理に負けて非に勝て。

非は、不利な状態。理屈で負けても、不

利な状態には陥るな、実利をとれ、という意。「論に負けても実に勝て」（別項）とも。

利によりて行えば怨み多し。 『論語』（中国）

自分の利益ばかり考えて行動すれば、損をするものが出て人のうらみを受けることが多くなる。

利は向上になかれ。

向上は、コウジョウと読み、最高の意。この場合、最高の利益、暴利、のこと。利益は、最高を求めてはならない。暴利をむさぼろうとするな。

利は天より来たらず。 『塩鉄論』（中国）

利益は他から与えられるものではない。自分で努力して得るしかない。

利は元にあり。

利益の多少は資本の投じ方によって決まる。安く仕入れることが大切だ、の意。近世の諺。

流行とは、異論の余地なく滑稽なものだ。

バルザック（フランス）

流行は、滑稽なもの、だが、そう思わぬ人も多い、という言葉である。

流水一度去ってまた返らず。

流れる水は、決して元にもどることはない。

流水腐らず、戸枢蝕まず。

戸枢はコスウと読み、開閉の軸となる「とぼそ」のこと。流れる水は腐ることがなく、戸のとぼそは、虫に食われることがない。常に活動するものに、沈滞や腐敗がない、という意。

流水源に返らず。

源はミナモトと読む。流れる水は、水源にもどることはない、意。過去は取りもどせないことの、喩え。

竜頭蛇尾

初めは盛んで、終わりほどふるわないこと、の喩え。

竜の雲を得るがごとし。

竜が雲を得て空に舞い上がるようだ、の意。英雄豪傑が機会を得て、盛んに活躍する意。

粒々辛苦

穀物の一粒一粒が農民の労苦の結晶である。転じて、こつこつと苦労を重ねること。

良医の門に病人多し。

良い医者には、患者が多く集まる。

両眼が片目よりよく見える。

Two eyes can see more than one. の訳。一人でするよりも数多くの人間がやるほうが良い意。

両極端は相会す。

「東の極端は西である」Too far east is west. が英語の諺。地球の東西の端が合致しているという意である。

良玉は彫らず。 『韓詩外伝』（中国）

良い宝玉は、彫刻を施さなくても、それだけで光輝き美しい。すぐれたものは必ず世に現れ広く知れ渡るものだという喩え。

良工は材を選ばず。

名工といわれる人は、材料の良し悪しは問題にせず、自己の技量ですぐれた作品を作り出す。「弘法筆を選ばず」（別項）に似た意。

良妻と健康は、男の最上の財産だ。

良い妻を持ち、かつ健康に恵まれていることは男にとって、どんな財産にもまさるものだ、という意。**英語の諺** A good wife and health is a man's best wealth.

良妻は夫を良夫にする。

妻の人格が優れていれば、夫もその影響で立派な人物になる。**英語の諺** A good wife makes a good husband.

良妻は最高の財産。

文字通り良い妻は最高の財産であり、最高の幸福である、という意。A good wife is the best furniture. が似た意味の英語の諺である。

良書とは、期待を持って開き、利益を収得して閉じる書物である。

ルイザ・オールコット（アメリカ）

内容が、期待どおりの本で、何か有益だったと思うような本が良書であるという意。

良書を読まない者は、良書を読む能力のない者と少しも変わるところがない。

マーク・トウェイン（アメリカ）

良い本を読め。良書を読む能力のない者、つまり愚か者と同じ人間になるな、の意。

両手に花。

二つのよいものを同時に手に入れることの喩え。特に左右に女性がいてひとりじめにしているような状態をいう。

量では断然見劣りしても、幾度も考えぬいた知識であれば、その価値ははるかに高い。
ショーペンハウアー（ドイツ）

読書量が少なくて、限られた知識でも、それを生かして熟慮に熟慮を重ねた知識であれば、高い価値がある。

良薬は口ににがし。「江戸かるた」（日本）

病気によく効く薬は、苦くて飲みにくい。そのように、心からの忠告、諫言ほど、聞く人には苦々しいものだ。甘い言葉にまどわされず、苦い忠告、諫言を、良薬とする賢明な人間となれ、の意。カルタでは、レの札（歴史的かなづかいによる）。

料理人が多すぎるとスープをだめにする。

中心になってする人が多すぎると、事がうまく運ばなくなる意の英語の諺。Too many cooks spoil the broth. 日本の諺「船頭おおくして船山に上る」（別項）と似た意味である。

両を聞きて下知をなせ。

下知はゲジと読む。指図命令の意。一方を聞いただけでは判断がかたよるから、両方の言い分を聞いてから命令を下せ、の意。「両方聞いて下知をなせ」とも。

利欲というものは、ある種の人を盲目にすることもあれば、ある種の人の眼を明るくすることもある。
ラ・ロシュフコー（フランス）

利益欲望というものは、強欲な人を盲目にさせることもある。適正な利益で、公に尽くそうとする人には、明るい目を与えてもくれるものでもある。という意。

力は貧に勝ち、慎は禍に勝つ。

力はリョクと読む。努力の意。努力すれば貧しさを克服でき、慎み深くしていれば、禍を防ぐことができる。

利を思うより費を省け。

利益を生み出すことを考えるより、出費を少なくせよ、の意。

利を人に譲り害を己に受く、これ譲なり。美を人に推し醜を己に取る。これ謙なり。
佐藤一斎（日本）

利害の利を譲ることが譲であり、美醜の美を他人にすすめ、醜を取るのが謙である。

利を見て義を思う。『論語』（中国）

利益に臨んで、それを得ることが義理にかなっているかどうかを考える。

利をもって誘えば人はなびく。

実利をもって誘うのが味方を増やす方法。「犬を従わせたいなら犬に食物を与えよ」は同じ意の英語の諺。If you would wish the dog to follow you, feed him.

臨機応変

機会に応じて態度や手段を変えよ。その場その場で賢く生きよ。

綸言汗のごとし。「上方かるた」（日本）

綸言はリンゲンと読み、天子が臣下に言う言葉。この場合、責任のある人の言葉である。諺の意味は、一度出た汗は決してもとへ戻らない、という意。同じように、責任ある人の発言は、一度言葉に出したら、取り消すことができない、という教えである。

リンゴを食べると美人になる。

リンゴに含まれる成分のビタミンC、ペクチンなどで皮膚の色が白くなり、便通がよくなり、みめうるわしくなる、という諺。

隣人を愛せよ、しかし生け垣は取り払うな。

隣人とは仲良くせよ。しかし、けじめだけはつけよ、という喩え。英語の諺 Love your neighbour, yet pull not down your hedge.

林中に薪を売らず、湖上に魚を鬻がず。

鬻がずはヒサガズと読み、売らない、意。その物の豊かな所では、商売は成り立たない。

る

類は友をもって集まる。「上方かるた」（日本）

悪い仲間が、同類ということで集まりやすい意。「類は友を呼ぶ」という似た諺もある。「類をもって集まる」「類は友を呼ぶ」「類をもって友とす」とも。

累卵の危うき。

卵を積み上げたように、きわめて不安定で危険な状態、の喩え。

ルビコン川を渡る。

重大な決断・行動をする喩え。シーザーが北からイタリアに入る時は、軍隊を解散してから渡らなければならないという法を破ってルビコン川を渡ったことに由来する諺である。

瑠璃の光も磨きから。

宝石はよく磨くから光る。磨かないと曇る。人間もいくら素質が良くても、学習や鍛練を積まないと立派な人間になれない、という意。

瑠璃は脆し。
白居易（中国）

瑠璃は、紺色の宝石。美しい物やすぐれた物は、傷つきやすいという喩え。

瑠璃も玻璃も照らせば光る。
「江戸かるた」（日本）

瑠璃は、宝石。玻璃は、水晶の意。宝石も水晶も照らせば光る。優れた人はどこにいても目立つ意、が普通。また、「照らせば」を重視して、照らさなければ光らないから、「積極的な探求心を持て」という諺とも解釈できる。

流浪して主の有り難さ。

職を失い、生活が苦しくなってはじめて雇い主の有り難さがわかる、という意。

れ

例外のない規則はない。

どんな規則にも必ずそれを適用しきれない事例があり、例外扱いが必要である。
英語の諺 There is no general rule without some exception.

礼儀はいつも厚くせよ。

常に礼儀やしきたりを守り、手厚くするのがよい意。

礼繁きものは実心衰うるなり。
『韓非子』（中国）

繁きはシゲキと読み、多い意。実心はジッシンと読み、真心のこと。形の上での礼儀が多すぎると、真心が薄くなってしまう。真心を込めて礼を尽くせ。

礼過ぎれば諂いとなる。

諂いはヘツライと読む。礼儀も度を過ぎると相手の御機嫌取りになる。へつらいにならぬように節度を守りたい。「礼も過ぐれば無礼になる」（別項）とも。

礼は、敬みの至れるなり。
『論語』（中国）

「敬み」はツツシミと読む。礼は敬愛の心が最も高い形で現れたもの、という意。

礼も過ぐれば無礼になる。

礼儀にとらわれ過ぎると、かえって相手に無礼になる。

歴史家とは、逆向きの予言者である。
F・V・シュレーゲル（ドイツ）

雑誌に発表した名言である。

歴史家は、その主要着眼点の第一に、それぞれの時代において、人間が如何に考え如何に生活したかというところに置かなければならない。
レオポルド・フォン・ランケ（ドイツ）

歴史は、時代の変遷の過程を、政治社会個人について述べるものであるが、その研究の主要着眼点は、それぞれの時代の人間が如何に考え、如何に生活したかにあるべきだ。

歴史が判断を生むのでなく、判断が歴史を生むのだ。
ガエタン・ピコン（フランス）

歴史はこう動くのでなく、このように動いたのであったと、書くべきであろう。――と続く。

歴史書は、ただ歴史はいかにして実際に起こったかを語るだけである。
L・フォン・ランケ（ドイツ）

歴史書は、ただ過去がいかにあったかを示すだけ、という立場を示す言葉である。

歴史という学科は、ただ古い昔のことを研究したり国の政治や、社会の移り変わりを調べたりすることだけを目的とするものではありません。
岡田章雄（日本）

現在の社会、私たちの生活、そして身の周りのすべてのことを、大きな歴史の流れの中において考えてみるという習慣を身につけることも大事なのです。――と続く文章である。

歴史とは、時間が人の記憶の上に繰り返し書く詩である。
パーシー・B・シェリー（イギリス）

人の記憶の上に時間が書く詩、それは、リフレイン（くりかえし）の多い詩なのである、という意。

歴史とは、伝説と化した事実であり、伝説

とは歴史と化したウソである。
ジャン・コクトー（フランス）
歴史とは、伝説化する時にウソが混入するものである、という意。歴史は伝説とウソの混じった実例集である、とも。

歴史とは、ひょっとしたら避けられたかも知れない事柄の集積である。
コンラート・アデナウアー（ドイツ）
いいなおせば、どうしても避けることができなかった事柄の集積である。——と続く言葉である。

歴史とは、みんなが同意する一揃いのウソである。
ナポレオン・ボナパルト（フランス）
皆が知らないところに真の歴史がある。

歴史は過去を判断し、未来の世界を予言するべきものである。
L・フォン・ランケ（ドイツ）
過去を判断し、未来を予言するはずのもの。「べき」（当然の助動詞）に意味がある言葉である。

歴史は繰り返す。
ツキジデス（古代ギリシャ）
人間によって作られた歴史は、同じような経過と条件で繰り返されるものである。

歴史は、実例によって教える哲学である。
ディオニュシオス（古代ギリシャ）
『初期ローマ史』（現存十巻）の中の言葉である。実例による哲学。

歴史は、時の経過を証明する証人である。歴史は現実を照らし、記憶を力づけ、我々に古代の便りをもたらす。
キケロ（古代ローマ）
歴史の効用を巧みに説明した名言である。ラテン語で大河のような洋々とした豊かな文体で書かれている。

歴史は、我々がこれから犯すであろう過ちについて教えてくれる。
ローレンス・J・ピーター（カナダ）
これから犯すであろう過ち、それを教えるものが、歴史であるという意。名言である。

レストランで食事をしている夫婦の様子を見たまえ。会話の途切れている時間の長さが、夫婦生活の長さに比例しているから。
アンドレ・モーロワ（フランス）
夫婦生活が長いと、会話が落ち着き、ゆっくりとなり、また、心でお互いに意思が通じ合うようになっている。未熟な夫婦生活者は、その反対の会話しかできない、という意。

恋愛とは、仕事のない人々の仕事のようなものである。
モンテスキュー（フランス）
これは近世まで、女性が仕事をもたなかった時代の表現である。現代では、職の有無にかかわらず、仕事のような仕事である、という意。

恋愛には、四つ種類がある。情熱の恋、趣味の恋、肉体の恋、虚栄の恋。
スタンダール（フランス）
この四つの恋のうち、人生を豊にする真実の恋に結び付くものはどれだろうか、という意である。

恋愛は幸福を殺し、幸福は恋愛を殺す。
ウナムーノ・イ・フーゴ（スペイン）
恋は物質的幸福を無視し、物質的幸福は恋愛を殺してしまう、という意。

恋愛は戦争のようなものである。始めるのは容易だが、やめるのは困難である。
H・L・メンケン（アメリカ）
恋愛は、始めるのは簡単で容易である。どこでやめるのか、失敗か、成功か、どこで、どう終結するのかわからないもの、という意。

恋愛は、ただ性欲の詩的表現を受けたものである。
芥川龍之介（日本）
性欲を詩的に表現した美しいもの。それはそうだが、甘い幸福なものだという意。

恋愛は私にとってはいつも最大の仕事であった。唯一の仕事と言ってもよい。
スタンダール（フランス）
本名はアンリ・ベールというフランスの作家の言葉。墓碑銘には「生きた、書いた、恋した」とある。

恋愛を一度もしなかった女にはよく出会うが、恋愛を一度しかしない女には、めったに出会わない。
ラ・ロシュフコー（フランス）
恋愛を一度しかしない女、つまりそのまま結婚へ直行した人は、めったにない、という意である。

れん木で腹を切る。「上方かるた」（日本）
「連（レン、擂の唐音）＋木（ギ）」は、「すりこぎ」のこと。「スリコギで切腹」は、不可能なことを滑稽に言ったか。

蓮華の水にあるがごとし。
蓮華はレンゲと読み、ハスの花のこと。蓮の花が泥水の中で清らかに咲いているように、世間の汚濁に染まらず清廉潔白なこと。「泥中の蓮」（別項）とも。

練習は完成をもたらす。
「練習は熟達を作り上げる」Practice makes perfect. は英語の諺。練習によって技術が完成の域に達するという意。

練習は最良の師。
練習の重要性をのべた英語の諺。Practice is the best master. の直訳。練習はくりかえしが多く単調だが、単調さに負けないで練習にはげもう。

練習は不可能を可能にす。
小泉信三（日本）
練習に励め。できそうもない事ができるようになる、という意。

連帯責任は無責任。
連帯責任というのは聞こえがいいが無責任の代名詞だ。英語の Everybody's business is nobody's business. が類似の諺。

廉にして化あり。
『古列女伝』（中国）
清廉潔白な人は、他人によい感化を与えるものだ。

連理の契り。
連理は、枝が連なったもの。転じて、夫婦。「連理の契り」は、男女の仲の永遠にむつまじく変わらない約束、の意。

ろ

労苦なければ益もなし。
がまんして働き、苦労しなければ、利益もない。

労苦なければ希望なし。
スマイルズ（イギリス）
心身の苦労があるからこそ、希望も大きくふくらむ、という意。

老犬はなんでもないものには吠えない。
老人の言葉には、根拠があっていうのだから、よく聞き取る謙虚さが必要だ。「老犬虚に吠えず」とも。英語の諺 An old dog does not bark for nothing.

労して怨みず。
怨みずはウラミズと読む。骨を折って努力してもうまくいかないことが多い。しかしそのことによって、人をうらんだりしない、という意。

労して功なし。
苦労しても得るところがない。「労して功なしとは水に絵を書くが如し」と浮世草子にも喩えている。「労多くして功少なし」とも。

老少不定
ロウショウフジョウと読む。老人が先に死に、若者が後で死ぬとは限らない、という意。天寿は年齢とかかわりがない意。

老人は、時には唇で女性の額や子供の頬に触れてみる必要がある。
M・メーテルリンク（ベルギー）
もう一度、生命の新鮮さを信じられるように。

老人は再び子供となる。
老人になると、子供のように純真になる、意。

労せざれば得ることなし。
苦労がなければ結果として得るものは少ない意。

蠟燭は身を減らして人を照らす。
人のために身を犠牲にする喩え。

籠鳥雲を恋う。
籠の中の鳥が、空の雲を恋いしたう。束縛をのがれて、自由の身になりたい、という喩え。

労働の喜びは、自分でよく考え実際に経験することからしか生まれない。
カール・ヒルティ（スイス）
労働の喜びは、教訓からも、実例からも決して生まれはしない。――と続く言葉である。

労働は、苦い根を持つが、甘い味を持つ。
働くことは苦しいが、その成果は尊い、という喩え。**英語の諺** Labor has a bitter root but a sweet taste.

労働は、我々を、苦痛に対して我慢強くする。
キケロ（古代ローマ）
働くことは、苦しいものである。だが、人生の苦しみに耐える心や我慢強さを与えてくれる有り難いものだ。

老年になって無知より若い時に学ぶ方が苦労が少ない。

老いてから無知で苦労するより、若い時に苦労を惜しまず学べ、という戒め。**英語の諺** It is less painful to learn in youth than to be ignorant in age.

老年はそれ自身病気である。
テレンティウス（古代ローマ）
老いを意識する。それが病気なのだ。ローマの喜劇詩人の言葉。**英語の諺** Old age is sickness of itself.

老年は、我々の顔よりも心に多くの皺を刻む。
モンテーニュ（フランス）
老人は心が老いやすい。気持ちは若々しくありたい、という意。

浪費家とは、金だけでなく時間の無駄遣いもする。浪費家は孤独で自信のない人に多い。
十返肇（日本）
自信がないから浪費してさびしさをまぎらせている。したがって浪費しまいとすれば、自分の中に充実したものを持つように心がけなければならない。――と続く言葉である。

浪費する妻ある家栄えず。

無駄づかいをする悪妻がいる家は繁栄しない意。A man can never thrive who has a wasteful wife. が類似の英語の諺。


老病に薬なし。

老衰から起こる病気にきく薬はない。


老木は曲げることができない。

物事は初期のうちに処置しないと、後になるほど処理しにくくなる、喩え。**英語の諺** Old trees are not to bent.

老齢と老化を一緒くたにすることは避けなければならない。老化はどんな年齢でも我々に襲って来る感情である。
E・M・フォスター（イギリス）
老化とは、精神的なもの、気の持ちようで、若くても老化した青年もいれば、老化しないでいつまでも若々しい老人もいるのである。

隴を得て蜀を望む。

「望蜀の嘆」とも。魏の武将が、隴の地方を平定し、勝ちに乗じて蜀の国まで攻め取ろうとしたこと。人の欲望に限りがないことの喩え。


蠟を嚙むが如し。

少しも味がなく、まずいことの喩え。


蠟を溶かす同じ熱が、粘土を堅くするのだ。

同じ物を受け取っても、それを受け取る側の条件によって、結果は違ったものになるということ。**英語の諺** The same hot that melts the wax will harden the clay.

ローマで二流となるより、村で一流となれ。

強大なものの上位になるより、弱小なものの先頭に立て、の意。**英語の諺** It is better to be first in a village than second in Rome.

ローマでは、ローマ人のようにせよ。
聖アンブロシウス（古代ローマ）
実際に今すんでいる土地の風俗や習慣にしたがうのがよい、という意。**英語** When you are at Rome, do as Rome does. 日本語の「郷に入っては郷に従え」（別項）に近い諺。

ローマにいて法王と争うのは困難である。

強大な権力のある人と争うことはできないと思う方がよい。ガリレオのような人でも軟禁され殺されたのだから、というような意。**英語の諺** It is hard to sit in Rome and strive against the Pope.

ローマは一日にしてならず。
セルバンテス（スペイン）
偉大なローマ帝国も長い歴史と努力によって次第に築かれたのだ。長期間にわたって努力することなくして、大きな事業は完成されないのである、という喩え。**英語の諺** Rome was not built in a day.

魯魚烏焉の誤り。

ロギョウエンノアヤマリと読む。文字の書き誤りをいう諺。魯と魚、烏と焉は、それぞれ字形が似ていることから。

六十歳の人は、二十年はベッドに、そして三年以上は食事に費やしている。
アーノルド・ベネット（イギリス）
人生で費やす時間の長さをいったもの。寿命の質を高めよう。生きているうちに意義のある時間をどれほど持ってきたか、という警句。

六十の手習い嘉すべし。

嘉すはヨミスと読む。学ぶのに遅すぎるということはない。めでたいことだ。まして、平均寿命が八十数歳になっているのだから。


ろくでなしが人の陰事。

陰事はカゲゴトと読み、陰口の意。役に

立たない人間にかぎって人の陰口をきくものだ。

櫓三年棹八年。

櫓はロ、棹はサオと読む。櫓を自由にあやつるには三年の修業が必要だが、棹の操作にはもっと長くて八年かかる。棹さばきの難しさをいう諺。「棹は三年櫓は三月」（別項）とも。

驢に乗りて驢をもとむ。 蘇軾（中国）

驢はロと読み、ロバのこと。ろばに乗っていながら、ろばを尋ね求める意。自分の心の中にある真理を遠くに求める愚かさの喩え。

論語読みの論語知らず。 「上方かるた」（日本）

書物を読んでその道理がわかっていても実行はなかなかできない、という意。論語を教える学者が、道徳を教えながら不道徳であったりするのを笑ったもの。

論戦に勝つことで、何らかの真理が樹立された例は、いまだかつてない。 アラン（フランス）

そんなことを、信じているのは子供だけだ。――と但し書きをつけている。

論争は、一致を、より貴重なものとする。

一度論争すると、一致することがどれほど難しく、大切かがよくわかるようになる、意。**英語の諺** Quarrel makes agreement more precious.

ロンドンの事件を知ろうと思えば田舎に行かねばならない。

ロンドンを離れてはじめてロンドンの様子がわかる。**英語の諺** You must go into the country to hear what the news at London. 日本の「灯台下暗し」（別項）に似た諺。

論に負けても実に勝て。

議論では負けても、実質の面で勝てばよい。「理に負けて非に勝て」（別項）に似た諺。

論は無益。

議論しても役に立たない。まず実行せよ、の意。行動の開始を促す時にも使う。

論より証拠。 「江戸かるた」（日本）

物事を明らかにするには、言い合うよりも証拠の方が重要だ。つまり、議論よりも、証拠が歴然と真実を示すのだ、の意。

わ

若いうちに青春を味わえ。

若い時は二度とない。やりたいことをやっておけという意。「出来る間にバラの花を集めなさい」は類似の意の英語の諺。Gather roses while you may.

若い時に、人間の理屈では説明のつかない現象にぶつかるというのはたしかにいいことだ。 三浦綾子（日本）

受け止め方によっては、説明のつかない現象にぶつかるというのは、いいことではないかと思う、と遠慮した言い方で述べている。

若い時にバラの上に横になれば、年を取って茨の上に横たわるであろう。

青春時代を面白おかしく過ごしていると、老年になって生活に苦しむことになる。安易に若い時を過ごしてはならない意。**英語の諺** If you lie upon roses when young, you'll lie upon thorns when old.

若い時の苦労は、買ってでもせよ。

若い時の苦労が人生を豊かにする。それゆえに買ってでも苦労せよの意。**英語の諺** Heavy work in youth is quiet rest in old.（若い時の重労働は、老年になって静かな休息となる）が類似している。

若い時の自分は、お金こそが人生で最も大切なものだと思っていた。今、歳をとってみると、その通りだと思い知った。 オスカー・ワイルド（アイルランド）

お金こそが人生で最も大切なものだ、ということ。その思いについて、人生の終末に近づいた今、まさに「その通りだ」と思い知った、というのである。

若い時の知識は、年とってからの知恵である。

知識は、ある事物についての明確な理解と認識のこと。知恵は物事をなすにあたって、合理的に考え、判断し処理する心の働きのことをいう。knowledgeが、年を取ると、wisdomになる。つまり、年齢とともに知恵を使って賢く生きるようになるのである。**英語の諺** Knowledge in youth is wisdom in age.

若い時は二度無い。
「若い時は二度と無し」「若い内は二度とない」とも。二度と来ないから、思い切って大志を持って、実現するよう努力したいものである。

若い時楽したら、年寄って苦労する。
若いとき楽をするのは禁物。怠け癖がつき、まともに働かない。生活すらしにくくなる。老いて苦労ばかりの人生となる、という戒め。

若い娘が学ぶことを愛し、若い男が教えることを愛する場合の青春の友情は美しい。 ゲーテ（ドイツ）
若いもの同士が、語り合い、教え合い、両者が向上しようとしている場合の、青春は最高に美しい。

若くして求めれば、老いて豊かである。 ゲーテ（ドイツ）
若いときに求める気持ちのある人間は、年老いてくると豊かに暮らせる。

我が国民の声は、反対するだけで提案もせず、非難するだけで決して誉めず。すべてを悲観的に考え、責任も取らず、他人に意見を押しつける。 ケネディ（アメリカ）
遊説中にテキサス州ダラスで暗殺された第三十五代大統領の言葉である。悲観的な非難ばかりしないで、責任のある提案をしてほしい。という意。

わが心、秤のごとし。 諸葛亮（中国）
私の心は、秤のように公平で、私情を入れることはない、という意。

我が子自慢は親の常。
親は我が子の自慢をしたがるものである。

我が事と下り坂に、走らぬものはない。
自身の利益になると、他人から言われなくても、自分から進んで奔走するものだ、という喩え。

我が子の悪事は見えぬ。
親は、我が子かわいさで、子の欠点が目に入らないものである。

「我が子をしっかりした人間にしてくれる人」という親の信頼と期待という強い間柄で結びついているのが教師である。 国分一太郎（日本）
子供をしっかりした人間にして下さる先生。親はこういう先生を、信頼し期待している。

若さとは年齢ではなく心だ。
いつまでも若き心を持つことだ。肉体的年齢を吹き飛ばして活動しよう。

若さは勝利の半分である。
英語の諺 Youth is half the battle.「若さがあることは、あらゆることについて、優位にある、頑張れ」という激励の言葉。

若竹笛にならず。
未熟なものは、役に立たない、という喩え。

我が田への水も八分目。
欲もほどほどにすべきことの喩え。

我が田へ水を引く。
自分の都合のよいように説明したり処置したりすることの喩え。「我田引水」（別項）とも。

我が船の順風は、人の船の逆風。
自分に都合のよいことが、人にとっては都合が悪い。同一のことでも利害が一致しないことがある、という喩え。

我が眼を以って、我が睫を見んとするが如し。
眼はマナコと読み、睫はマツゲと読む。自分の目で自分の睫を見ようとしても見えないようなものだ。遠くのものは判るが身近なことは判らない、意。

わが道一以て之を貫く。 『論語』（中国）
私の思想や行動には、一貫性があり、生涯この態度を続ける覚悟だ。孔子の決意を述べた言葉である。自分の生きる道は、忠（まごころ）恕（おもいやり）の徳で一貫してる、という意。

我が身に偽りある者が、人の誠を疑う。
自分の心にやましいところがあると、人の誠意まで疑いの目でみるようになる、意。

我が身の上は見えぬ。
自分の欠点や過失には、案外気が付かないものである。

我が身の事は人に問え。
自分の欠点や過失は、気が付かないことが多いから、人に尋ねて改めるがよい。

我が身を立てんとせば、まず人を立てよ。
自分の望みを達しようとするならば、まず人にゆずり、その人を立てるようにしなさい。

我が身をつねって、人の痛さを知れ。
自分の身のこととして、人の苦痛を思いやれ。英語の諺に「ガラスの屋根を持つものは、隣人に石を投げるべきでない」He who has a glass roof should not throw stones at his neighbors. というのがある。同じく、自分のこととして他人の痛みを思いやるべきだという喩え。

若芽出でて古根枯るる。
新旧交替は世の常である、という喩え。

我が物と思えば軽し笠の雪。
「鳥は自分の翼を重いと感じない」The bird does not feel its wings heavy. は似た意の英語の諺。自分の物と思えば、どんな重いものでも重荷とは感じないという意。

わが家に勝る所なし。　ジョン・ペイン（アメリカ）
我が家ほどよい所はない、という意。**英語の諺** There is no place like home.

わが家も点検、省エネルギー。
新しい人生の知恵を表す諺。地球上のエネルギーは有限なのだから、無駄なエネルギーを使うことはできるだけ慎もう。二十一世紀の諺。

和気　財を生ず。
和気あいあいとした家は、自然と幸福が訪れ、富裕になる。「笑う門には福来る」（別項）と同じ意。

和光同塵
すぐれた学徳や才能を目立たないようにして、世間の者と同じように暮らす、意。「光を和らげ塵に同ず」（別項）とも。

若人は青雲の志を抱く。
「青雲の志」（別項）とは、立身出世の志望のこと。青年は身を立て名を上げようと望んでいる、という諺。**英語の諺** Youth lives on hope, old age remembrance. が似た意。

和魂洋才
日本人固有の精神を持って、西洋の学問や知識を取り入れるという生き方。

禍　慎家の門に入らず。
禍は慎重な家の所に訪れない。万事に慎重であれ、という意。

災いは意外の所にあり。
災いは降ってくる。思いもしない時に思いもしない所で起こる意。

禍は内から出す。
出すはダスと読む。禍は、外部よりもかえって内部から起こる、という意。

禍は懈惰に生ず。　『韓詩外伝』（中国）
「懈惰」は、カイダと読む。怠りと怠惰、の意。禍は、怠りと怠け心からきた不用心から生ずる、という諺。

災いは幸せの変装である。
災禍と幸福が入れ替わり立ち代わりやってくるものだ、という意。**英語の諺** A evil may sometimes turn out a blessing in guise. が類似した諺。

災いは、敵のまわしもののごとく、大挙して来るのが常である。　シェークスピア（イギリス）
災難は、ほぼ同時に、一挙に多数の禍や不幸をもたらして来ることが多い。

禍も幸いの端となる。
「禍変じて幸いとなる」「禍を転じて福となす」（別項）とも。今は、わざわいと思われることが、かえって幸福の原因となることがある。

禍も三年置けば用に立つ。　「浄瑠璃」（日本）
禍は不幸なことだが、悲しみにうちひしがれていてはならない。後々三年も経てば、その経験が立派に役立つことがある、意。

禍を転じて福となす。　『戦国策』（中国）
自分にふりかかって来た災いを利用して、幸福に転ずるようにつとめよ、の意。

和して同ぜず。
「君子は和して同ぜず、小人は同じて和せず」『論語』に由来する諺。人々と仲良くはするが、無定見に同調するようなことはしないのがよい、という戒め。

鷲は蠅を捕らえず。　エラスムス（オランダ）
鷲はワシ、蠅はハエと読む。大人物は、小さな利益には目もくれない、という喩え。**英語の諺** Eagles catch no flies.

わずかなことが我々を慰めるのは、わずかなことが我々を悩ますからである。　パスカル（フランス）
ちょっとした一言に慰められることがある。人間は、複雑な生物だが、単純な一面もある。

わずかな言葉で多くを理解させるのが大人物の特質である。小人は、逆に、多くの言葉を使って相手に何一つ伝えないという天与の才能を持っている。

ラ・ロシュフコー（フランス）

わずかな言葉で多くの内容を伝えたり、理解させるのが優れた言葉の力である。凡人の言葉はその逆である。わずかな言葉で、多くを理解させられるよう、そして無駄なことばを減らすよう、努力したい、という意。

忘れたと知らぬには、手がつかぬ。

忘れましたと言う者、知りませんという者には、何を言っても無駄である、という意。

私がいちばん興味のあるのは、静物でも風景でもない。人物である。

アンリ・マチス（フランス）

人物によって、私は生命に対するほとんど宗教的な感情を表現するのにもっとも成功する。――と続く。画家が記録に残した言葉である。

私が書いたのではなく、神が書きたもうたのです。私はただ書き取ったにすぎません。

H・B・ストー（アメリカ）

『アンクルトムの小屋』を、叙述した時の経験を述べた言葉である。

私が彼を愛するのは、彼が善良だからではなく、彼が私の幼子だからである。

タゴール（インド）

私だけが責め罰する権利を持っている。なぜなら愛する人だけがこらしめることができるからである。――と続く。

私が人生を知ったのは、人と接触した結果でなく、本と接触した結果である。

アナトール・フランス（フランス）

時間空間を超越して、広く人生を知ることのできるのは読書しかない。――と続く言葉である。

私ぐらい不幸なものはないとこぼしている悲観主義の人は、けっこう楽しそうだ。

E・A・ベネット（イギリス）

悲観主義の人も、見方を変えれば、こぼすこと自体が楽しいことなのだ、の意。

私たちの問題は人間が生み出したもの。従って、人間により解決できるのです。

J・F・ケネディ（アメリカ）

人間社会の中で起こる問題の中で、人間を越えている問題はありません。――と続く。政治上の問題、戦争、核武装、暴動、武装勢力、難題が多い時機の大統領のポジティブな演説の言葉。

私たちは幸福を目標とすべきではなくして、幸福に値するような行為を営むべきだ。

カント（ドイツ）

幸福になりたいではなくて、幸福に値するような行為を営むべき、という戒め。

私たちは、住みなれた生活から放りだされると、もうダメだと思う。が実際は、そこに、ようやく新しい良いものが始まるのである。生命のある間は幸福があるのである。

トルストイ（ロシア）

毎日、同じような日の繰り返し、それが突然失われると絶望する。ところが、人間は、そのような中で真剣に生き方を考える。そして、その考えの先に新しい人生がはじまり、幸福を生み出していく。生きている限り、幸福が続くのである。

という意。

私どもは多くの悪業をなして来ました。皆由無始貪瞋痴　従身語意之所生　御仏の前に今一切の悪と迷いを懺悔いたします。

釈迦（インド）

「皆由無始貪瞋痴　従身語意之所生」は、カイユムシトンジンチ　ジュウシンゴイシショショウと読む。私どものなして来た悪業は、皆、むさぼり、怒り、愚痴などの迷いからです。それぞれの身体と言葉と心から生じたものです。今一切の悪と迷いを懺悔します、という意。

私にとって最も不快なものは、あきらめである。私はあきらめを敵とする。

北条民雄（日本）

私の日々の努力は、実にこのあきらめと戦うことである。――と続く。ハンセン病となり隔離生活を余儀なくされた小説家の言葉。

私の会う人は、すべて何かの点で私よりまさっている。私は常にその点を、その人たちから学ぶことにしている。

エマーソン（アメリカ）

人は、すべて私より優っている。そして、その人たちからいつも学ぶことにしている、という考えである。この謙譲さが、人間には大事なのだ。

私の考えでは、人類の実に八〇パーセント以上は、生涯を通じてただの一度も自分独自の考えを思いつくことはない。

H・L・メンケン（アメリカ）

手厳しい言葉である。人類のほとんどは、

独創性など、ない。一生に一度も、独自のことを思いつきもしない、という意の言葉。

私の知っている最大の楽しみはこっそり善い行いをして、偶然それが発見されることである。　チャールズ・ラム（イギリス）

こっそり善い行いをする。そして、どこかで、いつか、気付かれること。これが最大の楽しみ。こっそり善行を。良い言葉、たしかに名言である。

私の知っているただ一つのことは、あなたがたの中で、本当に幸福になるであろう人達は他人のために尽くす道を求めてそれを見出だした人達であろうということです。

A・シュバイツァー（ドイツ）

他人に尽くす幸せを説いた名言。アフリカで、病院を建て、治療に当った医者、哲学者、音楽家、神学者、でノーベル平和賞を受けた。一生涯を他人に尽くし続けた幸福な人の言葉である。

私の正直な六人の召使、私の知識はみな彼等が教えてくれる。六人の召使の名、Where What When How Why Who.

キプリング（イギリス）

「どこで、何、いつ、いかに、なぜ、だれ」。これが、六人の召使。知識の六要素である。ノーベル文学賞をとったキプリングは常にこの六つを指針にして作品を書いたといわれる。

私の成功にはなんのトリックもない。私は、いかなる時も与えられた仕事に全力を尽くして来ただけである。

A・カーネギー（アメリカ）

普通の人より、ほんのちょっとだけ良心的に、努力して全力を捧げて来ただけである、という意。

私は生きていることが好きだ。時々、悲しみにさいなまれ、絶望的な気持ちになるが、その中でも生きることは素晴らしいことだと知っている。

アガサ・クリスティ（イギリス）

人生は、長く生きるかでなく、いかに良い人生を送るかということである。希望に満ちた良い人生を生きているということを実感して暮らしたいと思う。――と続く言葉である。

私は大いに運を信じている。そして、懸命に働けば働くほど運が増すことを知っている。

T・ジェファーソン（アメリカ）

運を信じて待っているのは愚かである。一生懸命働いて、運を自分のほうへたぐりよせよ、の意。

私は過去の歴史よりも未来の夢を好む。

T・ジェファーソン（アメリカ）

アメリカの建国時代の大統領らしい言葉である。

私は気分が出るのを待ってなどいない。そんなことをしていたら、何事も成就できない。

パール・バック（アメリカ）

自身の心に働き出さねばならないことを感じたら仕事を始めよ、という意。

私は君の言うことには反対である。しかし、君がそれを言う君の権利は死んでも守る。

ヴォルテール（フランス）

デモクラシー精神の端的な表現である。自由主義者で啓蒙的な哲学者の言葉。

私は決して失望などしない。どんな失敗も新たな一歩となるから。

エジソン（アメリカ）

どんな失敗も新たな一歩になる。失敗は成功の基、だから失望などない、という意。

私は、研究中のテーマを常に自分の眼の前に広げてじっと見守る。そうすると、闇に一条の光がさしてしだいに夜が明けていくように、問題の本質がくっきりと浮かび上がってくるのだ。

ニュートン（イギリス）

研究への没頭と根気強さのおかげで、問題の本質が明らかになる。忍耐づよく研究を進めよ、の意。

私はここに立っています。私は変更できません。神よ、助け給え。アーメン。

マルチン・ルター（ドイツ）

宗教改革について議会に喚問され、著書の取り消しを迫られ、神に訴える形で「取り消さぬ」と断言した言葉。

私は、最後には、愛が勝利を得るのだと信じています。

ヘレン・ケラー（アメリカ）

が、同時に、自分の権利を守るために、やむを得ず暴力を用いている虐げられた人々への同情も、また、禁じることはできないのです。――と続く。

私は、自己の本分を忘れ、いたずらに他のために奔走した人よりも、よく自分の本色

を発揮した人が偉大であると思う。

西田幾多郎（日本）

自分の本分を尽くして、自分の本領を発揮せよ。その上で、他人のために尽くせ。本分を忘れて、他人のために奔走するな、という意。

私は、自分と同意見でない人は許すが、彼自身の持っている意見に一致しない人間は許せない。

タレーラン（フランス）

意見が違っていても、自分の意見を持っている人は許せる。が、自分の意見を持っていないで意見をその場その場であわせてくるような人間は許せない、という意。

私は、自分の資質のうち、絶対に手放したくないものをあげるとするなら、文句なく「話す力」をあげる。

ダニエル・ウェブスター（アメリカ）

なぜなら、これさえあれば、他の資質はすべてとりもどせるからである。――と続く言葉である。

私は、順調で華やかな人生を送っている人間より、失敗してもそれにめげず生きている人間に望みをかけている。

チャールズ・フォックス（イギリス）

我々は、順調な成功の人生よりも、困難と失敗にめげず負けずに生きている人生から、多くの生きる知恵を学ぶ。そういう人に希望を持っている、という意。

私は、生涯一日も仕事をしたことがない。それらは、すべてが心を楽しませることであったから。

エジソン（アメリカ）

汗をかいてする苦しい労働をしたことがない。世間でいう働くことをしたことがなかった。人類のための発明を楽しんでやっていたからだ、という意。

私は、信じる。あらゆる権利は責任を含み、あらゆる機会は責務を含み、あらゆる所有は義務を含んでいることを。

ロックフェラー二世（アメリカ）

あらゆる権利、機会、所有、つまり人間の行動、行為のすべてに、責任と責務と義務が含まれていることを自覚すべきだ、の意。

私は、信じる。真理はそれが普遍性を持つときに初めて真理であって、私に当てはまるだけでは決して真理でないということになる。

スメドレー（アメリカ）

普遍性があるから真理である。自己の所論に合致するものを真理だと思って論旨を展開し、それを学問と思っている人があまりにも多い、という意。

私は他人の心の中に逃がれるのが好きだ。私は歩いていない時は読書している。

チャールズ・ラム（イギリス）

私は、すわって考えることができない。本が私のために考えてくれる。――と続く言葉である。

私は地球が動いているという説を取り消します。しかし、私が私の説を取り消しても、それでも、地球は動いているのです。

ガリレオ・ガリレイ（イタリア）

宗教的弾圧、迫害、法廷での地動説の取り消し、十六世紀のことだが、「それでも地球は動いている」と真理を叫び続けた学者の言葉である。

私は天才ではありません。ただ人より長く一つのことと、つきあっていただけです。

アインシュタイン（ドイツ）

天才ではなくて、一つのことをひたすらやってきただけという、謙虚な努力家のすばらしい言葉である。

私は天才ではない。自分の業績は、すべて勤勉と努力の積み重ねだ。

ドールトン（イギリス）

世間から天才と呼ばれたことに反発して、勤勉と努力のたまものだと主張した言葉。

私は天才ではない。ただ、得意なこともある。それだけをやってきたのだ。

トーマス・ワトソン（アメリカ）

IBM初代社長の言葉。凡人でもちょっとした得意なことがある。それをやればよい。努力が苦にならない、という意。

私は特別な人間ではない。強いていうなら、普通の人よりもちょっと努力しただけだ。

A・カーネギー（アメリカ）

凡人が努力を人一倍しただけだという謙遜の言葉。なみなみならぬ努力、これを忘れてはならない。

私は奴隷になりたくないがゆえに、主人にもなりたくない。

リンカーン（アメリカ）

これが、私の民主主義の理念である。――という、第十六代アメリカの大統領で奴隷解放の父と言われた人の言葉である。

私は、ねばり強く努力した。諸君も同じように努力したまえ。
G・スチーブンソン（イギリス）
蒸気機関車製造までに十五年余りの歳月、その間の粘り強い努力から出た言葉。

私は、人々があまり愛想っぽくあってほしくないの。
ジェーン・オースティン（イギリス）
そうなると、こちらから、それらの人たちを好きになる手間が省かれてしまいますから。――と続く言葉。

私は火の出るような論争の真っ只中においてさえ、相手の力強き理由（真理）のもとには平伏し、もって自己に勝つことを誇りとする。
モンテーニュ（フランス）
それは、弱き敵に勝つ満足にまさること数等である。――と続く言葉である。論争の勝ち負けよりも、真理に平伏して自己に勝ちたいという考えである。真理に平伏せよの主張であると言える。

私は、不正な富よりも、貧乏を選ぶ。
不正な手段で財産を得るような品位を落とすことをするぐらいなら、貧乏暮らしで我慢するという意。**英語の諺** I prefer poverty to unjust riches.

私は妙案を発明するのでなく、発見するのだ。
オールダス・ハクスリー（イギリス）
妙案を作り出すのでなく、見つけ出すのだ、の意。

私は未来のことは考えない。それはどうせすぐやってくる。
アインシュタイン（ドイツ）
今の時間、今の空間、その相対性を明らかにした人の言葉である。

私は最も正しい戦争よりも、最も不公平な平和を選ぶ。
キケロ（古代ローマ）
いかなることがあっても正義の戦争というものはない。不公平であっても平和を選び、戦争はしない。

私は有名な博士たちからよりも学校ではその名も知られていないような人たちから、比較にならないほどの大切な真理を学んできたのである。
ロジャー・ベーコン（イギリス）
権威ある学者よりも、ずっと身分の低い多くの方々から、大切な真理を学んできた。権威ある博士の説く真理は、ごく小さいものだ、の意。

私は楽観主義者である。しかし私はレインコートを持っていく楽観主義者だ。
J・H・ウィルソン（イギリス）
万全の備えをした、楽観主義者、それが真の楽観主義者である。私は、そうありたい、という意。

私は、私が思っているより立派で善良だ。私がこんなに善良な性質であることを、私は知らなかった。
ホイットマン（アメリカ）
自分を知ることについて肯定的にとらえた名言である。自分は、一市民として善良な人間であったことを発見した喜びの言葉である。

私を師として学問する人たちも私よりよい考えが出てきたならば、決して私の考えに束縛されてはならない。
本居宣長（日本）
師よりも、弟子の考えが良いと思ったら、師の教えに束縛されることはない。自由にその考えを出しなさい。

綿に茶碗。
相手の投げる茶わんを綿で受け止める、意。相手のきつい言葉をやんわり受け止めて、事を起こさない喩え。

渡りに船。
渡し場に来たら都合良く船がある。何かしようとしている時に必要なものや望ましい状態が都合よく揃うことの喩え。

渡る世間に鬼はない。
この世には無情な人が多く暮らしにくいが、慈悲深く人情に厚い人も必ずいる、という意。

割った茶わんをついでみる。
取りかえしがつかないと知りながらなお未練を残す喩え。

輪に端なし。
めぐりめぐってきわまるところがない意。回転するものは、終わりがないという喩え。

輪に輪を掛ける。
誇張したうえにさらに誇張する意。

和は、天下の達道なり。『礼記』（中国）
達道は、天下にあまねくおこなわれる道の意。和ということは、全世界に古今を通じてともによるべき道である、という諺。

笑いというものは、どうしても元気が充ち溢れていなければ起こってこない。
木下杢太郎（日本）
苦笑は別だが、微笑でも、哄笑でも元気の産物である。元気に暮らして笑って生きよ、という意。

笑いのない人生は、物憂き空白である。
サッカレー（イギリス）
笑いのない人生は心が晴れず、毎日が、つらくてむなしい。

笑いの実は、青いうちに摘んではならない。
プラトン（古代ギリシャ）
笑いが起こりかかったときに、笑いを打ち消すような行動をしてはならない。

笑いは勝利の歌である。笑い手の、笑われる人に対する瞬間的で突如としておこる優越感の表現である。
マルセル・パニョル（フランス）
この積極的な笑いに対する、相手の劣等性を笑うものもある。軽蔑、復讐、仕返し、の笑いである。——と続く。

笑いは人間にだけ許されたもので、理性が持つ特権の一つである。
J・レイ・ハント（イギリス）
笑いは、人間にだけあるもの、人間にだけ許されたもの。うまく生かしたいものであるという意。

笑いは人の薬。
適当に笑うことは健康のためによい、という諺。

笑いを知らない人々は、つねに尊大でうぬぼれ屋である。 サッカレー（イギリス）
笑いを忘れた人は、高慢な人で、いつも尊大で、うぬぼれが強い。

笑う顔に矢立たず。
笑顔で接して来る者は、憎しみも解けてしまう、という喩え。

笑う顔は打たれぬ。 「浄瑠璃」（日本）
「怒れる拳も笑う面は打たず」とも。

笑う門には福来る。 「上方かるた」（日本）
笑い顔の絶えない家には、幸福がやってくる。いつも円満に、にこにこしている者には幸運が訪れる喩え。明るく暮らそう。笑顔の絶えない家にして幸せを招きよせよう。門はカドと読み、家、一族のこと。

笑うことは最も簡単な成功法。
斎藤茂太（日本）
顔で笑って心で泣いているうちに、心まで笑ってくるという経験を毎日のように重ねてきた。——と続く言葉である。

笑うのは、人間だけである。
フランソワ・ラブレー（フランス）
楽天主義的な生き方を説いた作家の言葉。

藁千本あっても柱にならぬ。
役に立たないものが多く集まっても、力にはならないことの喩え。

笑って暮らすのも一生、泣いて暮らすも一生。
どうせ暮らすなら愉快に一生をおくりたいもの。「泣いて暮らすも一生、笑って暮らすも一生」（別項）とも。

笑って損したものなし。
いつもにこやかにしている人は他から愛される。幸せに暮らせる、意。

笑って太れ。
常ににこにこして幸福を招き寄せよ、の意の英語の諺。Laugh, and grow fat.

童諍い、大人知らず。
「諍い」は、イサカイと読む。子供同士の喧嘩に、大人が口出しするのは無用だ、という意。

童に花持たせるごとし。
価値の分からぬものに大切な物をあずけては、危なくて安心できぬ、という喩え。

笑わずに死んでしまうといけないから、幸福になる前に笑っておくがよい。
ラ・ブリュイエール（フランス）
笑わずに死んではこの世に生きた価値がない。人生のひまを見つけて笑っておくのがいいのだ、という意。

悪い教えはすぐ身につく。
良い教えはなかなか身につかないが、悪い教えはすぐ身について行動するものである。人間には、そういう弱い一面があるということを、自覚して生きていきたい、という諺。

悪い親も良い子を望む。
悪人でも、親としては、子供に良い人間になってほしいと望むものだ、の意。

悪い知らせは、早く知らされなければならない。
ビル・ゲイツ（アメリカ）
自分に都合の悪い知らせは、後回しにされることが多いものだ。損害を最小限に食い止めるためにも、即刻知らすべきである。

悪い知らせは早く伝わる。
Bad news travels fast. が英語の諺。また、「悪い知らせには翼が生えている」Bad news has wings. も似た意味の諺。日本語の「悪事千里を走る」（別項）の意。だからこそ、名誉を重んじ、悪い評判を立てさせないようにしたい。

悪い生活は悪く終わる。
An ill life, an ill end. という英語の諺の訳。悪い生活の結果は、当然悪くなるのだが、その責任は、自分で取って自らの力で果たさなければならない。「身から出た錆」（別項）は、自己責任で錆を落とすべきだ、という意。

悪い所は似易い。
よい点はなかなか似ず、悪い点はすぐ影響を受けやすいという意。

悪い始まりは悪い終わりをつくる。
英語の諺 A bad beginning makes a bad ending. 物事は始めが大切だ、の意。「良い始まりは、良い終わりを作る」（別項）という諺もある。

悪い道には入り易し。
人は、悪には気付かぬうちにはまりやすい、という意。

悪いやつほどよく眠る。
「小泥棒は絞首刑になり、大泥棒は逃れる」Little thieves are hanged, but great ones escape. が英語の諺。悪いやつほど、罪をうまくすり抜けたり、栄えたりするものだ、の意。そういう一面もこの世にはあるのが現実だ。

悪賢い人は勉強を軽蔑し、単純な人は勉強を称賛し、賢い人は勉強を利用する。
フランシス・ベーコン（イギリス）
勉強は、軽んじてはいけない。勉強はいいことだから、せよせよというのもよくない。勉強して何をどう役立てるかだ、という意。

我、未だ徳を好むこと色を好むが如くなる者を見ず。
『論語』（中国）
自分は、美人を愛するほどの熱烈さで道徳を愛する人に出会ったことがない、の意。

我　思うゆえに我あり。
デカルト（フランス）
考えるということがあるからこそ、自分がこの地球に存在する価値があるのだ、の意。**英語 I think, therefore I am.**

われ鍋にとじ蓋。「江戸かるた」（日本）
ワレナベは破損した鍋、トジブタは修繕した蓋のこと。諺は、至らないもの同士が夫婦になっているという意味である。

我は、人間苦の荘厳を愛す。
ヴィニー（フランス）
この句が私の詩の全てである。それは、人道精神、人類とその運命への全面的な愛である。——と続く文章である。

我　人に辛ければ、人　また我に辛し。
辛しは、ツラシと読む。自分が他人に冷たい仕打ちをすれば、先方もまた冷たい仕打ちを自分に返してくる。

我、人を愛してより初めて人生は楽しく、我、人を愛してより初めて我の生けることを知れり。
オスカー・ケルネル（ドイツ）
私は、人を愛することを知ってから、人生は楽しいということを知り、生きている意味を知った。

我もし巷の夕暮れに、神に会わば、かくは祈らん。我に神を頼まざる強き心を与えたまえと。
J・ゴールズワージイ（イギリス）
巷はチマタと読む。まち、街路の意。私は、自分だけに頼る強い意志の持ち主になりたい。弁護士から作家に転じた人の言葉。

我より古を作す。『宋史』（中国）
古を作すは、イニシエをナすと読む。自分をもって物事の先例とする。自分が新しい道や規範を作り出す気概をいう。

我より之を得て、我より之を損つ。
『史記』（中国）
損つはスツと読み、捨てる意。自分で得たものを自分の意志で捨てる。自分の得た地位に何の未練もないこと。

我々が自分の激情を支配しないと、激情が、我々を支配しよう。
しっかりした自制心を持って生きて行こう。激情にかられて行動をしていると、身を滅ぼしてしまうという意。**英語の諺** If we do not govern our passions, our passions will govern us.

我々に生命を与えられた神は、自由をも与えられた。意見を戦わしてよい自由が残されているところでは、意見の誤りをも許さ

れた。 T・ジェファーソン（アメリカ）
神は生命を与えられ、さらに自由を与えられた。これらは言論の自由を保障されることの大切さを伝えた言葉である。

我々にとって最大の栄光は、一度も失敗しないということではなく、倒れるごとに、必ず起きるところにある。
O・ゴールドスミス（アイルランド）
失敗を恐れてはならない。失敗しても、必ず立ち上がる人間であれ。そこに輝かしい名誉がある、という意。

我々人間というものは馬鹿だから、足元に転がっている運は見過ごしてしまう。
ピンダロス（古代ギリシャ）
そして、手の届かないものばかり追い求める。――と続く言葉である。見過ごした運を生かせ、の意。

我々の言わんとする事柄が何であろうとも、それを著すためには一つの言葉しかない。
モーパッサン（フランス）
有名な一語説である。小説家は、その一語を見つける作業を、毎日繰り返し続けて作品を作り上げるのである。

我々の欠点を改め、我々の欠点を償うことは、最高の幸福である。
ゲーテ（ドイツ）
自分で自分の欠点に気付き、改め、償うこと、これが人間にとって最高の幸福だ。

我々の小指のごく小さい痛みの方が、何百万の同胞の殺されるのより余計心配と不安を与えるものだ。
ウィリアム・ハズリット（イギリス）

結局は、人間というものは、我が身が可愛いだけだ。それでいいのか。地球上で血が流され、多くの人間が虐殺されていることを、考えなくていいのか。――と続く名言である。

我々の思想のおのおのは、生涯の一瞬間にすぎない。 ロマン・ロラン（フランス）
もし生きるということが、自分の誤りを正し、偏見を征服し、思想と心とを日々に拡大するというためでないならば、それは我々に何の役に立とう。――と続く言葉である。

我々の人生は織り糸で織られている。そこには、良い糸も悪い糸も混じっている。
シェークスピア（イギリス）
人生を織り糸に喩えた言葉である。良い糸も悪い糸も混じり、縦横に織られて、さまざまな人生模様ができる、という意。

我々の知識は無知の大海に浮かぶ小島である。 I・B・シンガー（ポーランド）
人生を一生懸命生きてきて、知っている知識に比べ、知らないことの多さに啞然とする。――と続く。

我々の務めは、成功ではない。失敗を恐れることなく、常に前進することである。
R・L・スティヴンスン（イギリス）
成功ではなくて、前進である。失敗を恐れず、常に前進することである、という意。

我々は、してはならぬことを知ることによって、しなければならないことを悟る。
スマイルズ（イギリス）

人間は、しなければならないことを、聡明な頭でさとりさとりして生きている。そういう動物である。聡明であれ、という意。

我々は、死の心配によって生を乱し、生の心配によって死を乱している。
モンテーニュ（フランス）
死の心配、生の心配、だれでも、自分の人生を乱して生き延びているのだ。

我々は、真理の道は狭く、かつ真っ直なことを知った。博愛の道もまた同じである。
ガンジー（インド）
この道を進むには、大きな注意が必要で、ごくわずかの不注意があっても転ぶ。――と続く。

我々は、誰でも、いつの日か、きっと役立つと思われるよいアイデアや、生き生きした感動を持つ。だが、それを書き留める習慣がないので、完全に逃げられてしまう。
サマセット・モーム（イギリス）
アイデアや感動を書き留める習慣をつけよという戒め。

我々は、何事についても、一パーセントの百万分の一も知らない。
エジソン（アメリカ）
発明家エジソン自身には、膨大な着想メモがあるが、そのほとんどが解読されていない、という意である。

我々は、本当に勇気のある人間であったか。
J・F・ケネディ（アメリカ）
すなわち敵に対抗する勇気のほかに、必要な場合には、仲間に対しても抵抗するだけの勇気、あるいは私利私欲に抵抗するだけでなく公衆の圧力にも抵抗する勇気の持主であったかという、第三十五代大統領の言葉である。

我々は、笑うためにこの世に生きている。地獄では、もう笑えないであろう。

ジュール・ルナール（フランス）

天国で笑ったりしては、ぐあいが悪いことだろう。——と続く。

我々は、我々が知らぬということすら知らぬ。

アルケシラオス（古代ギリシャ）

自分は何でも分かっていると思っている人が、世の中には多い。だが、自分が何にも知らないということすら、知っていない人がほとんどだ、という意。

我々両親は、完全に君に満足し君を吾子とすることを何よりの誇りとしている。

小泉信三（日本）

僕にもし生まれ変わって妻を択べといわれたら、幾度でも君のお母様を択ぶ。同様にもし吾子を択ぶということができるものなら、我々二人は必ず君を択ぶ。——と続く。一人息子の出征にあたって書き残した言葉である。

我々を救ってくれるものは、友人の助けそのものというよりは、友人の助けがあるという確信である。

エピクロス（古代ギリシャ）

いい友がいるという確信、それだけで救われるという、名言である。

和を以て貴しと為す。　聖徳太子（日本）

和合の道を守ることが最も大切だ。

名言、諺を人生に役立てる——あとがきとして

やまとことばのコトワザの語源は何か。コトは、言葉のコト（言）である。ワザは「しわざ」のワザであり、「行い」とか「なしうる力」の意味である。つまり、「行動への言葉」であり、「ある行為をなしうる力を持っている言葉」である。さらに言い換えると、「行動に結びつく不思議な力を持っている言葉」というのが、日本人の心にあるコトワザである。これに対し、中国語の「諺」の語源だが、ゴンベン（言）は、言葉である。ツクリの彦（旁の彦）は「美しいあや模様・立派ですぐれたもの」の意である。だから、「役立つ美しくすぐれた立派な言葉」が、中国人の心の中にある「諺」であると考えられる。したがって、「人生に役立つ、不思議な力を持つ言葉」が、現代日本人の使っている「ことわざ」「諺」の本義である。

名言や格言や諺の機能（働き）も、本質も、これに尽きる。本書では、特別な場合を除き「ことわざ」の平仮名を使わず、漢字の「諺」を使う。読者の視覚に訴える力が大きく、意味もつかみやすいと判断したからである。

諺の大部分には、作者がない。いや、あるのだがわからない。諺は庶民の言葉であり、大衆の日常の知恵である。作者は、一人ではない。しかも長期にわたる、不特定の大衆である。

名言格言は、聖書や論語の言葉や、偉人、哲人のを伝えたものである。先人の知恵がこめられた、行動の指針で、我々の行動を、正したり、戒めたりする。

一方、人生をいかに生きるか。それを、楽しみの中で示してくれるものに、文学がある。文学は、古くは、庶民とは遠い世界で作られたものが多かった。文字に縁の深い貴族のような恵まれた人々が、作り出して、恵まれた知識階

級の中で読まれ、その中で、人生の指針を示し、人生を励ましてきた。

文学は、人生いかに生きるかを具体的な世界で示す偉大なものである。虚構という架空の人生を舞台にし、複雑な人間関係を取り上げ、具体的な情景や、心理を描写しながら、よき人生を、求めさせるものである。

これに比べると、名言、諺は、短い。具体的な場面はない。情景描写も、心理描写もない。ただ、庶民を相手に、大衆にわかる抽象された言葉で、直接に人生の一部を切り取り、人生の知恵を端的に示す。単純に明快に、簡潔に人生を励まし、ぐさりと人生の核心をついて、生き方を示してくれる。時には、短い比喩や、寓言もある。

この特徴は、名言、諺の短所でもある。短く簡潔だから、一面的な人生の知恵しか示していないことが多い。したがって、反面の諺や、他の生き方をも考え合わせて、人生に生かしていく主体的な読み方、生かし方が必要である。

それには一面的な諺を多面的に生かすことが重要である。

例えば、仕事の着手にあたって、「善は急げ」としてすぐ仕事にかかる時、「せいては事を仕損じる」「念には念を入れよ」という反対の知恵が働く。「急がばまわれ」で、短絡の非をさとることもある。

また、旅行に出て、ホテルを出立するときや引越しのとき、座を立つとき、「立つ鳥跡を濁さず」と言いながら、見苦しくないようにする。「旅の恥は掻き捨て」「後は野となれ山となれ」これは、人間の陥りやすい悪い心情だが、私は、こんな生き方はしたくないということで、諺が人生に生きる。

いつも、正直に生きていて、「正直者の頭に神宿る」正直が最良の人格だと思いながら「正直者が馬鹿を見る」「嘘も方便」少々の嘘は許されるかと迷ったり、いやいや「嘘つきは泥棒の始まり」私だけは、正直者で通そうと決意したりする。

人生において、思い通りにいかないときがある。「人生には解決なんてない。ただ進んでいくエネルギーがあるばかりだ。だからそういうエネルギーをつくり出さねばならない。解決はその後でくる」サン・テグジュペリの名言が思い出され、勇気づけられ、ともかく生きてきたように思う。
また、絶望の中にいるとき、「どんな困難な状況にあっても、解決策は必ずある。救いのない運命というものはない。災難に合わせて、どこか一方の扉を開けて、救いの道を残している」というセルバンテスの言葉に希望を持ち続けて生きてきたのである。

さて、一つの諺や名言の知恵だけで、自身の生き方とするのは、危険である。人生が貧しくなる。換言すれば、諺や名言の生かし方には、複数の意味を考え、幅ある解釈を忘れないことだ。反対の意味の諺、矛盾する主張の名言、それらの多くを知ることは、多数の先人の知恵を生かすことなのだ。
大きく考えれば、このようにして、人類の知恵を生かして、賢く生きることができるのである。

増井金典

二〇一五年冬

《著者紹介》

増井　金典（ますい・かねのり）

1928年　滋賀県生まれ。
立命館大学大学院修士課程修了。
滋賀短期大学名誉教授。
国語学会・日本ペンクラブ会員。

主研究　国語学，助詞ガとハの研究。

主　著　『ことばのきまり中学文法』北大路書房，1968年。
『文章でどう表現するか』北大路書房，1978年。
『お母さんの国語』北大路書房，1979年。
『中学漢字の基礎と応用』北大路書房，1990年。
『衣食住語源辞典』（共著）東京堂出版，1996年。
『滋賀県方言語彙・用例辞典』サンライズ出版，2000年。
『語源を楽しむ』ベスト新書，2005年。
『笑われる日本語』ワニ文庫，2005年。
『誰も知らない語源の話』ベスト新書，2009年。
『日本語源広辞典［増補版］』ミネルヴァ書房，2012年。
他多数。

名言・格言・ことわざ辞典

2015年12月30日　初版　第1刷発行　〈検印省略〉
2016年12月30日　初版　第2刷発行

定価はケースに
表示しています

著　者　増　井　金　典
発行者　杉　田　啓　三
印刷者　田　中　雅　博

発行所　株式会社　ミネルヴァ書房
607-8494　京都市山科区日ノ岡堤谷町1
代表電話（075）581－5191
振替口座　01020-0-8076

創栄図書印刷・新生製本

ISBN978-4-623-07143-2
Printed in Japan

主要人名一覧

ア　行

アービング，ワシントン	(1783～1859)	アメリカ	作家
アーレント，ハンナ	(1906～1975)	ドイツ	政治哲学者
アインシュタイン，アルバート	(1879～1955)	ドイツ	理論物理学者
アウエルバッハ，エーリヒ	(1892～1957)	ドイツ	文献学者
アウグスティヌス	(354～430)	古代ローマ	神学者
アウグストゥス	(前27～14)	古代ローマ	初代皇帝
アウレリウス	(121～180)	古代ローマ	ストア派哲学者
芥川龍之介	(1892～1929)	日本	作家
アシモフ，アイザック	(1920～1992)	アメリカ	SF 作家
アッシュ，ショーレム	(1880～1957)	ポーランド	作家
アディソン，ジョセフ	(1672～1719)	イギリス	作家
アデナウアー，コンラート	(1876～1967)	ドイツ	首相
アドラー，アルフレッド	(1870～1937)	オーストリア	心理学者
天野貞祐	(1884～1980)	日本	哲学者，教育者
アミール	(1828～1900)	インド	詩人
アミエル，アンリ・フレデリック	(1821～1881)	スイス	詩人
アラン（シャルティエ，エミール＝オーギュスト）	(1868～1951)	フランス	思想家
有島武郎	(1878～1923)	日本	作家
アリストテレス	(前384～前322)	古代ギリシャ	哲学者
アリストパネス	(前446～前385)	古代ギリシャ	劇作家
アルキメデス	(前287頃～前212)	古代ギリシャ	数学・物理学者
アルケシラオス	(前315頃～前240頃)	古代ギリシャ	哲学者
アルツィバーシェフ，ミハイル	(1878～1927)	ロシア	作家
アルフィエーリ，ヴィットーリオ	(1749～1803)	イタリア	劇作家
アルント，エルンスト	(1769～1860)	ドイツ	詩人，歴史家
アレー，アルフォンス	(1854～1905)	フランス	作家
アレン，ジェームズ	(1864～1912)	イギリス	作家
アンシュバッハー，ルイスカフマン	(1878～1947)	ドイツ	作家
アンセルムス	(1033～1109)	イタリア	神学者
アンデルセン，ハンス・クリスチャン	(1805～1875)	デンマーク	作家
イーデン，R. A.	(1897～1977)	イギリス	政治家
石川啄木	(1886～1912)	日本	詩人
石川達三	(1905～1985)	日本	小説家
石川理紀之助	(1844～1914)	日本	農業指導者，篤農家
石黒忠悳	(1984～1941)	日本	医師
イソップ	(前 6 世紀頃)	古代ギリシャ	寓話作家
板倉重矩	(1617～1673)	日本	江戸時代前期の老中
伊藤仁斎	(1627～1705)	日本	江戸時代の儒学者
伊藤　整	(1905～1969)	日本	小説家，翻訳家
稲垣足穂	(1900～1977)	日本	小説家

井上　靖	(1907～1991)	日本	小説家
井原西鶴	(1642～1693)	日本	作家，俳諧師
イプセン，ヘンリック	(1828～1906)	ノルウェー	劇作家
岩崎弥太郎	(1834～1885)	日本	実業家
インガーソル	(1833～1899)	アメリカ	弁護士
イング，ウィリアム・ラルフ	(1860～1954)	イギリス	神学者
隠　元	(1592～1673)	中国	黄檗宗開祖
ヴァレリー，ポール	(1871～1945)	フランス	詩人，思想家
ヴィニー，アルフレッド	(1797～1863)	フランス	作家，詩人
ウィルキンソン，マーガレット	(1883～1928)	イギリス	詩人
ウィルソン，ジェームズ・ハロルド	(1916～1995)	イギリス	首相
ウィルソン，ウッドロー	(1856～1924)	アメリカ	第28代大統領
ウィルソン，ジョン	(1785～1854)	イギリス	詩人
ウィルソン，ハロルド	(1916～1995)	イギリス	政治家，首相
ウィンズロー，エドワード	(1595～1655)	イギリス	植民地開拓者
ヴェイユ，シモーヌ	(1909～1943)	フランス	思想家
ヴェッカーリン，ハインリヒ・フェルディナンド・アウグスト・フォン	(1767～1828)	ドイツ	大蔵大臣
ウェブスター，ダニエル	(1782～1852)	アメリカ	政治家
ウェブスター，ノア	(1758～1843)	アメリカ	辞書編集者
ウェルギリウス	(前70～前19)	古代ローマ	詩人
ウェルズ，ハーバート，ジョージ	(1866～1946)	イギリス	作家
ウェルズリー，アーサー	(1769～1852)	イギリス	首相，軍人
ヴェルヌ，ジュール	(1828～1905)	フランス	小説家
ヴォーヴナルグ，リュック・ド・クラピエ・ド	(1715～1747)	フランス	モラリスト
ウォード，ウィリアム	(1921～1994)	アメリカ	作家，教師，牧師
ウォールトン，アイザック	(1593～1683)	イギリス	作家
ヴォギュエ	(1847/1848～1910)	フランス	著作家
ヴォルテール（フランソワ＝マリー・アルエ）	(1694～1778)	フランス	文学者，歴史，思想家
ウォルポール，ホレス	(1717～1793)	イギリス	政治家
上杉謙信	(1530～1578)	日本	越後国の戦国大名
上杉鷹山	(1751～1822)	日本	大名，米沢藩主
ウステリ，マルティン	(1763～1827)	スイス	詩人
ウナムーノ・イ・フーゴ	(1864～1936)	スペイン	哲学者，作家，詩人
宇野千代	(1897～1996)	日本	小説家
梅棹忠夫	(1920～2010)	日本	生態学者，民族学者
ウルマン，サミュエル	(1840～1924)	ドイツ	詩人
エジソン，トーマス	(1847～1931)	アメリカ	発明家
エッシェンバッハ，エーブナー	(1830～1916)	オーストリア	作家
エピクテトス	(50頃～135頃)	古代ギリシャ	哲学者
エピクロス	(前342～前271)	古代ギリシャ	哲学者
エマーソン，ラルフ・ワルドー	(1803～1882)	アメリカ	詩人，哲学者
エラスムス	(1466～1536)	オランダ	人文学者
エリオット，ジョージ	(1819～1880)	イギリス	女流小説家
オヴィディウス	(前43～17)	古代ローマ	詩人
王安石	(1021～1086)	中国	北宋の政治家

扇谷正造	(1913～1992)	日本	評論家
王　粲	(177～217)	中国	学者，政治家
欧陽脩	(1007～1072)	中国	北宋の政治家，詩人
オーエン，ロバート	(1771～1858)	イギリス	社会学者
大倉喜八郎	(1837～1928)	日本	実業家
オースティン，ジェーン	(1775～1817)	イギリス	女流小説家
大谷米太郎	(1881～1968)	日本	実業家
オー・ヘンリー	(1862～1910)	アメリカ	作家
大山郁夫	(1880～1955)	日本	社会主義運動家
大山梅雄	(1910～1990)	日本	実業家
オールコット，アモス・ブロンソン	(1799～1888)	アメリカ	教育家
オールコット，W. A.	(1798～1859)	アメリカ	教育学者
オールコット，ルイザ・メイ	(1832～1888)	アメリカ	文学者
岡田章雄	(1908～1982)	日本	歴史学者
岡田啓介	(1868～1952)	日本	政治家
尾崎紅葉	(1868～1903)	日本	小説家
尾崎行雄	(1858～1954)	日本	政治家
大佛次郎	(1897～1972)	日本	作家
オニール，ユージン	(1888～1953)	アメリカ	劇作家
恩田木工	(1717～1762)	日本	松代藩家老

カ　行

カーヴァー，ジョージ・ワシントン	(1864～1943)	アメリカ	植物学者
カーネギー，アンドリュー	(1835～1919)	アメリカ	実業家
カーネギー，デール・ブレッケンリッジ	(1888～1955)	アメリカ	実業家，作家
カーライル，トーマス	(1796～1881)	イギリス	評論家，思想家
カーリン，ジョージ	(1937～2008)	アメリカ	コメディアン
快川禅師	(不詳～1582)	日本	僧侶
貝原益軒	(1630～1714)	日本	儒学者
ガイベル，エマニュエル	(1815～1884)	ドイツ	詩人
香川　綾	(1899～1997)	日本	香川栄養学園創始者
カサノーヴァ，ジョバンニ	(1725～1788)	イタリア	作家
カザミアン，ルイ	(1877～1965)	フランス	英文学者
春日潜庵	(1811～1878)	日本	勤皇儒学者
片山　潜	(1859～1933)	日本	社会主義者
勝　海舟	(1823～1899)	日本	政治家
カト・ケンソリウス	(前234～前149)	古代ローマ	政治家
金沢嘉市	(1908～1986)	日本	教育者
嘉納治五郎	(1860～1938)	日本	柔道創始者
神谷美恵子	(1914～1979)	日本	精神科医
カミュ，アルベール	(1913～1960)	フランス	作家
亀井勝一郎	(1907～1966)	日本	評論家
鴨　長明	(1155～1216)	日本	歌人・随筆家
ガリレイ，ガリレオ	(1564～1642)	イタリア	物理学者，天文学者
カロッサ，ハンス	(1878～1956)	ドイツ	医者・詩人
カワード，ノエル	(1899～1973)	イギリス	作家
河上　肇	(1879～1946)	日本	経済学者

河盛好蔵	(1902～2000)	日本	フランス文学者
ガンジー，マハトマ	(1869～1948)	インド	政治家
カント，イマニュエル	(1724～1804)	ドイツ	哲学者
韓愈（韓退之）	(768～824)	中国	作家
キーツ，ジョン	(1796～1821)	イギリス	詩人
キェルケゴール，セーレン	(1813～1855)	デンマーク	思想家，哲学者
菊池　寛	(1888～1948)	日本	作家
キケロ，マルクス・トゥッリウス	(前106～前43)	古代ローマ	政治家
ギゾー，フランソワ	(1787～1874)	フランス	政治家
木田　元	(1928～2014)	日本	哲学者
北村透谷	(1868～1894)	日本	詩人
魏　徴	(580～643)	中国	政治家
木戸孝允（桂小五郎）	(1833～1877)	日本	政治家
ギトリ，サシャ	(1885～1957)	フランス	劇作家
木下杢太郎	(1885～1945)	日本	医師，詩人
キプリング，ラドヤード	(1865～1936)	イギリス	小説家
ギボン，エドワード	(1737～1794)	イギリス	歴史学者
ギャンブル，ジェームズ	(1803～1891)	アメリカ	実業家
許　渾	(生没年不詳)	中国	唐代の詩人
キング，マーティン・ルーサー	(1929～1968)	アメリカ	牧師
金原明善	(1832～1923)	日本	実業家
クインティアヌス	(35頃～100頃)	ローマ	弁舌家
空　海	(774～835)	日本	僧侶，真言宗開祖
クーパー，ウィリアム	(1731～1800)	イギリス	詩人
クーベルタン，ピエール・ド	(1863～1937)	フランス	教育者
串田孫一	(1915～2005)	日本	詩人，哲学者
楠木正成	(1294～1336)	日本	武将
クセノフォン	(前430～前354)	古代ギリシャ	軍人
国木田独歩	(1871～1908)	日本	作家
熊沢蕃山	(1619～1691)	日本	漢学者
クラーク，ウイリアム・スミス	(1826～1886)	アメリカ	教育者
クラウディウス，マティアス	(1740～1815)	ドイツ	詩人
グラシアン，バルタサル	(1601～1658)	スペイン	哲学者，神学者
グラッドストーン，ウィリアム	(1809～1898)	イギリス	政治家
クリスティ，アガサ	(1890～1976)	イギリス	推理作家
クリティアス	(前460頃～前403)	古代ギリシャ	政治家
グリュフィウス，アンドレアス	(1616～1664)	ドイツ	詩人
グレビル，F.	(1554～1628)	イギリス	詩人
クローニン，アーチボルト・ジョーゼフ	(1896～1981)	スコットランド	作家
クロック，レイ	(1902～1984)	アメリカ	実業家
クロポトキン，ピョートル	(1842～1921)	ロシア	思想家
クワールズ，フランシス	(1592～1644)	イギリス	詩人，作家
桑原武夫	(1904～1988)	日本	フランス文学者
ゲーテ，ヨハン・W.	(1749～1832)	ドイツ	作家
ケタリング，チャールズ	(1876～1958)	アメリカ	科学者
月　性	(1817～1858)	日本	僧侶
ケネー，フランソワ	(1694～1774)	フランス	医師，経済学者
ケネディ，J. F.	(1917～1963)	アメリカ	第35代大統領

ケラー，ヘレン	(1880～1968)	アメリカ	社会福祉事業家
ケルネル，オスカー	(1851～1911)	ドイツ	農芸化学者
ケント，ジェームズ	(1839～1918)	アメリカ	政治家
小泉信三	(1888～1966)	日本	経済学者
孔　子	(前551～前479)	中国	思想家
洪自誠	(生没年不詳)	中国	作家
幸田露伴	(1867～1947)	日本	作家
幸徳秋水	(1871～1911)	日本	ジャーナリスト
顧炎武	(1613～1682)	中国	清の儒学者
ゴーギャン，ポール	(1848～1903)	フランス	画家
コーク，エドワード	(1522～1634)	イギリス	法学者
コージブスキー，アルフレッド	(1879～1950)	ポーランド	言語哲学者
ゴーリキー，マクシム	(1868～1936)	ロシア	作家
ゴールズワージー，ジョン	(1867～1933)	イギリス	作家
ゴールドスミス，オリバー	(1728～1774)	アイルランド	作家
ゴールトン，フランシス	(1822～1911)	イギリス	人類学者
コールリッジ，サミュエル・テーラー	(1772～1834)	イギリス	評論家，詩人
コクトー，ジャン	(1889～1963)	フランス	芸術家
国分一太郎	(1911～1985)	日本	教育実践家
コツェブー，オットー・フォン	(1787～1846)	ドイツ	航海士
ゴッホ，フィンセント・ファン	(1853～1890)	オランダ	画家
コナン・ドイル，アーサー	(1859～1930)	イギリス	作家
小林一三	(1873～1957)	日本	実業家
小林多喜二	(1903～1933)	日本	作家
コベット，ウィリアム	(1763～1835)	イギリス	ジャーナリスト
ゴルドーニ，カルロ	(1707～1793)	イタリア	劇作家
ゴルトン，ダグラス	(1822～1899)	イギリス	神学者
コルネイユ，ピエール	(1606～1684)	フランス	劇作家
コロンブス，クリストファー	(1451～1506)	イタリア	探検家

サ　行

西郷隆盛	(1827～1877)	日本	政治家
斎藤茂太	(1916～2006)	日本	作家
斎藤緑雨	(1867～1904)	日本	小説家
サウザーン，トーマス	(1660～1746)	イギリス	劇作家
堺　利彦	(1871～1933)	日本	社会主義者
坂口安吾	(1906～1955)	日本	小説家
サキヤ・パンディタ	(1182～1251)	チベット	高僧，学者，政治家
佐々弘雄	(1897～1948)	日本	政治学者
左　思	(250頃～305頃)	中国	西晋の文学者
サッカレー，ウィリアム・M.	(1811～1883)	イギリス	小説家
サッチャー，マーガレット	(1925～2013)	イギリス	女性初の首相
佐藤一斎	(1772～1859)	日本	儒学者
サトウハチロー	(1903～1973)	日本	詩人
佐藤春夫	(1892～1964)	日本	詩人，作家
サルトル，ジャン・ポール	(1905～1980)	フランス	哲学者，作家
サローヤン，ウィリアム	(1908～1981)	アメリカ	作家

沢木興道	(1880～1965)	日本	曹洞宗僧侶
サン・シモン，アンリ・ド	(1760～1825)	フランス	思想家
サンダース，カーネル	(1890～1980)	アメリカ	実業家
サン・テグジュペリ	(1900～1944)	フランス	作家
サンド，ジョルジュ	(1804～1876)	フランス	女流作家
サント・ブーヴ	(1804～1869)	フランス	評論家,小説家,詩人
シーザー，ジュリアス	(前100頃～前44)	古代ローマ	政治家
シェークスピア，ウィリアム	(1564～1616)	イギリス	劇作家
ジェームズ，ウィリアム	(1842～1910)	アメリカ	哲学者
ジェームズ，ヘンリー	(1843～1916)	アメリカ	作家
ジェファーソン，トーマス	(1743～1826)	アメリカ	政治家
シェリー，パーシー・ビッシュ	(1792～1822)	イギリス	詩人
ジェローム，K.	(1859～1927)	イギリス	小説家
シェンキビッチ，ヘンリク	(1846～1916)	ポーランド	作家
子華子	(生没年不詳)	中国	晋の時代の人，「北宮之士」出典。
志賀直哉	(1883～1971)	日本	作家
ジッド，アンドレ	(1869～1951)	フランス	小説家
シドニー・スミス	(1771～1845)	イギリス	聖職者,エッセイスト
司馬遷	(前145～前86?)	中国	前漢の歴史家
渋沢栄一	(1840～1931)	日本	実業家
島崎藤村	(1872～1943)	日本	詩人，小説家
下村湖人	(1884～1955)	日本	作家
シャーウッド，ロバート・E.	(1896～1955)	アメリカ	劇作家
釈　迦	(前463～前383)	古代インド	仏教開祖
シャガール，マルク	(1887～1985)	ベラルーシ	画家
シャトーブリアン，フランソワ＝ルネ・ド	(1768～1848)	フランス	政治家，作家
シャンフォール，ニコラ・セバスチャン	(1741～1794)	フランス	人生評論家
朱　熹（朱子）	(1130～1200)	中国	思想家
シュバイツァー，アルベルト	(1875～1965)	ドイツ	医者，キリスト教者
ジュベール，ジョゼフ	(1754～1824)	フランス	哲学者，随筆家
シュリーマン，ハインリッヒ	(1822～1890)	ドイツ	考古学者
シュルツ，チャールズ	(1922～2000)	アメリカ	漫画家
シュレーゲル，フリードリッヒ・フォン	(1772～1829)	ドイツ	文芸批評家
荀　子	(前313頃～前238頃)	中国	戦国時代の儒者
ジョイス，ジェイムズ	(1882～1941)	アイルランド	小説家，詩人
邵　雍	(1011～1077)	中国	北宋の儒学者
聖徳太子	(574～622)	日本	政治家
ショーペンハウアー，アルトゥル	(1788～1860)	ドイツ	哲学者
ジョーンズ，フランクリン・P.	(1908～1980)	アメリカ	ユーモア作家
諸葛亮	(181～234)	中国	蜀の政治家
ショパン，フレデリック	(1810～1849)	ポーランド	作曲家，ピアニスト
ジョブズ，スティーブ	(1955～2011)	アメリカ	実業家，資産家
ジョンソン，サミュエル	(1709～1784)	イギリス	評論家
ジョンソン・ベン	(1573～1637)	イギリス	劇作家
シラー，ヨハン・クリストフ・フリードリッヒ・フォン	(1759～1805)	ドイツ	思想家，詩人
シンガー，アイザック・バシュヴィス	(1902/1904～1991)	ポーランド	作家

沈　復	(1763～1808頃)	中国	清の随筆家，評論家
沈　約	(441～513)	中国	文学者
スウィフト，ジョナサン	(1667～1745)	イギリス	作家
末川　博	(1892～1977)	日本	民法学者
杉浦重剛	(1855～1924)	日本	教育者
杉田玄白	(1733～1817)	日本	蘭方医
スキナー，B. F.	(1904～1990)	アメリカ	心理学者
スコット，ウォルター	(1771～1832)	イギリス	小説家，詩人
鈴木　博	(1922～2005)	日本	国語学者
鈴木力衛	(1911～1973)	日本	フランス文学者
スタージェル，ウィリー	(1940～2001)	アメリカ	野球選手
スターリング，ジョン	(1844～1918)	アメリカ	企業弁護士
スタール夫人	(1766～1817)	フランス	批評家
スターン，ジル	(生没年不詳)	アメリカ	作家
スターン，ローレンス	(1713～1768)	イギリス	小説家
スタンダール	(1783～1842)	フランス	作家
スチーブンソン，ジョージ	(1781～1848)	イギリス	技術者，鉄道の父
スティヴンス，ジェームズ	(1880～1950)	アイルランド	作家
スティヴンスン，ロバート・ルイス	(1850～1894)	イギリス	詩人，小説家
ストー，ハリエット・ビーチャー	(1811～1896)	アメリカ	女流作家
ストリンドベリ，ヨハン・A.	(1849～1912)	スウェーデン	劇作家，小説家
スパージョン，チャールズ・ハットン	(1834～1892)	イギリス	牧師
スピノザ	(1632～1677)	オランダ	哲学者
スペンサー，エドマンド	(1552～1599)	イギリス	詩人
スペンサー，ハーバート	(1820～1903)	イギリス	哲学者，社会学者
スマイルズ，サミュエル	(1812～1902)	イギリス	著述家
スミス，アダム	(1723～1790)	イギリス	経済学者
スミス，アレクサンダー	(1830～1867)	スコットランド	詩人
スミス，ウィリアム	(1769～1839)	イギリス	地質学者
スミス，ゴールドウィン	(1823～1910)	イギリス	歴史家
スミス＝スタンリー，エドワード	(1799～1869)	イギリス	政治家
スメドレー，アグネス	(1892～1950)	アメリカ	ジャーナリスト
世阿弥元清	(1363頃～1443)	日本	猿楽師
聖アンブロシウス	(340頃～397)	古代ローマ	聖職者
セザンヌ，ポール	(1839～1906)	フランス	画家
セネカ，アンナエウス	(前4～65)	古代ローマ	哲学者
ゼノン	(前490頃～前430頃)	古代ギリシャ	哲学者
セルバンテス，ミゲル・デ	(1547～1616)	スペイン	作家
セント・ジェルジ，アルベルト	(1893～1986)	ハンガリー	生理学者
ゾイメ，ヨハン・ゴットフリート	(1763～1810)	ドイツ	詩人
荘　子	(前369～前286)	中国	戦国時代の思想家
曹　操	(155～220)	中国	後漢の武将
曹　丕	(187～226)	中国	三国時代，魏の初代皇帝
ソクラテス	(前470～前399)	古代ギリシャ	哲学者
蘇　軾	(1037～1101)	中国	政治家，詩人
ソックマン，ラルフ	(1899～1970)	アメリカ	牧師
ソフォクレス	(前496頃～前406頃)	古代ギリシャ	劇作家

ゾラ，エミール	(1840～1902)	フランス	小説家
ソロモン	(前10世紀頃)	古代イスラエル	第3代王
ソロー，ヘンリー・デビッド	(1817～1862)	アメリカ	随筆家，自然主義者
ソロン	(前640頃～前560頃)	古代ギリシャ	アテナイの政治家
孫　子	(前6～前5世紀)	中国	春秋時代の兵法家
孫　文	(1866～1925)	中国	革命家

タ　行

ダーウィン，チャールズ	(1809～1882)	イギリス	自然科学者
ダヴィンチ，レオナルド	(1452～1519)	イタリア	芸術家，科学者
高田好胤	(1924～1998)	日本	僧侶
高田敏子	(1914～1989)	日本	詩人
高村光太郎	(1883～1956)	日本	詩人，彫刻家
高山樗牛	(1871～1902)	日本	評論家
宝井馬琴（五代目）	(1903～1985)	日本	講談師
タキツス，コルネリウス	(55～120)	古代ローマ	政治家
沢　庵	(1873～1645)	日本	禅僧
武田信玄	(1521～1573)	日本	武将
タゴール	(1861～1941)	インド	思想家
橘　曙覧	(1812～1868)	日本	歌人
ダック，ピエール	(1893～1975)	フランス	ユーモアリスト
田中正造	(1841～1913)	日本	政治家
田中美知太郎	(1902～1985)	日本	哲学者
谷　一斎	(1625～1695)	日本	儒学者
谷崎潤一郎	(1886～1965)	日本	小説家
タレーラン・ペリゴール，シャルル・モーリス・ド	(1754～1838)	フランス	政治家
タレス	(前640～前546)	古代ギリシャ	自然哲学者
ダレス，ジョン・フォスター	(1888～1959)	アメリカ	政治家
ダロー，クラレンス	(1857～1938)	アメリカ	弁護士
ダンテ，アリギエーリ	(1265～1321)	イタリア	詩人
ダントン，ジョルジュ	(1759～1794)	フランス	政治家
チェーホフ，アントン	(1860～1904)	ロシア	劇作家
チェ・ゲバラ	(1928～1967)	アルゼンチン	政治家
チェスタートン，ギルバート・ケイス	(1874～1936)	イギリス	作家，評論家
チェスターフィールド，フィリップ	(1964～1773)	イギリス	文人，政治家
チェルヌイシェフスキー，ニコラ	(1828～1889)	ロシア	哲学者
チャーチル，ウィンストン	(1874～1965)	イギリス	政治家
チャップリン，チャールズ	(1889～1977)	イギリス	映画俳優，監督
ツヴァイク，ステファン	(1882～1942)	オーストリア	作家
ツェーラム，C. W.	(1915～1972)	ドイツ	ジャーナリスト
ツキジデス	(前460頃～前395)	古代ギリシャ	歴史家
辻　善之助	(1877～1955)	日本	歴史学者
坪内逍遙	(1859～1935)	日本	小説家
ツルゲーネフ，イワン・セルゲーヴィチ	(1818～1883)	ロシア	小説家
ディオゲネス	(前410頃～前323頃)	古代ギリシャ	哲学者
ディオニュシオス	(前1世紀頃～？　)	古代ギリシャ	歴史家

ディズニー，ウォルト	(1901～1966)	アメリカ	映画監督，実業家
ディズレーリ，ベンジャミン	(1804～1881)	イギリス	作家，政治家
ディドロ，ドゥニ	(1713～1784)	フランス	哲学者
ディルタイ，ヴィルヘルム	(1833～1911)	ドイツ	哲学者
ディビス，ウィリアム・ヘンリー	(1871～1940)	イギリス	詩人
程明道（程顥）	(1032～1085)	中国	北宋の学者
テーヌ，イポリト	(1828～1893)	フランス	哲学者
デカルト，ルネ	(1596～1650)	フランス	哲学者，数学者
手島堵庵	(1718～1786)	日本	心学者
テニスン，アルフレッド	(1809～1892)	イギリス	詩人
デフォー，ダニエル	(1660～1731)	イギリス	作家
デモステネス	(前384～前322)	古代ギリシャ	雄弁家
デューイ，ジョン	(1859～1952)	アメリカ	哲学者
デュマ，アレクサンドル	(1802～1870)	フランス	小説家
デュラント，ウィル	(1885～1981)	アメリカ	哲学者
寺田寅彦	(1878～1935)	日本	物理学者
テレンティウス，パビリウス	(前195～前159)	古代ローマ	喜劇詩人
テンニース，フェルディナンド	(1855～1936)	ドイツ	社会学者
トインビー，アーノルド	(1889～1975)	イギリス	歴史学者
トウェイン，マーク	(1835～1910)	アメリカ	作家
陶　潜（陶淵明）	(365～427)	中国	南朝宋の文人
東方朔	(前154～前92)	中国	政治家
トーマス・マン，パウル	(1875～1955)	ドイツ	小説家
ドールトン，ジョン	(1766～1844)	イギリス	物理学者
十返　肇	(1914～1963)	日本	文芸評論家
徳川家康	(1542～1616)	日本	将軍
徳川斉昭	(1800～1860)	日本	大名
徳富蘆花	(1868～1927)	日本	小説家
土光敏夫	(1896～1988)	日本	経団連会長
ド・ゴール，シャルル	(1890～1970)	フランス	第18代大統領
ドストエフスキー，フョードル・ミハイロヴィチ	(1821～1881)	ロシア	作家
杜　甫	(712～770)	中国	詩人
杜　牧	(803～853)	中国	詩人
トマス・ア・ケンピス	(1380～1471)	ドイツ	聖職者，宗教思想家
朝永振一郎	(1906～1979)	日本	物理学者
豊田佐吉	(1857～1930)	日本	発明家，自動織機
豊臣秀吉	(1537～1598)	日本	天下統一をした武将
ドライデン，ジョン	(1631～1700)	イギリス	詩人，劇作家
ドラッカー，ピーター・F.	(1909～2005)	オーストリア	経営学者
トルーマン，ハリー・S.	(1884～1972)	アメリカ	第33代大統領
トルストイ	(1828～1910)	ロシア	作家
トレヴェリアン，ジョージ・マコーリー	(1876～1962)	イギリス	歴史家
トロロープ，アントニー	(1815～1882)	イギリス	詩人

ナ　行

ナイチンゲール，フローレンス	(1820～1910)	イギリス	看護師，社会企業家

内藤　濯	(1883～1977)	日本	仏文学者，翻訳家
中江藤樹	(1608～1648)	日本	儒学者
夏目漱石	(1867～1916)	日本	小説家，英文学者
滑川道夫	(1906～1992)	日本	教育者
ナポレオン	(1769～1821)	フランス	皇帝
南原　繁	(1889～1974)	日本	政治学者
新島　襄	(1843～1890)	日本	教育者，事業家
ニーチェ，フリードリッヒ	(1844～1900)	ドイツ	哲学者
ニーバー，ラインホールド	(1892～1971)	アメリカ	自由主義神学者
西尾　実	(1889～1979)	日本	国文学者
西田幾多郎	(1870～1945)	日本	哲学者
新渡戸稲造	(1862～1933)	日本	教育者
二宮尊徳	(1787～1856)	日本	篤農家，思想家
ニュートン，アイザック	(1642～1727)	イギリス	科学者
ニン，アナイス	(1903～1977)	フランス	作家
ネーサン，ジョージ	(1882～1958)	アメリカ	文芸批評家
ネルー，ジャワハラール	(1889～1964)	インド	初代首相
ネルソン，ホレーショー	(1758～1805)	イギリス	海軍提督
ノヴァーリス	(1772～1801)	ドイツ	詩人
野上弥生子	(1885～1985)	日本	小説家
乃木希典	(1849～1912)	日本	軍人
野口英世	(1876～1928)	日本	細菌学者
野村徳七	(1878～1945)	日本	実業家

ハ　行

バーカー，アーネスト	(1874～1960)	イギリス	政治哲学者
バーク，エドマンド	(1729～1797)	イギリス	思想家，政治家
バートン，ロバート	(1577～1640)	イギリス	牧師
バーナード・ショウ，ジョージ	(1856～1950)	イギリス	劇作家，評論家
バーンズ，ロバート	(1759～1796)	イギリス	詩人
ハイデッガー，マルティン	(1889～1976)	ドイツ	哲学者
ハイネ，ハインリッヒ	(1797～1856)	ドイツ	詩人，作家
ハイヤーム，オマル	(1048～1131)	イラン	詩人
バイロン，ジョージ・ゴードン	(1788～1824)	イギリス	詩人
ハインリッヒ四世	(1050～1106)	ドイツ	神聖ローマ皇帝
バウアー，ハミルトン	(1856～1924)	イギリス	探検家
パウル，ジャン	(1763～1825)	ドイツ	作家
パウンド，エズラ	(1885～1972)	アメリカ	詩人
萩原朔太郎	(1886～1942)	日本	詩人
白隠慧鶴	(1685～1768)	日本	禅僧
バクスター，リチャード	(1615～1691)	イギリス	宗教家
バクストン，ファウエル	(1786～1845)	イギリス	政治家
ハクスリー，オールダス	(1894～1963)	イギリス	作家
ハクスリー，トマス・ヘンリー	(1825～1895)	イギリス	生物学者
羽倉簡堂	(1790～1862)	日本	儒学者
バジョット，ウォルター	(1826～1877)	イギリス	経済学者
パスカル，ブレーズ	(1623～1662)	フランス	思想家

パスツール，ルイ	(1822～1895)	フランス	化学者
ハズリット，ウィリアム	(1778～1830)	イギリス	随筆家，評論家
パターソン，ジョン・ヘンリー	(1844～1922)	アメリカ	実業家
白居易	(772～846)	中国	詩人
バック，パール	(1892～1973)	アメリカ	小説家
ハッチスン，フランシス	(1694～1746)	スコットランド	哲学者
パデレフスキ，イグナツィ・ヤン	(1860～1941)	ポーランド	ピアニスト，政治家
バトラー，サミュエル	(1835～1902)	イギリス	作家
パニョル，マルセル	(1895～1974)	フランス	小説家
ハバード，エルバート	(1856～1915)	アメリカ	作家，教育家
バフルーシン	(1882～1950)	ロシア	歴史家
パブロフ，イヴァン・ペトローヴィッチ	(1849～1936)	ロシア	生理学者
ハマー，アーマンド	(1898～1990)	アメリカ	富豪
ハマーショルド，ダグ	(1905～1961)	スウェーデン	政治家
浜口雄幸	(1896～1931)	日本	政治家
バリー，ジェイムス・エム	(1860～1937)	イギリス	小説家
ハリス，ジョーエル・チャンドラー	(1848～1908)	アメリカ	ジャーナリスト
バルザック，オノレ・ド	(1799～1850)	フランス	作家
パレ，アンブロワーズ	(1509～1590)	フランス	外科医
バロー，H.	(1550～1593)	イギリス	宗教家
范仲淹	(989～1052)	中国	北宋の政治家
ハント，ジェームズ・レイ	(1784～1859)	イギリス	詩人，随筆家
ピーター，ローレンス・J.	(1919～1990)	カナダ	教育学者
ビーチャー，ヘンリー・ワード	(1813～1887)	アメリカ	神学者
ビーティ，ジェームス	(1735～1803)	イギリス	詩人
ピカソ，パブロ	(1881～1973)	スペイン	画家
ピコン，ガエタン	(1915～1976)	フランス	批評家
ビスマルク，オットー・フォン	(1815～1898)	ドイツ	初代宰相
ピタゴラス	(前582頃～前497)	古代ギリシャ	数学者
ヒトラー，アドルフ	(1889～1945)	ドイツ	政治家
ビネ，アレクサンドル	(1797～1847)	スイス	神学者
ヒポクラテス	(前460頃～前370頃)	古代ギリシャ	医者
ヒューズ，トーマス	(1822～1896)	イギリス	社会主義者
ビュフォン，ジョルジュ・ルイ	(1707～1788)	フランス	博物学者
ビリングス，ジョシュ	(1818～1885)	アメリカ	作家
ヒルティ，カール	(1833～1909)	スイス	法学，哲学者
ヒルトン，コンラッド	(1887～1979)	アメリカ	実業家
ピンダロス	(前518～前439)	古代ギリシャ	叙情詩人
ファーブル，アンリ	(1823～1915)	フランス	昆虫学者
フィールディング，ヘンリー	(1707～1754)	イギリス	小説家
フィッシャー，ジョン・アーバスノット	(1841～1920)	イギリス	軍人
フィヒテ，ヨハン	(1762～1814)	ドイツ	哲学者
フィリップス，ウェンデル	(1811～1884)	アメリカ	社会改革者
プーシキン，アレクサンドル	(1799～1837)	ロシア	詩人
フェヌロン，フランソワ	(1651～1715)	フランス	文学者，聖職者
フェルプス，エドワード・J.	(1822～1900)	アメリカ	弁護士，外交官
フェルプス，エリザベス	(1844～1911)	アメリカ	文学者
フォークナー，ウィリアム	(1897～1962)	アメリカ	作家

フォード，ヘンリー	(1863～1947)	アメリカ	実業家
フォスター，エドワード	(1879～1970)	イギリス	小説家
フォックス，チャールズ・ジェームズ	(1749～1806)	イギリス	政治家
福沢諭吉	(1834～1901)	日本	思想家，教育者
福田清人	(1904～1995)	日本	児童文学作家
藤原銀次郎	(1869～1960)	日本	実業家，政治家
二葉亭四迷	(1864～1909)	日本	小説家
武　帝	(生没年不詳)	中国	前漢の第7代皇帝
ブニュエル，ルイス	(1900～1983)	スペイン	映画監督
プブリリウス，シルス	(前1世紀頃)	古代ローマ	劇作家
フラー，トーマス	(1608～1661)	イギリス	神学者
フラー，バックミンスター	(1895～1983)	アメリカ	思想家
ブライアント，W.C.	(1794～1878)	アメリカ	詩人
フライシュレン，ツェザール	(1864～1920)	ドイツ	詩人
フライダンク	(生年不詳～1233頃)	ドイツ	詩人
プライヤー，ウィルヘルム	(1841～1897)	ドイツ	心理学者
プラウトゥス	(前254～前184)	古代ローマ	劇作家
ブラウニング，ロバート	(1812～1889)	イギリス	詩人
プラトン	(前427～前347)	古代ギリシャ	哲学者
フランク，アンネ	(1929～1945)	ドイツ	『アンネの日記』著者
フランクリン，ベンジャミン	(1706～1790)	アメリカ	実業家，政治家
フランス，アナトール	(1844～1924)	フランス	小説家
ブラント，アンソニー	(1903～1983)	イギリス	美術史家
ブラントン，スマイリー	(1882～1966)	アメリカ	精神科医
ブルーム，ヘンリー・ピーター	(1778～1868)	イギリス	弁護士，政治家
プルタルコス	(48頃～127頃)	ギリシャ	著述家
ブルックス，グウェンドリン	(1917～2000)	アメリカ	女流詩人
ブルワー・リットン，E.	(1803～1873)	イギリス	作家
ブレヒト，ベルトルト	(1898～1956)	ドイツ	劇作家
フロイト，ジークムント	(1856～1939)	オーストリア	精神分析学者
フローベル，ギュスターヴ	(1821～1880)	フランス	小説家
フロスト，ロバート	(1874～1963)	アメリカ	詩人
プロタゴラス	(前485頃～前420頃)	古代ギリシャ	哲学者
ブロック，アーサー	(1948～)	アメリカ	作家
ブロッケス，バルトルト・ハインリヒ	(1680～1747)	ドイツ	詩人
ブロッホ，ヘルマン	(1886～1951)	オーストリア	作家
フロム，エーリッヒ	(1900～1980)	ドイツ	精神分析学者
文天祥	(1236～1283)	中国	軍人，政治家
ヘイドン，ベンジャミン・ロバート	(1786～1846)	イギリス	画家
ペイン，ジョン・ハワード	(1791～1852)	アメリカ	劇作家
ペイン，トマス	(1737～1809)	イギリス	社会哲学者
ヘーゲル，ゲオルグ	(1770～1831)	ドイツ	哲学者
ベーコン，フランシス	(1561～1626)	イギリス	哲学者，神学者，法律家
ベーコン，ロジャー	(1214～1294)	イギリス	哲学者
ベートーベン，ルードヴィッヒ・ヴァン	(1770～1827)	ドイツ	作曲家
ヘクト，ベン	(1894～1964)	アメリカ	作家
ペスタロッチ，ジョン・ハインリッヒ	(1746～1826)	スイス	教育家

ヘッセ，ヘルマン	(1877〜1962)	ドイツ	作家
ベネット，アーノルド	(1867〜1931)	イギリス	小説家
ヘプバーン，オードリー	(1929〜1993)	イギリス	女優
ヘミングウェイ，アーネスト	(1899〜1961)	アメリカ	作家
ヘラクレイトス	(前540頃〜前480頃)	古代ギリシャ	哲学者
ベリンスキー	(1811〜1848)	ロシア	文芸批評家
ベル，アレクサンダー・グラハム	(1847〜1922)	スコットランド	科学者，発明家
ヘルダー，ヨハン・ゴトフリート	(1744〜1803)	ドイツ	哲学者
ベルツ	(1849〜1913)	ドイツ	医師
ベルネ，ルートヴィヒ	(1786〜1837)	ドイツ	作家
ベレンソン，バーナード	(1865〜1959)	リトアニア	美術史家
ヘレン・マッキネス	(1907〜1985)	イギリス	小説家
ヘロドトス	(前484〜前406)	古代ギリシャ	歴史家
ペン，ウィリアム	(1644〜1718)	アメリカ	宗教家，フィラデルフィア市建設
ボアロー・デプレオー，ニコラ	(1636〜1711)	フランス	詩人，批評家
ポアンカレー	(1854〜1912)	フランス	数学者
ホイーラー，ジョン・アーチボルト	(1911〜2008)	アメリカ	理論物理学者
ホイットマン，ウォルター	(1819〜1892)	アメリカ	詩人
ホイラー，エルマー	(1903〜1968)	アメリカ	販売コンサルタント
北条民雄	(1914〜1937)	日本	小説家
ボーヴォアール，シモーヌ・ド	(1908〜1986)	フランス	作家
ボーセイ，ニールス	(1862〜1895)	スウェーデン	体育家
ボードレール，シャルル	(1821〜1867)	フランス	詩人
ポープ，アレキサンダー	(1688〜1744)	イギリス	詩人
ホームズ，オリバー・ウェンデル	(1809〜1894)	アメリカ	医師
ボールドウィン，ジェームズ	(1924〜1987)	アメリカ	作家，公民権運動家
ポーロ，マルコ	(1254〜1324)	イタリア	旅行家
墨　子	(前450〜390頃)	中国	思想家
ボズウェル，ジェームズ	(1740〜1795)	スコットランド	法律家
ホッファー，エリック	(1902〜1983)	アメリカ	社会哲学者
ホッブズ，トーマス	(1588〜1679)	イギリス	哲学者
ボナール，アベール	(1833〜1867)	フランス	詩人
ボビィー，クリスチャン・ネステル	(1820〜1904)	アメリカ	作家，弁護士
ホフマンスタール，フーゴ・フォン	(1874〜1929)	オーストリア	詩人
ホメロス	(前９世紀頃)	古代ギリシャ	叙事詩人
ホラティウス，クィントゥス・フラックス	(前65〜前８)	古代ローマ	詩人
ポロック，チャニング	(1926〜2006)	アメリカ	奇術師
ホワイト，ウィリアム・アレン	(1868〜1944頃)	アメリカ	作家
ポンピドゥー，ジョルジュ	(1911〜1974)	フランス	第19代大統領

マ　行

マークィス，ドン	(1878〜1937)	アメリカ	作家
マーシャル，アルフレッド	(1842〜1924)	イギリス	経済学者
マキャヴェッリ	(1469〜1527)	イタリア	政治家
マクドナルド，ジョージ	(1824〜1905)	イギリス	詩人
マゲリッジ，マルコム	(1903〜1990)	イギリス	ジャーナリスト

マコーリー，トーマス	(1800～1859)	イギリス	歴史家，詩人，政治家
正岡子規	(1867～1902)	日本	俳人
マチス	(1869～1954)	フランス	画家
松下幸之助	(1894～1989)	日本	実業家
松田道雄	(1908～1998)	日本	医師，育児評論家
松平容保	(1836～1893)	日本	大名，会津藩主
松林宗恵	(1920～2009)	日本	映画監督
松本　昇	(1886～1954)	日本	実業家
マホメット	(571?～632)	アラビア	イスラム教創始者
マラー	(1743～1793)	スイス	医師
マルクス，カール・ハインリッヒ	(1818～1883)	ドイツ	経済学者，思想家
マルコーニ	(1874～1937)	イタリア	電気技術者
マルサス，トマス・ロバート	(1766～1834)	イギリス	経済学者
マルタン・デュ・ガール，ロジェ	(1881～1958)	フランス	作家
マロリー	(1886～1924)	イギリス	登山家
三浦綾子	(1922～1999)	日本	小説家
ミケランジェロ	(1475～1564)	イタリア	彫刻家，画家
三島海雲	(1878～1974)	日本	実業家
水上　勉	(1919～2004)	日本	小説家
南方熊楠	(1867～1941)	日本	博物学者，生物学者
宮城道雄	(1894～1956)	日本	箏曲家
三宅雪嶺	(1860～1945)	日本	哲学者，評論家
宮沢賢治	(1896～1933)	日本	詩人，作家
ミュッセ，アルフレッド・ルイ・シャルル・ド	(1810～1857)	フランス	詩人，作家
ミラー，ヘンリー	(1891～1980)	アメリカ	作家
ミル，ジョン・スチュワート	(1806～1876)	イギリス	経済学者
ミルトン，ジョン	(1608～1674)	イギリス	詩人
ミレー	(1814～1875)	フランス	画家
ムーア，ジョージ	(1852～1933)	アイルランド	作家
武者小路実篤	(1885～1976)	日本	小説家
紫　式部	(生没年不詳)	日本	作家
メイズ，ベンジャミン	(1894～1984)	アメリカ	教育者，神学者
メーテルリンク，モーリス	(1862～1949)	ベルギー	劇作家
メナンドロス	(前342～前292)	古代ギリシャ	喜劇作家
メリメ，プロスペル	(1803～1870)	フランス	作家
メルヴィル，ハーマン	(1819～1891)	アメリカ	作家
メレジコフスキー	(1865～1941)	ロシア	詩人，思想家
メンケン，H. L.	(1880～1956)	アメリカ	評論家
メンデルスゾーン	(1809～1847)	ドイツ	作曲家
モア，トマス	(1478～1535)	イギリス	思想家
孟浩然	(689～740)	中国	詩人
毛沢東	(1893～1976)	中国	政治家
モーツァルト，ウォルフガング・アマデウス	(1756～1791)	オーストリア	作曲家
モーパッサン，アンリ・ルネ・アルベール・ギ・ド	(1850～1893)	フランス	作家
モーム，ウィリアム・サマセット	(1874～1965)	イギリス	詩人，劇作家
モーリアック，フランソワ	(1885～1970)	フランス	作家
モオレイ，ジョン	(1838～1923)	イギリス	政治家
モーロア，アンドレ	(1885～1967)	フランス	作家

毛利元就	(1497～1571)	日本	戦国武将
本居宣長	(1730～1801)	日本	国学者
森　鷗外	(1862～1922)	日本	小説家，軍医
森　毅	(1928～2010)	日本	数学者
モリス，ウィリアム	(1834～1896)	イギリス	詩人，デザイナー
モリエール	(1622～1673)	フランス	劇作家
モルゲンシュテルン，クリスティアン	(1871～1914)	ドイツ	詩人
モルトケ	(1907～1945)	ドイツ	法律家，弁護士
モンテーニュ，ミシェル	(1533～1592)	フランス	思想家
モンテスキュー，シャルル	(1689～1755)	フランス	哲学者，政治思想家

ヤ　行

柳　宗悦	(1889～1961)	日本	思想家，美学者
柳田國男	(1875～1962)	日本	民俗学者，官僚
山田恵諦	(1895～1994)	日本	僧侶
山上憶良	(660～733)	日本	歌人
山本五十六	(1884～1943)	日本	軍人
山本周五郎	(1903～1967)	日本	作家
山本有三	(1887～1974)	日本	作家
ヤング，トーマス	(1773～1829)	イギリス	考古学者
ユーゴー，ビクトル・マリー	(1802～1885)	フランス	詩人，作家，劇作家
湯川秀樹	(1907～1981)	日本	理論物理学者
ユベナリス	(40頃～125頃)	古代ローマ	詩人
ユング，カール・グスタフ	(1875～1961)	スイス	精神科医，心理学者
与謝蕪村	(1716～1784)	日本	俳人
与謝野晶子	(1878～1942)	日本	歌人
与謝野鉄幹	(1873～1935)	日本	歌人
吉川英治	(1892～1962)	日本	小説家
吉田兼好	(1283頃～1350頃)	日本	随筆家
吉田松陰	(1830～1859)	日本	思想家
吉野源三郎	(1899～1981)	日本	編集者，作家
吉野作造	(1878～1933)	日本	政治学者，思想家
吉野　弘	(1926～2014)	日本	詩人

ラ　行

頼　山陽	(1780～1833)	日本	儒学者
ラザフォード，アーネスト	(1871～1937)	ニュージーランド	物理学者，化学者
ラスウェル，ハロルド	(1902～1978)	アメリカ	心理学者，評論家
ラスキン，ジョン	(1819～1900)	イギリス	思想家，批評家
ラッセル，バートランド	(1872～1970)	イギリス	哲学者
ラティーニ・ブルネット	(1212～1294)	イタリア	詩人
ラ・フォンテーヌ，ジャン・ド	(1621～1695)	フランス	詩人
ラ・ブリュイエール，ジャン	(1645～1696)	フランス	批評家
ラブレー，フランソワ	(1494～1553)	フランス	風刺作家
ラボック，ジョン	(1834～1913)	イギリス	銀行家，考古学者

ラム，チャールズ	(1775～1834)	イギリス	作家
ラ・ロシュフコー	(1613～1680)	フランス	批評家
ランケ，レオポルド・フォン	(1795～1886)	ドイツ	歴史家
ランドルフ・ボーン	(1886～1918)	アメリカ	批評家，社会活動家
リーバーマン，D. J.	(生没年不詳)	アメリカ	心理学者
リウィウス	(前59頃～17)	古代ローマ	歴史家
李　紳	(780～846)	中国	唐代の詩人
リッケルト，ハインリッヒ	(1863～1936)	ドイツ	哲学者
李　白	(701～762)	中国	唐代の詩人
リヒテンブルグ，ゲオルグ・クリストフ	(1742～1799)	ドイツ	自然化学者
劉禹錫	(772～842)	中国	唐代の詩人
呂本中	(1084～1145)	中国	宋代の学者，詩人
リルケ，R. M.	(1875～1926)	チェコ	詩人
リンカーン，アブラハム	(1809～1865)	アメリカ	第16代大統領
林語堂	(1895～1976)	中国	小説家
リンドナー	(1828～1887)	オーストリア	教育家
リンナエウス，カール	(1741～1783)	スウェーデン	植物学者
ルイス，C. S.	(1898～1932)	イギリス	作家
ルイス，ジョー	(1914～1981)	アメリカ	ボクサー
ルイス，シンクレア	(1885～1951)	アメリカ	作家
ルーズベルト，エリナー	(1884～1962)	アメリカ	第32代大統領夫人
ルーズベルト，セオドール	(1858～1919)	アメリカ	軍人
ルーズベルト，フランクリン	(1882～1945)	アメリカ	第32代大統領
ルソー，ジャン＝ジャック	(1712～1778)	フランス	思想家
ルター，マルチン	(1483～1546)	ドイツ	聖職者
ルナール，ジュール	(1864～1910)	フランス	小説家
ルナン，ジョゼフ	(1823～1892)	フランス	小説家
ルノワール，ピエール	(1841～1916)	フランス	画家
ルブラン，シャルル	(1619～1690)	フランス	画家
ルブラン，モーリス	(1864～1941)	フランス	作家
レイトン，ロバート	(1822～1911)	イギリス	人類学者
レイノルズ，ジョージア	(1723～1792)	イギリス	画家
レッシング，ゴットホルト・エフライム	(1729～1781)	ドイツ	劇作家
レニエ，アンリ・ド	(1864～1936)	フランス	詩人
レニエ，マチュラン	(1573～1613)	フランス	風刺詩人
老　子	(前604～前531)	中国	思想家
ローウェル，フランシス・カボット	(1775～1817)	アメリカ	経営者
ローズ，セシル・ジョン	(1853～1902)	イギリス	政治家
魯　迅	(1881～1936)	中国	作家，思想家
ロセッティ，クリスティーナ・ジョージナ	(1830～1894)	イギリス	詩人
ロダン，フランソワ・オーギュスト	(1840～1917)	フランス	彫刻家
ロック，ジョン	(1632～1704)	イギリス	哲学者
ロックフェラー，ジョン・D. シニア	(1839～1937)	アメリカ	実業家
ロッシーニ	(1792～1868)	イタリア	作曲家
ロブ・グリエ，アラン	(1922～2008)	フランス	前衛作家
ロラン，ロマン	(1866～1944)	フランス	作家
ロングフェロー，ヘンリー・W.	(1807～1882)	アメリカ	詩人

ワ 行

ワーズワース，ウィリアム	(1770〜1850)	イギリス	詩人
ワイルダー，ソーントン	(1897〜1975)	アメリカ	劇作家
ワイルド，オスカー	(1856〜1900)	イギリス	作家
脇坂義堂	(生年不詳〜1818)	日本	心学者
ワシントン，ジョージ	(1732〜1799)	アメリカ	初代大統領
和辻哲郎	(1889〜1960)	日本	哲学者
ワトソン，トーマス・J.	(1874〜1956)	アメリカ	企業経営者
ワナメーカー，ジョン	(1838〜1922)	アメリカ	実業家

主要出典一覧

(書名)	(国名)	(解説)
『壒囊鈔』	日本	行誉の著で1445～1446年成立。室町時代中期に編纂された辞典。
『天草版　金句集』	日本	漢文集。
『晏子春秋』	中国	中国春秋時代の宰相，晏嬰に関する言行録をまとめたもの。
「浮世草子」	日本	江戸時代に生まれた前期近世文学の主要な文芸形式の一つ。
『易経』	中国	古代中国の占筮（細い竹を使用する占い）の書物。
「江戸かるた」	日本	ことわざを使ったカード遊び。江戸地方の特色を持つ。「江戸いろはかるた」とも。
『淮南子』	中国	淮南王劉安が編纂させた思想書。
『塩鉄論』	中国	塩や鉄の専売制討論会の記録。
『鶴林玉露』	中国	南宋，羅大経による1248～52年成立の随筆。18巻
『鶡冠子』	中国	戦国時代，やまどりの羽毛の冠を着けた楚の隠者と称される人物に仮託した書。
「上方かるた」	日本	ことわざを使ったカード遊び。上方地方の特色を持つ。「上方いろはかるた」とも。
『管子』	中国	管仲による法家の書。
『韓詩外伝』	中国	『詩経』の章句に関連して故事，逸事，伝承を記述した書物。
『顔氏家訓』	中国	顔之推が著した家訓。
『漢書』	中国	前漢のことを記した歴史書。
『魏志』	中国	歴史書『三国志』のうち，魏の国に関する史実を記した『魏書』の別称。晋の陳寿の著。
『狂言記』	日本	読み物として流布した狂言の台本集。
『金言童子教』	日本	勝田祐義による1729年成立の寺子屋の教科書。
『諺苑』	日本	太田全斎による国語辞書。
『韓非子』	中国	韓非による著書。
『源平盛衰記』	日本	平安時代，軍記物語の平家物語の異本の一つ。
『孝経』	中国	曽子の門人が孔子の言動を記したという，十三経の一つ。
『孔子家語』	中国	『論語』に漏れた孔子一門の説話を蒐集したとされる古書。王粛の編集。
『好色二代男』	日本	井原西鶴による著。
「五箇条の御誓文」	日本	明治政府の基本方針。
「古楽府」	中国	中国古典詩の一形式。唐代の新楽府に対して，六朝時代以前につくられた古い楽府。
『後漢書』	中国	後漢朝について書かれた歴史書。
『古今詩話』	中国	清の時代，沈雄による著。古今の詩の批評や詩人の逸話を収載。
『国語』	中国	中華民国が公用語として普及を進めた標準中国語。
『古詩源』	中国	清の沈徳潜が1719年に編集した，先秦から隋までの詩の総集。
『御入部伽羅女』	日本	湯漬翫水による浮世草子。
『古列女伝』	中国	前漢の劉向によって撰せられた，女性の史伝を集めた歴史書。
『菜根譚』	中国	明時代末の人，洪自誠（洪応明，還初道人）による随筆集。
『沙石集』	日本	鎌倉時代仮名まじり文で書かれた仏教説話集。
『三略』	中国	兵法書。「武経七書」の一つ。『黄石公記』『黄石公三略』とも。
『史記』	中国	司馬遷によって編纂された中国の歴史書。

『詩経』	中国	中国最古の詩篇。
『実語教』	日本	庶民の初等教科書。
『春秋』	中国	魯国の年次によって記録された，中国春秋時代に関する編年体の歴史書。
『春秋穀梁伝』	中国	『春秋公羊伝』『春秋左氏伝』と並ぶ春秋三伝の一つ。
『春秋左伝』	中国	『春秋』の代表的な注釈書の1つ。通称『左伝』，『左氏伝』とも。
『小学』	中国	儒教的な初等教科書。
『貞観政要』	中国	唐代，太宗の言行録。
『省心録』	中国	林逋による詩集。
『笑註烈子』	日本	笑止亭による1782年成立の滑稽本。
「浄瑠璃」	日本	中世より伝わる三味線を伴奏楽器として太夫が語る劇場音楽，音曲。
『初学知要』	日本	江戸時代，貝原益軒による儒教入門書。
『書経』	中国	政治史・政教を記した中国最古の歴史書。
『蜀志』	中国	中国の歴史書。四史の一つ。
『晋書』	中国	晋王朝（西晋・東晋）について書かれた歴史書。
『水滸伝』	中国	明代，伝奇歴史小説の大作，「中国四大奇書」の一つ。
『説苑』	中国	漢の劉向（りゅうきょう）の編。中国の歴史故事集。
『聖書』		キリスト教の教典。
『世説新語』	中国	南北朝の宋の劉義慶が編纂した，後漢末から東晋までの著名な逸話を集めた小説集。
『戦国策』	中国	戦国時代の遊説の士の策謀をまとめた書。
『宋史』	中国	元代に編纂された正史（二十四史）の一つ。
『曽我物語』	日本	鎌倉時代初期に起きた兄弟の仇討ちを題材にした軍記物語。
『楚辞』	中国	戦国時代，楚地方で謡われた詩の様式を集めた詩集。
『大学』	中国	儒教の経書。「四書」の一つ。
『太平記』	日本	古典文学作品の一つ。
『譬喩尽』	日本	和歌・俳句・流行語・方言なども収める，ことわざ集。
『タルムード』	イスラエル	ユダヤ教の聖典。ヘブライ語で記述されたもののみが聖典と認められる。
『淡窓詩話』	日本	江戸時代，広瀬淡窓の漢詩資料。
『歎異抄』	日本	日本の仏教書。
『中庸』	中国	儒教における「四書」の一つであり，またその中心的概念の一つ。
『中論』	中国	初期大乗仏教の僧・龍樹の著作。正式名称は『根本中頌』とも。
『徒然草』	日本	鎌倉時代，卜部兼好が書いたとされる随筆。
『帝範』	中国	唐代の政治書。
『天台小止観』	中国	止観（坐禅の1種）についての説明書。『童蒙止観』とも。
『東観漢記』	中国	後漢について記した歴史書。
「童子教」	日本	室町時代，編著者不明。
『唐書』	中国	歴史書。二十四史の一つ。
『読書続録』	中国	薛瑄による著作。
『杜審言詩』	中国	杜審言による詩。
『南史』	中国	南朝について書かれた歴史書。
『南総里見八犬伝』	日本	滝沢馬琴による読本。
『バガヴァド・ギーター』	インド	700篇の韻文詩からなるヒンドゥー教の聖典の一つ。
『般若心経』		大乗仏教の教典。『心経』とも。
『白虎通』	中国	後漢の班固の編集した書。『白虎通義』とも。
『仏弟子の告白』	日本	インドの「テーラガーター」（パーリ語の原始仏典の一つ）の邦訳。

『文鏡秘府論』	日本	平安時代の文学理論書。
『文明本　節用集』	日本	室町時代から昭和にかけて使用された用字集・国語辞典の一種。
『碧巌録』	中国	臨済宗の公案を集めた仏教書。
『法苑珠林』	中国	道世が著した仏教典籍。
『宝鑑』	中国	人の手本となることを書いてある書物。
『法言』	中国	前漢，揚雄が『論語』の体裁を模して作った思想書。
『北条氏直時代諺留』	日本	1599年頃成立。
『北史』	中国	北朝について記した歴史書。
『北斉書』	中国	唐の李百薬の書いた紀伝体の断代史で，二十四史の一つ。
『法華経』		初期大乗仏教経典の一つ。
『本朝文粋』	日本	平安時代の漢詩文集。
『明心宝鑑』	中国	儒学を中心とした箴言集。
『孟子』	中国	孟子の言行をまとめた書。
『文選』	中国	南朝梁の昭明太子によって編纂された詩文集。
『容斎四筆』	中国	宋代の洪邁の著作。
『養生訓』	日本	貝原益軒によって書かれた，健康（養生）についての指南書。
『礼記』	中国	儒学者がまとめた礼に関する書。
『俚言集覧』	日本	江戸時代の国語辞書。
『列子』	中国	道家の文献。
『連語図』	日本	明治時代の短文練習の入門教材。
『呂氏春秋』	中国	戦国時代末期，秦の呂不韋が食客を集めて共同編纂させた書物。
『論語』	中国	孔子と彼の高弟の言行を孔子の死後，弟子達が記録した書物。
『論衡』	中国	後漢時代の王充が著した全30巻85篇から成る思想書。